DECF

MANUEL & APPLICATIONS

Contrôle de gestion

Épreuve n° 7

Collection Gestion Sup

Une gamme complète d'ouvrages préparant aux examens de l'expertise comptable

DECF

Épreuve n° 1, *Droit des sociétés,* France Guiramand et Alain Héraud.
+ Corrigés du manuel

Épreuve n° 1, *Droit fiscal,* Emmanuel Disle et Jacques Saraf.
+ Corrigés du manuel (3e trimestre 96)

Épreuve n° 2, *Relations juridiques,* Paulette Bauvert et Nicole Siret.

Épreuve n° 3, *Organisation et gestion de l'entreprise,* Catherine Lesnard et Sylvie Verbrugghe.
+ Corrigés du manuel

Épreuve n° 4, *Gestion financière,* Jean Barreau et Jacqueline Delahaye.
+ Corrigés du manuel

Épreuve n° 5, *Mathématiques,* Rachid Zouhhad, Jean-Laurent Viviani et Françoise Bouffard.
+ Corrigés du manuel

Épreuve n° 6, *Comptabilité approfondie et révision,* Robert Obert.
+ Corrigés du manuel

Épreuve n° 7, *Contrôle de gestion,* Claude Alazard et Sabine Sépari.
+ Corrigés du manuel

Claude ALAZARD
Agrégée d'économie et gestion
Professeur en classes préparatoires
au DECF

Sabine SÉPARI
Agrégée d'économie et gestion
Docteur en sciences de gestion
Maître de conférences à l'université
Paris I Panthéon - Sorbonne

D E C F

MANUEL & APPLICATIONS

Contrôle de gestion

Épreuve n° 7

3e édition

DUNOD

ISBN 2 10 003020 5

Avant-propos

L'objectif essentiel de ce livre est d'aider à la préparation de l'épreuve n° 7 du DECF : Contrôle de gestion. Tous les points du programme sont ainsi traités de façon exhaustive.

Cette épreuve cherche à tester deux qualités chez les étudiants :
- la connaissance et la maîtrise des techniques du contrôle de gestion ;
- la capacité d'analyse critique pour prendre du recul par rapport à des techniques.

L'ouvrage permet de répondre à ces deux exigences :
- pour les questions techniques de l'étude de cas :
  - avec l'exposé des outils et des méthodes du contrôle de gestion,
  - avec les applications proposées pour s'entraîner.
- pour les questions d'analyse de l'étude de cas :
  - avec les réflexions sur les thèmes à la fin de chaque chapitre.

Les applications sont corrigées dans un livre publié séparément.

La démarche proposée pour étudier le contrôle de gestion correspond à l'analyse de l'évolution de ce domaine.

Il paraît intéressant de comprendre les mutations de l'entreprise, de son organisation, de ses besoins en information, de ses procédures de contrôle ainsi que leurs causes avant d'exposer les techniques du contrôle de gestion utilisées jusqu'à maintenant et les nouvelles méthodes qui se développent pour faire face à ces évolutions.

C'est pourquoi les chapitres de l'ouvrage se déroulent dans un ordre quelque peu différent de celui du programme (voir page VIII).

DECF – épreuve N° 7 – CONTRÔLE DE GESTION

DURÉE DE L'ENSEIGNEMENT	NATURE DE L'ÉPREUVE	DURÉE	COEFFICIENT
(à titre indicatif) **210 heures**	Étude de cas et éventuellement questions.	**5 heures**	**1**

Outre la maîtrise des outils nécessaires, le candidat devra montrer ses capacités à remplir un rôle de synthèse et de conseil au niveau le plus élevé du contrôle de gestion.

1. Objectifs du contrôle de gestion (10 heures)

1.1. Définition du contrôle de gestion

1.2. Finalités du contrôle de gestion

1.3. Problématiques techniques et humaines du contrôle de gestion

2. Analyse systémique des organisations (30 heures)

(et éléments des théories de l'information).

3. Contrôle de gestion et mesure des résultats (115 heures)

3.1. Mesure des résultats obtenus (50 heures)

– Analyse des coûts :
- finalités de l'analyse des coûts ;
- méthodes de l'analyse des coûts : coûts complets, coûts partiels, imputation rationnelle.

– Conception d'un système de comptabilité analytique :
- spécificité du champ d'observation, objectifs et organisation de l'analyse ;
- choix des centres d'analyse et des unités d'œuvre ; détermination des taux de frais ;
- méthodes d'évaluation des stocks.

– Mise en œuvre d'un système de comptabilité analytique :
- principes comptables et analyse des coûts ;
- liaisons entre comptabilité générale et comptabilité analytique ;
- plan comptable analytique ;
- collecte et traitement des données.

3.2. Détermination des résultats prévisionnels (45 heures)

– La démarche prévisionnelle : planification et budgétisation :
- spécificités de la planification ;
- articulation budgétaire – différents budgets ;
- organisation de la procédure budgétaire.

– Modélisation et simulation.

– Coût préétablis.

3.3. Suivi des réalisations (20 heures)

– Suivi budgétaire :
- rôle du suivi budgétaire ;
- détermination et décomposition des écarts.

– Tableaux de bord :
- finalités ;
- facteurs clés de la gestion.

4. Le contrôle de gestion et la mesure des performances (55 heures)

4.1. Contrôle de gestion et structure organisationnelle (20 heures)

– L'apport de la théorie des organisations au contrôle de gestion.

– Centres de responsabilités : facteurs clés de la gestion et décentralisation des responsabilités.

– Prix de cession interne.

4.2. Contrôle de gestion et comportement (15 heures)

– L'apport des sciences humaines.

– Direction par objectifs.

– Systèmes de sanctions-récompenses.

4 3. Développements récents du contrôle de gestion (10 heures)

– Budget base zéro – analyse de la valeur – contrôle de qualité – coût de la disqualité – comptes de surplus.

4.4. Formalisation du système de contrôle de gestion (10 heures)

– Spécificité des systèmes de contrôle de gestion dans les entreprise : PME, groupes.

– Structuration de la fonction « contrôle de gestion » et rôle du contrôleur de gestion.

Sommaire

CORRESPONDANCE PROGRAMME ET CHAPITRES DE L'OUVRAGE	
1. Objectifs du contrôle	chapitres 1 et 30
2. Analyse systémique des organisations	chapitres 2 et 3
3. Contrôle de gestion et mesure des résultats	
3.1. mesure des résultats obtenus	chapitres 5 à 12
3.2. détermination des résultats prévisionnels	chapitre 13 et chapitres 18 à 22
3.3. suivi des réalisations	chapitres 14, 15, 17 et 18 à 22
4. Contrôle de gestion et mesure de la performance	
4.1. contrôle de gestion et structure organisationnelle	chapitres 4 et 16
4.2. contrôle de gestion et comportement	chapitre 4
4.3 développements récents du contrôle de gestion	chapitres 23 à 29
4.4. formalisation du système de contrôle de gestion	chapitre 30

■ Première partie

Finalités et problématique du contrôle de gestion

Après avoir présenté les éléments expliquant la naissance et la constitution du contrôle de gestion, ainsi que les définitions permettant de le différencier des autres formes de contrôle (*chapitre 1*), il semble nécessaire de présenter les apports significatifs de la théorie des organisations pour expliquer l'extension du champ d'analyse et des variables du contrôle de gestion (*chapitre* 2).

Dans ce cadre, deux points essentiels seront alors précisés :
– les relations informations-décisions (*chapitre* 3) et,
– les formes structurelles (*chapitre* 4).

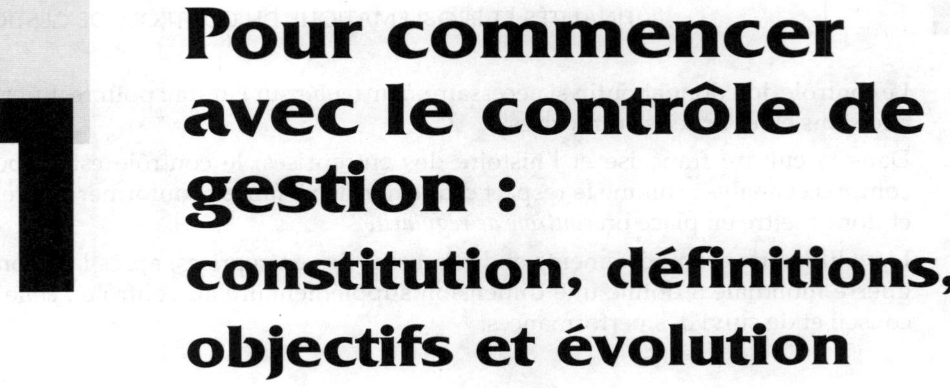

1 Pour commencer avec le contrôle de gestion : constitution, définitions, objectifs et évolution

L'ENTREPRISE, SYSTÈME FINALISÉ À PILOTER

Face aux turbulences de l'environnement et pour atteindre ses objectifs l'entreprise doit être *pilotée.*

Le pilotage ou la *gestion de l'entreprise* consiste à planifier, organiser, coordonner, contrôler des décisions et des actions d'une organisation.

Le CONTRÔLE apparaît donc nécessairement dans tout système de gestion.

Avant de définir le CONTRÔLE DE GESTION, il faut délimiter les notions qui s'en rapprochent.

1. Les différents aspects du «contrôle»

1.1 Le contrôle

Contrôler une situation signifie être capable de la maîtriser et de la diriger dans le sens voulu.

Tout contrôle vise à mesurer les résultats d'une action et à comparer ces résultats avec les objectifs fixés *a priori* pour savoir s'il y a concordance ou divergence.

Le contrôle doit donc aboutir, si nécessaire, à un *retour* sur l'amont pour rectifier les décisions et les actions entreprises.

Dans la culture française et l'histoire des entreprises, le contrôle est d'abord compris et analysé comme le respect d'une norme ; il faut se conformer à la règle et donc mettre en place un *contrôle de régularité.*

L'évolution des comportements et des besoins des entreprises, après la seconde guerre mondiale a donné une dimension supplémentaire au contrôle : celle de conseil et de suivi des performances.

1.2 Le contrôle organisationnel

L'entreprise dispose de ressources internes propres qui doivent être contrôlables pour être en permanence opérationnelles et tournées vers l'objectif à atteindre.

Le contrôle organisationnel cherche à améliorer les règles et les procédures qui structurent les décisions et auxquelles les décideurs se réfèrent pour déterminer leurs comportements.

Son domaine est donc très vaste et englobe les systèmes décisionnels et informationnels. Il ne se limite pas au seul contrôle technique.

> Le contrôle organisationnel doit donc assurer en temps réel le suivi et la qualité des processus décisionnels.
> Toutes les dimensions de l'organisation y sont intégrées : les structures, les procédures de décision, les comportements des hommes et la culture de l'organisation.

Dans les premières entreprises industrielles, le contrôle ne consistait qu'à sanctionner les individus et à rectifier des procédures.

Ce contrôle de type taylorien est dépassé. Il ne suffit plus de modéliser des comportements pour les coordonner mais d'élaborer un système d'information évolutif pour orienter les décisions vers des niveaux de performance «satisfaisants».

Le système de contrôle ne peut et ne doit pas représenter exactement la réalité mais doit permettre une représentation efficace pour amorcer un processus d'apprentissage. («*Il vaut mieux être vaguement juste que précisément faux.*»)

Ainsi le ***contrôle organisationnel interne*** concerne tous les niveaux de l'organisation (fonctionnel et opérationnel) et vise à ce que les actions individuelles et collectives soient en convergence avec les objectifs assignés.

Trois types de méthodes sont utilisés par le contrôle organisationnel :
- la planification,
- la fixation de règles et procédures,
- l'évaluation des résultats et performances.

A partir de cette définition, plusieurs notions de contrôle – contrôle interne, contrôle de gestion, audit interne – apparaissent.

1.3 Le contrôle interne

> Le contrôle interne concerne la fixation des règles, des procédures et le respect de celles-ci.

L'OECCA (Ordre des experts-comptables et comptables agréés) en donne la définition suivante : «C'est l'ensemble des sécurités contribuant à la maîtrise de l'entreprise. Il a pour but, d'un côté, d'assurer la protection, la sauvegarde du patrimoine et la qualité de l'information, de l'autre, l'application des instructions de la direction et de favoriser l'amélioration des performances. Il se manifeste par l'organisation, les méthodes et procédures de chacune des activités de l'entreprise pour maintenir la pérennité de celle-ci.»

1.4 L'audit interne

Le terme «audit» est actuellement largement répandu dans les entreprises.

Selon l'Institut français des auditeurs et contrôleurs internes, l'audit interne est une activité autonome d'expertise, assistant le management pour le contrôle de l'ensemble de ses activités. L'audit doit permettre un avis sur l'efficacité des moyens de contrôle à la disposition des dirigeants.

La première acception de l'audit est la révision comptable c'est-à-dire l'examen des états financiers. Mais son champ s'est élargi à d'autres domaines : audit d'organisation, audit informatique, audit social, audit juridique, audit fiscal, audit des achats, de la production.

> L'audit doit permettre de :
> - mesurer et d'améliorer la fiabilité des systèmes d'information comptable et financier existant,
> - mettre en place des systèmes efficaces de contrôle dans tous les domaines de l'entreprise.

Le terme «interne» précise que le contrôleur fait partie de l'entreprise mais il y a aussi de l'audit externe.

2. Définitions et objectifs du contrôle de gestion

Pour être compétitive sur ses marchés, l'entreprise cherche à maîtriser ses activités et à contrôler son fonctionnement.

Elle doit être performante et le contrôle de gestion doit l'y aider. Qu'est-ce-que cela veut dire ?

2.1 Une entreprise performante : efficacité et efficience

A partir de l'école systèmique et de l'école de la décision (les années 55-65 de la théorie des organisations), il ressort qu'une organisation est *efficace si elle atteint ses objectifs analysés par rapport à son environnement et efficiente si elle utilise le mieux possible ses ressources au moindre coût.*

Il en découle une définition du concept de performance.

Une entreprise sera PERFORMANTE si elle est EFFICACE ET EFFICIENTE.

2.2 Le contrôle de gestion : premières définitions

Pour cerner précisément la notion actuelle de contrôle de gestion, plusieurs définitions peuvent être proposées :

> «Le contrôle de gestion est le processus par lequel les dirigeants s'assurent que les ressources sont obtenues et utilisées avec efficacité (par rapport aux objectifs) et efficience (par rapport aux moyens employés) pour réaliser les objectifs de l'organisation (1).»

«Le contrôle de gestion cherche à concevoir et à mettre en place les instruments d'information destinés à permettre aux responsables d'agir en réalisant la cohérence économique globale entre Objectifs, Moyens et Réalisations.

Il doit être considéré comme un système d'information utile au pilotage de l'entreprise, puisqu'il contrôle l'efficience et l'efficacité des actions et des moyens pour atteindre les objectifs (2).»

Les principes et les méthodes du contrôle de gestion sont apparus entre 1850 et 1910 et se sont élaborés progressivement en fonction des besoins des entreprises.

Né de l'évolution du monde technique et économique avec les analyses de Taylor (1905) sur le contrôle de productivité, les recherches de Gantt (1915) sur les charges de structure et les choix de General Motor (1923) et de Saint-Gobain (1935) pour des structures par division, le contrôle de gestion concerne, à l'intérieur de l'entreprise, principalement l'activité de production.

À l'origine, le contrôle de gestion a donc été conçu dans le cadre de la gestion taylorienne fondée sur quatre principes :
- stabilité dans le temps,
- information parfaite des dirigeants,
- recherche d'une minimisation des coûts,
- le coût de production domine le coût global.

Le contrôle de gestion est alors un modèle pour mesurer et contrôler la productivité industrielle et en particulier la productivité du travail direct.

---

1. Anthony, Dearden, *Management Control Systems*, Irwin, 1976.
2. Grenier C., *Les pratiques et recherches en contrôle de gestion*, CERAM Sophia Antipolis, 1990.

2.3 Evolution du domaine du contrôle de gestion

Il est possible de proposer une définition actuelle du contrôle de gestion : dans le cadre d'une organisation, c'est un ensemble de techniques et d'analyses qui évoluent et s'enrichissent dans le but de contrôler et de réguler des comportements en fonction d'objectifs au service d'une stratégie (à partir de A. Burlaud, Leçon inaugurale de la chaire de comptabilité et de contrôle de gestion au CNAM, Paris, juin 1995).

La notion de contrôle de gestion est difficile à cerner car son champ d'analyse s'enrichit au fur et à mesure que la production évolue.

D'ailleurs les termes même et le vocabulaire changent.

Historiquement c'est le développement industriel qui a rendu nécessaire la connaissance des coûts de production.

- Apparaît alors la **comptabilité industrielle** puis,
- la **comptabilité analytique d'exploitation** pour prévoir et vérifier les réalisations de toutes les organisations, et pas seulement industrielles ;
- à l'heure actuelle, le terme est **comptabilité de gestion ou d'analyse et de contrôle des coûts**, montrant encore un élargissement de la notion.

Corrélativement le domaine du contrôle de gestion s'étend aussi :

- dans son champ d'application : ce n'est plus seulement la fonction de production qui est touchée, mais toutes les fonctions ;
- dans son horizon temporel : la gestion intègre le court, le moyen mais aussi le long terme ;
- dans ses méthodes : des techniques de diverses sciences et matières sont utilisées (mathématiques, statistiques, science de l'information et de la communication, techniques d'animation…).

Ainsi le terme *contrôle budgétaire*, limité à des techniques comptables de court et moyen terme, devient *contrôle de gestion* voire *contrôle de la gestion*, plus large, utilisant des techniques quantitatives et qualitatives pour aider la stratégie.

L'évolution de la notion de contrôle permet de dire que le contrôle de REGULARITE se transforme en un contrôle d' EFFICACITE.

Il est possible de schématiser la définition du contrôle de gestion de la manière suivante :

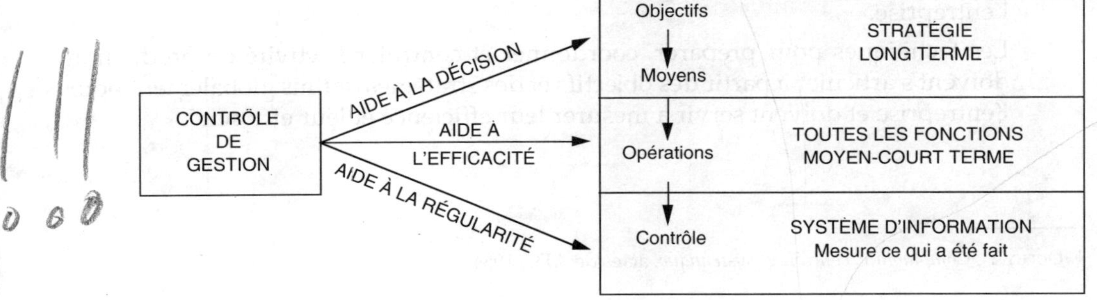

Le contrôle de gestion induit donc :
- un système d'information, moyen du contrôle qui doit être pertinent et cohérent et,
- une forme d'organisation, objet du contrôle, en convergence avec le système de contrôle. Les données comptables et budgétaires en constituent la base essentielle. (1)

2.4 Les objectifs du contrôle de gestion

Le contrôle de gestion paraît utile à plusieurs étapes du processus décisionnel :
- pour aider à la décision en amont : préparer le FUTUR ;
- pour coordonner l'activité de l'entreprise : suivre le PRÉSENT ;
- pour corriger les actions en aval : contrôler le PASSÉ.

A partir de tous ces éléments de définitions, essayons de cerner les objectifs du contrôle de gestion :

OBJECTIF GÉNÉRIQUE
Aide à la décision pour dirigeants et gestionnaires

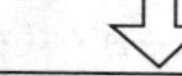

OBJECTIFS DÉCOMPOSÉS
- traitement des informations en amont de la décision
- planification des décisions
- organisation et coordination des actions
- contrôle des actions
- audit

3. La place du contrôle de gestion dans le processus stratégique

Le contrôle de gestion doit être en interaction avec les objectifs et les stratégies de l'entreprise.

Les techniques pour préparer, coordonner et contrôler l'activité de production doivent s'articuler à partir des objectifs et des stratégies définis globalement pour l'entreprise et doivent servir à mesurer leur efficience et leur efficacité.

1. Dupuy Y., *Comptabilité, contrôle et systémique*, actes de AFC, 1984.

Pour ce faire, le contrôle de gestion intervient AVANT, PENDANT et APRÈS l'action.

On peut présenter l'intégration du contrôle de gestion dans le processus de pilotage de l'entreprise par le schéma ci-dessous.

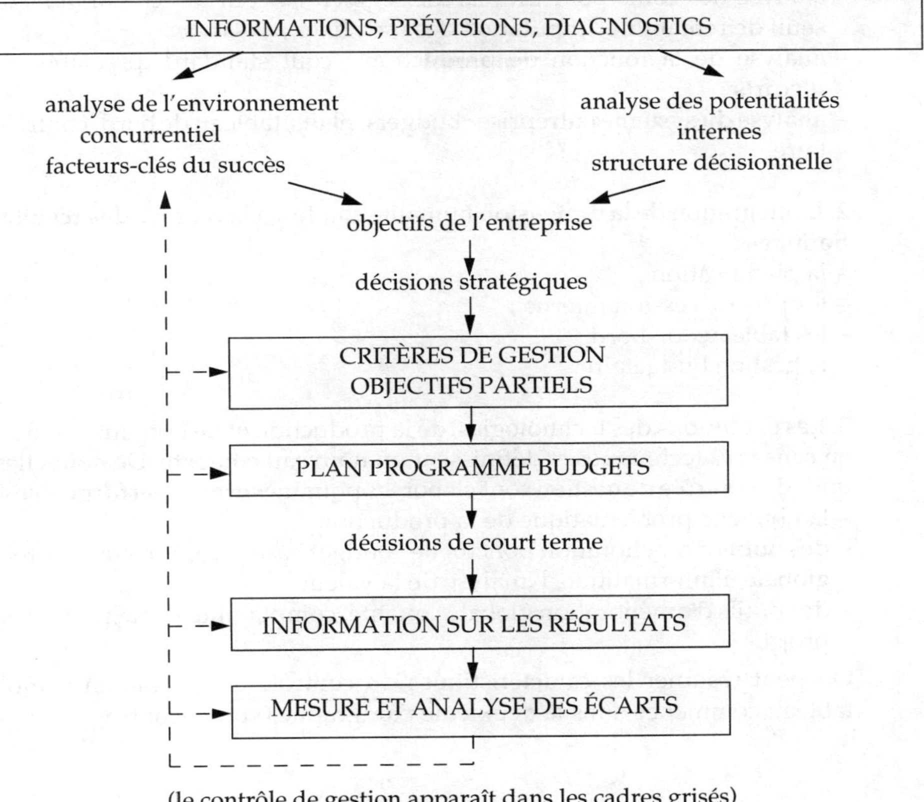

(le contrôle de gestion apparaît dans les cadres grisés)

4. Le contenu du contrôle de gestion

L'idée essentielle à retenir est que le contrôle de gestion est un système d'information, qui s'est construit par étapes, sur l'organisation interne de l'entreprise

Le système d'information «contrôle de gestion» s'est adapté aux évolutions des besoins des entreprises et a traité des informations de plus en plus diversifiées :
– d'abord, la fonction de production avec des outils comptables ;
– puis, toutes les fonctions interdépendantes avec des outils diversifiés.

Le contrôle de gestion englobe donc à l'heure actuelle de nombreux outils de gestion qui seront présentés dans ce livre selon la logique suivante :

1. Les outils traditionnels du contrôle de gestion pour **mesurer les résultats** :
- analyse des coûts pour un marché global : la méthode des coûts complets ;
- analyse des coûts pour un marché segmenté : coût direct, variable, marginal, seuil de rentabilité, imputation des frais fixes ;
- analyse de la fonction de production : coût standard, préétabli et analyse d'écarts ;
- analyse du système entreprise : budgets, plans, tableau de bord, contrôle budgétaire.

2. L'intégration de la dimension humaine conduit à la **mesure des résultats et des hommes** :
- la planification ;
- les prix de cession interne ;
- les tableaux de bord ;
- la gestion budgétaire.

3. Les évolutions des technologies, de la production et de l'organisation remettent en cause ces techniques et définissent un nouveau contexte. De nouvelles techniques du contrôle de gestion sont élaborées pour **mesurer la performance globale** :
- la nouvelle problématique de la production ;
- des outils d'amélioration ponctuelle : budget base zéro, surplus de productivité globale, l'informatique, l'analyse de la valeur ;
- des outils d'amélioration globale : qualité, comptabilité par activité, gestion par projet.

On peut résumer les caractéristiques du contrôle de gestion en complétant le tableau commencé dans le deuxième paragraphe (voir ci-contre).

OBJECTIF GÉNÉRIQUE

Aide à la décision pour dirigeants et gestionnaires

OBJECTIFS DÉCOMPOSÉS

- traitement des informations en amont de la décision
- planification des décisions
- organisation et coordination des actions
- contrôle des actions
- audit

QUALITÉS NÉCESSAIRES

- pertinence
- fiabilité
- précision
- mesure quantitative
- mesure qualitative
- souplesse, adaptation
- lisibilité, acceptation

CONTRAINTES

- environnement changeant
- dimension humaine
- structure
- objectifs économiques
- stratégie

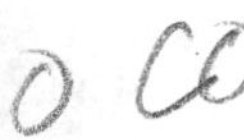

TECHNIQUES

- calcul de coût de revient
- seuil de rentabilité
- budgets, plans, programmes
- analyse d'écarts
- analyse des stocks
- tableau de bord
- informatique
- BBZ
- analyse de la valeur
- comptes de surplus

RÉFLEXIONS SUR LE THÈME

1. La contingence des entreprises

La théorie classique de l'organisation propose des solutions universelles, pour les structures et pour les procédures de fonctionnement, *the one best way* applicable à toutes les entreprises.

Les théories de la contingence formulent des solutions spécifiques selon le contexte de l'entreprise et ses particularités. La réponse universelle, unique et forcément optimale des théoriciens classiques est remplaçée par des propositions «satisfaisantes», multiples et spécifiques à chaque organisation.

Quatre facteurs de contingence essentiels conditionnent les choix des entreprises et influencent donc les techniques de contrôle de gestion mises en place.

TAILLE et ÂGE de l'entreprise
STYLE DE DIRECTION de l'entreprise
TECHNOLOGIE utilisée
Caractères de l'ENVIRONNEMENT

} ⇒ quel contrôle de gestion ?

2. Les deux caractères de l'environnement actuel : incertitude et complexité

Les turbulences technologiques et économiques sont inhérentes à l'environnement macroéconomique actuel. Leur diversité et leur densité rendent plus COMPLEXE et plus INCERTAIN le pilotage des entreprises.

Pour maîtriser ces deux caractéristiques, les organisations doivent adapter leur structure, leur mode de fonctionnement (la production par exemple) rendant aussi nécessaire des modifications des systèmes d'information, donc de la nature du contrôle de gestion.

Applications

Le contrôle dans l'organisation

(Extrait de l'article de C. GRENIER, «Contrôle de gestion», *Encyclopédie du management*, Vuibert, 1992, tome 1.)

On s'accorde généralement pour reconnaître que l'activité de gestion recouvre trois ensembles d'actions nécessairement intégrées :
- choisir les effectifs, pour l'entreprise ou pour un sous ensemble de celle-ci ;
- déterminer et agencer les moyens à mettre en œuvre pour atteindre ces objectifs ;
- mettre en place les instruments permettant d'évaluer les méthodes employées et les résultats effectivement obtenus.

Ainsi, de la même façon qu'il inclut les fonctions de prévision et d'organisation, le système de gestion de l'entreprise inclut la fonction de contrôle inséparable des précédentes. Le contrôle est donc une mission qui relève de la responsabilité de celui qui gère. Mais la complexification croissante des activités concernant la gestion des entreprises conduit à une différenciation progressive des fonctions et à l'apparition d'organes spécifiques permettant de les accomplir. Cette différenciation apparaît à deux niveaux : celui du système global de gestion et celui de ses composantes, parmi lesquelles figure le système de contrôle. Dans cette perspective, la notion générale de contrôle organisationnel va permettre de délimiter les champs respectifs du contrôle interne, de l'audit interne et du contrôle de gestion.

La notion de contrôle organisationnel

Les actions de finalisation, d'organisation et de contrôle aboutissent, *toutes ensemble*, à conduire l'entreprise vers la réalisation progressive de ses buts. Cependant, comme dans tout processus dynamique continu, il n'y a pas d'arrêt : lorsque, à un moment donné, les objectifs fixés antérieurement ont été atteints, d'autres, plus récents, orientent les nouvelles actions à entreprendre. Le système entreprise ne peut alors être analysé que dans la dualité état/mouvement. L'entreprise dispose, par toutes ses ressources, d'un potentiel d'énergies internes qui doit être en permanence en *état* de contrôlabilité (ou encore «sous tension»), pour que les actions puissent mobiliser les énergies permettant le *mouvement*.

Le contrôle organisationnel interne correspond à cette dynamique de la contrôlabilité : faire en sorte que les actions individuelles se déroulent conformément aux objectifs de l'entreprise. L'expression «contrôle organisationnel interne» semble préférable à celle de «contrôle interne opérationnel», car elle signifie que le contrôle concerne toute l'organisation quel que soit le niveau de la décision, et elle évite l'ambiguïté de la distinction fonctionnel/opérationnel.

Le contrôle de soi exige, on le sait bien, surveillance et maîtrise de ses tendances naturelles ; il s'agit d'un *acte volontaire*, réfléchi, dans lequel s'équilibrent impulsion et inhibition et qui met en jeu des régulations d'une grande complexité. De manière analogue, le contrôle organisationnel est *construit* dans le but d'assurer la coordination d'intérêts et de comportements multiples, et il met aussi en œuvre des mécanismes complexes.

Trois ensembles de méthodes permettent de réaliser globalement cette coordination : la *planification*, l'*orientation des conduites* à travers des règles et des procédures, la régulation selon un processus de *rétroaction* (*feed-back*). Ceci concerne évidemment l'organisation dans son ensemble. Mais chaque responsable dispose également de moyens pour agir, auprès de ses subordonnés, sur deux facteurs essentiels de la performance : la compétence et la motivation. On ne peut, dans le cadre de cet article, développer davantage, mais il faut insister sur l'extrême importance, à côté de l'information formalisée, des éléments *informels* de la communication lorsqu'il s'agit :
- d'expliciter et de clarifier les rôles, les objectifs, la manière de faire le travail ;
- de restituer le compte rendu de ce qui a été fait ;
- d'administrer les récompenses et les sanctions.

Le contrôle de gestion et les autres contrôles

Le schéma montre que le contrôle de gestion est essentiellement tourné vers la conception et la mise en œuvre des instruments de pilotage destinés à assurer la *cohérence économique globale* de la relation Objectifs-Moyens-Réalisations. Ces instruments de prévision, de commande et d'observation ne peuvent fonctionner convenablement que s'ils sont alimentés par une information de qualité. Le contrôle interne, l'audit interne et, en particulier, l'audit comptable et financier sont les garants de cette qualité.

SCHÉMA
CONTRÔLE DE GESTION ET FONCTIONNEMENT D'UNE ORGANISATION

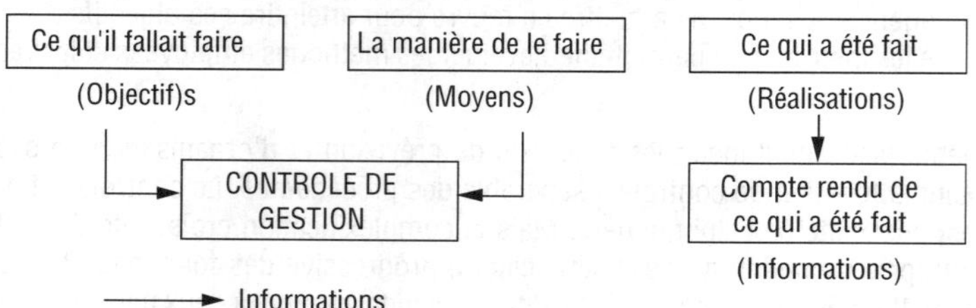

Ainsi le contrôle, au sens le plus large, permet de s'assurer que les actions individuelles et collectives se déroulent en conformité avec les objectifs de l'organisation. Le contrôle organisationnel interne recouvre tous les éléments formels et informels permettant d'orienter les conduites. Le contrôle de gestion apparaît comme la composante chargée de définir, d'une part, les *règles* relatives au *choix* des actions à entreprendre et des moyens à mettre en œuvre, d'autre part, les *procédures d'évaluation* des résultats. La définition des *règles d'accomplissement* des actions choisies relève du contrôle interne. Ces deux ensembles, règles de décision, règles d'exécution, contribuent à la maîtrise de l'organisation. Encore faut-il vérifier que ces règles sont effectivement appliquées. L'audit interne a pour rôle d'en surveiller l'existence et l'application.

Par exemple, la gestion des investissements suppose :
1. des règles de choix (critères de rentabilité, de risque) ;
2. des procédures d'exécution (cahier des charges, autorisation de dépense, règles de comptabilisation) ;
3. des méthodes de suivi des réalisations (évaluation des temps, des coûts).

Les points 1 et 3 concernent le contrôle de gestion alors que le point 2 relève du contrôle interne. L'audit interne permettra à la direction de s'assurer que, pour les actes d'investissement, les règles et procédures existent et sont convenablement employées. Le contrôle de gestion a pour but l'élaboration des méthodes qui permettent de surveiller et de maintenir la cohérence globale des actions, sachant que la performance économique ne résulte pas seulement de règles formalisées.

Toutefois les différents types de contrôle ont tendance à voir leurs champs respectifs se modifier, se recouvrir, en partie sous l'influence des contraintes économiques générales, mais aussi à cause du mouvement naturel qui fait que des informations, on remonte aux opérations, puis aux décisions qui leur ont donné naissance. Malgré cela, il faut surtout retenir la complémentarité des formes du contrôle qui s'exerce :

- d'abord par une action préventive et prévisionnelle :
  - prévision des événements (contrôle de gestion),
  - prévision des conduites à tenir par l'organisation des rôles et la fixation des règles et des procédures (contrôle interne) ;
- puis par une évaluation des actions et de leurs résultats :
  - dans une optique de régularité (audit interne) ;
  - dans une optique économique d'efficacité et d'efficience (contrôle de gestion).

QUESTIONS :

a) Quelle est la conception développée par l'auteur sur le «contrôle dans l'organisation» ?
b) Quelle est la place du contrôle de gestion parmi les autres contrôles ?

2 Le contrôle de gestion et la théorie des organisations

La théorie des organisations s'est élaborée progressivement depuis le début du XXe siècle avec la constitution des entreprises industrielles et l'apparition de problèmes d'organisation. Les analyses successives sur des points divers ont enrichi l'étude et la compréhension des organisations. Sans faire de hiérarchie ou de filiation, les points suivants sont choisis en fonction de leur apport à l'évolution du contrôle de gestion.

1. Le contrôle de gestion et l'école classique

1.1 Les caractéristiques essentielles de la théorie classique

Dans le contexte des débuts de la société industrielle, la PRODUCTIVITÉ constitue l'objectif prioritaire. Il faut produire en grande quantité des produits standards pour répondre à la demande et réduire les coûts unitaires.

TAYLOR introduit l'organisation scientifique du travail, BEDEAUX décompose les mouvements et mesure les temps d'opération pour diviser les tâches et augmenter les rendements. WEBER analyse la bureaucratie comme l'établissement de normes et de règles imposées à des exécutants. FAYOL délimite les fonctions essentielles pour gouverner une entreprise dont la fonction de contrôle.

Les concepts sur lesquels repose ce cadre d'analyse sont essentiellement :
- les ÉCONOMIES D'ÉCHELLE : fabrication par lot de grande taille pour augmenter la productivité et réduire les coûts unitaires en répartissant les frais fixes sur des quantités importantes ;
- la STANDARDISATION : homogénéité des produits sans différenciation ;
- la DIVISION DU TRAVAIL, SPÉCIALISATION : décomposition et segmentation des tâches ;
- l'EXÉCUTION/CONTRÔLE : mesure de l'activité et du rendement des postes, comparaison aux normes établies.

1.2 Le contrôle de gestion au travers des théories classiques

Le contrôle est un des fondements de cette vision de l'organisation. Principalement quantitatif, il est nécessaire à tous les niveaux de l'entreprise.

Le contrôle de gestion qui apparait vers les années 1930 est un outil de gestion élaboré pour s'intégrer dans cette problématique.

Il s'insère tout à fait dans les principaux concepts cités :
- la comptabilité analytique sépare les coûts directs et les coûts indirects souvent fixes, calcule des coûts unitaires ;
- la comptabilité analytique découpe l'activité, décompose le coût de production selon les étapes techniques ;
- le calcul et l'analyse des écarts permettent de contrôler l'exécution des tâches.

Le contrôle de gestion permet de mesurer quantitativement des actions pour les comparer aux normes préétablies et les corriger si besoin est.

Il a souvent été utilisé comme moyen de contrôle, voire de sanction pour les salariés de l'entreprise.

> LE CONTRÔLE DE GESTION DANS L'APPROCHE CLASSIQUE :
> C'est une mesure quantitative des écarts entre réalisations et prévisions pour sanctionner les exécutants.

2. Le contrôle de gestion et l'école des relations humaines

2.1 L'approche sociologique et psychologique

L'école des relations humaines a profondément modifié les conceptions sur l'intégration des individus dans l'entreprise.

Différentes études ont mis en évidence les motivations affectives et l'importance de la participation des acteurs de l'entreprise.

a) L'approche béhaviourale : «l'homme MAIN + CŒUR» : Mayo, Herzberg, McGregor

La réaction à l'école classique prend plusieurs aspects :

- MAYO met en évidence à la Western Electric que les salaires et les conditions de travail ne suffisent pas à motiver les acteurs de l'entreprise. La productivité augmente en revanche avec l'attention qui leur est portée et les motivations sont plus fortes avec un degré de responsabilité plus élevé ;
- McGREGOR présente la théorie Y (opposée de la théorie X) où l'individu est capable de s'intéresser, de participer aux buts et aux activités de l'organisation tout en essayant de réaliser ses propres objectifs ;
- HERZBERG analyse les facteurs de satisfaction au travail et démontre l'importance et la nécessité d'enrichir et d'élargir les tâches et les responsabilités des acteurs de l'organisation.

> Le contrôle s'en trouve modifié, dans son objectif et dans ses moyens. Il n'est plus seulement ressenti comme une vérification du supérieur hiérarchique sur l'exécutant. Le subordonné plus responsable peut s'auto-contrôler, au moins pour les tâches les plus courantes.

b) L'approche socio-économique : «l'homme MAIN+CŒUR+TETE»

Les études menées depuis une trentaine d'années tout en corroborant l'analyse béhaviouriale ajoutent une dimension supplémentaire en accordant des capacités d'initiative, de créativité aux participants à l'organisation.

- EMERY et TRIST mettent en évidence la double dimension de l'organisation technique et sociale et cette analyse socio-technique privilégie les groupes de travail autonomes ou semi-autonomes.
- CYERT et MARCH dans leur théorie comportementale de la firme montrent que les individus ont des objectifs et que les buts de l'organisation dépendent des coalitions des acteurs.
- OUCHI présente la théorie Z dans laquelle il analyse l'identité et la culture de l'entreprise comme moyens pour obtenir une meilleure coopération et une symbiose plus forte des participants à l'organisation.

A l'issue de ces courants, le contrôle en général et le contrôle de gestion en particulier doivent s'orienter vers une dimension sociale. L'accomplissement d'une tâche est fonction du comportement et des motivations de l'individu. Il faut donc que le contrôle intègre ces facteurs pour bien jouer son rôle de mesure, de conseil et améliorer les actions réalisées.

2.2 Le contrôle de gestion après l'école des relations humaines

Le contrôle de gestion peut être un outil de contrôle des individus mais aussi un instrument de motivation et de participation.

Ce sont les principes de contrôle des objectifs, la direction par les objectifs (DPO), la direction participative par les objectifs (DPPO), le système de sanction-récompense qui seront abordés dans le chapitre 15.

> LE CONTRÔLE DE GESTION DANS L'APPROCHE DES RELATIONS HUMAINES : C'est un moyen pour stimuler des acteurs de l'organisation.

3. Le contrôle de gestion et la théorie de la décision

3.1 La décision et la rationalité limitée

a) Définition

La décision peut être définie comme un choix délibéré parmi plusieurs possibilités, dans le but de résoudre un problème.

b) Les théories de la décision

Trois théories ont étudié la décision en y apportant successivement une dimension supplémentaire (1).

- **théorie classique** : la théorie de l'acteur rationnel. La décision est linéaire, unique et optimale ;
- **théorie du processus politique** : la rationalité est limitée et la décision est incertaine. Les acteurs tentent d'influencer la décision ;
- **théorie du processus psychologique** : dans le contexte contemporain la décision ne peut être que contingente. La décision «satisfaisante» à un moment donné dans un contexte précis a remplacé la décision optimale, unique et standard quel que soit le cadre d'action.

c) La nature de la décision

• *La décision actuelle est prise dans un environnement partiellement connu*, aux mutations rapides et imprévisibles ; décider l'acquisition d'une nouvelle machine de

1. SFEZ L. , *Critique de la décision*, Seuil.

production suppose un choix dans un environnement technologique très fluctuant et rapidement obsolète.

• *La décision est toujours multi-rationnelle* : les critères de décision pour acheter la nouvelle machine vont différer selon le décideur car l'optique du comptable n'est pas celle de l'ingénieur ni celle du financier.

• *La décision est pluri-finalisée* : la nouvelle machine doit être techniquement performante, économiquement rentable, financièrement compatible avec les ressources.

d) Le processus de décision

Le terme de processus indique qu'il y a plusieurs étapes à la prise de décision :

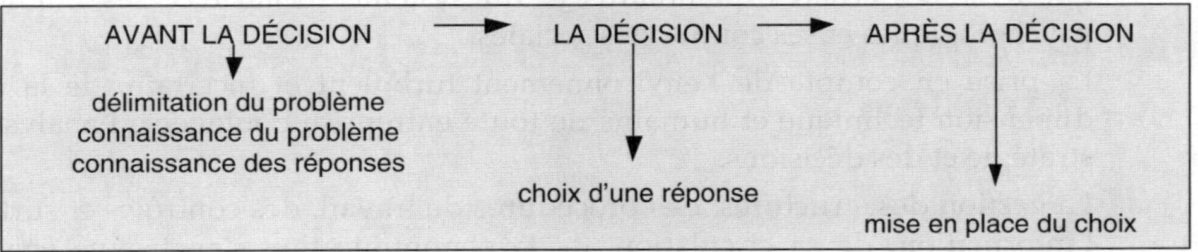

e) Le modèle IMC

SIMON dans le cadre de l'école des systèmes sociaux (1960) propose un modèle qui reste le plus répandu, le modèle IMC (en anglais : *Intelligence, Modelisation, Choice*).

I : formulation du problème à résoudre et délimitation du champ d'analyse.

M : - recherche et collecte de toutes les informations nécessaires pour appréhender et résoudre le problème ;
- élaboration de toutes les solutions alternatives possibles et compatibles pour l'entreprise.

C : détermination d'un critère de choix pour sélectionner la solution la plus satisfaisante.

De nombreux autres modèles ont été élaborés mais tous reprennent la même séquence en la détaillant plus ou moins.

SIMON introduit la notion de **rationalité limitée** : les décideurs ne peuvent appréhender l'ensemble du problème qui se pose à eux et simplifient donc leur délimitation du champ d'analyse.

D'autre part, les connaissances sont incomplètes pour donner une image fidèle, objective et rationnelle du problème.

De plus, le système de valeurs du décideur biaise ses choix.

La rationalité limitée des individus affecte donc les processus décisionnels mais aussi les systèmes d'information qui sont mis en place pour aider à la décision. Cela touche donc le contrôle de gestion.

3.2 L'organisation est un système social

Après l'école des relations humaines qui prend conscience des besoins et des motivations de l'homme au travail, l'étape suivante est la conception de l'organisation comme un système social.

En élargissant la perception et le rôle de l'entreprise, les auteurs tels que HERZBERG, CROZIER recherchent la participation et l'intégration du personnel pour améliorer les performances de l'organisation. Cela conditionne de nouvelles formes d'autorité, de nouvelles pratiques du pouvoir, de responsabilisation et d'autonomie.

L'aboutissement du mouvement des relations humaines est l'intégration de la dimension humaine dans l'analyse économique des entreprises.

L'ANALYSE SOCIO-TECHNIQUE montre l'interdépendance du système technique avec ses critères quantitatifs et du système social avec ses implications psychologiques et ses contraintes sociales.

La prise en compte de l'environnement turbulent et incertain, de la double dimension technique et humaine de toute entreprise bouleverse l'analyse de la stratégie et des décisions.

La gestion des structures, des procédures de travail, des contrôles et surtout de l'information, de sa circulation, de la communication s'en trouve également modifiée.

ANSOFF, DRUCKER, ont largement contribué à élargir l'approche de l'organisation pour aboutir à :
- un *SYSTÈME* dont les éléments en interdépendance doivent coopérer et communiquer,
- OUVERT sur l'environnement incertain et perturbateur,
- SOCIO-TECHNIQUE,
- et FINALISÉ, avec des objectifs qui évoluent et des mécanismes régulateurs pour piloter l'ensemble.

3.3 Evolution du contrôle de gestion après les théories de la décision

Ces nouvelles approches ont fortement influencé la place et l'optique données au contrôle en général, au contrôle de gestion en particulier.

L'enrichissement des tâches, la délégation et la décentralisation du pouvoir et des décisions, l'introduction de la dimension qualitative ne peuvent que modifier les objectifs et les utilisations du contrôle de gestion :
- on passe du seul **contrôle de régularité**, de conformité à des normes avec d'éventuelles sanctions à la clé au **contrôle d'efficacité**, appréhendé comme une source de conseil pour améliorer les performances de l'entreprise et demandant une plus grande responsabilisation et autonomie des acteurs ;
- on passe du contrôle **ex post** pour vérifier un passé à un **suivi permanent** pour aider avant, pendant et après l'action. Ce n'est plus un «bâton» mais un outil de communication et de « médiation» entre les partenaires de l'entreprise.

LE CONTRÔLE DE GESTION DANS L'APPROCHE SOCIOLOGIQUE :
C'est un instrument de conseil et de suivi des réalisations pour améliorer l'efficacité.

4. Le contrôle de gestion et la théorie des systèmes

4.1 L'approche systémique

a) Qu'est-ce qu'un système ?

Vers 1930 des biologistes voulant comprendre le fonctionnement d'une cellule étaient bloqués dans leur recherche alors qu'ils avaient parfaitement analysé tous les éléments constitutifs de la cellule. S'apercevant que cette approche n'expliquait pas les relations entre les composants de la cellule, ils élaborèrent une démarche globale qui s'intéressait aux liaisons entre les éléments.

L.von Bertalanffy généralise ces travaux en 1968 en une *Théorie générale des systèmes* (Dunod, 1993).

La théorie des systèmes essaie donc de modéliser dans sa globalité l'ensemble d'éléments en interaction qui composent un système dynamique, ouvert sur son environnement qui cherche à lutter contre *l'entropie* (tendance de tout système à se désorganiser et à s'auto-détruire) en mettant en place des *processus de régulation* (ou feed-back).

C'est une structure organisée réunissant plusieurs éléments différents mais qui fonctionnent en interaction pour atteindre un objectif commun.

Cinq caractéristiques de l'approche système peuvent être repérées et appliquées à toute entité :

- des éléments différenciés et interdépendants (1),
- une frontière (2),
- un environnement (3),
- un objectif (4),
- des processus de régulation (rétroaction) (5).

SCHÉMA GÉNÉRAL D'UN SYSTÈME

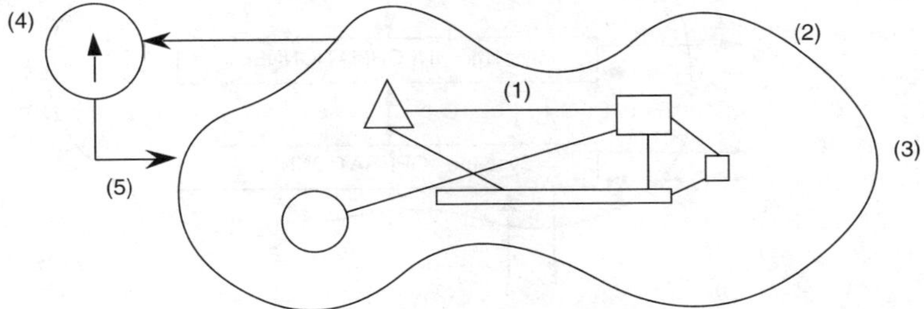

b) L'entreprise système

Si l'on applique cette démarche système à l'entreprise il ressort que :

- les éléments différenciés sont : les FONCTIONS ET SERVICES de l'entreprise qui ont chacun des objectifs, des moyens, des structures spécifiques mais doivent pourtant travailler ensemble ;
- la frontière est : la STRUCTURE de l'entreprise, son organisation interne ;
- l'environnement est : les PARTENAIRES OBLIGÉS de l'entreprise, clients, fournisseurs, concurrents, État, banques, syndicats ;
- l'objectif est : la SURVIE de l'entreprise à long terme et des objectifs économiques et sociaux évolutifs sur le moyen terme ;
- les processus de régulation sont : les DÉCISIONS et les ACTIONS de pilotage pour recentrer l'organisation vers ses objectifs.

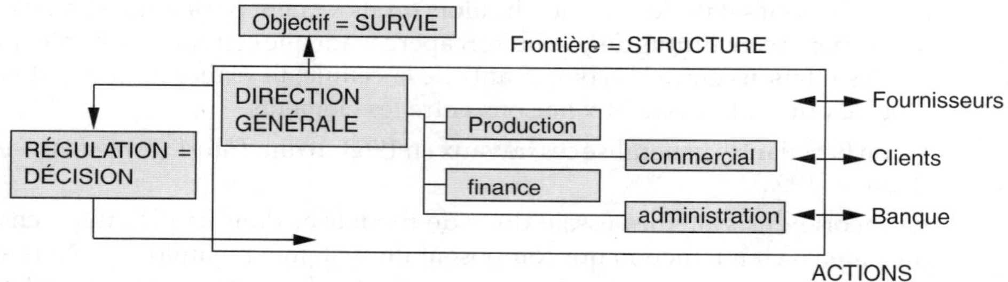

Dans cette approche, l'entreprise devient un système complexe, finalisé, ouvert sur l'environnement incertain, regroupant des acteurs et des fonctions en interrelation. Ce sont donc les LIAISONS internes qui apparaissent plus importantes que les composantes de l'organisation.

L'entreprise peut être décomposée de manière dynamique et opératoire en trois pôles interdépendants essentiels à son fonctionnement : Décision, Information, Action.

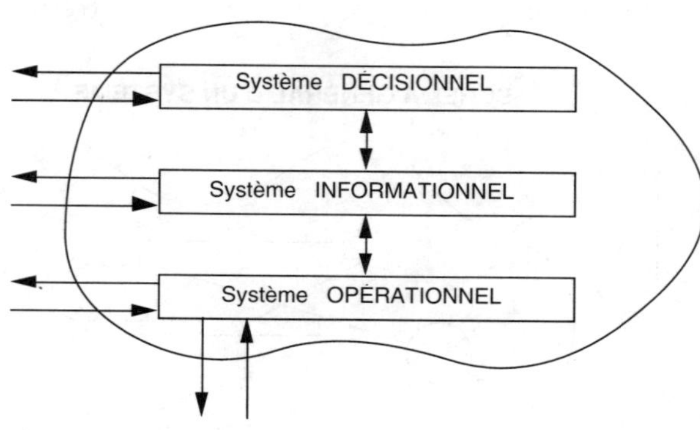

Si l'ensemble des décisions (système décisionnel) est appréhendé de manière globale et interdépendante, il faut que les outils de traitement des informations (système informationnel) intégrent aussi cette approche pour aider à la décision.

4.2. Le contrôle de gestion dans une approche systémique

a) Une vision globale nécessaire

Le pilotage de l'organisation repose sur le cycle :

INFORMATION → DÉCISION → ACTION → CONTRÔLE.

Le contrôle de gestion apparaît comme un instrument indispensable au pilotage et ce, sous plusieurs aspects.

- *Pilotage de l'ensemble et des parties*

Le contrôle de gestion doit être une «loupe» sur certains points de l'activité (par l'intermédiaire, entre autres, des calculs de coûts partiels), mais doit aussi donner une image de l'enchaînement des activités pour en mesurer l'efficacité globale, au travers des plans et budgets, par exemple.

- *Pilotage permanent*

Le contrôle de gestion est aussi un baromètre permanent pour mesurer les actions et aider au recentrage des actions pour atteindre les objectifs fixés.

b) Une vision cybernétique nécessaire

La cybernétique est la discipline qui analyse le comportement des systèmes finalisés. Elle étudie comment ces derniers s'adaptent aux modifications de leur environnement, grâce à des procédures de contrôle qui régulent par rétroaction.

Le CONTRÔLE DE GESTION s'intègre bien dans cette problématique.

Pour lutter contre les dérèglements du système dus aux prévisions imparfaites et aux perturbations de l'environnement et pour rétablir l'équilibre, le contrôle de gestion mesure les actions réalisées et permet les *rétroactions nécessaires* sur les prévisions, les objectifs et les actions.

En effet, la décision dépend de l'écart entre les objectifs prévus et les résultats pour rétroagir sur la cause. On peut ainsi représenter la place du contrôle de gestion dans le processus par le schéma suivant :

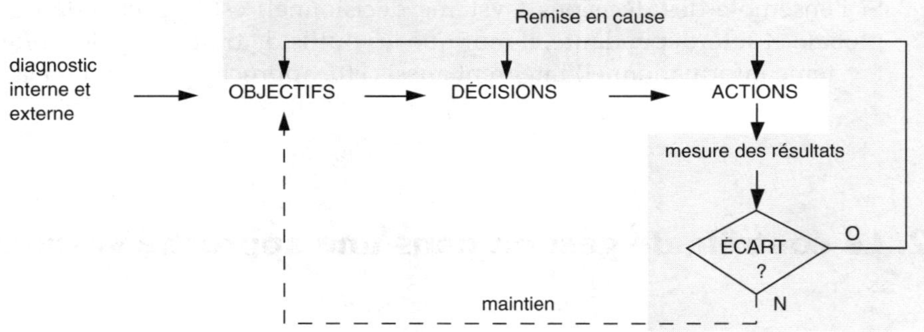

Le **contrôle de gestion** apparaît alors comme le sous-système permettant d'organiser l'effet de rétroaction nécessaire.

5. Le contrôle de gestion et la théorie de la contingence

5.1 La théorie de la contingence

Les théories de l'organisation essaient de répondre à la question : existe-t-il une structure idéale pour l'entreprise et quelle est-elle ?

A la différence des théories classiques qui cherchent à établir LA norme, LE «bon» modèle quelles que soient les entreprises, les théoriciens de la contingence, une des dernières écoles de la théorie des organisations (1980) recherchent *une solution satisfaisante pour une entreprise spécificique dans un contexte particulier*.

L'organisation est soumise à des facteurs de contingence, c'est-à-dire des éléments propres à une entreprise, qui évoluent avec elle et qui influencent ses choix et ses actions.

L'environnement et ses caractéristiques sont des facteurs discriminants pour structurer l'organisation.

Plusieurs facteurs de contingence sont repérables :
- **la TECHNOLOGIE** : selon J. WOODWARD, le choix de la structure est déterminé, «contingent» à la technologie utilisée dans le système de production de l'entreprise (production en petite ou grande série, processus continu ou discontinu) ;
- **la TAILLE, l'ÂGE** et **le POUVOIR** de l'entreprise : LAWRENCE & LORSCH, MINTZBERG analysent ainsi les structures les plus adéquates en fonction de ces facteurs et de leur évolution ;
- **l'ENVIRONNEMENT** : l'activité, les offreurs et les demandeurs, toutes les dimensions de l'environnement influencent également les choix structurels.

5.2 Influence de la théorie de la contingence sur le contrôle de gestion

Grâce à cette problématique, il n'est plus possible de considérer le contrôle de gestion comme un outil standard pour toutes les organisations.

Le contrôle de gestion doit être un système d'information pour la dimension technique (approche quantitative du coût) mais aussi pour la dimension sociale (approche qualitative de la performance de l'organisation).

Le contrôle de gestion doit aussi être un outil de communication entre les acteurs et les services de l'organisation. Il doit faciliter les procédures de travail.

Sa place, l'importance de son rôle, sa conception et son utilisation vont être très différents selon les spécificités des entreprises.

Le contrôle de gestion doit s'adapter aux besoins d'information de l'organisation et ne pas être «plaqué» de la même manière dans toutes les entreprises.

LE CONTRÔLE DE GESTION DANS LES APPROCHES RÉCENTES :
C'est un instrument d'analyse des performances, spécifique selon les objectifs de l'organisation et les comportements des participants.

6. Le contrôle de gestion et la théorie des coûts de transaction

6.1 L'existence des organisations

R. Coase (1937) a montré la nécessité des organisations à partir du concept de coût de transaction. Dans une économie de marché, il existe des coûts incontournables lorsque l'on s'adresse au marché : ce sont les coûts de fonctionnement du système d'échange pour procéder à l'allocation des ressources et transférer des droits de propriété (coûts d'information, coût de taille, etc.). Ces coûts de transaction plus ou moins élevés conduisent à se détourner du marché et à mettre en place des organisations limitant ainsi les échanges. Donc les coûts de transaction (sur le marché) expliquent l'existence des firmes mais à l'inverse les coûts organisationnels (de fonctionnement de la structure) montrent les limites des organisations pour se substituer complètement au marché.

6.2 Les conséquences sur le contrôle de gestion

En fonction de la complexité de l'environnement, des variables qu'il faut prendre en considération, l'organisation sera plus ou moins externalisée en comparant les coûts de transaction et les coûts organisationnels.

Ainsi, l'organisation n'est pas un état fini mais un processus de transformation permanente, ce qui oblige à modifier les procédures de travail, de contrôle en fonction de l'évolution de la structure.

Il faut donc adapter les méthodes du contrôle de gestion pour mesurer, coordonner et faire communiquer les différentes unités internes ou extérieures à l'organisation. Le contrôle de gestion sera d'autant plus difficile et compliqué que l'entreprise sera éclatée ou en «réseau».

RÉFLEXIONS SUR LE THÈME

1. Une vision plus réaliste des organisations mais plus complexe

L'approche de l'entreprise s'est modifiée avec l'enrichissement de la théorie des organisations.
Aujourd'hui l'organisation ne peut être considérée que comme un système aux multiples dimensions, aux multiples objectifs,composé d'acteurs aux multiples motivations, qui ne peut que sous-optimiser sous contraintes dans un contexte contingent et fluctuant.
Tous les éléments d'analyse nous permettent d'appréhender l'entreprise de manière vivante, globale, proche de sa réalité d'action.
Mais la modélisation de l'entreprise et de son fonctionnement qui résultait de la vision classique, simple mais incomplète, est de moins en moins possible.
Les facteurs, les critères quantitatifs et qualitatifs qu'il faudrait intégrer pour une représentation complète sont difficiles à introduire et à mesurer.
Voilà pourquoi la gestion des entreprises requiert des domaines de plus en plus variés tels que les statistiques, la comptabilité, la recherche opérationnelle mais aussi la sociologie des organisations, la psychologie, etc...

2. Une évolution déterminante et irréversible du contrôle de gestion : vers une dimension sociale

La pratique du contrôle est devenue indispensable et doit dorénavant intégrer deux aspects essentiels :
– les relations SOCIALES à l'intérieur et à l'extérieur de l'entreprise, mettant en jeu des critères qualitatifs,
– et la COMPLEXITE des échanges, des facteurs, des interdépendances qui conditionnent l'organisation.

L'analyse des théories des organisations montrent bien les liens étroits qui existent entre l'entreprise, organisation structurée et finalisée qui doit s'adapter à son environnement et les systèmes d'information – et en particulier le contrôle de gestion – qui aident à prendre les bonnes décisions.
La vision plus riche et plus réaliste de l'organisation au travers des théories des organisations conduit à bousculer le concept de contrôle de gestion :
Le CONTRÔLE VÉRIFICATION A POSTERIORI-SANCTION devient un CONTRÔLE-SUIVI-CONSEIL
L'évolution du contexte et de la compréhension des organisations induit donc nécessairement des changements à tous les niveaux.
C'est pourquoi les outils et les méthodes du contrôle de gestion doivent évoluer et s'adapter comme nous l'étudierons à travers les deux volets de la seconde partie du livre : les techniques de base et les nouvelles techniques.

3. L'approche ANALYTIQUE n'est pas exclue, elle est complémentaire de l'approche systémique

L'approche système ne relègue pas l'analyse au rang des outils périmés. Les deux angles d'attaque sont différents mais éclairent une entité de manière aussi riche ; c'est l'association des deux démarches qui permet de mieux comprendre la structure et le fonctionnement d'un ensemble.

Applications

 *L'entreprise système*

(FERICELLI A.M., extrait d'article de la revue *Connaissance politique*, n°1 Dalloz, fév 83.)

[...] L'entreprise : un système adaptatif complexe

Pour étudier le fonctionnement et l'évolution de l'entreprise, dans ses relations avec l'environnement, c'est cette notion de système adaptatif complexe qui nous semble la plus fructueuse.
Ainsi que tout système ouvert, le système adaptatif complexe doit être considéré comme un système *finalisé*. Aussi bien, la notion d'autorégulation, et a fortiori celle d'autodirection, impliquent-elles la référence à une norme, à une fin ultime. En d'autres termes, le fonctionnement logique de la firme, système adaptatif complexe, comporte la poursuite d'un état recherché. Cet état peut être très généralement défini comme la survie, ou comme le maintien de la viabilité du système.
La complexité du système que constitue la firme doit par ailleurs être davantage explicitée. Elle doit l'être notamment grâce aux efforts de la théorie des organisations, qui conduit Mesarovic à définir l'entreprise comme un *ensemble de sous-systèmes hiérarchisés à objectifs multiples.* Cette définition plus complète permet surtout d'éclairer les conditions du fonctionnement interne de la firme, et en particuler les conditions de coordination et de communication entre les diverses unités de décision. Mais ce serait appauvrir l'analyse de fonctionnement et d'évolution que nous nous proposons de développer ici, que de négliger les cheminements internes à l'entreprise.
Au total, par conséquent, nous considérerons l'entreprise comme un système ouvert, adaptatif, finalisé et formé de sous-systèmes hiérarchisés.

L'environnement : un ensemble d'états et d'événements

Il reste maintenant à définir la notion d'environnement. Nous avons déjà souligné que l'environnement avec lequel l'entreprise entretient des échanges est de nature économique, sociale et politique. [...]
[...] L'environnement est conçu comme un ensemble d'éléments plus ou moins distincts et appréhendés par l'entreprise sous la forme *d'états ou d'événements.* Dans cette acceptation, un événement est un ensemble d'états différents qui ont la même signification pour l'entreprise. Les relations spatiales et temporelles particulières qui existent entre les états et les événements d'un environnement spécifique, constituent les *propriétés* de cet environnement. Plusieurs arrangements des relations entre états et événements sont possibles ; chacun d'eux correspond à ce que l'on a coutume d'appeler une *variété* de l'environnement. D'un autre côté, une variété particulière d'environnement peut être caractérisée par les relations spatiales et/ou temporelles relativement stables dont elle est formée. Les relations relativement stables d'une variété d'environnement sont appelées *contrainte.* Par opposition, on qualifiera de *chaos* une variété d'environnement dans laquelle les relations entre éléments sont si peu fixes qu'il y a la même probabilité pour un événement ou un état d'être associé à n'importe quel autre événement ou état. Cette situation de hasard total indique une variété d'environnement sans contrainte, qui ne saurait rendre compte de la notion d'environnement économique, social et politique de l'entreprise, si ce n'est peut-être aux époques les plus révolutionnaires.
C'est donc la notion de *variété contrainte d'environnement* qui sera ici retenue et l'environnement lui-même sera défini par la nature et le nombre des variétés contraintes qu'il peut revêtir.

[...] L'efficacité des procédures d'information

L'entreprise a besoin de deux catégories d'informations : une information sur l'environnement, une information sur son propre fonctionnement.
L'information sur l'environnement lui permet de connaître la variété de celui-ci à un moment donné, de prévoir les éventualités de transformation de cette variété dans l'avenir, de saisir le moment particulier où l'une des variétés possibles se réalise.

L'information sur son propre fonctionnement permet à l'entreprise de contrôler à chaque moment la conformité des résultats à l'égard des objectifs et de réviser la stratégie dans l'hypothèse de non conformité.
[...] Bien entendu, c'est essentiellement à l'épreuve des faits que l'on est à même de juger de la qualité d'une fonction d'information. Cette qualité est évidente si les signaux internes ont permis la révision au moment opportun et si les signaux d'environnement ont permis de mettre en œuvre une stratégie qui réalise la finalité de survie de la firme. On retrouve ainsi, au niveau du choix des fonctions d'information, le rôle de l'apprentissage à partir des expériences passées.
Le choix des signes d'information constitue l'opération primordiale de la procédure d'information. C'est cette opération qui détermine la qualité de l'information. Mais la procédure d'information ne saurait être efficace s'il n'y a pas communication des flux d'information aux niveaux de décision opportuns et aux moments opportuns.
[...]

QUESTIONS :

a) Comment est défini l'environnement ?

b) Retrouver les caractéristiques de l'entreprise système.

c) En quoi et comment le contrôle de gestion sert les procédures d'information ?

② *Les analyses théoriques sous-jacentes au contrôle de gestion*

(Extrait de l'article de C. GRENIER, «Contrôle de gestion», *Encyclopédie du management*, Vuibert, 1992.)

Sont maintenant présentés et expliqués les fondements du contrôle de gestion par référence à deux courants théoriques :
– la cybernétique et la théorie de l'information,
– la théorie de l'agence ou du mandat.

1. L'approche cybernétique

Le «paradigme cybernétique» constitue le modèle implicite de référence dans de nombreuses analyses de gestion, et en particulier dans celles relatives au système d'information. La cybernétique est présentée traditionnellement comme l'étude des systèmes, considérés sous l'angle de la commande et de la communication. Tous les systèmes semblent donc, a priori, concernés : automates, organismes vivants, organisations sociales. Les apports de cette discipline sont indiscutables sur le plan de la compréhension des mécanismes ; mais il faut se méfier des dangers de généralisation hâtive.

Les apports les plus notables de la cybernétique sont les suivants :
– elle permet de mettre en évidence les concepts logiques du contrôle qui reposent sur la dualité entre les actions mécaniques et les actions d'information ;
– par là même, elle met en évidence le rôle central joué par l'information dans le processus de contrôle ; elle y apparaît sous trois formes : comme *objet* soumis à des opérations, comme *programme d'instructions*, comme *intermédiaire de la régulation*, en particulier par la rétroaction, notion devenue aujourd'hui très familière.

La théorie de l'information a apporté des compléments intéressants :
– plus une situation est complexe, plus le nombre d'informations nécessaires pour la connaître ou la commander est élevé (loi de la variété requise) ; cela explique, on le verra plus loin, que les modes de contrôle deviennent de plus en plus globaux et qualitatifs ;
– une information renseigne d'autant plus sur une situation que cette dernière était moins probable ; se trouve ainsi justifiée l'importance qu'il convient d'accorder aux signaux faibles, hors des champs habituels et peu agrégés.

La limite de cette approche tient au fait que l'information n'y est considérée que par sa forme. Centrée sur le comportement des automates, la cybernétique ne peut pas prendre en considération la connaissance, la motivation, la compétence des individus. La transposition des concepts cybernétiques au contrôle de gestion doit donc se faire de façon restrictive. L'existence de propriétés formelles communes autorise des analogies satisfaisantes sur le plan de la compréhension des phénomènes ; mais l'entreprise possède d'autres propriétés qui ne s'accomodent pas de cette vision réductrice.

2. L'approche contractuelle

La théorie contractuelle des organisations, «en voie d'émergence», renferme, semble-t-il, de nombreuses potentialités explicatives. Elle permet déjà, dans un premier temps, de faire une lecture nouvelle des problèmes de contrôle dans l'entreprise.

Cette théorie considère l'entreprise comme un ensemble de contrats (explicites ou implicites) désignés sous le terme générique de mandat. Au sens strict, le mandat est en effet un contrat par lequel une personne (le mandant, ou principal) donne à une autre personne (le mandataire, ou agent) le pouvoir de faire quelque chose pour lui et en son nom. En prenant quelque distance par rapport aux aspects juridiques, on peut dire que la relation de mandat, ou la relation d'agence, caractérise la délégation de pouvoir, comme par exemple celle donnée par les propriétaires aux dirigeants. Les systèmes de contrôle externe sont la conséquence de cette différence de pouvoirs. La tenue des comptes joue alors un rôle de surveillance, tout particulièrement sur les avoirs de l'entreprise. Mais les systèmes comptables ont évolué graduellement et, sans abandonner les impératifs de surveillance, ils sont maintenant devenus plus sensibles à la réussite et à la performance dont ils permettent l'évaluation.

Entre les responsables et leurs collaborateurs existent également des relations de mandat : elles s'expriment implicement (par exemple, à travers les contrats budgétaires ou les contrats de progrès) ou explicitement (par le contrat de projet, effectivement signé indépendamment du contrat de travail). On peut émettre l'hypothèse que les systèmes de contrôle interne, en particulier par les sécurités mises en place, sont en fait des moyens pour réduire les coûts liés à ces contrats (les coûts d'agence). En garantissant la confiance dans l'information et en réduisant l'incertitude dans les échanges (au sens large), ils ont une fonction d'assurance implicite.

Cette théorie, qui est loin d'être arrivée au stade de la maturité, permet toutefois de mettre en évidence les points suivants :
- elle vient compléter la vision globale de l'entreprise par une vision plus individualiste, expliquant les ajustements élémentaires (interpersonnels) ;
- elle réintroduit, à travers la relation de mandat, les problèmes d'autonomie et d'engagement volontaire ; la confiance mutuelle s'accompagne d'une demande mutuelle de contrôle. Cela est conforme aux études sur la communication qui montrent que sa réalisation effective repose autant sur la confiance réciproque entre les interlocuteurs que sur la vérité de la connaissance transmise.

L'approche cybernétique permet une description formelle des processus de contrôle, dans une perspective de régulation globale. L'approche contractuelle permet de réintroduire les acteurs dans le système. Cependant il ne s'agit là que d'éléments de compréhension et nous ne disposons pas d'une véritable théorie. Ces éléments suffisent toutefois pour justifier l'existence d'une demande de contrôle qui ne cesse de s'amplifier sous l'effet d'un accroissement simultané de la variété, de la complexité, de l'incertitude de systèmes gouvernés par des acteurs dont la rationalité est limitée.

QUESTION :

Délimiter et résumer les deux approches récentes de la théorie des organisations présentées par C. Grenier qui précisent le fondement du contrôle de gestion.

3 Le contrôle de gestion, système d'information pour le système de décision

Traitement de l'information, système d'information, autant de termes qui résonnent de plus en plus fort dans toutes les entreprises et envahissent les modèles et les champs d'analyse de la gestion. La profusion des articles et livres sur le sujet ne doit pas faire croire à une apparition récente et éphémère de cette variable dans la sphère de l'entreprise. En effet, l'importance stratégique de l'information pour les entreprises n'est pas à démontrer et d'ailleurs, aucune entreprise solide et efficace n'a pu perdurer, sans tenir compte de cette contrainte, depuis la naissance des hommes d'affaires au moyen âge. La gestion des entreprises a toujours nécessité une écoute de ce qui se passait à l'extérieur, une mémorisation et une intégration de ces données, ainsi qu'une production d'informations.

Il faut donc étudier le système informationnel et le système décisionnel avant d'analyser le contrôle de gestion dans cette problématique.

1. Le système d'information

1.1 Définitions

Plusieurs définitions peuvent être reprises pour cerner la notion :

- H.C. LUCAS (1) analyse le système d'information comme «l'ensemble des procédures organisées qui permettent de fournir l'information nécessaire à la prise de décision et/ou au contrôle de l'organisation».

1. Lucas H.-C., *in* Davis, *Système d'information pour le management*, 1987.

• Une définition simple est donnée par C. DUMOULIN (1) : « Ensemble des informations circulant dans l'entreprise, ainsi que les procédures de traitement et les moyens octroyés à ces traitements.»

Les procédures de circulation et d'opération sur les informations constituent l'élément le plus opérationnel, mais aussi, bien sûr, le plus difficile à mettre en oeuvre dans le système d'information.

A partir des définitions, il ressort que la fonction première d'un système d'information est de PRODUIRE de l'information.

1.2 Les qualités d'un système d'information

Après cette analyse on peut essayer de dégager les qualités d'un «bon» système d'information, c'est-à-dire opérationnel pour la prise de décision :

Le système d'information doit permettre de :
- connaître le présent,
- prévoir,
- comprendre,
- informer rapidement.

Le système d'information doit être :
- adapté à la nature (taille, structure) de l'organisation,
- efficace (rapport qualité/coût).

Le système d'information «Contrôle de gestion» doit donc remplir ces conditions.

1.3 Les besoins de l'entreprise en information

La gestion des entreprises, donc toutes les décisions de court et long terme pour piloter l'entreprise, nécessite des informations sur l'environnement extérieur et sur le fonctionnement interne.

Par exemple :

• *Variables externes* : le taux de base du marché bancaire, les pourcentages de part de marché des différents concurrents, le taux de croissance du secteur, l'élasticité de la demande au prix et au revenu.

• *Variables internes* : les capacités de production, le taux d'endettement, les plans marketing...

Mais l'évolution essentielle qu'il faut mettre en avant porte sur les caractéristiques de la variable INFORMATION et non sur son existence intrinsèque : en effet, ce qui est nouveau pour l'entreprise c'est le prodigieux élargissement de l'horizon spatial et temporel des informations. Les entreprises, comme les individus, sont impressionnées devant la masse, la rapidité et la diversité de ces informations. Les entreprises actuelles se préoccupent donc davantage de l'importance et des difficultés du traitement de ces informations.

---

1. DUMOULIN C., *Management des systèmes d'information*, Éditions d'Organisation, 1986.

Face à ce besoin d'information inhérent au fonctionnement de l'entreprise, J.-L. PEAUCELLE (1) identifie les TROIS FINALITES essentielles d'un système d'information :

→ CONTRÔLE : le système d'information doit être la mémoire de l'organisation, en traitant les données passées ;

→ COORDINATION : le système d'information doit permettre de suivre les actions présentes ;

→ DÉCISION : le système d'information traite des données prévisionnelles pour aider à préparer le futur.

Ces trois qualificatifs s'appliquent tout à fait au contrôle de gestion qui doit être un système d'information représentant le fonctionnement de l'entreprise pour le contrôler, pour le coordonner et pour aider à la prise de décision.

2. Le contrôle de gestion, système d'information pour le système de décision

2.1 Les relations système décisionnel /système informationnel

L'analyse du processus décisionnel met en évidence l'omniprésence et l'importance de tous les systèmes d'information qui sont des outils d'aide à la décision.

Les interactions entre le système décisionnel et le système informationnel peuvent être représentées en tenant compte des spécificités des trois niveaux de décision :

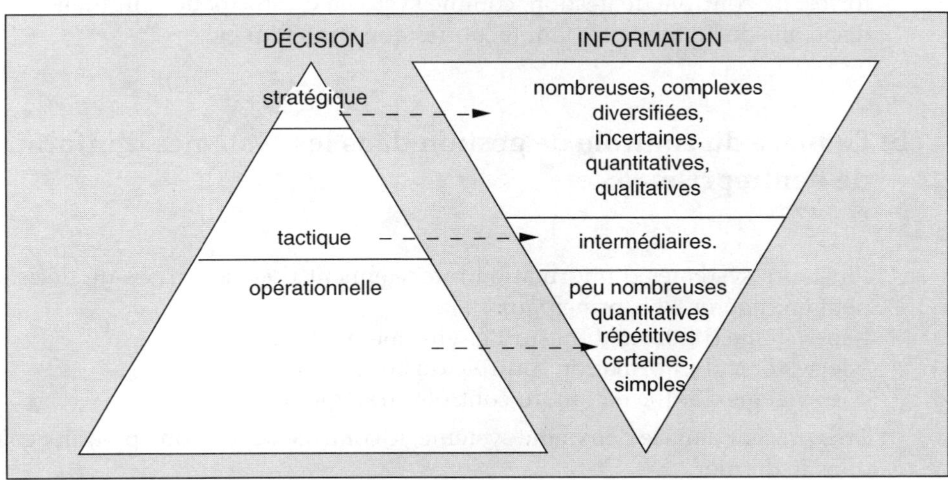

1. J.-L. PEAUCELLE, «A quoi servent les systèmes d'information», *RFG* n°décembre, 1983.

2.2 Place du contrôle de gestion, système d'information pour les systèmes de décision

a) Le système d'information «contrôle de gestion»

Si l'on veut représenter la boîte noire du contrôle de gestion, avec ses inputs, ses outputs et la transformation effectuée, on obtient :

– EN ENTRÉE : les charges et les produits de la comptabilité générale ainsi que d'autres données de la comptabilité analytique ;
  les flux financiers externes et les flux internes constituent les entrées du système d'information ;
– TRAITEMENT : les procédures comptables, l'établissement des budgets, le calcul des coûts et des écarts sont les traitements de ce système d'information ;
– EN SORTIE : les coûts.

Les budgets, les plans, les coûts, les écarts sont les sorties du système d'information.

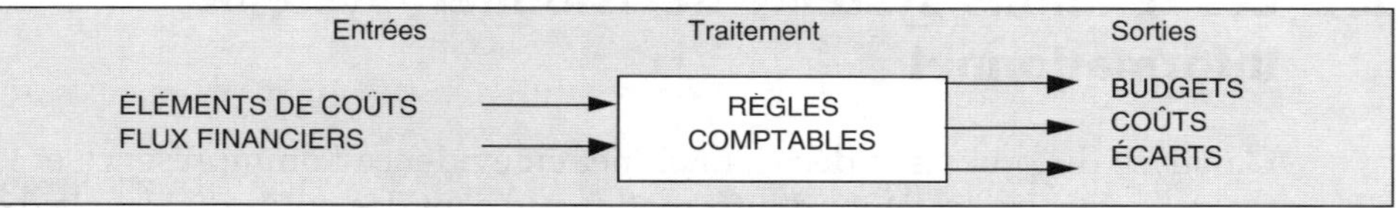

Les interactions entre le système d'information et le système de décision sont très fortes. Le contrôle de gestion, comme système d'information, influence donc les décisions de l'entreprise, tant tactiques que stratégiques.

b) La place du contrôle de gestion dans les systèmes d'information de l'entreprise

Plusieurs systèmes d'information interviennent pour les prises de décision. On peut en repérer trois principaux :
– le système d'information sur l'environnement,
– le système d'information contrôle de l'opérationnel,
– le système d'information du contrôle stratégique.

Très présent dans le deuxième système, le contrôle de gestion apparaît également dans le dernier.

Leur intégration peut être représentée dans le schéma suivant :

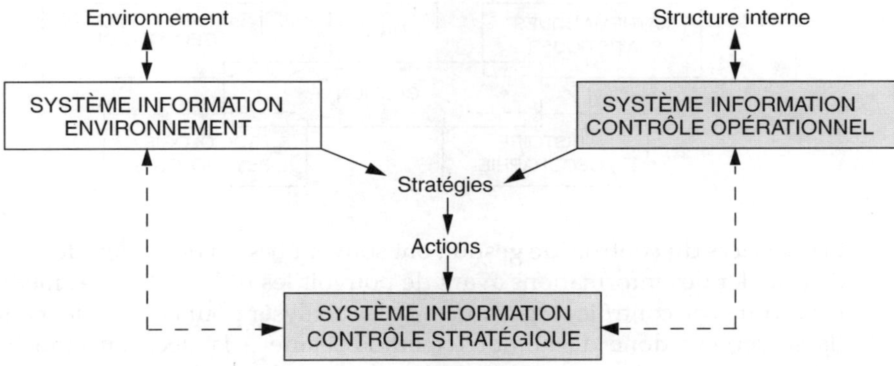

(Le contrôle de gestion apparaît dans les cadres grisés.)

2.3 Quel système d'information pour le contrôleur de gestion ?

A l'inverse, on peut s'interroger sur les systèmes d'information «utiles» au contrôle de gestion :

Quel type d'informations et quelles procédures de traitement de l'information utilise plus spécifiquement le contrôleur de gestion ?

Le contexte économique de plus en plus turbulent, complexe et incertain et les nouveaux concepts mis en évidence par la théorie des organisations (*cf.* chapitre 2) conduisent le contrôleur de gestion à rechercher des informations physiques et qualitatives, avec d'autres indicateurs que monétaires. Le système d'information dont il a besoin pour réguler et contrôler, doit s'adapter au nouveau type de pilotage de l'entreprise et aux évolutions qu'il faut maîtriser en permanence.

3. Le contrôle de gestion et les outils d'aide à la décision

La gestion concerne à la fois des domaines techniques quantitatifs et des domaines humains et qualitatifs. C'est pourquoi au cours du développement et de la formalisation des sciences de gestion, des outils d'aide à la décision ont été empruntés tant aux sciences exactes (mathématiques, statistiques, etc.) qu'aux sciences humaines (sociologie, psychologie, etc.) puis adaptés.

On parle de la gestion comme une science «hybride», phagocitant des outils et des démarches d'autres disciplines et constituant aussi des techniques qui lui sont propres.

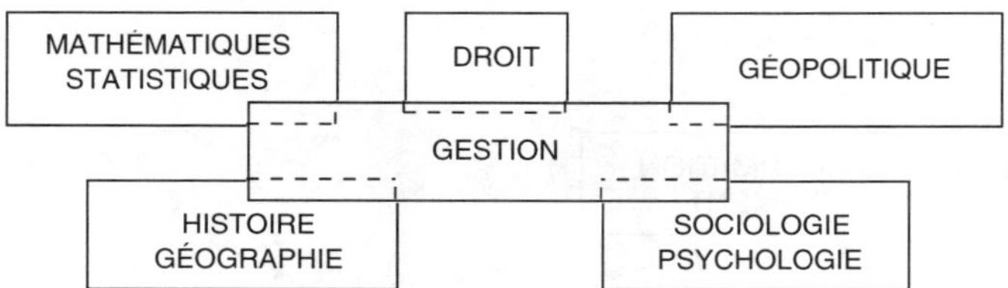

Les services du contrôle de gestion ont souvent besoin de traiter, de transformer, de calculer des informations avant de pouvoir les utiliser dans les méthodes, les procédures de contrôle de gestion et de les analyser pour en tirer des conclusions. Ils se servent donc de nombreux outils d'aide à la décision «piochés» dans différentes disciplines et transformés pour leurs besoins ou conçoivent des outils spécifiques.

(Des présentations de plusieurs outils nécessaires en préalable à des procédures de contrôle de gestion sont exposées tout au long des chapitres suivants.)

Ainsi pour montrer l'étendue de la gamme des outils d'aide à la décision dont disposent les gestionnaires et le contrôle de gestion, il est possible de dresser un tableau de quelques techniques classées par fonction ou domaine d'utilisation (voir page suivante).

Il faut bien noter que le panorama est loin d'être exhaustif et tout à fait perfectible.

L'essentiel est de comprendre la diversité et la transversalité des techniques : des outils statistiques sont utilisés par toutes les fonctions de l'entreprise et à l'inverse la fonction commerciale utilise des techniques quantitatives de gestion comme des outils quantitatifs d'autres disciplines (mathématiques, statistiques, RO, informatique) autant que des techniques de sciences humaines.

Mais il est également possible de présenter des outils d'aide à la décision selon le type d'environnement pour lequel ils sont conçus.

3.1 La formalisation des problèmes de décision

Chaque décision à prendre, quels que soient son niveau hiérarchique et son domaine est un problème à quatre composantes que l'on peut schématiser de la manière suivante :

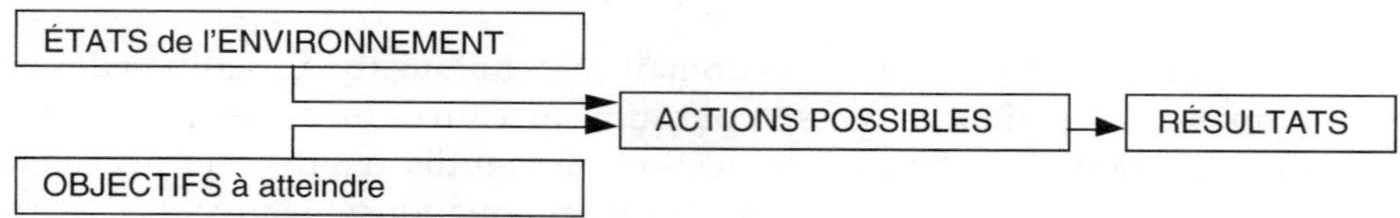

A partir de la représentation du problème, de nombreuses techniques de traitement de l'information sont disponibles pour aider à la prise de décision. Elles seront présentées selon les univers où elles sont utilisées.

	FONCTION	PRODUCTION	COMMERCIALE	FINANCIÈRE	RESSOURCES HUMAINES
TECHNIQUES PROPRES À LA GESTION	Techniques quantitatives de gestion	• Gestion des stocks • **Gestion des stocks en avenir aléatoire** • Comptabilité analytique (coûts préétablis et écarts) • Analyse de la valeur • Goulot d'étranglement • Contrôle de gestion (budget de production)	• Comptabilité analytique (marges et prix de vente) • **Prévisions des ventes** • Ratios de rentabilité commerciale • Contrôle de gestion (budget des ventes)	• Comptabilité générale • Contrôle de gestion (budgets d'investissement ou de trésorerie) • Seuil de rentabilité • Analyse financière (ratios, effet de levier) • Délai de récupération du capital, TIR et VAN • **Méthode des scores** • **Théorie des portefeuilles**	• Contrôle de gestion (DPO et DPPO) • Comptabilité analytique (évolution coûts salariaux) • Bilan social
	Organisation administrative	• Ordonnancement • Circuit d'information (SCOM) • Conception graphique	• Ordonnancement • Circuit d'information (SCOM) • Conception formulaire	• Ordonnancement • Conception graphique	• Circuit d'information (SCOM) • Organigramme • Conception formulaire
TECHNIQUES D'AUTRES DISCIPLINES	Mathématiques statistiques	• Statistique descriptive • **Probabilité** • **Espérance mathématique** • **Loi de distribution statistique**	• Moyennes mobiles • Mondres carrés • Statistique descriptive • **Espérance mathématique** • **Probabilité** • Arbre de décision • **Arbre probabilisé** • Actualisation • Lissage exponentiel	• Statistique descriptive • *Critères de choix (Hurwick, Wald, Laplace)* • **Arbre probabilisé** • **Espérance mathématique** • **Probabilité** • **Loi de distribution statistique**	• Statistique descriptive
	Recherche opérationnelle	• *Théorie des jeux* • **Gestion des files d'attente** • Gestion des flux	• *Analyse bayésienne* • *Optimisation des flots* (logistique et transports)	• *Analyse bayésienne* • *Théorie des jeux* • PERT ou MPM	
	Sciences humaines	• Brainstorming • Cercles de qualité	• Étude des motivations • Études des besoins	• Étude des motivations • Psychologie	• Analyse psychologique • Bilan social • Sociologie des groupes • Méthodes de recrutement
	Informatique	• **Simulation, systèmes expert** • Logiciel de production (GPAO, MRP)	• **Simulation, systèmes expert** • Logiciels de gestion commerciale	• **Simulation, systèmes expert** • Logiciel de comptabilité et de finances	• **Simulation, systèmes expert** • Logiciel de paie

En romain : avenir certain – En **gras** : avenir incertain – En *italique* : avenir indéterminé.

a) Les états de l'environnement

Appelés aussi *états de la nature ou événements*, ce sont les conditions extérieures que le décideur ne contrôle ni ne connait parfaitement et dont il doit tenir compte.

Le décideur choisit une action mais il ne peut prévoir dans quel état de l'environnement cette action va se dérouler.

Les états de l'environnement sont mutuellement exclusifs et leur somme représente donc tous les événements qui peuvent survenir.

Par exemple, la demande future sur un produit peut prendre trois états :
- demande élevée avec probabilité d'apparition de 50%,
- demande moyenne avec probabilité d'apparition de 30%,
- demande faible avec probabilité d'apparition de 20%.

Un seul état se produira en définitive.

On distingue plusieurs types d'avenir pour ces états de l'environnement :
- **avenir (ou univers) certain,**
- **avenir aléatoire, inconnu mais probabilisable,**
- **avenir indéterminé, inconnu sans probabilité,**
- **avenir hostile.**

b) Les objectifs

Le décideur se fixe un ou plusieurs objectifs en fonction du contexte et des contraintes existantes.

Par exemple :
- maximiser un profit en tenant compte des coûts de production,
- obtenir simultanément une flexibilité et une productivité de la production en réduisant les délais de fabrication.

La résolution du problème vise à atteindre l'objectif défini.

c) Les décisions

Ce sont le ou les choix possibles, traduits en actions qui permettront d'atteindre l'objectif.

Plusieurs décisions alternatives sont souvent possibles pour arriver au même but. Il est donc nécessaire de mesurer et d'analyser les diverses possibilités pour choisir la décision la plus satisfaisante.

d) Les résultats

Ils mesurent, en fonction de l'objectif et des contraintes, le degré de réalisation des différentes décisions, selon les états de la nature qui peuvent apparaître. Les résultats permettent de comparer les décisions alternatives possibles et d'aider à choisir la décision.

3.2 Des outils pour la prise de décision en univers certain

a) Définition de l'univers certain : LA CERTITUDE

Le cadre de la décision est connu, l'avenir est prévisible, les informations sont accessibles et certaines.

b) Quelques outils de gestion pour aider à la décision

Parmi les nombreuses techniques afférentes à cet univers, en voici quelques-unes dont certaines seront traitées dans d'autres chapitres :

- **comptabilité générale,**
- **analyse marginale,**
- **actualisation,**
- **programmation linéaire,**
  - simplexe pour optimiser un programme de distribution,
  - plan de charge pour optimiser un programme de production.
- **gestion des stocks : (*cf.* chap. 20)**
- **cheminement optimal :**
  - ordonnancement PERT ou MPM,
  - modèle de transport par la théorie des graphes.

3.3 Des outils pour la prise de décision en univers aléatoire

a) Définition de l'univers aléatoire : LE RISQUE

Le cadre de la décision comporte des incertitudes et des aléas. L'avenir est risqué mais l'on peut évaluer les chances d'apparition de chaque état possible avec des *probabilités.*

Chaque action correspond donc à une variable aléatoire.

b) Les outils de gestion pour aider à la décision

Parmi les nombreuses techniques afférentes à cet univers, en voici quelques-unes :

- **espérance mathématique,**
- **arbre de décision probabilisé ou non,**
- **espérance mathématique et risque de dispersion,**
- **équivalent certain,**
- **espérance mathématique de l'utilité,**
- **statistiques, loi de Pareto (*cf.* chap. 20),**
- **gestion probabilisée des stocks (*cf.* chap. 20).**

3.4 Des outils pour la prise de décision en univers incertain

a) Définition de l'univers incertain : L'INDÉTERMINATION

Le cadre de la décision n'est pas parfaitement connu. L'avenir comporte des risques. Le décideur est capable d'énoncer les différents «états de la nature» possibles mais n'est pas capable de probabiliser l'apparition de ces différentes situations possibles.

b) Les outils de gestion pour aider à la décision

Parmi les nombreuses techniques :
- **les critères de choix dits objectifs,**
- **l'analyse bayesienne.**

RÉFLEXIONS SUR LE THÈME

1. Evolution des systèmes d'information utilisés par le contrôle de gestion

Le nombre de méthodes et de techniques empruntés à des domaines divers et appliqués à la gestion ne cesse d'augmenter.
Les comptabilités ne suffisent plus à l'heure actuelle pour informer le contrôleur de gestion sur l'efficacité et sur l'efficience de l'activité de l'entreprise.
La dimension qualitative, la participation des individus, les nouvelles technologies sont autant d'éléments nouveaux que les systèmes d'information du contrôle de gestion doivent intégrer.

2. Fiabilité et limites des systèmes d'information mis en place

La fiabilité des systèmes d'information dépend de la qualité et de la validité des *informations entrées*. Il faut donc relativiser les données résultantes qui ne sont que des transformations des inputs.
Mais il faut aussi tenir compte du *modèle* lui-même qui est une représentation plus ou moins fidèle et réaliste des faits.
De par leur construction, les systèmes d'information utilisés par le contrôle de gestion (comptabilité analytique, budgets, etc.) *biaisent la perception de la réalité, évaluent et interprètent les faits*. Ce ne sont pas des outils totalement objectifs.
Ces idées montrent la complexité de toute mesure, de tout système d'information et donc les limites de ces outils d'aide à la décision.

3. Le goût du risque du décideur

Tous ces critères ne donnent que des résultats relatifs et subjectifs, fonction du contexte et du comportement du décideur.
Aucun outil d'aide à la décision ne peut donner LA SOLUTION OPTIMALE RATIONNELLE ET OBJECTIVE.
Par exemple :
– l'actualisation est fonction du taux choisi par le décideur,
– les critères de choix dépendent du degré de risque accepté par le décideur.
Il faut donc intégrer la psychologie du décideur et son degré d'irrationalité dans les choix qui sont faits.

4. L'absence de dimension qualitative

Quelque soit l'univers de résolution du problème, les outils d'aide à la décision présentés dans le chapitre n'intègre que des données quantitatives. Les facteurs de contingence et les éléments qualitatifs sont difficilement pris en compte et introduits dans les systèmes d'information classiques. Or la prise de décision, stratégique ou tactique, dépend des *faits* mais aussi des *valeurs, des attributs subjectifs et qualitatifs.*

Applications

① *Les qualités de l'information comptable*

(CASTA J.F., «La comptabilité», article de *L'encyclopédie de gestion*, Economica, 1989.)

Extrait n° 1

Les besoins d'information des utilisateurs varient en fonction de leurs objectifs propres. Ils peuvent, par exemple, faire référence à une perspective d'investissement, de placement à court terme, d'octroi de crédit, d'évaluation de la situation de l'emploi ou d'appréciation de l'efficience sociale d'une activité. Il est cependant possible de spécifier les qualités requises de l'information financière et comptable. Il s'agit de :

– la pertinence, c'est-à-dire l'utilité de l'information pour la prise de décision,
– l'objectivité de la mesure comptable, c'est-à-dire son caractère vérifiable,
– la comparabilité de l'information (interentreprise ou intertemporelle),
– la rapidité de la publication,
– la validité et la fidélité de la mesure comptable,
– l'impartialité de l'information par rapport aux différents groupes d'utilisateurs,
– l'importance relative des valeurs, c'est-à-dire leur caractère significatif,
– l'exhaustivité de l'information significative concernant un problème particulier,
– enfin, éventuellement, la comparaison entre le coût de l'information et les avantages escomptés.

Extrait n° 2

La comptabilité analytique, instrument de gestion interne à l'usage des dirigeants, a pour fonction de déterminer :

– les coûts et prix de revient par produit (ou par secteur d'activité) à chacun des stades du processus de production et de distribution,
– les différentes marges et le résultat analytique par produit.

Instrument d'aide à la décision et de contrôle de gestion, elle produit une information destinée :

– à la mesure de performance en termes de rentabilité (ou de productivité) par centre ou par ligne de produits,
– à l'élaboration de budgets et comptes prévisionnels,
– à l'actualisation des indicateurs de gestion formant le tableau de bord de l'entreprise.

QUESTION :

A partir des deux extraits ci-dessus, faire ressortir les caractéristiques essentielles :
– de l'information comptable,
– du système d'information «comptabilité analytique».

② *La pertinence des systèmes d'information*

(Article de CORNIOU, extrait de la revue *Challenges*, juin 1991.)

***Vous avez dit système d'information ?* Pour l'entreprise, son système d'information est la clé de sa performance. Reste à savoir s'il est efficace**

L'informatique est morte, vive les systèmes d'information ! A en croire les gourous, le système d'information est le remède à tous nos problèmes. Réunissant deux mots magiques de notre temps, il ne peut que faire recette. Mais de quoi parle-t-on ? Il est de tous les colloques, il fleurit dans les organigrammes et dans les catalogues des consultants, mais il reste bien difficile à définir. Pour les uns, c'est tout simplement un avatar du concept d'organisation qui a eu son heure de gloire dans les années 60. Pour d'autres, c'est la nouvelle manière de parler de l'informatique quand… on n'est pas informaticien. Comme les systèmes d'information sont à la mode et qu'on ne peut aisément les définir, que doit savoir un dirigeant qui se voit proposer de lancer une démarche «système d'information» ?

Retrouvons la définition de l'un des pères fondateurs de la systémique, Jaques Mélèse, dès 1971 : «*Le système d'information, c'est l'ensemble des moyens et des communications qui assurent la saisie, la mesure, le contrôle, le stockage, le traitement et la distribution des informations.*» Sur cette base, il comprend aussi bien les informations, données, voix, images, textes, que les procédures, le stockage et le traitement, les équipements informatiques, les télécommunications et, bien sûr, les hommes. Une partie du système d'information est informatisée, une autre manuelle, c'est un point essentiel. Jourdain des temps modernes, nous avons tous un système d'information, plus ou moins efficace, et nous ne le savons pas.

Or, pour l'entreprise, progresser dans la maîtrise de son système d'information représente la clef de sa performance. Comptabilité, personnel, production, marketing, ventes, etc., chacun de ces systèmes a été construit pour faire face aux contraintes du moment, exigences légales pour les unes, nécessités opérationnelles pour les autres. Mais chacun joue sa propre partition, sans chef d'orchestre, et le résultat devient cacophonique. Impossible de s'y retrouver dans les données. Les réunions de service sont consacrées à se disputer sur le contenu de chaque donnée et non pas à les analyser pour agir.

Les entreprises agissent dans un univers mouvant et doivent identifier rapidement les enjeux et les risques. Se doter d'un système d'information performant, c'est avoir un outil de navigation fiable qui permet de savoir à tout moment où l'on se trouve, où l'on va et où sont les concurrents, tout en veillant au moral de l'équipage ! Cohérence, fiabilité, rapidité en sont les caractéristiques de base.

Hier, l'informatique automatisait des domaines limités avec des traitements centralisés et peu d'échanges. Aujourd'hui, elle s'attaque à des problèmes transversaux complexes. L'erreur de conception ou d'exploitation coûte bien plus cher. Les difficultés techniques du passé ne sont rien au regard des erreurs conceptuelles du futur. La maîtrise des systèmes d'information ne doit pas se limiter à quelques privilégiés, elle doit devenir collective. La conception et la réalisation d'un système d'information sont des éléments stratégiques de l'entreprise qui imposent du temps, des moyens, une implication réelle de la direction. Les systèmes d'information ne se sous-traitent pas dans leur intégralité et doivent conjuguer les moyens et l'imagination des dirigeants, des utilisateurs, des informaticiens et parfois de conseils externes. L'informatique elle-même, c'est-à-dire le choix des solutions applicatives et des matériels, ne vient qu'en dernier ressort.

Le système d'information est le système nerveux de l'entreprise : il mérite tous les égards, et en particulier l'attention personnelle des dirigeants, pour faire face à la complexité et à l'incertitude.

LE SYSTÈME COMPTABLE, LE PREMIER DES SYSTÈMES D'INFORMATION ?

Nous avons posé la question à Jacqueline Kipfer, expert-comptable, membre de l'Institut français des experts-comptables.

◇ **A-t-on volé aux comptables l'exclusivité de la représentation de l'entreprise ?**

Le comptable est un fabricant d'images. Il donne une représentation formalisée de l'entreprise à travers l'information financière. Sa représentation est transversale, car chaque activité de l'entreprise génère des flux financiers dont le comptable assure l'agrégation sur la base de règles et de normes, au sein du plan comptable légal.

◇ **Où se trouve la vérité de la représentation de l'entreprise ?**

Le comptable fait des photos périodiques sur le passé, au mieux sur le présent. Le dirigeant d'entreprise a besoin d'un film en temps réel sur la vie de son entreprise et d'images du futur. Il puise des informations auprès de tous les acteurs de l'entreprise. D'autres que le comptable le renseignent... Si le traitement est assuré par les systèmes d'information opérants de l'entreprise, la diffusion des informations devient instantanée, et la cérémonie des comptes «en différé» n'intéresse plus.

◇ **Que deviennent donc les comptables ?**

Ils doivent devenir les architectes de systèmes pour garantir la cohérence des multiples images internes et externes. Ils doivent réconcilier l'image réglementaire statique et les images de gestion dynamiques.

◇ **Sont-ils formés pour cela ?**

Il faudrait orienter les futurs managers de la fonction comptable vers la conception de systèmes auditables, pertinents et utiles à la gestion. Il faut aussi leur donner une vision sur la technologie qui va révolutionner leur métier, comme les échanges de données informatisés ou les systèmes d'information pour dirigeants.

QUESTION :

Déterminer les caractéristiques d'un système d'information PERTINENT et EFFICACE.

4 Le contrôle de gestion, la structure organisationnelle et les hommes

D'une part le contexte économique suscite des adaptations des structures d'entreprise pour répondre mieux et plus vite aux attentes du marché.

D'autre part les écoles des relations humaines, dans la théorie des organisations, ont montré l'importance du groupe humain que constitue une entreprise et la nécessité de le canaliser.

Ainsi le contrôle de gestion doit intégrer les évolutions de ces paramètres.

1. La structure organisationnelle

1.1 Qu'est-ce qu'une structure ?

L'organisation a besoin d'une structure pour combiner et coordonner ses activités afin d'atteindre ses objectifs.

Mais la notion de structure recouvre des conceptions plus ou moins larges.

Si dans un sens restreint et statique, la structure est la décomposition des services, le découpage des tâches et les relations hiérarchiques, dans un sens plus dynamique, la structure intègre également les procédures de fonctionnement et de communication entre chaque pôle.

La structure de l'organisation est influencée par les stratégies des entreprises, mais à son tour influence le système décisionnel et informationnel.

C'est dans cette problématique que le contrôle de gestion peut orienter l'efficience et l'efficacité de la structure.

1.2 Les différentes structures classiques

a) La structure est contingente

Il n'existe pas UNE structure idéale universelle pour toutes les organisations, quelle que soit la taille, l'activité, l'âge.

La théorie de la contingence a bien déterminé les facteurs qui conditionnent chaque organisation dans son contexte, vers des structures spécifiques : technologie, type de pouvoir, environnement, taille et âge de l'entreprise.

b) Les critères pour diviser l'organisation

Plusieurs formes sont possibles, les entreprises les combinent et les font évoluer en fonction de leurs besoins.

- *Structure hiérarchique* : un service est relié à un seul chef. Le pouvoir hiérarchique descendant est fort. Le contrôle est plutôt du type vérification a posteriori et sanction.
- *Structure fonctionnelle* : l'autorité est découpée comme la structure selon les fonctions nécessaires à l'activité. Cette spécialisation conduit à une multiplicité de chefs pour chaque service. Cela peut donc poser des problèmes de coordination, de communication et de contrôle. Les critères de contrôle ne sont pas identiques selon les fonctions concernées.
- *Structure hiérarchico-fonctionnelle* (*staff & line*) : solution hybride des deux premières, elle associe des services hiérarchiques qui peuvent contrôler et des services fonctionnels qui conseillent sans autorité.
- *Structure matricielle* : structure souple en deux dimensions, évoluant selon les besoins ; chaque salarié est rattaché à un chef de produit et à un responsable fonctionnel. Cette structure permet la décentralisation des pouvoirs et le regroupement des compétences de salariés dispersés dans les services, mais requiert une coordination précise. De plus le contrôle est parfois délicat à mettre en place car la structure floue ne délimite pas de manière précise et définitive l'autorité.

1.3 Les influences de la structure sur le contrôle de gestion

Pour mesurer les performances de l'activité, il est nécessaire de décomposer l'organisation. C'est pourquoi la structure, comme élément du système de décision, de communication et de coordination est importante et influence le contrôle de gestion.

> Le contrôle de gestion doit mettre en place des indicateurs et des tableaux de bord pour suivre les réalisations en s'appuyant sur le découpage de l'activité.

Exemple *Une entreprise textile produit des articles de prêt-à-porter féminin et masculin ainsi que des tissus pour les tailleurs. Quelles divisions créer et quels critères de performances et de gestion mettre en place pour contrôler l'activité ?*

Les dirigeants ont différencié les critères de performances selon les deux activités :

- *prêt-à-porter : le facteur essentiel est le coût. La production doit être contrôlée de manière précise. Les critères de gestion seront donc les coûts matières, main d'oeuvre, coûts totaux de production ;*
- *tissu : le facteur essentiel est la rapidité de réponse au client. Les critères de gestion seront le délai de traitement d'une commande, le délai de livraison, le coût de stockage.*

Il ressort que l'entreprise n'aura pas une structure fonctionnelle (fonction production et fonction vente) mais une division par produit.

1.4 Une approche dynamique des configurations structurelles : l'analyse de Mintzberg

Mintzberg a élaboré une synthèse dans laquelle il estime que toute organisation est constituée de six éléments de base :
- un sommet stratégique : les décideurs, manageurs qui font en sorte que l'organisation remplisse sa mission de façon efficace ;
- un centre opérationnel, chargé d'accomplir le travail ;
- une ligne hiérarchique : hiérarchie d'autorité entre le sommet stratégique et le centre opérationnel ;
- une technostructure : analystes, spécialistes, état-major… ;
- un support logistique, qui fournit les services nécessaires ;
- une idéologie : la culture de l'entreprise.

LA STRUCTURE ORGANISATIONNELLE DE MINTZBERG

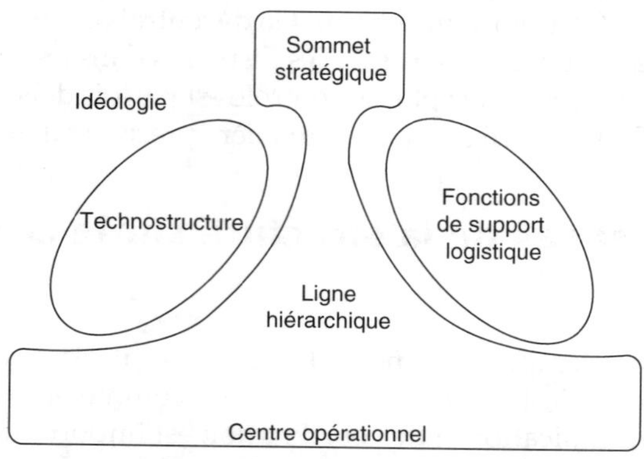

Source : H. Mintzberg, *Le Management*, Éditions d'Organisation, Arc, 1990.

Ces éléments fonctionnent à la fois comme un système de flux – information, autorité, matériel – mais aussi, comme un système de processus de décision. Pour Mintzberg, l'efficacité organisationnelle provient d'une **cohérence entre les facteurs de contingence** et ce qu'il nomme des «**paramètres de conception**», tels que spécialisation du travail, système de contrôle, formation des individus…

LA STRUCTURE ORGANISATIONNELLE DE MINTZBERG

1. Les 6 mécanismes de coordination de la structure :

– *l'ajustement mutuel* : assure la coordination du travail par la communication informelle ;
– *la supervision directe* : assure la coordination du travail par le biais d'une personne qui donne les ordres à plusieurs autres qui travaillent en inter-relations ;
– *la standardisation des procédés de travail* : assure la coordination en spécifiant les procédés de travail de ceux qui réalisent des tâches interdépendantes ;
– *la standardisation des résultats* : assure la coordination du travail en spécifiant les résultats des différents types de travail (standards) ;
– *la standardisation des qualifications* : assure la coordination des différents types de travail par le biais de la formation spécifique de celui qui exécute le travail ;
– *la standardisation des normes* : les normes dictent le travail et tous les membres travaillent avec le même ensemble de données.

2. Les 4 facteurs de contingence et leurs incidences sur la structure :

– *l'âge et la taille de l'organisation* :
  • plus une organisation est ancienne, plus son comportement est formalisé ;
  • plus l'organisation est grande, plus son comportement est formalisé ;
  • plus une organisation est de grande taille, plus sa structure est élaborée : plus les tâches sont spécialisées et plus les unités sont différenciées ;
– *le système technique de l'organisation :*
  • plus le système technique est régulé, plus le travail opérationnel est formalisé et plus la structure du centre opérationnel est bureaucratique ;
  • plus le système technique est complexe, plus les fonctions de support logistique sont élaborées et qualifiées ;
– *l'environnement de l'organisation :*
  • plus l'environnement est dynamique, plus la structure est organique ;
  • plus l'environnement est complexe, plus la structure est décentralisée ;
  • plus l'organisation a des marchés diversifiés, plus elle a tendance à se scinder en unités par marché ;
  • une hostilité de son environnement amène l'organisation à centraliser sa structure ;
– *le pouvoir dans et de l'organisation :*
  • plus le contrôle externe qui s'exerce sur l'organisation est puissant, plus la structure est centralisée et formalisée ;
  • une coalition externe divisée tendra à créer une coalition interne politisée et vice versa ;

3. Les 7 structures de Mintzberg : selon l'élément de la structure qui prédomine, on obtient un type de structure différent :

– *l'organisation entrepreneuriale* : le sommet stratégique prime, la direction décide et assure la coordination par la supervision directe :

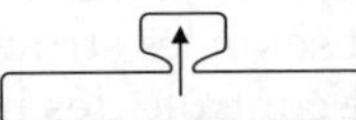

– *l'organisation mécaniste* : la technostructure prime et coordonne par une standardisation des procédés de travail :

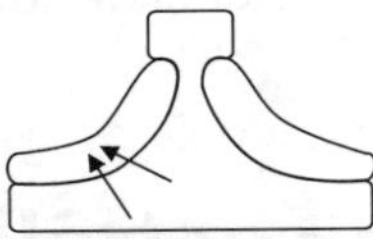

– *l'organisation divisionnalisée* : la ligne hiérarchique prime avec une décentralisation verticale limitée :

– *l'organisation professionnelle* : le centre opérationnel prime et coordonne par une standardisation du savoir et des qualifications :

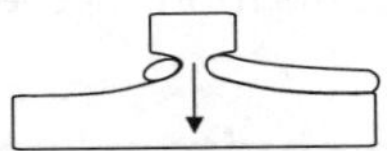

– *l'organisation innovatrice* : la logistique prime et s'implique dans l'activité centrale de l'organisation avec un seul système de décentralisation horizontale et verticale :

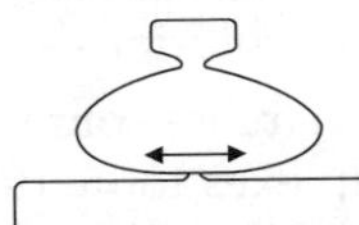

– *l'organisation missionnaire* : l'idéologie prime. Tous les membres tirent ensemble et la standardisation des normes devient le mécanisme de coordination :

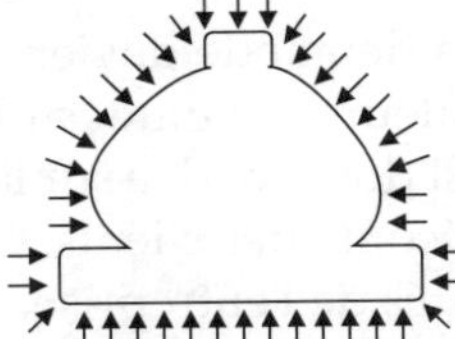

– *l'organisation politisée* : aucun élément ne domine, chacun tire de son côté :

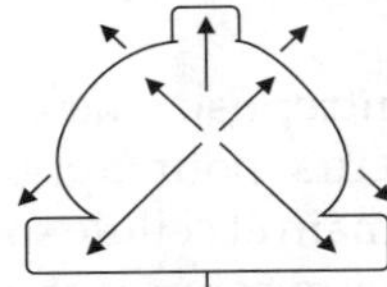

Source : H. Mintzberg, *Le Management*, Éditions d'Organisation, Arc, 1990.

Cette analyse contingente des organisations montre les différences qui apparaissent selon les structures, dans les procédures de travail, dans les communications et le contrôle des informations.

Le système d'information et de communication «contrôle de gestion» apparaît alors comme une variable essentielle de la coordination et du pouvoir des différents acteurs de l'organisation.

2. Le contrôle de gestion et les nouvelles formes structurelles

2.1 Les évolutions nécessaires des structures

Plusieurs raisons et facteurs convergent et montrent le besoin de faire évoluer les organisations actuelles ou de trouver de nouveaux types de structures.

a) Un environnement turbulent

Non seulement toutes les dimensions (économiques, technologiques, sociales) et tous les acteurs de l'environnement (concurrents, clients, État, pays) changent mais leurs évolutions sont incertaines, aléatoires, interdépendantes et rapides.

Les marchés sont mondiaux et globalisés, les interrelations économiques rendent complexes toute décision et toute action, et pourtant les entreprises doivent s'y adapter rapidement.

b) Une démarche productive orientée vers le client

La demande devient diversifiée, exigeante et les produits doivent proposer une valeur reconnue par les clients et source de gains pour l'entreprise. La production est donc fondée sur la demande, la recherche de la qualité et les entreprises sont à l'écoute des clients. Cette démarche mercatique canalise l'enchaînement des activités de l'entreprise.

c) Une participation des acteurs de l'organisation

L'entreprise a besoin des idées de ses membres, elle cherche l'implication de ses acteurs pour apporter productivité et valeur ajoutée. L'organisation, groupe humain et cellule sociale, a besoin d'information et de communication pour que les acteurs coopèrent ensemble.

Les structures traditionnelles fondées sur la division taylorienne du travail et le cloisonnement des fonctions s'avèrent alors de plus en plus inadaptées à ces enjeux.

2.2 La recherche de nouvelles formes structurelles

Dans le contexte actuel, les gestionnaires cherchent à réagir vite pour satisfaire le client et devancer la concurrence, à augmenter la valeur et la qualité des produits tout en réduisant le coût, à responsabiliser les acteurs de l'organisation, à innover et à intégrer toutes les turbulences.

Pour que les activités et l'organisation répondent à cette nouvelle logique certaines entreprises essaient de mettre en place de nouvelles formes structurelles :
- la structure par projet ou l'organisation par projet pour pallier la complexité et augmenter la valeur du produit ;
- les structures transversales, par processus, pour gagner du temps et favoriser la communication ;
- les structures en réseau pour maîtriser les coûts.

a) L'organisation par projet

L'organisation par projet consiste à mobiliser, de manière temporaire, pour un objectif bien précis, des individus rattachés d'ordinaire à des services, en fonction de leurs compétences. L'équipe-projet est dirigée par un chef-projet autonome, responsable du succès du projet et qui a complète autorité sur les membres du groupe.

Cette forme d'organisation n'est pas nouvelle mais elle se diffuse beaucoup à l'heure actuelle, en se superposant à la structure traditionnelle pour répondre mieux et plus rapidement aux évolutions demandées.

Quand le problème est résolu, la structure pour ce projet disparaît. La constitution des groupes est différente selon les objectifs et les compétences, offrant ainsi une souplesse structurelle. La participation et la créativité des participants sont grandes car une large initiative leur est laissée.

Certes, des difficultés peuvent apparaître dans la superposition de la structure par projet (parfois au pluriel) avec des durées de vie et des compositions variées et de la structure permanente.

L'exemple de structure et de gestion par projet réussies est la voiture Twingo.

b) L'organisation par processus

Il faut d'abord définir un processus comme une suite d'activités mettant en œuvre diverses ressources pour obtenir un résultat précis (par exemple, gestion d'une commande, accueil d'un client, production d'un bien).

La norme internationale ISO/DIS 8402 le définit «comme un ensemble de moyens (personnel, installations, équipements, techniques, méthodes) et d'activités liés qui transforment des éléments entrants en éléments sortants».

A.D. Little (1993) comprend un processus transversal comme «toutes les actions qui concourent à la réalisation d'un produit ou d'un service interne».

Il faut retenir deux caractéristiques : les processus servent des «clients» (en aval du processus, internes ou externes à l'entreprise) et traversent les structures verticales formelles. Un processus doit donc créer de la valeur pour le client, en termes de réduction de coût, ou de rapidité de réponse.

Fondée sur le même principe, l'organisation par processus diffère de l'organisation par projet, par sa durée : elle est permanente dans l'entreprise. Au lieu de gérer d'après le découpage en fonction, on gère globalement un processus qui nécessite l'activité de plusieurs fonctions ; c'est donc une approche transversale et système de l'organisation.

c) L'organisation en réseau

Face à la complexité et aux déconvenues des structures classiques, la structure en réseau peut apparaître comme une solution.

Un réseau est un ensemble d'éléments ou de parties connectés entre eux de manière plus ou moins permanente et régulière. Ce peut être un réseau de personnes (association professionnelle, réseaux d'anciens, etc.), un réseau d'entreprises (sous-traitants, accords de distribution, relations universités-entreprises, etc.).

Pour l'entreprise, c'est une manière souple de s'adapter à un environnement particulier, de trouver des compétences spécifiques, de mettre en œuvre des actions coordonnées en divers endroits et à divers moments. Le réseau permet une flexibilité dans le temps et dans l'espace, et peut être aussi un moyen de réduire des coûts.

Un réseau est donc un système souple de coopérations qui fait éclater les frontières de l'entreprise puisqu'elle peut travailler avec des partenaires extérieurs. Chaque entité reste autonome mais les procédures de travail, de coordination et de contrôle doivent être adaptés à ce type d'organisation.

2.3 Une méthode pour modifier et améliorer la structure : la reconfiguration

Pour passer d'une organisation classique verticale, hiérarchique et cloisonnée à une structure plus aplatie avec une approche transversale des processus, il est parfois nécessaire d'étudier l'ensemble des processus de production et de repenser l'organisation des activités de production : c'est le but de la reconfiguration (*reengineering* ou BPR *Business Process Reengineering* en anglais).

Le reengineering est une remise complète et profonde de l'organisation existante et une redéfinition des activités en termes de processus opérationnels plus performants. Ce n'est pas une opération ponctuelle pour améliorer localement une partie de l'organisation, mais une rationalisation globale en raisonnant sur la succession des opérations. L'objectif est de réduire les coûts, l'espace productif, les temps de fabrication et d'attente. Des résultats spectaculaires ont été obtenus dans certaines entreprises (papeterie Hallmark, télécommunication Bell Atlantic) mais il faut cependant remarquer que ces reconfigurations se sont souvent faites avec des licenciements et de nombreux plans sociaux.

2.4 Implications sur le contrôle de gestion

Les systèmes classiques du calcul de coût se fondent sur les divisions traditionnelles des organisations (structure fonctionnelle, divisionnelle).

L'approche transversale de l'organisation, la volonté de suivre les activités tout au long du processus de transformation, le décloisonnement et la mise à plat des fonctions sont donc en contradiction avec le découpage proposé par la comptabilité analytique.

Si l'on veut que le contrôle de gestion soit un système d'information qui aide au pilotage, un indicateur de création de valeur et de satisfaction du client, il faut modifier et adapter les principes de calcul, la décomposition du prix des produits, intégrer de nouvelles variables qualitatives, organisationnelles et humaines.

Le contrôle de gestion élaboré dans un but de contrôle pour des organisations productives tayloriennes est perçu dorénavant avec des objectifs et un champ d'action beaucoup plus étendus. Ses techniques évoluent principalement en fonction des nouvelles structures organisationnelles, de la place accordée aux acteurs de l'organisation et aux orientations stratégiques des entreprises.

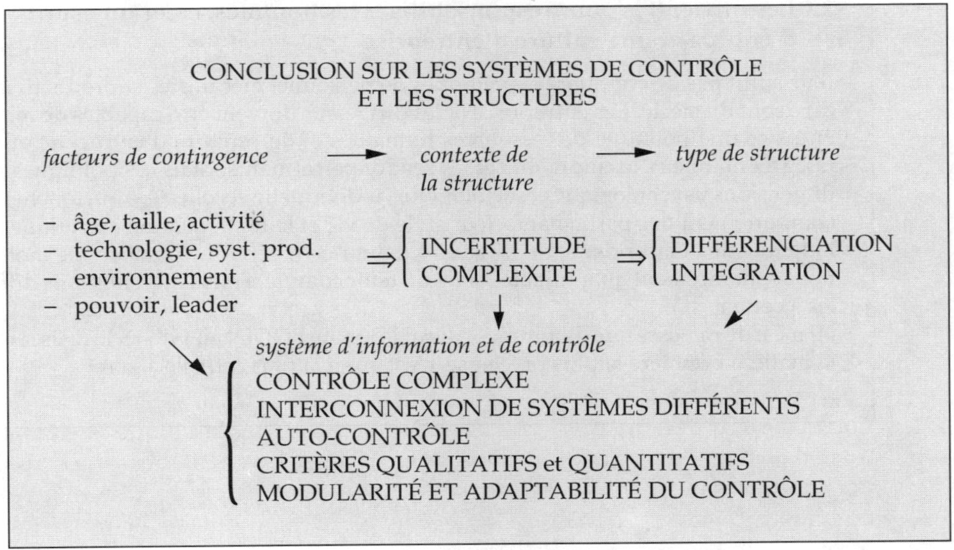

RÉFLEXIONS SUR LE THÈME

1. Une évolution dans les structures : des pratiques intégratives

De nombreuses nouvelles orientations dans les objectifs et les démarches stratégiques conduisent à des structures et à des pratiques plus intégratives qu'auparavant. En voici trois exemples :

- l'objectif de qualité oblige à une vision globale et complète de l'organisation et impose une coopération étroite entre des fonctions et/ou des services autrefois cloisonnés, ainsi qu'entre des salariés avant isolés ;
- de même, les principes de production en Juste-à-temps, en réduisant les stocks donc les tampons, nécessitent une «solidarité» plus forte entre les fournisseurs et les entreprises ;
- la «maintenance productive totale» cherchant à prévenir les pannes et à améliorer la qualité est une activité très intégrative à l'intérieur comme à l'extérieur de l'organisation.

Donc de nouvelles procédures de travail et de communication se mettent en place. Les indicateurs pour suivre les réalisations et les critères de performance du contrôle de gestion doivent s'y adapter.

2. Les difficultés pour responsabiliser les hommes, créer un esprit d'équipe et une culture d'entreprise

Il ne suffit pas de critiquer les politiques de personnel mécanistes et productivistes du début du siècle. Les entreprises et les dirigeants doivent être capables de mettre en place une politique de ressources humaines et de «culture d'entreprise» pour intégrer au mieux les individus et les rendre performants. Mais ces politiques aux dimensions psychologique et sociologique, individuelle et collective qui touchent le comportement des participants, leur style de vie et leur adéquation au rythme et à l'identité de l'entreprise sont difficiles à délimiter, à gérer. Les facteurs de motivations sont rarement quantifiables et il faut tenir compte d'éléments subjectifs difficiles à cerner.

«Il n'est de richesse que d'hommes» disait le juriste BODIN au XVIe siècle mais si c'est la matière première la plus précieuse, c'est aussi la plus difficile à gérer.

SYNTHÈSE DES 4 PREMIERS CHAPITRES

TABLEAU RÉSUMANT LA PROBLÉMATIQUE ACTUELLE DU CONTRÔLE DE GESTION

De l'étude de la théorie des organisations il en découle un nouveau cadre d'analyse pour le contrôle de gestion :

- le contrôle de gestion doit être appréhendé comme un SYSTÈME, système d'information pour le système Entreprise ;
- le contrôle de gestion s'insère dans une entreprise et un environnement COMPLEXE et INCERTAIN ;
- les objectifs et les paramètres du contrôle de gestion ÉVOLUENT dans le temps et l'espace, tant à l'intérieur qu'à l'extérieur de l'organisation ;
- le contrôle de gestion s'insère dans un système décisionnel à RATIONALITÉ LIMITEE ;
- le contrôle de gestion doit intégrer une DIMENSION HUMAINE et sociale.

Ces caractéristiques ne réduisent pas la portée et l'intérêt du contrôle de gestion mais en modifient le champ d'analyse et obligent à faire évoluer les outils de gestion.

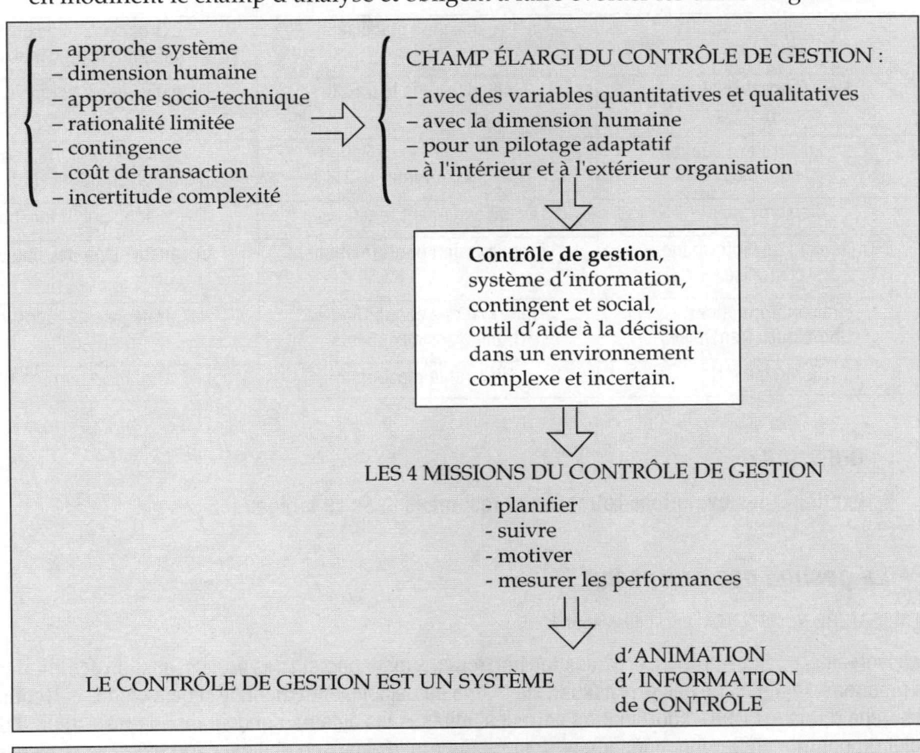

LES SCIENCES UTILISÉES PAR LE CONTRÔLE DE GESTION

Techniques comptables
Informatique de gestion
Analyse des organisations
Analyse socio-technique
Systémique

SYSTÈME CONTRÔLE DE GESTION

Applications

1 *Évolution des organisations*

(Extrait de la revue *Alliance des organisations citoyennes*, «spécial emploi-activité», janvier 1995.)

ORGANISATION CLASSIQUE	ORGANISATION QUALIFIÉE	ORGANISATION QUALIFIANTE
Savoirs acquis	Savoirs supérieurs à l'organisation antérieure mais acquis en formation initiale	Savoirs en développement permanent
Savoir-faire non mobilisés	Savoir-faire rodés par l'expérience	Savoir-faire s'adaptant aux éléments nouveaux
Prescription des tâches élémentaires (rationalisation du travail)	Organisation prescrite	Organisation à structurer (propositions à élaborer)
Organisation stable	Organisation stabilisée	Organisation flexible (adaptation au contexte)
Déresponsabilisation dans le travail	Initiative dans le travail	Initiative liée à l'organisation
Centrée sur l'exploitation courante	Centrée sur l'exploitation courante	Articulation forte entre exploitation courante et innovation
Cloisonnement	Décloisonnement fonctionnel	Décloisonnement fonctionnel
Traitement de l'information centralisé	Transmission d'informations	Transmission des objectifs
Pas d'informations économiques transmises	Informations économiques transmises aux agents	La stratégie est réappropriée par l'équipe
Hiérarchie forte	Hiérarchie raccourcie	Équipes par projet

QUESTION :

Expliquez les évolutions retracées et résumées dans ce tableau.

2 *La gestion des processus*

(DEMEESTÈRE R., *RFG*, 104, juin-juillet-août 1995.)

Transversalité, gestion des flux, organisation horizontale, management des projets, gestion des interfaces entre les fonctions, réingénierie des processus… le thème du décloissonnement de la gestion des entreprises, de la recherche d'une meilleure coordination entre les unités et les acteurs concourant à la réalisation d'un même projet ou contribuant au fonctionnement d'un même processus, apparaît avec force depuis quelques années dans les réflexions sur la gestion des entreprises et dans les actions de changement conduites par celles-ci.

1. Les sources du mouvement

Depuis quelques années, l'organisation des entreprises industrielles a connu des bouleversements profonds. Juste à temps, gestion en flux tendus furent les mots qui désignèrent la recomposition des processus de production passant par des opérations de simplification, de réorganisation des flux et des implantations des

postes de travail, de diminution des temps, de changement d'outils et de fabrication, de réduction des aléas (pannes...) et de maîtrise de la qualité, de changement des systèmes de pilotage des flux physiques, de développement de partenariat client-fournisseur... Cet ensemble de changements a permis de réduire les délais de fabrication, les stocks, les coûts, la non-qualité et de mieux respecter les délais prévus, d'améliorer la flexibilité de l'entreprise ; il constitue en quelque sorte, un nouveau «modèle» de l'entreprise, et, en s'appuyant sur une forte décentralisation, une polyvalence accrue du personnel, la réduction des nombres de niveaux hiérarchiques, comporte déjà les principaux traits de «l'entreprise-processus» que l'on voit apparaître maintenant par extension de démarches analogues à d'autres domaines que celui de la production.
Mais déjà auparavant les démarches qualité avaient été amenées à porter un regard transverse sur l'entreprise, à s'intéresser à l'ensemble des activités constituant un processus de production, quel que soit le rattachement hiérarchique à tel ou tel service de ces activités : le contrôle statistique des processus s'attache à analyser les enchaînements d'activités conduisant à la réalisation d'un produit fini ou semi-fini afin de prévenir et de maîtriser à chaque étape les non-conformités ; les démarches d'analyse des causes des problèmes et de recherche des leviers d'action pour y remédier font apparaître que ceux-ci se situent dans d'autres services que celui où on en constate les conséquences ; là aussi apparaît la nécessité de considérer l'ensemble d'un processus et de mieux coordonner ses activités pour l'améliorer.
Cet intérêt pour les processus ne s'est d'ailleurs pas limité au seul domaine de la production ; les relations avec les clients et les fournisseurs par les processus de prise de commande-facturation-règlement donnent lieu à des enchaînements d'opérations dans des services divers ; il en est de même pour de multiples opérations administratives ou comptables au sein des entreprises. Cela a donc conduit à travailler à la recherche d'une meilleure organisation de ces processus, à s'assurer de la fiabilité et de la qualité de ceux-ci par des démarches analogues à celles appliquées pour des processus productifs.
Les démarches dites «de réingénierie» des processus se situent dans cette ligne, mais en visant des sauts de performances drastiques par des refontes complètes et rapides.
Bien entendu, tout cela n'a rien de spécifique à l'entreprise industrielle et concerne les secteurs les plus divers (assurances, banques, services publics...).
Par ailleurs, dans le secteur industriel, un autre champ de réflexion et d'action a été très fécond ces dernières années, c'est celui du management des projets de développement des nouveaux produits. En particulier, dans les secteurs où la dimension produit est forte (automobile, informatique...) et où le lancement des produits nouveaux représente un enjeu stratégique majeur pour l'entreprise, le souci de mieux maîtriser ces processus-projets interfonctionnels que sont les développements produits a conduit à des progrès significiatifs : réduction des délais de développement, ingénierie concourante, maîtrise des coûts dès la phase de conception...
Ces différentes approches mettent l'accent sur trois priorités :
1° La prise en compte du point de vue du client.
2° La flexibilité de l'entreprise, sa capacité à s'adapter dans un univers incertain.
3° La maîtrise des performances (qu'il s'agisse des coûts, des délais, de la qualité ou de toute autre caractéristique permettant de se différencier des concurrents et de satisfaire les demandes d'un segment de clientèle) ; et cela passe par une meilleure coordination entre les participants aux différents processus et projets permettant d'apporter ces prestations, cette valeur au client.
Mais l'expérience montre aussi que la mise en œuvre d'une gestion des processus et des projets dépend d'évolutions dans plusieurs domaines :
– Évolutions dans la structure d'organisation (exemple : redéfinition des rôles respectifs des responsables projets ou processus, vis-à-vis des directions de métiers) ;
– Évolutions dans les démarches de gestion des ressources humaines (exemples : gestion des carrières, modes d'évaluation des membres des équipes projets ou processus, mécanismes d'apprentissage et de formation) ;
– Évolutions aussi dans les démarches de contrôle de gestion.
C'est ce dernier aspect que nous allons maintenant examiner rapidement.

2. Une évolution nécessaire du contrôle de gestion

Il y a déjà un certain temps que la nécessité de «réinventer le contrôle de gestion» a été proclamée par différents auteurs. À cet égard, le diagnostic semble clair : une perspective trop exclusivement axée sur les budgets, le reporting et la gestion des centres de responsabilité, est trop pauvre pour permettre un réel pilotage de l'action. Le défi qui est lancé à la fonction contrôle de gestion et aux différents responsables opérationnels et fonctionnels qui mettent en œuvre dans l'entreprise le pilotage est multiple.

– Passer d'un référentiel rentabilité à un référentiel stratégique ; c'est-à-dire construire le système de pilotage sur les facteurs clés de succès de l'entreprise (garants de sa rentabilité à moyen terme), ce qui implique non seulement d'identifier ceux-ci mais aussi de repérer les contributions que peut apporter chaque activité à la réalisation de cette stratégie, à la création de valeur par l'entreprise ;

– Assurer non seulement l'évaluation des performances, mais aussi l'identification des leviers d'action pour maîtriser les performances, la construction de plans d'action et leur suivi à l'aide d'indicateurs de pilotage ;

– Piloter non seulement les centres de responsabilité et les produits, mais aussi les processus et projets transverses ;

– Passer d'un suivi très fortement marqué par le cycle de la comptabilité (résultat annuel) à un pilotage axé sur les différents cycles (court terme, long terme) pertinents dans chaque cas spécifique d'entreprise.

En ce sens, le pilotage de l'entreprise a lui aussi besoin de décloisonnement : une situation où les uns s'occupent de planification et de suivi des coûts et de la rentabilité, les autres de délai, d'autres encore de qualité, de coordination technique, avec une faible intégration de ces différents aspects, paraît peu satisfaisante. De la même façon, l'articulation entre les orientations stratégiques et la coordination au quotidien apparaît trop souvent comme imparfaite. C'est pourquoi les systèmes de pilotage ou encore de contrôle de gestion stratégique tendent de plus en plus à s'appuyer sur la notion de processus ; la coordination entre les activités y est souvent assurée par la présence de pilotes et de groupes de pilotage de processus ; cela permet de faire le lien entre la stratégie de l'entreprise et la gestion au quotidien de ses multiples activités et vise également à assurer une intégration accrue de la gestion des différentes activités constituant un processus ; cette intégration porte sur les différentes dimensions de la performance (coût, délai, qualité et performance technique...) ; elle nécessite que l'on définisse clairement les rôles respectifs des pilotes transverses et des responsables hiérarchiques, et que l'on modifie les modes d'élaboration des budgets.

QUESTIONS

a) Comment l'approche par les processus peut-elle améliorer le fonctionnement des organisations et leur performance ?

b) Quelles peuvent-être les conséquences pour le contrôle de gestion ?

3 *Peugeot*

(Entretien avec le directeur de projet chez Peugeot, *Peugeot Magazine*, n° 120, février 1995.)

• *Comment avez-vous constitué votre Équipe projet ?*

Cette équipe s'est constituée progressivement. Au début de la phase de définition préliminaire, toutes les fonctions d'Adjoints Coûts, Qualité et Planning, ainsi que celles de Chefs de projet Produit, Méthodes Carrosserie, Méthodes Mécaniques, Achats, Études et Production ont été pourvues. Une douzaine de personnes ont donc été installées sur le site de La Garenne, dans des bureaux regroupés à proximité du département définissant l'architecture des véhicules.

Lorsque le projet a été suffisamment mûri pour pouvoir être présenté à la Direction générale avec une première estimation des performances et des coûts, tous les Responsables de lots ont été nommés. Le véhicule est en effet, découpé en plusieurs grandes fonctions, appelées «lots». Pour maîtriser la totalité du projet, une personne va être désignée pour chacun des lots du véhicule : 18 proviennent de la Direction des Études, dont 2 pour le style, 2 pour les synthèses d'implantation et d'expérimentation et 14 pour les lots de conception (structure, adaptation moteur, architecture électrique, etc.), et 8 responsables de lots proviennent de la Direction des Méthodes pour l'emboutissage, le montage, la peinture, la qualité opérationnelle, etc.

Puis, le plateau s'est physiquement déplacé sur le site des études chargées du développement, à Sochaux, dans des locaux aménagés spécialement, permettant d'accueillir simultanément jusqu'à 70 personnes.

Nous ont rejoints alors les Responsables métiers du Centre pilote de production (synthèse qualité, emboutissage,

CHARTE DE DEVELOPPEMENT PRODUIT
L'Equipe Projet sur un plateau
Pour tous les Projets de nouveaux véhicules, une Equipe est mise en place, conformément à la Charte de Développement Produit. Elle est constituée de responsables de tous les métiers et de toutes les directions du Groupe PSA Peugeot Citroën. Tous ces acteurs sont regroupés sur un même lieu appelé "plateau", d'abord dans le centre d'études, puis dans l'usine, pour le lancement de la fabrication du nouveau modèle.
Pour intégrer le point de vue du client
Les hommes du produit, issus du marketing et du plan, sont, avec les commerciaux, les porte-parole du client dans l'Equipe Projet. Les hommes de l'après-vente aident les concepteurs à intégrer, dans la définition du véhicule, la facilité d'entretien ou de réparation.
Le Directeur de Projet
Les Adjoints au Directeur de Projet
Pour concevoir le produit
Les hommes des études (DETA) définissent le style et réalisent les plans, les maquettes et les expérimentations nécessaires. La conception du véhicule se fait avec les hommes des méthodes et de la production, ainsi qu'avec les fournisseurs.
Pour réaliser les moyens industriels
Les hommes des méthodes (DMEI) définissent les gammes et, parallèlement à la conception du produit, recherchent les solutions techniques les plus fiables, aux meilleurs coûts.
Les Chefs de Projet
COÛTS
QUALITÉ
DÉLAIS
Les Responsables de Lot
Les Responsables d'Activité
Pour associer les fournisseurs
Leur contribution représente plus de 60% du prix de revient du véhicule. Ils sont intégrés au développement du Projet par les hommes des achats (SOGEDAC) qui optimisent leur intervention.
Pour préparer la production
Les hommes de la fabrication (DP/DFA) mettent en place l'outil industriel. Dès la conception du produit, ils font intégrer au mieux ce qui facilitera le travail des opérateurs.
Pour assurer la qualité
Les hommes de la qualité (DQ/DQQ), en plus des actions spécifiques à leur métier, veillent au bon déroulement du Projet. Ils certifient qu'à chaque jalon, tous les objectifs prévus sont bien atteints.
Pour réussir le Projet
Au delà de la participation évidente des directions techniques, l'intervention de tous les métiers et de toutes les fonctions est nécessaire.
Avant
Chaque direction utilisait les solutions qui paraissaient les meilleures dans la perspective de son métier.
Maintenant
Chaque direction crée les solutions dans la perspective globale du projet, en tenant compte des apports et contraintes des autres directions.
LES MOTS POUR LE DIRE
MÉTIER
Spécialité technique d'un service, d'un département, d'une direction, comme la conception de la structure de caisse, l'emboutissage, etc.
LOT
Pour maîtriser le Projet on le décompose en lots qui correspondent aux fonctions du véhicule telle que la conception du poste de conduite ou à des spécialités industrielles tels que les moyens de montage.
LES TÊTES D'AFFICHE
Le Directeur de Projet
Il a délégation de la Direction générale pour conduire la réalisation du projet. Il constitue et dirige l'Equipe. Il est responsable de la tenue des objectifs. Arbitre et décideur, il orchestre les contributions de chaque métier des différentes directions du groupe pour obtenir la meilleure efficacité au service du Projet.
Les Adjoints au Directeur de Projet
Par délégation du Directeur de Projet, ils conduisent les actions nécessaires à l'atteinte des objectifs du Projet, en matière de coûts, de qualité et de planification. Ils fournissent à l'Equipe Projet méthodes et outils dans ces différents domaines.
Les Chefs de Projet
Issus des différentes directions du Groupe, ils ont un double rôle : dans l'Equipe, ils aident le Directeur de Projet dans l'animation des Responsables de Lot ; dans leur direction, ils coordonnent les interventions des différents services.
Les Responsables de Lot
Ce sont des spécialistes détachés par leur métier dans l'Equipe Projet. Ils décident et conduisent toutes les actions techniques et économiques nécessaires à l'atteinte des objectifs assignés à leur lot.
Les Responsables d'Activité
Ils font partie de l'Equipe Projet et assurent, dans le développement des lots, des activités complémentaires à celles de la conception, comme les chiffrages, la construction des prototypes, etc.
À suivre...
Edition Citroën communication interne, Peugeot communication interne - réalisation IDE

ferrage, fournitures extérieurs, etc.) mais également un représentant de la Direction Après-vente, trois Développeurs de la Sogedac chargés de suivre les études en partenariat avec les fournisseurs.
A ce stade, comme le montre le Schéma sur les Équipes Projet, on peut dire que tous les métiers de toutes les directions impliquées dans un projet automobile sont à pied d'œuvre.

• *Qu'est-ce qui caractérise le travail en plateau ?*

Je vais vous citer un exemple très concret : sur le plateau T1, nous avons regroupé dans un même bureau, les partenaires travaillant sur une même zone de la voiture. Ainsi, par exemple, sont regroupés ensemble, les Responsables des lots Conception poste de conduite, Conception architecture électrique, Méthodes Montage, le Responsable du lot Conception électricité de l'habitacle et le Développeur Achat travaillant sur le poste de conduite.
Cela favorise la prise en compte, dès les premiers dessins, des difficultés que l'on pourrait rencontrer au montage (travail en recouvrement entre les Études et la Production) ; cela permet aussi de trouver une solution conciliant le prix unitaire de la pièce avec l'investissement à consentir pour la fabriquer (travail en commun entre Études et Méthodes).

• *Pourriez-vous nous expliquer en quoi consiste la démarche par objectif dans votre projet ?*

Cette démarche est fondamentale ; elle est d'ailleurs couramment appliquée par chacun d'entre nous dans notre vie quotidienne. Je m'explique : chaque ménage a un budget déterminé tous les mois et, en fonction de ce budget, il décide de faire tel ou tel achat. Il fait des choix, essayant de trouver le meilleur compromis entre les frais fixes, type loyer, et les frais dits variables, tels que la nourriture, et au-delà les loisirs.
Dans un projet automobile, il est indispensable d'appliquer une démarche de ce type. On sait que les niveaux de prix et de performances d'un nouveau modèle sont déterminés par les souhaits du client que les enquêtes marketing ont pu quantifier et par le niveau de la concurrence. Nous devons également tenir compte des capacités de financement des investissements de la Société.
Pour T1, nous sommes donc partis d'un objectif de prix de vente compatible avec le marché ; nous en avons déduit l'objectif de prix de revient de fabrication du véhicule. Nous avons alors réparti ce prix de revient par lot. Cette somme attribuée constitue l'objectif prix du Responsable de lot qu'il décompose à son tour, en objectifs par grande fonction, puis par pièce. Il lui appartient ensuite de concevoir, en collaboration avec les différents acteurs du plateau (Méthodes, Fournisseurs...) les pièces en fonction de ce prix, et ce, en respectant les objectifs de performances, de qualité, de masse, les investissements à consentir, etc. Compromis toujours difficile à trouver.
C'est ce que l'on appelle parfois en d'autres termes la démarche *Design to cost*. Cette démarche par objectif nécessite un changement important de nos comportements. Mais elle est absolument nécessaire pour respecter les objectifs globaux du projet, gages de la réussite du véhicule.

QUESTION

Quels sont les caractéristiques essentielles de la gestion de projet mises en évidence par l'expérience Peugeot ?

■ Deuxième partie

Contrôle de gestion et mesure des résultats

Les techniques de base

Les premières techniques du contrôle de gestion ont été élaborées dans le contexte spécifique de la période de l'entre-deux-guerres. L'environnement actuel des firmes caractérisé par l'incertitude et la complexité, les mutations technologiques et de la production, la nouvelle conception du pilotage de l'entreprise obligent à des remises en cause.

Pour autant, les outils traditionnels ont été et peuvent encore être pertinents pour la **mesure des résultats**.

Le contrôle de gestion n'est pas une construction statique mais le fruit de réflexions sur les divers problèmes de gestion rencontrés par les entreprises.

Dans cette optique, les **techniques de base** sont des réponses à des préoccupations inscrites dans une perspective économique et sociale que l'on peut schématiser en trois étapes :

Étape 1 – Le développement des firmes industrielles en concurrence sur des marchés de produits standardisés les oblige à répondre à l'interrogation suivante : A partir de quel seuil l'exploitation devient-elle rentable ?

Une réponse est apporté par **la méthode des coûts complets** (ou *fullcost*).

Étape 2 – Les couples marché/produit se multipliant et les entreprises développant des stratégies de segmentation, les gestionnaires vont privilégier des analyses de contribution ou d'apport par produit ou clientèle : **les méthodes de coûts partiels** permettent cette mesure.

Étape 3 – L'accroissement de la taille des firmes oblige à déléguer des responsabilités et donc à définir des objectifs concrets et mesurables aux responsables du système production. L'apparition du Taylorisme a orienté le contrôle de la production en permettant la définition de normes ou standards. **Les coûts standards ou préétablis** construisent le contrôle budgétaire de la production.

Par la suite, le développement des activités tertiaires au sein des entreprises a modifié la nature de leurs coûts en privilégiant les charges de structure au détriment des charges opérationnelles.

La prise en compte de la dimension humaine par la recherche de l'implication accrue des responsables ainsi que la volonté de suivre leurs réalisations ont poussé les dirigeants à étendre **le réseau des budgets** à toute l'entreprise.

On voit ainsi les étapes de la construction du contrôle de gestion actuel :
- analyse des coûts complets et partiels,
- contrôle budgétaire de la production,
- élargissement de la procédure budgétaire au système «Entreprise».

C'est pourquoi les *techniques de base* étudiées dans cet ouvrage seront présentées selon la logique suivante :

1re sous-partie : ***Analyse des coûts pour un marché global***, méthode des coûts complets

2e sous-partie : ***Analyse des coûts pour un marché segmenté***, méthode des coûts partiels

3e sous-partie : ***Analyse, mesure et suivi du système «production»***, méthode des coûts préétablis

La mesure et le suivi du système «entreprise» par les budgets seront étudiés dans une partie spécifique qui permettra d'évoquer plus complètement la place de l'humain dans les procédures budgétaires.

5 Une première approche des coûts et de la comptabilité analytique

Pour piloter et prendre des décisions de court et long terme, le gestionnaire élabore et utilise des outils d'aide à la décision. Une part importante de ces outils consiste à calculer des coûts sur lesquels il fonde ses décisions. La validité de ces dernières dépend de la nature et de la qualité des coûts envisagés.

Dans sa volonté d'harmonisation, le plan comptable (PC) a défini la notion de coûts et les caractéristiques qui permettent leur classification.

Un système d'information spécifique se charge du calcul des coûts : la comptabilité analytique. Elle diffère de la comptabilité générale par son fonctionnement et ses objectifs bien qu'elle se serve majoritairement des informations de cette dernière.

L'utilisation des coûts est étendue à tout le système entreprise. Parmi les caractéristiques des coûts, le PC privilégie le contenu. Or les gestionnaires, tant au plan stratégique qu'au plan opérationnel, éprouvent le besoin de définir leurs champs d'action sur les coûts. Cette différence d'optique conduit à enrichir la notion de coût pour la prise de la décision.

1. Les coûts définis par le plan comptable

Le PC définit un coût comme «**la somme des charges relatives à un élément défini au sein du réseau comptable**».

Cet élément peut être un produit, une opération ou une fonction.

Le choix des coûts à calculer se fait en fonction des activités de l'entreprise, de sa structure, de ses impératifs de gestion.

D'après le PC, le coût se définit par trois caractéristiques indépendantes les unes des autres :

– le champ d'application,
– le moment du calcul,
– le contenu.

Le PC a résumé les différentes caractéristiques des coûts dans le schéma suivant :

CARACTÉRISTIQUES DES COÛTS SELON LE PLAN COMPTABLE

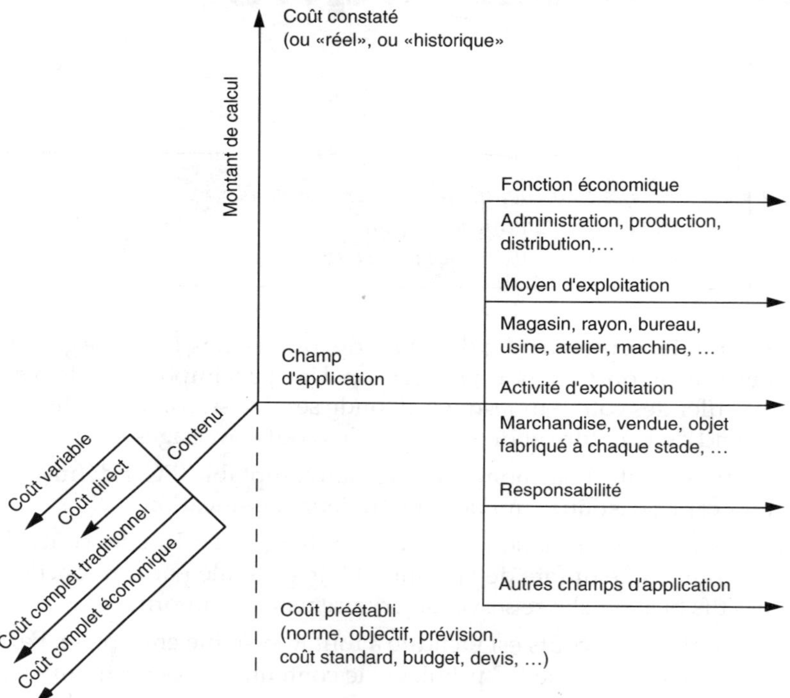

1.1 Le champ d'application

Le champ d'application du coût est très varié :
– une **fonction ou une sous-fonction économique** de l'entreprise (approvisionnement, production, distribution ou administration) ;
– un **moyen d'exploitation** c'est-à-dire une machine, un poste de travail, un rayon de magasin, un canal de distribution ;
– une **activité** à savoir une famille de produits, un produit, ou encore une zone d'activité ;
– un **centre de responsabilité** c'est-à-dire un sous-système de l'entreprise doté d'un indicateur de performance et à qui est laissé une certaine latitude dans les moyens à mettre en œuvre pour satisfaire ses objectifs.

1.2 Le moment du calcul

Ce critère permet de distinguer deux types de coûts :
- le **coût historique** qui est un coût calculé postérieurement aux faits qui l'ont engendré : on parle aussi de coût constaté ou coût réel.
- le coût **préétabli** qui est un coût calculé antérieurement aux faits qui l' engendreront.

  Le coût préétabli peut avoir le caractère de «normes» ou de simples prévisions. Selon l'optique du calcul, on parlera de **coûts standards**, de **devis** ou plus simplement de **coûts prévisionnels**.

1.3 Le contenu

Pour une période déterminée, un coût peut être calculé, soit en y incorporant toutes les charges enregistrées en comptabilité générale, soit en n'y incorporant qu'une partie de ces charges.

Le PC distingue ainsi deux familles de coûts.

a) Les coûts complets

Ces coûts sont constitués par la totalité des charges relatives à l'objet du calcul.

Il en existe deux sortes :
- les coûts complets **traditionnels** si les charges de la comptabilité générale sont incorporées telles quelles sans modifications ;
- les coûts complets **économiques** si ces charges ont subi des retraitements en vue d'une meilleure expression économique des coûts.

b) Les coûts partiels

Ce sont des coûts obtenus en n'incorporant qu'une partie des charges pertinentes en fonction du problème à traiter.

Il existe deux grandes catégories de coûts partiels :
- le **COÛT VARIABLE** : c'est un «coût constitué **seulement des charges qui varient avec le volume d'activité** de l'entreprise sans qu'il y ait nécessairement une exacte proportionnalité entre la variation des charges et celle du volume des produits obtenus».

  Sont donc **exclues** du calcul les charges dites «**de structure**» qui sont considérées comme fixes sur la période considérée.
- le **COÛT DIRECT** : c'est un «coût constitué par des charges qui peuvent lui être **directement affectées** (généralement charges opérationnelles ou variables) et

des charges qui,même si elles transitent par des centres d'analyse **concernent** ce **coût sans ambiguïté** (variables et fixes)».

Le calcul et la connaissance des coûts qui viennent d'être définis sont élaborés par un système spécifique d'informations appelé la comptabilité analytique.

2. La comptabilité analytique

La comptabilité analytique est un «**mode de traitement des données**» (PC) qui permet de reclasser par **destinations** ou par **fonctions** les charges et les produits que la comptabilité générale a enregistrés par nature, ceci afin d'en faire l'analyse pour une période donnée.

Après avoir étudié les objectifs et le fonctionnement de la comptabilité analytique, nous comparerons les deux comptabilités.

2.1 Les objectifs

La comptabilité analytique est un mode de traitement des données dont les objectifs essentiels sont les suivants :

d'une part :
- **connaître** les coûts des différentes fonctions de l'entreprise,
- **déterminer** les bases d'évaluation de certains éléments de l'actif du bilan (les stocks et les productions d'immobilisations),
- **expliquer** les résultats par secteur d'activité en calculant les coûts complets des produits pour les comparer à leur prix de vente,

d'autre part :
- permettre d'**établir des prévisions** de charges et de produits,
- fournir les informations nécessaires à la gestion et tous les éléments de nature à **éclairer les prises de décision**.

2.2 Le mode de fonctionnement

Le fonctionnement de la comptabilité analytique comporte deux phases essentielles :
- **l'affectation** des charges et des produits enregistrés en comptabilité générale dans les comptes analytiques,
- **le mouvement interne** des charges comprenant des répartitions, des imputations, des prestations internes et des incorporations.

Ce mouvement constitue un **cheminement précis des flux internes** en vue d'aboutir, par l'intermédiaire des stocks et des coûts par fonction et par opération, à des coûts par produits et aux résultats par activité.

2.3 Les liens entre la comptabilité analytique et la comptabilité générale

Nous regarderons ces deux comptabilités par rapport aux critères suivants :
- l'objet,
- la nature,
- l'origine des données,
- et le mode de traitement.

a) L'objet

La comptabilité générale donne une vue globale et synthétique des comptes de l'entreprise alors que la comptabilité analytique donne une vue détaillée de chacune des activités, d'où son terme d'analytique.

b) La nature

La comptabilité générale est une comptabilité financière obligatoire qui manipule des grandeurs monétaires alors que la comptabilité analytique est essentiellement économique et facultative. A côté des valeurs monétaires, elle intègre de nombreuses grandeurs physiques qu'il est nécessaire d'analyser :
- quantités de matières,
- nombre d'heures de travail,
- temps de fonctionnement des machines.

c) L'origine des données

La comptabilité générale tend principalement à analyser les flux existant entre l'entreprise et l'extérieur c'est à dire les **flux externes**. La comptabilité analytique organise le cheminement des **flux internes** en vue d'aboutir à des coûts par produit.

d) Le mode de traitement

A l'inverse de la comptabilité générale qui est formalisée et qui s'impose pour toutes les entreprises, la comptabilité analytique doit être organisée suivant des critères, des méthodes et des procédures propres à chaque entreprise.

Orientée vers le contrôle interne, toute normalisation nuit à son efficacité.

Toutes ces informations sont reprises dans le schéma suivant :

LE CHAÎNAGE DES 2 SYSTÈMES D'INFORMATION :
comptabilité générale et comptabilité analytique

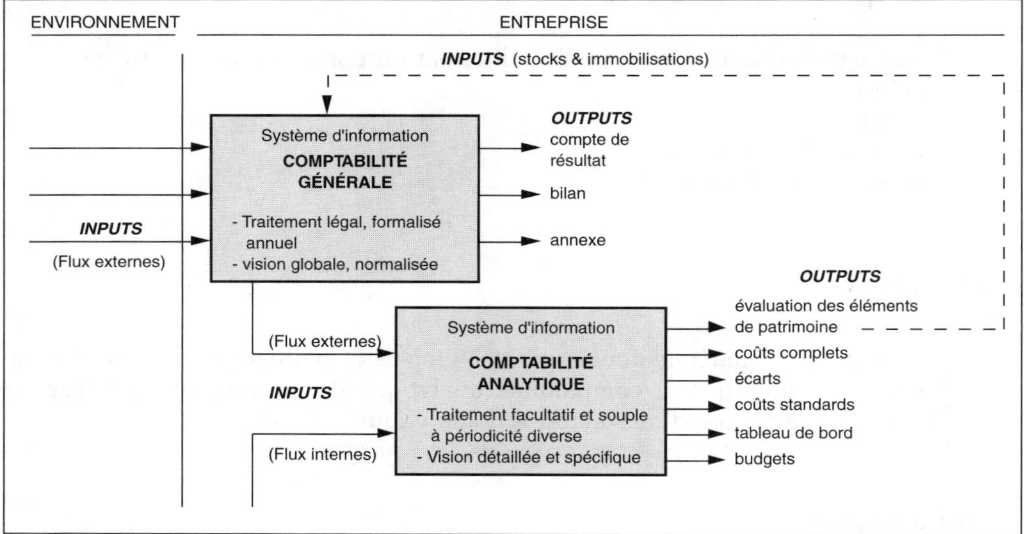

La comptabilité analytique calcule des coûts en respectant les principes généraux définis par le PC. Celui-ci se contente de proposer différents modes d'élaboration des coûts en laissant les entreprises libres de choisir celui ou ceux qui leur conviennent.

Quels sont, alors les critères retenus par les gestionnaires dans leur choix ?

3. Le gestionnaire face aux coûts

Le type de coût à calculer dépend de nombreux facteurs :
- le problème à traiter,
- le niveau hiérarchique où il doit être envisagé,
- l'entreprise et ses facteurs de contingence.

Le gestionnaire, décideur stratégique ou responsable opérationnel, aura à cœur de choisir le coût pertinent et de connaître les limites de son action c'est-à-dire le pouvoir qu'il peut avoir sur les coûts envisagés.

3.1 La pertinence du coût

Le contrôle de gestion a été défini comme un système d'information.

Pour qu'un système d'information soit efficace, les résultats du traitement doivent être en adéquation avec les objectifs et les besoins de l'utilisateur.

Le contrôle de gestion doit donc informer le système de décision en proposant le coût le plus adapté possible aux problèmes de gestion à résoudre.

Le **meilleur coût** pour une organisation n'est pas nécessairement celui qui a le plus de qualité, **mais celui qui apparait au bon moment et à la bonne place, qui parvient au bon utilisateur avec la précision souhaitée par ce dernier**.

C'est la notion de PERTINENCE qui est subjective et différente selon les entreprises, en fonction de leurs facteurs de contingence.

DUBRULLE analyse la pertinence des coûts de la comptabilité analytique à partir de quatre critères :
– l'évolution des prix,
– le niveau d'activité,
– l'efficacité de l'exploitation,
– l'identification des responsabilités.

Il en tire le tableau suivant :

LA PERTINENCE DES DIFFÉRENTS TYPES DE COÛTS

Critères d'appréciation	Coûts complets	Coûts variables (Direct Costing)	Coûts spécifiques	Coûts d'imputation rationnelle
Évolution des prix et des rémunérations	Toutes les méthodes sont en mesure de donner les éléments nécessaires. Le problème, ici, n'est pas de choisir une méthode de coûts plutôt qu'une autre mais de mettre en place un cadre suffisamment analytique.			
Le niveau d'activité	La méthode est totalement inadaptée. Les charges fixes et les charges variables ne sont pas distinguées.	Charges fixes et charges variables sont distinguées mais les coûts de sous-activité ou les boni de suractivité n'apparaissent pas.		La méthode donne tous les éléments d'appréciation.
Efficacité de l'exploitation	Les différentes méthodes donnent des moyens similaires. Ici encore, l'important est le cadre analytique (décomposition détaillée des éléments des coûts, choix des centres et des unités d'œuvre).			
Identification des responsabilités	Même si des centres de responsabilité sont définis, toutes les charges s'y trouvent rassemblées, y compris les charges de structure sur lesquelles les responsables «opérationnels» n'ont guère de possibilités d'agir. En outre, les centres auxiliaires sont répartis de façon souvent arbitraire sur les centres principaux de telle sorte que les responsabilités se trouvent diluées.	Seules sont retenues les charges variables, que les responsables peuvent effectivement maîtriser. Cela est vrai même pour les charges des centres auxiliaires pour lesquels un critère logique de répartition peut généralement être trouvé.	Mêmes caractéristiques que pour les coûts variables. De plus les charges fixes spécifiques sont souvent liées à des décisions des responsables.	La méthode permet toutes les analyses. Les responsables mesurent, de plus, clairement les conséquences des variations d'activité dont ils sont parfois à l'origine, d'autant que les frais fixes des centres auxiliaires ne sont retenus qu'en fonction de l'activité réelle des centres principaux.

Source : Dubrulle L., Servan R. Comptabilité analytique de gestion : manuel pratique, *Dunod, 1991.*

Les prises de décision évoquées précédemment s'appuyaient sur des coûts constitués de charges saisies par le système d'information. Pour autant, ne rien faire peut entraîner un coût pour l'organisation sous forme d'un manque à gagner.

3.2 Le coût d'opportunité

Le coût d'opportunité est «le manque à gagner résultant du renoncement qu'implique tout choix» (Lassègue P., *Gestion de l'entreprise et comptabilité,* Dalloz, 1988).

Il s'analyse plus comme une perte de ressources probables que comme un coût à proprement parler. La comptabilité analytique tournée essentiellement vers une optique de maîtrise des coûts néglige cette notion. Pour autant, les techniques classiques intègrent cette approche des coûts dans les modèles de gestion des stocks en prenant en compte un coût de pénurie qui s'évalue souvent comme le manque à gagner résultant de la rupture de stock et des demandes non satisfaites qui en découlent.

Les gestionnaires tentent de plus en plus d'intégrer les coûts d'opportunité dans l'analyse économique des problèmes de gestion et principalement les coûts d'opportunité sociale tels que l'absence d'un opérateur, l'apparition d'un conflit ou une dégradation du climat social comme source de manque à gagner.

La maîtrise et la connaissance des coûts sont des éléments des problèmes de décision, mais encore faut-il savoir quel coût prendre en compte ?

3.3 Le pouvoir du gestionnaire sur les coûts

Le décideur doit se préoccuper de connaître son champ d'action et donc identifier les coûts sur lesquels il a une emprise et ceux qui échappent à son autorité.

a) Coût réversible et irréversible

Un coût est dit **irréversible** quand il n'est plus permis de revenir sur la décision d'engagement. Il est **réversible** dans le cas contraire.

Exemple *La décision d'installation d'une nouvelle machine est irréversible alors que celle d'engager des heures supplémentaires ne l'est pas.*

L'augmentation des coûts irréversibles réduit le champ d'action du décideur.

b) Coût contrôlable et coût administré

Un coût est dit **contrôlable** quand le décideur a un pouvoir total sur l'apparition de ce coût (embauche d'un salarié) et dit **administré** quand il s'impose au décideur de l'extérieur de l'entreprise par l'administration ou les pouvoirs publics (charges sociales, fiscales ou redevances).

La proportion des coûts administrés s'accroît principalement pour la main-d'œuvre. Les freins au licenciement ont d'ailleurs tendance à faire de ce coût un élément irréversible. On comprend mieux alors que l'embauche de personnel supplémentaire, coût irréversible et pour partie administré, devienne une décision difficile à engager.

c) Coûts déterminés et discrétionnaires

Un coût est dit **déterminé** quand il a une relation claire avec l'effet obtenu : la consommation de matières qui est dépendante de la production effectuée.

Un coût est dit **discrétionnaire** lorsque la relation est plus diffuse (discrète) avec le résultat (il est difficile de trouver une corrélation entre des tâches administratives et la consommation de fournitures de bureau).

d) Coûts visibles et coûts cachés

Un coût **caché** est provoqué par un élément connu (exemple : délai d'attente entre lots de fabrication) dont les charges qu'il génère ne sont pas isolées par le calcul mais agrégées à un autre coût de l'entreprise (le coût de production des produits fabriqués).

Le contrôle des coûts en tant que système d'information n'est pas en mesure de calculer les coûts cachés. La non-qualité, les délais d'attente des clients sont des exemples de coûts cachés. En général, tout ce qui relève de la qualité du service ou du produit s'apparente à des coûts cachés.

Il est possible d'évaluer une partie des coûts cachés par des études spécifiques : l'augmentation des pièces rebutées peut exprimer une baisse de qualité des produits fabriqués.

Ainsi, la recherche de la «qualité totale» dans l'entreprise tendra à mettre en évidence tous les coûts cachés de non-qualité : on parle même du «gisement de non-qualité».

e) Coûts internes et coûts externes

Les coûts **externes** sont des coûts transférés à des tiers extérieurs à l'entreprise.

Ainsi, l'entreprise qui transfère l'obligation du stockage chez son fournisseur ou qui fait supporter par la collectivité les charges de dépollution qu'engendre son activité reporte sur les autres des charges qu'elle devrait supporter : il s'agit de coûts externes.

L'autorité du décideur est limitée à l'ensemble des coûts internes, contrôlables. Elle sera forte sur des coûts visibles, réversibles et non discrétionnaires. A l'opposé, le décideur n'a que peu d'emprise sur des coûts administrés externes.

Le pouvoir du décideur sur les coûts est donc limité. Le schéma suivant essaie de résumer les coûts inhérents à toute organisation qu'ils soient ou non pris en compte par la comptabilité analytique.

LE GESTIONNAIRE FACE AUX COÛTS

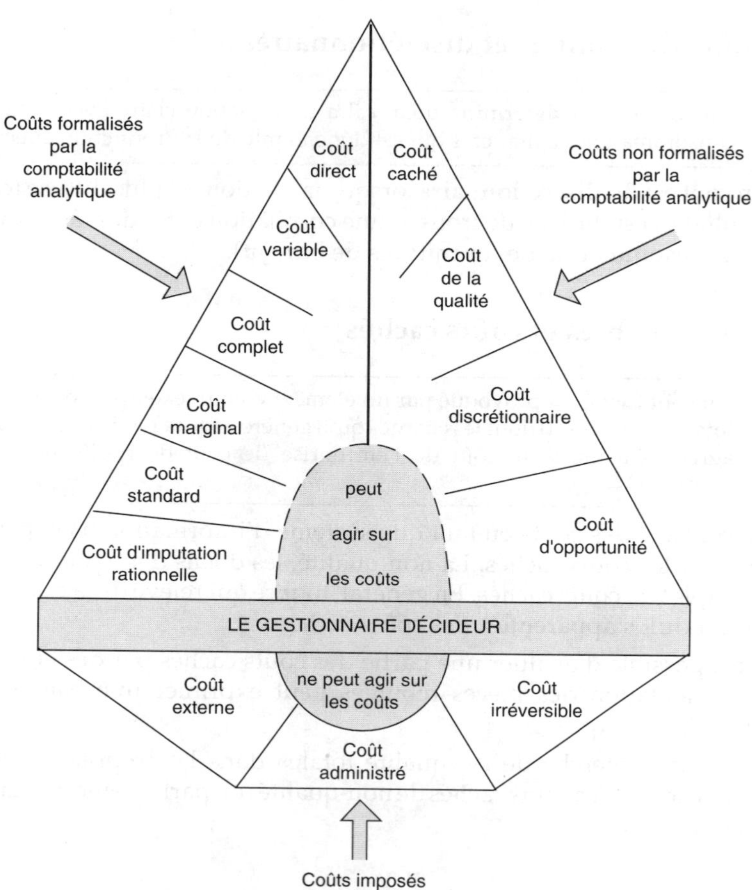

RÉFLEXIONS SUR LE THÈME

1. La faible utilisation de la comptabilité analytique par les entreprises

La comptabilité analytique reste aujourd'hui, principalement, le fait de grandes entreprises et de certaines PME ou PMI. Pour la majorité d'entre elles la tenue d'une comptabilité analytique constitue un ensemble de travaux extra-comptables non intégré à la comptabilité générale et rarement rapproché avec cette dernière.
En fait, le tissu industriel français est composé à 97 % d'entreprises de moins de 10 salariés qui ignorent toute pratique systématique de calcul de coût ou de suivi analytique. Ces réalités doivent faire comprendre que si les techniques classiques de contrôle de gestion sont remises en cause au sein des grandes organisations, elles restent des aides précieuses qu'il est nécessaire de propager dans de nombreuses entreprises.

2. Le détournement de la comptabilité analytique

Au moment de sa mise en œuvre, la comptabilité analytique avait pour objectif de calculer des coûts de revient complets pour répondre aux besoins de gestion des entreprises qui ne trouvaient pas dans le système d'information de la comptabilité générale les informations pertinentes dont elles avaient besoin.
La généralisation des procédés analytiques et leur rigueur ont permis un renversement de tendance : la comptabilité générale puise dans les informations analytiques pour obtenir une valorisation des stocks et des productions d'immobilisations.
Au moment où la validité même du calcul du coût complet est remise en cause au sein du contrôle de gestion, la logique financière des firmes (appel public à l'épargne et informations aux tiers) exige des informations comptables objectives et officialise les liens entre coûts historiques et états financiers. V. Giard exprime ce fait en reconnaissant pour objet essentiel aux coûts complets de valoriser les stocks et de déterminer le résultat comptable.

3. Un coût est un compromis

Un coût est dit pertinent s' il est élaboré au bon moment pour le bon décideur et avec la précision satisfaisante pour ce dernier.
Cette notion diffère de celle d'exactitude d'un coût. L'exactitude renvoie à la validité des calculs arithmétiques qui ont permis l'élaboration du coût. Or l'exactitude, c'est-à-dire la prise en compte de tous les éléments pour leur bon montant et de façon exhaustive, a un coût. Le degré de précision des calculs peut parfois n'être obtenu qu'au prix d'un coût d'accès à l'information prohibitif par rapport au gain apporté par la précision des calculs. Dans ce contexte, il vaut mieux élaborer un coût approximatif au bon moment qu'un coût exact mais tardif. Il convient d'arbitrer entre le coût de l'information supplémentaire et le risque de prendre une décision sur un coût non exact mais existant.
Ainsi, un «bon» système de coût est un compromis entre le coût d'obtention des informations et celui provoqué par des informations inexactes.

Applications

1 *Analyse de coûts*

Une entreprise anonyme fabrique et commercialise trois familles de produits A, B et C.

Pour le mois de novembre, les charges proportionnelles aux quantités produites et vendues sont les suivantes :

Produits	A	B	C
Quantités vendues	8 000	5 000	6 000
Charges proportionnelles unitaires	20	25	30

Pour la même période, l'ensemble des charges de structure, c'est-à-dire indépendantes de la production, s'élève à 570 000 F.

I. En vue de fixer les prix de vente de chacune de ses familles de produits, l'entreprise cherche à déterminer ses coûts de revient. Elle souhaite faire ses calculs selon trois modalités différentes et comparer les résultats obtenus.

Cas 1 : l'entreprise répartit les charges de structure proportionnellement aux quantités produites et vendues de chaque produit.

Cas 2 : l'entreprise répartit les charges de structure au prorata des charges variables de chacun des produits.

Cas 3 : l'entreprise répartit les charges de structure de façon égalitaire sur chacun des produits.

QUESTIONS :

a) Calculer le coût de revient d'une unité de produit dans chacun des cas envisagés.
b) Compte tenu d'une marge de 10 % du coût de revient, fixer les prix de vente de chacune des hypothèses.
c) Proposer des critères de choix en faveur de chacune des hypothèses envisagées.

II. L'entreprise retient la répartition des charges de structure suivant les quantités (cas 1) et suite à une concurrence plus intense que prévue elle ne peut vendre les produits A, B et C qu'aux prix respectifs de 55 F, 65 F et 57 F. Les quantités vendues restent conformes aux prévisions.

QUESTIONS :

a) Calculer les résultats obtenus par produit ainsi que le résultat de l'entreprise.
b) Commenter la rentabilité apparente des différents produits.

III. Suite aux calculs précédents, l'entreprise décide de supprimer l'exploitation du produit C. Dans l'hypothèse où elle ne modifie pas les quantités produites et vendues des produits A et B, elle désire étudier le bien fondé de sa décision.

QUESTIONS :

a) Calculer les résultats par produit ainsi que le résultat de l'entreprise.
b) Commenter les résultats obtenus. Ces derniers modifient-ils votre réponse à la question II.b ? En quoi ?

IV. Les différents travaux effectués ont convaincu la direction de l'entreprise d'étudier la nature des charges de structure afin d'améliorer leur répartition.
A la suite de cette étude, il apparaît qu'une partie des charges fixes sont en fait des charges directement affectables aux produits. On peut ainsi faire la distinction suivante :

Produits	A	B	C
Charges fixes directes	120 000	210 000	140 000

Les autres charges fixes sont communes à tous les produits et peuvent être considérées comme des frais généraux indirects.
En reprenant les hypothèses initiales de production et de vente des différents produits, la direction souhaite connaître leur rentabilité.

QUESTIONS :

a) Calculer, par produit, la marge sur coût variable puis après imputation des frais fixes directs la marge sur coûts spécifiques. Retrouver le résultat de l'entreprise.
b) Que pensez-vous de cette nouvelle analyse ? Quelle conclusion doit en retirer l'entreprise ?

② *Société Tillier SA*

Le service de distribution de la société TILLIER SA compte 20 représentants qui utilisent, dans les conditions suivantes, leur voiture personnelle pour les besoins de leur travail.

	Nord	Est	Centre	Sud
Effectif des représentants	8	4	3	5
Distances moyennes parcourues chaque année par chacun des représentants (exprimées en kilomètres).	15 000	20 000	40 000	30 000

La société les indemnise en leur versant 0,45 F par kilomètre parcouru.

En novembre 19N, la société TILLIER SA reçoit de la société MOBILRENT une proposition de location de voitures CITROSIM 5. Loyer annuel forfaitaire : 7 000 F. Durée du contrat : 5 ans.

Une fraction des coûts proportionnels au nombre de kilomètres parcourus, soit 0,12 du kilomètre, resterait à la charge de TILLIER SA.

Les voitures CITROSIM 5 peuvent être acquises en toute propriété, pour le prix de 10 000 F, payable au comptant. L'exploitation d'une voiture CITROSIM 5, acquise dans ces conditions, entraînerait, sur la base de 20 000 kilomètres parcourus annuellement, les frais suivants (matières consommables et frais proprement dits) :

Frais proportionnels aux distances parcourues	3 200 F
Frais indépendants des distances parcourues	3 600 F
Total	**6 800 F**

Les voitures sont amortissables, linéairement, en 5 ans. Leur valeur résiduelle, après 5 années d'usage, est considérée comme nulle.

QUESTIONS :

a) Exprimer le coût annuel par véhicule, en fonction d'un kilométrage annuel x, suivant qu'il y a indemnisation, location ou acquisition.

b) L'objectif étant de minimiser les coûts annuels d'exploitation des véhicules, quelles solutions proposeriez-vous aux responsables de la société TILLIER SA ? (Optimiser la solution pour chaque région).
Ne pas tenir compte ni des problèmes posés par la TVA, ni de ceux posés par l'impôt sur les sociétés.

c) Chiffrer l'économie annuelle réalisée si les responsables adoptent votre solution.

(d'après DECF)

Sous-partie 1

Analyse des coûts pour un marché global

6 Les charges de la comptabilité analytique

La comptabilité analytique est conçue pour :

– analyser le «résultat général» et le décomposer en «résultats élémentaires» par activité ou par produit afin de permettre des contrôles de rendement et de rentabilité ;
– fournir à la comptabilité générale des bases d'évaluation de certains éléments d'actifs (stocks et production d'immobilisations).

Ces objectifs conduisent à revoir les charges et les produits de la comptabilité générale dans une optique économique. Nous devons donc définir les charges prises en compte par la comptabilité analytique, mais aussi leur critère de reclassement et le traitement spécifique qu'il induit.

1. Les charges, éléments constitutifs des coûts

La comptabilité générale est fortement influencée par des considérations juridiques et fiscales. La comptabilité analytique peut (et doit) se libérer de ces influences et privilégier au maximum une approche économique des phénomènes étudiés afin de répondre aux impératifs qui lui sont fixés.

C'est pourquoi les charges de la comptabilité générale subissent des retraitements avant d'être intégrer dans des coûts. Ces retraitements ont pour objet soit :

– d'éliminer certaines charges (les charges non incorporables),
– d'en substituer certaines (les charges calculées),
– d'en créer d'autres (les éléments supplétifs).

1.1 Les charges non incorporables

En principe, toutes les charges enregistrées dans un compte de la classe 6 en comptabilité générale sont incorporables aux coûts sauf celles qui répondent à un des critères suivants.

Ces charges dites «**non incorporables**» sont :
– des charges *sans rapport direct* avec l'activité de l'entreprise : exemple : prime d'assurance-vie sur la tête d'un dirigeant ;
– des charges qui *ne relèvent pas de l'exploitation courante* : exemple : toutes les charges à caractère exceptionnel ;
– des charges *qui n'ont pas le caractère de charges* : exemple : impôt sur les bénéfices, participation des salariés.

Ainsi la comptabilité analytique ne retient pas certaines charges. Parmi celles qui sont incorporables, elle considère que, pour certaines, leur montant doit être «recalculé».

1.2 Les charges calculées

Ce sont des charges incorporées aux coûts pour un montant différent de celui pour lequel elles figurent dans la comptabilité générale. Leurs montants sont «recalculés» selon des critères appropriés aux besoins de l'analyse.

Il existe trois types de charges calculées :
– les charges d'usage,
– les charges étalées,
– et les charges abonnées.

a) Les charges d'usage

Les charges d'usage se substituent aux dotations aux amortissements de la comptabilité générale.

Pour éviter les critères purement conventionnels qui ont servi au calcul des dotations aux amortissements en comptabilité générale, le PC recommande l'utilisation de «charges d'usage» qui diffèrent des amortissements sur trois points essentiels :

– la **base amortissable** d'une immobilisation doit être sa valeur actuelle (fondée sur le prix du marché) et non sa valeur d'origine et ce, pour tenir compte du coût réel de remplacement de cette immobilisation ;
– la **durée d'amortissement** doit être une durée probable d'utilisation qui peut différer de la durée admise pour l'amortissement ;

– la **charge d'usage** reste incorporée aux coûts tant que l'immobilisation reste en service et même si elle est complètement amortie comptablement.

La charge d'usage ainsi calculée est prise en compte dans les charges incorporables et crée des différences d'incorporation positives ou négatives.

Exemple

Immobilisation A
Valeur d'acquisition : 100 000 F
Date d'acquisition : 1/1/N-6
Durée d'amortissement fiscale : 10 ans
Mode d'amortissement : Linéaire
Valeur marchande au 31-12-N : 240 000 F
Durée d'usage : cette machine a été acquise pour répondre à un marché spécifique et qui ne dépassera pas 8 ans.

Dotation comptable aux amortissements au titre de l'année N :
100 000 / 10 = 10 000 F
Charge d'usage au titre du même exercice :
240 000 F / 8 = 30 000 F
Différence d'incorporation sur amortissements :
30 000 F – 10 000 F = 20 000 F

b) Les charges étalées

Le PC préconise d'intégrer aux coûts, des charges étalées qui se substituent aux dotations aux provisions de la comptabilité générale

La comptabilité analytique ne retient en terme de dotations aux provisions que celles pour risques et charges. En effet, les dotations aux provisions pour dépréciation des éléments d'actifs relèvent d'une analyse patrimoniale ce qui n'est pas l'objet du calcul des coûts. De même, les dotations pour provisions réglementées ont un caractère trop fiscal pour être considérées comme des charges incorporables.

Les provisions pour risques et charges anticipent des dépenses de gestion courante parfaitement intégrables aux coûts mais leurs montants importants et irréguliers d'un exercice à l'autre entraînent des variations sensibles dans les résultats obtenus.

C'est pourquoi la comptabilité analytique retient des charges étalées et fait ainsi apparaître des différences d'incorporation positives ou négatives.

Les critères qui prévalent au calcul des charges étalées sont fixés par les entreprises et doivent permettre une meilleure évaluation économique des coûts calculés.

Exemple

Dotations pour risques et charges :
année N-1 : 10 000 F,
année N : 12 000 F,
année N+1 : 9 000 F.

Pour tenir compte des variations des dotations d'un exercice sur l'autre, l'entreprise retient des charges étalées pour un montant moyen de 10 000 F.

Elle fait ainsi apparaître des différences d'incorporation de 2000 F en année N et de – 1000 F en année N + 1.

c) Les charges abonnées

L'abonnement des charges permet d'intégrer aux coûts des charges incorporables de la comptabilité générale selon une périodicité différente de leur périodicité d'apparition.

Exemple

La facture d'électricité est reçue tous les deux mois et concerne la consommation des deux mois précédents soit 6 200 F.

La comptabilité analytique a été obligée de tenir compte dans ses coûts d'une consommation estimée à savoir 3000 F/mois.

L'écart entre la réalité de la charge (6 200 F) et les charges abonnées d'électricité (3 000 F x 2 mois) est une différence d'incorporation.

Après avoir repris les charges pour des montants différents afin de rechercher une meilleure expression économique des coûts de l'entreprise, la comptabilité analytique intègre, dans ses calculs, des charges inconnues de la comptabilité générale.

1.3 Les charges supplétives

Ce sont des charges incorporées aux coûts, bien qu'elles ne figurent pas en comptabilité générale pour des raisons juridiques et fiscales.

En créant ces charges, la comptabilité analytique permet le calcul de coûts comparables entre entreprises concurrentes de forme juridique et de mode de financement différents.

Le PC retient comme charges supplétives :

– **la rémunération conventionnelle des capitaux propres** : la rémunération des capitaux nécessaires à l'exploitation doit être prise en compte dans le calcul des coûts, quelle que soit leur nature : fonds propres ou ressources empruntées ;

Exemple

On retient une rémunération des capitaux propres de l'entreprise égale à l'intérêt statutaire servi dans la répartition de bénéfices soit 6%.
Montant du capital : 200 000 F.
La charge supplétive prise en compte s'élèvera à :
200 000 F x 6% = 12 000 F pour l'année.

– **la rémunération du travail de l'exploitant** : il s'agit de permettre des comparaisons réalistes entre des entreprises où le personnel dirigeant est salarié et dont la rémunération est une charge comptable, et des entreprises individuelles où, pour des raisons juridiques, le dirigeant et sa famille perçoivent une partie des résultats.

Exemple

Dans une entreprise individuelle, on intégrera aux coûts une rémunération fictive du propriétaire dirigeant de 20 000 F par mois en référence avec le coût d'un dirigeant-salarié de même qualification.

Il est possible de résumer l'ensemble des retraitements effectués sur les charges de la comptabilité générale pour obtenir les charges incorporables de la comptabilité analytique par le schéma suivant :

LES CHARGES INCORPORABLES

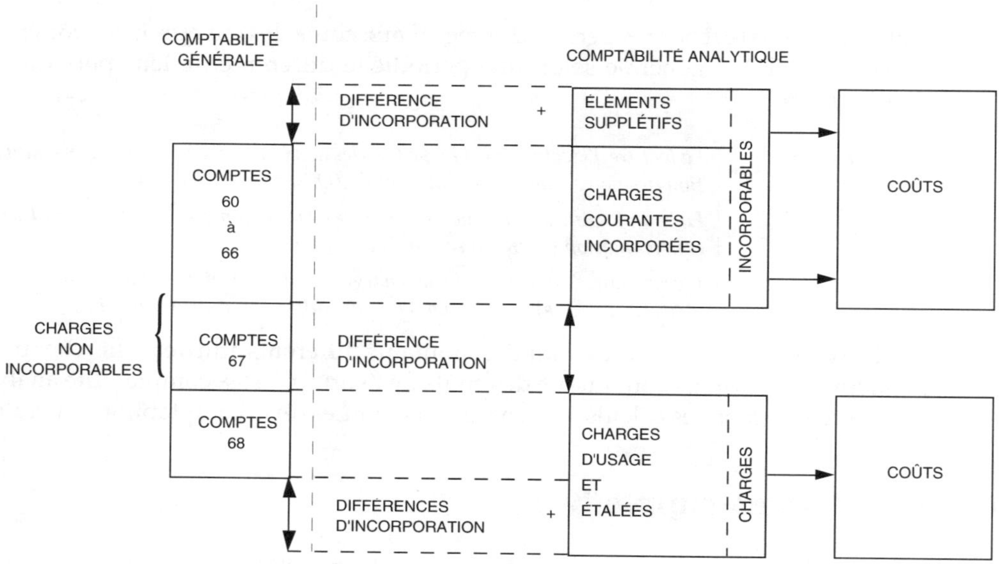

Ce retraitement des charges est une étape indispensable pour obtenir des coûts qui soient l'expression économique des conditions d'exploitation de l'entreprise. Quand l'ensemble des charges incorporables est délimité, on peut, à proprement parler, commencer le traitement des différents coûts.

Celui-ci va préalablement partager les charges selon leur destination :
- les charges dont la destination est connue, intégreront directement les coûts des produits : ce sont des charges dites «**directes**»,
- les autres, appelées charges **indirectes**, devront suivre un traitement particulier avant d'intégrer les coûts.

2. Le traitement des charges indirectes

La méthode des coûts complets partage les charges incorporables en des charges directes et des charges indirectes et préconise pour les charges indirectes un traitement spécifique : l'affectation dans les centres d'analyse.

2.1 Définitions

Les charges sont dites **«directes»** lorsque l'on peut les **affecter sans ambiguïté et sans calcul préalable** au coût d'un produit ou d'un établissement : ce sont des charges dont la destination est connue.

Les charges indirectes sont donc définies *a contrario* : elles concernent plusieurs produits ou l'ensemble de l'entreprise. Elles obligent, pour connaître leur destination, à des calculs préalables dans les **centres d'analyse**.

Le cheminement des différentes charges vers les coûts peut être schématisé de la façon suivante :

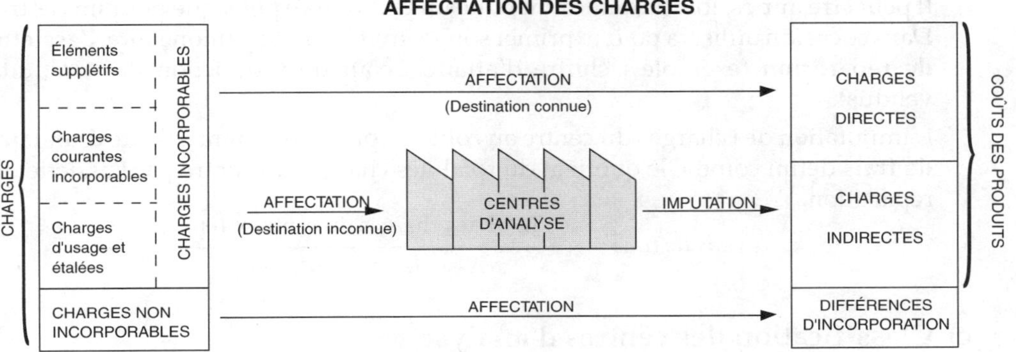

2.2 Les centres d'analyse

a) Définition

> Un centre d'analyse est «**une subdivision comptable de l'entreprise où sont analysés et regroupés les éléments de charges indirectes préalablement à leur imputation aux coûts**».

Deux critères procèdent à la définition des centres d'analyse :

- ils doivent correspondre autant que possible à une **division réelle** de l'entreprise ou à l'exercice d'une responsabilité ;
- les charges totalisées dans un centre doivent avoir un **comportement commun** de telle sorte qu'il soit possible de déterminer une unité de mesure de l'activité de chaque centre.

b) Les unités de mesure d'activité

1) Les unités d'œuvre

Les **unités d'œuvre** représentent l'unité de mesure de l'activité des différents centres.

Elles permettent de :

- fractionner le coût d'un centre d'analyse et d'obtenir un **coût par unité d'œuvre** ;
- d'imputer une fraction du coût d'un centre d'analyse à un coût de produit à partir du nombre d'unités d'œuvre consommées par la fabrication de ce produit.

Les unités d'œuvre les plus fréquentes sont :
- les heures de main-d'œuvre directe,
- les heures machine,
- ou encore les quantités de produits œuvrés par le centre.

2) L'assiette de répartition

Il peut être impossible de déterminer une unité d'œuvre physique pour un centre. Dans ce cas, on utilisera pour exprimer son «activité» une base monétaire, **l'assiette de répartition** (exemple : chiffre d'affaires, coût de production des produits vendus).

L'imputation des charges du centre au coût des produits se fera à l'aide **d'un taux de frais** défini comme le quotient du total des charges du centre par l'assiette de répartition.

$$\text{Taux de frais} = \frac{\text{Total des charges du centre} \times 100}{\text{Assiette de répartition}}$$

c) Classification des centres d'analyse

La classification et le mode de fonctionnement des centres d'analyse peut s'exprimer de la façon suivante :

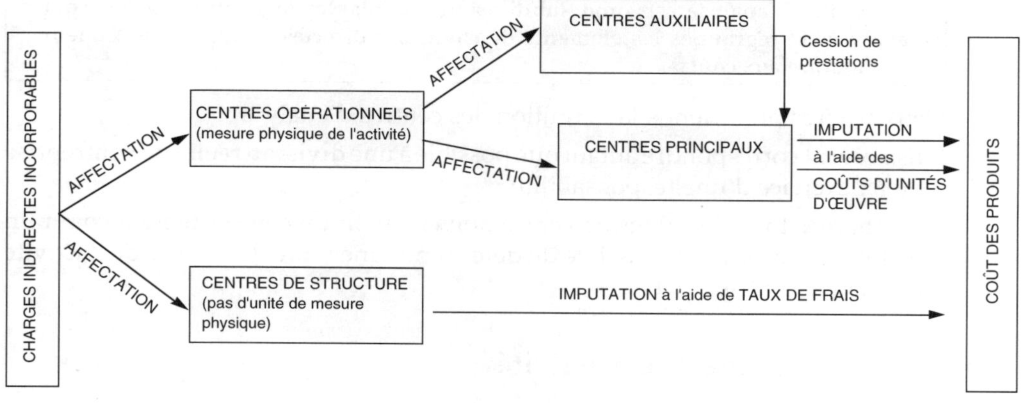

Il faut distinguer :

- des centres d'analyse dits «**opérationnels**» : leur activité est mesurable par une unité d'œuvre physique : par exemple, kg traité, heure de main-d'œuvre qui travaillent soit :

- au profit des produits et on parle de «centres principaux» (ex : atelier de finition),
- au profit d'autres centres et on parle de «centres auxiliaires» (ex : gestion des bâtiments, des matériels).

– des centres d'analyse dits «**de structure**» : leur activité n'est pas mesurable par une unité physique significative.

Le procédé du taux de frais est utilisé pour imputer leur coût.

L'ensemble de ces travaux est effectué dans une cadre unique : le tableau de répartition des charges indirectes.

2.3 Le tableau de répartition des charges indirectes

C'est dans le cadre de ce tableau que s'effectue le traitement spécifique des charges dites «indirectes». Trois étapes sont repérables :
– la répartition primaire,
– la répartition secondaire,
– le calcul du coût des unités d'œuvre.

Exemple

L'entreprise LEBON est une petite entreprise de fabrication de parquets de chêne et de chataignier.

Dès son arrivée dans l'entreprise, le bois acheté en grume est stocké en plein air sur une zone réservée.

Il est ensuite dirigé vers un atelier de sciage où il est débité en planches brutes. Les planches brutes sont stockées dans un hangar fermé en attente de leur usinage.

L'atelier d'usinage a pour objet la fabrication de parquet à partir des planches brutes. Cette opération comporte deux phases :
– phase 1 : les planches sont triées, découpées aux normes de la profession et poncées ;
– phase 2 : le parquet ainsi obtenu est mis en étuve afin d'éliminer toute humidité au bois.

Le parquet étuvé est stocké avant d'être trié en fonction de sa qualité en trois catégories A(premier choix), B et C. Il est ensuite expédié en mètres carrés à une clientèle de professionnels. La catégorie A bénéficie d'un emballage particulier alors que les catégories B et C sont vendues en vrac.

La mise en place de la comptabilité analytique de l'entreprise LEBON a suivi au plus près le cycle de fabrication : le tableau de répartition est le suivant pour un trimestre donné :

TABLEAU DE RÉPARTITION DES CHARGES INDIRECTES

CHARGES INDIRECTES (par nature)	Montant à répartir	Centre de structure	Centres opérationnels						
			Centres auxiliaires		Centres principaux				
		Administration générale	Gestion du personnel	Gestion des Immobilisations	Approvisionnement	Sciage	Usinage	Tri-expédition	Distribution
Achats non stockés									
Eau	2 830								
Électricité	34 000								
Fournit. entretien	3 200								
Fournit. administrat.	1 600								
Charges externes	98 000								
Impôts et taxes	1 200	400							800
Charges de personnel	183 495	30 000	12 380	11 928	15 222	45 315	26 650	32 000	10 000
Charges de gestion	14 000	8 000							6 000
Charges financières	24 000	20 000							4 000
Dotations aux amortissements et aux provisions	?								
Éléments supplétifs	?								
TOTAL RÉPARTITION PRIM.	?								
Gestion du personnel									
Gestion immobilisations									
TOTAL RÉPART SECOND.									
Nature unité d'œuvre									
Nombre unité d'œuvre ou montant assiette									
COÛT UNITÉ D'ŒUVRE									

a) Répartition primaire

Les charges indirectes sont affectées dans les centres d'analyse qu'elles concernent.

Exemple

La répartition primaire s'effectue à partir des éléments d'analyse ci-dessous:

Achats non stockés

– L'eau est utilisée principalement par les ateliers de sciage et d'usinage. Les compteurs d'eau placés dans les différents services indiquent leur consommation particulière. Le compteur général de la Société des Eaux enregistre une consommation de 2800 m^3 , l'excédent est à affecter au centre gestion des immobilisations (entretien des pelouses et utilisation dans différents services).

– L'électricité facturée par EDF 40 F le KW est affectée aux différents services à partir de compteurs individuels.

– Les fournitures d'entretien sont affectées à la gestion des immobilisations.

– Les fournitures administratives sont affectées à l'administration.

Autres charges externes

– Ce poste comptable regroupe des éléments divers : des locations, des primes d'assurance, des rémunérations d'intermédiaires, des transports...

L'entreprise ne s'est pas encore engagée dans un processus détaillé d'analyse et, en accord avec les responsables techniques, procède à la répartition en utilisant des clés, c'est-à-dire des coefficients de ventilation forfaitaire.

Dotations aux amortissements et aux provisions

– Ce poste comptable présente une dotation trimestrielle de 68 720 F. Une étude détaillée fait apparaître une dotation trimestrielle aux provisions à caractère exceptionnel pour un montant de 5 790 F.

– Un matériel industriel acheté d'occasion 80 000 F début N-5 a été amorti sur une période de 10 ans. Monsieur LEBON préférerait tenir compte d'une charge d'usage. Pour se faire, il vous communique que la valeur actuelle de cet outillage est de 96 600 F et qu'il sera obsolète sous 3 ans.

Éléments supplétifs

– L'entreprise LEBON est une société en nom collectif non assujettie à l'impôt sur les sociétés.

Il paraît souhaitable de tenir compte de la rémunération annuelle du chef d'entreprise estimée à 156 000 F charges sociales comprises. Faute d'une étude détaillée de l'emploi du temps du dirigeant, ces charges sont imputées en totalité au centre administration.

Éléments de ventilation

CENTRES D'ANALYSE	CONSOMMATIONS		CLÉS DE RÉPARTITION	
	d'Eau	d'Électricité	A. Ch. Externes	Amort. & Prov.
Administration		70 KW	30 %	3
Gestion du personnel			10 %	
Gestion des immo.	?	160 KW	10 %	3
Approvisionnement			10 %	1
Sciage	1250 m^3	240 KW		4
Usinage	1380 m^3	340 KW		5
Tri-expédition		40 KW		1
Distribution			40 %	3
Totaux	2 830 m^3	850 KW	100 %	20

Plusieurs cas peuvent être envisagés :

– la charge ne concerne qu'un seul centre : elle est directe par rapport à ce centre (exemple : les fournitures d'entretien affectées au centre «Entretien»)
Il s'agit alors de charges **semi-directes.**

– la charge concerne plusieurs centres d'analyse (exemple : la consommation d'électricité, les charges de personnel, les autres charges externes).

Deux cas sont alors possibles :

– la consommation de chaque centre est mesurable : chaque centre possède un compteur divisionnaire (ex : les consommations d'eau ou d'électricité) ;

– la consommation de chaque centre n'est pas mesurable : on utilise une clé de répartition (ex : les autres charge externes, les dotations aux amortissement et aux provisions).

Ce procédé implique forcément une part d'arbitraire et peut donc être contesté.

Les charges saisies par chaque centre font l'objet d'une totalisation qui constitue le coût du centre. Le total obtenu est appelé «**total de la répartition primaire**».

Exemple

Deux données sont à calculer :
- *les dotations aux amortissements et aux provisions,*
- *les charges supplétives.*

Les dotations aux amortissements et aux provisions

Dotations de la comptabilité générale	*68 720*
Dotation à caractère exceptionnel	*– 5 790*
Amortissement matériel industriel (80 000 x 1/10 x 1/4)	*– 2 000*
Charges d'usage (96 600 x 1/3 x 1/4)	*+ 8 050*
Dotations de la comptabilité analytique	*68 980*

Les charges supplétives

Elles sont constituées de la rémunération du dirigeant sur un trimestre : 156 000 / 4 = 39 000 F.

Le tableau se présente alors comme suit :

RÉPARTITION PRIMAIRE DES CHARGES INDIRECTES

CHARGES INDIRECTES (par nature)	Montant à répartir	Centre de structure	Centres opérationnels						
			Centres auxiliaires		Centres principaux				
		Adminis. tration générale	Gestion du personnel	Gestion des Immo-bilisations	Approvi-sionnement	Sciage	Usinage	Tri-expédition	Distribution
Achats non stockés									
Eau	2 830			200		1 250	1 380		
Électricité	34 000	2 800		6 400		9 600	13 600	1 600	
Fournit. entretien	3 200			3 200					
Fournit. administrat.	1 600	1 600							
Charges externes	98 000	29 400	9 800	9 800	9 800				39 200
Impôts et taxes	1 200	400							800
Charge de personnel	183 495	30 000	12 380	11 928	15 222	45 315	26 650	32 000	10 000
Charges de gestion	14 000	8 000							6 000
Charges financières	24 000	20 000							4 000
Dotations aux amortissements et aux provisions	68 980	10 347		10 347	3 449	13 796	17 245	3 449	10 347
Éléments supplétifs	39 000	39 000							
TOTAL RÉPARTITION PRIM.	470 305	141 547	22 180	41 875	28 471	69 961	58 875	37 049	70 347

b) Répartition secondaire

Il s'agit de répartir le total de la répartition primaire des centres auxiliaires dans le coût des centres principaux au profit de qui ils fonctionnent.

Cette cession de charges peut s'effectuer selon deux méthodes :
- par une **mesure réelle des prestations fournies** : on utilise les consommations de chaque centre principal ;

– par une **estimation plus ou moins arbitraire** des prestations fournies aux centres principaux : on utilise alors une clé de répartition (c'est le cas dans l'entreprise LEBON).

Exemple *La répartition secondaire s'effectue en transférant vers les centres principaux le volume des charges enregistrées dans les centres auxiliaires à partir des clés de répartition ci-dessous :*

CENTRES RÉCEPTEURS	CENTRES ÉMETTEURS	
	Gestion du personnel	Gestion des immobilisations
Administration	10 %	5 %
Gestion du personnel	–	10 %
Gestion immobilisations	5 %	–
Approvisionnement	10 %	2 %
Sciage	30 %	35 %
Usinage	30 %	40 %
Tri-expédition	10 %	3 %
Distribution	5 %	5 %

c) Prestations réciproques entre centres auxiliaires

Il y a prestations réciproques entre centres auxiliaires lorsque les centres se fournissent mutuellement des unités d'œuvre.

Exemple *C'est la cas entre le centre «gestion du personnel» et le centre «Gestion des immobilisations»*

Soit X le total de la répartition secondaire du centre «gestion du personnel» et Y celui du centre «Gestion des immobilisations»
on peut écrire :

$X = 22\,180 + 0{,}10\ Y$
$Y = 41\,875 + 0{,}05\ X$

Il suffit, alors de résoudre un système de 2 équations à 2 inconnues. Après résolution du système, on obtient :

$$X = 26\,500 \text{ F et } Y = 43\,200 \text{ F}$$

La répartition secondaire peut se terminer.

RÉPARTITION SECONDAIRE DES CHARGES INDIRECTES

CHARGES INDIRECTES (par nature)	Montant à répartir	Centre de structure	Centres opérationnels						
			Centres auxiliaires		Centres principaux				
		Adminis. tration générale	Gestion du personnel	Gestion des Immo-bilisations	Approvi-sionnement	Sciage	Usinage	Tri-expédition	Distribution
TOTAL RÉPARTITION PRIMAIRE	470 305	141 547	22 180	41 875	28 471	69 961	58 875	37 049	70 347
Gestion du personnel		2 650	– 26 500	1 325	2 650	7 950	7 950	2 650	1 325
Gestion immobilisations		2 160	4 320	– 43 200	864	15 120	17 280	1 296	2 160
TOTAL RÉPARTITION SECONDAIRE	470 305	146 357	0	0	31 985	93 031	84 105	40 995	73 832

Par définition, les centres auxiliaires travaillent au profit des centres principaux. En conséquence, la répartition secondaire conduit à vider les centres auxiliaires des charges qui y étaient affectées : le total des charges de ces centres doit donc être nul.

Il s'agit seulement d'une redistribution des charges entre les centres. C'est pourquoi le total de la répartition secondaire doit toujours rester égal au total de la répartition primaire.

d) Calcul des coûts d'unité d'œuvre de chaque centre

Le total de la répartition secondaire de chaque centre d'analyse est fractionné en un coût unitaire en fonction du nombre d'unités d'œuvre de chaque centre.

Chaque produit recevra une proportion de charges indirectes qui sera fonction des unités d'œuvre qui auront été nécessaires à sa production.

Exemple

Le nombre et la nature des unités d'œuvre sont donnés dans le tableau suivant :

Centre d'analyse	*Nature U.O.*	*Nombre*	*Commentaires*
	Assiette de répartition		
Administration	***Coût de production des m² vendus***	*291 300*	*Ce montant est obtenu à la fin des calculs de coût.*
Distribution	*F de CA HT*	*?*	*A déterminer en fonction des informations sur les ventes.*
	Unité d'œuvre		
Approvisionnement	***m³ acheté***	*102*	*Données du service achats.*
Sciage	*H machine*	*3100*	*Données des ateliers.*
Usinage	***H mod***	*2950*	*Selon les feuilles de travail.*
Tri-expédition	***m² expédié***	*?*	*A déterminer en fonction des informations sur les ventes.*

La composition des ventes pour le trimestre est la suivante :

	Chêne	*Chataignier*
Catégorie A	*500 m² à 280 F*	*600 m² à 240 F*
Catégorie B	*400 m² à 245 F*	*650 m² à 200 F*
Catégorie C	*250 m² à 210 F*	*350 m² à 170 F*

On peut alors terminer le tableau de répartition des charges indirectes :

TABLEAU DE RÉPARTITION DES CHARGES INDIRECTES

CHARGES INDIRECTES (par nature)	Montant à répartir	Centre de structure	Centres opérationnels						
			Centres auxiliaires		Centres principaux				
		Adminis. tration générale	Gestion du personnel	Gestion des Immo-bilisations	Approvi-sionnement	Sciage	Usinage	Tri-expédition	Distribution
TOTAL RÉPARTITION SECONDAIRE	470 305	146 357	0	0	31 985	93 031	84 105	40 995	73 832
Nature unité d'œuvre		Ct de Prod			m³ acheté	H machine	H MOD	m² expédié	F de CA HT
Nombre unité d'œuvre ou montant assiette		291 300			102	3 100	2 950	2 750	624 000
COÛT UNITÉ D'ŒUVRE		50,24 %			313,58	30,01	28,51	14,91	11,83 %

Le coût des unités d'œuvre calculé doit permettre d'imputer les charges indirectes dans les coûts des produits. C'est l'objet du chapitre suivant.

POINT MÉTHODE

• Pour le calcul des charges incorporables :
– bien lire l'énoncé, les éléments sont souvent donnés en fin d'énoncé ;
– attention à la périodicité du calcul des coûts et celle relative aux données des charges supplétives (calcul sur un mois mais taux de rémunération des capitaux annuel) ;
– ne pas oublier les prorata temporis dans les calculs des charges d'usage.

• Pour le tableau de répartition des charges indirectes :
– vérifier l'exactitude «totaux en lignes» et «totaux en colonnes» ;
– repérer clairement le centre qui «donne» et celui qui «reçoit» dans le cas de prestations réciproques ;
– respecter les régles d'arrondis pour le calcul des coûts d'unités d'œuvre ;
– il peut être intéressant de mettre tout de suite en évidence les différences provoquées par l'utilisation de coûts d'unités d'œuvre arrondis dans le reste des calculs. Dans notre exemple, l'arrondi a été effectué au centime le plus proche.
La fin du tableau de répartition se présenterait ainsi :

TABLEAU DE RÉPARTITION DES CHARGES INDIRECTES

CHARGES INDIRECTES (par nature)	Montant à répartir	Centre de structure	Centres opérationnels				
			Centres principaux				
		Adminis. tration générale	Approvi- sionnement	Sciage	Usinage	Tri- expédition	Distribution
COÛT UNITÉ D'ŒUVRE		50,24 %	313,58	30,01	28,51	14,91	11,83 %
Charges imputées (1)		146 347,12	31 985,16	93 031	84 104,5	41 002,5	73 819,2
Différence sur taux de cession		– 7,88	0,16	0	– 0,5	7,5	– 12,8

(1) Coût unité d'œuvre x nombre d'unités d'œuvre.

RÉFLEXIONS SUR LE THÈME

1. Le contexte de l'élaboration de la méthode des coûts complets

La méthode des coûts complets est issue des travaux menés avant la Seconde Guerre mondiale par le lieutenant-colonel RIMAILHO dans le cadre de l'organisation des ateliers de l'armée puis poursuivie dans le cadre de la CEGOS (Commission générale d'organisation scientifique), cabinet de conseil et de formation pour les entreprises. A cette époque, on parle de méthode des sections homogènes et pas encore de centres d'analyse.
Elle est reconnue et adoptée par la Commission de normalisation des comptabilités (décret du 4 avril 1948) et par les plans comptables généraux de 1947 et de 1957.

2. L'aménagement de la méthode par le PC 82

Le PC de 1982 retient certaines critiques faites à la méthode des sections homogènes et propose des modifications :

- le remplacement des sections homogènes (compartiment comptable de regroupement des charges indirectes) par la notion de centre d'analyse (division réelle de l'entreprise) qui peut ainsi permettre un calcul de coûts et de résultats (si possible) par centre de responsabilité ;
- la création de centres de structure qui regroupent les charges générées par des fonctions communes à l'entreprise dans son ensemble :
  - administration générale (service juridique, comptabilité, informatique...),
  - financement (trésorerie, gestion des emprunts...).

Ces charges n'intégreront les coûts qu'au stade ultime de leur élaboration c'est-à-dire dans le coût de revient.
Elles n'entrent pas dans l'évaluation du coût des produits stockés.

3. La pertinence de la méthode face à la nature des charges

La validité de cette méthode repose sur une idée implicite : un coût complet est constitué de charges directes (affectables sans ambiguïté au produit) et de charges indirectes qui, pour être imputées au coût des produits, doivent être «retravaillées», ce qui ne peut se faire sans une part d'arbitraire : celle-ci réside principalement dans l'utilisation de clés de répartition aux niveaux primaire et secondaire du tableau des charges indirectes.
Pour la pertinence du calcul, on suppose que la part de charges directes dans les coûts complets doit être importante eu égard à l'ensemble des charges composant le coût afin de limiter l'arbitraire des calculs. C'était le cas au moment où la méthode à été élaborée dans ses grands principes.
Il y a depuis quelques décennies une évolution de la nature des charges des entreprises qui peut se révéler préjudiciable à la méthode.

ÉVOLUTION SCHÉMATIQUE DE LA NATURE DES CHARGES DES ENTREPRISES INDUSTRIELLES

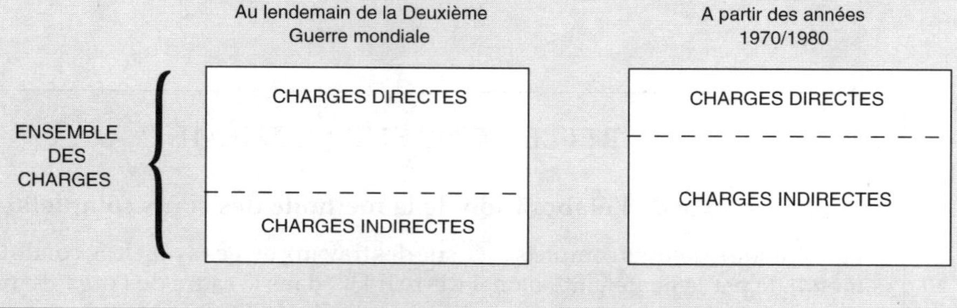

Applications

1 *Charges incorporables*

Les informations suivantes extraites de la comptabilité générale vous sont fournies :

Informations concernant le mois de septembre
Ensemble des comptes 60 à 66 : 127 000 F
Compte 67 : 2 300 F

Informations annuelles
Compte 6811 : 60 000 F
Compte 6815 : 260 000 F
Compte 6872 : 36 000 F

Le comptable vous précise, par ailleurs, que :
- les dotations aux amortissements comprennent 18 000 F de dotations aux frais d'établissement ;
- les immobilisations ont une valeur d'origine de 420 000 F et sont amorties linéairement sur une durée de 10 ans ;
- les dépenses de chauffage des locaux sont abonnées et prises en compte pour un montant mensuel de 2 200 F. Montant des dépenses réelles : 22 300 F.

Le responsable analytique vous explique son intention de tenir compte dans l'évaluation des charges incorporables, des éléments suivants :
- la moitié des immobilisations a une valeur sur le marché de 300 000 F et l'entreprise n'envisage de les utiliser que sur une période de 5 ans ;
- parmi les provisions, 120 000 F concernent un litige exceptionnel et l'entreprise a l'habitude d'étaler des charges pour un montant annuel de 180 000 F ;
- les capitaux propres de l'entreprise s'élèvent à 400 000 F. Ils sont rémunérés au taux de 6 % l'an ;
- l'exploitant évalue sa rémunération à 9 500 F par mois.

QUESTION :

Calculer le montant des charges incorporables aux coûts pour la période du mois de septembre. Distinguer clairement les charges prises en compte en comptabilité analytique de celles de la comptabilité générale et les différences d'incorporation créées à cette occasion. (Faire un tableau.)

2 *Tableau de répartition des charges indirectes*

L'entreprise de confection industrielle N tient une comptabilité analytique d'exploitation autonome qui détermine des coûts réels complets selon la méthode des centres d'analyse.
Pour le mois de juin, la répartition des charges indirectes par nature donne lieu à la présentation du tableau suivant :

	Montant des charges par nature	Entretien	Création	Bureau Études Méthodes	Coupe	Machines	Presses finition	Distribution
Totaux	A déterminer	22 090,88	11 764,56	8 797,44	9 770,36	A déterminer	50 512,08	81 892,28
Nature des unités d'œuvre			Modèle de vêtement créé	Opération préparée	Vêtement standard coupé	Heure machine	Heure finition	10 F Chiffre d'affaires H.T.
Nombre d'unités d'œuvre			20	812	4 170	8 713	3 438	166 900

On sait également :

– que le coût du centre d'analyse auxiliaire Entretien doit être réparti entre les autres centres selon les pourcentages suivants :

création	25 %
bureau études et méthodes	25 %
coupe	5 %
machines	10 %
presses, finition	10 %
distribution	25 %

– que les consommations de matières premières et de fournitures, sont affectées directement aux commandes produites ou vendues ;

– que les sorties d'inventaire des matières consommables s'élevant à 3 833 F sont considérées comme des charges indirectes ;

– que le total des charges autres que les achats portés dans le compte de résultat s'élève à 311 517,20 F dont une part s'élevant à 5 250,80 F ne peut être comprise dans les coûts ;

– que des éléments ne figurant pas dans la comptabilité générale, dont le montant s'élève à 16 289,52 F, sont considérés comme des charges indirectes à incorporer dans les coûts du mois ;

– que les centres «Création» et «Bureau des études et méthodes» se fournissent des prestations réciproques, 10 % de l'activité du centre «Création» concernent le centre «Bureau des études et méthodes», tandis que ce dernier centre a consacré 20 % de son activité au centre «Création».

QUESTION :

Compléter le tableau de répartition et calculer, au millième près par défaut, le coût de l'unité d'œuvre de chacun des centres principaux. Justifier les calculs.

(d'après examen)

3 *Tableau de répartition des charges indirectes*

L'analyse des charges indirectes mensuelles constatées d'une entreprise s'effectue dans des centres d'analyse conformément au tableau donné (voir page ci-contre) et l'on cherche à résoudre le problème posé par les transferts croisés entre centres auxiliaires.

QUESTIONS :

a) Calculer les totaux des centres auxiliaires. Poser clairement le système des prestations réciproques.

b) Calculer les coûts totaux des centres principaux après répartition des centres auxiliaires.

TABLEAU D'ANALYSE DES CHARGES INDIRECTES DU MOIS DE SEPTEMBRE N

Charges par nature incorporables	Total	Centres auxiliaires				Centres principaux							
						Production							
		Gestion des personnels	Gestion des bâtiments	Gestion des matériels	Prestations connexes	Approvisionnement	Fermentation et contrôle biologique	Purification	Finition	Traitement sirional	Administration générale et financement	Recherche	Distribution
Achats de fournitures et services extérieurs	6 570	17	395	310	490	250	420	1 940	2 165	80	324	131	48
Impôts et taxes	140										140		
Charges de personnels	2 860	135	300	430	280	180	220	140	300	80	300	350	145
Autres charges de gestion courante	60										60		
Charges financières	320										320		
Dotations aux amortissements	1 950										1 240	710	
Total après répartition primaire	11 900	152	695	740	770	430	640	2 080	2 465	160	2 384	1 191	193
Répartition secondaire en % :													
Gestion des personnels			2	4	10	10	20	20	15	8	5	3	3
Gestion des bâtiments					20	8	30	30	4	4	1	2	1
Gestion des matériels					10	15	20	20	10	10		10	5
Prestations connexes		8	2	10		5	5	40	10	10	2	6	2
unités d'œuvre (1)						Tonne de mélasse achetée	Tonne de mélasse traitée	Tonne de moût	Tonne de lysine traitée	Tonne de sirional			
Assiette de répartition des frais											Coût de production des produits vendus		

(1) Ces unités mesurent l'activité des centres et peuvent être utiles pour analyser les coûts.

(d'après DECF)

4 Société «Les Sablières de Sologne»

La société LES SABLIÈRES DE SOLOGNE a été créée dans les années soixante-dix par M. Émile CHANTEREAU qui en était le PDG et le principal actionnaire, jusqu'à son décès en 1983. A la suite de quoi la direction de l'entreprise fut assurée par sa femme Sylvie CHANTEREAU.

L'activité première de la société était l'exploitation de carrière et la fabrication de sable et de gravier. Vint s'y ajouter, quelques années plus tard et pour profiter de l'ouverture de grands chantiers de BTP dans la région, une importante activité de fabrication de grave et de béton.

Après plusieurs années de prospérité et d'expansion, la position commerciale et financière de l'entreprise a commencé à se dégrader : baisse du chiffre d'affaires et du résultat, problèmes incessants de trésorerie. Sans être dramatique, la société disposant d'une assise financière très solide, la situation reste préoccupante pour Mme CHANTEREAU, celle-ci ayant le sentiment que le contrôle de son entreprise lui échappe.

Ainsi, la société souffre chroniquement d'une certaine désorganisation au niveau de la production. L'éloignement des centres de traitement et des gisements distants entre eux de plusieurs kilomètres rend le contrôle de la direction technique difficile. Les arrêts sont fréquents, leurs causes multiples (intempéries, «pauses sauvages», pannes dues elles-mêmes à la fois à un matériel vieillissant et à un certain laxisme du service d'entretien).

D'autant que la force de vente, composée par deux représentants encadrés par M. Roy, est peu stimulée car ce dernier est absorbé par des problèmes liés à la gestion des véhicules et à l'administration commerciale, ce qui se ressent sur le dynamisme commercial de l'entreprise. Or celle-ci pourrait facilement augmenter son chiffre d'affaires moyennant une politique de prospection plus intense.

Par ailleurs, l'entreprise est confrontée depuis quelques années à un gonflement de ses frais administratifs et il devient urgent de pouvoir suivre l'évolution de ce poste au mois le mois. Il en est de même pour les frais financiers.

Dans l'esprit de Mme CHANTEREAU, le redressement de son entreprise doit suivre deux axes : d'une part une politique commerciale plus rigoureuse et le développement éventuel de nouveaux produits et d'autre part, la mise en place d'un système de contrôle de gestion et d'un certain nombre d'outils de suivi de la trésorerie.

En tout état de cause, le système mis en place devra déboucher sur la construction, à terme, d'un tableau de bord permettant de suivre la rentabilité globale et par activité, l'évolution des points clés de l'entreprise, en particulier les quantités produites, l'efficience dans l'utilisation des moyens de production et l'état des stocks.

Mme CHANTEREAU souhaite pourvoir disposer mensuellement de quelques indicateurs lui permettant de mesurer la performance du service commercial et d'autre part de cerner l'efficacité de la gestion financière à court terme.

Dans une première mission, votre travail sera de concevoir et mettre en place une comptabilité analytique en coûts complets. Un triple objectif vous est imposé :

1. l'évaluation des coûts de revient des produits vendus de façon à pouvoir déterminer un prix de vente dans un contexte fortement concurrentiel,
2. l'évaluation des stocks,
3. la préparation de l'entreprise au contrôle de gestion tel qu'il a été envisagé plus haut.

QUESTIONS :

a) Dans le cadre d'une mise en place d'une comptabilité analytique, définissez un découpage pertinent pour les centres d'analyse, les types de charges qui y seront affectés, et les unités d'œuvres utilisées.

b) Analysez la structure des coûts à calculer et les éléments de charges à prendre en compte pour ces calculs.

Ces travaux doivent permettre, à terme de répondre aux souhaits de la direction de l'entreprise : ils doivent donc s'appuyer sur des propositions de réorganisation qui permettraient d'améliorer l'efficacité de la société.

(d'après DESCF 91)

ANNEXE 1

Processus de production

L'entreprise exploite deux types de matériaux bruts :

– le calcaire brut de la carrière n° 1,
– le tout-venant de la carrière n° 2.

Le processus d'extraction est assuré par plusieurs équipes d'ouvriers munis de pelleteuses. Ces équipes interviennent indifféremment dans les deux carrières.

Des camions de l'entreprise assurent le transport, jusqu'aux différents centres de traitement I, II et III, des matériaux bruts qui y sont stockés en attente de traitement. Ces mêmes camions sont également utilisés pour le transport des matériaux à la clientèle.

Sur la base du calcaire brut et à l'issue du traitement I, on obtient simultanément trois types de matériaux différents : calcaire 5,25 – 0/6,3 – 30/120. Ce type de situation, très fréquente dans les carrières, se retrouve aussi à l'issue du traitement II. Elle rend impossible l'imputation de coûts de traitement aux matériaux sur la base d'unités d'œuvres classiques : heure/machine, heure/main-d'œuvre.

De même, sur la base du tout-venant et à l'issue des opérations du traitement II : criblage et lavage, sortent simultanément 3 types de matériaux : sable 0/4, gravillons 4/10, gravillons 6/20.

En plus de ces activités de traitements de matériaux, l'entreprise a une importante activité de fabrication de grave et de béton. Aussi dispose-t-elle, au site n° III, d'une unité de fabrication pouvant produire soit du grave CPJ, soit du grave laitier, soit du béton, selon la demande. Chaque production exige un mélange particulier incluant les matériaux issus de l'entreprise et des matériaux achetés à l'extérieur. Par exemple, le béton est élaboré à partir d'un mélange de gravillons 6/20 et 0/6,3, de sable 0/4 et de sablon et adjuvant CPJ 45 acheté à l'extérieur.

Les différents traitements nécessitent une importante consommation d'électricité. Il existe un réseau de distribution d'énergie propre à l'entreprise.

ANNEXE 2
Circuit de traitement des matériaux

(Sablières de Sologne)

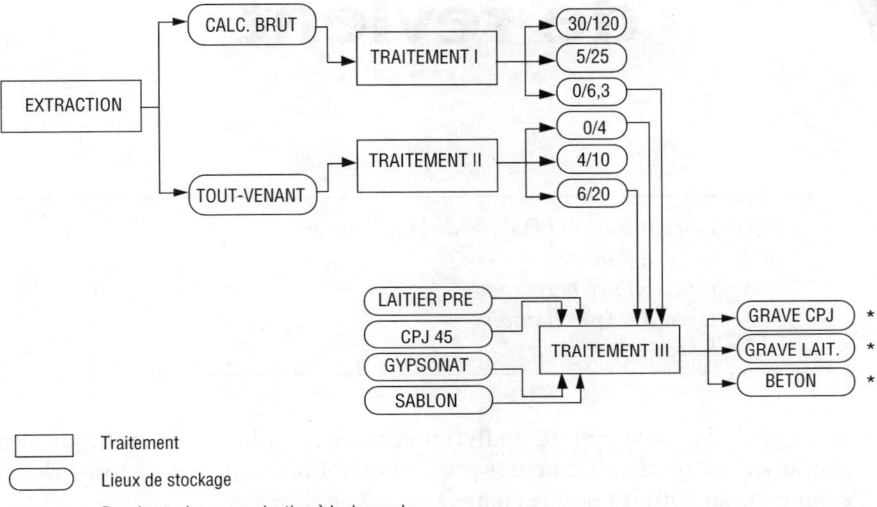

ANNEXE 3
Organigramme de l'entreprise

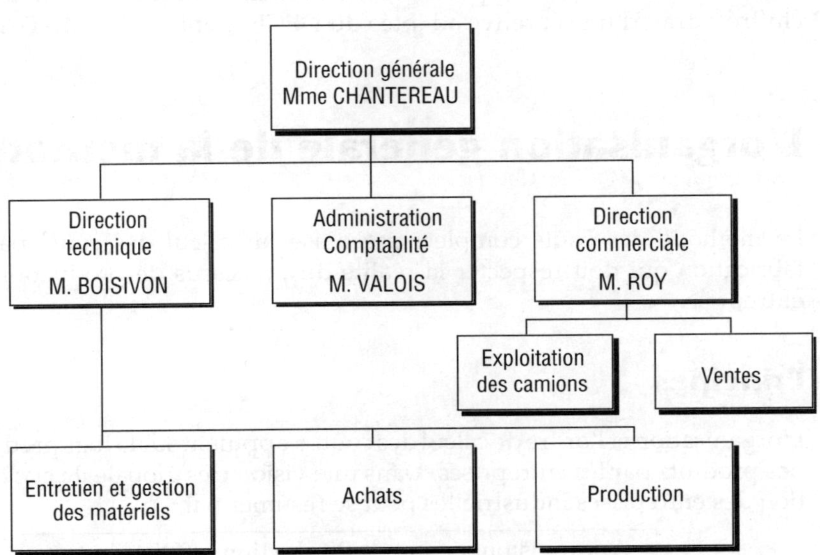

7 Du coût d'achat au coût de revient

L'objectif de la comptabilité analytique, dans le cadre de la méthode des coûts complets, est d'obtenir le coût des produits élaborés comprenant toutes les charges c'est-à-dire un coût dit «de revient».

Mais cette démarche doit se faire dans un ordre précis et selon une logique définie et reconnue par le PC.

Aussi nous étudierons :
- l'organisation générale de la méthode des coûts complets,
- l'élaboration de ces coûts.

Cette étude théorique s'appuiera sur le déroulement d'un **thème d'application** chiffré extrait d'une épreuve adaptée du DECF : l'**entreprise MADAC**.

1. L'organisation générale de la méthode

La méthode des coûts complets préconise un calcul des coûts par stades de fabrication qui doit respecter la réalité du processus de production de chaque entreprise.

1.1 Principes

L'organisation et l'ordre de calcul des coûts s'appuient sur la logique d'élaboration des produits par les entreprises. Dans une vision très globale, le cycle d'exploitation des entreprises industrielles peut se résumer par :

Approvisionnement → Production → Distribution

En conséquence, les charges de la comptabilité générale doivent être agrégées suivant leur appartenance à une des étapes définies ci-dessus et cela qu'il s'agisse de charges directes ou de charges indirectes.

La constitution des coûts par étapes fait apparaître :
– un ou des coûts d'approvisionnement ou d'achat,
– des coûts de production,
– des coûts de distribution.

L'obtention du coût de revient des produits se fait par intégration successive des différents coûts selon un procédé s'apparentant au mécanisme des «poupées gigognes» :

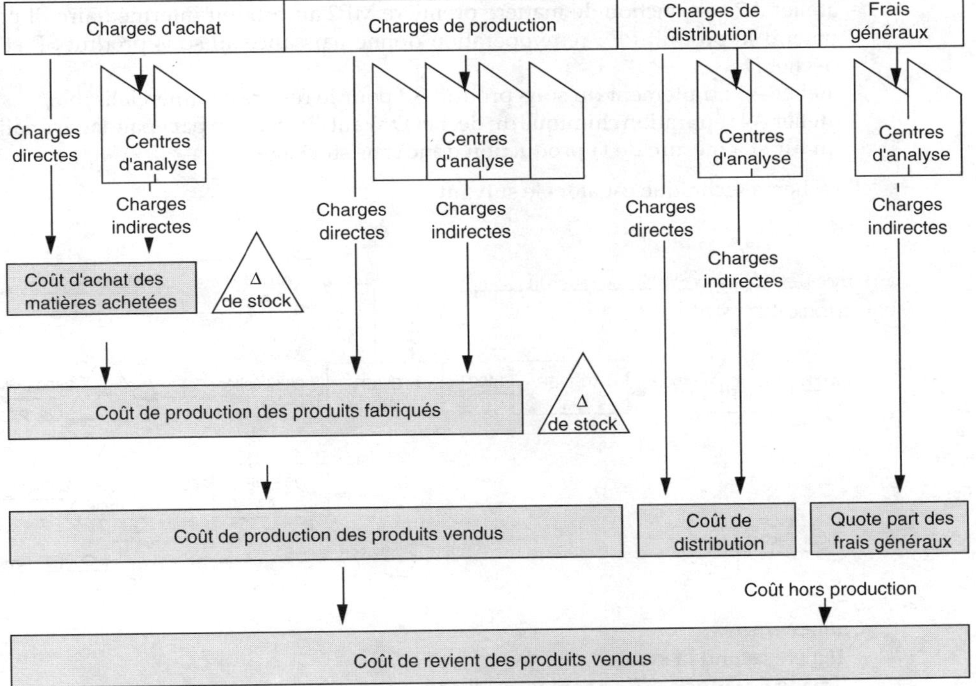

Ce principe de reversement d'un coût dans un autre et ce, de façon successive est énoncé de façon très générale et oblige à une adaptation à chaque entreprise.

En effet, le PC stipule que «le système de comptabilité analytique d'une entreprise doit être adapté exactement à sa structure organique et aux activités d'exploitation particulières qu'elle exerce.»

1.2 Schéma de production

Le schéma de production est un résumé du processus de fabrication de l'entreprise étudiée. Il permet de décomposer ce processus en phases successives et définit les différents coûts par stade à calculer.

Il peut aussi permettre le dénombrement des unités d'œuvre des différents centres d'analyse (cf. chap. 6/2.3/c).

Thème d'application : Entreprise MADAC (d'après DECF)

Une entreprise fabrique un seul produit fini PF à partir de deux matières premières MP1 et MP2. Le processus de fabrication conduit à l'obtention d'un sous produit SP vendable après traitement et d'un déchet D, sans valeur, qu'il convient d'épurer avant évacuation pour éviter la pollution de l'environnement.
Quatres ateliers assurent cette production :

- atelier A1 : utilisation de la matière première MP1 pour obtenir le produit intermédiaire PI livré en continu (sans stockage) à l'atelier A2 ;
- atelier A2 : adjonction de matière première MP2 au produit intermédiaire PI pour obtenir le produit PF ; cette opération donne naissance au sous-produit SP et au déchet D ;
- atelier A3 : traitement du sous produit SP pour le rendre commercialisable ;
- atelier A4 : épuration chimique du déchet D avant évacuation par épandage canalisé, au fur et à mesure de la production donc sans stockage.

Le schéma technique est alors le suivant :

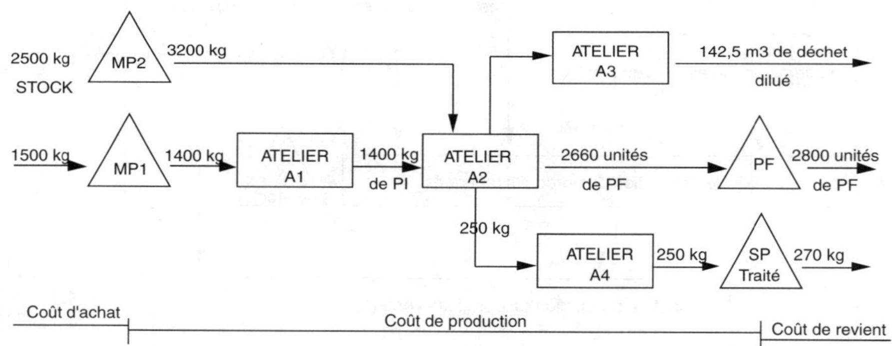

Commentaires

- Il a été retenu la symbolique suivante :
  Triangle = Stock Rectangle = Atelier.
- Le processus de fabrication se définit ainsi : transformation de la matière MP1 en produit fini PF.
- Ce processus est décomposé en plusieurs phases de production qui se définissent par rapport au produit principal ; ici on observe deux phases correspondant aux ateliers A1 et A2.
- Les valeurs numériques représentent la valeur des flux entrant et sortant des différents lieux : ateliers ou stocks. Ce sont ces valeurs qui peuvent être retenues pour évaluer l'activité des centres d'analyse ; elles représentent le nombre d'unités d'œuvre de ces mêmes centres.
  Exemple : la nature de l'unité d'œuvre du centre «Atelier A1» est le kg de matière première MP1 consommée.

  Sur le schéma, on peut lire cette quantité comme le flux entrant dans l'atelier A1 soit 1 400 kg.

– Le schéma de production permet de connaître l'enchaînement des coûts à calculer. On distingue :
  - avant le stockage des matières premières : coût d'achat (un par matières premières stockées) ;
  - entre le stockage des matières premières et des produits finis : coûts de production avec, en général, un calcul de coût par phase du processus de fabrication ;
  - après le stockage des produits finis : coûts de revient (un par produit vendus).

POINT MÉTHODE

• En général, ce processus de fabrication est défini dans l'énoncé du problème : bien lire le sujet et vérifier l'exactitude du schéma tracé avec le processus de fabrication ; toute la justesse de votre raisonnement en dépend.
• Repérer à l'aide du schéma le nombre et la nature des coûts à calculer avant tout calcul.
• Dès que le processus de fabrication est complexe (pertes de poids dues au traitement dans les ateliers, modifications des unités de produits), il est fortement recommandé de valoriser les flux entrant et sortant des ateliers.

Thème d'application : Entreprise MADAC

Pour un exercice donné, on vous fournit les renseignements suivants :

Données d'inventaire au 1er janvier de l'exercice :

MP1	500 kg à 8,10 F/kg
MP2	900 kg à 50,40 F/kg
Produit fini PF	184 unités à 120 F/unité
Encours de PF	170 unités pour une valeur de 17 340 F
Sous-produit SP	80 kg à 200 F/kg
Déchet D	néant

Achats de l'exercice :

Matière MP1	1 500 kg à 7,80 F/kg
Matière MP2	2 500 kg à 51,40 F/kg

Consommations de l'exercice :

Matière MP1 1 400 kg
Matière MP2 3 200 kg
Eau (pour évacuer D) 142,5 m^3 pour une valeur de 270,50 F
Produit chimique 45 kg à 6,50 F/kg

Main-d'œuvre directe utilisée :

Atelier A1	510 h à 48,50 F/h	Atelier A4	169 h à 45,00 F/h
Atelier A2	1 500 h à 51,00 F/h	Distribution :	210 h à 62,00 F/h
Atelier A3	605 h à 52,40 F/h		

Les totaux des centres d'analyse après répartition primaire des charges par nature de la comptabilité générale, ainsi que les clés de répartition entre centres, se ventilent comme suit :

Charges	Totaux	Centres auxiliaires		Centres principaux						
				opérationnels						Structure
		Gestion du matériel	Gestion du personnel	Approvisionnement	Atelier 1	Atelier 2	Atelier 3	Atelier 4	Distribution	Administration
Totaux primaires	100 350	3 750	4 600	2 000	40 000	20 000	15 000	5 000	3 000	7 000
Gestion du matériel (%)			10	25	20	20	5	5	15	
Gestion du personnel (%)		5		15	25	25	5	10	10	5
Totaux secondaires										
Unités d'œuvre				(A)	(B)	(C)	(D)	(E)		(F)
Nombre d'unités d'œuvre				?	?	?	?	?		?

Renvois :
(A) kg de matière première achetée ;
(B) kg de matière première MP 1 consommée ;
(C) h de main-d'œuvre directe ;
(D) kg de sous-produit SP obtenu ;
(E) m^3 de déchet D traité ;
(F) coût de production des produits vendus.

NOTA : Arrondir les coûts unitaires au centime supérieur.

Production de l'exercice :

Produit PF	2 660 unités
Sous-produit	250 kg
Déchet D	142,50 m^3

Ventes de l'exercice :

Produit PF	2 800 unités à 150 F/l'unité
Sous-produit SP	270 kg à 208 F/kg

Données d'inventaire au 31 décembre :

Matière MP1	580 kg	Sous-produit SP	60 kg
Matière MP2	205 kg	Encours de P	220 unités
Produit P	44 unités	Déchet D	néant

Règles de valorisation retenues par l'entreprise

- Toutes les sorties de stocks sont valorisées selon la méthode du premier entré-premier sorti.
- Il est admis que le coût de production du sous-produit SP à la sortie de l'atelier A3 est égal au prix de vente moyen sur le marché de ce sous-produit. Pour l'exercice concerné, l'entreprise a prévu et retenu un prix de 210 F/kg.
- L'ensemble des charges de distribution est imputé uniquement sur les coûts du produit PF.
- Pour l'évaluation des encours de l'atelier 2, on considère que chaque produit encours a reçu la totalité des matières et 50 % de la M.O.D et des charges indirectes.

2. Le coût d'achat

Le coût d'achat est un coût qui regroupe les charges relatives à la fonction approvisionnement de l'entreprise.

Après avoir défini les produits achetés lors du cycle d'exploitation de l'entreprise, nous étudierons les éléments constitutifs d'un coût d'achat.

2.1 Les produits approvisionnés

Il est possible d'en retenir quatre types :

a) les **marchandises** qui représentent tout ce que l'entreprise achète pour revendre en l'état et sans transformation ;

b) les **matières premières** qui sont des objets ou substances plus ou moins élaborés destinés à entrer dans la composition des produits traités ou fabriqués ;

c) les **emballages** qui sont des objets destinés à contenir les produits livrés à la clientèle en même temps que leur contenu. Une distinction :
   - les **emballages de conditionnement** qui sont en contact avec le produit et qui font partie du coût de production du produit fini : la bouteille en plastique qui contient l'eau, le sachet qui contient le sucre, etc.
   - les **emballages de distribution** qui permettent la distribution du produit et font partie du coût de distribution : le film plastique qui entoure les bouteilles, le carton qui regroupe plusieurs paquets de sucre.

d) **les matières et fournitures consommables** qui sont des objets plus ou moins élaborés, consommés au premier usage et qui concourent à la fabrication sans entrer dans la composition des produits traités : huile moteur, petites fournitures, etc. La consommation de ces fournitures est souvent traitée en charges indirectes de production.

Il faut calculer un coût d'achat pour chaque type d'éléments approvisionnés et dont on désire suivre le niveau des stocks.

2.2 Composantes d'un coût d'achat

Le coût d'achat est constitué des charges directes et indirectes d'approvisionnement.

Les **charges directes** d'achat sont :

- les achats nets valorisés hors taxes tels qu'ils ressortent des factures fournisseurs «Doit» et «Avoir» ;
- les frais directs d'achats à savoir les transports, les droits de douane, commissions et courtages.

Les **charges indirectes** sont essentiellement les coûts des centres d'analyse d'approvisionnement : réception, contrôle ou manutention ; le coût pris en compte est imputé en fonction du nombre d'unités d'œuvre consommées par les produits.

Thème d'application : Entreprise MADAC

Dans ce cas, nous avons deux matières premières, nous devons donc calculer deux coûts d'achat.

Le tableau de répartition des charges indirectes se présente ainsi après résolution des prestations réciproques :

Soit X le centre de gestion du matériel
et Y le centre de gestion du personnel
X = 3 750 + 0,05 Y
Y = 4 600 + 0,10 X après résolution, on obtient :
X = 4 000 et Y = 5 000
Le tableau des charges indirectes peut alors être établi.

TABLEAU DE RÉPARTITION DES CHARGES INDIRECTES

Charges	Totaux	Centres auxiliaires		Centres principaux						
		Gestion du matériel	Gestion du personnel	Approvisionnement	Atelier 1	Atelier 2	Atelier 3	Atelier 4	Distribution	Administration
Totaux primaires	100 350	3 750	4 600	2 000	40 000	20 000	15 000	5 000	3 000	7 000
Sous-répartition :										
– gestion du matériel		- 4 000	400	1 000	800	800	200	200	600	-
– gestion du personnel		250	- 5 000	750	1 250	1 250	250	500	500	250
Totaux secondaires	100 350	0	0	3 750	42 050	22 050	15 450	5 700	4 100	7 250
Nature de l'unité d'œuvre				kg de MP achetée	kg de MPI consommée	heures de MOD	kg de sous-produit S obtenu	m³ de déchet D traité		
Nombre d'unités d'œuvre				4 000	1 400	1 500	250	142,5		
Coût de l'unité d'œuvre				0,9375	30,0 35714	14,70	61,80	40,00		
arrondi au centime supérieur				0,94	30,04					

Les coûts d'achat se présentent ainsi :

CALCUL DES COÛTS D'ACHAT

	MP1			MP2		
	Qtés	Px	Montant	Qtés	Coût	Montant
Charges directes – Achats	1 500	7,80	11 700	2 500	51,40	128 500
Charges indirectes – Centres approvisionnement	1 500	0,94	1 410	2 500	0,94	2 350
Coût d'achat des MP	1 500	8,74	13 110	2 500	52,34	130 850

> **POINT MÉTHODE**
> - La séquence de travail peut se résumer aux quatre étapes suivantes :
>   1. élaboration du schéma de production,
>   2. calcul des prestations réciproques si nécessaire,
>   3. mise en évidence du coût des unités d'œuvre (tableau de répartition),
>   4. calcul des coûts d'achat.
> - Il faut calculer autant de coûts d'achat qu'il y a de matières approvisionnées.

Le calcul des coûts d'achat a pour objectif de déterminer le coût d'entrée en stock des différentes matières qui vont faire l'objet d'un suivi particulier par la méthode de l'inventaire permanent.

3. L'inventaire permanent

C'est une organisation comptable qui permet, par la tenue de comptes de stocks, le suivi et la valorisation des mouvements des éléments stockés.

Nous étudierons :
- les principes de cette organisation,
- les méthodes de valorisation des sorties,
- les liens avec l'inventaire physique de la comptabilité générale.

3.1 Les principes de l'inventaire permanent

Ces principes sont valables pour tous les éléments stockés au cours du processus de fabrication :
- les matières premières,
- les produits intermédiaires
- les produits finis.

La comptabilité analytique se doit de calculer les coûts selon une périodicité rapprochée (souvent le mois). Elle ne peut se contenter de connaître les stocks et donc les consommations une fois l'an comme le fait la comptabilité générale à l'aide de l'inventaire physique. Elle met donc en place une **organisation comptable qui enregistre les mouvements de stock** (entrées et sorties) **en quantités et valeurs et permet ainsi de déterminer à tout moment le stock final théorique** : c'est l'inventaire comptable permanent.

Le suivi des mouvements de stock est réalisé sur des comptes de stocks qui ont la structure suivante :

– stock initial – entrées valorisées au coût d'entrée	– sorties valorisées au coût de sortie – stock final

Le **coût d'entrée varie en fonction des éléments stockés** :
– pour les matières premières, il s'agit du coût d'achat,
– pour les produits intermédiaires ou finis, du coût de production.

Le coût de sortie dépend de la méthode de valorisation choisie.
Un compte de stock doit obligatoirement être équilibré ce qui permet d'écrire :
Stock initial + Entrées = Sorties + Stock final
d'où l'on tire : Sorties = Stock initial + Entrées – Stock final
Sorties = Entrées + (Stock initial – Stock final)

ou encore : Sorties = Entrées + (Variation de stock)

3.2 Valorisation des sorties

Les méthodes de valorisation sont nombreuses. Certaines sont préconisés par le PC mais sans obligation formelle, ce qui explique que les entreprises puissent en choisir d'autres pour des motifs économiques ou de simplicité.

Il existe trois familles :
– celles du coût unitaire moyen pondéré (CUMP),
– celles d'épuisement des lots,
– celles des coûts conventionnels.

Exemple

Données :

Stock au 1er juin :	*30 unités à 120 F l'une*
Entrées du mois :	*le 10 : 20 unités à 150 F l'une*
	le 17 : 35 unités à 110 F l'une
	le 26 : 15 unités à 180 F l'une
Sorties du mois :	*le 06 : 15 unités*
	le 12 : 25 unités
	le 28 : 35 unités

a) Méthode du coût unitaire moyen pondéré

Cette méthode, recommandée par le PC, est la plus fréquente ; il en existe deux variantes :
– le coût unitaire moyen pondéré de fin de période,
– le coût unitaire moyen pondéré après chaque entrée.

1) Coût unitaire moyen pondéré calculé en fin de période

La valorisation des sorties ne s'effectue qu'en fin de période en calculant le coût unitaire moyen pondéré par les quantités des éléments en stock selon la formule :

$$\frac{\text{Valeur du stock initial + Valeur des entrées de la période}}{\text{Stock initial en Qtés + Entrées en Qtés}}$$

Résolution de l'exemple

$$CUMP = \frac{(30 \times 120) + (20 \times 150) + (35 \times 110) + (15 \times 180)}{30 + 20 + 35 + 15}$$

$CUMP = 131{,}50$ F

COÛT UNITAIRE MOYEN PONDÉRÉ CALCULÉ EN FIN DE PÉRIODE

Date	Libellé	Q	CU	Montant	Date		Q	CU	Montant
01/06	S. Init	30	120	3 600	06/06	Sortie	15	131,5	1 972,5
10/06	Entrée	20	150	3 000	12/06	Sortie	25	131,5	3 287,5
17/06	Entrée	35	110	3 850	28/06	Sortie	35	131,5	4 602,5
26/06	Entrée	15	180	2 700					
					30/06	St. Final	25	131,5	3 287,5
		100	131,5	13 150			100	131,5	13 150

2) *Coût unitaire moyen pondéré après chaque entrée*

Le principal reproche fait à la méthode précédente provient de ce qu'il faut attendre la fin de la période de référence pour pouvoir valoriser les sorties de stock, ce qui est en contradiction avec le principe de base de l'inventaire permanent : pouvoir déterminer à tout moment la valeur du stock final.

Le CUMP après chaque entrée en stock permet la valorisation des sorties tant qu'un nouveau lot de matières n'est pas réceptionné.

Résolution de l'exemple

– Sorties du 06 : 15 x 120 = 1800

l reste en stock : 15 unités à 120.

– Sorties du 12 : valorisées au CUMP après l'entrée du 10

CUMP = (15 x 120) + (20 x 150) / (15 + 20) = 137,14

Il reste en stock 10 unités à 137,14 F.

– Sorties du 28 : valorisées au CUMP après l'entrée du 26

CUMP = (10 x 137,14) + (35 x 110) + (15 x 180) / (10 + 35 + 15) = 132,02 F.

Il reste en stock 25 unités à 132,02 F.

Le compte de stock se présente comme suit :

COÛT UNITAIRE MOYEN PONDÉRÉ APRÈS CHAQUE ENTRÉE

		ENTRÉES			SORTIES			STOCK FINAL		
Date	Libellé	Q	CU	Montant	Q	CU	Montant	Q	Cu	Montant
01/06	S. Init	30	120	3 600						
06/06	Sortie				15	120	1 800	15	120	1 800
10/06	Entrée	20	150	3 000				35	137,14	4 800
12/06	Sortie				25	137,14	3 428,5	10	137,14	1 317,5
17/06	Entrée	35	110	3 850				45	116,03	5 221,5
26/06	Entrée	15	180	2 700				60	132,02	7 921,5
28/06	Sortie				35	132,02	4 620,87	25	132,02	3 300,63

Du fait de sa lourdeur, cette méthode de calcul du CUMP reste peu employée bien qu'elle permette la valorisation des sorties en temps réel.

b) Méthode d'épuisement des lots

Ces méthodes permettent une valorisation immédiate des sorties de stocks sans nécessiter des calculs longs et complexes. Il en existe deux :
– premier entré, premier sorti,
– dernier entré, premier sorti.

1) Premier entré - Premier sorti (PEPS)

Cette méthode s'appelle aussi FIFO (first in, first out) : les éléments stockés sortent du stock en étant prélevés sur les lots les plus anciens.

Résolution de l'exemple

– Sorties du 06 : Valorisées à 120 F l'unité soit 1800 F ; il reste en stock 15 unités à 120 F.
– Sorties du 12 : On prélève sur les lots par ancienneté soit ; 15 unités à 120 F et 10 unités à 150 F ; il reste en stock 10 unités à 150 F.
– Sorties du 28 : 10 unités à 150 F et 25 unités à 110 F ; il reste en stock deux lots à savoir : 10 unités à 110 et 15 unités à 180 F.
Le compte de stock se présente ainsi :

PREMIER ENTRÉ – PREMIER SORTI

		ENTRÉES			SORTIES			STOCK FINAL		
Date	Libellé	Q	CU	Montant	Q	CU	Montant	Q	Cu	Montant
01/06	S. Init.	30	120	3 600						
06/06	Sorties				15	120	1 800	15	120	1 800
10/06	Entrées	20	150	3 000				15	120	1 800
								20	150	3 000
12/06	Sorties				15	120	1 800			
					10	150	1 500	10	150	1 500
17/06	Entrées	35	110	3 850				10	150	1 500
								35	110	3 850
26/06	Entrées	15	180	2 700				10	150	1 500
								35	110	3 850
								15	180	2 700
28/06	Sorties				10	150	1 500			
					25	110	2 750	10	110	1 100
								15	180	2 700

Cette méthode est autorisée par le PC, elle apparaît simple et facile à mettre en œuvre.

2) Dernier entré - Premier sorti (DEPS)

Appelée aussi LIFO (Last in, First out), cette méthode utilise le principe opposé à la précédente puisque les sorties sont valorisées au coût des derniers lots entrés.

Résolution de l'exemple

– Sorties du 06 : valorisées à l'aide du stock initial soit pour une valeur de 1800 F ; il reste en stock 15 unités à 120 F.

– Sorties du 12 : on prélève sur les derniers lots arrivés soit 20 unités à 150 F et 5 unités à 120 F ; il reste en stock 10 unités à 120 F.

– Sorties du 28 : 15 unités à 180 F et 20 unités à 110 F ; il reste en stock 10 unités à 120 F et 15 unités à 110 F .

Le compte de stock se présente ainsi :

DERNIER ENTRÉ – PREMIER SORTI

		ENTRÉES			SORTIES			STOCK FINAL		
Date	Libellé	Q	CU	Montant	Q	CU	Montant	Q	Cu	Montant
01/06	S. Init.	30	120	3 600						
06/06	Sorties				15	120	1 800	15	120	1 800
10/06	Entrées	20	150	3 000				15 20	120 150	1 800 3 000
12/06	Sorties				20 5	150 120	3 000 600	10	120	1 200
17/06	Entrées	35	110	3 850				10 35	120 110	1 200 3 850
26/06	Entrées	15	180	2 700				10 35 15	120 110 180	1 200 3 850 2 700
28/06	Sorties				15 20	180 110	2 700 2 200	10 15	120 110	1 200 1 650

Cette méthode, expressément interdite par le fisc, est, en période de hausse de prix, inflationniste puisqu'elle introduit dans les coûts des produits, une sur-évaluation des consommations de matières.

Les entreprises peuvent vouloir valoriser leurs stocks compte-tenu de critères propres et dans ces cas, elles privilégient des coûts de sorties conventionnels.

c) Méthodes des coûts conventionnels

Dans cette optique, les coûts de sortie peuvent être très divers. Nous en retiendrons deux :
- le coût de remplacement,
- le coût approché.

1) Le coût de remplacement

Appelée aussi NIFO (*Next in, First out*), les sorties sont valorisées au coût de remplacement des matières consommées.
Le compte de stock reste tenu en coût réel (CUMP de fin de période) mais les coûts des produits incluent les sorties de matières évaluées au coût probable d'achat du mois suivant.

Cette méthode d'évaluation fait apparaitre **des différences d'incorporation sur matières.**

Résolution de l'exemple

Soit un coût probable d'approvisionnement au mois de juillet de 170 F l'unité.

Sorties de stock : 75 unités à 170 F = 12 750 F

Stock final au CUMP : 3 287,5 F (25 pds x 131,50)

Différence d'incorporation sur matières :

(75 x 170) – (75 x 131,5) = 2 887,5 F

En fait, cette méthode est moins une technique de suivi des stocks qu'une méthode particulière de calcul des coûts des produits.

2) *Méthode des coûts approchés*

L'objectif de cette méthode est d'obtenir rapidement et simplement une valorisation en temps réel des sorties de stocks.

Il faut donc arbitrairement valoriser les sorties à un coût défini pour la période. Ce peut être :

– le coût arrondi du CUMP,
– le coût CUMP de la période précédente,
– un coût standard.

Ainsi la valeur des stocks en fin de période sera connue très rapidement.

Résolution de l'exemple

Soit un coût de sortie de 131 F l'unité (CUMP arrondi),

les sorties sont égales à 75 x 131 F soit 9 825 F.

Le stock final est obtenu par différence :

stock final : SI + entrées – sorties

3 600 + 9 550 – 9 825 = 3 325

soit un coût unitaire de 133 F par unité en stock.

Toutes les techniques expliquées ci-dessus concourent au même objectif : valoriser les sorties de stock.

Aucune n'est parfaite et selon la méthode utilisée, la valeur du stock final varie, donc la variation de stock et par voie de conséquence le montant du résultat.

TABLEAU DE COMPARAISON DES RÉSULTATS OBTENUS

	CUMP fin	CUMP ent	PEPS	DEPS	Ct approché
Sorties	9 862,5	9 849,2	9 350	10 300	9 825
SF	3 287,5	3 300,8	3 800	2 850	3 325
	13 150	13 150	13 150	13 150	13 150

Dans le cas où la comptabilité analytique valorise les stocks par une méthode non reconnue par le plan comptable, il y a lieu de retraiter **la valeur** du stock final en fin d'exercice de façon à obtenir une concordance avec la valeur des stocks retenue en comptabilité générale et qui doit figurer au bilan.

3.3 Inventaire physique et stock final

La pratique de l'inventaire permanent permet à tout moment de connaître l'existant théorique en stock.

Le PC impose, au minimum, un dénombrement physique des existants réels à la fin de l'exercice.

La non-concordance entre l'existant théorique et l'existant réel fait apparaitre des différences de quantités appelées **«différences d'inventaire»**.

Les causes de ces différences peuvent être multiples :

- des mesurages approximatifs,
- des erreurs de suivi administratif,
- des vols ou détériorations de manutention.

L'entreprise doit faire apparaitre le stock final pour la QUANTITÉ RÉELLEMENT DÉNOMBRÉE et redresse le stock théorique mais ne corrige pas les coûts calculés.

Les différences d'inventaire sont de deux sortes :

Stock réel < Stock théorique → Il s'agit d'un mali d'inventaire traité comme une sortie fictive.

Stock réel > Stock théorique → Il s'agit d'un boni d'inventaire traité comme une entrée fictive.

Résolution de l'exemple | *Supposons que l'inventaire physique face apparaitre une quantité en stock de 23 unités, le compte de stock se présentera ainsi :*

Libellé	Q	CU	Montant	Libellé	Q	CU	Montant
Stock initial	30	120	3 600	Sorties	15	131,5	1 972,5
Entrée	20	150	3 000	Sorties	25	131,5	3 287,5
Entrée	35	110	3 850	Sorties	35	131,5	4 602,5
Entrée	15	180	2 700	Stock théorique	(25)		
				Mali d'inventaire	2	131,5	263
				Stock réel	23	131,5	3 024,5
	100	131,5	13 150		100	131,5	13 150

Appliquons ces principes au thème d'application MADAC.

Thème d'application : Entreprise MADAC

L'entreprise MADAC utilise la méthode FIFO pour valoriser ses sorties de stocks. Les comptes de stocks des deux matières premières se présentent ainsi :

MATIÈRE PREMIÈRE MP1

Libellé	Q	CU	Montant	Libellé	Q	CU	Montant
Stock initial	500	8,10	4 050	Sorties	500 900	8,10 8,74	4 050 7 866
					1 400		11 916
Entrées	1 500	8,74	13 110				
				Mali d'inventaire	20	8,74	174,8
				Stock final	580	8,74	5 069,2
	2 000		17 160		2 000		17 160

MATIÈRE PREMIÈRE MP2

Libellé	Q	CU	Montant	Libellé	Q	CU	Montant
Stock initial Entrées	900 2 500	50,40 52,34	45 360 130 850	Sorties	900 2 300	50,40 52,34	45 360 120 382
					3 200		165 742
Boni d'inventaire	5	52,34	261,7	Stock final	205	52,34	10 729,7
	3 405		176 471,7		3 405		176 471,7

POINT MÉTHODE

- Lire les énoncés avec précision pour connaître la méthode de valorisation des stocks choisie ; si aucune méthode n'est précisée, il faut alors utiliser la plus fréquente c'est-à-dire celle du coût unitaire moyen pondéré de fin de période.
- Présenter le compte de stock équilibré c'est-à-dire avec mise en évidence des différences d'inventaire et du stock final.
- Les informations nécessaires pour présenter un compte de stock sont soit :
  - des données : le stock initial, les quantités sorties, le stock final réel en quantités,
  - le résultat de calculs précédents : valeur des entrées,
  - des informations à calculer : valeur des sortie, et valeur du stock final.

La valorisation des sorties de stock est fondamentale car les consommations de matières représentent une proportion importante des coûts de production.

4. Le coût de production

Le coût de production est un coût qui intègre, outre la consommation des matières consommées, les charges de production relatives au produit.

L'étude du schéma technique nous a montré que l'on calcule des coûts de production entre le stockage des matières premières et le stockage des produits.

Le nombre de coûts à calculer dépend de la complexité du processus de fabrication de l'entreprise et de la nature des produits apparaissant au cours de ce processus.

C'est pourquoi nous étudierons :
– les produits obtenus dans un cycle de production,
– les composantes du coût de production.

4.1 Les produits obtenus dans un cycle de fabrication

Ils concernent soit le produit dit «principal», soit le produit dit «secondaire».

a) Le produit principal et ses dérivés

En fonction de son niveau d'élaboration, seront distingués des produits finis, des produits intermédiaires ou des encours de production.

- **Le produit fini** est un produit qui a parcouru la totalité du cycle de fabrication et atteint un stade d'achèvement complet (par rapport à ce processus).
- **Le produit intermédiaire** est un produit qui a terminé certaines phases du processus de fabrication mais n'a pas encore effectué la totalité du cycle de fabrication. Il peut être stocké ou livré en direct à l'atelier suivant. On parle aussi de produit semi-fini ou de produit semi-oeuvré.
- **L'encours de fabrication** est un produit qui, au moment du calcul des coûts, n'a pas terminé une phase du cycle de production : il est encore en atelier. Chaque cycle peut donc avoir des encours. Par principe, il est admis que ces encours sont terminés en priorité à la période suivante.

b) Les produits secondaires

Un produit est dit **«secondaire»** lorsqu'il apparait lors de la production d'un produit principal du fait des conditions techniques de fabrication.

Selon sa valeur, il est nommé sous-produit ou produit résiduel :

– le sous-produit est un produit qui apparait du fait de la production du produit principal : produire de la farine (produit principal) oblige à l'apparition de son (sous-produit) ;

– les produits résiduels sont soit des déchets soit des rebuts :
  - **déchets** quand il s'agit de résidus de fabrication qui résulte du processus normal de production. *Exemple* : sciure dans une scierie,
  - **rebuts** pour des produits finis ou intermédiaires qui ne répondent pas aux normes exigées. *Exemple* : produits défectueux.

4.2 Les composantes d'un coût de production

L'élaboration d'un coût de production est plus ou moins complexe selon l'existence au sein de la phase de fabrication d'encours ou de produits secondaires.

Après avoir analysé le principe de regroupement des charges de production, nous envisagerons les difficultés soulevées par ces types de produits.

a) Principe

Le coût de production est constitué des charges directes et indirectes de production.

Les **charges directes de production** sont :

- matières, produits et emballages de conditionnement valorisés au coût de sortie du stock ou au coût d'achat pour les articles qui ne sont pas stockés ;
- les frais directs de production, essentiellement le coût de la main-d'œuvre directe des ateliers.

Les **charges indirectes** sont les coûts des centres d'analyse de production : usinage, montage, finition. Le coût des centres est imputé d'après les unités d'œuvre utilisées pour réaliser le produit.

Remarque : le coût des emballages consommés et le coût des matières consommables sont fréquemment traités comme des charges indirectes et ventilés dans le tableau de répartition.

Thème d'application : Entreprise MADAC

Il s'agit de calculer le coût de production du produit intermédiaire PI à l'atelier A1. La mise en œuvre des principes ci-dessus donne :

Charges directes : Mat. première MP1 consommée	500 900	8,10 8,74	4 050 7 866
Main-d'œuvre directe	510	48,50	24 735
Charges indirectes : Centre ATELIER 1	1400	30,40	42 056
Coût de production du produit PI	1400	56,22	78 707

Le calcul du coût de production du produit fini est lui un peu plus complexe puisqu'il cumule plusieurs difficultés :
- des encours,
- des déchets,
- un sous-produit.

b) Les encours de production

L'intégration des encours de production soulève deux problèmes :
- l'influence sur le coût de production du produit principal,
- l'évaluation des encours de fin de période.

1) L'influence sur le coût du produit principal

La difficulté soulevée par l'intégration du coût des encours dans le coût de production du produit peut s'exprimer par le schéma suivant :

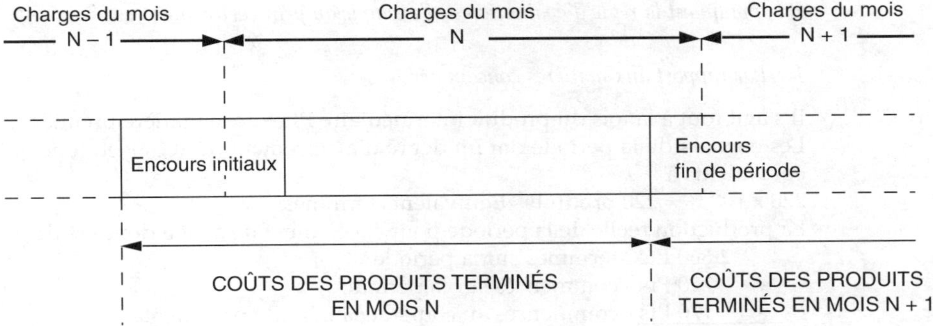

Le décalage entre le coût de production de la période (charges d'un mois) et le coût de production des produits finis sur la période oblige à établir la règle suivante :

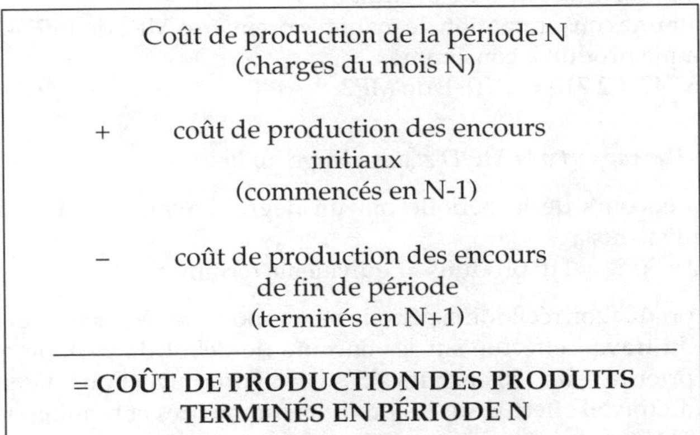
Coût de production de la période N
(charges du mois N)

\+ coût de production des encours initiaux
(commencés en N-1)

– coût de production des encours de fin de période
(terminés en N+1)

= COÛT DE PRODUCTION DES PRODUITS TERMINÉS EN PÉRIODE N

A chaque fin de période, il faut donc évaluer les encours de production qui subsistent dans les ateliers de fabrication.

2) Evaluation des encours de fin de période

Les encours (produits en cours de phase de fabrication) sont évalués en produits «équivalents terminés»et en fonction de leur degré d'avancement.

Exemple *12 encours dont le degré d'avancement est de 40% sont considérés comme équivalents à :*
12 x 40 % = 4,8 produits terminés ou dits «Equivalents terminés».

Le degré d'avancement des encours par rapport aux différents éléments de coûts constituant le coût de production (matières consommées, main-d'œuvre directe, charges indirectes des centres) n'est pas obligatoirement le même.

Thème d'application : Entreprise MADAC

Rappel *: «Pour l'évaluation des encours à l'atelier 2, on considère que chaque produit a reçu la totalité des matières et 50 % de la MOD et des charges indirectes.»*
On nous indique qu'il a été terminé sur la période 2660 unités de PF et qu'il reste en cours de fabrication 220 produits.
En appliquant la règle d'évaluation de l'exemple on peut écrire que :

1. *Par rapport aux matières consommées*

Il s'agit tout à la fois du produit intermédiaire PI et de la matière première MP2.
Les encours de la période ont un degré d'avancement de 100 % et donc qu'ils sont équivalents à :
220 x 100 % = 220 produits «Equivalents terminés»
La production réelle de la période pour cet élément de coût a donc été de :

	2 660 Pts	terminés sur la période
+	220 Pts	commencés sur la période
–	170 Pts	commencés au cours de la période précédente
=	2 710 Pts	qui ont consommés 100 % des matières.

Cette production a reçu 1400 kg de produit PI en provenance de l'atelier A1 pour une valeur globale de 78 707 F. Chaque produit a donc consommé :
78 707 / 2 710 = 29 F de produit PI.
Pour une consommation de matières premières MP2 de 165 742 F (cf compte de stock) chaque produit a consommé :
165 742 / 2 710 = 61,16 F de MP2.

2. *Par rapport à la MOD et aux charges indirectes*

Les encours de la période ont un degré d'avancement de 50 % et ils sont donc équivalents à :
220 x 50 % = 110 produits «Equivalents terminés».

La production réelle de la période par rapport à ces éléments de coûts doit tenir compte :
- du travail effectué sur les encours de début de période qui ont été oeuvrés en priorité soit : 170 encours x 50 % = 85 produits «Equivalents terminés» ;
- du travail effectué sur les produits commencés et terminés sur la période soit : 2 660 produits terminés – 170 produits commencés sur la période précédente = 2 490 produits ;
- du travail effectué sur les encours de fin de période soit 110 produits «Equivalents terminés».

On obtient une production réelle de : 85 + 2 490 + 110 = 2 685 produits
Pour des charges de main-d'œuvre de 76 500 F et des charges de centre atelier 2 de 22 050 F, chaque produit a supporté :
(76 500 + 22 050) / 2 685 = 30,70 F

3. *Valeur des encours de fin de période*

Produits PI	220	29,00	6 380
Matières consommées	220	61,16	13 455,2
Main-d'œuvre Centre Atelier 2	110	30,70	3 377
Coût des encours de fin de période	220	105,51	23 212,2

Ce coût sera repris dans la suite du thème pour une valeur arrondie au franc à savoir : 23 212 F.

Remarque : Cette évaluation des encours à base des charges réelles est lourde à mettre en œuvre ; les entreprises peuvent lui préférer une évaluation basée sur les coûts standards : voir chapitre 14 «L'analyse des écarts».

POINT MÉTHODE

- L'évaluation des encours doit se faire avant le calcul du coût de production du produit principal.
- Pour chaque composante d'un coût à savoir : matières consommées, main d'œuvre directe et charges indirectes :
  - lire avec précaution l'énoncé pour déterminer les différents degrés d'avancement des encours ;
  - calculer la production réelle de la période en utilisant la notion d'équivalents terminés ;
  - en déduire le coût de la composante supporté par un produit.
- Additionner les coûts des différents éléments pour obtenir la valorisation des encours.

c) Le coût de production des produits secondaires

La présence de produits secondaires dans un cycle de fabrication peut soit :
– être neutre pour les coûts ;
– augmenter les coûts si leur élimination génère des charges supplémentaires ;
– diminuer les coûts si ces produits sont vendables.

1) Neutralité pour les coûts

Les **produits secondaires** n'ont pas d'influence sur le coût de production du produit principal lorsqu'ils sont à la fois non vendables et que leurs éliminations ne coûtent rien.

Ils peuvent cependant provoquer une diminution du tonnage produit.

Exemple

Une entreprise fabrique un produit PF à partir de deux matières premières MP1 et MP2 et obtient en parallèle un sous produit sans valeur.

La matière MP1 est usinée dans un atelier A où elle perd 5% de son poids par élimination d'un déchet sans valeur.

La matière usinée est associée à la matière MP2 dans un atelier B qui permet l'obtention du produit PF et du sous-produit SP dans une proportion de 4 pour 1.

Pour une période donnée il a été utilisé :

9 000 kg de MP1 et 5 000 kg de MP2.

Calcul des tonnages respectifs :

Quantité de déchets = 9 000 x 0,05 = 450 kg

Quantité de MP1 usinée = 9 000 x 0,95 = 8 550 kg
Quantité travaillée dans l'atelier B : 8 550 + 5 000 = 13 550
qui se répartissent en :
– 4/5 pour le produit PF soit 10 840 kg
– 1/5 pour le produit SP soit 2 710 kg

2) *Augmentation des coûts*

Les produits secondaires doivent être détruits ou enlevés : ils génèrent donc des charges supplémentaires. Le coût de leur élimination vient augmenter le coût de production du produit principal.

Thème d'application : Entreprise MADAC

Rappel : *Un déchet apparaît au niveau de l'atelier A2 et doit être épuré chimiquement dans l'atelier A4 avant épandage (cf texte).*
Le coût de l'atelier A4 est assimilable au coût d'élimination du déchet et viendra en augmentation du coût du produit principal.

COÛT DE L'ÉPANDAGE

Charges directes				
Eau	142,5	m3	-	270,50
Pdt chimique	45	kg	6,50	292,50
Main-d'œuvre	169	h	45	7 605,00
Charges indirectes				
Centre A4				5 700,00
Coût de l'épandage	142,5	m3	97,32	13 868,00

3) *Diminution des coûts*

Les produits secondaires sont alors vendus en l'état ou après transformation : c'est le cas le plus fréquent, du moins, pour les sous-produits.

Leur prix de vente sert de base à l'évaluation de leurs coûts de production propres qui vient en déduction du coût de production du produit principal.

Il est, admis que la vente des produits secondaires ne génère ni gain ni perte ; cela conduit à une évaluation forfaitaire et conventionnelle du coût de production de ces mêmes produits mais qui permet une approche réaliste du coût du produit principal.

Thème d'application : Entreprise MADAC

Rappel : *Un sous-produit apparaît au niveau de l'atelier A2 ; il doit être traité dans l'atelier A3 pour être commercialisable.*

Calcul du coût de production du sous-produit au sortir de l'atelier A2

Le raisonnement est le suivant :

Le prix de vente du marché est égal au coût de production du sous-produit à la sortie de l'atelier de transformation ; comme on connait les charges spécifiques à cette transformation, on peut en déduire le coût de production à l'entrée de ce même atelier, ce qui revient à déterminer le coût de production au sortir de l'atelier A2.

Prix de vente *à déduire* : charges de A3 Main-d'œuvre Atelier A3	250 605	210 52,4	52 500 – 31 702 – 15 450
Ct de production du sous-produit SP à la sortie de l'atelier A2			= 5 348

C'est ce coût qui viendra en déduction du coût du produit principal.
En intégrant toutes les difficultés précédentes, le coût de production de produit PF devient :

Charges directes :			
Produit PI consommés	980	80,31	78 707
Matières MP2	900	50,40	45 360
	2300	52,34	120 382
Main-d'œuvre	1500	51,00	76 500
Charges indirectes			
Atelier A2	1500	14,70	22 050
• Charges de la période			342 999
• Encours initiaux			+ 17 340
• Encours de fin de période			– 23 212
• Coût de production du sous-produit SP			– 5 348
•Coût d'élimination du déchet D			+ 13 868
Coût de production du produit PF	2660	129,94	345 647

Il faut ensuite présenter les comptes de stocks du produit PF et du sous-produit SP

PRODUIT FINI PF

Libellé	Q	CU	Montant	Libellé	Q	CU	Montant
Stock initial	184	120	22 080	Sorties	184	120	22 080
					2 616	129,94	339 923
					2 800		362 003
Entrées	2 660	129,94	345 647	Stock final	44		5 724
	2 844		367 727		2 844		367 727

SOUS-PRODUIT SP

Libellé	Q	CU	Montant	Libellé	Q	CU	Montant
Stock initial	80	200	16 000	Sorties	80	200	16 000
Entrées	250	210	52 500		190	210	39 900
				Stock final	60	210	12 600
	330		68 500		330		68 500

5. Le coût de revient

Le coût de revient est l'étape ultime du calcul des coûts : il comprend toutes les charges relatives au produit, c'est lui qui représente le COÛT COMPLET.

Nous étudierons successivement sa structure et ses composantes.

5.1 Structure du coût de revient

Un coût de revient est calculé par type de produits vendus.

Un coût de revient est composé :
- du coût de production des produits vendus,
- des coûts hors production eux-mêmes constitués par :
  - le coût de distribution,
  - une quote-part du coût des centres de structure.

5.2 Les coûts hors production

a) le coût de distribution

C'est un coût autonome qui globalise les charges relatives aux différentes opérations de distribution. Comme tous les coûts, il peut être composé de :

- **charges directes** : frais de personnel, de publicité et des emballages de conditionnement consommés dans la mesure où ils n'ont pas été intégrés dans les charges indirectes ;
- **charges indirectes** : coût des centres de distribution (études de marché, magasinage, après-vente, etc.).

b) Quote-part des charges des centres de structure

Certaines fonctions restent spécifiques à l'entité économique qu'est l'entreprise, ou encore, sont communes à plusieurs activités ou établissements. Il peut s'agir : de la recherche, de la planification, du contrôle, du financement ou de l'informatique.

L'évolution économique a fait que ces charges sont de plus en plus importantes eu égard à l'ensemble des charges de l'entreprise ; elles sont le plus souvent indépendantes du volume d'activité et ne peuvent être intégrées au coût des stocks de produits.

Le plan comptable préconise de les regrouper dans des centres dits «**centre de structure**» et de les imputer aux coûts de revient des produits au prorata d'une assiette de répartition à l'aide d'un taux de frais.

Thème d'application : Entreprise MADAC

Il est possible, maintenant, terminer le tableau des charges indirectes puisque l'on connait la valeur de l'assiette de répartition utilisée pour le centre de structure «Administration».
En effet, le coût de production des produits vendus s'élève à :

362 003 + 55 900 = 417 903 F

le taux de frais du centre «Administration» est de :

7250 / 417 903 = 1,73 %

Les charges de distribution étant spécifiques au produit fini PF (cf Thème d'application), le tableau de calcul du coût de revient peut se présenter ainsi :

	Produit PF			Produit SP		
Ct de production des produits vendus	2 800		362 003	270		55 900
Coût de distribution						
• M.O.D.	210	62	13 020			–
• Centre distribution	–		4 100			–
Quote-part des centres de structure						
• Administration	362 003	1,73 %	6 263	55 900	1,73 %	967
Coût de revient	2 800	137,64	385 386	270	210,62	56 867

RÉFLEXIONS SUR LE THÈME

1. Comptabilité analytique ou comptabilité industrielle ?

Cette méthode apparaît au lendemain de la deuxième guerre mondiale, à une époque où le tissu économique se caractérise par la prédominance du secteur secondaire. Les firmes industrielles pratiquent une organisation taylorienne de la production dont les caractères principaux sont la fabrication en grandes séries de produits standardisés, l'importance des coûts de main d'œuvre directe, la part relativement faible des frais dits «généraux».

Ces particularités expliquent que la méthode des coûts complets ait été, dans le passé, appelée comptabilité industrielle.

2. Le coût complet et la vie du produit

La recherche de la productivité conduit les firmes industrielles à construire un système d'information dont l'objectif essentiel est de cerner le coût de production des produits.

Si toutes les charges d'une période sont effectivement intégrées au coût de revient des produits, il semble abusif de considérer ce coût comme un coût complet par rapport aux produits.

En effet, la production d'un produit nécessite en amont des dépenses de recherche et développement, de lancement du produit sur le marché qui génèrent des charges importantes non rattachées aux coûts des produits. Il n'est pas possible alors de parler de coûts de revient d'un produit.

Dans ces conditions, se servir de la méthode des coûts complets pour définir un niveau de prix qui assure une exploitation bénéficiaire du produit peut entraîner des erreurs de gestion lourdes de conséquences pour la pérennité de l'entreprise.

La détermination d'un prix de vente doit donc s'effectuer sur la base d'un coût de revient complet de longue période incluant les charges de conception du produit et non pas seulement les charges de production. C'est cet aspect qui est développé dans la notion de coût global analysée dans la deuxième partie de cet ouvrage.

3. Qui est responsable du niveau des stocks ?

La comptabilité analytique peut être considérée comme un réseau d'informations relatif à l'exploitation de l'entreprise et plus particulièrement à sa fonction production.

Le découpage de l'activité en centres d'analyse peut permettre un mode de gestion décentralisée basé sur des centres de responsabilités. Les responsables opérationnels sont, alors, jugés sur leur capacité à permettre l'écoulement de produits conformes vers l'aval du processus tout en respectant des conditions d'exploitation préalablement fixées.

Cette surveillance des coûts de production s'effectue de l'amont vers l'aval en intégrant les variations de stocks. La méthode des coûts complets s'intéresse de façon précise à l'évaluation des stocks, mais personne n'a la charge de surveiller le niveau des stocks et de transmettre vers l'amont des indicateurs en cas de décalage entre les produits fabriqués et les attentes du marché.

Applications

(1) *SA Les Minoteries Réunies*

La société anonyme LES MINOTERIES RÉUNIES traite des blés tendres de différentes qualités pour obtenir de la farine. Elle s'approvisionne pour partie auprès de coopératives sur le territoire national, pour partie sur le marché international.

Les différentes phases du traitement pour obtenir de la farine à partir des grains de blé sont les suivantes :

Le premier traitement subi par le blé consiste en un passage dans un atelier de «nettoyage» ayant pour but d'éliminer du blé les diverses impuretés (morceaux de paille, grains d'avoine, d'orge ou de maïs...).

La quantité de déchets récupérés est estimée en moyenne à 1,6 % du poids du blé obtenu après nettoyage. Ces déchets sont vendus au prix de 35 F le quintal et c'est sur la base de ce prix que se fait l'estimation du coût des déchets, coût venant en déduction du coût du traitement du blé.

Dans une **seconde phase**, tout le blé nettoyé passe dans un atelier de préparation pour que les grains de blé se présentent, du point de vue consistance, dans les meilleures conditions permettant une séparation facile des enveloppes du grain de blé et de l'amande farineuse.

Le blé nettoyé subit en particulier un lavage ayant essentiellement pour conséquence d'élever le taux d'humidité des grains afin de poursuivre la fabrication, ce qui se traduit par une augmentation du poids du blé nettoyé de 2 %. On obtient alors le froment prêt à être réduit en farine.

Troisième traitement après un repos d'environ 48 heures, tout le froment est écrasé dans un atelier de broyage à l'aide de machines spécialisées de plusieurs types (en particulier des machines appelées «planchisters»).

Le broyage permet d'obtenir de la farine en vrac faisant l'objet d'un stockage et un sous-produit important : le son, destiné à l'usine d'aliments pour bétail. Le poids de son représente 20 % de la quantité de froment broyé. Le coût de production du son est établi à partir de sa valeur commerciale (145 F le quintal) estimée au prix du marché, déduction faite d'une décote forfaitaire de 12,5 F par quintal pour frais de distribution et de 40 F par quintal de main d'œuvre directe pour frais de manutention.

Enfin, lors d'un **quatrième traitement**, la farine en vrac ayant fait l'objet de commande est conditionnée dans un atelier de commercialisation. Le conditionnement s'effectue sous différentes formes :

- par sachets papier de 1 kg pour la farine destinée à l'usage ménager,
- par sacs de 50 kg pour les utilisateurs professionnels (boulangers et autres).

On vous fournit les renseignements concernant le mois de décembre 19N.

Stocks au 01.12.19N

Blé : 25 350 quintaux pour 1 663 500 F (1 quintal = 100 kg)
Farine en vrac : 30 464 quintaux pour 4 505 680 F
En-cours atelier broyage : 1 830 175 F

Stocks au 31.12.19N

En-cours atelier broyage : 1 615 150 F

Achats du mois de décembre

Blé : 185 000 quintaux à 64,20 F le quintal
Quantité de blé entrant dans l'atelier de nettoyage : 173 736 quintaux
Déchets récupérés à la sortie de l'atelier de nettoyage : 2 736 quintaux
Coût d'achat du sac de 50 kg : 4 F
Coût d'achat du sachet de 1 kg : 0,30 F

Ventes du mois de décembre

Farine destinée à l'usage professionnel : 217 500 sacs à 103 F le sac
Farine destinée à l'usage ménager : 3 625 000 sachets à 2,70 F le sachet

Heures machine utilisées
Dans l'atelier nettoyage : 3 477 heures
Dans l'atelier préparation : 4 618 heures

Main-d'œuvre directe utilisée
Dans l'atelier préparation : 59 280 F
Dans l'atelier broyage : 221 025 F
Dans l'atelier commercialisation : 85 550 F, dont 13 050 F pour le conditionnement à usage professionnel
72 500 F pour le conditionnement à usage ménager

Charges indirectes du mois de décembre
Totaux des centres après répartition primaire :

Centre force motrice	870 000 F
Centre gestion du matériel	110 000 F
Centre transport	2 082 000 F
Centre nettoyage	297 240 F
Centre préparation	2 422 260 F
Centre broyage	3 850 500 F
Centre de distribution	2 465 200 F

Clés de répartition pour la répartition secondaire :

Centre force motrice :	Centre de gestion du matériel :
10 % au centre gestion du matériel	15 % au centre force motrice
10 % au centre nettoyage	15 % au centre transport
20 % au centre préparation	15 % au centre nettoyage
50 % au centre broyage	15 % au centre préparation
10 % au centre de distribution	30 % au centre broyage
	10 % au centre distribution

Nature des unités d'œuvre
Centre transport : quintal de marchandise transportée (blé acheté et farine vendue)
Centre nettoyage : heure machine
Centre préparation : heure machine
Centre broyage : quintal broyé
Centre de distribution : 100 F de vente de farine

(d'après examen)

QUESTIONS :

a) Présenter le tableau de répartition des charges indirectes. (Il est demandé de justifier tous les calculs.)
b) Déterminer les coûts de revient des deux types de farine en distinguant les coûts des différentes phases du traitement.

(2) *Société SONOFI*

La société SONOFI est une entreprise de taille moyenne spécialisée dans la fabrication d'enceintes acoustiques.

Activité et production
Elle fabrique et commercialise deux types de produits :
– des enceintes classiques à 2 voies référencées C2,
– des enceintes haute fidélité à 3 voies référencées H3.
Les deux enceintes C2 et H3 ont le même aspect extérieur : boîtier, ébénisterie et tissu acoustique spécial sont identiques.

Par contre :
- les enceintes H3 sont composées :
  - de trois haut-parleurs : aigu, grave et médium,
  - et d'un filtre N 17 ;
- les enceintes C2 ne sont composées que :
  - de deux haut-parleurs : aigu et grave identique au modèle H3,
  - et d'un filtre «électra» moins performant que le filtre N 17.

La société achète toutes les matières et composants mais fabrique elle-même le haut-parleur médium.

Organisation de la production

La production est réalisée dans six services ou ateliers.
- Le service approvisionnements est responsable des achats et de la gestion des stocks.
- Le service «tris et tests» assure le contrôle électronique des filtres et teste aussi les autres composants.
- L'atelier de préparation-fabrication réalise deux types de travaux :
  - d'une part il produit des haut-parleurs médium à partir d'une carcasse bobinée et d'un cône verni ;
  - d'autre part il assure le traitement spécial que nécessitent les haut-parleurs grave et aigu avant leur montage définitif.

Ce traitement est effectué dès réception des haut-parleurs.
Le stockage ne se fait donc qu'après traitement.
- L'atelier de menuiserie fabrique des ébénisteries à partir de plaques d'agglomérés et de tissu acoustique spécial.

Il utilise pour cela des matières consommables : colles, vernis et petite quincaillerie.
Tout boîtier terminé est immédiatement envoyé en montage-finition.
- L'atelier de montage-finition assemble les différents éléments de chaque enceinte et réalise le câblage.
- Le laboratoire d'essais contrôle les produits fabriqués mais aussi effectue des recherches en électro-acoustique.

La SONOFI utilise la méthode des coûts complets pour valoriser ces coûts réels.
- Tous les coûts unitaires seront arrondis au centime le plus proche.
- La valorisation des sorties de stocks se fera selon la méthode préconisé par le plan comptable général (coût moyen pondéré de la période correspondant à la durée moyenne du stockage : le mois).

QUESTIONS :

1. Détermination du coût des unités d'œuvre.

Achever le tableau de répartition des charges indirectes pour le mois de janvier 19N, à partir des annexes 1 et 2 et sachant qu'il faut aussi tenir compte de la rémunération des 1 200 000 F de capitaux propres au taux annuel de 10 %. Cette part mensuelle des charges supplétives se répartit comme suit :

8 % au laboratoire d'essais ;	**10 % à la fabrication-préparation ;**
18 % au «tris et tests» ;	**21 % à la menuiserie ;**
8 % à l'entretien ;	**20 % au montage ;**
5 % à l'approvisionnement ;	**10 % à la distribution.**

2. Calcul des résultats analytiques.

a) Calculer les coûts de production unitaires des trois types de haut-parleurs.
Quelles que soient les réponses trouvées à la question précédente on retiendra comme coût des unités d'œuvre.

Approvisionnement	**25 F**	**Montage ....**	**75 F**
Préparation-fabrication	**68 F**	**Distribution ....**	**4 F**
Menuiserie	**80 F**		

b) Calculer le coût de production d'un boîtier.

c) Calculer le coût de production d'une enceinte H3 et d'une enceinte C2.

d) Calculer le coût de revient unitaire d'une enceinte H3 et d'une enceinte C2.

ANNEXE 1

Tableau de répartition primaire des frais et dotations indirects réfléchis de la période (janvier N)

Frais et dotations réfléchis	Centres d'analyse								Charges non incorporables	Totaux
	Centres auxiliaires			Centres principaux						
	Laboratoire d'essais	Tris et Tests	Entretien	Approvisionnement	Prépar. Fabrica.	Menuise. Acousti.	Montage Finition	Distribution		
Consommations de matières consommables	–	–	–	–	–	35 000	45 000	–	–	80 000
Charges de personnel	13 600	20 100	6 400	4 800	85 000	152 000	189 500	11 400	–	482 800
Impôts taxes et vers. assimilés	–	–	2 400	–	–	–	–	–	–	2 400
Services extérieurs	9 200	17 800	2 900	3 000	35 000	74 000	84 000	7 200	–	233 100
Autres services extérieurs	1 700	3 300	1 800	33 800	15 000	21 500	3 500	53 000	–	133 600
Autres charges de gest. courante	7 300	9 800	1 900	2 200	4 000	8 400	6 000	9 200	–	48 800
Charges financières	–	–	2 400	–	–	–	–	–	–	2 400
Dotations aux amortissements et aux provisions	7 000	6 000	1 800	1 000	12 000	19 000	15 000	8 000	9 400	79 200
Totaux après répartition primaire provisoire	38 800	57 000	19 600	44 800	151 000	309 900	343 000	88 800	9 400	1062300
Nature de l'unité d'œuvre				100 F d'achat H.T.	Heure de main-d'œuvre	Heure de main-d'œuvre	Heure de main-d'œuvre	100 F de ventes H.T.		
Nombre d'unités d'œuvre					2 500	4 050	5 640			

ANNEXE 2

Répartition de sections auxiliaires

Laboratoire d'essais	Laboratoire d'essais	Tris et Tests	Entretien	Approvisionnement	Préparation Fabrication	Menuiserie	Montage Finition	Distribution
	–	–	0,20	–	0,10	0,10	0,60	–
Tris et tests	0,10	–	0,10	–	0,10	–	0,70	–
Entretien	1/15	1/30	–	1/5	1/5	1/5	1/5	1/10

ANNEXE 3

Données comptables du mois de janvier 19N

1. Stocks au 1-1-N

- Haut-parleurs aigus .... 81 180 F 1 230 unités
- Haut-parleurs graves .... 305 195 F 1 720 unités
- Haut-parleurs médium .... 123 136 F 832 unités
- Agglomérés .... 7 200 F 800 mètres carrés
- Absorbant phonique .... 9 000 F 900 mètres
- Tissu acoustique .... 33 000 F 2 000 mètres
- Filtres électra .... 77 900 F 950 unités
- Filtres N 17 .... 132 225 F 1 203 unités
- Carcasses bobinées .... 81 696 F 1 702 unités

– Cônes vernis	9 150 F	1 500	unités
– Enceintes C2	40 320 F	60	unités
– Enceintes H3	45 662,40 F	48	unités
– En cours atelier menuiserie	28 000 F		
– Matières consommables	90 000 F		

2. Achats de janvier 19N (hors taxes)

– Haut-parleurs aigus	48 380 F	1 103	unités
– Haut-parleurs graves	78 900 F	700	unités
– Agglomérés	20 020 F	2 200	mètres carrés
– Filtres N 17	62 700 F	597	unités

3. Production de janvier 19N

– *Section préparation-fabrication* :
1 450 haut parleurs médium fabriqués avec 1 685 unités d'œuvre ;
700 haut-parleurs graves préparés avec 325 unités d'œuvre ;
1 103 haut-parleurs aigus préparés avec 490 unités d'œuvre.

– *Section menuiserie-acoustique :*
2 192 boîtiers ont été fabriqués avec 2 400 m2 d'agglomérés et 1 300 mètres de tissu acoustique.

– *Section montage-finition* : elle a fabriqué :
840 enceintes C2 avec 300 mètres d'absorbant phonique et 2 440 unités d'œuvre ;
1 352 enceintes H3 avec 500 mètres d'absorbant phonique et 3 200 unités d'œuvre.

4. Existants à fin janvier 19N

– Haut-parleurs aigus	140	unités
– Haut-parleurs graves	228	unités
– Haut-parleurs médium	922	unités
– Agglomérés	600	mètres carrés
– Absorbant phonique	120	mètres
– Tissu acoustique	750	mètres
– Filtres Électra	100	unités
– Filtres N 17	448	unités
– Carcasse bobinées	252	unités
– Cônes	48	unités
– Enceintes C2	100	unités
– Enceintes H3	8	unités
– En cours atelier menuiserie	28 782 F	
– Matières consommables	10 000 F	

5. Ventes janvier 19N

– Enceintes C2 :	800 à 972,75 FHT
– Enceintes H3 :	1 390 à 1 120 FHT

(d'après DECF)

③ *Entreprise Lambda*

Note : Faute de demande explicite du texte, tous les coûts globaux sont arrondis au franc le plus proche et les coûts unitaires au centime le plus proche.
Les calculs doivent être clairement explicités et présentés le plus possible sous forme de tableaux.

Dans son usine d'Angoulême, l'entreprise LAMBDA fabrique et vend un produit unique, appelé P.F. Vous êtes responsable du service comptabilité analytique de cette usine.

Le traitement de ce produit unique nécessite :
- le passage dans un atelier d'usinage dans lequel est incorporée, en début de fabrication, une matière M1 qui a subi, dès son achat, un traitement de préparation spécifique ;
- la pièce usinée est transmise immédiatement à l'atelier suivant, où elle est traitée anti-corrosion par vaporisation en continu d'une matière M2…

Le produit traité est stocké pour séchage. Il est vendu à des grossistes par sachet de 3 unités conditionnés en boîte de 10 sachets. Certaines ventes, en vrac, sont effectuées à l'usine de Blaye qui appartient à la firme Lambda.

Le traitement spécifique de préparation de la matière M1 est effectuée dès son acquisition et avant stockage. Pendant ce traitement, la matière traitée perd 2 % de son poids par évaporation, et fait apparaître un déchet dont le poids peut être évalué à 10 % des quantités de matières stockées.
Ce déchet est vendu 2,50 F le kilogramme à une entreprise qui se charge de l'évacuer mais uniquement par lots de 500 kilogrammes.

Stocks au 1.04.19N

Matière première M1 :	2 000 kg pour un total de 64 565 F
Matière première M2 :	15 kg pour une valeur de 2 692 F
Emballages perdus :	
sachets :	2 200 à 0,50 F le sachet
boîtes cartons :	1 120 à 5,70 F la boîte
Emballages récupérables	
palettes :	480 à 35 F la palette dont 200 chez les clients.
Encours d'usinage	34 996 F
Encours de Tt. anti-corrosion	20 379 F
Produit fini P.F.	2 000 à 29,30 F l'unité

Achats de la période

Matière première M1 :	16 500 kg à 12 F le kg
Matière première M2 :	215 kg à 242 F le kg
Emballages perdus :	
sachets :	17 000 à 0,50 F le sachet
boîtes cartons :	5 000 à 5 F la boîte

Consommations de la période
Matière première M1 : 13 090 kg
Matière première M2 : 210 kg
Main-d'œuvre directe (atelier de préparation M1) : 400 h
Sachets : compte tenu des problèmes de réglage des machines, on considère comme normale une consommation de 105 sachets pour 300 produits.

Production de la période : 52 000 unités de Produit fini P.F.

Ventes de la période

Produit fini P.F. :	1 500 boîtes à 1 490 F la boîte et 7 200 en vrac à 3 800 F le cent
Déchets	2 enlèvements ont eu lieu

Tableau de répartition des charges indirectes

Traitement MP1	Approvisionnement	Usinage	Traitement Anti-corrosion	Distribution
95 070	256 550	160 470	131 980	40 560
Kg traité	Kg matière stockée	HMOD	HMOD	F de CA exprimé en %

L'entreprise a l'habitude d'imputer les coûts U.O. arrondis au centime le plus proche.

Taux horaire de la main-d'œuvre directe

Atelier de préparation M1	32 F
Atelier d'usinage	70 F
Atelier de TT anti-corrosion	50 F

Éléments de valorisation des encours : Situation au 30 avril 19N

Équipes	Produits terminés	dont encours au 1.04.N Nombre	Valeur	Produits en cours Nombre	% d'avancement	Heures réelles fournies
At. Usinage						
Équipe 1	6 000	130	18 900	120	20 %	2 200 H
Équipe 2	7 000	110	16 096	140	50 %	2 320 H
						4 520 H
At. Anti-corrosion (évalués en unités de produits)						
Équipe 1	24 400	800	16 240 (80 %)	680	70 %	3 050 H
Équipe 2	27 600	200	4 139 (80 %)	520	60 %	3 550 H
						6 600 H

Remarque : L'usine a l'habitude de retenir des rendements standards pour la valorisation de ses encours à savoir :

0,30 heure pour un kilogramme,

0,125 heure pour un produit.

On considère comme normal l'obtention de 4 produits par kilo de matière M1 usinée.

Remarques relatives à l'inventaire de fin de période

Matière première M1 : 3 600 kg

Matière première M2 : un pot de 2 kg de matière a disparu

Emballages commerciaux perdus :

sachets : 3 400 unités

boîtes : pas de manquantes

QUESTIONS

1. **Déterminer le coût d'entrée en stock de la matière M1 et présenter le compte de stock correspondant, sachant que par simplification, les sorties de stock de matière M1 sont valorisées à un coût conventionnel de 37 F le kilogramme.**
2. **Présenter les calculs conduisant à la valorisation des encours au 30.04.N. Justifier toutes vos sommes.**
3. **Un client a passé commande de 9 000 unités de produit fini P.F. conditionnées et livrées par palettes de 50 boîtes. Chaque palette lui a été consignée 45 F l'unité. Un escompte de 1 % hors taxes lui a été accordé.**
   Présenter le corps de la facture. Déterminer le coût de revient et le résultat analytique de cette commande.

(4) *Société Plastymère*

L'un des établissements industriels de la société PLASTYMÈRE fabrique, entre autres, quatre types de films plastiques multi-couches en polypropylène vendus en rouleaux.

Lors d'une première phase sont obtenus des granulés dans un atelier de granulation.

Lors de la phase suivante, dans un atelier d'extrudage, ces granulés subissent un traitement complémentaire par mise en œuvre de techniques dépendant de la nature du produit attendu. A cette occasion, diverses matières pondéreuses sont adjointes (cartons minces, aluminium, etc., selon le type de film souhaité).

Lors de la phase *granulation*, les informations suivantes relatives à l'exploitation du mois écoulé ont été collectées :

- Une seule matière première principale a été utilisée. Le stock au début du mois dans l'atelier était de 100 tonnes (évaluées au total 570 000 F). Les entrées du mois ont été, dans l'ordre chronologique, les suivantes :

200 tonnes pour un coût total de	1 160 000 F
250 tonnes pour un coût total de	1 500 000 F
300 tonnes pour un coût total de	1 884 000 F

  Les sorties et le stock de clôture sont évalués selon la méthode du «premier entré, premier sorti». Il n'y a pas de différences d'inventaire.

- Consommations :

Matière première principale consommée (800 tonnes)	(à calculer)
Matières additives diverses consommées (de poids négligeable)	3 123 520 F
Main-d'œuvre directe	11 992 000 F
Autres charges	8 883 280 F

- Les opérations de granulation n'entraînent aucune perte de poids ou de matière.

- Les en-cours du début du mois ont déjà absorbé :

Matière première principale (48 tonnes)	398 240 F
Matières additives diverses	320 000 F
Main-d'œuvre directe	802 880 F
Autres charges	756 000 F
	2 277 120 F

  Les degrés d'avancement correspondants ne sont pas connus.

- A la fin du mois, un en-cours de 160 tonnes est constaté, et les degrés d'avancement suivants ont pu être recensés :

Matière première principale	100 %
Matières additives diverses	80 %
Main-d'œuvre directe	50 %
Autres charges	60 %

QUESTIONS :

a) Calculer le coût de production des granulés finis obtenus durant le mois.
b) Calculer le coût de l'en-cours de clôture. Proposer une vérification.

8 Les résultats de la comptabilité analytique. Concordance et comptabilisation

L'objectif des calculs effectués dans les chapitres précédents reste la mise en évidence de résultats par produits ou famille de produits.

Ces résultats obtenus par des traitements comptables différents de ceux de la comptabilité générale doivent être rapprochés du résultat de celle-ci pour vérifier la concordance des différents modes de calcul.

L'ensemble des ces travaux peut être exprimé par des écritures comptables qui traduiront la logique propre des calculs analytiques.

Nous étudierons donc :
1. les résultats de la comptabilité analytique,
2. les différences de traitement comptable et la concordance,
3. la comptabilisation des opérations analytiques.

1. Les résultats de la comptabilité analytique

Il est nécessaire de distinguer les «**résultats analytiques élémentaires**» par produits du «**résultat de la comptabilité analytique**».

1.1 Les résultats analytiques élémentaires

Un résultat analytique élémentaire se calcule par type de produit vendu.

Ce résultat est obtenu en faisant la différence entre :

– les **produits d'exploitation** relatifs au produit vendu c'est à dire son chiffre d'affaires ,
– et le **coût de revient** de ce même produit.

Thème d'application : Entreprise MADAC

En appliquant les principes énoncés ci-dessus, il faut calculer les résultats analytiques élémentaires pour le produit fini PF et le sous-produit SP.
Les résultats se présentent ainsi :

CALCUL DES RÉSULTATS ÉLÉMENTAIRES

	Sous-produit SP			Produit fini PF		
Chiffre d'affaires	270	208	56 160	2 800	150	420 000
Coût de revient des produits vendus	270	210,62	56 867	2 800	137,64	385 386
Résultats élémentaires	270	– 2,62	– 707	2 800	12,36	34 614

1.2 Le résultat de la comptabilité analytique

Le travail analytique s'effectue sur des informations en provenance de la comptabilité générale ; il peut être intéressant de périodiquement le contrôler.

a) Principe de concordance

Dans une première approche, le résultat de la comptabilité analytique peut être considéré comme la somme des résultats analytiques élémentaires.

Ce résultat doit coïncider avec celui de la comptabilité générale calculé sur la même période.

Compte tenu de l'aspect formel et obligatoire de la comptabilité générale, son résultat est considéré comme le résultat de référence. Il s'agit donc de **faire coïncider** le résultat de la Comptabilité Analytique avec celui de la comptabilité générale.

L'égalité recherchée n'est pas obtenue spontanément car **les modes de traitement** des charges et des produits **diffèrent** dans les deux approches.

b) Causes de non-concordance

Elles sont diverses mais peuvent se regrouper en deux grands types :

– la comptabilité analytique travaille sur des bases de charges et de produits différentes de celles de la comptabilité générale. *Exemples* : charges non incorporables, éléments supplétifs...
– la comptabilité analytique n'a pas incorporé dans les coûts toutes les charges incorporables. *Exemples* : mali ou boni d'inventaire, calcul sur des coûts arrondis...

Tous ces éléments sont en fait des «Différences de traitement comptable». La prise en compte de ces différences doit permettre d'obtenir l'égalité recherchée à savoir :

Somme des résultats analytiques élémentaires
+ ou – Différence de traitement comptable
= Résultat de la comptabilité analytique

qui doit être IDENTIQUE au résultat de la comptabilité générale.

Il est important de connaître les influences de ces différences sur le résultat de la comptabilité analytique.

2. Les différences de traitement comptable et la concordance

Elles sont de deux types :
– les différences d'incorporation,
– les différences d'inventaire, de cession et d'imputation.

Le plan comptable analytique les regroupe dans le compte «97- Différences de traitement comptable»

2.1 Les différences d'incorporation

Il s'agit de différences entre charges et produits incorporés par la comptabilité analytique par rapport à ceux pris en compte par la comptabilité générale.

Le plan comptable en retient cinq sortes dont nous avons déjà vu des exemples pour la plupart.

a) Différence d'incorporation sur matières (Compte 970)

Elles apparaissent lorsque les sorties de stock sont valorisées à un coût conventionnel (coût de remplacement par exemple).

Le crédit du compte de stock est mouvementé au coût unitaire moyen pondéré (CUMP) alors que le coût de production reçoit les sorties de stock valorisées au coût de remplacement.

Exemple

Reprenons les chiffres du chapitre précédent (3.2 c)
Sorties de stock : 75 unités à 170 F = 12 750 F
CUMP de la période : 131,50 F
L'écriture se présente ainsi :

		Débit	Crédit
93 Coût de production (75 x 170)		12 750	
	94 Stock de matières premières (75 x 131,50)		9 862,5
	970 Différence d'incorporation sur matières		2 887,5

Dans ce cas, l'utilisation d'un coût conventionnel conduit à majorer le coût de production et donc à diminuer le résultat analytique par rapport à celui de la comptabilité générale.

Il convient donc d'ajouter la différence d'incorporation sur matières au résultat de la comptabilité analytique pour rapprocher ce dernier du résultat général.

Différence d'incorporation sur matières (créditrice)	→ coûts ↗ → Résult. anal. ↘ → Différence à ajouter

b) Différences d'incorporation sur amortissements et provisions (Compte 971)

Il est possible de substituer aux dotations aux amortissements et aux provisions de la comptabilité générale des charges spécifiques de la comptabilité analytique.

Ce sont :

- les charges d'usage pour les dotations aux amortissements,
- les charges étalées pour les dotations aux provisions pour risques et charges.

Ce point a été étudié au chapitre 6 paragraphe 1.2.

Exemple *Soit des dotations aux amortissements de 32 000 F et des charges d'usage substituées de 30 000 F.*

On a donc :

		Débit	Crédit
92. Centre d'analyse		30 000 F	
971 Différence d'incorporation sur amort. et provisions		2 000 F	
	906 Dotations réfléchies		32 000 F

Dans ce cas, les charges des centres sont minorées, donc également les coûts dans lesquels elles sont reversées. Le résultat analytique est augmenté par rapport à celui de la comptabilité générale. Dans la démarche de rapprochement, il faut alors déduire la différence sur amortissement et provision du résultat analytique pour obtenir celui de la comptabilité générale.

Différence d'incorporation sur amort. et provisions (débitrice)	→ coûts ↘ → R. anal. ↗ → Différence à déduire

Dans notre exemple, les charges d'usage sont inférieures aux dotations de la comptabilité générale mais ce n'est pas forcément toujours le cas. Dans le cas où les charges d'usage et étalées sont supérieures aux dotations de la comptabilité générale, l'influence sur le résultat analytique peut se résumer par le schéma suivant :

Différence d'incorporation sur amort. et provisions (créditrice)	→ coûts ↗ → R. anal. ↘ → Différence à ajouter

Dans chaque cas, il s'agit d'analyser l'influence sur les coûts de la différence d'incorporation sur amortissements et provisions.

c) Différences d'incorporation pour éléments supplétifs (Compte 972)

Les éléments supplétifs sont des charges spécifiques au traitement analytique.

Elles ont pour objet d'éviter des distorsions dans la comparaison des coûts entre entreprises similaires mais de structure juridique ou financière différentes. Les plus fréquentes restent :
– la rémunération de l'exploitant non salarié,
– la rémunération des capitaux propres de l'entreprise.

Exemple *Dans une entreprise individuelle, on retient, pour le mois et dans le calcul des coûts en tant que charges indirectes les éléments suivants :*
– rémunération du dirigeant non salarié : 18 000 F ;
– rémunération des capitaux propres au taux de 6% l'an. Ces capitaux s'élèvent à 100 000 F.

La prise en charge de ces éléments supplétifs s'effectue au moment de l'affectation des charges indirectes dans les centres d'analyse.

	Débit	Crédit
92. Centre d'analyse	18 500	
972 Différence d'incorporation sur éléments supplétifs		18 500

Ici, les charges des centres sont majorées, donc également les coûts dans lesquels elles sont reversées. Le résultat analytique est diminué par rapport à celui de la comptabilité générale. Dans la démarche de rapprochement, il faut ajouter la différence sur éléments supplétifs au résultat analytique pour retrouver celui de la comptabilité générale.

Différence d'incorporation sur éléments supplétifs	→ coûts ↗ → R. anal. ↘ → Différence à ajouter

L' influence des éléments supplétifs sur la résultat de la comptabilité analytique est toujours la même.

d) Différences d'incorporation sur autres charges de la comptabilité générale (compte 973)

Ce compte reçoit deux types d'ajustement de charges :
– les charges non incorporables de la comptabilité générale,
– l'abonnement de certaines charges.

1) *Les charges non incorporables aux coûts*

Toutes les charges de la comptabilité générale non reprises en comptabilité analytique doivent transiter par ce compte, à l'exclusion des charges d'amortissement et de provision qui doivent être imputées au compte «971 différences d'incorporation sur amortissements et provisions».

Exemple *Parmi les comptes de la comptabilité générale figurent des charges exceptionnelles pour un montant de 15 300 F.*

	Débit	Crédit
973 Différence d'incorporation sur autres charges de la CG	15 300	
905 Charges réfléchies		15 300

Le compte 973 est toujours débité lorsqu'il enregistre des charges non incorporables.

Différence d'incorporation sur autres charges de la CG	→ coûts ↘ → R. anal. ↗ → Différence à déduire

2) *L'abonnement des charges*

Certaines charges ont une périodicité d'apparition différente de la périodicité du calcul des coûts.

Exemple : prime d'assurance annuelle ou consommation d'électricité tous les deux mois.

Exemple *La consommation de chauffage est abonnée chaque mois pour un montant de 10 000 F et considérée comme une charge indirecte.*

En fin de période de printemps, il apparaît que la dépense réelle de chauffage s'est élevée à 123 400.

- *Enregistrement de l'abonnement des charges de chauffage*

	Débit	Crédit
92. Centre d'analyse	10 000	
973 Différence d'incorporation sur autres charges de la CG		10 000

cette écriture est passée chaque mois, soit 12 fois.

- *Enregistrement des charges réelles de chauffage*

	Débit	Crédit
973 différence d'incorporation sur autres charges de la CG	123 400	
905 Charges réfléchies		123 400

Le solde du compte est débiteur. Dans les coûts, il a été pris en compte des charges pour 120 000 F au lieu de 123 400 F, montant réel.

Différence d'incorporation sur autres charges de la CG (débitrice)	→ coûts ↘ → R. anal. ↗ → différence à déduire

Dans le cas où les charges réelles sont inférieures aux charges abonnées annuelles, l'influence est inverse.

e) Différences d'incorporation sur produits de la CG (compte 977)

Certains produits de la comptabilité générale ne sont pas pris en compte en comptabilité analytique. Ils font apparaître des différences d'incorporation sur produits. Il s'agit principalement des produits exceptionnels.

Exemple

907 Produits réfléchis	4 300	
977 Différence d'incorporation sur produits de la CG		4 300

Dans le cadre de la concordance, l'influence de ces différences d'incorporation est directe et unique.

Différence d'incorporation sur produits de la CG	→ Produits ↘ → R. anal. ↘ → Différence à ajouter

POINT MÉTHODE

L'influence des différences d'incorporation est variée. Si certaines d'entre elles ne peuvent agir que dans un sens, d'autres peuvent avoir des incidences inverses au sein d'un même exercice ou dans des exercices différents.
Il est conseillé aux étudiants d'éviter de retenir par mémorisation ces règles mais plutôt de s'attacher à comprendre les mécanismes de fonctionnement, de telle sorte qu'ils puissent les réutiliser en toutes circonstances.

2.2 Les différences d'inventaire, de cession et d'imputation

Elles sont au nombre de trois, et concernent toutes des différences entre des charges incorporables de la comptabilité analytique et le montant pris en compte dans les coûts.

a) Différences d'inventaire constatées (Compte 974)

Par l'inventaire permanent, la comptabilité analytique peut déterminer le stock théorique de fin de période. La confrontation avec l'inventaire physique de la comptabilité générale peut faire apparaitre des différences de quantités : ce sont les différences d'inventaire constatées.

Elles ont été étudiées chapitre 7, paragraphe 3.3.

Exemple

L'inventaire physique a permis de dénombrer 12 produits A.

Le stock théorique de ce produit est de 10 produits A valorisés au CUMP de 45 F l'un.

Stock théorique < Stock réel = Boni d'inventaire assimilé à une entrée en stock fictive

d'où :

94. Stock de produit A 974 Différences d'inventaire constatées 2 produits A à 45 F l'un	90	90

L'influence sur les coûts peut s'analyser ainsi :

la consommation de produits a été majorée de deux produits et donc le résultat élémentaire sur produit A est minoré par rapport à celui de la comptabilité générale.

Différences d'inventaire constatées (créditrice)	→ coûts ↗ → R. anal. ↘ → Différence à ajouter

En cas de mali d'inventaire (stock réel inférieur au stock théorique), la consommation de produits est minorée et son influence sur la concordance est inverse.

Différences d'inventaire constatées (débitrice)	→ coûts ↘ → R. anal. ↗ → Différence à déduire

POINT MÉTHODE

La présentation d'un compte de stock équilibré c'est-à-dire ajusté sur le stock réel de fin de période permet la mise en évidence des différences d'inventaire sur les comptes de stocks.

ATTENTION : une différence d'inventaire figurant au crédit d'un compte de stock exprime un solde du compte «Différences d'inventaire constatées» débiteur (voir enregistrement comptable).

b) Différences sur coûts et taux de cession

Il est fréquent que l'imputation des coûts d'unités d'œuvre (ou des taux de frais) aux coûts des produits s'effectue avec des coûts arrondis afin de faciliter les calculs.

Pour solder les centres d'analyse,il faut pratiquer un ajustement qui fait apparaître des différences sur coûts et taux de cession.

Exemple

Les charges affectées à un centre d'analyse s'élèvent à 120 576 F.
Le nombre d'unités d'œuvre est de 6 200.
L'entreprise utilise des coûts d'unités d'œuvre arrondis au centime inférieur pour le calcul des coûts des produits.

Le coût de l'unité d'œuvre non arrondi apparaît à :
120 576 / 6 200 = 19,44774....

Les coûts des produits ont reçu 19,44 x 6 200 = 120 528 F et les différences pour coûts et taux de cession s'élèvent à :

Charges du centre	–	*Charges imputées*		
120 576	–	*120 528*	=	*48 F*

On a l'écriture suivante :

	Débit	Crédit
93. Coût des produits fabriqués	120 528	
975 Différence sur coût et taux de cession	48	
92. Centre de finition		120 576

L'utilisation du coût d'unité d'œuvre arrondi a conduit à minorer les coûts des produits, et, en conséquence, à majorer les résultats analytiques élémentaires sur les produits.

Différence sur coût et taux de cession (débitrice)	→ coûts ↘ → R. anal. ↗ → Différence à déduire

L'utilisation de coûts arrondis étant de pratique courante, il est fréquent de rencontrer des différences de coût et taux de cession.

c) Différences sur niveau d'activité (Compte 976)

Ce compte est utilisé pour enregistrer l'écart d'activité constaté lors de l'imputation des charges fixes. Ce point technique sera vu de façon approfondie au chapitre 11.

L'ensemble de ces différences est regroupé pour faire apparaitre l'influence globale des «différences de traitement comptable» sur le résultat de la comptabilité analytique.

Thème d'application : Entreprise MADAC

Informations complémentaires

Les charges indirectes se décomposent en :
- *frais de personnel* 23 000 F
- *autres charges* 51 650 F
- *charges d'usage* 19 700 F
- *éléments supplétifs* 6 000 F

Les dotations aux amortissements et aux provisions de la comptabilité générale se décomposent en :
- *dotations aux amortissements* 17 300 F
- *dotations aux provisions* 4 750 F *non incorporables.*

L'entreprise a encaissé 2 100 F de produits financiers non incorporables.

La résolution du thème (cf. chapitre 7) a mis en évidence des différences d'inventaire constatées et des différences sur coûts et taux de cession.

Différences d'inventaire constatées

– Mali d'inventaire sur MP2 : 20 kg à 8,74 soit 174,8 F.
– Boni d'inventaire sur MP1 : 5 kg à 52,34 soit 261,7 F,
soit au total un boni de 86,9 F.

Différences sur coût et taux de cession

Elles proviennent principalement de l'utilisation de coûts d'unités d'œuvre arrondis,

Centre	Approvis.	Atelier 1	Administ.
Total des charges Charges imputées	3 750 3 760	42 050 42 056	7 250 7 230
Frais résiduels	– 10	– 6	+ 20

soit en global des frais résiduels de 4 F en sur-imputation dans les coûts des produits.

L'ensemble des différences peut être regroupé dans le tableau suivant :

N°cpte	Nature de la différence	Montant
971	Diff. sur- amort. et prov. (19700 – 17 300) ↗ coûts ↘ R. Élém. →	+ 2 400
972	Diff. sur éléments supplétifs ↗ coûts ↘ R. Élém. →	+ 6 000
973	Diff. sur autres charges de la CG ↘ coûts/ R. Élém. →	– 4 750
974	Diff. d'inventaire constatées ↗ coûts ↘ R. Élém. →	+ 86,9
975	Diff. sur coûts et taux de cession ↘ coûts ↗ R. Élém. →	– 4
977	Diff. sur produits de la CG ↘ Produits ↘ R. Élém. →	+ 2 100
Total des différences de traitement comptable		+ 5 832,9

Le **résultat de la comptabilité analytique** apparait alors comme la somme des résultats élémentaires sur produits et du total des différences de traitement comptable :

– Résultat sur le produit PF	+ 34 614
– Résultat sur le sous-produit SP	– 707
– Différence de traitement comptable	+ 5 832,9
Résultat de la comptabilité analytique	39 739,9

Ce travail de concordance peut être vérifié par l'établissement du compte de résultat. Un premier tableau reprend les stocks de matières et de produits afin de calculer des variations de stock.

	Stock initial	Stock final réel	Variation de stock
Matières premières MP1 Matières premières MP2	4 050 45 360	5 069,2 10 729,7	– 1 019,2 + 34 630,3 + 33 611,1
Encours de production Produit PF Sous-produit SP	17 340 22 080 16 000	23 212 5 724 12 600	– 5 872 + 16 356 + 3 400 + 13 884

Par conséquent, le compte de résultat se présente ainsi :

Achats	140 763,00	Production vendue	476 160
Var. de stocks	+ 33 611,10	Production stockée	– 13 884
MOD	+ 153 562,00	Produits financiers	+ 2 100
Autres charges	+ 96 700,00		
BENEFICE	+ 39 739,90		
Total général	464 376,00	Total général	464 376

Détails :

Achats MP1 + MP2 + Pds chimique + Eau
11700 + 128 500 + 292,5 + 270,5

MOD = 24 735 + 76 500 + 31 702 + 7605 + 13020.

Charges indirectes = Total RS – Élém. suppl. + Ch. non Incorp. + Dot. aux amorts. – Ch. d'usage
= 100 350 – 6000 + 4 750 + 17 300 – 19 700

POINT MÉTHODE

Dans un travail de concordance, il est important de recenser de façon exhaustive l'ensemble des différences de traitement comptable.
Penser que la majorité des différences d'incorporation est indiquée comme «informations» de la comptabilité générale et apparaissent très souvent dans le tableau de répartition des charges indirectes.
Les différences d'inventaire et de taux de cession résultent de vos calculs. Il dépend de vous, de les repérer au moment de l'établissement des coûts.
En tout état de cause, des erreurs dans l'élaboration des coûts n'empêche pas l'obtention d'un résultat concordant.

Tous ces travaux, calcul des coûts et concordance, peuvent faire l'objet d'écritures comptables.

3. La comptabilisation des opérations analytiques

Compte tenu du lien important qui relie comptabilité générale et comptabilité analytique, il semble intéressant de vouloir se servir pour les écritures de la comptabilité analytique des informations collectées à d'autres fins : celles de la comptabilité générale.

Cependant les informations saisies en comptabilité générale doivent elles aussi suivre un traitement spécifique : classement par nature et regroupement dans un compte de résultat.

Cette dualité oblige à une saisie à double codification qui, en tout état de cause, privilégie un traitement comptable par rapport à un autre.

C'est pourquoi une comptabilisation autonome des opérations analytiques a semblé nécessaire : ce système comptable est celui des comptes réfléchis. Le plan comptable a réservé une série de comptes aux opérations analytiques : la classe 9.

Dans le cadre de cette partie, nous n'envisagerons que la tenue d'une comptabilité analytique autonome.

Nous proposerons une comptabilisation complète du thème d'application Madac après avoir relevé les avantages de ce système et défini le procédé comptable qui permet la passage d'une comptabilité à l'autre : les comptes réfléchis.

3.1 Avantages d'une comptabilité autonome

L'utilisation d'une comptabilisation autonome présente des avantages :

- la tenue s'effectue selon une périodicité analytique qui correspond au rythme de calcul des coûts souvent mensuel et qui diffère du rythme de la comptabilité générale ;
- les opérations comptables traduisent exactement l'élaboration du calcul des coûts sans les influences juridique ou fiscale qui imprégnent la comptabilité générale.

Dans ce cadre, les opérations de comptabilisation s'effectuent globalement sur la bases des informations de la comptabilité générale (charges et produits) reprises par le procédé des «comptes réfléchis» qui permettent d'articuler un système comptable autonome.

3.2 Les comptes réfléchis

Il s'agit d'un compte de la comptabilité analytique qui reprend les informations d'un compte similaire de la comptabilité générale, et qui, «comme un miroir», reflète les informations de ce dernier avec UN SENS INVERSE.

Ce procédé du miroir permet dans le cadre de la comptabilité analytique le respect de la partie double.

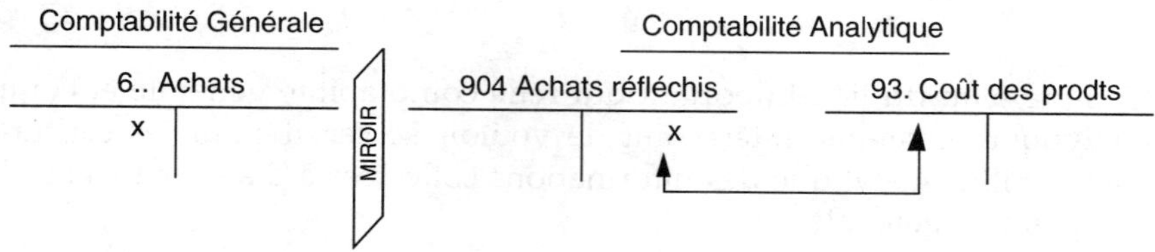

Le plan comptable a prévu tout une série de comptes réfléchis pour récupérer les informations de la comptabilité générale à savoir :

– 903 Stocks réfléchis,
– 904 Achats réfléchis,
– 905 Charges réfléchies,
– 906 Dotations réfléchies,
– 907 Produits réfléchis.

Les comptes réfléchis n'étant qu'un moyen d'articulation entre les deux comptabilités et de respect de la partie double ne sont JAMAIS soldés.

Leur fonctionnement peut être résumé de la façon suivante :

LES COMPTES RÉFLÉCHIS

COMPTABILITÉ GÉNÉRALE						COMPTABILITÉ ANALYTIQUE											
3		6		7		Compte réfléchis		AUTRES COMPTES ANALYTIQUES									
Stocks		Charges		Produits		90		91/92		93/95		94		97		98	
D	C	D	C	D	C	D	C	D	C	D	C	D	C	D	C	D	C

T —— = —— T —— = —— T

La logique des écritures comptables s'appuie ensuite essentiellement sur celle qui a prévalu dans le calcul des coûts.

Thème d'application : Entreprise MADAC

Les écritures comptables vont traduire la logique de l'organisation des coûts. Elles s'appuient très fortement sur les calculs préalables effectués dans le chapitre 7. Ces écritures peuvent être réparties en fonction de leur périodicité.

1. En début d'exercice : il s'agit de la reprise des stocks initiaux :

	Débit	Crédit
941. Stock de matières premières MP1	4 050	
941. Stock de matières premières MP2	45 360	
945. Stock du sous-produit fini SP	16 000	
945 Stock de produit fini PF	22 080	
945. Stock d'encours de PF	17 340	
903 Stocks réfléchis		104 830
(Reprise des stocks initiaux)		

2. À chaque période de calcul des coûts : on retrouve l'ordre des travaux extra-comptables soit :

• *Calcul des répartitions primaire et secondaire*

923 Centre gestion du matériel	3 750	
922 Centre gestion du personnel	4 600	
925 Centre approvisionnement	2 000	
927. Centre atelier 1	40 000	
927. Centre atelier 2	20 000	
927. Centre atelier 3	15 000	
927. Centre atelier 4	5 000	
928 Centre distribution	3 000	
920 Centre administration	7 000	
973 Différences d'incorporation sur autres charges de la CG	**4 750**	
905/6 Charges et dotations réfléchies		96 700
972 Différences d'incorporation sur éléments supplétifs		**6 000**
971 Différences d'incorporation sur amortissements		**2 400**
(Répartition primaire)		
925 Centre approvisionnement	1 750	
927. Centre atelier 1	2 050	
927. Centre atelier 2	2 050	
927. Centre atelier 3	450	
927. Centre atelier 4	700	
928 Centre distribution	1 100	
920 Centre administration	250	
923 Centre gestion du matériel		3 750
922 Centre gestion du personnel		4 600
(Répartition secondaire)		

• *Mise en évidence des coûts d'achats et entrée en stock de matières*

931. Coût d'achat des matières premières MP1	13 110	
931. Coût d'achat des matières premières MP2	130 850	
904 Achats réfléchis		140 200
925 Centre approvisionnement		3 760
(Calcul des coûts d'achat)		
925 Centre approvisionnement	10	
976 Différences sur coûts et taux de cession		**10**
941. Stock de matières premières MP1	13 110	
941. Stock de matières premières MP2	130 850	
931. Coût d'achat des matières premières MP1		13 110
931. Coût d'achat des matières premières MP1		130 850
(Entrée en stock des matières premières)		

- *Mise en évidence des coûts de production en suivant la logique du schéma de production et entrée en stock de produits*

Compte	Libellé	Débit	Crédit
935.	Coût de production de produit intermédiaire PI	78 707	
941	Stock de matières premières MP1		11 916
905	Charges réfléchies		24 735
927.	Centre atelier 1		42 056
	(Calcul du coût de production du produit intermédiaire)		
927.	Centre atelier 1	6	
976	**Différences sur coûts et taux de cession**		**6**
935.	Coût de production des produits finis PF	345 647	
945.	Stock d'encours de production (23 212 – 17 340)	5 872	
935.	Coût de production du sous-produit SP non transformé	5 348	
935.	Coût de production du produit intermédiaire PI		78 707
941.	Stock de matières premières MP2		165 742
904	Achats réfléchis (270,50 + 292,50)		563
905	Charges réfléchies (76 500 + 7 605)		84 105
927.	Centre atelier 2		22 050
927.	Centre atelier 4		5 700
	(Calcul du coût de production du produit fini)		
935.	Coût de production du sous-produit SP vendable	52 500	
935.	Coût de production du sous-produit SP non transformé		5 348
905.	Charges réfléchies		31 702
927.	Centre atelier 3		15 450
	(Calcul du coût de la transformation du sous-produit)		
941.	Stock de matières premières MP2	261,7	
941.	Stock de matières premières MP1		174,8
974	**Différences d'inventaire constatées**		**86,9**
945.	Stock de produit fini PF	345 647	
945.	Stock de sous-produit SP	52 500	
935.	Coût de production du produit fini PF		345 647
935.	Coût de production du sous-produit SP vendable		52 500
	(Entrée en stock des produits)		

- *Mise en évidence des coûts de revient et calcul des résultats analytiques élémentaires de la période*

Compte	Libellé	Débit	Crédit
95.	Coût de revient des produits finis PF	385 386	
95.	Coût de revient du sous-produit SP	56 867	
945.	Stock de produit fini PF		362 003
945.	Stock de sous-produit SP		55 900
905	Charges réfléchies		13 020
928	Centre distribution		4 100
920	Centre administration		7 230
	(Calcul des coûts de revient)		

Compte	Libellé	Débit	Crédit
976	**Différences sur coûts et taux de cession**	**20**	
	920 Centre administration		20
907	Produits réfléchis (420 000 + 56 160 + 2 100)	478 260	
	981 Résultat analytique de produit fini PF		420 000
	982 Résultat analytique du sous-produit SP		56 160
	977 Différences d'incorporation sur produits		**2 100**
	(Reprise des chiffres d'affaires des différents produits)		
981	Résultat analytique de produit fini PF	385 386	
982	Résultat analytique du sous-produit SP	56 867	
	95. Coût de revient des produits finis PF		385 386
	95. Coût de revient du sous-produit SP		56 867

3. En fin d'exercice : écritures conduisant à la concordance avec la comptabilité générale.

Compte	Libellé	Débit	Crédit
971	**Différences d'incorporation sur amortissements**	**2 400**	
972	**Différences d'incorporation sur éléments supplétifs**	**6 000**	
974	**Différences d'inventaire constatées**	**86,9**	
977	**Différences d'incorporation sur produits**	**2 100**	
	973 Différences d'incorporation sur autres charges de la CG		**4 750**
	976 Différences sur coûts et taux de cession		**4**
	97 Différence de traitement comptable		5 832,9
	(Regroupement de toutes les différences de traitement comptable)		
97.	Différences de traitement comptable	5 832,9	
981	Résultat analytique du produit fini PF	34 614	
	982 Résultat analytique du sous-produit SP		707
	98 Résultat de la comptabilité analytique		39 739,9

Point méthode

- Vouloir comptabiliser les opérations analytiques ne dispense pas des calculs habituels extra-comptables.
- De nombreux comptes ont une vie éphémère et sont rapidement soldés. Vérifier cette réalité, c'est un moyen de recenser les différences sur coûts et taux de cession.

RÉFLEXION SUR LE THÈME

1. Le coût de revient est-il une base pour déterminer le prix de vente ?

Le prix de vente des produits a été et, est encore fixé en appliquant, au coût de revient des produits, un coefficient multiplicateur représentatif de la marge de l'entreprise. La validité d'une telle procédure dépend essentiellement de la pertinence de la méthode des coûts complets. Or, cette méthode repose sur l'idée implicite que le coût des produits est majoritairement constitué de charges directes et plus particulièrement de charges de main d'œuvre. L'imputation des charges indirectes sur la base des unités d'œuvre physiques consommées par les produits permet, en effet, de retenir le coût de revient comme indicateur significatif du prix de vente. A l'heure actuelle, les entreprises se trouvent confrontées à une double évolution de la structure de leurs charges :
- l'accroissement des charges indirectes qui deviennent majoritaires dans le coût des produits,
- la part importante des charges indirectes qui ne peuvent plus être imputées à l'aide d'unités d'œuvre physiques.

Dès lors, il parait difficile de retenir le coût de revient comme élément déterminant du prix de vente.

2. Une alternative à la détermination des prix par les coûts de revient : la valeur ajoutée directe

L'accentuation de la concurrence, la diversité de la demande ne permettent plus de définir les prix de vente en s'appuyant sur les seuls coûts de revient qui, de plus n'expriment pas la totalité des charges relatives à la vie du produit. C'est pourquoi Paul-Louis BRODIER du Cabinet Brodier propose de déterminer les prix de vente en s'appuyant sur «le prix que le client est prêt à payer en fonction des facteurs de valeur qu'il apprécie».
La valeur perçue par le client résulte de nombreux facteurs qui intègrent tous les aspects du produit :
- la qualité,
- la durée et le respect du délai,
- les conditions de règlement,
- la gamme dans laquelle il s'insère,
- la notoriété et l'image de l'entreprise.

Cette notion de valeur permet de privilégier comme critère de performance la «Valeur ajoutée directe (VAD)» qui se définit comme «la différence entre le prix de vente et le coût de la matière qu'il a fallu acheter pour le fabriquer».
La VAD est «l'apport économique principal de l'entreprise». Elle permet à l'entreprise de développer une stratégie de «compétitivité par la valeur» en privilégiant tous les avantages qui différencient le produit par rapport à la concurrence. Cela peut conduire à augmenter les coûts si cela aboutit à une augmentation de la valeur reconnue du produit.
Cette proposition permet une approche globale multi-facteurs de l'efficacité et évite la démarche trop restrictive de la compétitivité par les prix qui conduit à vouloir réduire à tout prix les coûts de revient.

Applications

① *Entreprise Rigaud*

L'examen de la comptabilité analytique de l'entreprise RIGAUD fait apparaître les éléments suivants :

– Dans le tableau de répartition des charges indirectes, on relève :
700 000 F de charges réfléchies,
dont 1 500 F de charges non incorporables,
et, par ailleurs, 10 300 F de charges supplétives.

– Les imputations de charges indirectes dans les coûts des produits stockés se sont élevées à 708 000 F.

– Après traitement analytique, les coûts des produits vendus apparaissent pour un total de :
710 000 F pour le produit A,
376 200 F pour le produit B,
196 200 F pour le produit C.

– Les produits de la comptabilité générale s'élèvent à 1 400 000 F dont 5 000 F de produits exceptionnels. Leur répartition est la suivante :
800 000 F pour le produit A,
400 000 F pour le produit B,
195 000 F pour le produit C.

– En fin de période comptable, l'inventaire physique extra-comptable fait apparaître que :
le stock réel de matières premières est inférieur au stock calculé de 380 F ;
le stock réel de produits finis est au contraire supérieur de 2 300 F au stock calculé.

– En comptabilité générale, le compte «Résultat» présente un solde créditeur de 127 520 F.

QUESTION :

Rapprocher la comptabilité analytique de la comptabilité générale en calculant le solde du compte «98 Résultat de la C.A.».

② *Concordance entre comptabilités analytique et générale*

Les éléments suivants, extraits de la comptabilité analytique, vous sont fournis pour une période déterminée :

Charges par nature	Total	Atelier A	Atelier B	Service commercial
Charges diverses	64 350	34 950	22 050	7 350
Matières consommables	600	400	200	
Éléments supplétifs incorporés	3 500	1 200	2 000	300
Total	68 450	36 550	24 250	7 650

COÛT DE PRODUCTION

	Atelier A	Atelier B
En cours, début de période		4 300
Production Atelier A		203 550
Matières premières	132 400	
Charges directes	34 600	37 200
Charges indirectes	36 550	24 250
	203 550	269 300

L'entreprise ne fabrique qu'un seul produit. Elle comprend deux ateliers. Le produit passe directement de l'atelier A à l'atelier B.

COÛT DE REVIENT DES PRODUIT VENDUS

Coût de sortie de stock des produits vendus	249 300
Coût de distribution	7 650
Coût de revient	256 950

Montant des VENTES : 281 500.

Renseignements complémentaires :

– Stocks en début de période :
  - Matières premières : 62 000
  - Matières consommables : 1 750
  - Produits finis : 10 000

– Achats de matières consommables durant la période : 950

– Inventaire physique en fin de période
  - Matières premières : 46 600 F
  - Matières consommables : 2 000 F
  - Produits finis : 30 100 F.

– Charges de la comptabilité générale non incorporées : 2 050 F.

– L'inventaire permanent du stock de matières premières fait apparaître un solde débiteur de 47 600 F.

QUESTIONS :

a) Reconstituer le compte «Résultat» de la comptabilité générale.
b) Vérifier ce résultat d'après les éléments de la comptabilité analytique.

3 *Entreprise industrielle*

Une entreprise industrielle fabrique des objets P sur commande, à partir de trois matières M1, M2, M3, dans trois ateliers A, B, C.
Le tableau de répartition des charges indirectes du mois de janvier entre les centres d'analyse peut être résumé ainsi :

	Total	Approvisionnement et manutention	Atelier A	Atelier B	Atelier C	Distribution	Autres frais à couvrir
Charges	1 149 200	67 500	180 000	315 000	520 000	64 000	2 700
Unité d'œuvre			Heures MOD	Heures machines	Heures machines	100 F de ventes	
Nombre d'unités			6 000	1 800	2 600	12 800	

Dans ces charges indirectes figurent :
- des matières consommables, pour 32 900 F ;
- les intérêts à 5 % du capital qui s'élève à 770 000 F.

Un certain nombre de provisions s'élevant à 7 200 F ne sont pas comprises dans le total ci-dessus parce que non incorporables aux coûts.

Le centre «Approvisionnement et manutention» se répartit de la façon suivante :
- 60 % aux achats de matières premières *au prorata* des quantités achetées ;
- 40 % au coût de revient des ventes des deux commandes n° 1722 et n° 1723, proportionnellement aux nombres 4 et 5.

Stocks au 1er janvier

- matière première MP1 .... 25 tonnes à 3 296,80 F la tonne
- matière première M2 .... 10 tonnes à 2 790,00 F la tonne
- matière première M3 .... 8 tonnes à 2 407,50 F la tonne
- matières consommables : 29 520 F

Achats effectués au cours du mois de janvier

- matière M1 .... 15 tonnes à 3 392 F la tonne
- matière M2 .... 20 tonnes à 3 120 F la tonne
- matière M3 .... 10 tonnes à 2 160 F la tonne
- matières consommables : 39 240 F

Les opérations de fabrication de janvier ont intéressé quatre commandes portant les numéros 1722, 1723, 1724 et 1725. Les deux premières ont été terminées et vendues avant le 31 janvier : les deux autres sont inachevées à la fin de ce mois. Il n'existait aucune commande en cours de fabrication au 1er janvier.

Charges	Commande 1722	Commande 1723	Commande 1724	Commande 1725
Matière première M1	4 300 kg	5 430 kg	3 780 kg	2 110 kg
Matière première M2	3 780 kg	4 620 kg	3 240 kg	1 870 kg
Matière première M3	2 120 kg	2 940 kg	1 910 kg	1 050 kg
Heures de main-d'œuvre directe				
Atelier A	1610 h	2 030 h	1 550 h	810 h
Atelier B	720 h	840 h	430 h	220 h
Atelier C	340 h	420 h	240 h	–
Heures machines				
Atelier A	80 h	95 h	72 h	38 h
Atelier B	590 h	680 h	380 h	150 h
Atelier C	910 h	1 240 h	450 h	–

Coût de l'heure de main-d'œuvre directe :
- atelier A .... 36,80 F
- atelier B .... 34,40 F
- atelier C .... 38,40 F

Sorties des magasins de matières premières : Elles sont chiffrées au coût moyen pondéré ent tenant compte du stock initial et des achats du mois.

Le 31 janvier, il vous est en outre communiqué les renseignements suivants :

a) *Provenant de la comptabilité analytique* :
- résultat analytique sur la commande n° 1722 .... 73 080 F
- produits d'exploitation non incorporés .... 17 300 F

b) *Provenant de la comptabilité générale* :
- *montant des ventes :*
  commande n° 1722.......................... 580 000 F
  commande n° 1723.......................... 700 000 F
- *résultats de l'inventaire extra-comptable :*
  matière M1 .... 24,35 tonnes
  matière M2 .... 16,44 tonnes
  matière M3 .... 10 tonnes
  matières consommables .... 35 860 F
- *non incorporables aux coûts et résultats analytiques :*
  profits exceptionnels .... 2 150 F
  pertes exceptionnelles .... 32 140 F

QUESTIONS :

a) Passer, en comptabilité analytique, l'écriture correspondant au tableau de répartition résumé.

b) Calculer le coût de revient de la commande 1723. Expliquer et justifier tous vos calculs.

c) Retrouver toutes les différences de traitement comptable et calculer le résultat de la comptabilité analytique (solde du compte 98).

d) Passer les écritures de concordance.

N.B. Tous les calculs sont arrondis au franc inférieur.

(d'après examen)

4 Société Ouest Carrières

La Société OUEST CARRIÈRES a pour objet l'extraction de pierres destinées essentiellement au ballastage des voies ferrées ou à l'empierrement des routes. Elle exploite deux carrières situées à cinquante kilomètres de distance.

Il y a quelques années, dans le cadre d'une politique de diversification, la Société OUEST CARRIÈRES a pris une participation majoritaire dans le capital de la société OUEST MATÉRIAUX. Cette dernière est marchande de matériaux de construction.

La société OUEST CARRIÈRES a connu au cours des dernières années une croissance modérée. Son expansion est étroitement liée à la politique économique de l'État (développement du réseau routier). Le réseau routier du département où est installée la société OUEST CARRIÈRES laisse beaucoup à désirer. Pour l'améliorer, le service des Ponts et Chaussées a élaboré un certain nombre de projets qui devraient permettre à la société de poursuivre sa croissance.

Actuellement, la société OUEST CARRIÈRES dispose d'une comptabilité analytique d'exploitation (calcul de coûts complets), et les informations fournies par la comptabilité générale de chacune des sociétés ne font l'objet d'aucun retraitement susceptible de mieux éclairer la direction en vue des décisions à prendre.
Vous êtes chargé de tenir la comptabilité analytique de la Société OUEST CARRIÈRES.

Les différentes étapes du processus de production sont les suivantes :

1re étape :
Elle aboutit à l'obtention d'un produit brut (pierres de diverses tailles). Les opérations réalisées sont, dans l'ordre :

- le forage : il consiste à pratiquer des cavités dans la roche pour le chargement des explosifs ;
- le minage : il consiste à enfouir et à faire sauter les explosifs dans les cavités précédemment forées. On obtient de gros blocs de pierres ;
- le débitage ou pétardage : il consiste à fragmenter les blocs qui sont trop gros pour être admis au concassage. On obtient un «produit brut».

2e étape :
Elle permet d'obtenir des produits intermédiaires, de tailles diverses, par passage des produits dans un concasseur.

3e étape :
Elle permet d'obtenir des produits finis classés par granulométrie. Les pierres concassées passent sur des tamis qui les trient suivant leur grosseur et les répartissent dans des silos. On obtient deux types de pierres livrées à la clientèle : les pierres A et les pierres B.

La comptabilité analytique d'exploitation a pour objet le calcul des coûts complets. Le système mis en place il y a plusieurs années vient de faire l'objet de quelques aménagements inspirés par le Plan comptable général 1982.

Un découpage fonctionnel de l'entreprise en centres d'analyse a été réalisé. Ces centres sont les suivants :

- centre «entretien» : son coût est à répartir entre les autres centres à raison du nombre d'heures de travail consacré à chacun d'eux. C'est le seul centre strictement auxiliaire ;
- centre «forage et minage», centre «débitage», centre «concassage» } leur coût concerne en totalité les produits intermédiaires ;
- centre «tamisage» : son coût est imputé aux produits finis au prorata des tonnages obtenus ;
- centre «transports» : sa tâche essentielle est d'assurer le transport des produits finis vendus. Accessoirement, il assure le transport de l'équipe d'entretien entre les deux carrières. Enfin, il transporte les déchets de tamisage vers les décharges autorisées. Il a donc un caractère partiellement auxiliaire ;
- centre «administration» : alors que, dans le cadre de l'ancien système, son coût était réparti uniformément sur tous les autres centres, il a été décidé de l'imputer dorénavant aux coûts de revient en retenant comme assiette de répartition le coût de production des produits vendus.

On remarquera que l'entreprise n'a pas de centre «approvisionnement». Ceci s'explique par le fait que son activité ne nécessite pas d'approvisionnement en matières premières.

Vous disposez des renseignements suivants, relatifs au mois d'avril 19N :

1. Seule **la répartition primaire des charges indirectes** a été effectuée au moment où vous entrez en fonction. Elle vous est fournie dans l'annexe.

Au cours du mois d'avril, le nombre d'heures de travail effectuées par le centre «entretien» s'est élevé à 600. Ces 600 heures se répartissent de la façon suivante :
- 180 heures au profit du centre «concassage» ;
- 220 heures au profit du centre «tamisage» ;
- 200 heures au profit du centre «transports».

L'activité du centre «transports» s'est exercée au profit du centre «entretien» à raison de 20 % ; 70 % de l'activité a été consacrée à la livraison des produits finis aux clients et 10 % au transport des déchets de tamisage vers une décharge. Dans ces deux derniers cas, le coût du transport sera imputé au prorata des tonnages transportés.

2. Les **charges directes** à affecter aux coûts ont été les suivantes :

– main-d'œuvre directe :

forrage et minage	8 550 F
débitage	2 320 F
concassage	82 300 F
tamisage (dont 19 600 F pour les pierres A et 42 900 F pour les pierres B)	62 500 F

– matières consommables :

forage et minage	néant
débitage	1 540 F
concassage	8 630 F
tamisage (dont 2 650 F pour les pierres A et 11 600 F pour les pierres B)	14 250 F

3. Renseignements concernant les **quantités produites** :

- Toutes les pierres brutes obtenues après «débitage» ont été passées au concasseur. La perte de poids au concassage est négligeable. Le tonnage de pierres concassées (produits intermédiaires) obtenu a été de 6 500.
- Les en-cours de production au niveau du centre «concassage» sont estimés à 6 525 F à fin avril.
- Sur les 6 500 tonnes de pierres concassées produites, 6 000 ont été passées au tamisage, et on a obtenu 3 040 tonnes de pierres de type A et 2 660 tonnes de pierres de types B. L'opération de tamisage se traduit par une perte de poids due à l'élimination des poussières et des pierres d'une granulométrie trop faible pour trouver une place sur le marché. On supposera que la perte de poids a la même importance relative pour les pierres A que pour les pierres B.

4. Les **ventes du mois** ont porté sur 3 840 tonnes de pierres de type A à 73,50 F la tonne et sur 1 410 tonnes de pierres de type B à 75 F la tonne.

5. Les **stocks au 1er avril** étaient les suivants :
- pierres concassées et non tamisées : 1 436 tonnes estimées globalement à 55 800 F ;
- pierres tamisées : 1 650 tonnes de type A estimées globalement à 96 638 F et 950 tonnes de type B estimées globalement à 67 622 F ;
- il n'y avait pas d'en-cours de production sauf au niveau du centre «concassage» où ils étaient estimés à 5 450 F ;
- les matières consommables ne font pas l'objet d'un stockage.

QUESTIONS :

a) Achever le tableau de répartition des charges indirectes fourni en annexe. (Les montants découlant des transferts croisés seront déterminés algébriquement.)

b) Présenter, sous forme de tableaux, les calculs :
- **du coût de production des pierres concassées ;**
- **des coûts de production des produits finis (pierres A et B) ;**
- **des coûts de distribution ;**
- **des coûts de revient ;**
- **des résultats analytiques.**

(Les sorties de stocks seront valorisées au coût moyen pondéré.)

c) Établir la concordance des résultats obtenus avec ceux de la comptabilité générale.

d) Apprécier (en dix lignes au maximum) le choix fait quant à l'intégration des charges du centre «administration» aux coûts.

RÉPARTITION DES CHARGES INDIRECTES (OUEST CARRIÈRES)

	Total	Entretien	Transports	Forage Minage	Débitage	Concassage	Tamisage	Administration
Totaux après répartition primaire	241 550 (1)	42 000	16 100	16 500	9 500	99 000	44 650	13 800
(1) Voir : Détail des charges incorporables								

DÉTAIL DES CHARGES

	Total	Incorporées	Non incorporées
Services extérieurs	7 150	7 150	
Autres services extérieurs	5 970	5 970	
Impôts, taxes et versements assimilés	8 350	8 350	
Charges de personnel	147 050	147 050	
Autres charges de gestion courante	51 050	51 050	
Charges financières	4 330	4 330	
Charges exceptionnelles	1 410	0	1 410
Dotation aux amortissements	16 450	14 450	2 000
Éléments supplétifs	3 200	3 200	
	244 960	241 550	3 410

(d'après CAPET)

Sous-partie 2

Analyse des coûts pour un marché segmenté

9. **Le seuil de rentabilité**
10. **Les coûts partiels directs et variables**
11. **L'imputation rationnelle des frais fixes**
12. **Le coût marginal**

9 Le seuil de rentabilité

La méthode des coûts complets, étudiée dans les chapitres précédents, permet le calcul de coûts de revient en s'appuyant sur la distinction entre charges directes et charges indirectes.

L'objectif de cette méthode conduit à prendre en compte toutes les charges (directes et indirectes) pour la détermination des coûts et, de ce fait, elle n'échappe pas à certaines critiques :
– sa mise en œuvre est complexe puisqu'il s'agit d'adapter le réseau de calcul des coûts à l'organisation de l'entreprise ;
– l'ensemble des informations comptables (externes et internes) qu'il faut associer pour obtenir le coût de revient font que cette méthode est lourde pour assurer un suivi périodique ;
– cette complexité rend difficile les travaux prévisionnels, en particulier les simulations en matière d'activité ou de production ;
– par ailleurs, cette méthode n'échappe pas à des reproches d'arbitraire dès lors que certaines charges sont affectées dans les centres d'analyse ou dans les coûts par l'utilisation de clés de répartition toujours contestables.

C'est pourquoi d'autres analyses se sont dégagées : elles se veulent plus simples et plus aptes aux prévisions, voire à la modélisation et elles ont pris le parti d'éviter toutes répartitions arbitraires de charges. Ce sont les MÉTHODES DE COÛTS PARTIELS.

Une de ces analyses s'appuie sur la différence de comportement des charges en distinguant charges variables et charges fixes. La prise en compte de la variabilité des charges permet de structurer le compte de résultat différemment, de calculer le seuil de rentabilité, outil qui se prête aisément à des travaux de prévision.

1. Un modèle de comportement des charges

Après avoir défini le critère de variabilité, nous étudierons les conséquences mathématiques de cette approche puis l'incidence des rendements et des modifications de structure sur la représentation du comportement des charges.

1.1 Critère de variabilité

Dans le cadre de cette méthode, on cherche une représentation simplifiée du comportement des charges qui doit permettre l'explication et l'étude d'une situation réelle complexe. On établit bien alors, un **modèle** de comportement des charges qu'il faut appréhender comme une **simplification de la réalité plus opératoire** pour maîtriser cette même réalité.

Deux grands types de comportement sont retenus :

1) Les **charges variables** c'est-à-dire celles dont le montant varie dans le même sens que l'activité mesurée soit par la production, soit par un temps d'activité. La simplification nécessaire à l'élaboration du modèle conduit à considérer que ces charges varient de façon **proportionnelle** à l'activité : on parle alors de **charges variables opérationnelles.**

Ainsi les charges dont le comportement est retracé dans le schéma 1 seront, dans le modèle, représentées par les fonctions du schéma 2.

SIMPLIFICATION DU COMPORTEMENT DES CHARGES VARIABLES

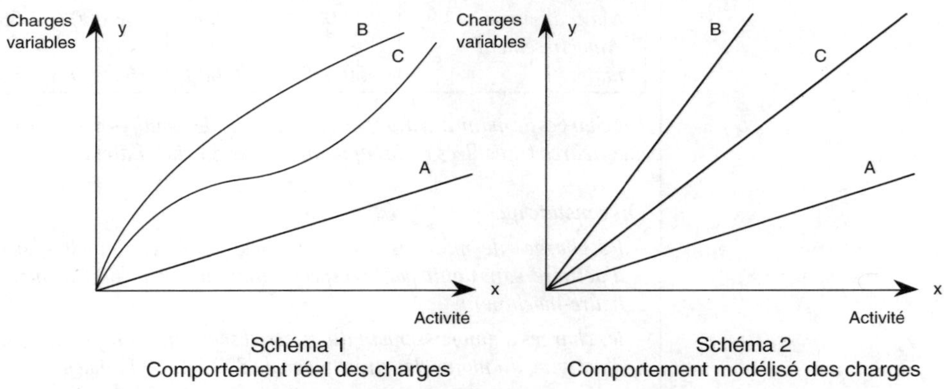

Schéma 1
Comportement réel des charges

Schéma 2
Comportement modélisé des charges

Charges A : réellement proportionnelles aux quantités.
Charges B : augmentation moins rapide que les quantités.
Charges C : augmentation moins rapide au début, puis plus rapide que l'activité.

2) Les **charges fixes** dont le montant est indépendant de l'activité dans le cadre d'une structure donnée, c'est-à-dire d'une organisation productive caractérisée par un nombre fixé de machines, d'opérateurs qui définissent une capacité productive possible.

Cette notion de structure est une référence de court terme. Tout investissement supplémentaire de capacité peut modifier la structure et donc les charges qui s'y rattachent. Sur un horizon supérieur à deux ou trois ans, aucune charge ne peut être considérée comme fixe.

Ces charges sont encore appelées **charges de structure**.

Le modèle doit permettre des analyses de situations existantes (travaux *a posteriori*) et des prévisions (travaux *a priori*). C'est pour cela qu'il est utile de connaître les fondements mathématiques du choix des comportements des charges.

1.2 Étude des différentes charges

Les charges analysées restent celles de la comptabilité générale. On cherche à collationner un certain nombre d'informations statistiques sur les montants des charges et le niveau de l'activité ou de la production.

Chaque charge est analysée de telle façon que l'on puisse déterminer son comportement par rapport à une structure donnée définie par des machines, des hommes et des capacités productives.

Exemple *Soit pour un atelier organisé de 5 machines identiques fonctionnant avec deux ouvriers qualifiés par machine et un chef d'atelier. Dans le cadre de cette structure, et pour des niveaux d'activité différents évalués en heure machine, les montants de charges par nature ont été relevés dans le tableau suivant :*

Niveaux d'activité	*800*	*1 000*	*1 200*	*1 600*
Montant total :				
Matières	*48 000*	*60 000*	*72 000*	*96 000*
Main d'œuvre	*34 000*	*40 000*	*46 000*	*58 000*
Amortissement matériel	*50 000*	*50 000*	*50 000*	*50 000*

Les charges de main-d'œuvre sont constituées des salaires des ouvriers, payés aux heures travaillées et des appointements du chef d'atelier.

On constate que :

- *les charges de matières sont variables et proportionnelles aux temps d'activité, sans doute par le respect d'un rendement (60 F de matières par heure-machine) ;*
- *les charges d'amortissement du matériel semblent indifférentes au niveau d'activité, du moins dans une plage de 800 à 1600 H machine ;*
- *les charges de main d'œuvre augmentent avec l'activité mais sans rapport de proportionnalité évident.*

a) Les charges semi-variables

Les informations complémentaires fournies font apparaître que les charges de main-d'œuvre sont de nature composite, sans doute fixes pour la partie des appointements du chef d'atelier et variables pour le reste. Dans ce cas, on parle de CHARGES SEMI-VARIABLES.

La logique de la méthode oblige à éclater les charges semi- variables en charges opérationnelles et en charges fixes.

Exemple *Soit la représentation graphique des charges de main d'œuvre en fonction de l'activité :*

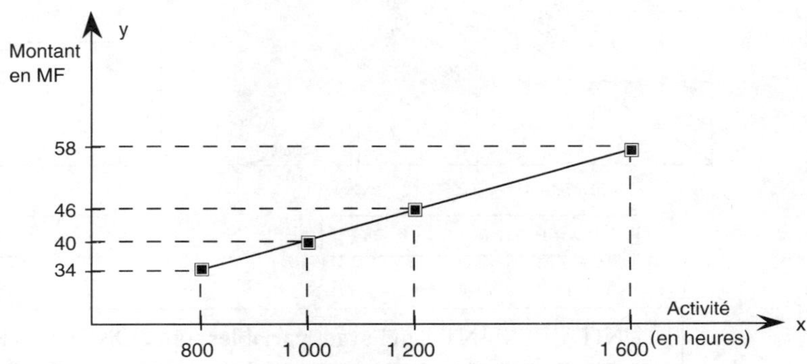

Connaissant pour des valeurs données de l'activité (x) la valeur des charges (y) il suffit de déterminer les valeurs de a et b, paramètres de la droite d'équation $y = ax + b$.

Soit deux observations M de coordonnées (800 ; 34 000) et N de coordonnées (1600 ; 58 000) :

$$\begin{cases} 34\,000 = a \times 800 + b \\ 58\,000 = a \times 1600 + b \end{cases} \quad \text{on obtient} \quad \begin{vmatrix} a = 30 \\ b = 10\,000 \end{vmatrix}$$

Cette distinction nous permet alors de regrouper les charges variables et les charges fixes entre elles.

Le tableau se présente ainsi :

Niveaux d'activité	*800*	*1 000*	*1 200*	*1 600*
Charges totales				
Charges variables	*72 000*	*90 000*	*108 000*	*144 000*
Charges fixes	*60 000*	*60 000*	*60 000*	*60 000*
Coût total	*132 000*	*150 000*	*168 000*	*204 000*

Niveaux d'activité	*800*	*1 000*	*1 200*	*1 600*
Charges unitaires				
Charges variables	*90*	*90*	*90*	*90*
Charges fixes	*75*	*60*	*50*	*37,5*
Coût moyen	*165*	*150*	*140*	*127,5*

b) Les charges variables

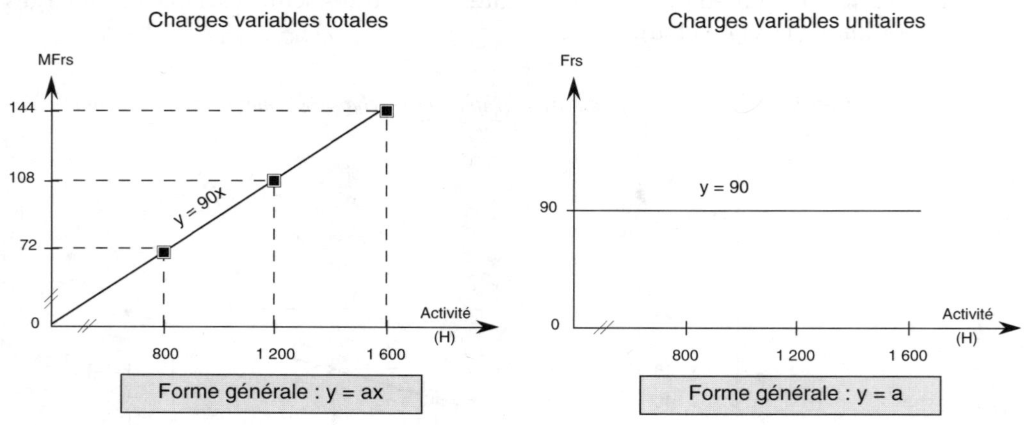

UNITAIREMENT, les charges variables sont CONSTANTES par rapport à l'activité.

c) Les charges fixes

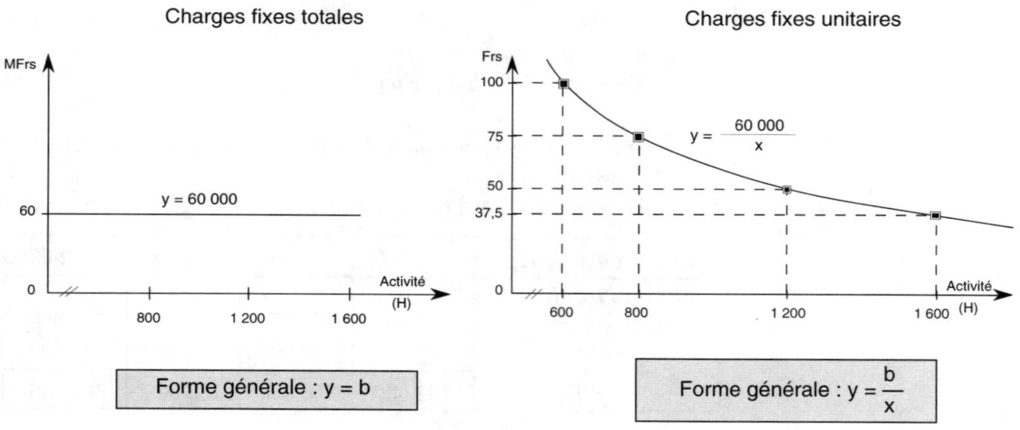

UNITAIREMENT, les charges fixes sont DÉCROISSANTES par rapport à l'activité.

d) Le coût total et le coût moyen

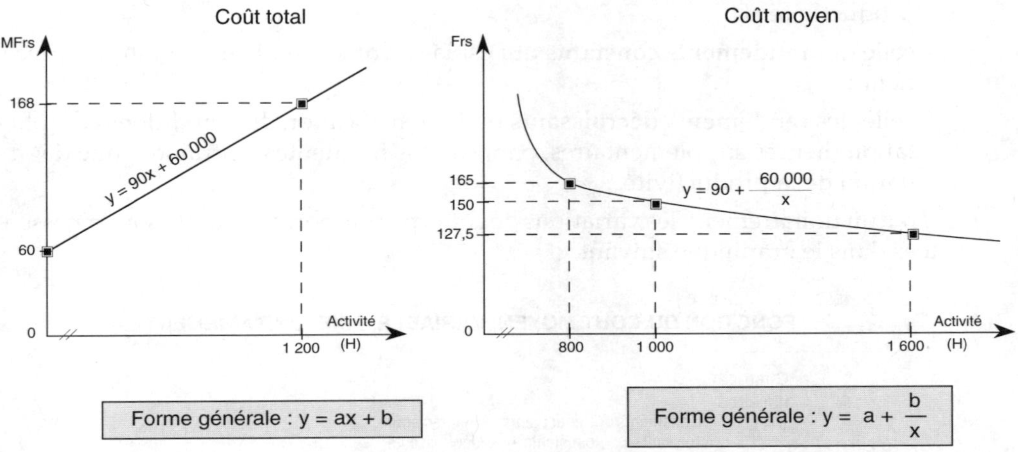

Compte tenu des régles de comportement des charges énoncées plus haut, il est préférable de travailler sur :

- des charges variables unitaires,
- des charges fixes totales.

Les représentations graphiques proposées ici sont celles qui seront retenues dans le modèle de variabilité des charges mais elles restent une approximation et une simplification de la réalité. Ainsi, pour une structure donnée, les rendements ne sont pas toujours identiques.

1.3 Coûts et rendements

Il est fréquent que la fonction de coût total soit représentée par une courbe dite «en S» plus réaliste :

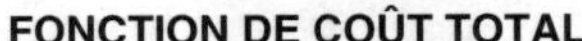

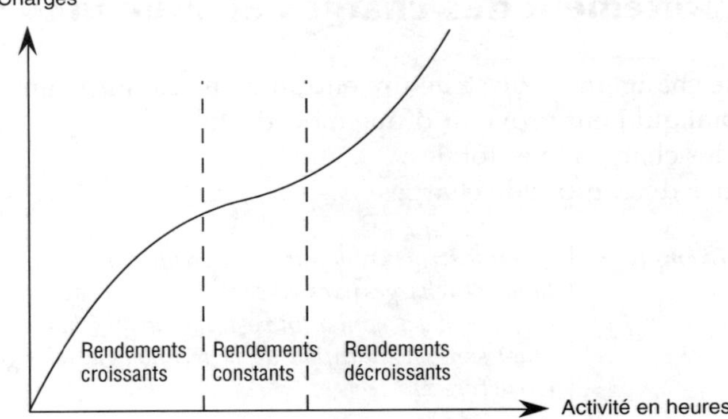

On peut ainsi distinguer trois zones :
- celle des **rendements croissants** où des phénomènes d'apprentissage et d'économies d'échelle permettent une amélioration plus que proportionnelle de la productivité ;
- celle des **rendements constants** qui est la référence implicite du modèle précédent ;
- celle des **rendements décroissants** où l'intensification des conditions d'exploitation (heures supplémentaires, pannes plus fréquentes) entraînent une dégradation de la productivité.

Traduit unitairement, les variations de coûts par rapport à l'activité sont représentées dans le graphique suivant :

FONCTION DU COÛT MOYEN, VARIABLE, FIXE (UNITAIREMENT)

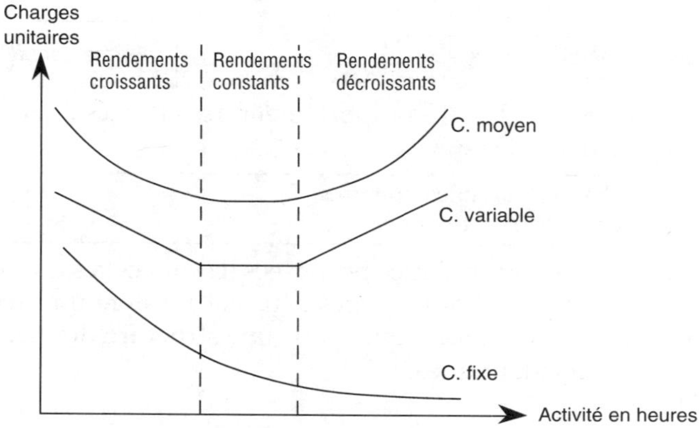

Toutes les analyses précédentes se sont situées dans le cadre d'une structure identique. Pourtant de nombreux problèmes de prévision font référence à des changements de structure ou même à des choix de structure. Le comportement des charges peut être facilement généralisé.

1.4 Comportement des charges et structures multiples

Chaque changement de structure entraîne une cassure dans le représentation du coût total qui peut provenir d'une modification :
- soit des charges fixes totales,
- soit des deux types de charges.

Exemple *Soit une structure donnée, une première rupture apparait avec une augmentation des charges fixes sans modification des charges variables unitaires : par exemple, il y a ajout d'un poste de travail (charges d'amortissement fixes en plus) sans modification de la technologie (charges variables inchangées) (structure 2).*

Un deuxième changement de structure s'accompagne d'une modification des conditions d'exploitation représentée par une diminution des charges variables unitaires : on augmente la capacité de production mais avec du matériel plus performant donc plus économe en charges variables (structure 3).

ÉVOLUTION DES COÛTS EN CAS DE CHANGEMENTS DE STRUCTURE

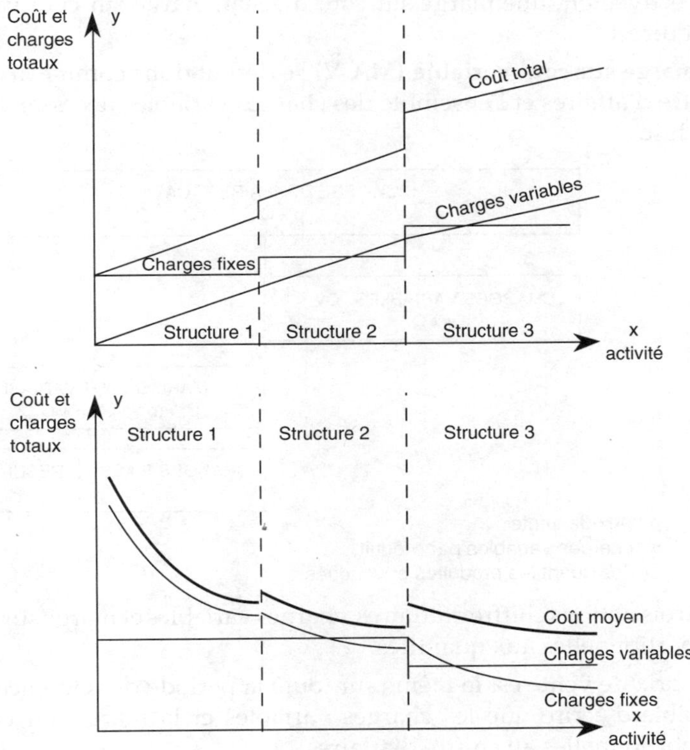

Une fois l'étude de l'ensemble des charges effectuée selon le critère variable/fixe, on peut chercher à présenter le compte de résultat en utilisant cette distinction.

2. Le compte de résultat différentiel

L'utilisation des charges variables permet la mise en évidence de résultats intermédiaires par le calcul de coûts partiels et de marges, termes qu'il faut préalablement définir.

2.1 Terminologie

Le plan comptable définit les termes suivants :

Résultat : différence entre un prix de vente et un coût de revient (donc complet).

Marge : différence entre un prix de vente et un coût partiel ; on obtient de multiples marges qui se définissent par référence au coût partiel qui a permis leur calcul. Ex : par rapport à un coût d'achat, un coût variable et un coût direct, nous aurons respectivement une marge sur coût d'achat, marge sur coût variable, marge sur coût direct

La **marge sur coût variable (M/CV)** se définit donc comme la différence entre le chiffre d'affaires et l'ensemble des charges variables nécessaires à l'obtention du produit.

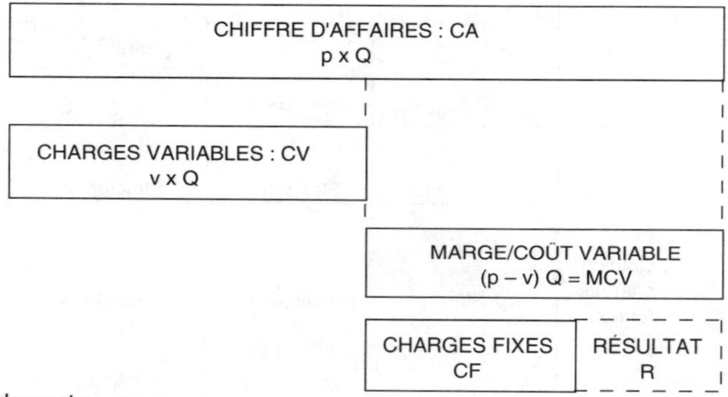

avec p : prix de vente
v : charges variables par produit
Q : les quantités produites et vendues

Les trois notions chiffre d'affaires, charges variables et marge sur coût variable sont proportionnelles aux quantités.

Si le prix de vente est le même sur toute la période de référence des calculs, il est possible d'écrire que les charges variables et la marge sur coût variable sont proportionnelles au chiffre d'affaires.

On peut ainsi définir :

Le **taux de charges variables** comme le rapport des charges variables totales sur le chiffre d'affaires :

$$t' = \frac{CV}{CA} \times 100$$

Le **taux de marge sur coût variable** souvent appelé taux de marge comme le rapport entre la marge sur coût variable et le chiffre d'affaires :

$$t = \frac{MCV}{CA} \times 100$$

Compte tenu de leur définition, l'égalité suivante doit être respectée :

$$t = 1 - t' \text{ ou encore } t + t' = 1$$

Il peut être utile d' analyser le compte de résultat en distinguant charges variables et charges fixes. C'est l'objet du compte de résultat différentiel.

2.2 Le compte de résultat différentiel

Il s'agit d'un tableau de détermination du résultat qui fait apparaître les marges sur coûts variables pour chaque étape de la fabrication.

Exemple

Le chef d'entreprise des établissements DE LA MOTTE vous communique les renseignements suivants extraits de sa comptabilité :

Stock initial de matières premières	*125 000*
Stock initial de produits finis	*150 000*
Stock final de matières premières	*135 000*
Stock final de produits finis	*141 425*
Achats de matières premières	*430 000*
Chiffre d'affaires	*1 217 000*
Charges variables d'approvisionnement	*118 300*
Charges variables de production	*275 500*
Charges variables de distribution	*78 205*
Charges fixes	*260 000*

Le compte de résultat différentiel se présente ainsi :

COMPTE DE RÉSULTAT DIFFÉRENTIEL

Chiffres d'affaires				1 217 000	100 %
Coût variable d'achat			538 300	– 538 300	
• Consommations de matières premières		420 000			
– Achat	430 000				
– Stock initial	125 000				
– Stock final	– 135 000				
• Charges variables d'approvisionnement		118 300			
MARGE/COÛT VARIABLE D'ACHAT				678 700	55,76 %
Coût variable de production			284 075	– 284 075	
• Variation de stock de produits finis		8 575			
– Stock initial	150 000				
– Stock final	– 141 425				
• Charges variables de production		275 500			
MARGE/COÛT VARIABLE DE PRODUCTION				394 625	32,46 %
Coût variable de distribution			78 205	– 78 205	
• Charges variables de distribution		78 205			
			900 580		74 %
MARGE SUR COÛT VARIABLE				316 420	26 %
CHARGES FIXES				– 260 000	
RÉSULTAT DIFFÉRENTIEL				56 420	4,63 %

Dans cet exemple, le taux de marge apparaît comme égal à 26 %.

Cette présentation du résultat met l'accent essentiellement sur l'analyse des charges variables et impute globalement, et donc sans arbitraire, les charges fixes sur la marge sur coût variable. Le gestionnaire ressent alors son objectif de rentabilité comme l'obligation de maximiser la marge sur coût variable sur laquelle viendra s'imputer des frais fixes sur lesquels il n'a pas prise.

Dans cette optique, il est intéressant de savoir à partir de quand la marge sur coût variable couvrira les frais fixes.

3. Le seuil de rentabilité

3.1 Notion de seuil de rentabilité

Le **seuil de rentabilité** d'une entreprise est le **CHIFFRE d'AFFAIRES pour lequel l'entreprise couvre la totalité de ses charges (CV + CF) et donc dégage un RÉSULTAT NUL.**

On parle également de **chiffre d'affaires critique** (CAC) ou de **point mort**.

Cette définition entraîne trois relations qui permettent de connaître le **seuil de rentabilité** (noté S*) :

Relation 1 :	S* (=) CAC = Charges variables + Charges fixes

Relation 2 :	S* (=) Résultat = 0

Relation 3 :	S* (=) Marge/Coût variable = Charges fixes

Si les trois relations permettent de déterminer le seuil de rentabilité (nous le verrons graphiquement), la dernière reste la plus utilisée car la plus propice à des travaux de prévision.

Exemple

L'exploitation de l'entreprise DE LA MOTTE peut être schématisée de la façon suivante :

Chiffre d'affaires	*1 217 000*	*100 %*
Charges variables	*– 900 580*	*74 %*
Marge sur coût variable	*316 420*	*26 %*
Charges fixes	*– 260 000*	
Résultat	*56 420*	*4,6 %*

Le seuil de rentabilité peut être calculé de façon arithmétique ou de façon algébrique.

a) Calcul arithmétique

On utilise les règles de proportionnalité dégagées entre la marge sur coût variable et le chiffre d'affaires.

Exemple

Pour un chiffre d'affaires de 1217 000 F, on dégage une marge sur coût variable de 316 420 F. Quel chiffre d'affaires permet de dégager une marge de 260 000 F (montant des frais fixes) ?

Pour un chiffre d'affaires de 1 217 000 F → la MCV est de 316 420 F

Quel est S pour que → MCV = CF = 260 000 F ?*

d'où l'égalité :

$$S^* = \frac{CF \times CA}{MCV} = \frac{260\,000 \times 1\,217\,000}{316\,420}$$

S* = 1 000 000 F

On a défini précédemment le taux de marge sur coût variable (t) comme le rapport entre la MCV / CA. On peut donc écrire que

$$S^* = CF \times \frac{1}{t}$$

ou encore plus simplement que :

$$S^* = \frac{CF}{t}$$

b) Calcul algébrique

Ce mode de calcul est préférable dès qu'une représentation graphique est demandée puisqu'il oblige à définir les équations des différentes droites concernées.

On utilise toujours la relation S* (=) MCV = CF

Exemple

Équations des droites :
Charges fixes → y1 = 260 000
Marge / CV → y2 = 0,26 x
avec x représentant le chiffre d'affaires en francs.
Au seuil de rentabilité, on a y1 = y2
et donc 260 000 = 0,26 x soit S = 1 000 000*

POINT MÉTHODE

- La ventilation des charges en charges fixes et charges variables est souvent demandée en début d'exercice : contrôler vos calculs pour ne pas travailler sur des chiffres erronés.
- Ne pas confondre taux de charges variables et taux de marge.
- Les liens entre les différentes données du tableau différentiel doivent être connus et doivent permettre de retrouver un élément connaissant les autres.
- Attention, la proportionnalité des données avec le chiffre d'affaires est rompue dès l'introduction des charges fixes : le résultat n'est jamais proportionnel au chiffre d'affaires.

De nombreux problèmes relatifs au seuil de rentabilité vont simuler l'évolution des grandeurs : chiffres d'affaires, marge sur coût variable ou résultat, dans des hypothèses d'exploitation prévisionnelles. Il peut être intéressant de vouloir en donner une illustration, et très souvent la détermination algébrique du seuil est complétée par des représentations graphiques.

3.2 Représentation graphique

Trois représentations illustrent les trois relations mises en évidence plus haut.

a) Relation 1 : S* ⇒ CA = CV + CF

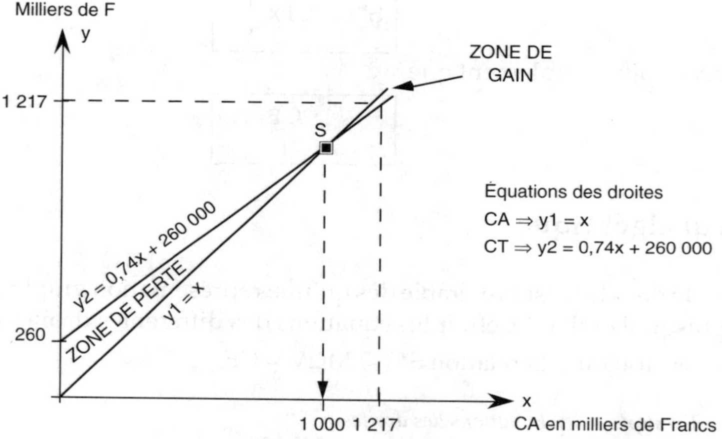

b) Relation 2 : S* ⇒ R =0

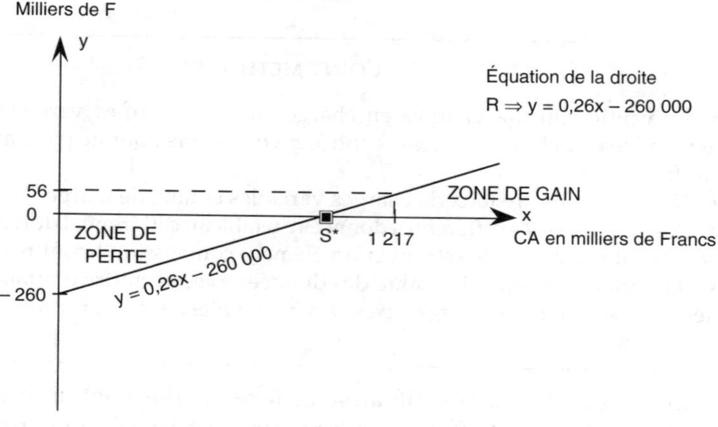

c) Relation 3 : S* ⇒ MCV = CF

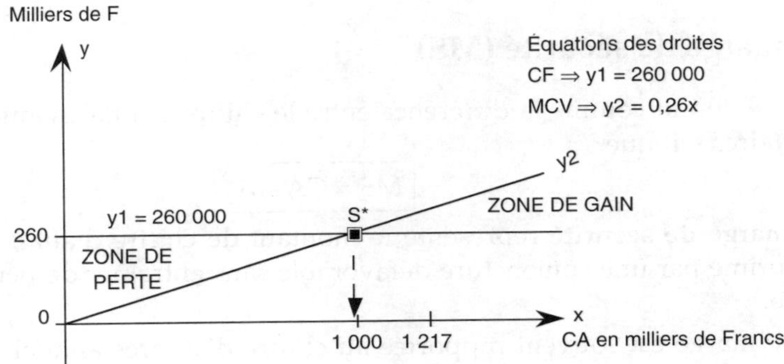

Toutes les représentations graphiques proposées l'ont été en fonction du chiffre d'affaires. Mais il peut être nécessaire d'illustrer les problèmes en fonction d'autres éléments comme les quantités de produits ou le temps. Cela conduit à étudier le déroulement de l'exploitation à la fois en termes de rentabilité mais aussi de sécurité.

3.3 Rentabilité, sécurité et seuil de rentabilité

Soit **CA** le chiffre d'affaires,
S* le seuil de rentabilité,
CF les charges fixes,
MCV la marge sur coût variable,
R le résultat.

Il est possible de définir plusieurs indicateurs de rentabilité et de sécurité.

a) La date du seuil

Sous l'hypothèse d'une réalisation régulière du chiffre d'affaires, on peut utiliser les règles de proportionnalité pour déterminer la date à laquelle le seuil a été, ou sera atteint.

Exemple

Pour un CA de 1 217 000 F, il s'est déroulé 12 mois.
Pour un S de 1 000 000 F, il s'est déroulé x mois.*

$$Date = \frac{1\,000\,000 \times 12}{1\,217\,000} = 9{,}86 \text{ soit } 9 \text{ mois} + 0{,}86 \text{ mois et sur la base d'un mois}$$

de 30 jours : 0,86 x 30 = 25,8 jours.
S est atteint le 26 octobre.*

Plus un seuil de rentabilité est atteint tôt dans l'année civile, plus l'entreprise est à l'abri d'un retournement de tendance qui ferait chuter ses ventes. Elle est donc plus tôt en sécurité.

La date du point-mort est donc un premier indice de sécurité.

b) La marge de sécurité (MS)

Elle se définit comme la différence entre le chiffre d'affaires annuel et le chiffre d'affaires critique.

$$MS = CA - S^*$$

La **marge de sécurité** représente le montant de chiffre d'affaires qui peut être supprimé par une conjoncture défavorable sans entraîner de perte pour l'entreprise.

Cette marge est souvent rapportée au chiffre d'affaires annuel. On parle, alors d'**indice de sécurité (IS)**.

$$IS = \frac{CA - S^*}{CA}$$

c) L'indice de prélèvement (IP)

Il se définit comme le pourcentage du chiffre d'affaires qui sert à couvrir les charges fixes.

$$IP = \frac{CF}{CA} \times 100$$

Plus la valeur de cet indice est faible, plus l'entreprise peut facilement atteindre son seuil de rentabilité.

d) Le coefficient de volatilité ou levier opérationnel (LO)

Il exprime le pourcentage de variation du résultat obtenu pour une variation en pourcentage du chiffre d'affaires.

Ainsi un LO de +2, signifie que pour une variation positive de 10 % du chiffre d'affaires, le résultat augmenterait de :

$$\Delta R = LO \times 10\ \% = 20\ \%$$

Il représente aussi **l'élasticité du résultat par rapport au chiffre d'affaires** d'où son nom de **coefficient de volatilité**.

Il s'écrit :

$$eR/CA = \frac{\frac{\Delta R}{R}}{\frac{\Delta\, CA}{CA}}$$

On préfère pour le calculer une autre forme plus opérationnelle. En effet on peut écrire :

$$eR/CA = \frac{\frac{\Delta R}{R}}{\frac{\Delta CA}{CA}} = \frac{\Delta R}{R} \cdot \frac{CA}{\Delta CA} = \frac{\Delta R}{\Delta CA} \cdot \frac{CA}{R}$$

Or, il vient :

$\Delta CA \; = CA' - CA$

$\Delta R \; = R' - R = [(CA' . t) - CF] - [(CA . t) - CF]$

$= t\,(CA' - CA)$

dont le rapport $\frac{\Delta R}{\Delta CA} = \frac{t\,(CA' - CA)}{CA' - CA} = t$.

Reporter dans l'expression de l'élasticité, on obtient : $eR/CA = \frac{CA . t}{R} = \frac{MCV}{R}$ CQFD.

d'où la définition du levier opérationnel

$$LO = \frac{MCV}{R}$$

Mais toutes ces transformations n'ont été possibles que sous réserve d'hypothèses implicites relatives aux calculs, à savoir :

- le prix de vente est constant,
- les conditions d'exploitation sont identiques tant pour les charges variables unitaires que pour les charges fixes globales.

DONC la variation du chiffre d'affaires envisagée ne peut provenir que d'**une variation des quantités**.

La notion de seuil de rentabilité ainsi que le modèle de comportement des charges qui la sous-tend permettent des projections dans l'avenir qui en font des outils de gestion précieux.

4. Seuil de rentabilité et gestion

De nombreux cas de gestion sont appréhendés par l'outil que représente le seuil de rentabilité. Nous n'en présenterons ici que certains aspects : le problème des entreprises à production irrégulière, l'aide apportée dans le choix de nouvelles structures et l'utilisation de l'outil dans le cadre d'un avenir incertain.

4.1 Seuil de rentabilité dans les entreprises saisonnières

Les entreprises saisonnières réalisent leur chiffre d'affaires de façon irrégulière au cours de l'année. On ne peut donc considérer chaque mois comme identique.

Ces variations saisonnières en cours d'exercice n'ont pas d'incidence sur les conditions d'exploitation de l'entreprise et n'**influencent donc pas LA VALEUR du chiffre d'affaires critique** mais, par contre, elles **modifient la DATE** à laquelle le seuil de rentabilité sera atteint.

Exemple

Supposons que l'entreprise DE LA MOTTE ait une activité saisonnière répartie de la façon suivante (en % du CA annuel) :

janvier	*5%*	*février*	*5%*	*mars*	*10%*
avril	*10%*	*mai*	*16%*	*juin*	*16%*
juillet	*16%*	*août*	-	*septembre*	*10%*
octobre	*4%*	*novembre*	*4%*	*décembre*	*4%*

Compte tenu des conditions d'exploitation inchangées, le seuil de rentabilité est toujours de 1 000 000 F.

Mais il est impossible d'utiliser la proportionnalité entre le temps et le chiffre d'affaires pour déterminer la date à laquelle il est atteint.

Il faut donc décomposer période par période la constitution du chiffre d'affaires.

Exemple

Mois CA	*En %*	*CA mensuel*	*CA en cumul*
J	*5*	*60 850*	*60 850*
F	*5*	*60 850*	*121 700*
M	*10*	*121 700*	*243 400*
A	*10*	*121 700*	*365 100*
M	*16*	*194 720*	*559 820*
J	*16*	*194 720*	*754 540*
J	*16*	*194 720*	*949 260*
A	-	-	*949 260*
S	*10*	*121 700*	*1 070 960*
O	*4*	*48 680*	*1 119 640*
N	*4*	*48 680*	*1 168 320*
D	*4*	*48 680*	*1 217 000*

Le seuil de rentabilité est atteint dans le courant du mois de septembre :
CA de début de mois 949 260
CA de fin de mois 1 070 960.

En septembre, il a donc fallu 30 jours pour réaliser un chiffre d'affaires de 121 700 F. Pour atteindre le seuil de rentabilité, il fallait réaliser un chiffre d'affaires de :

1 000 000 – 949 260 soit 50 740 F

On peut donc écrire : $\frac{50\,740 \times 30}{121\,700} \approx 13$ *jours.*

Le seuil sera atteint le 13 septembre soit un mois plus tôt environ que dans le cas d'une production régulière.

Le calcul a été effectué par rapport au chiffre d'affaires mais il aurait pu être fait par rapport à la marge sur coût variable.

Graphiquement, et en fonction du temps, la recherche de la date du seuil de rentabilité se présente ainsi :

ÉVOLUTION DE LA MARGE SUR COÛT VARIABLE (PRODUCTION IRRÉGULIÈRE)

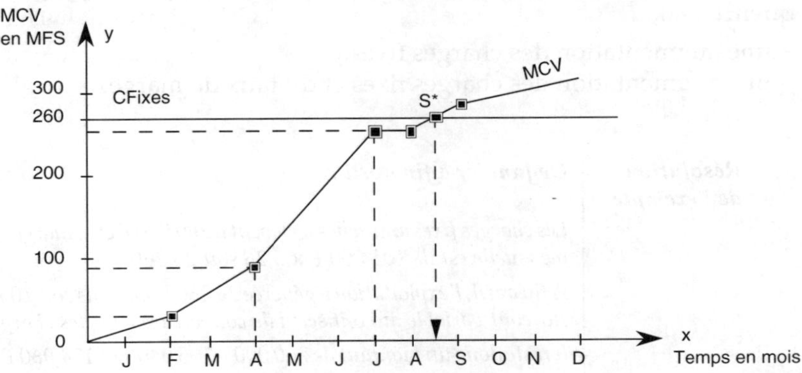

Cet exercice a été présenté dans le cadre d'une entreprise à ventes saisonnières mono-productrice. Nous verrons, dans le chapitre suivant, que la même problématique peut être utilisée dans le cas d'entreprises à plusieurs produits dès lors qu'on ne les écoule pas sur le marché de façon simultanée.

Très souvent la recherche de la date du seuil de rentabilité est liée à des changements de structure.

4.2 Seuil de rentabilité et modifications des conditions d'exploitation

Exemple

Soit l'entreprise DE LA MOTTE.

Pour l'exercice N+1, on retient les conditions suivantes :

Chiffre d'affaires mensuel : 101 000 (sur 12 mois)
Taux de marge sur coût variable : 0,26
Charges fixes : 260 000 F

Devant la faiblesse du résultat de l'exercice N (cf. p. 163), l'entreprise envisage d'améliorer son outil productif et par la suite sa capacité de production.

La mise en place de l'investissement se déroulera suivant le calendrier ci-après :

- *Le 1 mai 19 N+1 : mise en place des nouveaux matériels*

Valeur d'acquisition : 600 000 F
Durée d'amortissement : 10 ans
Compte tenu des temps d'essai et mise en route, le nouveau matériel ne serait pas opérationnel avant deux mois.

• Le 1 juillet N+1 : mise en production des nouveaux matériels qui permettent une économie de charges variables, et portent le taux de charges variables à 65 %, et lancement d'une action de promotion des ventes qui aurait pour effet immédiat de permettre une augmentation en quantités des ventes de 10% sans diminution de prix. Coût de l'opération : 50 000 F.

Nous avons un cas d'implantation de matériel en deux temps qui a pour conséquence :

– une augmentation des charges fixes,
– une augmentation des charges fixes et du taux de marge.

Résolution de l'exemple

De janvier à fin avril :

Les charges fixes annuelles s'élèvent à 260 000 F et la marge sur coût variable mensuelle est de 101 000 F x *0,26 soit 26 260.*

A fin avril, l'exploitation a générée 26 260 F x *4 mois soit 105 040 F de marge sur coût variable qui ont servi de couverture pour les charges fixes.*

Il reste donc un montant de 260 000 – 105 040 soit 154 960 F de charges fixes à couvrir.

De mai à fin juin :

La mise en place du nouveau matériel entraîne une augmentation des charges fixes due aux amortissements (prorata temporis) qui s'élèvent à : 600 000 x *0,10* x *8/12 soit 40 000 F.*

La marge générée est de 26 260 F x *2 mois soit 52 520 F.*

Les charges fixes annuelles non couvertes à la fin de la période s'élèvent à : 154 960 F + 40 000 F – 52 520 F soit 142 440 F.

De juillet à fin décembre :

A partir de cette date, la marge sur coût variable est modifiée sous les influences conjuguées d'une augmentation des quantités de 10 % et des améliorations des conditions d'exploitation qui permettent une augmentation de taux de marge de 9 points (taux de CV passant à 65 %).
(Ancien taux 26 %, nouveau taux 26 % + 9 % = 35%.)

La marge générée sur la période est donc de :
(101 000 x *1,10* x *0,35) sur 6 mois soit 38 885* x *6 = 233 310 F.*

Les charges fixes non couvertes par la marge sont d'un montant de : 142 440 + 50 000 F = 192 440 F.

Le résultat prévisionnel de l'exercice N+1 s'élève à :
233 310 – 192 440 = 40 870 F.

Le seuil de rentabilité est atteint quand la totalité des charges fixes (260 000 + 40 000 + 50 000) soit 350 000 F est couverte par la marge sur coût variable. Cela se passe durant le second semestre de l'exercice.

La date peut être déterminée comme suit :

192 440 / 38 885 = 4 mois et 29 jours soit environ fin novembre.

La représentation graphique *(en fonction du temps) de ce cas est figurée ci-dessous :*

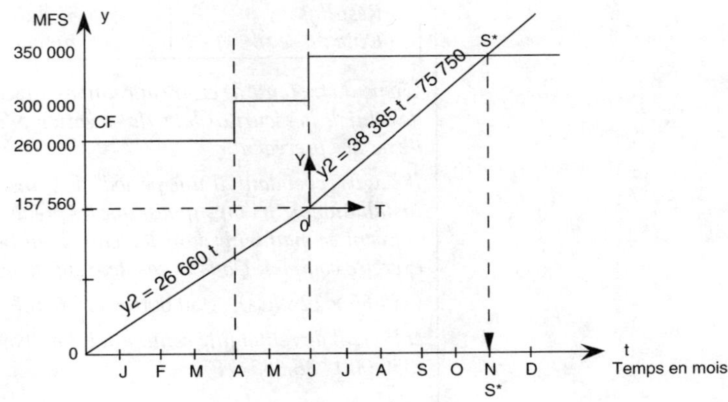

On constate deux changements de charges fixes : une fin avril (nouveau matériel) et l'autre début juillet (campagne de promotion).

Un changement de taux de marge au début juillet. Cette modification nous oblige, pour connaître l'équation de la marge sur coût variable à un changement de repère.

Équation des droites :

1. Charges fixes
   - *de janvier à fin avril :* $y_1 = 260\,000$
   - *de mai à fin juin :* $y_1 = 300\,000$
   - *de juillet à fin décembre :* $y_1 = 350\,000$

2. Marge sur coût variable
   - *de janvier à fin juin :* $y_2 = 26\,260\ t$ *(temps en mois)*
   - *de juillet à fin décembre :*

Dans le nouveau repère T0Y avec 0 (6, 157 560) (1)

$Y_2 = 38\,885\ T$

Dans l'ancien repère t0y, l'équation devient :

$(y_2 - 157\,560) = 38\,885\ (t - 6)$

soit $y_2 = 38\,885\ t - 75\,750$

La détermination algébrique de la date du seuil de rentabilité s'effectue, alors, sans difficulté.

S (=) MCV = CF soit* $y_1 = y_2$

et donc $350\,000 = 38\,885\ t - 75\,750$

t = 10 mois et 29 jours, soit fin novembre

Le chiffre d'affaires critique s'établit à :

(101 000 x 6) + (101 000 x 1,10 x 4,95 mois) = 1 155 945 F

1. Marge cumulée au 30 juin N.

Si l'on compare les exploitations des exercices N et N+1 :

	Exercice N	*Exercice N+1*
Résultat	*56 420*	*40 870*
Date du seuil	*fin oct*	*fin nov*

On peut être tenté de croire que tant au niveau de la rentabilité (résultat) que de celui de la sécurité (date), la situation N+1 est plus mauvaise que celle de l'exercice précédent.

Il s'agit, cependant, d'une période de transition (mise en place de nouvelles installations). Si l'on suppose que les prévisions d'augmentations des ventes peuvent se maintenir dans l'avenir, il faut considérer l'exploitation sur un exercice complet. Dans ce cas, le résultat serait de :

(38 885 x *12 mois) – 350 000 = 116 620 F*

et le seuil de rentabilité serait atteint au bout de 9 mois soit fin septembre : (350 000 / 38 885 = 9).

La modification des conditions d'exploitation paraît, dans ce contexte, parfaitement souhaitable.

POINT MÉTHODE

- Dans la détermination de la date du seuil de rentabilité, ne pas oublier le mois éventuel de congés.
- Ne pas confondre le taux de marge (expression de la MCV en fonction du chiffre d'affaires) et la MCV en fonction du temps qui définit le rythme d'accroissement de celle-ci. Dès que ce rythme n'est pas constant, un raisonnement cumulatif est nécessaire : ce cas peut se présenter alors même que le taux de marge reste le même.
- Attention, les représentations graphiques d'un même exercice sont différentes selon que l'on représente la MCV en fonction du chiffre d'affaires ou en fonction du temps : lire attentivement l'énoncé pour repérer ce qui est demandé.

Tous ces raisonnements ont été effectués dans la cadre implicite d'un avenir certain : le décideur avait une connaissance absolue de l'état de la nature dans lequel se déroulerait sa décision. Or, le niveau des ventes ne dépend pas de la volonté du décideur mais lui est imposé par le marché. C'est pourquoi la recherche d'un seuil de rentabilité s'effectue le plus souvent dans le cadre d'un avenir incertain.

4.3 Seuil de rentabilité et avenir incertain

L'avenir incertain se caractérise par un environnement dont il est possible de lister de façon exhaustive les différents états possibles et de leur affecter une probabilité d'apparition.

Cette situation théorique traduit l'incertitude du décideur quant au niveau auquel se situera la demande à l'entreprise. Dans cette perspective, on ne cherche plus à déterminer le montant exact du chiffre d'affaires critique mais la probabilité que ce seuil soit atteint ou dépassé.

Nous nous contenterons ici d'envisager la cas d'une demande suivant une loi de probabilité de Laplace-Gauss dite Loi normale.

Exemple

Supposons que la demande, exprimée en quantités, de l'entreprise DE LA MOTTE suive une loi normale de moyenne 6 000 et d'écart type 1 000.

Les conditions d'exploitations sont les suivantes :
prix de vente : 200 F par produit,
charges variables unitaires : 150 F
charges fixes : 260 000 F

Pour résoudre ce problème, nous avons deux possibilités :
- déterminer les quantités vendues au seuil de rentabilité et utiliser la loi de probabilité des quantités ;
- ou chercher la probabilité que le résultat soit strictement positif, mais dans ce cas il faut reconstituer la loi de probabilité suivie par le résultat.

a) Résolution par les quantités

Exemple

La marge sur coût variable unitaire est de 50 F, donc le seuil, exprimé en quantités est de 260 000/50 = 5 200 unités.

On cherche donc la probabilité que les quantités vendues soient supérieures à 5 200.

$Q \rightarrow \mathcal{N}(6\,000 ; 1\,000)$

$$Prob\,[Q > 5\,200] = Prob\left[T > \frac{5\,200 - 6\,000}{1\,000}\right] = Prob\,[T > -0{,}8]$$

$Prob\,[T > -0{,}80] = 1 - Prob\,[T < -0{,}80] = 1 - (1 - \mu(0{,}80))$

La lecture dans la table de la variable centrée réduite donne une probabilité de 78,81 %.

Il y a donc 78,81 % de chance pour que le seuil de rentabilité soit atteint, c'est-à-dire que 5 200 unités soient vendues.

b) Résolution par le résultat

Le résultat est lié aux quantités par la relation suivante :

(p – v) Q – CF où p, v et CF sont des constantes données. Cette relation est de type linéaire, et compte tenu des propriétés des variables aléatoires indépendantes, on peut écrire que :

$$E(R) = (p - v)\,E(Q) - CF$$
et
$$\sigma(R) = (p - v)\,\sigma(Q)$$

Exemple

$E(R) = 50 \times E(Q) - 260\,000 = 50 \times 6\,000 - 260\,000 = 40\,000$

$\sigma(R) = 50 \times \sigma(Q) = 50 \times 10\,000 = 50\,000$

Le résultat suit donc une loi normale de caractéristiques :

$R \rightarrow \mathcal{N}(40\,000 ; 50\,000)$

On cherche la probabilité que le résultat soit strictement positif.

$$\text{Prob}\,[R > 0] = \text{Prob}\left[T > \frac{0 - 40\,000}{50\,000}\right] = \text{Prob}\,[T > -0{,}80] = 78{,}81\ \%$$

Il y a donc 79% de chances que le résultat soit positif.

Cette démarche conduit à mettre en œuvre la notion de **probabilité de ruine**.

La PROBABILITE DE RUINE est la probabilité qu'un seuil fixé, arbitrairement, ne soit pas atteint.

Ce seuil appelé «**situation de ruine**» est soit fixé *a priori* par le décideur, soit considéré comme égal au chiffre d'affaires critique.
Le niveau de ce seuil dépendra de l'aversion du décideur face au risque.
Dans notre exemple, la probabilité de ruine représente la probabilité inverse de celle calculée : soit 100 – 78,81 = 21,19 %.

RÉFLEXIONS SUR LE THÈME

1. Le seuil de rentabilité conduit à des réponses d'une grande simplicité.

De nombreux problèmes de gestion,même quotidiens, peuvent s'analyser en termes de seuil de rentabilité.
Dans le cadre d'un voyage, à partir de combien de personnes vaut-il mieux choisir un véhicule personnel plutôt d'un transport collectif ?
Pour rentabiliser l'organisation d'une soirée, quel est le nombre minimum de billets qu'il faut vendre ?
A partir de combien de participants vaut-il mieux organiser une formation interne au lieu d'une formation externe ?
Par ailleurs, la simplicité des notions utilisées permet également d'en faire un critère de choix accessible et acceptable par des non-spécialistes.

2. Peut-on prendre des décisions pertinentes après tant d'approximations ?

La facilité du modèle et des procédures de traitement des informations est due, en grande partie, aux simplifications qui sont faites par rapport à la réalité. La question de la fiabilité de ces mesures se pose alors : est-il utile d'avoir une indication même approximative sur le niveau d'activité minimum rentable ?
Cela peut être une réponse pertinente dans le cadre d'un pilotage d'activité ponctuelle, tout en reconnaissant le caractère biaisé, imparfait et temporaire d'une telle information.
Encore une fois, il ressort qu'un coût est un compromis à un moment donné et dans un contexte spécifique. C'est une représentation des idées et des comportements des gestionnaires et non pas un fait certain.

Applications

① *Entreprise Sureau*

La société SUREAU assure la commercialisation de produits agricoles.
En tant que contrôleur de gestion, on vous sollicite pour tester plusieurs hypothèses de ventes et les bénéfices potentiels correspondants.

I – Vous relevez dans des livres comptables de la société les informations de base suivantes :
- charges fixes : 1 920 000 F,
- marge sur coûts variables d'achat : 40 %
- charges variables de distribution : 20 %

QUESTION :

Déterminer le seuil de rentabilité en présentant une solution graphique et une solution comptable.

II – Une meilleure utilisation des machines de conditionnement pourrait entraîner une diminution des charges fixes de 288 000 F.

QUESTION :

Déterminer le nouveau seuil de rentabilité en précisant son pourcentage de diminution par rapport au précédent.

III – Les informations de base restant inchangées, vous constatez qu'en majorant le montant des charges variables de distribution de 10 %, il serait possible de réaliser un bénéfice de 1 392 000 F.

QUESTION :

Déterminer le chiffre d'affaires qui correspond à ce bénéfice.

IV – En examinant la structure de la société, vous constatez qu'une augmentation massive des ventes est possible. Cependant, elle entraînerait une augmentation des charges fixes, à savoir :

Chiffre d'affaires	Inférieur à 12 millions	Compris entre 12 et 16 millions	Supérieur ou égal à 16 millions
Charges fixes correspondantes	1 920 000	2 640 000	4 000 000

QUESTIONS :

a) Déterminer les résultats obtenus pour les chiffres d'affaires de 12 et 16 millions.
b) Déterminer les points morts correspondants.
c) Rechercher les nouvelles valeurs de la marge sur coûts variables d'achat qui permettrait d'obtenir un résultat nul lorsque les ventes atteignent 12 et 16 millions.
d) Quelle est la valeur de la marge sur coûts variables d'achat qui permettrait de dégager un résultat positif, quel que soit le palier de frais fixes envisagé ?

V – Vous retenez l'hypothèse d'une marge sur coûts variables d'achat de 42 % en considérant que les charges variables de distribution restent inchangées.

QUESTION :

Rechercher les montants des ventes pour lesquels la société Sureau ne réaliserait pas de bénéfices.

② *Société Agro*

La société AGRO envisage d'acquérir, d'ici quelques mois, une nouvelle trémie qui modifierait les conditions d'exploitation d'un atelier. Elle hésite entre trois modèles T1, T2 et T3. Chacun de ces modèles permettrait de faire face à la demande du marché estimée à 2 500 000 sachets pour une saison.
Pour chaque modèle, les données suivantes d'exploitation pour une saison ont été collectées (sur la base d'une production prévisionnelle de 2 500 000 sachets que le centre de distribution s'engage à acheter dès leur production).

	T1	T2	T3
Charges de structure imputables	812 000 F	2 000 000 F	3 960 000 F
Bénéfice prévu	638 000 F	1 125 000 F	1 540 000 F

Quel que soit le modèle choisi, les coûts opérationnels sont considérés comme proportionnels au nombre de sachets vendus.

QUESTIONS :

a) Calculer le résultat dégagé par chaque modèle pour une production de 1 980 000 sachets. Calculer le seuil de rentabilité en volume (à 10 000 unités près) de chaque modèle. Calculer pour chaque modèle le taux de marge de sécurité dans l'hypothèse d'une production de 2 500 000 sachets.
b) En utilisant les seules informations disponibles, déterminer à partir de quel volume de production (calculé à 10 000 unités près) un modèle doit être préféré à un autre.
c) Retrouver graphiquement les conclusions de la question précédente.

(d'après DECF)

③ *Entreprise Gamma*

L'entreprise GAMMA fabrique des articles de série. Mme GUILLAUME, dirigeante de la société prévoit une augmentation importante de la concurrence sur ce segment de marché dès le début de l'année N.

En tant que contrôleur de gestion, vous êtes donc chargé en janvier N d'intervenir sur une étude prévisionnelle de l'année N et de l'année N + 1 afin de conseiller Mme GUILLAUME sur les orientations de gestion à prendre.

Il est convenu qu'un certain nombre d'hypothèses doivent être testées tout en retenant les principes suivants :
- maintien des conditions d'exploitation de l'année N – 1 ;
- volonté de développer le chiffre d'affaires après absorption des charges fixes.

I. Étude de l'exploitation de l'année N – 1

Au vu de la comptabilité générale de N – 1, vous sélectionnez dans les livres comptables, les renseignements chiffrés hors taxes suivants :

	Montant	*Dont variable*
– Chiffres d'affaires	625 400 F	
– Consommation de matières premières	147 267 F	100 %
– Frais de main-d'œuvre	130 000 F	100 %
– Frais de fabrication	100 800 F	2/3
– Frais d'administration	80 325 F	2/5
– Frais d'entretien	49 920 F	100 %
– Frais sur les ventes	52 380	9/20

QUESTIONS :

a) Présenter le tableau d'exploitation prévisionnel de l'année N – 1.

b) En déduire la date à laquelle le seuil de rentabilité a été atteint. Calculer le coefficient de volatilité. Faire les commentaires et donner la signification des résultats obtenus.

c) A partir de cette date, de quel pourcentage maximum aurait pu être diminué le prix de vente unitaire ?

d) Quelle diminution annuelle aurait pu supporter les ventes sans pour autant entraîner un résultat déficitaire ?

II. Prévisions des résultats de l'année N

Une étude de marché estime l'elasticité des ventes en volume par rapport au prix de – 3 sur ce segment. En conservant les conditions d'exploitation de l'année N – 1, vous devez étudier les conséquences des hypothèses suivantes.

QUESTIONS :

a) Dans le cas d'une réduction annuelle de 10 % du prix de vente, estimer le résultat attendu en N. Comparer avec le résultat sans diminution de prix. Faire les commentaires nécessaires. En quoi l'utilisation du coefficient de volatilité est-elle impropre dans ce cas ?

b) Quelle est l'élasticité maximum qui permettrait de ne pas abaisser le résultat ?

c) Dans le cas où l'élasticité reste de – 3, quel devrait être le taux de marge minimum pour obtenir un résultat au moins égal au résultat de l'année N – 1.

III. Prévisions des résultats de l'année N + 1

Pour effectuer cette étude, vous retenez tour à tour les principes suivants :
– aucun changement des conditions de production ;
– mise en place de nouveaux moyens de production.
Toutes choses égales par ailleurs, en partant du principe que les conditions de production restent inchangées, le budget N + 1 peut se résumer ainsi :

– chiffre d'affaires : 649 440 F
– charges variables : 487 080 F
– charges fixes : 110 400 F

A l'inverse, la mise en place de nouveaux moyens de production en N + 1 entraînerait durant l'année :

– au 01/03/ N + 1, augmentation des parts de marché à l'étranger. Ceci entraîne un accroissement de la production de 25 % en quantités. Ce surplus peut être vendu à cette même date sans autre coût supplémentaire que 3 000 F par mois de charges variables correspondant à la main d'œuvre à l'étranger et 6 000 F de coûts fixes pour l'année restante ;

– au 01.10/ N + 1, mise en place d'un procédé de fabrication informatique pouvant fonctionner immédiatement. Ceci entraîne une augmentation des coûts variables de 500 F et des coûts fixes de 2 000 F par mois. Par ailleurs, on constate une réduction de la main-d'œuvre de 3 800 F par mois et de 900 F par mois en ce qui concerne les achats de matières.

QUESTIONS :

a) Présenter un tableau indiquant mensuellement l'évolution du chiffre d'affaires, des charges variables, de la marge sur coûts variables, des charges fixes abonnées et du résultat.

b) Représenter graphiquement le seuil de rentabilité (évolution de la marge sur coûts variables en fonction du temps).

c) Analyser l'augmentation du bénéfice entre le mois de janvier et septembre.

4 *Produit ROX*

La demande observée l'année précédente du produit ROX dont la rentabilité peut être améliorée était de 45 000 unités. Le prix de vente pratiqué alors était de 75 F l'unité.
Le département marketing a déterminé l'élasticité de la demande par rapport au prix, soit une élasticité de – 2.
Les coûts variables unitaires sont de 60 F. Les charges fixes spécifiques sont de 500 KF.

QUESTIONS :

a) Déterminer le prix de vente maximisant le bénéfice spécifique de ROX. Indiquer la quantité vendue et le résultat correspondant.

b) Pour quel(s) prix de vente obtient-on la zone de profitabilité de ROX ? À quelles quantités vendues correspondent-ils ?

5 *Société X*

Une société X vend et fabrique des produits de grande consommation.
Dans le cadre de la préparation du budget de l'année prochaine, la direction générale étudie, dans un premier temps, une série d'hypothèses de travail exclusives les unes des autres. Il s'agit des propositions faites par les différents responsables de la société.
Dans un deuxième temps, la direction générale retiendra une combinaison des hypothèses jugées les plus réalistes.
Le contrôleur de gestion prépare le programme annuel de gestion budgétaire et ventile les dépenses en coûts fixes (F) et coûts proportionnels (P). Il a obtenu la structure des coûts et des recettes suivantes (en millions de francs) pour l'exercice prochain.

Recettes (240 000 unités)	480
Coûts :	
Achats et variations de stock	200
Frais de personnel (à 2/3 P)	120
Services extérieurs (à 100 % P)	60
Autres charges de gestion (à 100 % F)	20
Charges financières (à 100 % P)	20
Amortissements	40
Résultat	20

La direction générale considère comme rentable toute proposition qui permet de dégager un résultat supérieur à celui prévu. Elle recherche donc, dans chaque cas, les quantités minimales à produire et vendre pour rentabiliser les propositions alternatives des différents responsables.

QUESTIONS :

a) Déterminer le seuil de rentabilité (en millions de francs). Déduire les quantités au point mort et l'époque de l'année où il est atteint. Les ventes se répartissent ainsi sur l'année civile (en % du CA annuel).

jan/fév	**25 %**
mars/avril/mai	**15 %**

juin/juillet 10 %
sept/oct 20 %
nov/déc 30 %

b) De combien varierait le résultat si les ventes dépassaient de 10 % le niveau qui a été prévu ? Rappeler les conditions de validité du coefficient de volatilité.

c) Le directeur du marketing propose de lancer une campagne publicitaire qui nécessite un budget de 4,466 millions de francs. Quelle incidence doit avoir cet effort commercial pour qu'il soit rentable d'engager cette dépense ?

d) Le directeur technique demande que l'on mécanise un ensemble d'opérations. L'investissement correspondant aurait pour effet d'augmenter les frais de structure de 12 millions de francs et de réduire en revanche les coûts variables de 100 F par unité. A quelles conditions cette décision serait-elle favorable à l'entreprise ?

e) Un représentant déclare que «si l'entreprise baissait de 10 % son prix de vente, elle augmenterait ses ventes d'une façon telle que le bénéfice augmenterait forcément». A quel niveau devrait se situer l'élasticité des quantités par rapport aux prix pour que cette affirmation soit vérifiée ?

f) Sous quelles conditions peut-on combiner la mécanisation proposée par le Directeur Technique avec une baisse de prix de vente de 5 % ?

g) En supposant que la campagne publicitaire soit engagée le 1er avril, que la mécanisation débute le 1er juin et qu'une baisse des prix de 5 % soit décidée le 1er septembre, déterminer les quantités annuelles à vendre si l'on suppose que l'on veut atteindre le seuil de rentabilité le 30 septembre.

Proposer une solution graphique dans une hypothèse de vente régulière tout au long de l'année (l'entreprise est fermée en août). Indiquer de façon très explicite les équations des différentes droites.

h) En reprenant les hypothèses initiales (question a), mais en supposant que les ventes puissent varier de façon aléatoire, calculer la probabilité d'atteindre ou de dépasser le seuil de rentabilité dans les deux cas suivants :

1er cas : on suppose que les ventes peuvent prendre les trois valeurs suivantes :

Ventes (millions de F)	**400**	**480**	**550**
Probabilité	**0,2**	**0,6**	**0,2**

2e cas : on suppose que les ventes suivent une loi normale de moyenne 480 millions et d'écart-type 150 millions.

6 *Société Accam*

(Les quantités théoriquement produites au jour des point-morts seront arrondies à la dizaine inférieure.)
Voici la fiche technique de la société ACCAM.

Première partie

Forme juridique
S.A. au capital de 1 000 000 F créée depuis 5 ans.

Activité
Fabrication de batteries pour véhicules de tourisme (VT).

Capacité commerciale
1 500 batteries par mois.

Situation commerciale
Le marché est demandeur et la production d'ACCAM est, depuis sa création, immédiatement commercialisée sans aucun stockage.

Conditions d'exploitation de l'année N – 1

- Charges fixes : appointements 540 000
  amortissements 420 000
  loyers 36 000
- Taux de marge sur coûts variables : .... 30 %
- Production Décembre 19 N – 1 .... 636 unités

Prévisions année N

- 700 batteries pour le mois de janvier avec un accroissement mensuel continu de 10 % jusqu'à la date à laquelle notre seuil de rentabilité sera atteint, compte tenu de ce rythme de production, le 01 août 19N.
- A compter du 01 août 19 N, baisse de notre prix de vente unitaire dans une proportion qui doit permettre de dégager pour l'année N un bénéfice d'exploitation égal à 10 % du chiffre d'affaires total HT de l'année N. Une baisse même faible de notre prix de vente unitaire permettra à partir de cette date de fabriquer à plein régime et de continuer à commercialiser sans aucun stockage.
- Les conditions d'exploitation sont identiques à celles de l'année N – 1.

QUESTIONS :

a) Déterminer le pourcentage de baisse possible de notre prix de vente à partir du 1/08/19 N.
b) Présenter le tableau d'exploitation différentiel prévisionnel pour l'année N.

Réalisations de l'année 19 N

- Une étude technique effectuée en janvier 19 N nous permet de connaître les composantes du coût variable d'une batterie :
  Matières premières .... 150 F
  Énergie .... 80 F
  Main-d'œuvre .... 120 F
- L'année 19 N se déroule selon les prévisions jusqu'au 31 mai 19 N. Le 01.06.19 N une hausse générale des appointements et des salaires de 10 % est imposée à toutes les entreprises.

Ajustement des prévisions

Le 2 juin 19 N, le Directeur décide d'attendre la date réelle du point mort de l'année N avant de procéder à la baisse prévue du prix de vente unitaire.

QUESTION :

Il vous demande quel pourcentage de baisse il doit alors appliquer pour maintenir les objectifs précédemment fixés (en % du CA HT).

Deuxième partie

(Cette partie est totalement indépendante de la première)

Renseignements complémentaires pour l'année N + 1 et les suivantes

Activité

Adjonction d'un nouveau type de produit : batteries pour poids lourds (PL).

Capacité productrice

Atelier A : fabrication des pièces pour batteries VT (1 500 batteries/mois)
Atelier B : fabrication des pièces pour batteries PL (600 batteries/mois)
Atelier C : montage des pièces communes aux deux produits (3 000 batteries/mois)

Conditions d'exploitation

Charges variables unitaires	VT	PL
– matières premières importées	150 F	230 F
– énergie	80 F	180 F
– main-d'œuvre	132 F	190 F

Production pour 19 N + 1
14 400 batteries VT et 6 300 batteries PL

Résultat d'exploitation pour 19 N + 1 : 1 050 800 F

Modifications futures prévues

19 N + 2 A partir du 1er janvier N + 2, la société est soumise à un régime d'exonération partielle des droits de douane. Cette imposition particulière permet une réduction de 25 % du coût des matières importées.
La production sera identique à celle de l'année précédente et le prix de vente ne subira pas de modification.
Une étude est lancée pour la modernisation de l'atelier A.

19 N + 3 Mise en place au début de l'année de la modernisation de l'atelier A.
Conséquences : Les anciennes machines amorties 420 000 F par an sont remplacées en totalité par un équipement neuf de 7 500 000 F amortissable en 5 ans.
Le financement de cet investissement se fait par fonds propres.
Cette modernisation permet un accroissement des quantités de 10 000, totalement réservées à l'exportation et qui seront vendues unitairement 450 F.

19 N + 4 A compter du 1/01/N + 4, modernisation du processus de refroidissement de l'atelier B qui permettra une économie de 50 % de la consommation d'énergie par rapport à l'année N + 1.
Le coût de l'installation de ce nouveau procédé est de 3 000 000 F (amortissement constant sur 10 ans).
Augmentation de 5 % de tous les salaires des ouvriers (charges variables) par rapport à l'année N + 1.
Recrutement d'un chef de production : salaire annuel 240 000 F, charges sociales : 40 % du salaire.

QUESTION :

En partant du résultat de l'année N + 1, déterminer les résultats d'exploitation prévisionnels pour les années N + 2, N + 3, N + 4.

10 Les coûts partiels : variables et directs

La notion de seuil de rentabilité repose sur la distinction entre charges variables et charges fixes. Alors que les premières dépendent des quantités vendues, les secondes sont fonction du temps et non des quantités. Pour une période donnée, **la répartition des charges fixes ou de structure dans le coût d'un produit** met en jeu **nécessairement une hypothèse** de quantités.

Par ailleurs, la mise en œuvre des coûts de revient s'appuie sur la séparation entre charges directes et charges indirectes. Dans cette méthode, la répartition des charges indirectes n'est pas exempte de critiques et **oblige à des choix** forcément contestables.

C'est pourquoi certains gestionnaires renoncent à pratiquer toute répartition et privilégient une approche de coûts partiels : la performance de chaque produit est analysée par la marge qu'il dégage et qui contribue à la couverture des charges non réparties.

Il existe plusieurs systèmes de coûts partiels qui reposent tous, sur une même volonté, celle de n'**intégrer aux coûts que la partie jugée pertinente des charges** de l'entreprise. C'est pourquoi, après avoir défini ces méthodes de coûts partiels, il sera nécessaire de réfléchir à leur mise en œuvre.

1. Les méthodes de coûts partiels

En reprenant les deux classifications ci-dessus, l'ensemble des charges incorporables peut-être représenté par le schéma suivant :

	Charges variables	Charges fixes
Charges directes	1	3
Charges indirectes	2	4

Les différentes méthodes de coûts partiels vont privilégier l'une ou l'autre des deux classifications.

1.1 La méthode des coûts variables

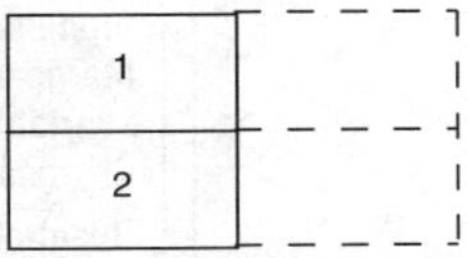

1	
2	

La **méthode des coûts variables** ne retient que les **charges variables qu'elles soient directes ou indirectes** dans le coût des produits (zones 1 et 2).

Pour ce calcul, il est donc indispensable d'identifier les charges variables des centres. Cette démarche concerne essentiellement les centres opérationnels principaux et certains centres opérationnels auxiliaires. L'imputation des charges indirectes variables s'effectue, en général, sans difficulté puisque les charges variables sont, par définition même, normalement liées aux opérations de production et de vente.

Les coûts variables obtenus permettent le calcul d'une marge sur coût variable par produit. Chaque produit est jugé sur sa contribution à la couverture des charges non réparties à savoir ici les **charges de structure**.

Ce mode de traitement permet un jugement sur l'opportunité de supprimer ou de développer les ventes d'un ou des produits.

Exemple

Une société est spécialisée dans la fabrication et la vente de trois articles A, B et C.

Une étude des coûts de revient, pour la période de référence, donne les résultats sui-vants :

Produits	Total	A	B	C
Quantités vendues	NS	400	200	600
Chiffres d'affaires	2 000 000	800 000	360 000	840 000
Coût de revient des produits vendus	1 970 000	802 000	484 400	683 600
Résultat analytique	30 000	– 2 000	– 124 400	156 400

Les dirigeants s'interrogent sur la rentabilité de leurs produits et sur la suppression éventuelle des produits déficitaires.

L'étude plus précise des conditions d'exploitation met en évidence que certaines charges sont proportionnelles aux quantités.

Produits	Total	A	B	C
Charges variables unitaires –		1250	1 200	400

Les dirigeants décident de calculer la marge sur coûts variables de leurs produits afin de vérifier les résultats précédemment retenus.

Produits	Total	A	B	C
Quantités vendues		400	200	600
Chiffres d'affaires	2 000 000	800 000	360 000	840 000
Coût variables des produits vendus	– 980 000	500 000	240 000	240 000
Marge sur coûts variables	1 020 000	300 000	120 000	600 000
Charges fixes	– 990 000			
Résultat	+ 30 000			

Toutes les marges sur coûts variables sont positives et donc tous les produits concourent à la couverture des charges fixes. La suppression éventuelle des produits déficitaires A et B aurait conduit à imputer les charges fixes de 990 000 F sur la marge du produit C et à provoquer une perte de 390 000 F.

Par rapport à l'hypothèse initiale, ce résultat présente une détérioration de 420 000 F, équivalente à la somme des marges sur coûts variables générées par les produits A et B.

L'utilisation de la méthode des coûts variables permet de déterminer les produits à supprimer. Ce sont uniquement ceux dont la marge sur coûts variables est négative.

Remarque

La méthode des coûts variables est définie par le plan comptable 1982. Elle est aussi connue sous d'autres appellations :

- **méthode des coûts proportionnels**,
- **DIRECT COSTING**, terme originaire des États-Unis (il faut alors traduire «DIRECT» par opérationnel).

Ce dernier nom est source de confusion entre charges variables et charges directes.

1.2 La méthode des coûts directs

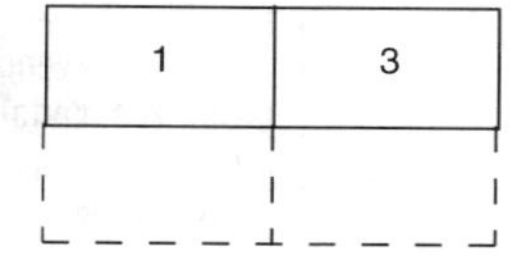

La **méthode des coûts directs** intègre dans les coûts uniquement les **charges affectables sans ambiguïté** aux produits qu'ils s'agissent de charges variables ou de charges fixes (zones 1 et 3).

Comme ce coût ne comprend que des charges directes, c'est donc un regroupement aisé à réaliser et dont le calcul ne souffre d'aucune ambiguité. Il n'analyse pas les charges indirectes qui sont imputées globalement sur la somme des marges sur coûts directs générées par chaque produit.
Cette méthode est définie par le plan comptable 1982 (p. 261). Sous cette forme, elle reste peu utilisée, les entreprises préférant une approche mixte de l'analyse des coûts combinant les deux classifications.

1.3 La méthode des coûts spécifiques

1	3
2	

La **méthode des coûts spécifiques** prolonge la démarche de celle des coûts variables. Elle impute, à chaque produit, les charges directes fixes qui lui sont propres. Elle permet ainsi de dégager une **marge sur coûts spécifiques** (du produit) qui doit permettre la couverture des charges fixes indirectes réputées charges communes à l'entreprise.

Ce coût partiel intègre donc les zones 1, 2 et 3 du schéma initial.
Cette démarche considère que la méthode des coûts variables est insuffisante pour comparer le coût des produits : c'est souvent le cas dans des entreprises de production où une part importante des charges fixes est liée à la production des produits.
Le principe retenu est le suivant :
– incorporation dans le coût des produits des charges de structure directes,
– rejet des charges de structure communes.

Exemple *Reprenons l'exemple précédent : les dirigeants décident de poursuivre l'analyse des charges fixes. Une étude leur permet de connaître le montant des charges fixes propres à chaque produit.*

Produits	Total	A	B	C
Charges de structure spécifiques	410 000	70 000	140 000	200 000

Les résultats par produits deviennent donc :

Produits	Total	A	B	C
Quantités vendues		400	200	600
Chiffres d'affaires	2 000 000	800 000	360 000	840 000
Coût variables des produits vendus	– 980 000	500 000	240 000	240 000
Marge sur coût s variables	1 020 000	300 000	120 000	600 000
Charges fixes directes	– 410 000	70 000	140 000	200 000
Marge sur coûts spécifiques	+ 610 000	230 000	– 20 000	400 000
Charges fixes communes		– 580 000		
Résultat	+ 30 000			

Cette méthode permet de faire apparaître la «réelle» mauvaise performance du produit B dont la marge sur coûts variables ne permet pas de couvrir ses propres charges fixes . En conséquence, sa suppression entraînerait :

- *la disparition de la marge sur coûts variables qu'il génère soit 120 000 F,*
- *l'économie de charges fixes qui lui sont spécifiques soit un montant de 140 000 F,*

ainsi le résultat total augmenterait de 20 000 F (la différence entre 140 000 et 120 000).

Cette démarche permet d'analyser de façon pertinente la rentabilité des différents produits et d'éviter les décisions erronées qui auraient été prises sur la base des coûts de revient obtenus par la méthode des coûts complets (ici, les charges indirectes avaient été réparties proportionnellement aux chiffres d'affaires des différents produits).

Remarque – Cette méthode est aussi appelée :

- **méthode du coût variable évolué** ;
- **direct costing évolué** (ce dernier terme appelle la même remarque terminologique que plus haut : le mot «direct» doit être traduit par «opérationnel») ;
- **méthode des contributions ou des apports** (en référence à la contribution de chaque produit à la couverture des charges fixes communes).

L'Ordre des experts-comptables a défini le coût spécifique de façon sensiblement différente. Il retient comme charges spécifiques :

- les charges **directement affectées,** ce sont principalement des charges opérationnelles mais certaines peuvent être de structure ;
- les charges qui peuvent être **rattachées à ce coût sans ambiguïté** même si elles **transitent par des centres d'analyse** dès lors qu'elles sont liées au cycle de production ou de vente.

Cette définition correspond aux zones 1, 2 , 3 et à une partie de la zone 4.

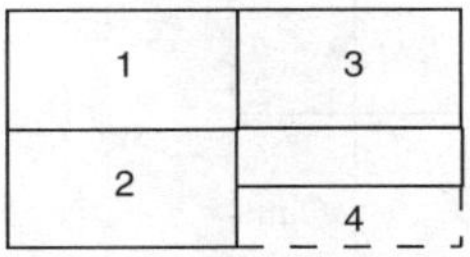

1	3
2	4

Cette acception du coût spécifique est reprise par le plan comptable et appelée «coût direct»(p. 333). Pour éviter toute confusion et compte tenu de la définition du coût direct (au sens littéral) retenue au paragraphe précédent, nous utiliserons le terme de coût spécifique.

Toutes ces méthodes reposent sur le même principe : n'analyser que les charges jugées pertinentes et regarder la contribution de chaque produit à la couverture des charges non réparties. Elles évitent ainsi une partie des travaux analytiques lourds et coûteux que nécessite l'imputation de toutes les charges incorporables aux coûts. Cependant, leur mise en œuvre soulèvent quelques problèmes.

2. La mise en œuvre des coûts partiels

La question principale reste le choix de la méthode et du niveau désiré d'analyse des charges. Pour autant, l'utilisation des méthodes de coûts partiels permet des approches fructueuses de choix de produits dans le cadre du seuil de rentabilité. Toutefois, la valorisation des stocks par ces méthodes impose des ajustements avec le résultat de la comptabilité générale.

2.1 Quelle méthode choisir ?

La finalité des calculs de coûts partiels est, entre autres, de **prendre des décisions sur la suppression ou le développement des produits.** Il convient de déterminer quelles sont les charges qui apparaissent ou disparaissent en fonction de ces décisions.

Par ailleurs, il est préférable d'obtenir un ordre de grandeur juste, plutôt qu'une répartition contestable de toutes les charges. C'est donc la structure des charges de l'entreprise et la capacité de cette dernière à les analyser qui détermineront la méthode utilisée.

Ainsi, en reprenant la représentation des charges il est possible de schématiser le choix de la façon suivante :

	Variables	Fixes
Directes	1	3
Indirectes	2	4

Les charges sont **majoritairement variables**, le choix de l'entreprise se portera sur la **méthode des coûts variables**.

	Variables	Fixes
Directes	1	3
Indirectes	2	4

Les charges sont **majoritairement directes**, le choix de l'entreprise se portera sur la **méthode des coûts directs** (entreprise commerciale par exemple).

En tout état de cause, c'est au responsable analytique de l'entreprise de juger quel degré d'analyse il doit atteindre pour que son travail soit significatif. Ce choix résulte toujours d'un arbitrage entre le gain apporté par plus de précisions dans les calculs et le coût d'obtention de cette même précision.

2.2 Les coûts partiels et le seuil de rentabilité

Le seuil de rentabilité se calcule sur la marge sur coûts variables totale. Il représente le chiffre d'affaires obtenu par une combinaison des différents produits dans une hypothèse de production simultanée.

Exemple

Reprenons l'exemple précédent dans l'hypothèse de la suppression du produit B.

Le compte de résultat différentiel se présente ainsi :

Produits	Total	A	C
Quantités vendues		400	600
Chiffres d'affaires	1 640 000	800 000	840 000
Coût variables des produits vendus	– 740 000	500 000	240 000
Marge sur coûts variables	+ 900 000	300 000	600 000
Charges fixes directes	– 270 000	70 000	200 000
Marge sur coûts spécifiques	+ 630 000	230 000	400 000
Charges fixes communes	– 580 000		
Résultat	+ 50 000		

Le seuil de rentabilité est égal à :

$$S^* = \frac{\textit{Charges fixes totales} \times \textit{Chiffre d'affaires}}{\textit{Marge sur coûts variables totale}}$$

$$= \frac{850\,000 \times 1\,640\,000}{900\,000} = 1\,548\,800 \text{ F}$$ *arrondi à la centaine inférieure.*

Dans l'hypothèse d'une production simultanée des produits A et C, la combinaison productive de base est constituée de 2A et 3C et représente un chiffre d'affaires de : (2 x 2 000 F) + (3 x 1 400 F) = 8 200 F

Le point mort en quantités est donc de : 1 548 800 / 8 200 soit 189 combinaisons productives de base équivalentes à :
- *189 x 2 A = 378 A*
- *189 x 3 C = 567 C*

Cette combinaison de A et C est une solution pour obtenir le seuil de rentabilité mais l'entreprise peut désirer tester d'autres proportions entre les produits A et C qui permettent le même résultat.

Cela conduit à une représentation graphique particulière :
- *équation du chiffre d'affaires critique ⇒ 750 A + 1 000 C = 850 000.*
- *équation du résultat ⇒ 750 A + 1000 C – 850 000 = 50 000*

avec 750 et 1 000 les marges sur coûts variables unitaires de A et de C.

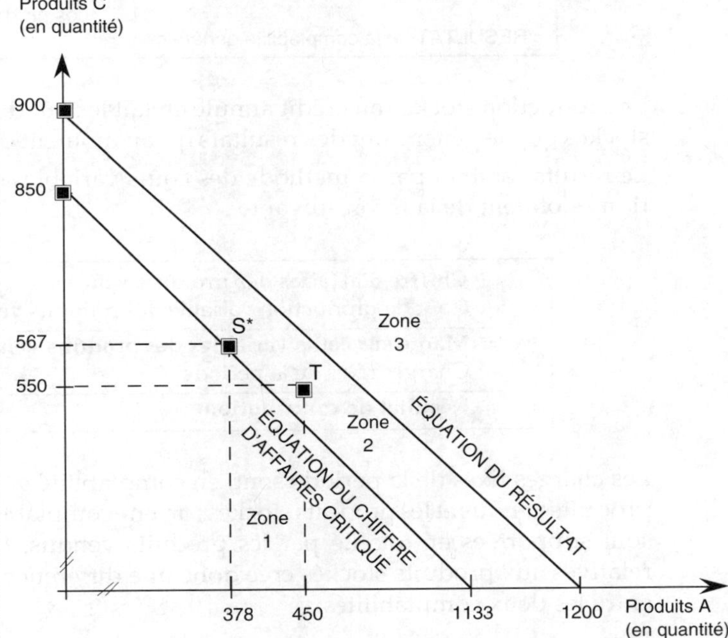

Le tracé des droites délimite trois zones dans le plan :
- ***zone 1** : chiffre d'affaires critique non atteint et résultat inférieur à 50 000 F*
- ***zone 2** : chiffre d'affaires critique dépassé mais résultat inférieur à 50 000 F*
- ***zone 3** : résultat supérieur à 50 000 F et chiffre d'affaires supérieur au chiffre d'affaires critique.*

Il est envisageable, alors, de tester des hypothèses de combinaisons de A et C différentes de celles prévues et d'analyser leurs conséquences.

Supposons que les ventes réelles s'établissent à 550 A et 450 C (point T du graphique), on voit que le chiffre d'affaires critique est atteint mais que le résultat obtenu est inférieur à celui prévu.

2.3 La méthode des coûts variables et la valorisation des stocks

Dans les exemples précédents, ont été volontairement négligés les problèmes de variation de stocks entre produits vendus et produits fabriqués.

Soit une entreprise en situation de stockage sur une période donnée. Par simplification, on supposera qu'il n'y a pas de stock initial de produits.

Le compte de résultat de la comptabilité générale peut être représenté ainsi :

Coût de production complet des produits fabriqués : • produits vendus • produits stockés RESULTAT de la comptabilité générale	• Chiffres d'affaires des produits vendus • Production stockée évaluée au coût de production complet des produits stockés

La production stockée au crédit annule en fait le coût de production des produits stockés qui ne génèreront des résultats qu'au moment de leur commercialisation.

Le résultat obtenu par la méthode des coûts variables ou «**résultat de contribution**» s'obtient de la façon suivante :

	Chiffre d'affaires des produits vendus
–	Coût de production variable des produits vendus
=	**Marge sur coûts variables des produits vendus**
–	Charges fixes de la période
=	**Résultat de contribution**

Les charges fixes de la période sont, en comptabilité générale, réparties entre les produits vendus et les produits stockés ; or, en «comptabilité de contribution», elles sont supportées en totalité par les produits vendus. La part des charges fixes relatives aux produits stockés crée donc une différence de traitement comptable entre les deux comptabilités.

Il est facile de généraliser cette procédure de concordance à une situation de variation de stocks. Dans ce cas il vient :

	Chiffre d'affaires des produits vendus
–	Coût de production variable des produits vendus
=	**Marge sur coûts variables des produits vendus**
–	Charges fixes de la période
=	**Résultat de contribution**
–	Charges fixes incluses dans la variation de stocks (stock initial - stock final)
=	**Résultat de la comptabilité générale**

Exemple

Soit la production de 600 produits dans les conditions d'exploitation suivantes :

Charges variables unitaires : 400 F par produit.
Charges fixes de la période : 480 000 F.
Stock initial : 100 produits à 106 000 F dont 70 000 F de charges fixes.
Il a été vendu 620 produits à 1400 F l'un.

Le CUMP de la période apparaît à :

$$\frac{106\ 000 + [(600 \times 400) + 480\ 000]}{100 + 600} = 1\ 180 \text{ F}$$

et le stock final = 80 x 1 180 = 94 400.

Calcul du résultat de la comptabilité générale

Charges variables 600 pdts x 400	240 000	Chiffre d'affaires (620 pdts x 1400)	868 000
Charges fixes	480 000	Production stockée (94 400 – 106 000)	– 11 600
Résultat général	136 400		
Total	856 400	Total	856 400

Le compte de résultat différentiel s'établit comme suit :

Chiffres d'affaires	*868 000*
Charges variables des produits vendus :	
$\left(\frac{36\ 000 + 240\ 000}{700} \times 620\right) =$	*– 244 457*
Marge sur coût variable	*623 543*
Charges fixes de la période	*– 480 000*
Résultat de contribution	*143 543*

L'écart entre les deux résultats est de 7 143 F et correspond aux charges fixes incluses dans la variation de stocks :

Variation de stock en coût complet :	*11 600*
Variation de stock en coût variable : *(SF : 31 543 – Si : 36 000)*	*4 457*
	= 7 143

RÉFLEXIONS SUR LE THÈME

1. L'environnement économique et social crée des charges indirectes fixes

Les charges fixes indirectes soulèvent souvent des problèmes de répartition. Or l'environnement économique et social actuel crée des charges de cette nature : nous allons essayer de l'illustrer de façon simplificatrice et schématique avec l'évolution de la nature des charges de personnel de production.

Dans la première moitié du siècle, la main-d'œuvre est peu protégée par les législations et rémunérée en fonction de son rendement. Par ailleurs, l'organisation taylorienne de la production affecte l'opérateur à des tâches précises sur un cycle de fabrication : le coût de cette main-d'œuvre peut-être analysé comme une charge variable directe.

1	3
2	4

Dans les années 70 : la protection sociale s'est accrue, on ne peut plus aussi facilement ajuster son personnel aux variations d'activité. D'autres part, les conditions de rémunérations (mensualisation, congés payés et autres avantages) transforment la nature de la charge. Les conditions de production restent globalement les mêmes : la main d'œuvre peut être considérée comme un coût fixe direct.

1	3
2	4

Dans les années 80 : les conditions de rémunération sont les mêmes mais l'organisation de la production évolue. Les ateliers sont structurés par cellules de postes de travail diversifiés avec des opérateurs polyvalents. La production est organisée en petites séries de produits différents ; la main-d'œuvre de production devient une charge fixe indirecte.

1	3
2	4

Cette évolution schématique est constatée, par ailleurs, dans d'autres domaines : à l'heure actuelle, il est fréquent que les charges indirectes représentent 70 % de l'ensemble des charges de l'entreprise.

2. Les méthodes de coûts partiels sont complémentaires des méthodes de coûts complets

Les méthodes de coûts partiels refusent les répartitions des charges indirectes et fixes, mais pour autant elles ne s' opposent pas aux méthodes de coûts complets. Elles répondent à d'autres préoccupations et doivent être envisagées comme un outil complémentaire d'analyse.

Ainsi, l'étude de l'exploitation future d'une liaison aérienne s'appuiera sur le coût de revient du passager transporté en fonction des types d'avions envisagés (gros ou moyen porteur) afin de déterminer la rentabilité éventuelle du projet. Par contre, une fois le choix effectué, et les frais fixes engagés, une connaissance du coût variable du passager transporté est suffisante pour définir des politiques de tarifications préférentielles qui doivent permettre un meilleur taux de remplissage.

Il est aisé de voir que les deux types de méthodes répondent à des préoccupations différentes mais non contradictoires. C'est au contrôleur de gestion de connaître, en fonction des besoins, quelle méthode est la plus pertinente.

Applications

1 Société Santal

La société anonyme SANTAL est installée dans les Ardennes. Elle fabrique des tables basses en bois. Les pieds *x* et les dessus de table *y* sont fabriqués à partir de planches en bois massif.
Il n'y a aucun encours initial et de fin de période. Les tables fabriquées sont directement livrées aux distributeurs : il n'y a donc pas de stock de produits finis.
Vous relevez les renseignements suivants en ce qui concerne l'activité du mois de juin :

	Article *x*	Article *y*
Production mensuelle (en unités)	24 000	6 000
Consommation de matières premières au coût moyen pondéré	199 200 F	78 000 F
Main d'œuvre directe variable (charges sociales comprises)	84 000 F	36 000 F
Prix de vente unitaire	35 F	60 F
Frais de distribution (proportionnels au CA HT)	4,5 %	2,25 %

Les frais d'atelier sont de 548 000 F dont 320 000 F de frais fixes répartis entre les coûts de production de *x* et *de y* proportionnellement au coût de la main d'œuvre affecté à chaque article.

QUESTIONS :

Pour chacun des deux produits :

a) Calculer le coût de revient unitaire.
b) Calculer le résultat analytique mensuel.
c) Calculer la marge sur coûts variables et le pourcentage de cette marge par rapport au prix de vente.
d) Déterminer le seuil de rentabilité du mois (au millier de franc supérieur).
Exprimer le seuil de rentabilité en articles à produire et à vendre sachant qu'il y a toujours 4 *x* pour 1 *y*.
e) Suite aux résultats trouvés précédemment :
1. déterminer un nouveau prix de vente pour x de telle sorte que le pourcentage du résultat analytique par rapport au prix de vente soit le même pour les deux articles, toutes les données du texte restant inchangées ;
2. l'acquisition de nouvelles parts de marché entraînant une augmentation de la production moyennant une augmentation des charges fixes de 12 500 F pour le mois, calculer la nouvelle production de x et de y à réaliser pour obtenir un résultat mensuel de 385 000 F. (Les autres données de l'énoncé restant inchangées.) Présenter une solution comptable et une solution graphique.

2 Produits joints ou liés

Un atelier traite des matières premières animales (achetées auprès des abattoirs) et végétales (achetées auprès des maraîchers). Dès leur arrivée dans l'atelier, ces matières, additionnées de composés nutritifs spécifiques, sont malaxées et cuites dans une batterie d'autoclaves-extracteurs.
Il n'y a pas de stockage, les produits, obtenus en continu, étant aussitôt «vendus» au centre de distribution avec application d'un prix de cession interne. Le centre de distribution s'engage à acheter toute la production de l'atelier.
À l'issue de cette première phase, trois produits sont nécessairement obtenus *conjointement* à la sortie des autoclaves-extracteurs :

– un *compost* organique, que la texture rend impropre à la consommation animale, mais qui peut être utilisé par l'agriculture maraîchère ;
– un composé complexe de *graisses* légères ;
– une *base* qui constitue l'élément essentiel de produits destinés à l'alimentation animale.

Le *compost* peut être vendu en l'état, sans frais complémentaires, au prix de 2 000 F la tonne. Il peut être aussi compacté sous forme de *galettes* de 5 kilogrammes vendues 12 F l'une.
Les *graisses* subissent systématiquement un *premier affinage* à l'issue duquel elles sont conditionnées en *fûts* plastifiés de 50 litres et vendues 600 F le fût. Il est possible aussi, après le premier affinage et avant tout conditionnement, de faire subir à ces graisses affinées un *second affinage*, suivi d'un conditionnement en *bidons* plastifiés de 10 litres. Chaque bidon peut être vendu 190 F.
La *base* peut être vendue, après ensachage en *sacs* de 100 kilogrammes, au prix de 320 F le sac. Elle peut aussi faire l'objet d'un traitement complémentaire sans ensachage (adjonction d'additifs vitaminés et de colorants, conditionnement sous *paquets* de 1 kilogramme) et vendue 2,70 F le paquet.
Pour le trimestre à venir, les informations prévisionnelles suivantes ont été collectées (il est considéré que les coûts fixes éventuellement imputés sont tous spécifiques et disparaissent si l'action qui les génère cesse complètement).

Première phase (mélange et traitement en autoclaves-extracteurs)
Matières végétales et animales achetées pour un coût total de 3 500 000 F.
Additifs spécifiques consommés pour un coût total de 200 000 F.
Charges opérationnelles : 600 000 F.
Charges de structure imputables : 390 800 F.
Production prévue : seront conjointement obtenus :
1 400 tonnes de compost brut, 100 000 litres de graisses brutes et 1 200 tonnes de «base» brute.

Traitement éventuel du compost brut
Charges spécifiques imputables de compactage, conditionnement et manutention : 950 000 F.
Perte de poids au compactage : 5 %.

Traitement des graisses
Premier affinage (il n'y a pas de perte de matière pendant cette phase) : il est prévu l'obtention de 2 000 fûts.
Coûts complémentaire de premier affinage : 3,40 F par litre de graisse brute. Coût du conditionnement éventuel : 30 F par fût.
Second affinage éventuel : en tenant compte des pertes de substances inévitables à ce stade, il serait possible d'obtenir 9 000 bidons.
Coût complémentaire d'affinage et de conditionnement : 44 F par bidon.

Traitement de la «base»
Coût de l'ensachage (qui n'entraîne aucune perte de poids) : 70 F par sac.
Le traitement complémentaire éventuel entraînerait une perte de poids de 10 %, et un coût complémentaire de fabrication (65 F par tonne obtenue) et de conditionnement (12 F par tonne obtenue).

QUESTIONS :

a) Calculer les divers résultats analytiques en supposant que tout le compost est vendu en galettes, que toutes les graisses sont vendues en bidons et que toute la «base» est vendue en paquets (il est précisé que les coûts indivis sont répartis au prorata des chiffres d'affaires). Commenter le choix de cette clef de répartition.

b) L'atelier a la possibilité, indépendamment pour chacun des produits obtenus à la fin de la première phase (compost, graisses, «base)»), de se lancer dans des opérations de traitement complémentaire, ou, au contraire, de les vendre en l'état le moins élaboré. Déterminer le programme d'action qui optimiserait le résultat de l'atelier. Calculer le résultat optimal résultant de ce choix.

(d'après DECF)

③ *Société Industrielle de Confection*

Dans le cadre d'une politique de diversification concentrique de ses produits et de ses marchés, la SOCIÉTÉ INDUSTRIELLE DE CONFECTION envisage de lancer un nouveau produit qui utiliserait les technologies traditionnelles de l'entreprise.

A. Le compte de résultat prévisionnel relatif à ce nouveau produit est établi sur la base des informations suivantes :

Production et vente de 10 000 unités à ...... 6 000 F
Charges fixes spécifiques .... 8 800 000 F
Charges fixes non spécifiques .... néant

Charges variables :
– d'achat et de production : 4 000 F l'unité,
– de distribution : 12 % du chiffre d'affaires.

QUESTIONS :

a) Calculer le «résultat courant avant impôt» prévisionnel.
b) Quel est le levier opérationnel ou «coefficient de volatilité» au niveau prévu ? Que représente-t-il en termes d'élasticité ? Que signifie-t-il ?

B. Une politique rationnelle de prix pourrait permettre de maximiser le profit de cette activité additionnelle ; il ressort d'une étude de marché que l'élasticité de la demande à l'entreprise est de – 20, au niveau considéré, pour une fourchette de variation du prix de vente unitaire compris entre + 4 % et – 12 %.

QUESTION :

Déterminer le montant optimal des ventes, en quantité et en valeur, qui permet de maximiser le bénéfice (arrondir le pourcentage de variation de prix à l'entier le plus proche).

C. En fait, si l'entreprise veut produire plus de 15 000 produits, elle doit modifier sa structure, ce qui entraîne :
– une augmentation des charges fixes spécifiques de 3 000 000 F par tranche de 5 000 unités supplémentaires ;
– une augmentation des charges fixes non spécifiques de 1 000 000 F par tranche de 15 000 unités supplémentaires ;
– une réduction des coûts d'approvisionnement et de production de 10 % de leur montant prévu.

D'autre part, toute fraction de production supérieure à 10 000 unités ne peut être écoulée que sur un marché discriminant par le canal d'une grande surface qui propose d'acheter 20 000 unités mais au prix unitaire de 4 000 F ; pour ces 20 000 unités ainsi vendues, les frais variables de distribution seraient nuls.

QUESTION :

N.B. – Pour cette question, retenir un prix de vente unitaire de 6 000 F pour les 10 000 premières unités.
En supposant le changement de structure réalisé de façon instantanée au début de l'exercice, calculer le résultat courant avant impôt pour une production finale de 30 000 unités.

(d'après DECF)

④ *Société Abysse*

Depuis plus d'une dizaine d'années, la société ABYSSE exerce une activité non loin de Carcassonne. Spécialisée dans l'éclairage sub-aquatique, cette entreprise s'est créée une excellente réputation dans le milieu des plongeurs grâce à ses «torches sous-marines» d'une très haute qualité : lumière halogène alimentée par accumulateurs rechargeables, étanchéité en eau profonde, montage électronique novateur. Le marché ciblé est celui de la plongée professionnelle, sportive ou de loisir. Son développement continuel dans la dernière période traduit le besoin de sport à risque et de sport nature du public.

Au cours des années, l'entreprise a cherché à étendre sa gamme de produits afin d'atténuer les effets des fluctuations saisonnières du marché. Elle propose ainsi en plus des torches :

– un modèle de «lampe de tête tous sports», puissant, rechargeable et étanche. Il répond aux besoins des professionnels de la protection civile et de la sécurité ainsi que des sportifs : VTT, planche à voile, spéléo ;
– et depuis quelques années, un «phare d'éclairage de surface» de grande qualité, utilisé sur les terrains sportifs et les chantiers.

Cette diversification n'a pas été sans conséquence sur l'organisation de l'entreprise. Sont ainsi distinguées deux activités au niveau des produits finals :

1. L'activité **éclairage sous marin**. Elle constitue le «noyau dur» de l'entreprise, son domaine de spécialité. Elle regroupe la fabrication et la vente des «torches sous-marines» et des «lampes de tête tous sports» ;
2. L'activité **éclairage de surface** qui n'est composée que de la fabrication et de la vente d'un seul produit : les «phares de surface».

Cette distinction se retrouve au niveau géographique puisque ces deux activités sont réalisées sur le même site, mais dans des bâtiments différents : l'adjonction des «phares de surface» à la gamme des produits ne pouvait s'effectuer sans agrandir l'aire d'activité.

Chargé(e) des études auprès du dirigeant M. VIALET, celui-ci vous demande de constituer un dossier préparatoire à une réunion de direction qui aura pour objectifs :

– d'analyser la rentabilité présente,
– de juger de la validité de certaines propositions concernant l'amélioration de cette rentabilité.

1. Étude de la rentabilité

QUESTIONS :

a) **Calculez les résultats analytiques unitaires par produit et le résultat global généré par ces trois produits, au cours de l'exercice 19 N.**

b) **Calculez la contribution de chaque produit à la couverture des charges fixes de la période (marge sur coûts variables) et le résultat global correspondant.**

c) **Appréciez la rentabilité de l'exploitation.**

d) **Identifiez précisément l'origine de la différence entre les deux résultats globaux obtenus. Retrouvez, par les calculs, cette différence.**

e) **Calculez les marges sur coûts spécifiques générées par chacune des deux activités et le résultat global attendu.**

f) **Définissez la notion de coûts spécifiques et indiquez son intérêt pour la gestion.**

2. Proposition d'actions en vue d'améliorer la rentabilité

Remarques : Pour les questions suivantes, on supposera **négligeables les variations de stocks** ainsi que les variations du coût des facteurs.

A. Test du plan d'action n° 1 :

Améliorer la rentabilité de l'activité «Éclairage de surface»

QUESTIONS :

a) **Calculez la marge sur coûts spécifiques obtenue après application de chaque décision. Quelle est la décision dont vous conseilleriez la mise en œuvre ? Compte tenu d'un résultat analytique avant toutes modifications de 3 156 500, quel sera alors le résultat global de l'entreprise ?**

b) Retrouver le montant des charges fixes communes à imputer à l'activité «éclairage de surface» dans une optique de coûts complets. Quel est alors le résultat analytique sur l'activité «Éclairage de surface» ? Que constatez-vous ? Expliquez ce paradoxe.
c) Appréciez brièvement, le risque que cette opération ne soit pas rentable.

B. Test du plan d'action n° 2 :
Abandon de la fabrication des phares et développement de la production des éclairages sous-marins.

QUESTIONS :

a) Déterminer le résultat obtenu après application de ce plan.
b) Appréciez l'opportunité de cette décision.

(d'après DECF 92)

ANNEXE 1

SITUATION DE L'EXPLOITATION

TABLEAU DES COÛTS UNITAIRES, EXERCICE 19 N

	Éclairage sous-marin		Éclairage de surface
	Torches	Lampes de tête	Phares
Quantités produites	22 000	38 000	17 000
Quantités vendues	20 000	39 000	17 500
Prix de vente	2400	1 890	2 620
Coût unitaire de fabrication	*2 221*	*1 746*	*2 541*
dont coût variable	1 481	1 154	1 949
Coût unitaire de distribution	*90*	*85*	*98*
dont coût variable	65	60	73

ÉTAT DES STOCKS AU 1ER JANVIER 19 N

	Quantités	Montant global	Dont coût variable global
Torches	1 000	2 106 000	1 458 000
Lampes de tête	4 000	6 900 000	4 532 000
Phares	2 000	5 063 000	3 879 000

CONDITIONS TECHNIQUES ET COMMERCIALES DE L'EXPLOITATION

1. Conditions techniques

La fabrication des éclairages sous-marins ou de surface requiert l'intervention de soudeurs hautement qualifiés. Ce niveau de spécialité étant très difficile à trouver sur le marché local de l'emploi, le nombre d'heures disponibles constitue une entrave au développement de la production de l'entreprise.

EN 19 N, ces heures se sont réparties de la façon suivante :
44 000 heures pour la fabrication des torches ;
57 000 heures pour la fabrication des lampes de tête ;
34 000 heures pour la fabrication des phares ;

135 000 heures disponibles au total.

2. Conditions commerciales

Des études de marché ont permis de chiffrer la capacité maximale d'absorption de nos produits, à :
- 20 000 unités pour les phares d'éclairage de surface ;
- 35 000 unités pour les torches ;
- 50 000 unités pour les lampes de tête.

3. Composition des charges fixes

a. *Les charges fixes de fabrication* – Une étude plus approfondie de ces charges permet de distinguer :

- des charges spécifiques :
  - à l'activité «éclairage de surface» : 2 210 000 F,
  - à l'activité «éclairage sous-marin» : 8 515 000 F.

  Il s'agit de la location des bâtiments et des redevances concernant la partie du matériel acquise par crédit bail ;
- des charges communes aux deux activités. Il a été décidé de les répartir entre les trois produits au prorata des charges fixes spécifiques, lorsque c'est nécessaire.

b. *Les charges fixes de distribution* – Elles sont réparties au prorata des quantités vendues.

ANNEXE 2

Plans d'amélioration de la rentabilité envisagés par M. Vialet

Plan d'action n° 1 – Améliorer la rentabilité globale de l'activité «éclairage de surface»

M. Vialet estime nécessaire d'augmenter les quantités vendues et/ou de diminuer le coût unitaire variable de fabrication.

Trois décisions sont envisageables :

D1. Diminution du prix de vente de 2 %. Selon des études économiques, les quantités vendues augmenteraient alors de 9,6 %.

D2. Diminution du coût variable de fabrication réalisée grâce à un investissement de productivité financé par crédit-bail.
Dans ce cas : coût variable de fabrication .... 1 942 F l'unité
charges fixes supplémentaires .... 125 000 F par an

D3. Conjonction des deux décisions précédentes : D1 + D2.

Plan d'action n° 2 – Abandon de l'activité «éclairage de surface»

Les ressources en heures de soudage disponibles sont transférées à l'activité «éclairage sous-marin» qui pourra ainsi être développée. Le plan de production de cette activité serait alors de 50 000 lampes et 30 000 torches fabriquées et vendues par an.

Il s'ensuivrait une augmentation de 2 500 000 F des charges fixes de l'activité.

11 L'imputation rationnelle des charges fixes

1. *Les fondements de la méthode*
2. *Le calcul de coûts rationnels*
3. *Le champ d'application de la méthode*

L'étude du comportement des charges nous a appris que les charges fixes unitaires sont **décroissantes** en fonction de l'activité.

Les coûts de revient, bien qu'ils intègrent les charges en privilégiant l'aspect direct/indirect n'échappent pas aux conséquences du comportement des charges fixes.

C'est ainsi, qu'en fonction de l'activité, les coûts de revient calculés mensuellement par la comptabilité analytique, vont être différents sans qu'il soit possible de nommer la cause des variations : s'agit-il d'une simple conséquence mathématique du comportement des charges fixes, ou, y-a-t-il d'autres causes qui doivent attirer l'attention des gestionnaires et qui nécessitent peut-être des actes de gestion ?

C'est pourquoi il a été élaboré une **technique qui permet d'éliminer l'influence de l'absorption des charges fixes sur les coûts de revient**, offrant ainsi une surveillance plus aisée des autres causes possibles de dérapages. C'est la **MÉTHODE DE L'IMPUTATION RATIONNELLE.**

Après avoir étudié les fondements de l'imputation rationnelle, nous envisagerons la mise en œuvre d'un calcul de coût rationnel et enfin le champ d'application de la méthode.

1. Les fondements de la méthode

A l'aide d'un exemple simplifié, mettons en perspective l'intérêt de la méthode.

1.1 Évolution des coûts de revient et variation d'activité

Exemple | *Soit un atelier dont on a relevé le niveau des charges en fonction de l'activité exprimée en heures machines.*

Activité (en heures machines)	800	920	720
Charges variables Charges fixes	16 000 16 000	18 400 16 000	14 400 16 000
Coût de l'unité d'œuvre dont :	40	37,39	42,22
• coût variable • coût fixe	20 20	20 17,39	20 22,22

Nous constatons que les coûts de revient unitaires décroissent avec l'activité alors même que nous nous situons sur un même palier de frais fixes, donc dans une structure donnée.

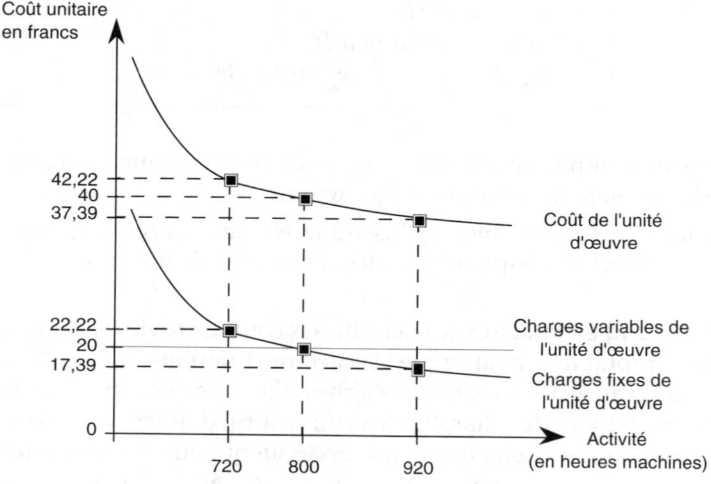

Volontairement, dans notre exemple, les conditions de productivité restent identiques (charges variables unitaires constantes) ; donc les variations constatées proviennent **essentiellement** d'une répartition des charges fixes sur des quantités plus élevées.

La technique de l'imputation rationnelle va éliminer l'influence de la répartition des charges fixes sur les quantités.

1.2 Élimination de l'influence de l'activité sur les coûts

Deux notions sont à définir :

• **L'ACTIVITÉ** dite **NORMALE** : pour chaque centre d'analyse et dans le cadre d'une structure donnée, les gestionnaires définissent un niveau d'activité considéré comme représentant les conditions les plus fréquentes d'activité. Ce niveau est appelé **ACTIVITÉ NORMALE** et sert ensuite de référence.

Cette notion d'ACTIVITÉ NORMALE est la clé de voûte de toute la méthode.

• Le **COEFFICIENT D'IMPUTATION RATIONNELLE** (C_{IR})est égal au rapport entre l' activité réelle et l'activité normale précédemment définie.

$$C_{IR} = \frac{\text{Activité réelle}}{\text{Activité normale}} = \frac{A_R}{A_N}$$

Les charges fixes seront imputées dans les coûts en fonction du coefficient d'imputation rationnelle.

Cette pratique revient à **assimiler le comportement des charges fixes à celui des charges variables.**

Exemple *En pratiquant l'imputation rationnelle, le calcul des coûts d'unité d'œuvre devient : ACTIVITE NORMALE = 800 heures*

Activité réelle	800		920		720	
C_{IR} : Ar/An	1		1,15		0,90	
Ch. variables	16 000		18 400		14 400	
Ch. fixes réelles ①		16 000		16 000		16 000
C_{IR} ②		x 1		x 1,15		x 0,90
Ch. fixes imputées ① x ②	16 000	16 000	18 400	18 400	14 400	14 400
Dce imputation rationnelle		0		– 2 400		1 600
Ch. totales	32 000		36 800		28 800	
Coût de l'U.O	40		40		40	

La pratique de l'imputation rationnelle a permis d'éliminer de façon satisfaisante les variations constatées dans le montant des coûts de revient. L'influence du niveau d'activité a bien été neutralisée.

Cependant des différences d'imputation rationnelle ont été calculées. Elles représentent la part des charges fixes sous ou surimputées dans les coûts par rapport au montant réel de ces dernières.

Il est, en effet, important de bien comprendre que cette pratique **NE MODIFIE PAS LE MONTANT RÉEL DES CHARGES FIXES mais uniquement le montant imputé dans les coûts**. Ces différences expriment :

- un **COÛT DE CHÔMAGE** dans les cas où l'activité réelle est inférieure à l'activité normale ;
- un **BONI DE SUR-ACTIVITÉ** dans le cas contraire.

Ces éléments sont facilement illustrables par un graphique.

Soit **Ar** l'activité réelle, **v** les charges variables unitaires,
CF les charges fixes, **f** les charges fixes unitaires pour l'activité normale.

Nous savons que le coût de revient global s'exprime par l'équation :

$$y = v \times Ar + CF$$

alors que l'équation du coût rationnel s'écrit :

$$y = (v + f) \times Ar,$$

puisque nous venons de dire que pratiquer l'imputation rationnelle revient à assimiler les charges fixes à des charges variables.

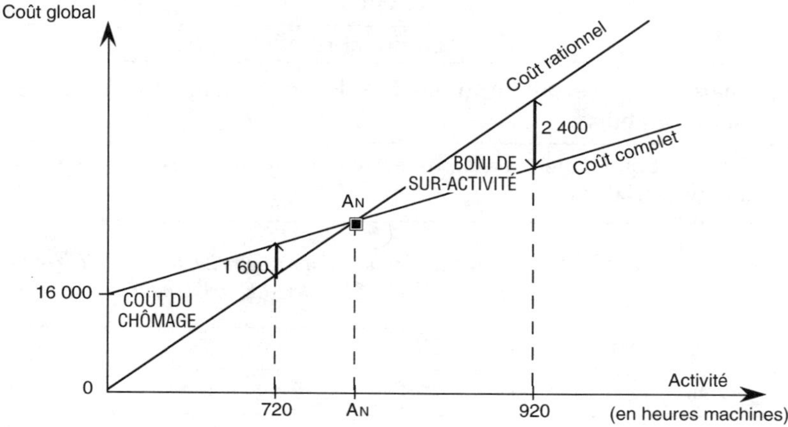

Il est aisé de voir que la mise en œuvre de l'imputation rationnelle permet de retenir l'attention des décideurs sur des modifications de la structure des coûts.

1.3 Intérêt de l'imputation rationnelle

Reprenons notre exemple :

Exemple

Sur deux périodes, on a relevé les informations suivantes :

Activité réelle (en heures)	780	840
Charges variables Charges fixes	15 600 16 000	17 730 16 000
Coût total	31 600	33 730

Le calcul du coût d'unité d'œuvre donne respectivement les valeurs de 40,51 et 40,15.

Ces variations paraissant faibles, il est tentant de les négliger. L'utilisation de la méthode de l'imputation rationnelle fait apparaître le contraire.

Activité réelle (en heures)	780		840	
Charges variables	15 600		17 730	
Charges fixes		16 000		16 000
C_{IR}		x 0,975		x 1,05
Charges fixes imputées	15 600	15 600	16 800	16 800
Différence d'imputation rationnelle		400		– 800
Charges totales	31 200		34 530	
Coût unitaire	40		41,10	

Si, malgré l'utilisation de l'imputation rationnelle des charges fixes, les coûts unitaires varient, il faut en rechercher les causes dans une modification des conditions d'exploitation et donc dans un dérapage des consommations variables.

2. Le calcul de coûts rationnels

La mise en œuvre d'une démarche de coûts rationnels s'appuie sur l'organisation des coûts élaborée par la comptabilité analytique.

Elle ne demande que quelques travaux supplémentaires :
– repérer l' activité normale de chaque centre principal,
– en déduire les coefficients d'imputation rationnelle de ces centres,
– calculer les coefficients d'imputation rationnelle des centres auxiliaires dont on ne peut mesurer l'activité,
– présenter le tableau de répartition des charges indirectes en distinguant pour chaque centre les charges variables des charges fixes.

Thème d'application : Société des Produits P1 et P2

Une société fabrique et vend des articles P1 et P2 sur commande.
Pour un mois donné, la comptabilité générale vous fournit les renseignements suivants :

Stocks au début de mois :
– matières premières : 5000 kg à 15 F
– matières consommables : 3000 kg à 10 F

Achats :
– matières premières : 15 000 kg à 16 F
– matières consommables : 4 800 kg à 10 F

Consommations :
– matières premières : 10 000 kg pour P1 et 5 000 kg pour P2
– matières consommables : 2 000 kg pour P1 et 3000 kg pour P2

Production :
– 41 750 P1 et 10 000 P2

Charges directes :
Elles sont essentiellement variables et se répartissent en 236 000 F pour P1 et en 54 000 F pour P2.

Charges indirectes :
Elles s'élèvent à un montant global de 442 000 F et se répartissent de la façon suivante :

Centres auxiliaires	Variables	Fixes	Nbre UO
– Assistance	5 000	25 000	–
– Entretien	15 000	30 000	525 H
Centres principaux			
– Approvt.	58 200	24 600	19 800 kg
– Production	83 500	67 800	51 750 pds
– Distribution	32 500	25 400	33 600 pds
– Administration		75 000	–
		194 200	247 800

Activité normale des centres :

- entretien : 500 h
- approvisionnement : 18 000 kg
- production : 45 000 produits fabriqués
- distribution : 42 000 produits vendus

Les centres Assistance et Administration n'ont pas de mesure propre de leur activité. Après analyse, on a retenu les principes suivants :

- *centre Assistance* : son activité dépend des centres récepteurs de ses services et c'est donc l'activité de ces centres qui déterminera son coefficient d'imputation rationnelle ;
- *centre Administration* : son activité est totalement indépendante des autres centres. On lui assigne toujours un coefficient d'imputation rationnelle égal à 1. Les charges de ce centre sont réparties proportionnellement au coût de production des produits vendus.

Sous-répartition des centres auxiliaires :

	Assistance	Entretien	Approvisionnement	Production	Distribution	Administration
Assistance		20 %	10 %	40 %	20 %	10 %
Entretien	20 %		20 %	20 %	20 %	20 %

Ventes :

28 600 P1 à 24 francs l'un et 5 000 P2 à 35 francs l'unité.

1. Calcul des coefficients d'imputation rationnelle

- ***Coefficient d'imputation rationnelle des centres dont on peut mesurer l'activité***

Centres	Activité normale	Activité Réelle	Coefficient IR
Entretien	500	525	1,05
Approvision.	18 000	19 800	1,10
Production	45 000	51 750	1,15
Distribution	42 000	33 600	0,80

- ***Coefficient d'imputation rationnelle des centres auxiliaires sans mesure d'activité propre***

Il s'agit du centre Assistance. Son coefficient sera calculé en fonction des centres qui utilisent ses services.

Centres utilisateurs	Clé de répar. secondaire ①	Coefficient IR ②	① x ②
Entretien	20 %	1,05	0,210
Approvisionnement	10 %	1,10	0,110
Production	40 %	1,15	0,460
Distribution	20 %	0,80	0,160
Administration	10 %	1	0,100
Coefficient d'imputation rationnelle du centre Assistance			1,040

Le coefficient d'imputation rationnelle de ce type de centre est égal à la moyenne des coefficients d'imputation rationnelle des centres récepteurs, pondérée par la part des charges qu'ils reçoivent du centre émetteur.

2. Tableau de répartition des charges indirectes

	Centres auxiliaires				Centres principaux								Différence Imputation rationnelle
	Assistance		Entretien		Approvisionnement		Production		Distribution		Administration		
	Charges variables	Charges fixes	Charges variables	Charges fixes	Charges variables	Charges fixes	Charges variables	Charges fixes	Charges variables	Charges fixes	Charges variables	Charges fixes	
Total répartition Primaire	5 000	2 5 000	15 000	30 000	58 200	24 600	83 500	67 800	32 500	25 400	–	75 000	
Coef. IR		**1,04**		**1,05**		**1,10**		**1,15**		**0,80**		**1**	
Charges fixes imputées	26 000	(26 000)	31 500	(31 500)	27 060	(27 060)	77 970	(77 970)	20 320	(20 320)	75 000	(75 000)	
Dce IR		**– 1 000**		**– 1 500**		**– 2 460**		**– 10 170**		**5 080**		**0**	**– 10 050**
Total répartition	31 000		46 500		85 260		161 470		52 820		75 000		
Assistance	–		8 396		4 198		16 792		8 396		4 198		
Entretien	10 980	–			10 980		10 980		10 980		10 980		
Total R. secondaire	0		0		100 438		189 242		72 196		90 178		
Nature V.O.					kgs		pds		pds				
Nbre V.O.					19 800		51 750		33 600				
Coût V.O.					5,07		3,66		2,15				

Soit A, le total du centre Assistance et E, le total du centre Entretien

$$\begin{cases} A = 31\,000 + 0{,}20\,E \\ E = 46\,500 + 0{,}20\,A \end{cases} \quad \text{On obtient} \quad \begin{cases} E \approx 54\,900 \\ A \approx 41\,980 \end{cases}$$

- Chaque colonne représentative d'un centre d'analyse est dédoublée pour permettre une distinction des charges variables et des charges fixes.
- Dans la mesure où les coefficients d'imputation rationnelle ne sont pas les mêmes pour tous les centres, l'ordre dans lequel se font la répartition secondaire et l'imputation rationnelle des charges fixes a une influence sur le calcul des coûts. On démontre facilement que, pour une réelle prise en charge des frais fixes proportionnellement à l'activité, l'ordre suivant doit être respecté :
  1. **imputation rationnelle** des frais fixes,
  2. **répartition secondaire** des charges indirectes imputées.
- L'ensemble des différences d'imputation rationnelle est regroupé dans une colonne spécifique pour un montant égal à la somme algébrique de ces dernières. Ce montant représente la partie des frais fixes réels sous ou sur imputée dans le calcul des coûts.

3. Calcul des coûts rationnels

- ***Coût d'achat des matières***

	Matières premières			Matières consommables		
	Quantité	Coût unitaire	Montant total	Quantité	Coût unitaire	Montant total
Achats	15 000	16	240 000	4 800	10	48 000
Approvisionnement	15 000	5,07	76 050	4 800	5,07	24 336
Coût d'achat	15 000		316 050	4 800		72 336

CUMP des matières consommées

$$\text{MP} : \frac{(5\,000 \times 15) + 316\,050}{20\,000} = 19{,}55$$

$$\text{MC} : \frac{(3\,000 \times 10) + 72\,336}{7\,800} = 13{,}12$$

• ***Coût de production des produits P1 et P2***

	P1			P2		
	Quantité	Coût unitaire	Montant total	Quantité	Coût unitaire	Montant total
Matières premières	10 000	19,55	195 500	5 000	19,55	97 750
Matières consommables	2 000	13,12	26 240	3 000	13,12	39 360
MOD			236 000			54 000
C. Production	41 750	3,66	152 805	10 000	3,66	33 660
	41 750	14,624	610 545	10 000	22,477	224 770

• ***Coût de revient des produits P1 et P2***

	P1			P2		
	Quantité	Coût unitaire	Montant total	Quantité	Coût unitaire	Montant total
Coût de prod. des produits	28 600	14,624	418 246	5 000	22,477	112 385
Distribution	28 600	2,15	61 490	5 000	2,15	10 750
Administration			71 078			19 100
Coût de revient rationnel		19,26	550 814		28,45	142 235

• ***Résultat analytique des produits P1 et P2***

	P1			P2			Total
	Quantité	Coût unitaire	Montant total	Quantité	Coût unitaire	Montant total	
Chiffres d'affaires	28 600	24	686 400	5 000	35	175 000	
Coût de revient	28 600	19,26	550 814	5 000	28,45	142 235	
Résultat rationnel			135 586			32 765	168 351
						Différence d'imputation rationnelle	+ 10 050
						Résultat	178 401

Ces tableaux n'appellent pas de commentaires particuliers.

4. Comptabilisation de la différence d'imputation rationnelle

• ***Prise en compte de la différence d'imputation rationnelle***

	Débit	Crédit
92. Centre d'analyse	452 050	
905 Charges réfléchies		442 000
976 Dce sur niveau d'activité		10 050

En fin d'exercice, le compte 976 est soldé dans le compte «97 – Différences de Traitement comptable».

Dans notre exemple, il faudrait reprendre l'évaluation des stocks de fin de période, pour éliminer le boni de sur-activité intégré dans le coût des produits stockés.

3. Le champ d'application de la méthode

Peu d'entreprises pratiquent l'imputation rationnelle de façon systématique. Pourtant cette technique peut éviter les variations des coûts de revient particulièrement sensibles dans les entreprises soumises à des activités saisonnières.

Elle permet, en outre, d'appréhender la notion de vente plancher et même de valoriser les stocks. Enfin, les différences d'imputation rationnelle que la méthode dégage peuvent être des indicateurs d'efficacité de la gestion de certains centres de responsabilité.

3.1 Imputation rationnelle et entreprises à activité saisonnière

Cette méthode semble particulièrement adaptée à des entreprises dont l'activité subit des fluctuations saisonnières.

Elle permet en effet, d'éviter les variations importantes des coûts de période en période dues à la plus ou moins bonne absorption des charges fixes.

Les coûts d'imputation rationnelle permettent alors de mesurer de façon efficace les conséquences :
- des variations des prix des facteurs,
- des variations de consommation de ces facteurs,
- de l'efficacité de l'organisation.

Pour les entreprises saisonnières, l'activité normale peut se définir comme l'activité mensuelle médiane qui permet en fin d'exercice des compensations équilibrées entre boni de sur-activité et coût de chômage, de telle sorte que l'ensemble des charges fixes réelles de la période ait été pris en compte dans les coûts.

Il est, en effet, impossible que sur le long terme tous les coûts ne soient pas couverts par des recettes appropriées.

3.2 Imputation rationnelle et fixation des prix de vente

L'imputation rationnelle, en éliminant les incidences des variations d'activité sur les coûts peut sembler une méthode plus pertinente que celle des coûts complets. En effet, elle peut déterminer des coûts de référence pour fixer un prix de vente sans les aléas des variations d'activité qui biaisent les coûts complets.

De même, la valorisation de devis à l'aide de coûts rationnels, particulièrement en période de sur-activité, peut éviter des sous-évaluations préjudiciables à l'entreprise ce que la méthode des coûts complets ne pourrait empêcher.

C'est d'ailleurs, pour des raisons similaires que le PC recommande l'utilisation des coûts rationnels dans l'évaluation des stocks de produits.

3.3 Imputation rationnelle et évaluation des stocks

Les stocks de produits de fin d'exercice doivent être évalués à leur coût de production.

En période de sous-activité, une valorisation sur la base des coûts complets implique qu'une partie du coût de chômage soit prise en compte dans la valeur des produits stockés. Le PC s'oppose à cette conception et préconise la valorisation des produits stockés sur la base d'un coût rationnel estimant que le coût de chômage doit être absorbé par les recettes de la période.

En revanche, en période de sur-activité, l'utilisation d'un coût rationnel contreviendrait au principe de prudence puisqu'il aurait pour conséquence de valoriser les stocks à un coût supérieur au coût réel.

Reconnue pour valoriser les stocks, cette méthode peut également permettre un jugement sur l'efficacité de la gestion des centres de responsabilité.

3.4 Imputation rationnelle et centre de responsabilité

Cette technique oblige, pour chaque centre d'analyse, à une décomposition entre charges variables et charges fixes.

Sous réserve que l'activité normale d'un centre ait été déterminée de manière autonome par rapport à l'activité de l'entreprise, il est possible de juger de l'efficacité de la gestion de certains centres de frais.

En effet, les différences d'imputation rationnelle sont des écarts sur lesquels il est possible de fonder un jugement. Elles expriment la capacité du responsable à gérer son centre de responsabilité dès lors qu'il possède une certaine autonomie pour en fixer le niveau d'activité.

RÉFLEXIONS SUR LE THÈME

1. Comment définir l'activité NORMALE ?

Toute la méthode repose sur la notion d'ACTIVITE NORMALE mais comment la définir ?
A partir de la capacité potentielle de l'entreprise, il est possible de déterminer pour chaque atelier ou service, le potentiel spécifique ce qui conduit obligatoirement à mettre en évidence des goulots d'étranglement. De ces capacités maximales, il faut déduire une marge de manœuvre pour les aléas (pannes, réparations,grèves, défaut d'approvisionnement, etc...). Pour autant, l'activité trouvée n'est pas encore celle qualifiée de NORMALE.
L'activité normale est définie comme une activité fréquemment observée lorsque les conditions d'exploitation sont habituelles. Cela signifie que l'activité réelle peut de façon inhabituelle être supérieure ou inférieure à la normale : il faut donc en définissant l'activité normale laisser des capacités inemployées pour permettre la sur-activité. Mais combien ?
Par ailleurs, en période de sous-activité structurelle où se situe l'activité normale ?
Donc définir l'ACTIVITE NORMALE de l'entreprise n'est pas chose facile et les promoteurs de la méthode se sont bien gardés de la définir de façon objective.

2. Fiabilité des coûts rationnels

Les coûts d'imputation rationnelle n'échappent pas aux critiques adressées aux coûts complets. En effet, le problème de l'imputation aux coûts, forcément contestable, des charges fixes indirectes n'est pas réglé. La méthode garde donc la dimension arbitraire reprochée à la méthode des coûts de revient.
Cette fiabilité peut être également altérée par la difficulté réelle de définir l'activité normale.

3. Pourquoi s'arrêter là ?

L'imputation rationnelle des charges fixes est difficile et lourde à mettre en œuvre. La définition de l'activité normale soulève de nombreux problèmes. C'est pourquoi peu d'entreprises l'utilisent dans la pratique.
Celles qui acceptent d'investir dans la détermination du niveau d'activité normale s'aperçoivent vite qu'elles ont en fait résolu les difficultés principales d'une gestion prévisionnelle et préfèrent, alors, mettre en place un pilotage par les budgets aussi complexe mais plus complet.

Applications

① *Société Lusin*

La société LUSIN est une PME située dans le Poitou. Elle est spécialisée dans le montage de compresseurs. Un compresseur est un appareil destiné à fabriquer de l'air comprimé utilisé comme force motrice par des outils. Ces outils commercialisés sont les pistolets à peinture, perceuses, ponceuses.
Un compresseur se compose de trois pièces principales : une cuve, un moteur et une pompe. Les pièces, importées pour la plupart, sont assemblées par l'entreprise.
Le marché français des compresseurs était un marché protégé par une barrière à l'entrée obtenue par une homologation des cuves (norme plus sévère que dans les pays voisins). Cette barrière a été supprimée en 1993 avec l'ouverture du marché européen. L'homologation européenne est devenue suffisante pour permettre l'entrée en France.
L'analyse des charges de juin 19N relatives au compresseur 125 fait apparaître :
- les charges de production :
  - variables unitaires : 720 F ;
  - fixes mensuelles : 6 000 F.
- les autres charges (hors production) du mois : 9 000 F dont 3 000 F de charges fixes.

L'activité normale et programmée correspond à une fabrication et à une vente de 60 compresseurs 125 par mois. En juin, la production a été de 40 compresseurs ; 35 d'entre eux ont été vendus au prix unitaire (HT) de 1 200 F et le stock au 30 juin est de 5 compresseurs.

QUESTIONS :

a) Calculez le coût de production d'un compresseur référence 125 fabriqué en juin 19N :
- **sans imputation rationnelle ;**
- **avec imputation rationnelle.**

b) Présentez, pour juin 19N, les deux comptes de résultat de comptabilité générale, réduits aux compresseurs 125, correspondant à ces deux valorisations possibles de la production (sans et avec imputation rationnelle).

c) En vous limitant aux seules charges de production (et au compresseur 125), calculez le coût de sous-activité du mois et répartissez-le entre la production vendue et la production stockée.

d) De manière générale, laquelle des deux présentations du compte de résultat proposées en b devrait être adoptée en comptabilité générale et pourquoi ?

e) Calculez, relativement aux compresseurs 125, le coût global de sous-activité du mois de juin en considérant que les «autres charges» sont essentiellement des charges de distribution.

② *Société Métallurgique de T.*

La SMT (Société Métallurgique de T.) est une société anonyme implantée dans l'Est de la France. Son originalité réside dans le fait que les deux actionnaires détenant plus de 90 % du capital sont ses deux principaux fournisseurs et ses deux seuls clients.
Elle emploie 592 personnes dont 495 dans deux ateliers :
- l'atelier de calibrage qui effectue des opérations de calibrage de barres et de couronnes d'acier brut ;
- l'atelier de barres de torsion où sont réalisés des produits finis pour l'automobile à partir des barres précédemment calibrées.

La SMT n'achète pas ses matières premières, elle n'a pas de service commercial et facture seulement la valeur qu'elle a ajoutée à la matière première fournie par ses deux actionnaires.

Jusqu'en N cette société utilisait pour sa comptabilité analytique, la méthode des coûts réels. Pour l'année N, il a été décidé de pratiquer la méthode d'imputation rationnelle qui, compte tenu de l'importance des charges fixes dans l'entreprise, devait permettre une meilleure approche des coûts. Il ne s'agissait, en fait, que d'une transition avant la mise en place d'une gestion budgétaire dont étaient déjà dotées les deux sociétés actionnaires.

Pour la répartition de ses charges indirectes, la société a créé, depuis plusieurs années, cinq centres d'analyse correspondant à un regroupement de ses services :

- le C.A. administration qui comprend les services : direction, personnel, comptabilité, informatique et travaux neufs ;
- le C.A. entretien ;
- le C.A. méthodes et approvisionnements qui comporte les bureaux : méthodes, fabrication et contrôle auxquels a été joint le service d'approvisionnement dont la faible activité ne justifiait pas la création d'un centre autonome ;
- les C.A. atelier de calibrage et atelier de barres de torsion ; les deux ateliers correspondent chacun à une entité dans l'entreprise.

Pour le mois de janvier N il a été décidé d'utiliser la méthode d'imputation rationnelle des charges fixes.

Il a été relevé au cours du mois de janvier N, les informations suivantes :
charges directes (il s'agit de la main-d'œuvre rémunérée) :
- atelier de calibrage : 55 100 heures pour 1 149 386 F ;
- atelier des barres de torsion : 23 200 heures pour 470 496 F.

À noter
Compte tenu des temps d'entretien, de mise en route et de réglage, on considère que le temps de marche représente :
- 0,7 du temps de main-d'œuvre directe rémunérée dans l'atelier de calibrage ;
- 0,65 du temps de main-d'œuvre directe rémunérée dans l'atelier de barres de torsion.

L'unité d'œuvre utilisée pour chaque atelier est l'heure de marche.

CHARGES INDIRECTES DÉFINIES DANS LE TABLEAU DE RÉPARTITION SUIVANT

ÉLÉMENTS	TOTAL	C.A. auxiliaires			C.A. principaux	
		Administration	Entretien	Méthodes et approvisionnement	Calibrage	Barres de torsion
Achats stockés de mat. premières	322 301			322 301		
Charges de personnel	821 128	318 624	146 158	138 256	161 575	56 515
Impôts et taxes	14 206	9 565	1 082	950	1 438	1 171
Achats non stockés de mat. et fourn.	772 628	128 642	341 231	97 228	123 386	82 141
Transports	143 527	32 121	28 634	46 652	23 572	12 548
Services extérieurs	67 435	24 212	18 917	6 432	12 488	5 386
Charges financières	46 222	46 222				
Dotations aux amortissements	1 100 900	59 098	114 673	28 421	682 218	216 490
Totaux primaires	3 288 347	618 484	650 695	640 240	1 004 677	374 251
Administration					75 %	25 %
Entretien				10 %	75 %	15 %
Méthodes et approvisionnement			5 %		65 %	30 %
Totaux	3 288 347	0	0	0	……	……

Une analyse très poussée des charges indirectes du mois de janvier N a permis d'obtenir dès le mois suivant, la répartition ci-après :
– éléments variables : 100 % des achats stockés de matières
40 % des achats non stockés de matières et fournitures
70 % des transports
50 % des services extérieurs.
– éléments fixes : le reste des charges indirectes.

L'atelier de calibrage a produit au cours de ce mois de janvier N 306 254 barres et 246 564 couronnes. Il est admis que l'ensemble des charges nécessaires au calibrage d'une couronne est égal à une fois et demie celui du calibrage d'une barre.

Enfin, l'atelier de barres de torsion a produit 175 264 barres dont 1 366 ont été mises au rebut ; elles seront reprises par les deux fournisseurs sans contrepartie.

L'analyse de l'activité de la société a permis de déterminer les coefficients d'imputation rationnelle pour le mois de janvier N suivants :
– centre administration : 1
– centre entretien : 0,9
– centre méthodes et approvisionnement : 1

En ce qui concerne les centres d'analyse principaux, l'activité considérée comme normale est de :
– atelier de calibrage : 36 400 heures de marche
– atelier des barres de torsion : 16 250 heures de marche

QUESTIONS :

a) Calculer les coefficients d'imputation rationnelle des centres principaux pour le mois de janvier N.
b) Procéder à la répartition primaire des charges indirectes en séparant pour chaque centre d'analyse, la partie fixe et la partie variable.
c) Calculer par la méthode d'imputation rationnelle le coût de l'unité d'œuvre des centres d'analyse de calibrage et de barres de torsion, ainsi que l'écart global d'imputation rationnelle.
d) Calculer le coût du calibrage d'une barre et d'une couronne, ainsi que le coût de la fabrication d'une barre de torsion utile.

A noter :

- **les sommes imputées dans les centres d'analyse des divers tableaux de répartition seront arrondies au franc le plus proche ;**
- **les coefficients d'imputation rationnelle et les coûts d'unité d'œuvre seront arrondis au centime le plus proche.**

(d'après DECF)

3 *Fuchs SA*

L'entreprise industrielle FUCHS S.A., créée le 1er janvier, sans stocks initiaux, travaille sur commandes, en transformant une matière première unique : 100 tonnes de matière première ont été achetées au prix d'achat unitaire de 2 000 F.

Les seuls frais directs du mois de janvier sont constitués par :
– la force motrice des ateliers, soit 20 000 F ;
– la main-d'œuvre directe de production soit 40 000 F pour 2 000 heures.

Les charges indirectes sont réparties entre les centres d'analyse suivants :
– centre d'administration et de financement,
– centre d'approvisionnement,

– centre de production (ateliers),
– centre de distribution.

L'étude des frais des centres d'analyse effectuée avant la sous-répartition du centre d'administration et de financement, fournit les informations suivantes :

	Centre administration et financement	Centre Approvisionnement	Centre Ateliers	Centre Distribution
Totaux	40 000	20 000	200 000	80 000
Charges fixes	40 000	8 000	160 000	40 000
Charges variables	0	12 000	40 000	40 000
Unités d'œuvre	Néant	1 tonne achetée	1 heure m.o.d.	100 F de vente H.T.
Coefficients d'activité	1	1	0,9	1,2
Clés de sous-répartition	– 100 %	10 %	60 %	30 %
Légendes : m.o.d. = main-d'œuvre directe. H.T. = hors T.V.A.				

Les charges indirectes ne comprennent que des frais et dotations, à l'exclusion de tout élément supplétif.
En janvier, les ateliers ont travaillé sur les commandes suivantes :

	Commande n° 1	Commande n° 2
Matières premières utilisées	70 tonnes	20 tonnes
Main-d'œuvre directe	1 500 heures	500 heures
Force motrice utilisée	12 000 F	8 000 F
Avancement des commandes	Terminée et livrée	En cours
Facturation (prix de vente hors taxe)	600 000 F	Non facturée

QUESTIONS :

a) Après avoir, dans les deux cas, achevé le tableau de répartition, déterminer les différents coûts, l'état des stocks et le résultat sur commande n° 1 par la méthode des coûts réels et par celle de l'imputation rationnelle des charges fixes.

b) En tenant compte des évaluations faites par la méthode des coûts réels, établir le compte de résultat de la période, sachant qu'il n'y a pas de différences de traitement comptable en dehors de celles qui pourraient éventuellement résulter de l'arrondissement des calculs.

c) Rapprocher et commenter brièvement les résultats obtenus en a et b suivant les méthodes utilisées.

d) Le coefficient d'imputation rationnelle du centre administration et financement a été obtenu en fonction de ceux des centres principaux et des clés de sous-répartition. Le vérifier.

(d'après DECF)

4 Société Savoie-Skis

Les services techniques de la Société SAVOIE-SKIS ont récemment mis au point un nouveau type de ski : muni en usine d'une fixation électro-magnétique, adaptable à toutes les chaussures, le ski est livré prêt à l'emploi. Cette innovation réduit ainsi à néant l'intervention du revendeur qui, traditionnellement, devait assurer la préparation de chaque équipement. Le lancement de ce nouveau produit en 19 N – 1 a dû être accompagné d'une forte campagne publicitaire.
Le directeur de la comptabilité, M. DUSOLDE, veut vous faire travailler sur la comptabilité analytique de janvier 19 N. Avant de vous préciser ce qu'il attend de vous, il vous fournit les renseignements dont vous allez avoir besoin.

I. Informations sur la fabrication

Deux modèles de skis sont proposés :
– le modèle S, pour le ski de piste, de tendance plus sportive ;
– le modèle R, plus souple et mieux adapté à la randonnée.
Sur le plan technique, la fabrication *d'un ski* comporte 3 phases essentielles :

1. La préparation
Dans des moules, faisant office de gabarits, sont disposés :
– l'âme du ski, *noyau* profilé qui procure au ski ses qualités caractéristiques. Ce noyau est :
  • plastique pour le modèle S,
  • métallique pour le modèle R ;
– la «carre», lame d'acier bordant la semelle du ski afin de renforcer cette dernière tout en assurant un meilleur accrochage sur la neige dure ;
– la *spatule*, renfort métallique de protection à l'avant du ski.

2. Le moulage
On injecte dans les moules une résine plastique qui, en se polymérisant, assemble les éléments précédents. La quantité de résine nécessaire à l'injection d'une paire de skis est de 2,5 kg, quel que soit le modèle.

3. La finition
Cette opération comporte l'ébarbage des défauts, la pose des décors et monogrammes ainsi que le vissage des fixations.

II. Informations sur la comptabilité analytique

A. Organisation de la comptabilité analytique

1. L'activité des ateliers subissant des variations saisonnières, on a adopté la méthode des centres d'analyse avec imputation rationnelle des charges fixes.
L'imputation rationnelle est aussi appliquée aux charges fixes directes.
Des coefficients d'activité sont donc établis tous les mois.
Pour les centres de production, ces coefficients sont calculés à partir de la production réelle du mois.
Pour le centre de distribution, comme pour les charges directes d'achat de résine, ces coefficients sont appréciés par les responsables.

2. Les coûts, pour chacun des deux produits, sont calculés aux quatre stades successifs ;
– de préparation ;
– de moulage ;
– de finition ;
– de distribution.
Les stocks ne sont tenus, en principe, qu'aux deux niveaux suivants :
– skis moulés (à la sortie de l'atelier moulage) ;
– skis finis (à la sortie de l'atelier finition).
Les skis sortant de l'atelier «Préparation» sont donc, en général, admis immédiatement dans l'atelier «Moulage» mais il peut être nécessaire, exceptionnellement, de stocker des skis préparés.

3. La comptabilité analytique étudie l'activité par périodes mensuelles. Lorsqu'en fin de mois des éléments sont en cours de production dans l'un des ateliers, on admet :
– que les composants et matières consommables correspondant à ce niveau sont intégrés en totalité ;
– que les charges de l'atelier considéré sont engagées à 50 % (ainsi, par exemple, si l'unité d'œuvre d'un atelier est «la paire de ski travaillée» toute paire de ski en cours dans l'atelier correspondra à une 1/2 unité d'œuvre pour l'activité de cet atelier).

4. Toutes les sorties de stocks sont valorisées au coût moyen pondéré (calculé éventuellement avec deux décimales).

B. Renseignements fournis

1. Choix des unités d'œuvre et bases de calcul d'une activité «normale» mensuelle

Centres	Unité d'œuvre choisie (u.o.)	Nombre d'unités d'œuvre
Préparation	1 paire de skis travaillée	3 000
Moulage	1 paire de skis travaillée	3 000
Finition	1 heure de main-d'œuvre directe	1 000 (1)
Distribution	(2)	

(1) Il faut 20 minutes par paire de skis dans le centre «Finition».
(2) Conformément au PCG 82, ces charges qui contiennent aussi des charges d'administration générale, sont imputées au prorata des coûts de production des produits vendus.

2. Existants en début de période (1er janvier 19 N)

– Matières premières et consommables

Noyaux plastiques

	Paires	F	F
Stock initial	1 500		60 060
Entrées	600	42	25 200 (1)
	2 100		85 260

Spatules

	Paires	F	F
Stock initial	900		18 068
Entrées	5 000	20,6	103 000
	5 900		121 068

Fixations

	Paires	F	F
Stock initial	1 500		330 000
Entrées	4 500	240	1 080 000
	6 000		1 410 000

Noyaux métalliques

	Paires	F	F
Stock initial	1 200		28 800
Entrées	800	24	19 200 (1)
	2 000		48 000

Carres

	Paires	F	F
Stock initial	700		12 560
Entrées	2 500	18,4	46 000
	3 200		58 560

Résine

	Kilogrammes	F	F
Stock initial	1 000		31 900
Entrées	8 000	?	
	9 000		

Matières consommables et diverses

			F
Stock initial			3 200
Entrées			14 600
			17 800

(1) Valeurs arrondies

– Skis R préparés : 150 paires évaluées pour un prix total de 26 000 F (skis préparés en décembre mais non admis en atelier «Moulage» à la suite d'une grève de l'atelier).

– Skis moulés,	S : 600 paires pour	393 600 F	464 380 F
	R : 150 paires pour	70 780 F	
– Skis terminés,	S : 80 paires pour	79 808 F	160 624 F
	R : 100 paires pour	80 816 F	

3. État des en-cours de production

L'entreprise admet, pour simplifier, que l'état d'achèvement des travaux est toujours de 50 % mais les matières sont, par contre, incorporées en totalité dès l'entrée en fabrication.

Ateliers		En-cours au 1-1-19 N		En-cours au 31-1-19N	
		Nombre de paires	valeurs	Nombre de paires	Valeurs
Préparation	S	–	–	20	5 000
	R	–	–	40	7 000
Moulage	S	4	2 000	24	13 381
	R	40	13 318	20	6 660
Finition	S	40	26 000	20	17 430
	R	68	46 800	8	5 506

4. *Résumé des achats de janvier (hors taxes)*

Résine :	8 000 kg à 34 F	272 000 F
Noyaux en plastique :	600 paires pour	25 220 F
Noyaux en métal :	800 paires pour	19 264 F
Carres :	2 500 paires pour	46 000 F
Spatules :	5 000 paires pour	103 000 F
Fixations :	4 500 paires pour	1 080 000 F
Matières consommables et diverses		14 600 F
Total		1 560 084 F

5. *Charges directes de janvier 19N*

a) Charges directes d'achat :

Les frais de transport sur les achats (*de résine* uniquement) sont rationalisés en fonction de l'activité normale. Outre les prix d'achat, les charges réelles d'achat se sont élevées à 24 000 F.
Le coût d'achat de la période est donc le suivant pour la résine :

Prix d'achat	272 000 F
+ charges directes après imputation rationnelle des charges fixes	19 200 F
Coût d'achat	291 200 F

b) Charges directes de production

	Modèle S		Modèle R	
Préparation :				
Charges variables(MOD)	(2 500 h à 44 F)	110 000	(1 000 h à 44 F)	44 000
Charges fixes :				
– amortissements	3 000		3 000	
– locations	51 200	70 000	48 000	72 000
– charges de personnel	15 800		21 000	
Moulage :				
Charges variables (MOD)	(1 000 h à 52 F)	52 000	(500 h à 52 F)	26 000
Charges fixes :				
– amortissements	8 000		8 000	
– locations	64 000	160 000	56 000	124 000
– charges de personnel	88 000		60 000	
Finition :				
Charges variables (MOD)		24 600		29 400
Charges fixes				
Total		416 600		295 400

c) Charges directes de distribution (variables)

	Totaux	S	R
Salaires des vendeurs et représentants	140 000	70 000	70 000
Frais divers de publicité	282 000	188 000	94 000
Frais de transport	106 400	46 800	59 600
Subvention à l'équipe de France	200 000	120 000	80 000
Critérium de la 2e neige	120 000	60 000	60 000
	848 400	484 800	363 600

6. *État des fabrications terminées* (en nombre de paires)

	S	R
Skis préparés (entrant dans l'atelier «Moulage»)	1 220	1 750 (1)
Skis moulés (entrant en magasin)	1 200	1 920
Skis finis (entrant en magasin)	1 240	1 500
(1) Les 1 750 paires entrent en atelier «Moulage» avec les 150 paires préparées le mois précédent.		

Nota. : Dans l'atelier de finition, les temps de main-d'œuvre directe ont été comme prévu de 20 minutes par paire de skis finis.

7. *Sorties de stocks de matières*

Les composants de skis ont bien été incorporés, comme prévu, aux différents stades de la fabrication, soit pour 1 paire de skis :
- 1 paire de noyaux (métalliques ou plastiques) ;
- 1 paire de spatules ;
- 1 paire de carres ;
- 2,5 kg de résine ;
- 1 paire de fixations.

Les matières diverses et consommables incorporées au niveau de la finition ont été chiffrées globalement à :
- 5 000 F pour les skis S ;
- 7 520 F pour les skis R.

8. *Existants en fin de période* (inventaire extra-comptable du 31 janvier 19N)

Matières premières	Quantités
Noyaux plastiques	860 paires
Noyaux métalliques	200 paires
Carres	165 paires
Spatules	2 870 paires
Fixations	3 310 paires
Résine	1 180 kg
Matières consommables et diverses	3 200 F

Produits	S	R
Skis moulés	580 paires	630 paires
Skis terminés	50 paires	20 paires

9. Ventes du mois de janvier 19N

	Hors taxes	TTC
Skis modèle S : 1 270 paires à 1 760 F	2 235 200	2 650 947,20
Skis modèle R : 1 580 paires à 1 370 F	2 164 600	2 567 215,60
	4 399 800	5 218 162,80

10. Clés de la répartition secondaire

Elle concerne le centre «Entretien» dont les charges sont imputées en période d'activité normale de la manière suivante :

- 20 % au centre «Préparation».
- 25 % au centre «Moulage».
- 30 % au centre «Finition».
- 25 % au centre «Distribution».

Si l'activité des centres récepteurs est différente de la normale, chacun d'eux absorbe des charges d'entretien pour la fraction ci-dessus multipliée par le coefficient qui lui est propre.

11. Coefficient d'activité de janvier 19N

Centres	Coefficients d'activité
Préparation	100 %
Moulage	104 %
Finition	90 %
Distribution	110 %

12. Résumé des amortissements prévus pour l'année 19 N

Frais d'établissement	28 000
Construction	180 000
Matériel et outillage industriels	831 540
Matériel de transport	264 000
Matériels de bureau et informatique	30 000
Installations, agencements et aménagements divers	164 000
	1 497 540

Il est procédé à un abonnement mensuel avec une répartition sur 11 mois.

13. Résumé du compte de résultat (pour le mois de janvier 19N)

Résultat

Achats	1 560 084	Ventes	4 399 800
Variations de stocks	– 440 451,90	Production stockée	+ 58 235
Charges par nature	2 474 390		
Solde créditeur (bénéfice)	864 012,90		
	4 458 035,00		4 458 035,00

QUESTIONS :

Le directeur des services comptables vous demande de :

a) Déterminer pour chaque atelier, compte tenu, entre autres, des renseignements 3 et 6 donnés par le comptable :

- **le nombre d'entrées en fabrication (ou nombre de produits pour lesquels la matière première a été incorporée au cours du mois de janvier) ;**
- **l'activité du centre d'analyse exprimée en unités d'œuvre.**

b) Vérifier les renseignements fournis en 11 concernant les centres de production.

c) Terminer le tableau de répartition des charges indirectes en pratiquant l'imputation rationnelle des charges fixes (Annexe I).

d) Terminer les tableaux de calculs faisant ressortir, pour chaque type de skis :

- **les coûts de production successifs ;**
- **les coûts de revient ;**
- **les résultats analytiques.**

e) Mettre à jour les comptes de stocks arrêtés au 31 janvier 19N.

f) Rapprocher le résultat de la comptabilité analytique et celui de la comptabilité générale (à l'aide d'un tableau clair et avec une justification de toutes les sommes inscrites).

g) Justifier les sommes figurant dans le compte «Résultat» résumé. Le montant des «charges par nature» pourra être obtenu par la voie la plus rapide, sans procéder nécessairement à un reclassement de ces charges selon leur nature.

N.B. – Les questions d et e sont liées et à traiter simultanément.

ANNEXE

Répartition des charges indirectes (Mois de janvier 19N)

	Totaux	Entretien		Préparation		Moulage		Finition		Distribution		Écarts d'IR
		F	V	F	V	F	V	F	V	F	V	
Matières consommables	2 200	200		200	200	200	400	200	200	200	400	
Charges de personnel	233 960	21 960		22 000	18 000	60 000	40 000	52 000	14 000	4 000	2 000	
Impôts, taxes et versements assimilés	99 390	45 390		10 000		14 000		12 000		18 000		
Locations	350 800	5 150		2 000	52 800	45 800	104 250	50 000	62 400	4 000	24 400	
Frais de transport	28 800	2 800								2 000	24 000	
Frais de publicité	62 900	900		1 800	16 000	20 000	6 000	5 800	4 400	1 800	6 200	
Dotations aux amortissements	90 000	4 000		6 000		50 000		20 000		10 000		
Éléments supplétifs	9 600	9 600										
Répartition primaire	877 650	90 000		42 000	87 000	190 000	150 650	140 000	81 000	40 000	57 000	
Les coûts d'unités d'œuvre seront arrondis au centime le plus proche.												

(d'après DECF)

12 Le coût marginal

1. *Les caractéristiques du coût marginal*
2. *Les aspects mathématiques du coût marginal*

L'utilisation du coût marginal permet d'étudier les variations des charges de toute nature en fonction des fluctuations d'activité afin d'en apprécier l'incidence sur le profit global.

Sans être une méthode à proprement parler, l'utilisation ponctuelle de cet outil permet des réponses à certains problèmes de gestion :
– à quel prix accepter une commande supplémentaire ?
– comment, dans ce cas, maximiser le résultat ?

La notion de coût marginal a été initialement définie dans le cadre de la théorie micro-économique classique. C'est plus tard que les gestionnaires se sont aperçus de l'intérêt d'un tel concept. Ils ont alors adapté les résultats mathématiques à la réalité de l'entreprise.

C'est pourquoi après avoir défini les caractéristiques du coût marginal, nous étudierons son aspect mathématique.

1. Les caractéristiques du coût marginal

1.1 Définitions

Selon le **Plan comptable**, le coût marginal est «la différence entre l'ensemble des charges d'exploitation nécessaires à une production donnée et l'ensemble de celles qui sont nécessaires à cette même production majorée ou minorée d'une unité».

Soit deux niveaux d'activités An et An+1 auxquels correspondent deux coûts Cn et Cn+1 ; on a :

Coût marginal (Cma) = Cn+1 – Cn

Exemple *Soit une entreprise fabriquant et commercialisant 10 lots de produits pour un coût de revient de 560 000 F. Une étude montre que la fabrication de 11 lots entraînerait des coûts totaux d'un montant de 610 000 F.*
Le coût marginal du lot est égal à :
Cma = 610 000 F – 560 000 F = 50 000 F

De l'exemple précédent, découle une autre définition du coût marginal.

> Le coût marginal est égal au **coût de la dernière unité fabriquée** pour atteindre un niveau de production donnée.

Ces définitions soulèvent deux remarques :
- **l'unité** dans le monde de la production peut-être un lot, une série ou un article ;
- la définition s'applique non seulement à une augmentation mais aussi à une diminution de la production.

Dans la pratique, la deuxième définition est plus utilisée dès lors que sont connues les charges composant le coût de la dernière unité produite.

1.2 Composantes du coût marginal

Le coût de la dernière unité produite se compose, comme tous les coûts, de charges de nature différente :
- les charges variables qu'entraîne sa réalisation,
- les charges fixes éventuellement nécessaires à sa production si un changement de structure se révèle indispensable.

Il ressort que :

> Le coût marginal est **égal aux charges variables unitaires** sous deux conditions :
> - **structure inchangée** donc pas de modifications des coûts fixes,
> - charges **variables strictement proportionnelles** aux quantités.

Dans le cas où la fonction de coût total est représentée par le modèle de la courbe en S, le coût marginal est alors une courbe en U.

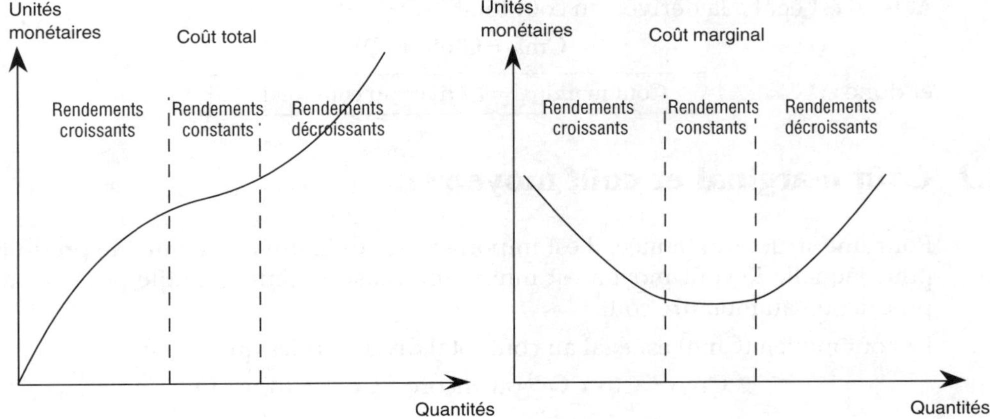

On constate que :

- dans la **zone des rendements croissants**, il faut moins de facteurs de production pour produire un produit, le **coût marginal est décroissant** ;
- dans la **zone de rendements constants**, le coût marginal est constant puisque chaque unité produite consomme la même quantité de facteurs ;
- dans la **zone des rendements décroissants**, il faut plus de facteurs de production pour un produit, le **coût marginal est croissant**.

Les composantes du coût marginal recensées, il est utile d'étudier les aspects mathématiques de cet outil.

2. Les aspects mathématiques du coût marginal

Il nous faut envisager les relations du coût marginal avec le coût total, le coût moyen et le profit.

2.1 Coût marginal et coût total

Quelle que soit la relation mathématique qui lie le coût total aux quantités, le coût total (Cto) est fonction des quantités et on peut écrire :

Cto = f(Q) avec Q exprimant les quantités

Compte tenu de la définition du coût marginal (Cma), on obtient :

$$\text{Cma} = \frac{f(Q + \Delta Q) - f(Q)}{\Delta Q}$$

Si ΔQ est infiniment petit et que f(Q) est dérivable, la valeur de Cma quand $\Delta Q \rightarrow 0$ est égal à la dérivée du coût total :

$$\text{Cma} = \text{Cto}' = f'(Q)$$

et donc : Coût marginal = Dérivée du coût total

2.2 Coût marginal et coût moyen

Pour une structure donnée, il est important de connaître la quantité de produits pour laquelle le coût moyen est minimum, puisque cette quantité permet une production au moindre coût.

Le coût moyen (Cmo) est égal au coût total divisé par les quantités :

$$\text{Cmo} = \text{Cto} / Q \quad \text{ou encore} \quad \text{Cmo} = f(Q) / Q$$

Une fonction est minimum lorsque sa dérivée première est nulle et que sa dérivée seconde est positive. En admettant les conditions de second ordre, la dérivée du coût moyen s'écrit :

$$Cmo' = \frac{f'(Q) \times Q - f(Q)}{Q^2} = 0$$

On en déduit que $f'(Q) = f(Q) / Q$

Cma = Cmo
Le **coût marginal est égal au minimum du coût moyen**.

Ce point caractéristique s'appelle l'**OPTIMUM TECHNIQUE**. Il représente la quantité de produit pour laquelle la combinaison productive est la plus économique.

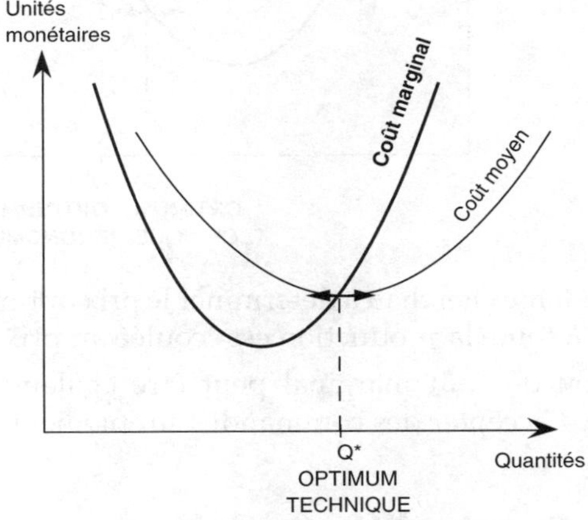

2.3 Coût marginal et profit

Selon un raisonnement similaire, la recette totale (Rto), la recette marginale (Rma) et la recette moyenne (Rmo) peuvent être définies. Comme la recette totale est fonction des quantités, on peut écrire :

$$Rto = g(Q)$$
$$Rma = Rto' = g'(Q)$$
$$Rmo = Rto / Q = g(Q) / Q$$

Le profit se définit comme la différence entre la recette totale et le coût total. Il est maximum quand sa dérivée première est nulle et sa dérivée seconde négative.

En admettant les conditions de second ordre respectées sur les dérivées, on peut écrire que le profit total (Pto) est égal à :

$$Pto = Rto - Cto \text{ et donc } Pto' = Rto' - Cto' = 0$$

⇒ Profit est maximum quand Rma = Cma

Le profit est maximum quand la recette marginale est égale au coût marginal.

Ce point s'appelle l'**OPTIMUM ÉCONOMIQUE**. Il représente la quantité pour laquelle l'efficience économique est optimum.

Dans le cas fréquent, où le prix de vente décroît en fonction des quantités vendues, l'optimum économique est déterminé par le graphique suivant :

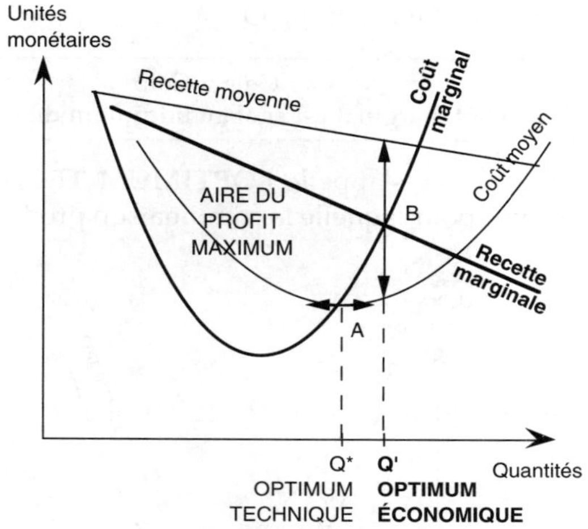

L'étude précédente cherchait à déterminer le prix optimum pour l'entreprise dans l'hypothèse où toute la production est écoulée au prix défini.

Mais la notion de coût marginal peut être également utilisée pour juger de l'opportunité d'accepter des commandes supplémentaires.

2.4 Politique de prix différentiels

L'application du coût marginal à la gestion est assez fréquente en cas de commande ou d'investissement supplémentaire.

Toute commande supplémentaire sera acceptée tant que le coût marginal est inférieur à la recette marginale attendue de cette commande.

Exemple

Une entreprise travaille à 80 % de sa capacité. La structure des coûts est la suivante, pour la production de 8 000 produits :
– coûts variables unitaires : 1 000 F
– coûts de structure : 800 000 F.

Un nouveau client se présente pour une commande de 1000 produits réalisés dans des conditions normales. Il accepte de payer chaque produit au tarif de 1250 F. ***Un tel prix est-il acceptable ?***

Première commande

Les 1000 produits supplémentaires ne saturent pas la capacité de production de 10 000. Le coût marginal est dans ce cas, égal aux charges variables unitaires.

Cma = 1 000 F, Rma = 1250 F ⇒ le profit par unité est de 250 F et donc le résultat de l'entreprise augmentera de 250 000 F
L'entreprise accepte cette première commande.

*

Un nouveau marché apparaît d'une capacité de 5 000 produits. Pour répondre à cette demande, il faudrait faire subir à chacun des produits un traitement spécifique qui ferait croître les coûts variables unitaires de 10 %. Par ailleurs, la direction chiffre à 120 000 F les charges fixes supplémentaires.
A quel prix doit-elle écouler ce produit ?

Nouveau marché

La capacité de 10 000 est insuffisante pour faire face à la demande :
8 000 + 1 000 + 5 000 = 14 000.

Il faut changer de structure, soit un coût marginal composé de charges variables unitaires et de charges fixes supplémentaires.

- *Charges variables unitaires : 1000 + (1000 x 10 %) = 1100 F*
- *Charges fixes supplémentaires : 120 000 F soit un coût marginal pour les 5 000 unités de (1100 x 5000)+ 120 000 = 5 620 000 F*
  et pour un produit : 5 620 000 / 5 000 = 1 124 F

Tout prix de vente supérieur au coût marginal de 1124 F est acceptable.

RÉFLEXIONS SUR LE THÈME

1. Les difficultés d'une politique de tarifs préférentiels

La pratique de tarifs préférentiels doit respecter certaines conditions pour ne pas se révéler dommageable à l'entreprise.
- La politique doit être discrète car elle risque d'être mal comprise et de détériorer l'image de marque. Il faut, en effet, éviter que ne s'effectue un transfert des clients traditionnels qui génère une forte marge vers des acheteurs occasionnels qui rapportent peu à l'entreprise.
- La politique ne doit porter que sur des faibles quantités pour les raisons de rentabilité évoquées plus haut. En tout état de cause, si les ventes doivent porter sur des quantités importantes elles doivent être tarifées à un coût supérieur au coût moyen afin de couvrir les charges fixes.

Il faut, cependant, reconnaître que pratiquer des prix préférentiels peut-être un moyen d'attirer de nouveaux clients mais cela doit se faire sans pour autant se voir reprocher des pratiques de dumping (ventes en dessous du coût moyen).

2. L'indivisibilité des facteurs de production empêche les entreprises de pratiquer un coût marginal pur

Le coût marginal est peu utilisé de façon systématique par les entreprises sauf par EDF et la SNCF qui utilise le concept pour établir certains tarifs, en particulier pour les gros consommateurs.
Pour autant, elles ne peuvent utiliser le coût marginal pur mais doivent tenir compte de l'indivisibilité des charges. Worms l'illustre ainsi dans son ouvrage *Méthodes modernes de l'économie appliquée* :

> *«… Un voyageur se présentant à la gare du Nord à l'heure de départ du train pour Calais peut, s'il est fortement imprégné de raisonnement marginaliste, demander à ne payer que quelques centimes pour être autorisé à monter dans le train : il expliquera en effet que la seule dépense supplémentaire susceptible de lui être imputée correspond à l'usure de la moleskine sur laquelle il va s'asseoir, toutes les autres charges de la SNCF restant inchangées qu'il monte ou non dans le train… En réalité, la SNCF ajoute un wagon pour* 100 *voyageurs supplémentaires, un train pour* 3 000 *par exemple, une voie ferrée pour un million : elle peut donc légitimement imputer au «voyageur de Calais» le centième du prix d'un wagon, le trois millième du prix d'un train, le millionième du prix d'une voie ferrée. Ce faisant, elle choisira simplement comme prix du billet, le coût* marginal moyen de développement, *ce qui, sur une ligne en expansion, est parfaitement justifié.»*

En théorie, c'est le premier voyageur qui, par sa présence justifiant le wagon supplémentaire, devrait supporter en totalité le coût d'immobilisation de ce dernier ; le second ne payerait alors que le prix de l'usure de la moleskine....

Applications

① *Entreprise Marin*

Dans l'entreprise MARIN, la structure des coûts est la suivante, pour une production réelle de 5 000 articles :
- coûts proportionnels aux quantités : 5 000 000 F
- coûts fixes : 2 500 000 F

Cette production correspond, en fait, à un emploi de 75 % de la capacité totale de production.

1. Un client supplémentaire se présente pour une commande de 500 articles réalisée dans des conditions normales. Le client propose un prix de vente de 900 ou 1 200 ou 1 500 F par article.

QUESTION :

a) Quel prix est acceptable ? Justifier impérativement votre réponse.

Finalement le prix retenu est de 1 200 F.

QUESTION :

b) Indiquer l'incidence de cette opération sur le résultat de l'entreprise ?

2. Après avoir accepté ce nouveau client, une entreprise leader sur le marché propose à la direction de l'entreprise MARIN un contrat de sous-traitance portant sur 3 000 articles supplémentaires.
Après étude, le projet est chiffré par la direction. Il en ressort :
- une augmentation des frais fixes globaux de 938 730 F ;
- les charges variables unitaires augmenteront de 10 % du fait d'une amélioration de la qualité demandée par le donneur d'ordre.

QUESTION :

c) A quel prix de vente minimum la direction doit-elle accepter cette proposition ?

En fait, elle choisit de dégager sur ce contrat, un résultat égal à 10 % du prix du contrat.

QUESTION :

d) A quel prix ce contrat sera-t-il conclu ?

② *Entreprise Duflan*

La fonction de coût total de l'entreprise DUFLAN est la suivante (Q = Quantités) :

$$C_{T0} = 20\,000 + 60\,Q + 15\,Q^2$$

L'entreprise étant sur un marché à forte concurrence, le prix de vente varie en fonction des quantités offertes d'après la relation suivante : Prix de vente unitaire (P) = 1 500 – 3 Q

QUESTIONS :

a) Déterminer la quantité à vendre pour optimiser le profit ?
b) Sur un graphique, déterminer l'aire représentant le profit maximum en fonction des quantités. Donner clairement l'équation de chacune des droites figurant sur votre graphique.
c) Déterminer graphiquement la quantité maximale pouvant être vendue sans entraîner de perte pour l'entreprise.

3 *Société Microvol*

Vous êtes comptable à la société MICROVOL, spécialisée dans les moteurs d'avion pour modèles réduits. On vous fournit le tableau suivant indiquant le coût de revient global de chaque type de moteur :

Types de moteurs	4,5 cm³	6 cm³
Éléments de coût :		
Matières premières	5 190	3 460
Matières consommables	180	55
Pièces détachées	2 925	2 145
MOD	18 000	12 000
Frais de production	4 800	3 200
Frais de distribution	1 200	785
	32 295	21 645
Qtés produites mensuelles	150	80
Prix de vente unitaire	210	260

1. En admettant :

a) que les frais de production peuvent être considérés comme variables à 60 % et ceux de distribution à 80 %.

b) que le total des charges fixes spécifiques peut-être évalué à 1 200 F pour les moteurs de 4,5 cm³ et à 1 000 F pour ceux de 6 cm³.

QUESTION :

En considérant le résultat spécifique sur chaque type, calculer le nombre minimum de moteurs de chaque type à vendre mensuellement.

2. Une entreprise spécialisée dans la fabrication et la commercialisation de modèles réduits souhaite vendre des voitures équipées de moteurs 4,5 cm³. Elle propose à la Société MICROVOL de lui en confier la fabrication. La production actuelle, 200 moteurs par mois s'écoule facilement. Les charges fixes mensuelles peuvent être évaluées à 1 600 F et les charges variables unitaires à 192 F. Au-delà de cette production de 200 moteurs, les charges fixes devraient doubler en raison des nouveaux investissements.

QUESTIONS :

Sachant que les séries de fabrication sont de 40 moteurs :

a) Présenter dans un tableau pour des fabrications de 200, 240, 280 et 320 moteurs de 4,5 cm3 :
- **le coût global de production,**
- **le coût moyen,**
- **le coût marginal de série,**
- **le coût marginal par moteur.**

b) Préciser en fournissant toutes justifications utiles si la Société MICROVOL aurait intérêt à accepter la proposition qui lui est faite selon que le marché porterait sur la livraison de 40, 80 ou 120 moteurs par mois, vendus au prix de 210 F.

(d'après DECF)

4 *Monsieur Honoré*

Monsieur HONORÉ a créé une petite menuiserie industrielle, et, après contacts avec les coopératives de ventes et divers groupements d'achats, il a centré sa production sur deux meubles de belle qualité, fabriqués en bois massif selon les techniques traditionnelles :
- une bibliothèque de style Louis XIII à 8 portes,
- un buffet d'enfilade de style Louis XIV à 4 portes et 2 tiroirs.

Ces meubles sont réalisés en chêne massif à l'exception des fonds et des tiroirs qui sont en frêne.

Bien que ces deux produits disposent d'un marché assuré, la situation financière de l'entreprise pose quelques problèmes car les prix de vente, faute de bases comptables sérieuses, ont été fixés à un niveau sans doute trop faible.

L'expérience des mois passés a montré que la production mensuelle pouvait être :
- soit de 12 bibliothèques et 0 buffet,
- soit de 36 buffets et 0 bibliothèque.

Ces deux produits utilisent les mêmes matières et sont fabriqués selon les mêmes techniques, mais les bibliothèques sont beaucoup plus importantes que les buffets bas.
Les 10 salariés de l'entreprise travaillent 39 heures par semaine et sont mensualisés (169 h/mois).
La production est réalisée sur 11 mois. Il n'y a actuellement pas d'heures supplémentaires.
Le taux des charges sociales pour l'entreprise est de 46 %.

Une étude récente des coûts complets des deux produits a donné les résultats suivants :

	Bibliothèque	Buffet
Matières	3 272,56	1 057,56
Main-d'œuvre directe	6 052,98	2 017,66
Frais généraux 1 570,72	523,57	
Charges supplétives	1 681,82	560,61
Total	12 578,08	4 159,40
arrondi à	12 600,00	4 200,00

Par ailleurs, on vous fournit les informations suivantes.

FRAIS GÉNÉRAUX : RELEVÉ ANNUEL DES DIFFÉRENTS POSTES

Charges		Montants
Achats non stockés :	électricité	41 127
	carburant	10 810
	petit outillage	16 273
	fournitures administratives	5 600
Autres charges externes :	loyer	18 000
	entretien	8 000
	assurances	12 000
	honoraires	14 000
	déplacements	3 000
	frais postaux	6 715
Impôts, taxes et versements assimilés		11 810
Charges de personnel :	charges sociales de l'exploitant (1)	6 000
Charges financières		30 000
Dotation aux amortissements		24 000
	Total	207 335

(1) Admises en charges dans les entreprises individuelles à l'inverse de la rémunération de l'exploitant.

Il faut en outre comprendre, en éléments supplétifs, pour le calcul des coûts, une rémunération fictive de l'exploitant de 12 000 F par mois et de son épouse de 6 500 F par mois, pendant 12 mois.

Dans les frais généraux, les seuls frais variables sont : l'électricité pour 50 % de son montant, le carburant pour 30 % et le petit outillage pour 80 %.
La main-d'œuvre directe ne comporte que des charges variables.

Les prix de vente ont été fixés à 12 000 F HT pour une bibliothèque et 4 600 F HT pour un buffet.

Il n'y a pas de frais de distribution, les acquéreurs venant prendre livraison des meubles à l'atelier.

QUESTIONS :

a) Calculer le coût variable de production d'une bibliothèque et d'un buffet (résultats arrondis aux cent francs les plus proches).
b) Après avoir calculé le montant des charges fixes (arrondi aux cent francs les plus proches), déterminer le nombre minimum de meubles à produire et à vendre pour atteindre le seuil de rentabilité :
1. Dans l'hypothèse où toute la production porterait sur des bibliothèques,
2. Dans l'hypothèse où elle ne concernerait que des buffets,
3. Commenter ces résultats.
c) A quel montant minimum (chiffre arrondi aux cent francs les plus proches) faudrait-il fixer le prix de vente des bibliothèques pour réaliser un résultat forcément positif, dans l'hypothèse où on ne fabrique que des bibliothèques.

Pour l'exercice à venir, les commandes portent sur 324 buffets et 15 bibliothèques aux prix précédents majorés de 10 %. On prévoit par précaution une hausse des coûts (fixes et variables) équivalente.

Un exportateur contacte alors Monsieur HONORÉ et lui propose l'achat de 20 bibliothèques à 12 800 F HT pièce. L'acceptation de cette commande impliquerait qu'un certain nombre de ces bibliothèques soient faites en heures supplémentaires par le personnel. Pour celles-là seulement les charges de main-d'œuvre directe seraient supérieures de 25 % aux charges normales.

QUESTIONS :

a) Pensez-vous que Monsieur HONORÉ doive accepter cette offre ? Justifiez votre réponse par un raisonnement et des calculs appropriés (sans traiter le b).
b) Pour convaincre Monsieur HONORÉ, vous déterminerez ensuite le résultat dans les deux hypothèses (acceptation ou refus de la proposition).

(d'après examen)

(5) *Entreprise Y*

L'entreprise Y occupe une position dominante sur son marché régional. Elle est en pleine expansion. A la fin de l'année A, elle ne fabriquait et ne vendait qu'un seul produit. La production de cette année a été telle que le coût moyen des séries fabriquées et livrées à la clientèle était minimum. Le prix de vente de la série était égal à ce coût moyen minimum majoré de 14 300 F.
A cette date, le seul concurrent de l'entreprise Y étant en difficultés sérieuses, et la capacité de production (15 séries) n'étant pas utilisée au mieux il a été décidé de fabriquer et de vendre dorénavant le nombre de séries maximisant le bénéfice. En outre, en vue d'éliminer le concurrent, les dirigeants de l'entreprise Y ont décidé de procéder à la vente de trois séries réclames, puis de reprendre ensuite les livraisons dans les conditions normales.
Vers la fin de l'année A + 1, il s'avère – les ventes réclames ayant été un gros succès – que le concurrent est définitivement éliminé. La décision de réinvestir est alors prise, de façon à occuper la place laissée vacante par le concurrent malheureux et aussi pour fabriquer et vendre un deuxième produit dont les études de marché ont indiqué une forte demande.

Le coût marginal des 13 premières séries était prévu comme suit pour les années A et A + 1.

Séries	Coût marginal
–	–
0	40 000 F
1re	32 600 F
2e	26 400 F
3e	21 400 F
4e	17 600 F
5e	15 000 F
6e	13 600 F
7e	13 400 F
8e	14 400 F
9e	16 600 F
10e	20 000 F
11e	24 600 F
12e	30 400 F
13e	37 400 F

QUESTIONS :

a) Déterminer le nombre de séries fabriquées et vendues au cours de l'année A. Calculer le prix de vente normal de la série. En déduire le bénéfice réalisé au cours de cet exercice A (l'exercice coïncide avec l'année civile ; l'entreprise écoule toute sa production).

b) Sachant que le coût marginal se calcule à partir d'un trinôme du second degré, la variable étant évidemment le numéro de la série, déterminer la valeur du coût marginal de la 14e et de la 15e série.

c) Le nombre des séries fabriquées et vendues durant l'année A + 1 par l'entreprise Y a donc été tel que le bénéfice eût été maximum sans la baisse des prix résultant des ventes réclames. Les séries ont été livrées sur le marché de la manière suivante : d'abord le nombre de séries nécessaires à la réalisation d'un bénéfice de l'ordre de 80 000 F, puis les trois séries réclames à un prix de vente moyen de 24 000 F, enfin les autres séries vendues au prix normal.

1. Déterminer le nombre de séries fabriquées et vendues pendant l'année A + 1 et le bénéfice normal correspondant.

2. Quels sont les numéros de séries écoulées lors des ventes-réclame ? A quel prix aurait-on pu les vendre s'il avait été jugé utile de ne réaliser aucun bénéfice sur ces séries (on pourra fournir plusieurs réponses en matière de prix).

3. Quel bénéfice l'entreprise Y a-t-elle finalement réalisé au cours de l'exercice A + 1 ?

d) Une étude des coûts marginaux de séries supplémentaires du produit traditionnel destinées à occuper la place laissée vacante par le concurrent a fourni les résultats suivants : 1re série supplémentaire, 30 000 F ; les 5 séries suivantes, 18 000 F la série. Le prix de vente normal ayant été abaissé à 34 000 F la série pour l'année A + 2, le bénéfice sur ces séries supplémentaires est-il satisfaisant ?

(d'après examen.)

Sous-partie 3

Analyse, mesure et suivi du système «production»

13. La gestion par les coûts préétablis

14. L'analyse des écarts

13 La gestion par les coûts préétablis

Les méthodes de coûts exposés dans les chapitres précédents se rattachent toutes à des analyses de coût historique c'est-à-dire ex-post.

La connaissance des éléments de coûts des produits *a priori* a été et est ressentie comme un moyen de contrôle de tout le système «Production» de l'entreprise.

Historiquement, l'augmentation de la taille des unités de production a conduit à une délégation des responsabilités, à un développement de la hiérarchie et de la maîtrise qui a posé le problème du contrôle de la productivité de la main d'œuvre.

Dans le même temps, l'accentuation de la concurrence a contraint les entreprises à une maîtrise des coûts qui étaient encore essentiellement des coûts de fabrication.

Le développement des idées de TAYLOR sur l'organisation et la division du travail a été considéré comme une solution à ces problèmes économiques.

En effet, la décomposition des tâches productives permet un contrôle rigoureux des coûts et une amélioration des rendements.

Dans ce cadre d'analyse, un nouveau mode de gestion apparaît : le *COST CONTROL*.

Le résultat de l'entreprise est analysé en termes d'écarts par rapport à des normes préétablies appelées aussi STANDARDS qui, par un mécanisme de rétroaction, doivent permettre un pilotage précis du système «production».

Le principe de fonctionnement du *COST CONTROL* est donc une confrontation périodique entre les normes préétablies et les réalisations pour mettre en évidence des écarts qui doivent appeler des actions correctives.

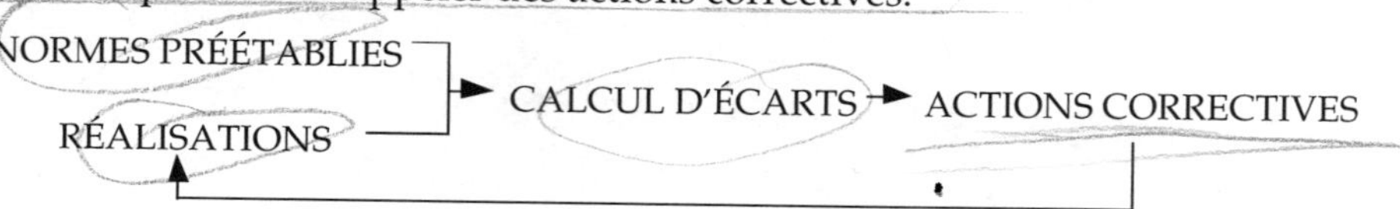

La pertinence de la méthode repose, de fait, sur la définition de normes qui vont servir de références aux ajustements du pilotage.

C'est pourquoi, après avoir analysé les différentes finalités reconnues aux coûts préétablis, nous étudierons les fondements techniques de cette méthode et sa mise en œuvre.

Ce dernier point sera développé à travers un thème d'application adapté d'une annale du DECF : société P.

1. Les finalités des coûts préétablis

A côté des objectifs principaux déjà énoncés à savoir le contrôle de la productivité de la main d'œuvre et un pilotage par exception de l'entreprise, les coûts préétablis ont été utilisés pour d'autres finalités.

1.1 Le contrôle de la productivité de la main-d'œuvre

Cette préoccupation est constante dans toutes les entreprises qu'il s'agisse d'une multinationale ou d'un artisan mais elle se résoud différemment suivant la taille de l'entreprise. Ce contrôle a donc évolué avec le temps.

Lorsque la production de bien simple était assurée par un seul ouvrier, le travail était rémunéré par un salaire à la pièce. Les charges de main d'œuvre étaient essentiellement variables et ce mode de rétribution était suffisamment incitateur pour assurer le rendement de l'opérateur. Le problème du contrôle de la productivité de la main d'œuvre ne se posait pas.

Mais la complexité croissante des biens industriels fabriqués demande la participation de plusieurs opérateurs, responsables chacun d'une phase du cycle de fabrication. La baisse de rendement de l'un retentit sur la productivité de l'ensemble.

Les modes de rémunération ont donc dû évoluer : le salaire à la pièce est remplacé par le salaire à prime. Il incite à l'amélioration de la cadence puisque le montant de la prime dépend de cette dernière.

C'était déjà une ébauche de rendements standards puisqu'il fallait définir un rendement théorique de la main-d'œuvre pour permettre le calcul de la prime.

Le taylorisme généralise le phénomène puisqu'il s'appuie sur les principes suivants :

- distinction entre tâches intellectuelles et d'exécution,
- amélioration des rendements par la parcellisation des tâches,
- préparation des tâches par chronométrage,
- standardisation des procédés.

Cette organisation laisse peu de place à l'initiative de l'ouvrier et le contraint à respecter des rendements pré-déterminés.

Dans cette première approche, la méthode des coûts standards est un moyen contraignant de productivité de la main-d'œuvre. Cet aspect tend à disparaître, aujourd'hui, au profit d'une conception plus globale de la productivité. La méthode devient plus un moyen de contrôle des consommations des ressources ou «inputs» du système de production en permettant un calcul d'écarts.

1.2 Le pilotage par exception

Le principe de fonctionnement est le suivant :

- des normes préétablies sont retenues pour encadrer tout le processus de fabrication : normes de consommation matières, de rendement, de qualité... ;
- le suivi des réalisations est confronté périodiquement à ces normes de fabrication et fait apparaître des écarts ;
- ces écarts sont analysés et permettent des actions correctives qui doivent remettre le système sur la «bonne route».

C'est la notion de pilotage.

Si l'on superpose à cette organisation de calcul de coûts une structure de délégation des responsabilités au niveau opérationnel, il suffit de fixer des seuils en deçà desquels aucune intervention n'est nécessaire et les responsables ne sont plus obligés d'intervenir que dans les cas exceptionnels.

C'est le pilotage par exception.

La méthode des coûts préétablis ou standards fixe des normes et des références en s'appuyant sur une étude technique très poussée des produits et de leurs processus de fabrication.

L'investissement de mise en œuvre est coûteux en moyens financiers et humains. Son efficacité et sa pertinence dépendent en partie du temps de réaction entre la constatation des réalisations et les actions correctives. Il faut donc que la périodicité de calcul des écarts corresponde aux types d'actions d'ajustement à mener.

Exemple *Un responsable d'un rendement horaire sur un poste de travail doit pouvoir bénéficier d'un suivi horaire du rendement de ce poste.*

La qualité du réseau d'analyse nécessaire à la mise en place des éléments standards a permis l'utilisation de ces coûts à d'autres finalités.

1.3 Les objectifs secondaires

Nous en retiendrons trois :

- la simplification du calcul des coûts,
- la prévision des coûts de projets spécifiques,
- l'identification des responsabilités.

a) La simplification du calcul des coûts

Cette simplification est due en partie à la rapidité d'exécution des calculs que permet l'utilisation des coûts préétablis. Nous en verrons deux exemples.

1) Répartition secondaire des charges indirectes

L'utilisation de coûts d'unités d'œuvre standards au moment de la répartition secondaire des charges indirectes, et particulièrement dans le cas de prestations réciproques des centres, évite les calculs de résolution de système d'équations.

Exemple *Soit le tableau de répartition suivant :*

	Gestion du matériel	*Prestations connexes*	*Autres centres*
Total Rép. primaire	*71 600*	*32 000 F*	*...*
Nature de l'UO	*h*	*KW/h*	*...*
Nombre UO	*540*	*45 000*	
Répartition secondaire *Gestion du matériel* *Prest. connexes*	 *–* *17 000 KW/h*	 *65 h* *–*	 *475 h* *28 000 KW/h*

Les données budgétaires retiennent un coût d'unité d'œuvre standard de 130 F pour la gestion du matériel et de 0,70 F pour les prestations connexes.

Les totaux de la répartition secondaire apparaissent immédiatement :

Gestion du matériel = 71 600 + (17 000 x 0,70) = 83 500
Prestations connexes = 32 000 + (65 x 130) = 40 450

Dans un tel cas, l'utilisation des coûts réels oblige à la résolution d'un système d'équations. Comme il est fréquent que, dans la pratique, les prestations réciproques concernent plus d'une dizaine de centres, de nombreuses entreprises préfèrent utiliser les taux standards lors de la répartition secondaire.

2) Établissement des états financiers intra-annuels

L'utilisation des coûts standards dans l'ensemble du réseau des coûts peut permettre des évaluations très rapides des stocks et des productions d'immobilisations. Ces possibilités expliquent que les grandes firmes anglo-américaines soient capables de fournir des états financiers très peu de temps après la date d'arrêté des comptes.
Cette facilité de calcul a été réutilisée pour des évaluations ponctuelles.

b) La prévision des coûts de projets spécifiques

Lors de la mise en place des coûts préétablis, une étude très poussée des données techniques de la production est nécessaire. Elle est réutilisée dans d'autres domaines.

Elle permet, entre autres :

- des études prévisionnelles avant le lancement d'un produit nouveau. La connaissance des différentes composantes de son coût de revient aidera à la détermination de son prix de vente ;
- des études prévisionnelles dans le cadre de la fabrication de produits ou travaux à la commande en facilitant le chiffrage de devis ou de cahier des charges.

Par ailleurs, la généralisation de ce type de coûts à tout le système «Entreprise» permet la mise en place de budgets. Ce point sera développé dans la partie 3 : «Contrôle de gestion et intégration de la dimension humaine dans la mesure des résultats».

L'introduction de coûts standards dans le réseau analytique facilite également la localisation des responsabilités.

c) L'identification des responsabilités

L'utilisation des coûts standards doit s'accompagner d'une décentralisation des responsabilités. A l'extrême, il est possible de transformer chaque centre d'analyse en un centre de responsabilité.

Chaque responsable d'atelier est alors jugé sur sa capacité à respecter un montant de dépenses adapté au niveau d'activité de son centre.

Cette organisation suppose que le responsable ait la maîtrise des charges affectées à ce centre de dépenses bien que le niveau d'activité lui échappe, ce dernier étant déterminé par le planning de production qui inclut toute la chaîne productive.

Les coûts standards permettent de n'affecter au centre d'analyse que des charges contrôlables puisque les prestations reçues des autres centres vont être valorisées aux coûts prévus au budget.

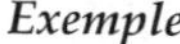

Soient les liens suivants entre les ateliers A,B,C.

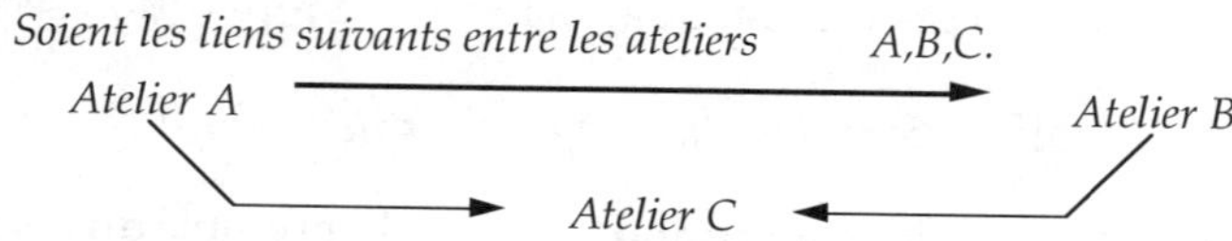

L'atelier C reçoit :

- *les charges réelles générées par son activité propre,*
- *le coût des prestations de l'atelier A selon le calcul suivant :*
  Nbre d'UO réellement consommées x Coût standard de l'UO ;
- *le coût des prestations de B selon le même principe.*

Ainsi, le chef d'atelier C est responsable :

- *des charges engagées dans son propre centre ;*
- *de la consommation des prestations des centres A et B mais pas du coût de cession de ces prestations qui dépendent des responsables des ateliers A et B.*

Ce mode de calcul évite de transférer en cascade les dépassements de budgets de l'amont vers l'aval et de créer dans les centres de responsabilité des charges discrétionnaires, source de démotivation du personnel.

Toute la logique de la méthode des coûts standards repose sur une étude analytique des produits fabriqués.

C'est pourquoi nous devons expliquer les fondements techniques de la méthode.

2. Les fondements techniques de la méthode

La base de tous les calculs de coûts préétablis est l'établissement de standards. Il faut donc bien délimiter et assimiler cette notion pour comprendre la démarche d'élaboration des coûts préétablis.

2.1 Terminologie

La méthode des coûts standards est apparue au USA dans les années 20.
Elle s'est rapidement étendue au grandes entreprises américaines, puis après guerre, aux entreprises françaises.

Le Plan comptable a reconnu la méthode en lui préférant le terme de «Méthode des coûts préétablis». Par ailleurs, il définit les coûts préétablis dans une acception plus large :

> **«C'est un coût évalué *a priori* soit pour faciliter certains traitements analytiques, soit pour permettre le contrôle de gestion par l'analyse des écarts.»**
> Par ailleurs, il précise :
> **«Un coût préétabli avec précision par une analyse à la fois technique et économique est dit STANDARD ; il présente généralement le caractère de norme.»**

Cette définition recouvre plusieurs types de coûts :
- de **simples coûts prévisionnels,**
- des **coûts prévisionnels établis dans le cadre des budgets** qui pourront servir de référence, on parle aussi de coûts budgétés,
- des **coûts standards** obtenus après une étude technique.

Dans le cadre de l'étude du contrôle budgétaire de la «Production», nous utiliserons les acceptions suivantes :

> - seront appelés **STANDARDS** tous les coûts prévisionnels obtenus suite à l'étude technique du produit et qui servent à l'élaboration des prévisions ;
> - seront appelés **PRÉÉTABLIS** les coûts obtenus au moment du réajustement des prévisions sur la base de la **PRODUCTION RÉELLE**.

2.2 Nature des standards

Deux conceptions s'opposent quant à la définition des normes que sont les standards :
- le standard parfait,
- le standard accessible.

a) Le standard parfait

Dans la vision du standard parfait, les normes sont définies comme **des rendements idéaux**. Toutes les pertes de rendement comme les rebuts, les temps de pause, les temps de panne sont négligées dans l'établissement du standard.

Celui-ci est donc une référence jamais atteinte mais qui doit, dans cette conception, pousser les hommes à toujours mieux faire.

Cette approche s'est, en fait, révélée très démotivante lorsqu'elle a été mise en œuvre dans les entreprises. C'est pourquoi on lui a préféré celle du standard accessible.

b) Le standard accessible

Le standard est conçu comme une **référence moyenne** incluant des temps normaux de pause ou de panne et tenant compte des possibilités réelles des opérateurs.

Dans ce cas, il joue pleinement son rôle de contrôle de consommation des inputs dans des conditions «normales» de fabrication.

L'expérience a montré que le standard est une norme sur laquelle la main-d'œuvre a tendance à ajuster son rendement. Il ne faut donc pas qu'il soit trop facilement accessible car il va alors à l'encontre de son objectif premier : inciter à la productivité.

Mais comment sont déterminés les standards ?

2.3 Détermination des standards

En comptabilité analytique classique, le coût d'un produit est constitué de trois éléments de base : des matières, de la main-d'œuvre directe et des frais indirects.

Pour déterminer les standards relatifs à la fabrication d'un produit ,il faut pratiquer une analyse fine du produit afin de reconstituer des standards de charges directes et ceux de charges indirectes.

a) Une analyse du produit

Cette étude est plus le fait des services techniques de production que des services comptables.

Exemple

Envisageons le cas d'un produit connu de tous : UNE CHEMISE qui nécessite :

- *du tissu,*
- *une bande de bouton-pressions,*
- *trois opérations : coupe, montage et finition.*

L'analyse définira pour chaque élément (matière ou opération) deux standards :

- *un STANDARD de quantité qui dépend de la taille du vêtement, du modèle envisagé ;*

> – *un STANDARD de coût qui varie avec la qualité du tissu, la qualification de la main-d'œuvre …*
>
> *Sont définis ainsi pour un modèle donné de chemise dix standards de charges directes mais chacun d'entre eux se redécompose en une nomenclature plus précise tenant compte :*
> – *de déchets de coupe, de loupés, de composition de taille pour les standards de quantités ;*
> – *de taux horaire, de temps improductifs pour les standards de coût.*

Cette étude analytique du produit est effectuée principalement par les services de production comme le montre le graphique page suivante.

Cette étude réalisée, les standards élémentaires sont agrégés afin de reconstituer les éléments du coût de production en distinguant charges directes et charges indirectes.

b) Standards de charges directes

Qu'il s'agisse de la consommation matières ou de la main-d'œuvre directe, leurs structures sont identiques :

Quantité standard x Coût unitaire standard par produit

Ces informations seront regroupées au sein d'un document récapitulatif : la fiche de coût standard étudiée plus loin.

c) Standards de charges indirectes

> Il est défini un standard de charges indirectes pour chacun des centres d'analyse selon la structure suivante :
>
> **Activité standard x Coût d'UO standard**

Le calcul des éléments ci-dessus n'est pas immédiat.

- **L'activité standard d'un centre** est définie par l'ensemble des ordres de fabrication qu'il peut effectuer dans le cadre d'une démarche prévisionnelle.
- **Le coût d'UO standard** est obtenu par une budgétisation des dépenses du centre.

Il faut alors pouvoir estimer :
– toutes les charges du centre,
– son activité, mesurée par une unité d'œuvre,
– un rendement standard c'est-à-dire un rapport entre production et activité.

Ces trois données sont constitutives d'un budget. Elles sont élaborées principalement par les services comptables sur la base :
– de facteurs **objectifs** fournis par les **études techniques de la production**,
– de **projections sur l'avenir** dont les directives sont données par la direction générale,
– **d'études statistiques** sur les périodes antérieures.

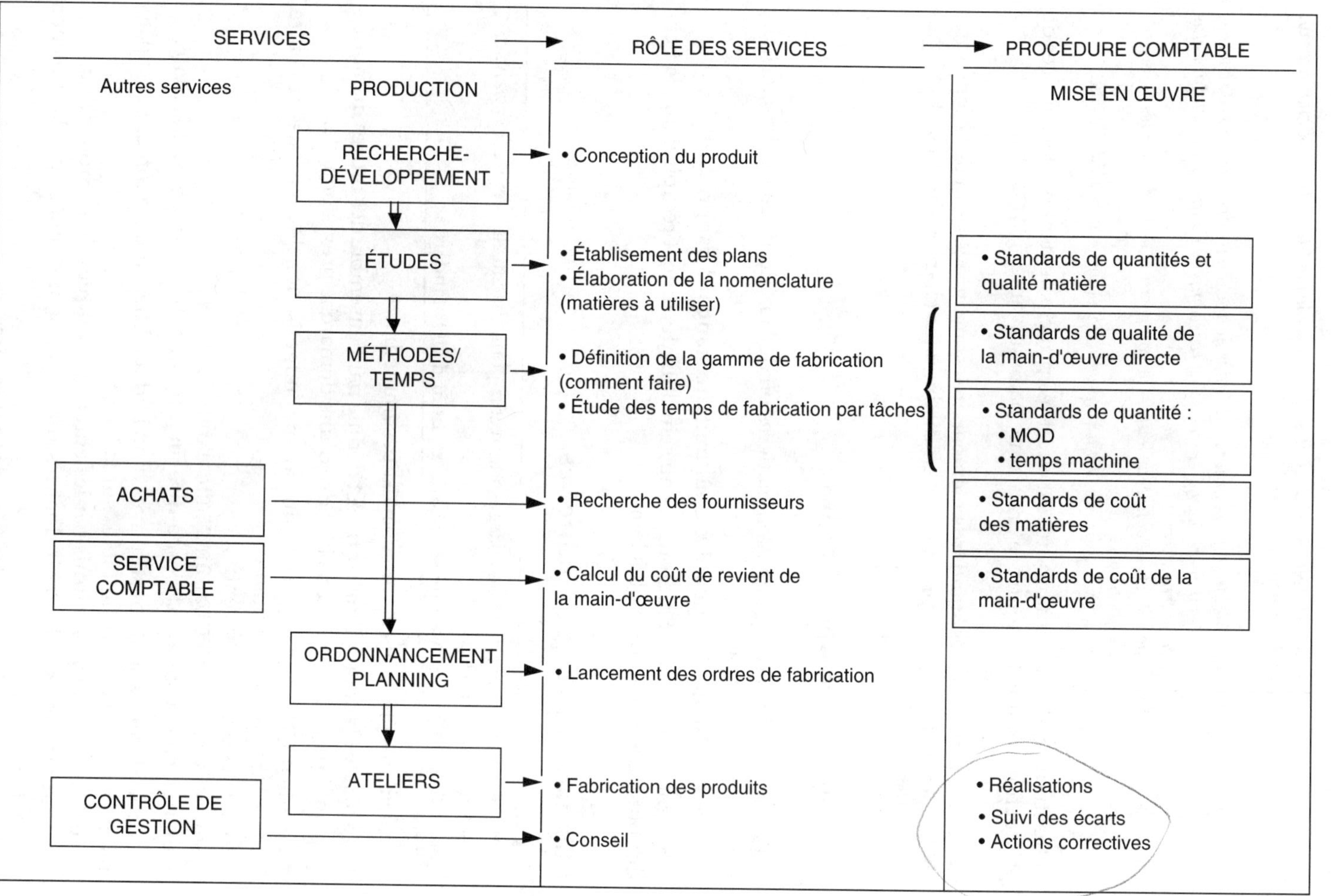

Les zones grisées mettent en évidence les types de standard et les services qui les élaborent.

Avant d'étudier la mise en œuvre des coûts préétablis, il est possible de résumer le principe de la méthode des coûts standards par le schéma suivant :

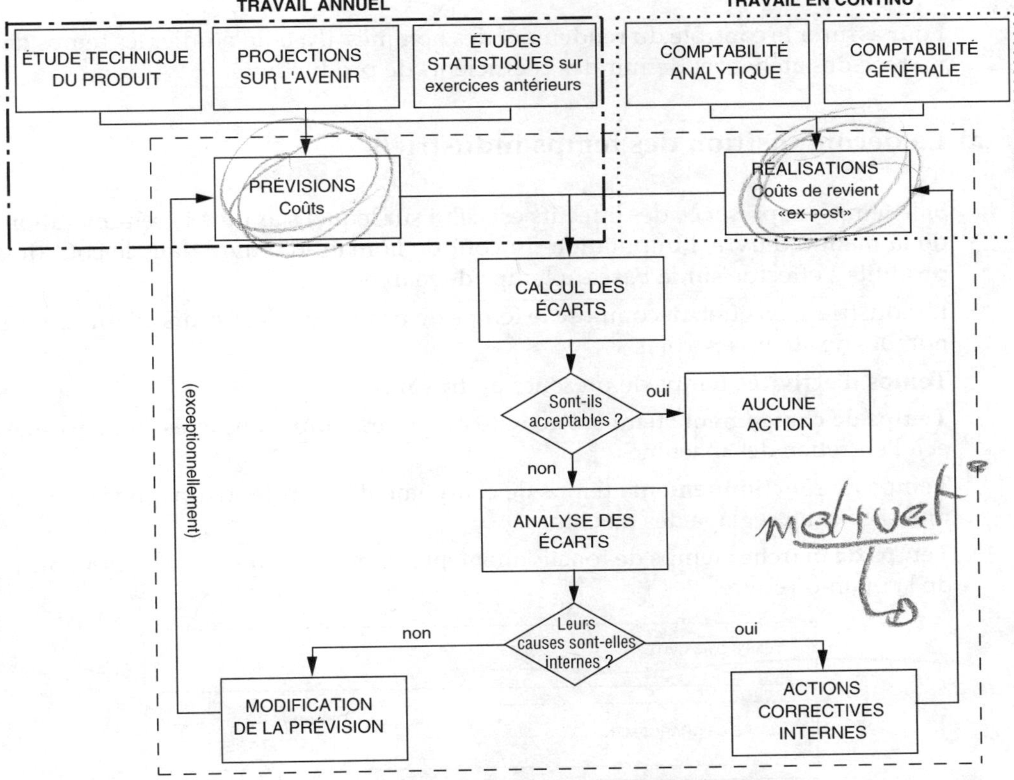

3. La mise en œuvre des coûts préétablis

L'ensemble de ce point, ainsi que le chapitre suivant, seront étudiés en développant le thème d'application : société P (texte du thème p. 247 et suivante).

Ce travail nous permettra de voir successivement :

– dans le cadre de ce chapitre :
  - la décomposition des temps industriels,
  - la notion de budget flexible,
  - la fiche de coût standard.

– dans le cadre du chapitre 14 :
  - le tableau comparatif de calcul de l'écart total,
  - l'analyse et la décomposition des différents écarts.

3.1 La décomposition des temps industriels et le contrôle de productivité

Pour assurer le contrôle du rendement des hommes ,il a fallu étudier les temps de marche des ateliers et définir des coefficients de productivité.

a) La décomposition des temps industriels

Si le temps de présence des effectifs est celui sur lequel s'appuie la rémunération de la main-d'œuvre, l'imputation du coût de la main-d'œuvre dans le coût des produits s'effectue sur la base du temps de marche.

L'industrie a, en effet, décomposé le temps de présence des effectifs en un certain nombre de «temps partiels».

Temps d'activité : temps de présence au travail.

Temps de chargement : temps d'activité moins les temps consacrés au nettoyage et à l'entretien des machines.

Temps de fonctionnement : temps de chargement moins les temps consacrés au montage et au réglage des machines.

Temps de marche : temps de fonctionnement moins les temps d'arrêt pour pause de la main-d'œuvre.

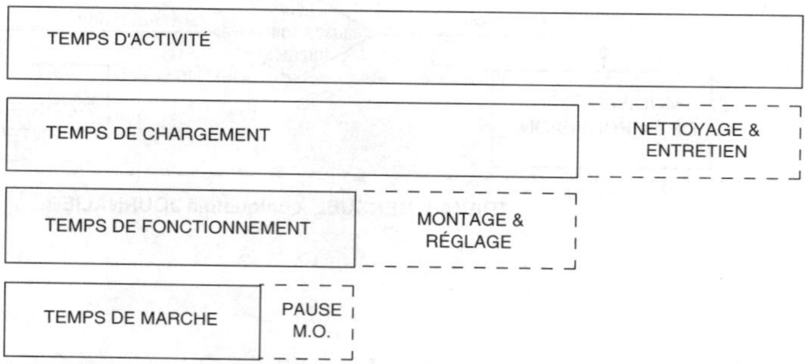

b) Les coefficients de productivité

Une fois définis les temps, il peut être possible de calculer des taux significatifs :

$$\textbf{Taux de chargement} = \frac{\text{Temps de chargement}}{\text{Temps d'activité}}$$

$$\textbf{Taux de fonctionnement} = \frac{\text{Temps de fonctionnement}}{\text{Temps de chargement}}$$

$$\textbf{Taux de marche} = \frac{\text{Temps de marche}}{\text{Temps de fonctionnement}}$$

Ces taux peuvent être calculés en «réels» ou en «standards». La comparaison des taux réels et préétablis pour une même période permet la mise en évidence de **COEFFICIENT DE PRODUCTIVITÉ**.

Coefficient de productivité de chargement :

$$\frac{\text{Taux réel de chargement}}{\text{Taux standard de chargement}}$$

Coefficient de productivité de fonctionnement :

$$\frac{\text{Taux réel de fonctionnement}}{\text{Taux standard de fonctionnement}}$$

Coefficient de productivité de marche :

$$\frac{\text{Taux réel de marche}}{\text{Taux standard de marche}}$$

Coefficient de productivité globale :

$$\frac{\text{Production réelle pendant le temps réel d'activité}}{\text{Production préétablie sur le temps réel d'activité}}$$

Thème d'application : société P

Une usine fabrique un produit P qui passe successivement dans deux centres de production :

1. le centre d'analyse C.1 qui usine la matière MP.1 pour fabriquer un produit semi-fini A ;
2. le centre d'analyse C.2 qui fabrique le produit P.

La fabrication de chaque unité de produit P nécessite l'emploi de :

- une unité de produit semi-fini A ;
- une unité de la matière MP.2 introduite dès le début du processus de fabrication.

L'activité des centres d'analyse C.1 et C.2 est mesurée par les unités d'œuvres suivantes :

- heure de marche des machines pour C.1,
- heure de main-d'œuvre directe pour C.2.

La comptabilité analytique est tenue en coûts préétablis calculés d'après l'activité normale de chaque centre :

- activité normale mensuelle de C.1 : 3 117,6 heures de présence,
- activité normale mensuelle de C.2 : 1 250 heures de main d'œuvre directe.

Les coûts préétablis sont constitués des éléments suivants :

- **Produits semi-finis A :**
  1. Matière première MP.1 .... 4 kg à 2 F
  2. Main-d'œuvre directe .... 0,75 h à 5 F/h
  3. Frais de centre .... 0,5 unité d'œuvre

– **Produits finis P :**
1. Matière première MP.2 .... 1,5 kg à 3 F
2. Main-d'œuvre directe .... 0,25 h à 4 F
3. Frais de centre .... 0,25 unité œuvre

– **Les taux industriels standards** du centre C.1 sont de :
– taux de chargement : 0,90,
– taux de fonctionnement : 0,90,
– taux de marche : 0,99.

– **Le budget mensuel des frais de centre** pour une activité normale est :

	Total	Centre 1 %	Centre 2 %
Frais fixes :			
Appointements	40 000	50	50
Impôts et taxes	10 000	40	60
Loyer	15 000	60	40
Amortissements	5 000	70	30
Frais variables :			
Entretien	14 000	50	50
Énergie	10 000	80	20
Divers	16 000	70	30

Les renseignements suivants vous sont communiqués concernant les réalisations du mois de juillet 19A :

1. **Stocks au 1er juillet 19A :**
– Matière première MP.1 .... 5 000 kg à 2,10 F
– Matière première MP.2 .... 6 000 kg à 3,00 F
– En-cours .... néant

Il n'existe jamais de stock du produit semi-fini A.

2. **Coût d'achat des matières premières :**
– Matière MP. 1 .... 20 000 kg à 2,175 F
– Matière MP.2 .... 12 000 kg à 3,150 F

3. **Consommations :**
– Matière première MP. 1 .... 20 500 kg à 2,16 F
– Matière première MP.2 .... 7 500 kg à 3,10 F

4. **Charges indirectes :**

	Centre C.1	Centre C.2
– Total	64 840	46 860
dont charges variables	28 340	13 360

5. **Main-d'œuvre directe :**
– Produit semi-fini A .... 3 800 h à 4,90 F
– Produit fini P .... 1 000 h à 4,00 F
et 125 heures supplémentaires avec majoration de 25 %.

6. **Temps effectif du centre C.1 :**
– Heures de présence .... 3 447 h
– Heures de nettoyage entretien .... 399,5 h
– Heures de montage réglage .... 270 h
– Heures de pause .... 27,5 h

7. **Production du mois de juillet :**
   – Centre C.1 .... 5 200 unités de A terminées
   – Centre C.2 .... 4 900 unités de P terminées
   et 300 unités de P en cours

Les produits en cours sont évalués au coût préétabli selon la méthode des équivalents terminés. Leur degré d'avancement est de 60 %.

Questions

1. Déterminer l'activité normale du centre de production C.1. Comparer les temps prévus à la structure réelle de la fabrication du mois de juillet 19A.
(Question traitée au chap. 13 : 3.1 Décomposition des temps industriels).

2. Établir le budget flexible des deux centres de production pour :
– l'activité normale,
– l'activité réelle du mois de juillet 19A.
(Question traitée au chap. 13 : 3.2 Notion de budget flexible)

3. Établir la fiche du coût unitaire préétabli de production du produit P.
(Question traitée au chap. 13 : 3.3 Fiche de coût standard)

4. Établir un tableau de comparaison entre les différents éléments du coût préétabli de la production totale réelle et de son coût réel pour juillet 1966.
(Question traitée au chap. 14 : 1.1 Analyse commune à tous les facteurs)

5. Analyser les écarts sur matières, sur main-d'œuvre et sur les frais des centres d'analyse.
(Question traitée au chap. 14 : 2. Analyse de l'écart sur charges directes et 3. Analyse de l'écart sur charges indirectes)

Le travail sur les taux industriels est introduit par référence au calcul de l'activité normale du centre C.1.

Le texte indique un nombre d'heures de présence alors que la nature de l'unité d'œuvre de ce même centre est l'heure de marche. Il faut donc convertir ces informations en données homogènes à l'aide des taux industriels standards du centre C.1.

Le tableau suivant présente ce travail :

TEMPS D'ACTIVITÉ 3 117,6 h → taux de chargement = $\frac{\text{temps de chargement}}{\text{temps d'activité}}$ = 0,90	Temps d'entretien et nettoyage 311,76 h
TEMPS DE CHARGEMENT 3 117,6 x 0,90 = 2 805,84 → taux de fonctionnement = $\frac{\text{temps de fonctionnement}}{\text{temps de chargement}}$ = 0,90	Temps de réglage 280,59 h
TEMPS DE FONCTIONNEMENT 2 805,84 x 0,90 = 2 525,25 → taux de marche = $\frac{\text{temps de marche}}{\text{temps de fonctionnement}}$ = 0,99	Temps de pause 25,25 h
TEMPS DE MARCHE 2 525,25 x 0,99 = 2 500	

La comparaison avec les éléments réels permet de juger de la productivité du centre C.1 :

ÉTUDE DE LA PRODUCTIVITÉ

	Temps intermé-diaires réels	Temps princi-paux réels	Taux réel	Taux standard	Coefficient de pro-ductivité
Heures de présence		3 447			
– h nettoyage	399,5				
Temps chargement		3 047,50	$\frac{3\,047{,}50}{3\,447} = 0{,}884$	0,90	0,97
– h réglage	270				
Temps de fonction		2 777,50	$\frac{2\,777{,}50}{3\,047{,}50} = 0{,}911$	0,90	1,01
– h de pause	27,5				
Temps de marche		2 750	$\frac{2\,750}{2\,777{,}50} = 0{,}990$	0,99	1
			0,797	0,80	0,979

$$\text{Coefficient de productivité globale} = \frac{\text{Prodt réelle}}{\text{Act. réelle x rendt standard}} = \frac{5\,200}{2\,750 \times 2 \text{ produits/h}}$$

$$= \frac{5\,200}{5\,500} = 0{,}945$$

NB : la production préétablie (5 500 produits) représente la production théorique qui aurait du être fabriquée pendant l'activité réelle si le rendement standard (2 produits à l'heure) avait été respecté.

Dans notre exemple, les conditions réelles d'exploitation se sont légèrement dégradées.

Globalement le temps de marche réel représente 79,7 % du temps de présence alors qu'il aurait du s'établir à 80 %. Cette détérioration n'est pas uniforme : alors qu'il y a eu dérapage des temps d'entretien et de nettoyage (coeff. de chargement < 1), l'atelier a fait une bonne performance sur le montage et le réglage des machines (coeff. de fonct. > 1).

Le coefficient de productivité globale s'établit à 0,945 ce qui montre que le rendement standard n'a pas été respecté et confirme la dégradation des conditions d'exploitation.

La mise en œuvre des coûts préétablis ou standards s'organise en plusieurs séquences dont le but est de mettre en place les éléments budgétaires du système production. On peut retenir deux séquences :
- l'étude analytique du produit (ci-dessus),
- la définition des budgets et notamment les budgets flexibles.

3.2 Notion de budget flexible

a) Définition

Dans le cadre de la prévision, il est défini une production dite «Normale» ou standard qui, par application des rendements standards définis plus haut, permet de se fixer une activité standard.

PRODUCTION NORMALE ⇔ Rendt standard ⇔ ACTIVITÉ NORMALE

Il est, ici, équivalent de parler d'activité normale ou d'activité standard.

> Le budget flexible est une prévision du coût total d'un centre d'analyse qui distingue les charges prévisionnelles **selon leur comportement** à savoir :
> – les **frais variables** proportionnels à l'activité du centre,
> – les **frais fixes** dont le montant est indépendant de l'activité.

Cette prévision est établie pour différentes hypothèses d'activité. Les niveaux d'activité choisis restent dans le cadre d'une structure donnée puisque ce travail est effectué dans une optique à court terme.

Thème d'application : Société P

Nous pouvons ainsi calculer la production normale ou standard :

	Centre C.1	Centre C.2
Activité normale ou standard	2 500 hM	1250 hMOD
Rendement standard	0,5 h/pdt ou 2 pdts/h	0,25 h/pdt ou 4pdts/h
Production normale	5000 pdts	5000 pdts

puis les budgets des deux centres :

ÉTABLISSEMENT DES BUDGETS FLEXIBLES				
	Budget standard (de référence)		Budget flexible pour activité réelle	
Activité	Centre C1 2 500 hM	Centre C2 1 250 hMOD	Centre C1 2 750 hM	Centre C2 1 125 hMOD
Charges variables				
Entretien	7 000	7 000	7 700	6 300
Énergie	8 000	2 000	8 800	1 800
Divers	11 200	4 800	12 320	4 320
S/TOTAL	26 200	13 800	28 820	12 420
Charges fixes				
Appointements	20 000	20 000	20 000	20 000
Impôts & taxes	4 000	6 000	4 000	6 000
Loyer	9 000	6 000	9 000	6 000
Amortissements	3 500	1 500	3 500	1 500
S/TOTAL	36 500	33 500	36 500	33 500
TOTAL GÉNÉRAL	62 700	47 300	65 320	45 920
Coût de l'unité d'œuvre	25,08	37,84	23,75	40,81
dont : Coût variable	10,48	11,04	10,48	11,04
Coût fixe	14,60	26,80	13,27	29,77

b) Généralisation

Soit :
A_n l'activité normale ou standard
FF les frais fixes globaux
v_s les frais variables unitaires standards
f_s les frais fixes unitaires standards définis comme FFs/A_n

Le **BUDGET STANDARD** pour l'activité An s'écrit :

$$BS(A_n) = (v_s + f_s)\,A_n$$

et pour une activité donnée A*

$$BS(A^*) = (v_s + f_s)\,A^*$$

Le **BUDGET FLEXIBLE** pour une activité An s'écrit :

$$BF(A_n) = (v_s \times A_n) + FF_s$$

et pour une activité donnée A*

$$BF(A^*) = (v_s \times A^*) + FFs$$

Et comme $f_s = FFs / A_n$, on peut écrire :

$$BS(A_n) = BF(A_n)$$

L'écart entre budget flexible et budget standard pour une activité quelconque exprime, en fait, un **écart d'imputation rationnelle** que l'on retrouvera dans l'analyse des écarts.

Ce travail d'élaboration budgétaire permet de connaître le coût d'unité d'œuvre standard, dernier élément de valorisation de la fiche de coût standard.

3.3 La fiche de coût standard

> C'est un **document récapitulatif du coût de production unitaire standard d'un produit donné**.

Il utilise pour valoriser les éléments de coûts, les standards de quantités et de prix définis dans l'étude technique et dans les budgets des centres.

Thème d'application : Société P

FICHE DE COÛT STANDARD				Produit B
	Unité	Qté	C.U.	Montant
Produit semi-fini A				
– Mat. Prem. MP 1	kg	4	2	8,00
– MOD	h	0,75	5	3,75
– Centre C1	UO/HM	0,5	25,08	12,54
				24,29
Produit fini B				
– Mat. Prem. MP 2	kg	1,5	3	4,50
– MOD	h	0,25	4	1,00
– Centre C2	hMOD	0,25	37,84	9,46
				14,96
Coût de production unitaire standard				39,25

Point méthode

- Il est important de bien distinguer les notions de budget standard et de budget flexible. Ils sont à la base de la décomposition de l'écart sur charges indirectes étudiée au chapitre suivant.
- Bien repérer les éléments constitutifs de la fiche de coût standard car ils sont fondamentaux pour calculer les coûts préétablis adaptés à la production réelle qui seront définis plus loin.

RÉFLEXIONS SUR LE THÈME

1. L'objectivité des coûts préétablis

La méthode, fondée sur une étude technique du produit, repose sur des données qualifiées de «certaines». En effet, tant que le processus de production reste stable le coût préétabli reste valable et ce, quel que soit le mode d'organisation de la production (taylorien ou juste à temps).
La méthode peut donc servir de base à de multiples projections.
C'est pourquoi cette méthode est très utilisée dans le chiffrage des projets ou de réalisations prévisionnelles.

2. L'utilisation de normes techniques est fréquente dans les entreprises.

De nombreuses entreprises utilisent des références à des normes techniques de fabrication pour établir leur devis. Cette démarche existe alors même que l'entreprise n'a pas le désir de mettre en place une gestion par les coûts préétablis ou une surveillance du sous-système «Production».
L'utilisation de standards est obligatoire pour n'importe quel décideur (artisan ou chef de projet) dès qu'il s'agit d'envisager des travaux futurs et de répondre à des appels d'offres.
Pourtant, le coût de l'étude technique du produit nécessaire à l'établissement des standards pénalise les petites entreprises. C'est pourquoi certaines chambres syndicales proposent à leurs adhérents des études sur les rendements standards et les coûts prévisionnels utilisables dans leur profession.

3. Les standards ne sont que des normes quantitatives de production.

Dans leur conception initiale, les standards n'envisagent que l'aspect «production» du produit et uniquement dans une vision quantitative. Ils sont apparus dans une économie industrielle naissante : on propose à des consommateurs peu exigeants des produits banalisés et fabriqués en grande série.
A l'heure actuelle, l'analyse du produit est plus globale : elle intègre les étapes de conception, de production et de service après-vente. Par ailleurs, les consommateurs ont, eux aussi, changé : ils demandent des produits spécifiques, de bonne qualité, présentant une grande adéquation entre fonctionnalité et prix. La définition des standards doit donc prendre en charge l'aspect qualité des produits et le niveau de satisfaction demandé par les consommateurs.

Applications

1 Société «B.T.»

En vue de diversifier son activité, la SOCIÉTÉ «B.T.» a créé au mois de décembre N une unité de fabrication à gestion courante autonome, dont la mise en service est prévue au 1.1.N + 1.

Cette unité assurera la production d'un produit P.

L'atelier A1 sera chargé de fabriquer un produit intermédiaire S1 à partir d'une matière M1. Quant à l'atelier A2, il produira P à partir d'une matière M2 et d'une unité de S1.

Les activités mensuelles normales prévues pour A1 et A2 sont respectivement de 4 140 h et de 2 070 h.

Les standards ont été fixés pour une unité de produit à :

Produit intermédiaire S1	Produit fini P
M1 : 7,2 kg à 3,6 F M.O.D. : 0,9 h à 9 F Frais : 0,9 unité d'œuvre	M2 : 2,7 kg à 5,4 F M.O.D.: m heure à 7,2 F (1) Frais : f (1) (1) m et f sont à déterminer.

Le budget prévisionnel des frais d'atelier (unité d'œuvre : l'heure de main-d'œuvre directe) pour une activité mensuelle normale est établi comme suit :

Frais fixes		A1	A2	*Frais variables*			
Appointements	72 000	50 %	50 %	Entretien	25 200	50 %	50 %
Impôts, taxes	18 000	40 %	60 %	Énergie	18 000	80 %	20 %
Loyers	27 000	60 %	40 %	Autres charges	28 800	70 %	30 %
Amortissements	9 000	70 %	30 %				

Compte tenu d'une production normale de 4 600 unités de P :

QUESTIONS :

a) Présenter le budget des deux ateliers pour l'activité normale.

b) Établir la fiche de coût standard d'un produit P.

c) Calculer le budget flexible pour une activité de 4 300 heures pour A1 et 2 000 heures pour A2.

(d'après examen)

2 Société Jardiplast

La société JARDIPLAST est devenue l'une des importantes entreprises françaises dans le secteur du meuble de jardin. Spécialisée dans les produits de bas de gamme, elle vend sa production par l'intermédiaire d'un réseau de détaillants que contactent ses propres représentants exclusifs.

Sa gamme est concentrée sur trois produits réalisés en plastique rigide :

- les bacs à fleurs ;
- les chaises d'extérieur ;
- les tables d'extérieur.

Les opérations de production se résument à deux étapes : le moulage du produit et le vernissage en cabine.

On peut schématiser ainsi la succession des étapes de production qui entraînent des éléments de coûts constitutifs du coût standard des différents produits :

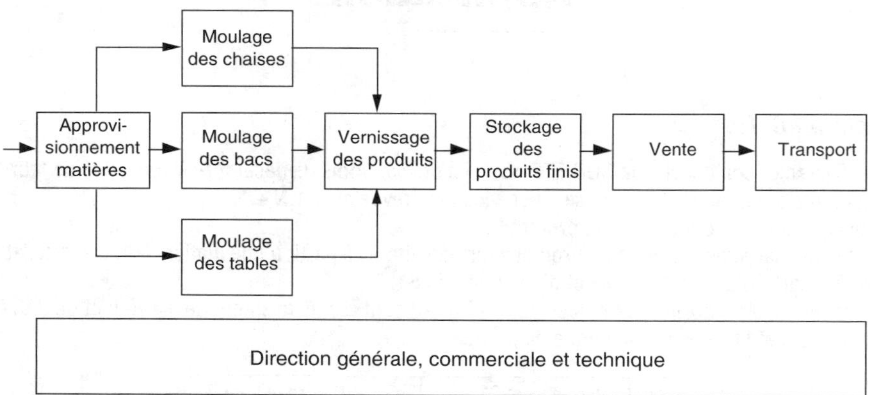

1. Approvisionnements matières

Ceux-ci sont effectués au fur et à mesure des besoins de la production, et il n'est donc pas constitué de stock de matières ; du moins est-il considéré comme négligeable.
Les besoins en matières sont respectivement de :
- 3 kilos par unité de produit pour les bacs ;
- 5 kilos par unité de produit pour les chaises ;
- 10 kilos par unité de produit pour les tables.

Le volume de production – et de vente – prévu pour l'année suivante est de 300 000 bacs, 125 000 chaises, et 25 000 tables.

Les coûts engendrés par le service Approvisionnement sont principalement, bien entendu, les achats de matières, sur la base d'un prix fournisseur prévu à 5,80 F par kg acheté.

Le fonctionnement du service Approvisionnement nécessite deux personnes rémunérées chacune 5 100 F par mois. Comme pour l'ensemble du personnel, ces salaires sont payés sur 13 mois et entraînent des charges sociales qui représentent 42,7 % du montant des salaires annoncé ci-dessus.

Le personnel du service Approvisionnement utilise deux chariots élévateurs (prix d'acquisition : 75 000 F chacun) et un tapis roulant (prix d'acquisition : 60 400 F). Comme pour l'ensemble des immobilisations de la société, ces matériels sont amortissables en linéaire sur 10 ans, et ont été acquis il y a environ 2 ans (calculés au début de la période considérée ici).

Les chariots élévateurs nécessitent des fournitures consommables dont le coût global pour les deux chariots peut être évalué à 2 600 F par mois d'utilisation. Ils fonctionnent 11 mois par an, l'ensemble des activités étant stoppé au mois d'août.

2. Moulage

Le moulage de chaque produit (bac ou chaise ou table) est effectué sur un parc-machines spécifique.
En revanche, le personnel du moulage est polyvalent, et constitué d'une équipe de 15 opérateurs pouvant travailler sur n'importe quelle machine de moulage. Chacun de ces opérateurs est rémunéré 5 127 F par mois pour un temps de travail de 39h par semaine, et dispose annuellement de 5 semaines de congés. Tout le temps des opérations n'est pas intégralement disponible pour la production-moulage proprement dite. On évalue en effet à 8 % le temps perdu en absentéisme ; le temps nécessaire au réglage et au nettoyage des machines représente 6 % du temps de travail effectif du personnel.

Moulage des bacs
Il y a 8 machines identiques permettant d'effectuer cette opération (prix d'acquisition de chaque machine 99 500 F).
On compte deux minutes pour le moulage d'un bac sur une machine donnée ; l'opération mobilise un opérateur sur la machine pendant ces deux minutes.
Le fonctionnement de chaque machine entraîne :

- un coût de 102 F d'énergie par heure de marche ;
- un coût de 3 F de matières consommables par heure de marche ;
- un coût d'entretien effectué par un prestataire de services extérieur ; le forfait mensuel est de 800 F par mois sur 11 mois (rien en août).

Moulage des chaises
Il y a 8 machines identiques permettant d'effectuer le moulage des chaises (prix d'acquisition de chaque machine : 169 500 F).
On compte quatre minutes pour le moulage d'une chaise sur une machine donnée ; l'opération mobilise un opérateur sur la machine pendant ces quatre minutes.
Le fonctionnement de chaque machine entraîne :

- un coût de 202,50 F d'énergie par heure de marche ;
- un coût de 7,50 F de matières consommables par heure de marche ;
- un coût d'entretien effectué par un prestataire de services extérieur le forfait mensuel est de 1 300 F par mois sur 11 mois (rien en août).

Moulage des tables
Il y a là 2 machines identiques pour le moulage des tables (prix d'acquisition de chaque machine : 263 250 F).
On compte six minutes pour le moulage d'une table sur une machine donnée ; l'opération mobilise deux opérateurs sur la machine pendant ces six minutes.
Le fonctionnement de chaque machine entraîne :

- un coût de 270 F d'énergie par heure de marche ;
- un coût de 7,50 F de matières consommables par heure de marche ;
- un coût d'entretien effectué par un prestataire de services extérieur ; le forfait mensuel est de 1 300 F.

Il n'y a aucun stock intermédiaire de produits entre le moulage et le vernissage.

3. Vernissage

Le vernissage s'effectue automatiquement dans des cabines où les produits sont introduits, et dont ils sont retirés, par deux opérateurs.
Il y a 5 cabines identiques, qui autorisent le vernissage des trois types de produits. Pour des raisons de commodité, les produits sont passés en cabine de vernissage par lots homogènes : chaque cabine peut traiter à la fois, soit 50 bacs, soit 20 chaises, soit 5 tables.
Dans tous les cas, la durée d'un cycle de vernissage est de 20 minutes.
Ces cabines ont été achetées au prix d'acquisition de 179 560 F chacune. Elles font l'objet d'un contrat d'entretien avec un prestataire extérieur pour un forfait mensuel de 1 200 F par mois et par cabine sur 11 mois (rien en août).
Le fonctionnement de chaque cabine entraîne en outre :

- un coût de 420 F d'énergie par heure de marche ;
- et un coût de 900 F de matières consommables par heure de marche.

Les deux opérateurs affectés au vernissage sont rémunérés chacun 5 100 F par mois. Ils suffisent amplement à assurer le chargement et le déchargement des 5 cabines, et consacrent le restant de leur temps à manipuler les stocks de produits finis, ce qui est logique puisque les produits sont effectivement finis après passage au vernissage.
On considérera cependant que cette dernière occupation représente pour eux un temps pratiquement négligeable. On peut compter ici aussi 8 % de temps perdu en absentéisme et 6 % de temps nécessaire au nettoyage des cabines.

Remarque

En ce qui concerne les frais financiers, la direction générale souhaite qu'ils soient évalués sur la base d'un raisonnement économique et non à partir d'une analyse comptable des frais effectivement engendrés par les emprunts en cours ou par l'utilisation du découvert.

Ce raisonnement économique est le suivant : à chaque étape où sont mises en jeu des immobilisations (actifs à long terme), celles-ci seront supposées financées, à concurrence de leur valeur nette comptable moyenne de l'année en cours par des ressources à long terme au taux moyen de 11 % l'an.

QUESTION :

Établir la fiche de coût standard des trois produits suivant le modèle joint.
On rappelle que la fiche de coût standard s'appuie sur une distinction charges directes/charges indirectes.

ANNEXE

MODÈLE DE PRÉSENTATION DE LA FICHE DE COÛT STANDARD

	BAC		CHAISE		TABLE	
	Variable	Fixe	Variable	Fixe	Variable	Fixe
Coût de production : Approvisionnement – Matières .... Moulage .... Vernissage						
Coût de production						

(d'après DECF)

14 L'analyse des écarts

Le plan comptable général définit la notion d'**ÉCART** comme «**la différence entre une donnée de référence et une donnée constatée**».

Si la notion de données «constatées» ne pose pas de problèmes, il faut impérativement définir ce que l'on entend par données «de référence», d'autant que la position officielle a évolué entre le plan comptable 57 et le plan comptable 82.

Un écart total est une combinaison de plusieurs facteurs. Pour connaître l'incidence de chacun d'entre eux dans l'écart global, il faut faire apparaître des sous- écarts. Le plan comptable a retenu une décomposition à deux niveaux. Si la première étape est commune à tous les éléments de coûts, l'analyse finale est différente selon que l'on étudie les charges directes ou les charges indirectes.

C'est pourquoi, nous étudierons successivement :
1. le calcul des écarts totaux,
2. l'analyse de l'écart économique sur charges directes,
3. l'analyse de l'écart économique sur charges indirectes.

1. Le calcul des écarts totaux

Le plan comptable 82 définit les écarts totaux de façon identique pour tous les éléments de coûts, qu'il s'agisse de charges directes ou de charges indirectes.

1.1 Analyse commune à tous les facteurs

a) Écart total

Le plan 82 définit l'écart total comme suit :

Écart total = Coût constaté - Coût prévu

Cette définition appelle les commentaires suivants :
- le **COÛT CONSTATÉ** est identique au coût réel ;
- le **COÛT PRÉVU** est un coût obtenu en utilisant des références standards. Il se construit de la manière suivante :

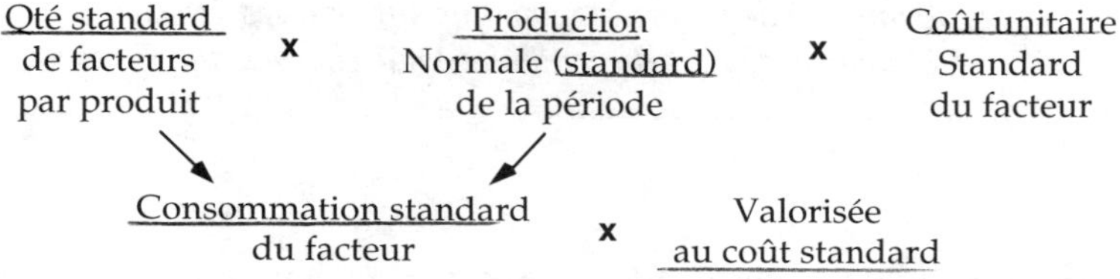

Le plan comptable appelle ce coût : **COÛT PRÉÉTABLI** pour la production prévue, en sachant que la production prévue est toujours dans cette optique, la production dite «NORMALE». Pour la suite de l'exposé, **nous préférerons le terme de COÛT STANDARD de la production NORMALE**, plus explicite à notre avis.

Thème d'application : Société P

Le thème a été abordé au chapitre précédent : «La gestion par les coûts préétablis». Le texte et les données du thème sont fournis p. 247, 248, 249 et 250, puis p. 251 et 253.

- Reprenons la fiche de coût standard (voir p. 253). Il est prévu dans le cadre de la production du produit semi fini A :
  - matières 4 kg à 2 F le kilo
  - main-d'œuvre 0,75 h à 5 F/h
  - centre C1 0,50 UO à 25,08 F
- La production standard ou normale a été calculée précédemment. Elle est de 5000 produits semi-finis.
- Chaque responsable est intéressé, dans le cadre du contrôle des ressources, par la **consommation des facteurs de production**.
- Résultats

Les coûts standards de la production normale sont donc de :

	Consommation standard	Coût standard	Coût standard de la prod. normale
Matières	4 x 5000 = 20 000 kg	2	40 000
Main-d'œuvre	0,75 x 5000 = 3 750 h	5	18 750
Centre C1	0,50 x 5000 = 2 500 UO	25,08	62 700

Le calcul des écarts totaux apparaît ci-dessous :

	Coût constaté (1)	Coût prévu	Écart total
Matières	20 500 x 2,16 = 44 280	40 000	4 280
Main-d'œuvre	3 800 x 4,90 = 18 620	18 750	<130>
Centre C1	2 750 pour = 64 840	62 700	2 140

(1) Éléments chiffrés donnés p. 248.

b) Premier niveau de décomposition de l'écart total

Il faut calculer une information supplémentaire. Il s'agit du **COÛT PRÉÉTABLI ADAPTÉ À LA PRODUCTION RÉELLE** obtenu par :

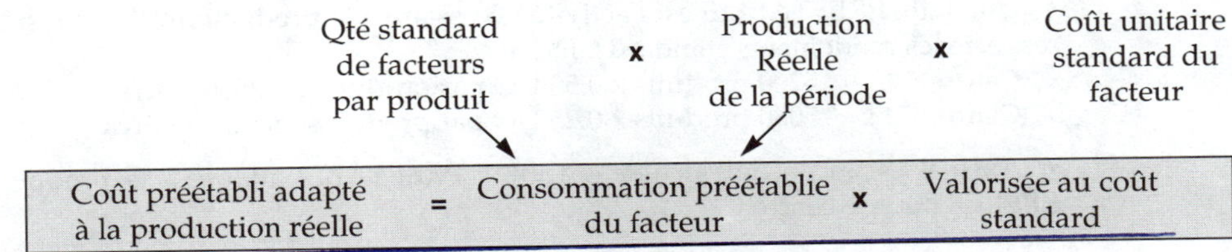

Est définie ainsi, *a posteriori*, une «**dotation budgétaire**» **correspondant à la production réelle et respectant les rendements standards de coût et de quantité de facteurs**.

Le plan comptable 82 utilise cette notion dans le premier niveau de décomposition de l'écart total qu'il effectue suivant la logique suivante :

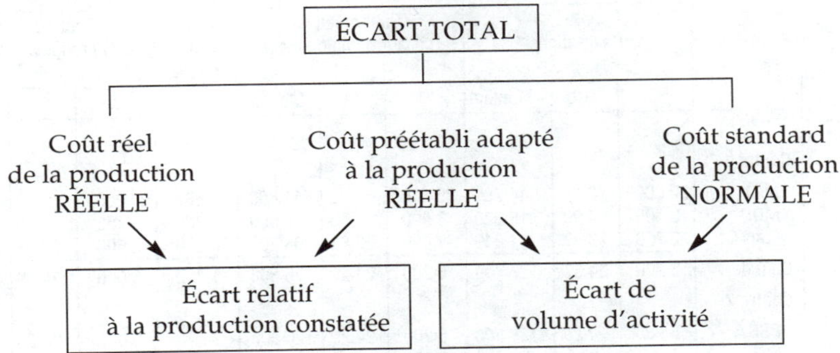

L'«**ÉCART RELATIF À LA PRODUCTION CONSTATÉE**» du plan 82 correspond à une analyse des conditions économiques d'exploitation relative à une même référence : la PRODUCTION RÉELLE. C'est pourquoi nous préférerons, à la formulation du plan comptable, celle d'**ÉCART ÉCONOMIQUE**.

Ces écarts sont calculés dans un tableau reprenant tous les éléments de coûts de la fiche de coût standard. Nous présentons ce tableau dans le thème d'application.

Thème d'application : société P

- Avant de commencer ce travail, il faut disposer de certaines informations :
  - la fiche de coût standard du produit,
  - la production standard ou normale et réelle par atelier ,
  - l'activité préétablie.
- La production standard a été calculée au chapitre précédent, pour rappel, elle est de 5000 produits dans les deux ateliers.
- La production réelle est différente selon les centres :

  Centre C1 : 5200 produits semi-finis A

  Centre C2 : 4900 produits P terminés et 300 encours à un degré d'avancement de 60 %.

  Compte-tenu du processus de fabrication, ces produits sont équivalents à :
  - pour les matières : 4900 PF + 300 Equivalents terminés = 5 200 produits ;
  - pour la MOD et le centre : 4900 PF + 180 Equivalents terminés = 5080 produits.
- L'activité PRÉÉTABLIE est l'activité nécessaire à la production RÉELLE si l'on respecte les rendements standards. Ici,

  Centre C1 : 5200 produits x 0,50 UO par produit soit 2600 heures

  Centre C2 : 5080 produits x 0,25 UO par produit soit 1270 heures
- Ainsi il est facile de calculer le COÛT PRÉÉTABLI adapté à la production RÉELLE pour le centre C1.

	Consommation préétablie	Coût std.	COÛT PRÉÉTABLI (prod RÉELLE)
Matières MP1	4,00 x 5200 = 20 800 kg	2	41 600
Main-d'œuvre	0,75 x 5200 = 3 900 h	5	19 500
Centre C1	0,50 x 5200 = 2 600 uo	25,08	65 208

Ces calculs et les précédents se retrouvent dans le tableau récapitulatif suivant :

Éléments de coûts	Données réelles – Réalisations			Données prévisionnelles – Coût préétabli de la production réelle			Écart économique	Coût standard de la production normale			Écart volume d'activité	Écart total (PCG 82)
	Q	CU	Montant	Q	CU	Montant		Q	CU	Montant		
			①			②	① – ②			③	② – ③	① – ③
Centre 1												
MP1	20 500	2,16	44 280	20 800	2	41 600	2 680	20 000	2	40 000	1 600	4 280
MOD	3 800	4,90	18 620	3 900	5	19 500	< 880 >	3 750	5	18 750	750	< 130 >
Frais C1	2 750	23,57	64 840	2 600	25,08	65 208	< 368 >	2 500	25,08	62 700	2 508	2 140
Coût de A	5 200	24,57	127 740	5 200	24,29	126 308	1 432	5 000	24,29	121 450	4 858	6 290
Centre 2												
PSF A	*5 200*	*24,29*	*126 308*	5 200	24,29	126 308	–	5 000	24,29	121 450	4 858	4 858
MP 2	7 500	3,10	23 250	7 800	3	23 400	< 150 >	7 500	3	22 500	900	750
MOD	1 125	4,11	4 625	1 270	4	5 080	< 455 >	1 250	4	5 000	80	< 375 >
Frais C2	1 125	41,65	46 860	1 270	37,84	48 057	< 1 197 >	1 250	37,84	47 300	757	< 440 >
Coût de prod. de la période	5 080	39,58	201 043	5 080	39,93	202 845	< 1 802 >	5 000	39,25	196 250	6 595	4 793

Remarque : Dans les colonnes «Données réelles», il y a, dans le coût de production du PF, les informations relatives à la consommation de produit semi-fini valorisée au coût standard.

Il s'agit de respecter les principes de localisation des responsabilités. Le centre C2 est responsable des quantités réellement consommées du produit semi-fini mais pas de son coût de production.

L'écart économique étant étudié en détail par la suite, nous ne nous intéresserons maintenant qu'à l'écart de volume d'activité.

1.2 Écart de volume d'activité

L'écart de volume d'activité noté E/VA est la différence entre :
– le coût préétabli adapté à la production réelle,
– le coût standard de la production normale.

Le seul élément différent entre les deux coûts est la production de référence. On peut donc écrire que :

E/VA	=	(Production RÉELLE	–	Production NORMALE)	valorisée au coût du facteur par produit

Cet écart est une nouveauté du plan 82. Le plan 57 limitait son analyse au seul écart économique.

Cet écart mesure en fait des **erreurs dans la prévision** des quantités de produits qui ne peuvent être imputées aux responsables opérationnels de la production.

La connaissance de la production réelle est la première information connue du système. L'écart de volume d'activité sert de **clignotant** alors que toutes les données comptables n'ont pas encore été traitées par la comptabilité analytique et peut permettre **des réajustements en termes de stocks ou de trésorerie**.

Si le premier niveau de décomposition est identique pour tous les éléments de coûts, le deuxième niveau diffère selon qu'il s'agit de charges directes ou de charges indirectes.

2. L'analyse de l'écart économique sur charges directes

L'écart économique est la différence entre :
– le coût réel ou constaté,
– le coût préétabli adapté à la production réelle.

Comme les deux bornes de l'écart sont évaluées en référence à la production réelle, seules des variations de coûts ou de quantités peuvent expliquer cet écart. Le plan comptable en tient compte.

2.1 La décomposition du plan comptable

Le PC analyse l'écart économique en deux sous-écarts :
- un écart sur coût (noté E/C),
- un écart sur quantité (noté E/Q).

Soit les notations suivantes :

Qr Quantité réelle consommée du facteur
Qp Quantité préétablie (consommation standard adaptée à la production réelle),
c_r Coût unitaire réel du facteur
c_s Coût unitaire standard du facteur

a) Écart sur coût

L'écart sur coût se définit de la manière suivante :

$$E/C = (c_r - c_s)\, Qr$$

ou encore

$$E/C = (\Delta c)\, Qr$$

Il mesure les conditions dans lesquelles l'entreprise a rétribué ses facteurs de production. Un coût réel supérieur au coût standard indique une détérioration des coûts de l'entreprise et donc un écart défavorable.

Les causes de cet écart doivent être recherchées dans les conditions d'approvisionnement des matières ou de rémunération des ouvriers.

b) Écart sur quantité

L'écart sur quantité se définit comme :

$$E/Q = (Qr - Qp)c_s$$

ou encore

$$E/Q = (\Delta Q)c_s$$

Dans la mesure où les consommations comparées sont adaptées à la production réelle, l'écart sur quantité mesure la différence entre le rendement réel et le rendement standard.

Les causes principales d'apparition de cet écart sont d'ordre technique. À titre d'illustration en cas d'écart défavorable :
- pour les matières : qualité défectueuse, taux de rebuts excessifs suite à un réglage défectueux des machines... ;
- pour la main d'œuvre : qualification insuffisante, mauvaise organisation de la production....

Remarque : La formulation mathématique de l'écart sur quantité et de l'écart sur coût conduit à calculer une valeur intermédiaire : la **consommation réelle valorisée au coût standard**. En effet :

$$E/C = (c_r - c_s)Qr = Qr\ c_r - Qr\ c_s$$
$$E/Q = (Qr - Qp)c_s = Qr\ c_s - Qp\ c_s$$

On a donc : **Qr c_r**, le coût réel,
Qr c_s, la consommation réelle valorisée au coût standard,
Qp c_s, la consommation préétablie valorisée au coût standard.

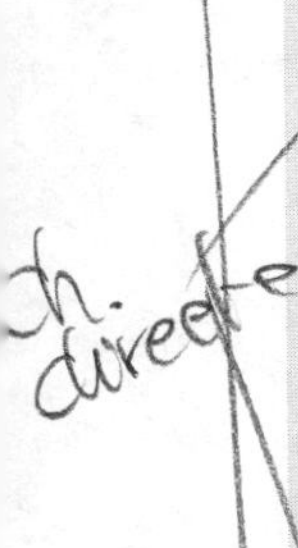

Thème d'application : Société P

Nous trouvons les informations nécessaires à la décomposition des écarts sur charges directes dans le tableau récapitulatif.

- **Matière M1 :**
  on sait que : Qr = 20 500 $c_r = 2{,}16$
  Qp = 20 800 $c_s = 2$

En appliquant les formules précédentes, on obtient :
- écart sur coût = (2,16 – 2) x 20 500 = 3 280 Défavorable
  Les conditions réelles d'obtention de la matière M1 sont plus défavorables que celles prévues.
- écart sur quantité = (20 500 – 20 800) x 2 = – 600 Favorable
  Pour une production de 5 200 PSF A, le rendement standard autorisait une consommation de 20 800 kg. L'entreprise en consommant moins (20 500 kg) a permis une économie de coût jugée favorable.

- **Main-d'œuvre directe du centre C1 :**
  Qr = 3 800 $c_r = 4{,}90$
  Qs = 3 900 $c_s = 5$

Ecart sur coût = (4,90 – 5) x 3 800 = – 380 Favorable
Ecart sur quantité = (3 800 – 3 900) x 5 = – 500 Favorable

Remarque :
Dans le cas de la main-d'œuvre directe, on parle souvent d'**écart sur taux** pour désigner l'écart sur coût en référence au taux horaire de rémunération et d'**écart de rendement** pour évoquer l'écart de quantité.

2.2 Représentations graphiques

Elles peuvent être de deux types :
- par les aires de rectangles,
- par des vecteurs du plan.

Ces représentations sont présentées dans le cadre du thème d'application.

Thème d'application : Société P

Soient les décompositions précédentes des écarts, les représentations graphiques sont les suivantes :

- Matières M1 : représentation par l'aire des rectangles

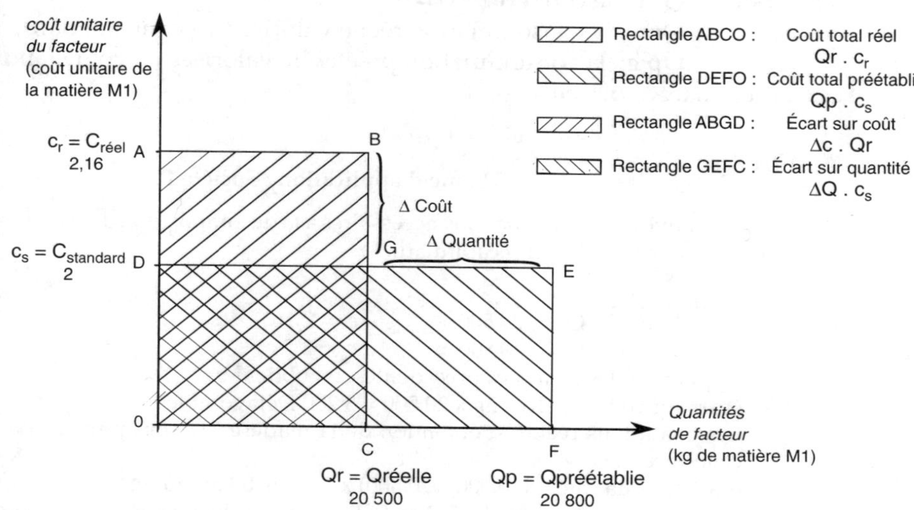

- Main-d'œuvre du centre C1 : représentation par vecteurs

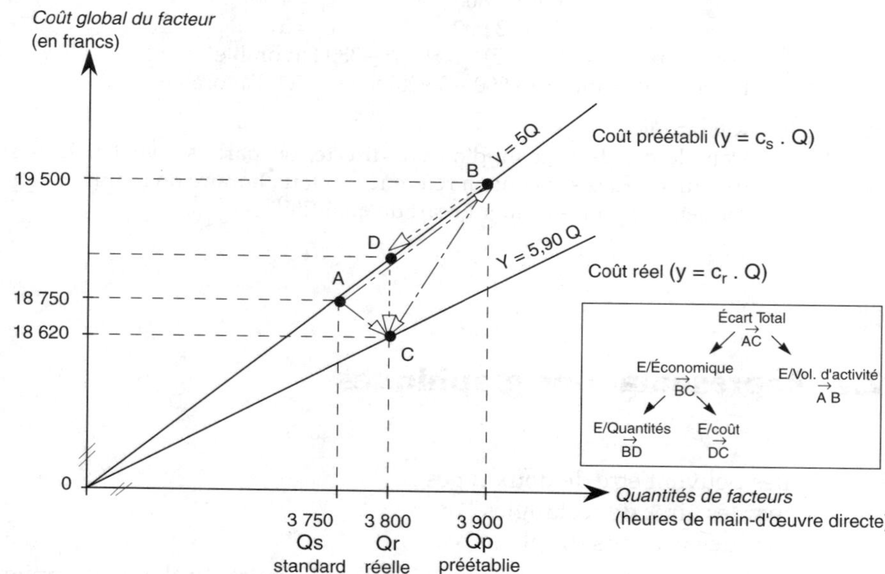

Remarque : dans toutes les représentations graphiques de vecteur, le schéma doit illustrer la décomposition de l'écart et il faut privilégier l'ordre de grandeur entre les différentes données au détriment de l'exactitude des échelles afin d'améliorer la lisibilité du graphique.

2.3 Tableau du plan comptable

Le plan comptable a proposé un tableau pour le calcul et la décomposition des écarts sur charges directes.

Ce document privilégie l'information de **PRODUCTION** au détriment de celle de **CONSOMMATION DE FACTEURS**.

Si cette conception permet la mise en évidence des mêmes écarts, elle est, à notre sens, moins explicite pour le contrôle budgétaire qui s'intéresse à la maîtrise des conditions d'exploitation.

Nous présenterons ce document rempli dans le cadre de notre thème d'application pour la matière M2 et la MOD du centre C2

Thème d'application : société P

Suivi de la consommation MATIÈRE M2

Nombre de produits fabriqués dans la période	Rendement matière / Quantité de matières par produit	Quantité de matières consacrées à la fabrication	Prix d'un kilo	Prix des matières consommées	Valeurs comparées	Écarts	
Éléments prévus	5 000	1,5 kg	7 500	3	22 500	4,5	sur prix unitaire
Éléments constatés	5 200	1,44 kg *	7 500	3,10 *	23 250	4,47	
Écart total					+ 750	DEF.	

Analyse de l'écart total						Valeurs	Écarts	
	Coût constaté					= 23 250	Sur prix d'achat 750 DEF	Écart relatif à la matière consommée — 150 FAV
	Coût préétabli de la consommation constatée			7 500	x 3	= 22 500	Sur quantité consommée par produit — 900 FAV	
	Coût préétabli de la consommation prévue, adapté à la production constatée	(5 200	x 1,5) =	7 800	x 3	= 23 400	Écart sur volume d'activité 900 DEF	
	Coût préétabli de la consommation prévue					22 500		
	Écart total						750 DEF	

Suivi de la main-d'œuvre directe du centre C2

Nombre de produits fabriqués dans la période	Rendement horaire Nombre d'heures par produit	Nombre d'heures consacrées à la fabrication	Taux horaire	Coût des heures utilisées	Valeurs comparées	Écarts	
Éléments prévus	5 000	0,25 h	1 250	4	5 000	1	sur taux horaire
Éléments constatés	5 080	0,22 h *	1125	4,11 *	4 625	0,91	
Écart total					– 375	FAV.	

Analyse de l'écart total						Écarts	
	Coût constaté					= 4 625	Sur taux horaire 125 DEF
	Coût préétabli des heures utilisées			1125 x	4	= 4 500	Sur rendement horaire par produit – 580 FAV ; Écart relatif sur heures utilisées – 455 FAV
	Coût préétabli des heures prévues adapté à la production constatée	(5 080 x	0,25) =	1 270 x	4	= 5 080	Écart sur volume d'activité + 80 DEF
	Coût préétabli des heures prévues					5 000	
Écart total							– 375 DEF

* Ces données sont calculées compte tenu des informations de la comptabilité générale.

2.4 Synthèse sur l'analyse des écarts sur charges directes

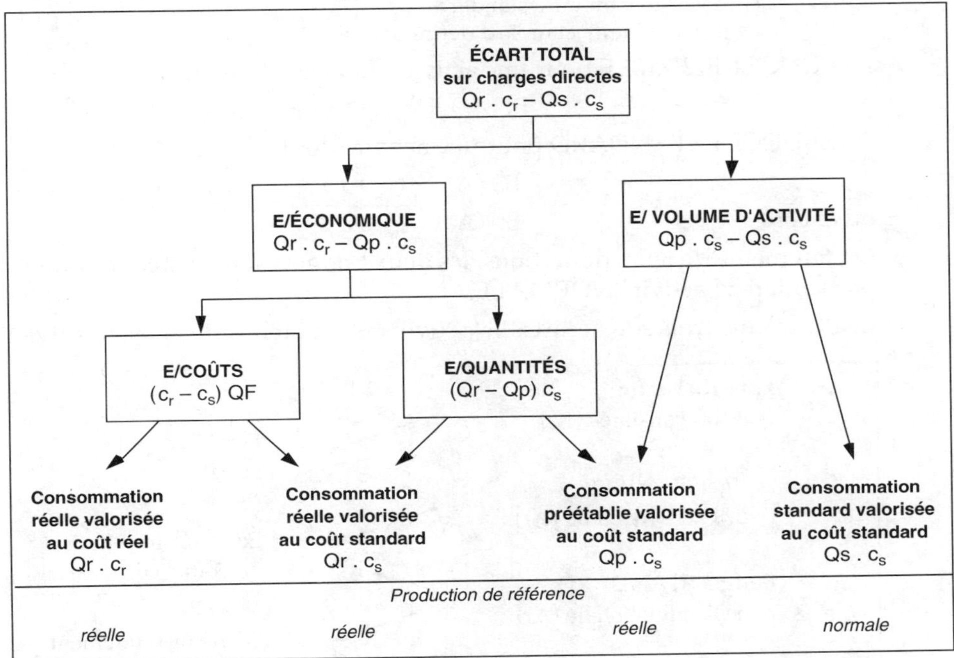

3. Analyse de l'écart économique sur charges indirectes

Nous avons vu, au chapitre précédent, que le budget d'un centre d'analyse est constitué :

- de prévisions de charges variables et de charges fixes,
- d'une activité mesurée par des unités d'œuvre,
- d'un rendement c'est-à-dire d'un rapport entre activité et production.

Chaque sous-écart doit donc mesurer l'influence de l'un de ces paramètres. C'est pourquoi le PC a retenu une décomposition spécifique pour l'écart économique sur charges indirectes.

3.1 Décomposition du Plan comptable

Cette décomposition fait appel à deux notions définies au chapitre précédent :

- le budget flexible,
- le budget standard.

Soit :

FFs frais fixes pour l'activité NORMALE (An)
$\mathbf{v_s}$ coût variable unitaire standard,
$\mathbf{f_s}$ coût fixe unitaire standard défini par FFs/An

Le BUDGET FLEXIBLE pour une activité donnée A* s'écrit :

$$BF(A^*) = v_s \cdot A^* + FFs$$

et le BUDGET STANDARD pour une activité donnée A* est égal à :

$$BS\ (A^*) = (v_s + f_s)\ A^*$$

ou encore

$$BS\ (A^*) = c_s \cdot A^*$$

Du fait même de leurs définitions, les deux budgets sont égaux pour une activité particulière : l'activité NORMALE.

Le PC calcule trois sous-écarts. Ils peuvent être obtenus de la façon suivante :

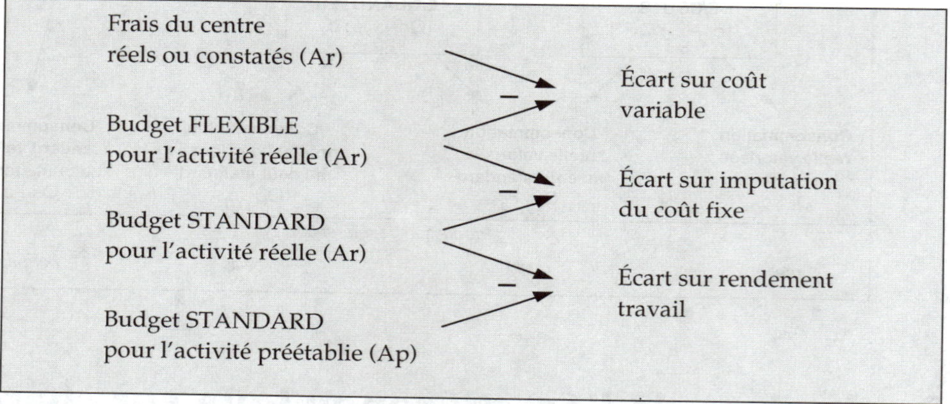

Sous cette forme, la signification des écarts n'est pas évidente. Nous allons essayer de comprendre en quoi ils expriment l'influence du paramètre dont ils portent le nom.

3.2 Interprétation des écarts

a) Écart sur coût variable (E/CV)

Soit E/CV = Frais réels – Budget flexible (Ar)

$$= [(v_r \times Ar) + FFr] - [(v_s \times Ar) + FFs]$$

Si l'on admet l'hypothèse simplificatrice suivante : les frais fixes réels sont identiques aux frais fixes standards, on peut écrire que :

$$E/CV = (v_r - v_s)\ Ar$$

Sous cette forme, l'écart sur coûts variables exprime des différences entre les coûts variables unitaires d'unité d'œuvre pour une structure donnée, ce qui peut justifier l'hypothèse simplificatrice précédente.

b) Écart sur imputation du coût fixe (E/CF)

$$E/C = \text{Budget flexible (Ar)} - \text{Budget standard (Ar)}$$
$$= [(v_s \times Ar) + FFs] \quad - [(v_s + f_s) Ar]$$
$$= FFs - (f_s \times Ar)$$

Comme les frais fixes standards FFs ont été déterminés pour une activité Normale An, on peut écrire :

$$E/CF = (An - Ar) f_s$$

Il s'agit donc de la valorisation de la différence d'imputation des coûts fixes provenant d'un écart entre activité Normale et activité Réelle. C'est la définition même d'un écart d'imputation rationnelle qui exprime :

– **un coût de chômage** quand Ar < An,
– **un boni de sur-activité** dans le cas où Ar > An.

c) Écart sur rendement travail (E/RT)

$$E/RT = \text{Budget standard (Ar)} - \text{Budget standard (Ap)}$$
$$= [(v_s + f_s) Ar] - [(v_s + f_s) Ap]$$
$$= (Ar - Ap)(v_s + f_s)$$

Il existe un lien mathématique entre activité et production : il s'agit du rendement.
L'activité réelle Ar est obtenue par :

$$Ar = \text{Production réelle} \times \text{rendement réel}$$

L'activité préétablie a été obtenue plus haut par :

$$Ap = \text{Production réelle} \times \text{rendement standard}$$

En utilisant ces relations, il apparait que :

$$E/RT = (\text{Rendement réel} - \text{Rendement standard}) \times \text{Prod.réelle} \times (v_s + f_s)$$

On voit ainsi la justification du nom de l'écart. Il peut exprimer :

– une amélioration de la productivité quand
Rendement réel > Rendement standard ;
– une détérioration de celle-ci dans le cas contraire.

Remarque :
L'hypothèse simplificatrice de l'invariance des frais fixes (FF) entre les réalisations et les prévisions n'est pas retenue par tous.

Il existe une décomposition des écarts sur charges indirectes qui éclate l'écart sur coût variable du PC en deux sous-écarts. Cette méthode dite «des contrôleurs de gestion» ne sera pas traitée dans cet ouvrage.

Thème d'application : Société P

Reprenons les données du centre C1.
Pour rappel, on a : Ar = 2 750 h, Ap = 2 600 h et An = 2500 h.
La décomposition de l'écart est la suivante :

• Frais réels		→ 64 840		
			→ E/CV =	– 480 Favorable
• BF (Ar)	= (v_s x Ar) + FF = (10,48 x 2 750) + 36 500	→ 65 320		
			→ E/CF =	– 3 650 Favorable
• BS (Ar)	= (v_s + f_s) Ar = (25,08 x 2 750)	→ 68 970		
			→ E/RT =	+ 3 762 Défavorable
• BS (Ap)	= (v_s + f_s) Ap = (25,08 x 2 600)	→ 65 208		
			→ E/VA =	+ 2 508 Défavorable
• BS (An)	= (v_s + f_s) An = (25,08 x 2 500)	→ 62 700		

L'écart total est obtenu en faisant : Frais réels - BS (An) soit un écart de 2140 défavorable.

3.3 Tableau du plan comptable

Ce tableau entraîne les mêmes commentaires que celui sur les charges directes. Il est présenté dans le thème d'application pour la décomposition de l'écart sur le centre C2.

Thème d'application : Société P

Pour mémoire l'activité du centre est mesurée en heures de main-d'œuvre directe et Ar = 1 125, Ap = 1 270 et An = 1 250.
Analyse de l'écart sur centre C2

Frais réels	46 860		
		E/Coût variable + 940 DEF	Écart économique – 1 197 favorable
Budget flexible (Ar) (11,04 x 1 125) + 33 500	45 920		
		E/Coût fixe + 3 350 DEF	
Budget standard (Ar) (37,84 x 1 125)	42 570		
		E/Rendement travail – 5 487 FAV	
Budget standard (Ap) (37,84 x 1 270)	48 057		
			Écart sur volume d'activité + 757 DEF
Budget standard (An) (37,84 x 1 250)	47 300		

• Présentation du PC

ÉCARTS SUR COÛT D'UN CENTRE DE TRAVAIL – CENTRE C2

	Nombre de produits fabriqués	Rendement travail	Nombre d'heures consacrées à la fabrication	Coût d'une heure	Coût des produits			Coût d'un produit	Valeurs comparées	Écarts	
		Produits par heure			Variable	Fixe	Total				
Éléments prévus	5 000	4	1 250	Var. : 11,04 Fixe : 26,80 soit 37,84	13 800	33 500	47 300	9,46			
Éléments constatés	5 080	4,51	1 125	41,65	13 360	33 500	46 860	9,22			
Écart total							– 440 FAV.				
Analyse de l'écart total : Coût constaté									= 46 800	Sur coût variable + 940 DEF	Écart relatif à la production constatée – 1 197 FAV
Coût préétabli des heures consacrées à la production constatée			1125	x 11,04	= 12 420 +	33 500			= 45 920	Sur imputation du coût + 3 350 DEF	
Coût préétabli de la production attendue des heures consacrées à la fabrication	4 500	(= 4 x	1125)					x 9,46	= 42 570	Sur rendement travail – 5 487 FAV	
Coût préétabli de la production constatée	5 080							x 9,46	= 48 057	Écart sur volume d'activité + 757 DEF	
Coût préétabli de la production prévue									47 300		

3.4 Représentation graphique

Il s'agit d'illustrer l'incidence de trois paramètres : les charges, l'activité et le rendement.

Nous ne présenterons que l'analyse vectorielle car l'autre représentation fait appel à un schéma à trois dimensions.

Thème d'application : Société P

Soit la décomposition du centre C1, la représentation graphique est la suivante :

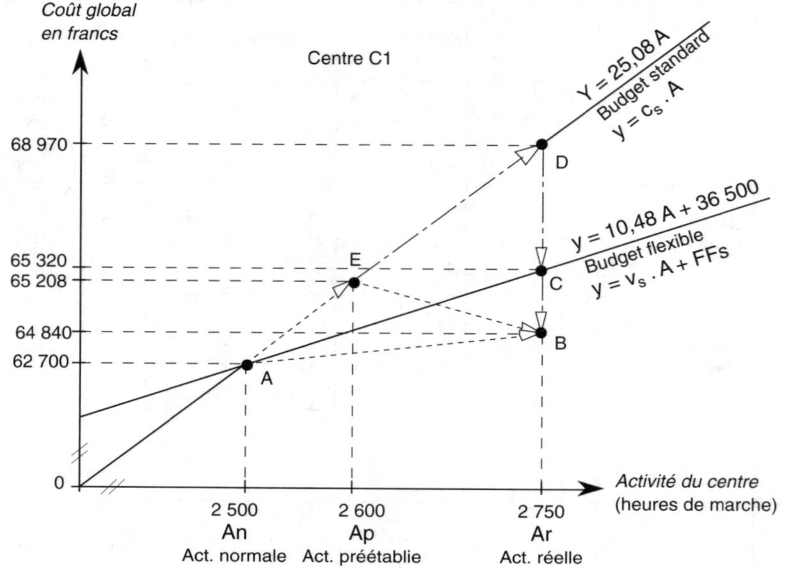

Comme pour l'écart sur charges directes, le plan comptable propose un tableau de calcul pour les charges indirectes.

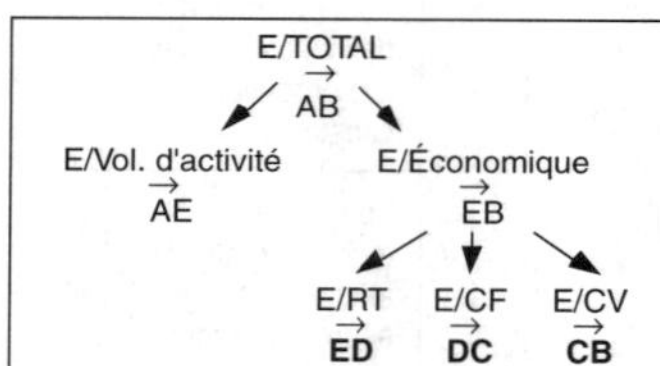

3.5 Synthèse sur l'analyse des écarts sur charges indirectes

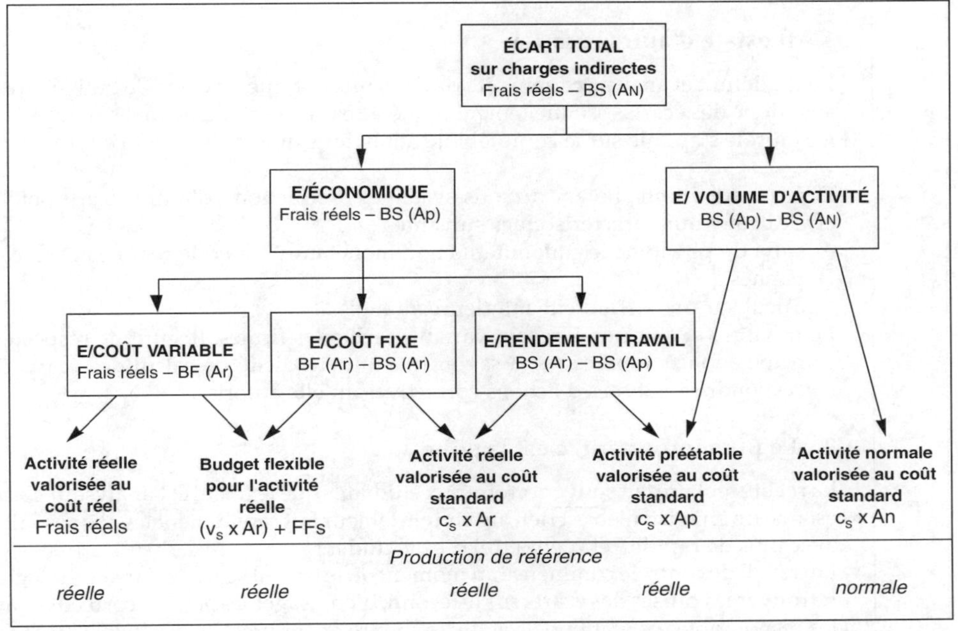

Point méthode

- Pour calculer des écarts, il faut les informations suivantes :
  - la fiche de coût préétabli du produit,
  - la production normale et réelle,
  - l'activité normale et réelle des centres d'analyse.
- En cas d'encours, il faut les évaluer à l'aide de la notion d'équivalents terminés.

Cela peut donner une production réelle différente par éléments de coûts.

- Ne pas confondre Activité et Production ; la production s'exprime en unités de produits, l'activité en nombres d'unités d'œuvre.

C'est le rendement qui relie les deux notions. Attention à la façon dont est exprimé le rendement ! Il faut être capable de passer d'une expression par rapport au produit à une expression par rapport à l'activité. (Ainsi fabriquer 4 produits à l'heure est équivalent à mettre 1/4 d'heure par produit.)

- Dans le cas où l'activité d'un centre est exprimée en nombre de produits, l'écart sur rendement travail est nul, car il manque la référence de durée nécessaire à cette production.

RÉFLEXIONS SUR LE THÈME

1. Il existe d'autres écarts.

Le PC définit et analyse certains écarts dans une optique de contrôle budgétaire : ce sont donc des écarts essentiellement monétaires et à périodicité mensuelle puisque le contrôle s'appuie sur la comptabilité analytique qui travaille sur ce rythme.

Dans le cadre d'un pilotage du sous-système «Production», d'autres écarts peuvent être calculés aux caractéristiques suivantes :

- suivi de phénomènes quantitatifs non monétaires : taux de rebuts, nombres de pannes...
- calcul sur une périodicité inférieure au mois.

Leur nature et leur nombre sont variables selon les firmes. Il suffit de respecter le principe énoncé auparavant, à savoir que la périodicité de calcul des écarts doit correspondre aux types d'actions correctives qu'elle autorise.

2. Le plus important, c'est la suite....

La réalité scolaire fait souvent croire aux étudiants que le calcul et l'analyse des écarts est une fin en soi. Il n'en est rien, un simple tableur fait rapidement les mêmes calculs avec plus de rapidité et (peut-être) d'exactitude.
Le travail de contrôle commence au moment où le travail scolaire s'arrête. Il s'agit de retrouver les causes des écarts sur le terrain, d'envisager les actions correctives avec les responsables opérationnels et de les mettre en œuvre. C'est cette démarche qui permet à un contrôleur de gestion de dire à un de ses contrôleurs budgétaires : «Votre lieu de travail, ce n'est pas votre bureau mais les ateliers !».

Applications

(1) *Contrôle de production du produit PF*

Voici les éléments constitutifs du coût préétabli concernant la fabrication de 4 000 kg de produits finis PF dans l'atelier 2 :

MP 2 (matière première)	3 200 kg à 52,00 F/kg ;
Main-d'œuvre directe	1 600 h à 56,00 F/h ;
Charges indirectes totales	25 000 F (dont 8 000 F de charges de structure).

En fait, les informations réelles, concernant la fabrication de 3 400 kg de produits finis PF dans l'atelier 2, sont les suivantes :

MP 2	3 000 kg à 53,00 F/kg ;
Main-d'œuvre directe	1 400 h à 57,00 F/h ;
Charges indirectes totales	22 500 F.

L'unité d'œuvre de l'atelier 2 est l'heure de main-d'œuvre directe.

QUESTIONS :

a) Présenter la fiche du coût préétabli de la fabrication d'un kg de produit fini par l'atelier 2 (coût de la transformation de PI en 1 kg de PF).
Calculer, pour l'atelier 2, l'écart total sur les coûts de la période.

b) Dresser un tableau permettant de dégager l'écart sur chaque élément de coût dans l'atelier 2 conformément au plan comptable.

c) Procéder à l'analyse de l'écart sur matière et de l'écart sur charges indirectes dans l'atelier 2, conformément aux propositions du plan comptable.

(d'après examen)

(2) *Entreprise Samur*

L'entreprise SAMUR est spécialisée dans la fabrication de papiers. Elle commercialise, entre autres produits, du papier de reprographie appelé «REPRO» sous forme de rames de format 45 x 64 et de ramettes de format 21 x 29,7.

Pour le mois de janvier 19N, elle établit des prévisions pour les centres de production et plus particulièrement au niveau de la «DÉCOUPEUSE». Elle tire ainsi une analyse très fine du «REPRO» par type de produit (rame ou ramette).

Vous devez plus particulièrement porter votre attention sur la *ramette au niveau de la DÉCOUPEUSE.*

QUESTIONS :

a) A partir de l'annexe 1, établir le budget flexible des frais de DÉCOUPEUSE pour le mois de janvier 19N concernant les ramettes pour l'activité préétablie ainsi que pour deux autres niveaux d'activité de coefficients respectifs 0,95 et 1,05.

b) A fin janvier, les éléments constatés sont connus (annexe 2) : Analyser et décomposer l'écart sur le centre «DÉCOUPEUSE».

c) Que penser de la dénomination du PCG 82 «ÉCART SUR COÛT VARIABLE» pour le premier sous-écart ?
Appliquer le raisonnement à l'exemple proposé.

ANNEXE 1

Coût de production unitaire d'une ramette basé sur une production mensuelle de 500 000 ramettes

	Q	PU	M
Matières premières :			
Pâte à papier	3 kg	1	3
Adjuvant	0,1 kg	2	0,20
Main d'œuvre directe	5 minutes	60 F/l'heure	5
Centres de produit (1) :			
Machine à papier :			
– variable	0,5 u/o	1	0,50
– fixe			2
Découpeuse :			
– variable	1 u/o	2	2
– fixe			3
			15,70

(1) L'u/o correspond à une mesure horaire.

ANNEXE 2

Mois de janvier 19N

Éléments constatés concernant la production mensuelle de 525 000 ramettes

	Q	PU	M
Découpeuse :			
Variable	500 000 u/o	2	1 000 000
Fixe			1 698 500
			2 698 500
Coût d'une unité d'œuvre			5,397
Coût de production unitaire			5,14

(DECF extrait)

3 Entreprise «Gardena S.A.»

Le schéma, ci-dessous, représente un fragment du graphique d'analyse de l'écart sur coût préétabli de la Section *Moulage* de l'entreprise GARDENA S.A. pour le mois de février.

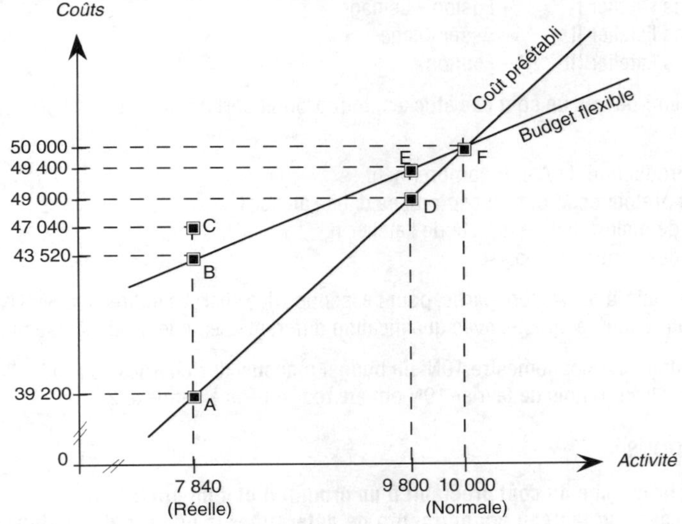

Informations complémentaires :
- coût réel de la section : 47 040 ;
- activité préétablie correspondant à la production réelle : 9 800.

QUESTIONS :

a) Désigner, en utilisant les lettres figurant sur ce graphique, les vecteurs représentant :
- **l'écart total (Plan 82) ;**
- **les composantes de cet écart.**

Sans calcul, procéder aux vérifications qui s'imposent.

b) Calculer l'écart total et évaluer les composantes de cet écart. Contrôler.

c) Rechercher l'équation de la droite de budget flexible et celle de la droite de coût préétabli.

d) Sachant que :
- **l'écart sur budget des charges fixes est défavorable et égal à 1 752 F ;**
- **le ratio de rendement, exprimé par le rapport $\frac{\text{Nombre d'articles produits}}{\text{Nombres d'unité d'activité}}$ avait été préétabli à 0,1.**

Présenter un tableau détaillé faisant apparaître pour les coûts normaux préétablis et pour les coûts réels :
- **les charges fixes et variables ;**
- **les coûts de la section par unité d'activité ;**
- **les coûts de la section par unité de produit ;**
- **les ratios de rendement.**

(d'après examen)

4 *Entreprise Mécanica*

Une unité de production de l'entreprise MÉCANICA fabrique deux produits A et B à partir de deux matières premières M et N. Le cycle de fabrication est le même pour la réalisation des deux types de produits :
– passage dans l'atelier I – Fusion - usinage
– passage dans l'atelier II – Assemblage
– passage dans l'atelier III – Finition.

Les produits semi-ouvrés ne sont pas stockés, tout produit sortant des ateliers I et II entrant immédiatement dans le suivant.

Les coûts de production de A et B comprennent :
– les matières premières M et N consommées dans l'atelier I,
– les charges de main-d'œuvre directe de l'atelier II,
– les charges des centres d'analyse.

Les charges de main-d'œuvre font partie, pour l'essentiel, des charges indirectes. Seul l'atelier II comporte des charges de main-d'œuvre directe, avec qualification différente selon le produit assemblé.

On a établi, pour le premier semestre 19N, un budget mensuel des charges de production fourni en annexe 1. Les données réelles du mois de février 19N ont été regroupées en annexe 2.

QUESTIONS :

a) Établir la fiche du coût préétabli d'un produit A et d'un produit B.
b) Concevez un tableau qui permettra de déterminer le nombre de produits A et B achevés dans chaque atelier.
c) Calculer l'équivalence de la production du mois, terminée et en-cours, dans les ateliers II et III : on convertira les nombres de produits en-cours en un nombre de produits achevés correspondant.
d) Terminer le tableau de répartition des charges indirectes du mois de février 19N (annexe 2).
e) Dresser un tableau comparatif pour la production de février 19N, produits A *puis* produits B mettant en évidence l'écart économique.
f) Analyser l'écart économique sur les charges indirectes de l'atelier I, puis celui sur les charges indirectes de l'atelier III : l'analyse sera faite globalement, *pour l'ensemble des produits* A et B traités dans chaque centre (3 s/écarts). L'un des écarts obtenus est nul.
Ne pouvait-on prévoir cette réponse avant même de procéder à l'analyse ? Pourquoi ? Formuler une suggestion.

ANNEXE 1

PRÉVISIONS MENSUELLES POUR LE PREMIER SEMESTRE 19N

A. Production mensuelle : 500 produits A et 900 produits B
B. Standards unitaires – charges directes :

	Produits A	Produits B
Matière M	4 kg	2 kg
Matière N	6 kg	4 kg
Main-d'œuvre (atelier II)	15 min	10 min

C. Budget mensuel des charges directes (en francs)

	Produits A	Produits B
Matière M	90 000	81 000
Matière N	225 000	270 000
Main-d'œuvre (Atelier II)	6 500	8 700

D. Budget mensuel des charges indirectes (en francs)

	Atelier I	Atelier II	Atelier III
Total	31 200	9 075	7 000
(dont charges fixes)	12 480	2 200	2 380
Unité d'œuvre	kg matière	heure MOD	unité fictive

Chaque produit A ou B (terminé ou évalué par équivalence) vaut une unité fictive.

ANNEXE 2

Extraits des données réelles enregistrées en février 19N

A. Production du mois

Production achevée (renseignements partiels) :

- 520 produits A à la sortie de l'atelier I
- 1 050 produits B à la sortie de l'atelier III

En cours uniquement pour les produits A dans les ateliers II et III

	Quantités		Dégré d'achèvement	
	Atelier II	Atelier III	Atelier II	Atelier III
En-cours initial	80	60	50 %	40 %
En-cours final	170	30	60 %	30 %

B. Charges directes

	Produits A		Produits B	
	Coût unitaire	Quantité	Coût unitaire	Quantité
Matière M	47,50	2 200 kg	47,50	2 000 kg
Matière N	78	3 100 kg	78	4 050 kg
Main-d'œuvre (Atelier II)	55	135 h	60	180 h

C. Charges indirectes

	Atelier I	Atelier II	Atelier III
Total secondaire	36 887,50	10 048,50	7 176
Nature de l'unité d'œuvre	kg matière	heure MOD	unité fictive
Nombre d'unités d'œuvre	......	......	......
Coût de l'unité d'œuvre	......	......	......

(d'après examen)

(5) *Atelier de mécanique générale*

Un sous-traitant de mécanique générale occupant une vingtaine de personnes est spécialisé dans la fabrication de deux pièces industrielles P_1 et P_2.

L'entreprise comprend deux ateliers. L'atelier I, à partir des matières premières M et N, fabrique par usinage des éléments standardisés E_1 et E_2. L'atelier II effectue le montage des pièces P_1 et P_2 en assemblant les éléments E_1 et E_2.

Les standards techniques ont été établis comme suit :

Éléments	*Fabrication* E_1	E_2
Matière M	4 unités	3 unités
Matière N	5 unités	3 unités
Main-d'œuvre directe	5 heures-ouvrier	4 heures-ouvrier
frais de fabrication	4,5 heures-machine	3,60 heures-machine
	P_1	P_2
Éléments E_1	1 unité	1 unité
Éléments E_2	1 unité	2 unités
Main-d'œuvre directe	2 heures-ouvrier	2,40 heures-ouvrier
Frais de fabrication	2 heures-ouvrier	2,40 heures-ouvrier

Les standards de prix, révisés le 15 février de l'année en cours, ont été établis comme suit :

Matière M	5 F l'unité
Matière N	2 F l'unité

Main-d'œuvre directe : salaire horaire comprenant les charges sociales et les avantages sociaux (congés, primes, etc.) :

Atelier I	30 F
Atelier II	36 F

Frais indirects de fabrication : le budget annuel pour une activité normale de 11 mois (congés annuels déduits) se présente comme suit :

	Atelier I	Atelier II
Temps de présence des ouvriers	33 000 h	6 600 h
Temps de marche des machines (1)	29 700 h	
Frais variables	148 500 F	59 400 F
Frais fixes	297 000 F	33 000 F
	445 500 F	92 400 F
Unité d'œuvre	heure-machine	heure-ouvrier
Production normale	E_1. 3 000 unités	P_1. 1 500 unités
Production normale	E_2. 4 500 unités	P_2. 1 500 unités

Au cours du mois de mars, il a été produit et mis en stock :

Éléments E_1	290 unités
Éléments E_2	410 unités
Produits finis P_1	145 unités
Produits finis P_2	135 unités

En ce qui concerne les en-cours, on dénombrait :

a) au 1er mars :

Atelier I	E_1. 10 unités ;	E_2. 20 unités ;
Atelier II	P_1. 20 unités ;	P_2. 15 unités.

b) au 31 mars :

Atelier I	E_1. 20 unités ;	E_2. 10 unités ;
Atelier II	P_1. 15 unités ;	P_2. 8 unités.

(1) 9/10e du temps de présence des ouvriers.

L'évaluation des coûts des éléments E_1 et E_2 semi-ouvrés et des produits P_1 et P_2 en cours de finition s'effectue comme suit :

1. Les matières M et N, les éléments E_1 et E_2 sont mis en œuvre dès le début de la fabrication respectivement dans les ateliers I et II et évalués à leur coût élémentaire standard ;

2. On estime que l'ensemble des en-cours de production est à un stade de demi-finition dans chaque atelier, donc la main-d'œuvre et les frais de fabrication sont évalués à 50 % de leur taux standard.

QUESTIONS :

a) Calculer les coûts standards *unitaires* de production des éléments E_1 et E_2 et des produits finis P_1 et P_2.

b) Calculer les coûts standards *unitaires* des en-cours de production relatifs :
– aux éléments E_1 et E_2 ;
– aux produits P_1 et P_2.

c) Évaluer, selon la méthode adoptée, les en-cours de fabrication :
– au 1er mars ;
– au 31 mars.

d) Déterminer *quantitativement* en *unités de production* et par éléments de coût, pour l'*atelier I* et pour chaque fabrication, l'*équivalent de la production réelle* (c'est-à-dire en unités de E_1 et de E_2), compte tenu de l'achèvement des en-cours au début du mois de l'avancement des en-cours en fin de mois.

e) Présenter, par éléments de coûts, un tableau faisant apparaître l'écart total conformément aux dispositions du plan comptable.

f) Sachant que les charges réelles de l'atelier I, d'après les renseignements comptables, sont les suivants :
– matières premières, total .... 17 630 F (1)
– main-d'œuvre pour 3 020 h .... 93 190 F
– frais indirects pour une activité de 2 900 h ... 41 484 F
déterminer l'écart total et les écarts élémentaires globaux pour l'ensemble de l'atelier I.

(d'après DECF)

(1) 2 430 kg de M pour 12 390 F et 2 495 kg de N pour 5 240 F.

Troisième partie

Contrôle de gestion et intégration de la dimension humaine dans la mesure des résultats

Une évolution est apparue dans les objectifs et le contenu du contrôle de gestion avec la prise de conscience de l'importance des hommes dans les organisations.

Le système de mesure et de contrôle, strictement quantitatif sur le système «production» qu'était le contrôle de gestion cherche à responsabiliser et à «contrôler» les acteurs de l'entreprise. Pour ce faire apparaissent la gestion budgétaire et les centres de responsabilité.

L'intégration de la dimension humaine dans la mesure des résultats sera analysée dans deux sous-parties, d'abord une vision globale, puis une approche par budget :

- **Sous-partie 1 :** ***Analyse, mesure et suivi du système «entreprise»***
  - *chapitre 15* : Planification, gestion budgétaire et responsabilisation des acteurs
  - *chapitre 16* : Centres de responsabilité et cessions internes
  - *chapitre 17* : Les tableaux de bord
- **Sous-partie 2 :** ***Analyse, mesure et suivi des différents «sous-systèmes entreprise»***
  - *chapitre 18* : La gestion budgétaire des ventes
  - *chapitre 19* : La gestion budgétaire de la production
  - *chapitre 20* : La gestion budgétaire des approvisionnements
  - *chapitre 21* : La gestion budgétaire des investissements
  - *chapitre 22* : Le budget général et le contrôle budgétaire du résultat

Sous-partie 1

Analyse, mesure et suivi du système «entreprise»

15. **Planification, gestion budgétaire et responsabilisation des acteurs**
16. **Centres de responsabilité et cessions internes**
17. **Les tableaux de bord**

15 Planification, gestion budgétaire et responsabilisation des acteurs

La gestion par les coûts préétablis a permis de maîtriser le sous-système «productif» mais cela est vite apparu insuffisant.

Les entreprises sont passées d'une démarche productive à une démarche marketing qui privilégie les besoins du marché.

Dans le même temps, leur taille a augmenté rendant obligatoire une décentralisation de l'autorité et des responsabilités. Ce nouveau mode d'organisation a exigé un contrôle plus complet qu'auparavant. C'est pourquoi la procédure des budgets a été étendue à l'ensemble de l'entreprise, ce qui a donné un cadre financier aux délégations mises en œuvre.

De plus les entreprises ont cherché à impliquer et à responsabiliser les décideurs de tous les niveaux de la hiérarchie. Une nouvelle dimension de suivi des décisions et des actions des gestionnaires est alors introduite.

La notion de budget ou plan d'action prévisionnel était déjà connue, mais uniquement de façon ponctuelle :
- lors de l'évaluation des investissements,
- lors d'une demande de crédit auprès des banques.

Ainsi la gestion budgétaire est un mode de gestion à court terme qui englobe tous les aspects de l'activité de l'entreprise dans un ensemble cohérent de prévisions chiffrées : les budgets. Périodiquement, les réalisations sont confrontées aux prévisions et permettent la mise en évidence d'écarts qui doivent entraîner des actions correctives.

Ce mode de pilotage à court terme (l'exercice) s'il a montré son efficacité, s'est avéré incapable d'anticiper les modifications de l'environnement de l'entreprise : il manquait à ces prévisions un cadre plus global qui indiquerait la direction à suivre et les moyens d'y parvenir. C'est l'objet des plans stratégique et opérationnel.

Les outils du contrôle de gestion se sont donc diversifiés et couvrent tout à la fois la prévision du futur et l'analyse du passé. Nous emprunterons à Ardoin (1) une présentation de ces outils suivant leur horizon.

LES OUTILS DE PILOTAGE

PRÉVISIONS	PLAN STRATÉGIQUE	vocation – objectif global			LONG TERME 5 à 10 ans
	PLAN OPÉRATIONNEL	plan d'investissement	plan de financement	comptes de résultats prévisionnels	MOYEN TERME 2 à 5 ans
	BUDGETS	budget d'investissement	budget de trésorerie	budget d'exploitation	COURT TERME 1 an
RÉALISATIONS	TABLEAU DE BORD	résultats	objectifs	écarts	RÉSULTATS ESTIMÉS *J + 1 à J + 10*
	COMPTABILITÉ	GÉNÉRALE	ANALYTIQUE	CONTRÔLE BUDGÉTAIRE	RÉSULTATS RÉELS *J + 30 à J + …*

Dans ce chapitre introductif, nous situerons la gestion budgétaire dans la démarche globale de planification de l'entreprise, ce qui nous permettra d'envisager les aspects spécifiques de ce type de gestion et l'enrichissement apporté à la procédure budgétaire par la prise en compte de la dimension humaine.

1. Le cadre global de la planification d'entreprise

1.1 Stratégie et planification d'entreprise

La stratégie d'une entreprise peut se définir comme **un ensemble d'actions organisées en vue d'atteindre des objectifs par rapport à l'environnement**. Elle

1. ARDOIN J.-L., MICHEL D., SCHMIDT J., *Le contrôle de gestion*, Publi-Union, 1986.

se doit d'assurer la pérennité de l'organisation tout en respectant un niveau de performance satisfaisant pour ses différents partenaires (dirigeants, actionnaires, personnel...).

Sa définition s'appuie sur une étude des forces et des faiblesses de l'entreprise qui doit déboucher sur un diagnostic tant externe qu'interne :

- **diagnostic externe** : il évalue **les opportunités et les menaces que représente l'environnement** pour l'avenir de l'entreprise ;
- **diagnostic interne** : il répertorie les **atouts et les points faibles de l'organisation**.

Ces évaluations ont pour objet la sélection des «facteurs clés de succès» comme :
- le positionnement en termes de prix,
- le savoir-faire technologique,
- la qualité des produits,
- le respect des délais...

qui dépendent, à la fois de l'entreprise, mais aussi de son secteur d'activité, ou encore, des lieux géographiques où elle exerce.

Les facteurs ainsi retenus vont permettre d'asseoir la stratégie de l'entreprise en définissant les ensembles marchés / produits / technologies sur lesquels elle entend assurer son développement futur.

En fonction des objectifs fixés, de l'analyse des forces et des faiblesses, la direction doit prévoir et organiser les actions et les ressources allouées pour diriger les activités : c'est la planification d'entreprise qui peut porter sur une période plus ou moins longue (3 – 5 ans).

Bien sûr les orientations prises à un moment peuvent être modifiées au fur et à mesure du déroulement de l'activité sur la période et des évolutions non prévues : c'est tout le rôle de la gestion qui est de PRÉVOIR (planification à moyen et long terme) mais aussi de S'ADAPTER (aux changements à court terme).

Dans une entreprise, la planification peut être considérée comme **un système de données sur son futur**, tel qu'il est «désiré» par les responsables de la Direction générale. Elle s'organise comme un ensemble d'informations prévisionnelles regroupées dans des plans à horizon de plus en plus restreint. Dans un processus de planification complet, on dénombre trois niveaux :
- un plan stratégique,
- un plan opérationnel,
- un ensemble de budgets qui constitue le cœur de la gestion budgétaire et à ce titre fera l'objet d'une partie spécifique.

1.2 Les outils de la planification

a) Le plan stratégique

Le plan stratégique reprend les **points clés de la stratégie**, à savoir :
- les **marchés/produits/technologies** de l'entreprise ;

– les **objectifs** de cette dernière : buts quantifiés comme par exemple un pourcentage de part de marché... ;
– les **moyens pour les atteindre** : croissance interne, externe, zones géographiques à privilégier...

Il retrace les différentes étapes souhaitées du devenir de l'entreprise pour les cinq-sept ans à venir.

Ayant été élaboré à la suite d'une étude précise des forces et des faiblesses actuelles de l'entreprise et de son environnement, le **plan stratégique intègre les notions de «souhaitable» et de «possible» dans un ensemble cohérent et réaliste**. Sous cet aspect, il se **différencie complètement de la prospective**, qui imagine le futur, et dont l'horizon est beaucoup plus lointain.

Exprimant les grandes lignes d'un plan d'actions qui s'étend sur plusieurs années, sa forme est variée et les objectifs peu détaillés.

Ce plan est élaboré par la direction générale avec confrontation des responsables de chaque grande fonction de l'entreprise. Comme tout programme d'action, il doit être porté à la connaissance des responsables des unités décentralisées puisqu'il doit servir de cadre à leur action et leur permettre des propositions de mise en œuvre qui seront intégrées dans le plan opérationnel.

b) Le plan opérationnel

Le plan opérationnel est élaboré en accord ou sur proposition des centres de responsabilités. Il représente sur un horizon de deux à trois ans les **modalités pratiques de mise en œuvre de la stratégie**.

Cette programmation s'articule, pour chaque fonction, en :
– une planification des actions,
– une définition des responsabilités,
– une allocation de moyens financiers, humains et/ou techniques.

Il conduit à envisager le **futur proche de l'entreprise sous les aspects conjugués de sa viabilité, de sa rentabilité et de son financement**. C'est pourquoi il se subdivise, parfois, en plusieurs plans partiels :
– plan d'investissement,
– plan de financement,
– «documents de synthèse» prévisionnels,
– plan de ressources humaines.

Il constitue un passage obligé entre le plan stratégique et les budgets qui organisent l'activité au présent. Les liens entre ces différents documents sont variables selon la nature de la planification de l'entreprise ; celle-ci peut être :

– **intégrée**, et dans ce cas l'élaboration des plans est conjointe ainsi que leur mise à jour,
– **non liée**, et ce peut être le cas de PME qui déterminent certains axes de stratégie et utilisent les budgets comme seul élément de programmation de l'avenir.

Le plan opérationnel, quand il existe, demande de fréquents réajustements par rapport aux prévisions budgétaires et aux réalisations des exercices. C'est pourquoi certaines entreprises intègrent les budgets et le plan opérationnel dans un plan «glissant» où les données prévisionnelles sont de plus en plus précises et détaillées au fur et à mesure que l'on se rapproche de l'exercice en cours.

2. La gestion budgétaire

La dernière étape de planification est celle des prévisions à moins d'un an formalisées dans les budgets. Historiquement, c'est celle qui est apparue la première : après le contrôle du sous-système «Production» par la gestion en coûts préétablis, et compte tenu de l'importance prise par les activités tertiaires dans les entreprises, les directions générales ont éprouvé le besoin d'élargir le contrôle à tout le système «Entreprise».

> Le plan comptable en parle comme d'«un **mode de gestion consistant à traduire en programmes d'action chiffrés appelés «budgets» les décisions prises par la direction avec la participation des responsables»**.

Il nous semble nécessaire d'y ajouter un aspect supplémentaire : celui du **contrôle *a posteriori* des réalisations** avec ces mêmes prévisions, par la mise en évidence d'écarts significatifs qui doivent **entraîner des actions correctives**.

En effet, cette gestion s'appuie sur un mode de pilotage de type boucle fermée avec rétroaction, à savoir :

GESTION BUDGÉTAIRE

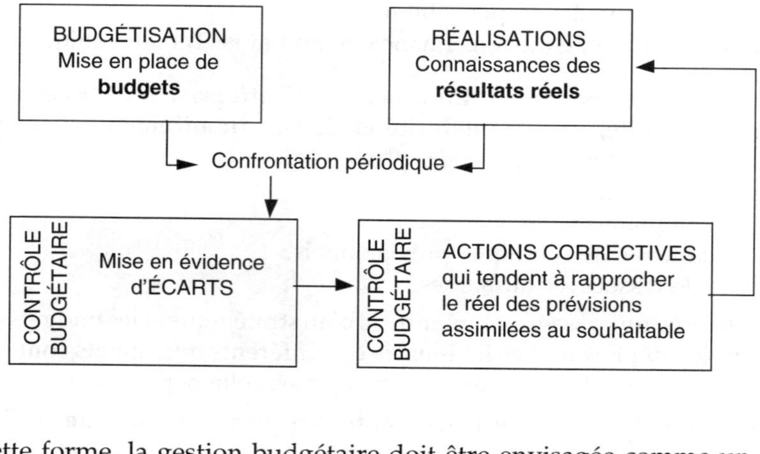

Sous cette forme, la gestion budgétaire doit être envisagée comme un système d'aide à la décision et au contrôle de la gestion composé de deux phases distinctes :

- la **budgétisation** c'est-à-dire l'élaboration des budgets (documents),
- le **contrôle budgétaire** constitué par le calcul des écarts et les actions correctives qu'il initie.

2.1 L'élaboration des budgets

a) La procédure de mise en œuvre

La phase de budgétisation est plus ou moins longue selon la nature de la procédure budgétaire. Les pratiques de constitution des budgets diffèrent, en effet, selon les modes de gestion des entreprises. Sont distingués :

– les **budgets imposés** : la hiérarchie assigne à chaque responsable ses objectifs et lui affecte des moyens ;

– les **budgets négociés** : une procédure de navette est instituée entre les responsables opérationnels et leur hiérarchie sur des propositions d'objectifs. Les décisions sont prises sur des bases de consensus, la hiérarchie s'assurant seulement de leur cohérence avec la politique générale de l'entreprise.

Cette typologie ne présente que les cas extrêmes : tous les **types intermédiaires peuvent exister** comme par exemple une situation où la négociation ne porte que sur les moyens, les objectifs étant imposés.

La procédure budgétaire est longue, principalement dans le cas de budgets négociés.

Il est possible cependant d'énoncer certaines règles valables pour tous les types de gestion budgétaire.

– les budgets de l'année N doivent être établis en N-1 et impérativement approuvés avant le début de l'année N,
– un réajustement des budgets est souhaitable dès février de l'année N.

b) Le contenu de la gestion budgétaire

Pour un exercice donné, les budgets doivent envisager :

– les **activités d'exploitation** de l'entreprise et leurs incidences en termes de patrimoine et de rentabilité,
– les **conséquences monétaires** de ces plans d'actions,
– les opérations **d'investissement** et de **financement** décidées dans le plan opérationnel.

Gestion à court terme, les budgets privilégient les programmes d'action de ventes et de production : ce sont des **budgets déterminants**.

Ces plans d'action acceptés, il est alors possible d'en déduire les budgets de fonctionnement des différents services : ce sont les **budgets résultants**.

La figure suivante illustre l'articulation des différents budgets.

La notion de gestion budgétaire recouvre plusieurs aspects : c'est un mode de gestion de l'entreprise par la décentralisation qu'elle suppose, mais c'est aussi et surtout un système de pilotage où les budgets sont élaborés dans le but de permettre un contrôle budgétaire.

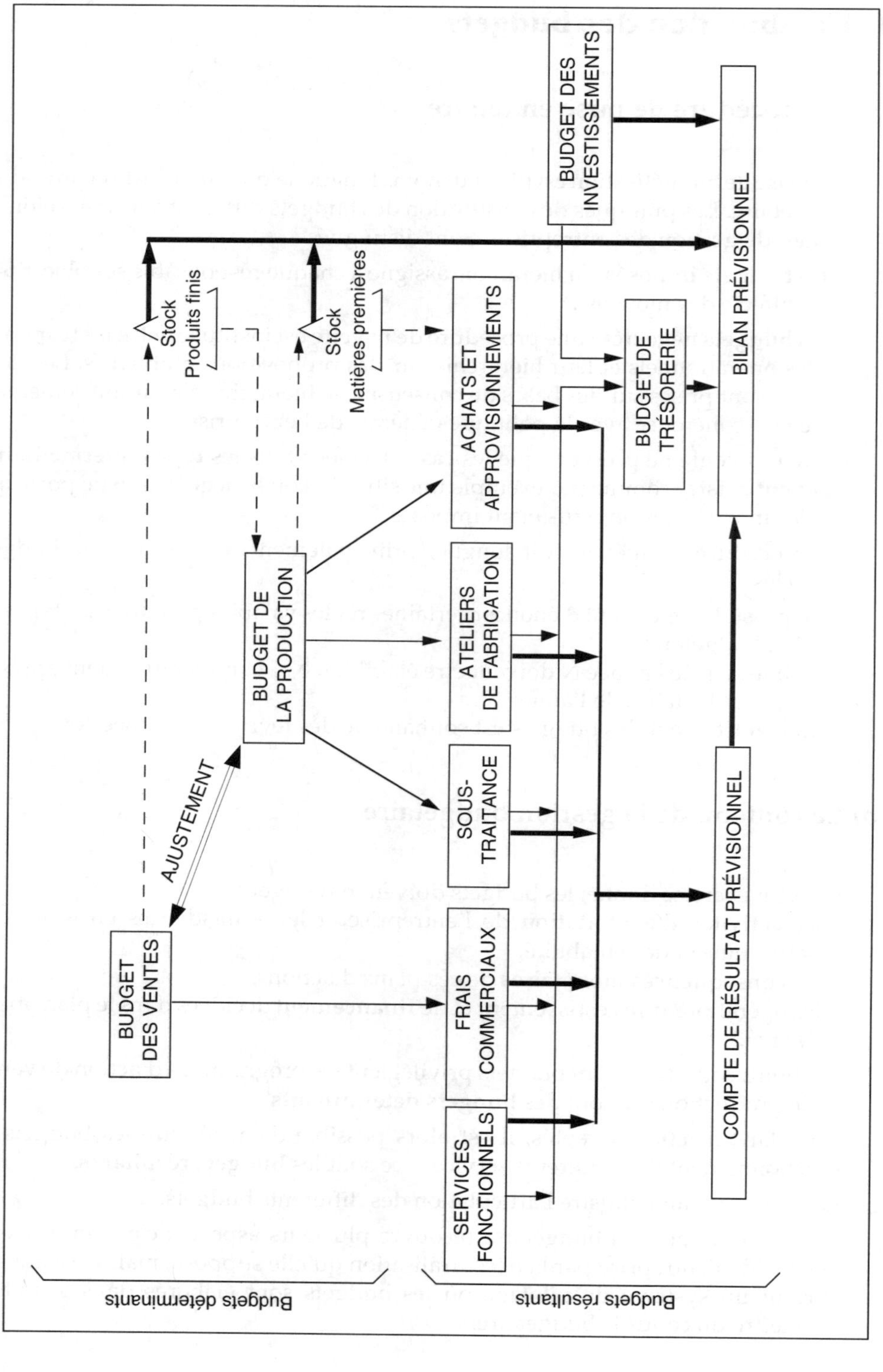

L'ARTICULATION DES DIFFÉRENTS BUDGETS

N.B. Les zones grisées représentent des budgets qui feront l'objet d'une étude spécifique dans la suite de cet ouvrage.

2.2 Le contrôle budgétaire

M. Gervais (1) définit le contrôle budgétaire comme «la **comparaison permanente des résultats réels et des prévisions** chiffrées figurant aux budgets afin :

- **de rechercher** la (ou les) cause(s) d'écarts,
- **d'informer** les différents niveaux hiérarchiques,
- **de prendre les mesures correctives** éventuellement nécessaires,
- **d'apprécier** l'activité des responsables budgétaires».

En ce sens, le contrôle budgétaire est une fonction partielle du contrôle de gestion dont dépend la qualité de ses interventions.

Pour un contrôle budgétaire efficace, le contrôle de gestion se doit de :

- **définir les centres de responsabilités** en évitant les chevauchements d'autorité ou les incohérences de rattachement hiérarchique ;
- **servir de liaison et d'arbitrage** entre les centres de responsabilité, en particulier en définissant clairement les modalités de cessions entres les centres,
- **décider du degré d'autonomie délégué** aux centres et de faire respecter les orientations de politique générale de la firme ;
- **mettre en place des unités de mesure** des performances connues et acceptées par les responsables.

Sous ces conditions, le contrôle budgétaire pourra pleinement être perçu par les responsables opérationnels comme un service **qui les aide à maîtriser et à améliorer leur gestion**. Il incitera au dialogue et à la communication.

Système de pilotage à court terme, la gestion budgétaire joue :

- **un rôle de coordination des différents sous-systèmes** puisque le réseau des budgets s'étend à tous les aspects de l'entreprise, tant commercial, productif, que financier. Il permet une consolidation des actions chiffrées dans le «budget général» et la présentation de «documents de synthèse» prévisionnels cohérents avec le plan opérationnel défini plus haut ;

- **un rôle de simulation** rendu possible par l'informatisation des procédures d'élaboration des budgets, qui permet de tester plusieurs hypothèses de budgétisation. Cet aspect revêt de plus en plus d'importance face à l'incertitude et à la complexité des marchés actuels. L'informatique permet une gestion prévisionnelle en temps réel et un réajustement possible des budgets en cas de besoin.

La gestion budgétaire ne remplira ces rôles que dans la mesure où le réseau des budgets couvre toute l'activité de l'entreprise et respecte l'interaction existante entre les sous-ensembles qui la constituent.

Toutefois la gestion budgétaire dépasse largement le cadre des budgets et constitue en soi un mode de gestion qui autorise une implication des responsables, et une prise en compte dynamique de la dimension humaine qu'implique tout mode de pilotage.

---

1. GERVAIS M., *Contrôle de gestion et planification de l'entreprise*, Économica, 1990.

3. La gestion budgétaire et l'implication des acteurs

Du fait de son articulation, phase de prévisions suivie d'une phase de contrôle, la gestion budgétaire joue **un rôle de motivation des individus** puisque ce type de gestion s'appuie sur une décentralisation du pouvoir et sur la confiance accordée aux dirigeants des centres de responsabilité. Ce rôle dépend de la nature de la participation des responsables à l'élaboration des budgets : elle est forte dans les budgets négociés, plus faible voire nulle dans les budgets imposés mais de toute façon prépondérante dans la phase de contrôle budgétaire.

3.1 La participation des acteurs dans les procédures de contrôle

a) Influence de la structure

Le type de contrôle mis en place dans une organisation est fonction des responsabilités et du degré de délégation accordés à chaque niveau de l'entreprise.

Dans une organisation taylorienne avec des décisions programmées et des acteurs – simples exécutants –, les pratiques de surveillance et le respect strict de règles avec des systèmes de sanction-récompense seront très présentes. En revanche, dans une organisation où le degré de délégation et d'autonomie est plus grand, les processus de contrôle sont intégrés à la réalisation des activités et prend la forme d'un autocontrôle.

La planification stratégique cherche à prévoir et à maîtriser toutes les variables et à figer l'action.

La planification découle d'une conception et d'une rationalité technico-économique, avec peu d'égard aux aspects humains et sociaux.

Elle peut augmenter la centralisation et gêner la souplesse et l'adaptation.

Le contrôle issu de la planification stratégique et opérationnelle correspond à une division taylorienne, technique et quantitative du travail.

Chaque département, peut gérer au mieux ses ressources en fonction des contraintes et des objectifs assignés. L'expression, l'autonomie, les innovations doivent permettre de trouver les réponses les plus appropriées au problème. Ceci modifie alors les procédures de travail et les outils de mesure prônés par le contrôle de gestion traditionnel.

b) L'influence de la dimension humaine sur le contrôle de gestion

L'organisation ne peut être analysée à l'heure actuelle que sous ses deux dimensions : technico-économique et socio-politique (technique et humaine).

Cette problématique transparaît dans le contrôle de gestion tant sur ses objectifs que sur ses moyens.

1) *Sur les objectifs du contrôle de gestion*

• *Motivation et participation des hommes*

Le système de contrôle est un des éléments fondamentaux qui conditionne le comportement des individus au sein d'une organisation.

Pour que le contrôle de gestion soit donc un instrument d'amélioration des performances, il est nécessaire que les utilisateurs participent à son élaboration dès le début du processus, qu'ils se sentent impliqués et utiles pour sa mise en place et son fonctionnement.

• *Formulation précise et qualitative des objectifs et des stratégies du contrôle de gestion*

Il est nécessaire que les objectifs et les moyens assignés au contrôle de gestion soient bien délimités et précisés.

De plus les valeurs qu'on lui demande de mesurer et d'apprécier ne sont plus seulement quantitatives ; il faut donc mettre en place des indicateurs qualitatifs parfois difficiles à élaborer.

2) *Sur les procédures de contrôle*

• *Clarté et acceptation des règles du contrôle*

Les mécanismes du système de contrôle mis en place doivent être compris de tous, jugés adaptés aux objectifs et aux besoins.

Ce n'est qu'à ces conditions que les participants accepteront le système de contrôle comme outil d'aide à la gestion.

• *Auto-contrôle*

Des procédures manuelles, des feuilles d'auto-observation sont instaurées pour que l'opérateur vérifie lui-même ses actions juste après leur exécution. L'informatique apporte de nombreuses possibilités au contrôle de gestion.

3) *Auto-correction*

Une plus grande responsabilisation des hommes leur permet de mesurer les résultats et de mettre en place des actions pour assurer les rétroactions nécessaires.

> On aboutit ainsi à un contrôle considéré comme un outil de gestion, de conseil, d'apprentissage pour améliorer la performance de chacun au sein d'un groupe aux multiples objectifs et contraintes et non plus seulement comme un moyen pour sanctionner une faute commise.

3.2 Des méthodes de gestion budgétaires pour impliquer les acteurs

L'efficacité du contrôle de gestion dépend de sa précision, de son adéquation aux besoins de l'organisation mais aussi de la **transparence** de ses objectifs, de ses procédures.

Plus les acteurs de l'organisation se sentiront impliqués et informés sur le système de contrôle, mieux ils l'accepteront et l'utiliseront avec pertinence, cohérence et efficience.

L'amélioration du contrôle de gestion peut se faire de plusieurs manières :
– amélioration du contrôle de gestion par *un contrôle des objectifs* : la pertinence du système doit être fondée depuis l'amont du processus, donc les objectifs assignés au contrôle de gestion ;
– amélioration du contrôle de gestion par une *plus grande participation des salariés* à la conception et à la mise en place du système.

a) La direction par objectifs

La direction par objectifs (DPO) cherche à gérer l'organisation avec ses objectifs tout en permettant la réalisation des besoins d'estime et d'épanouissement des individus et à contrôler l'activité AVEC les hommes, non contre eux.

P. Bouloc en donne la définition suivante : « La DPO est une technique de direction de l'entreprise qui vise à atteindre une plus grande efficacité par une meilleure utilisation des ressources humaines et matérielles.»

Mis en place aux Etats-Unis dans les années 70-80, la DPO se fonde sur deux idées-force et nécessite des conditions préalables pour que sa mise en place réussisse.

• L'organisation doit tenir compte de ses spécificités et ses contingences.

• La satisfaction et l'accomplissement des motivations des participants permettent d'améliorer les résultats de l'organisation. (C'est la théorie Y de McGregor.)

Ces deux idées-force conditionnent un mode de gestion qui doit permettre à l'organisation de mieux atteindre ses objectifs et à l'individu de se sentir plus libre et plus responsable donc plus performant.

Il est possible de recenser les avantages attendus de la participation aux décisions et de la délégation des responsabilités : tableau extrait de P. Bouloc, stratégies pour réussir la DPO.

AVANTAGES DE LA PARTICIPATION AUX DÉCISIONS ET DE LA DÉLÉGATION DES RESPONSABILITÉS

Avantages de la participation aux décisions

- Décisions mieux adaptées.
- Meilleure motivation pour l'exécution.
- Information plus complète de chacun.
- Plus grande flexibilité dans l'adaptation des solutions.
- Conduite plus responsable, donc plus efficace.
- Amélioration du travail en groupe.
- Accroissement de l'esprit d'équipe.
- Développement du sentiment de solidarité.
- Appel à l'imagination de chacun.

Avantages de la délégation des responsabilités

- Développement de l'esprit d'initiative.
- Augmentation de l'autonomie et de l'indépendance.
- Possibilité d'autodiscipline.
- Développement (et exigence) d'une plus grande maturité.
- Accentuation de la compétition entre groupes, et atténuation de celle entre individus.
- Raccourcissement et simplification des communications.
- Facilité des contacts humains.
- Jugement des hommes, plus d'après les résultats que d'après leurs méthodes de travail (facilite le contrôle).
- Clarification de la dépendance du subordonné par rapport au supérieur.

A partir du système d'objectifs définis par la direction générale, les responsables par fonction ou par produit déterminent librement les moyens financiers, humains, techniques, les délais, les critères de mesure pour les atteindre, sous une contrainte budgétaire.

Le fonctionnement d'un système de DPO comporte six phases :
- la fixation des objectifs généraux,
- la fixation des objectifs individuels,
- l'action individuelle en vue d'atteindre les objectifs,
- le contrôle des résultats,
- le lancement des actions correctives,
- l'appréciation des hommes.

L'ensemble du processus peut être représenté par le schéma suivant :

SCHÉMA SIMPLIFIÉ DE LA DÉTERMINATION DES OBJECTIFS ET DU FONCTIONNEMENT DE LA DPO

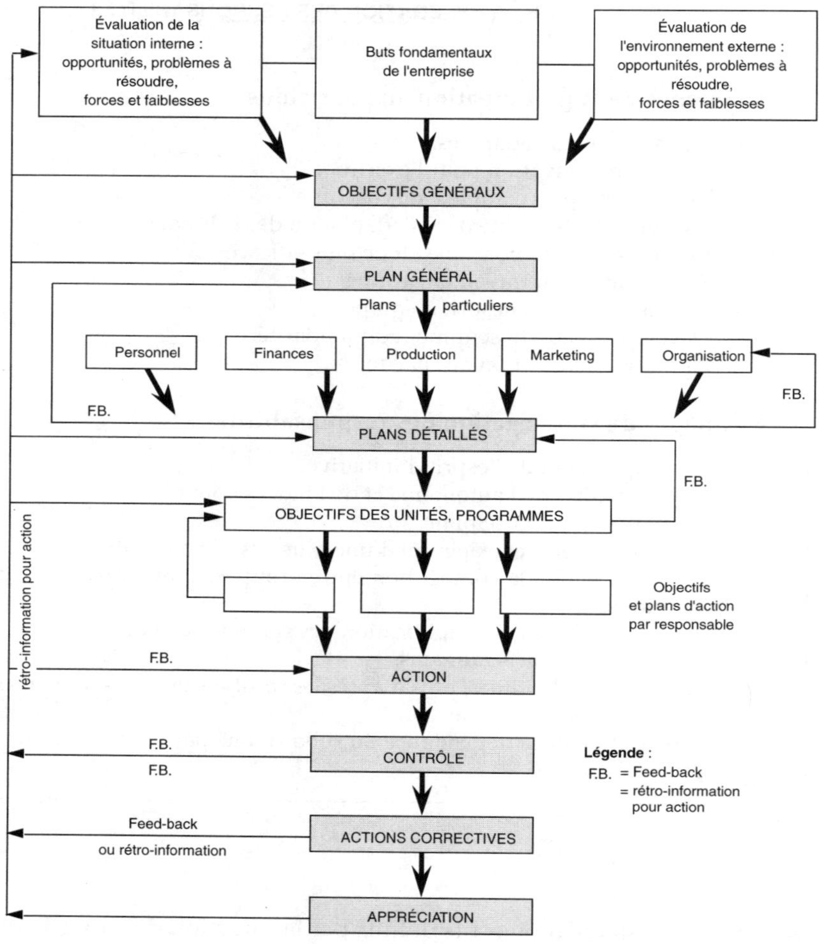

Source : Bouloc P., *Stratégies pour réussir la DPO*, Editions d'Organisation, 1982.

b) La direction participative par objectifs

La direction participative par objectifs (DPPO) procède du même esprit que la DPO mais y est ajouté une participation des responsables à la détermination des objectifs. La direction devient donc plus collégiale dès le début du processus.

c) Le système de sanctions-récompenses

Le contrôle de gestion, en tant que mesure des résultats entraîne des actions bénéfiques ou correctives selon les cas.

1) Les sanctions

Même avec l'évolution de la conception du contrôle, une connotation péjorative reste attachée à la notion de sanction.

Deux types de sanction coexistent :
- la sanction la plus «classique» vient du supérieur hiérarchique qui demande des explications et des justifications sur les mauvais résultats obtenus. Le responsable ressent l'évaluation autant pour lui-même que pour les actions menées ;
- la sanction plus «récente» consiste en une auto-critique du responsable. Il mesure l'écart entre les prévisions et les réalisations et met en place les procédures correctives pour améliorer la gestion future. La marge de manoeuvre laissée au responsable varie selon les entreprises et les processus d'auto-contrôle peuvent être supervisés par la hiérarchie pour ne pas trop laisser dériver le système.

2) Les récompenses

Elles peuvent prendre de nombreuses formes. Les premières sont souvent d'ordre pécuniaire mais si l'on tient compte des analyses d'Herzberg, il faut aussi mettre en place des systèmes de récompense basés sur d'autres motivations :
- une responsabilité plus large,
- une possibilité de promotion,
- des moyens de travail plus importants,
- une considération et une participation plus grandes, etc.

3) Le contrôle de gestion et les systèmes de sanction et de récompense

Au-delà de sa dimension technique et comptable pour gérer l'activité, le contrôle de gestion est aussi un système d'animation qui influence le comportement, la motivation et la participation des individus.

La direction et le contrôleur de gestion doivent donc être vigilants lors de la mise en place des objectifs, des procédures et des critères pour que les individus participent le plus efficacement possible à l'organisation.

Ensuite pour mieux évaluer les performances du gestionnaire responsable, un nouveau découpage de l'entreprise a été élaboré : c'est l'apparition des centres de responsabilité (étudiés dans le chapitre suivant).

RÉFLEXIONS SUR LE THÈME

1. Les déviations de la pratique budgétaire

La gestion budgétaire est apparue dans les entreprises françaises dans la décennie 60. Chaque organisation a donc pu développer une pratique budgétaire personnalisée. Dans certains cas des dérives sont apparues : elles sont plus ou moins marquées mais elles représentent un dysfonctionnement du système budgétaire, tant au niveau de la budgétisation qu'à celui du contrôle budgétaire.

Ainsi, dans une dérive de type bureaucratique, la fonction administrative prend le pas sur les autres sous-systèmes. La budgétisation est constituée d'un ensemble de règles écrites contraignantes, les budgets sont imposés et s'apparentent à des autorisations de dépenses avec interdiction de transfert de dépenses d'une ligne budgétaire à une autre.

Dans cette conception, les budgets deviennent un instrument de rigidité, voire un frein au changement : les centres n'envisagent leur fonctionnement que retranché dans une «chasse gardée» où le bon gestionnaire est celui qui n'a pas d'écarts.

Les dépenses sont ajustées soit par des phénomènes de report sur un autre exercice budgétaire en cas de sur-activité, soit par des achats anticipés pour maintenir le montant futur de cette ligne budgétaire.

A l'opposé, la tendance «séparatiste» joue sur la liberté de gestion accordée aux centres de responsabilité. Dans ce cas, les responsables opérationnels peuvent privilégier des actions qui pérennisent l'autonomie de leur division au détriment de la stratégie de l'entreprise. Cet état de fait provient de l'incapacité de la direction générale à édicter un «code de bonne conduite» et à le faire respecter.

Les budgets sont alors des arrangements entre personnes du «même monde» qui délimitent des territoires et où il est mal venu de remettre en cause les avantages acquis. Ce type de budgétisation est rarement optimisé et souvent très coûteux en consommations intermédiaires.

Dans tous les cas, la responsabilité de la direction générale est mise en cause soit qu'elle ait refusé une réelle autonomie aux unités décentralisées, soit qu'elle n'ait pas voulu assurer son rôle de coordination de l'ensemble des sous-systèmes.

2. Le faible développement de la DPO dans les entreprises

La DPO n'a pas connu le développement escompté et des dysfonctionnements sont même apparus. M. Gervais met en évidence trois raisons pour expliquer cet échec :

- tous les acteurs de l'entreprise ne souhaitent pas forcément participer ;
- l'intériorisation des finalités de l'entreprise est difficile à obtenir, même avec une formation des participants ;
- la DPO a souvent été perçue comme un système de sanction/récompense à caractère financier.

Applications

(1) Les instruments de mesure managériaux

(M. CROZIER, *L'entreprise à l'écoute*, Le Seuil, coll. «Points», 1994, extraits.)

Dans les entreprises les plus avancées, le management des hommes est fondé essentiellement sur la mesure de la performance individuelle. Les procédures de DPPO (direction participative par objectifs) imitées de celles du MBO américain (*Management by Objectives*), ont suscité un nouvel engouement avec le renouveau de l'idée d'entreprise. Entretiens annuels, contrats d'objectifs et mesure de la performance apparaissent comme les instruments indispensables de la direction, de l'animation et de la motivation du personnel d'encadrement. [...]

Ce que les enquêtes ont montré, c'est que même dans des entreprises modernes et performantes, et même pour les cadres, sans parler des ouvriers et de la maîtrise, la DPPO, si elle est acceptée dans son principe, soulève encore beaucoup de problèmes dans son application. Contrairement aux idées reçues, le modèle pratique n'est pas encore au point.

Sur la philosophie de la DPPO, les commentaires sont unanimement favorables. Voici quelques extraits d'entretiens :

Chez Carnaud : «C'est stimulant, j'y suis favorable, ça fait avancer les gens...» «Je reste persuadé qu'un pourcentage important d'augmentation à titre individuel est préférable à l'augmentation générale.»

A Cégédur-Péchiney : «Il est nécessaire que les objectifs soient quantifiés le plus exactement possible. Ils doivent se situer à notre portée, mais rester cependant motivants...» «C'est un bon moyen pour avancer. Il faut les discuter (les objectifs) pour que ce soient nos propres objectifs et non ceux du haut.»

[...] Chez Peugeot, où il n'y a pas formellement de DPPO, on a néanmoins la même philosophie. Certains ont même souligné qu'il serait souhaitable d'étendre le système, à terme, aux échelons maîtrise et ouvriers : «Je fais de la DPPO à ma façon. On fait un plan annuel avec un suivi mois par mois...» «Il faut impliquer les individus avec des objectifs individuels en rapport avec les objectifs finaux.»

Mais si l'engagement dans la philosophie de la responsabilité et du mérite est très clair et très fort, les conditions et les modalités d'application, en revanche, font problème un peut partout. Les pratiques dominantes sont souvent critiquées.

Tout d'abord, la fiabilité de la mesure de performance : «On risque l'arbitraire. De plus, c'est dur de fixer quoi que ce soit ici...» «Pour que le système marche, on aurait besoin de loyauté de la part des supérieurs. Je n'y crois pas...» «L'évaluation ne tient pas compte des efforts, on ne considère que les résultats.»

Cette gêne est ressentie d'autant plus fortement que beaucoup de cadres ne se sentent pas maîtres des facteurs qui conditionnent la réalisation des objectifs : «On n'est pas maître de tout, on dépend de certaines réalités et on est tributaire des autres...» «C'est difficile à appliquer dans un centre de recherche parce qu'on n'a pas de production régulière ; certains peuvent cogiter pendant des années sans aboutir...» «On peut être compétent : si vous n'avez pas les moyens, vous raterez votre objectif. L'inverse est vrai. L'incompétence ne garantit pas l'échec...» «Les dés sont pipés...» «On m'a renvoyé deux ou trois objectifs flous dont je ne maîtrise pas les paramètres.» [...]

La qualité et la fiabilité de la négociation autour des objectifs est naturellement, pour beaucoup d'interviewés, le test crucial de la DPPO. Certes, des progrès considérables semblent avoir été accomplis. Mais pour beaucoup d'interviewés, ces procédures restent très formelles, quand elles ne sont pas un moyen d'imposer des objectifs trop élevés : «Les objectifs sont fixés unilatéralement. Ils sont déterminés à un niveau hiérarchique trop élevé...» «Les objectifs ne sont pas négociables. Les cadres de direction proposent mais déjà en fonction d'une politique générale.» [...]

Mais il y a plus profond peut-être : des contradictions qui se révèlent cruciales dans certaines situations.

Tout d'abord, la contradiction entre le résultat à court terme et l'intérêt de l'entreprise ou du service à moyen et à long terme. En second lieu, l'opposition, plus profondément ressentie dans les ateliers de production, entre l'intérêt individuel et la performance du groupe. [...]

Mais la principale crainte renvoie à une incompatibilité plus fondamentale. Par exemple, chez Carnaud, alors que la direction du groupe encourage l'esprit d'équipe, et a fait de la devise «Agir ensemble» le titre des journaux du groupe, l'évaluation individuelle pourrait, à l'opposé, encourager la concurrence et nuire à cet esprit d'équipe. Cette appréhension est particulièrement forte dans les usines. La fixation d'objectifs individuels serait incompatible, disent les cadres des sites de production, avec la nécessaire collaboration qu'exigent des activités intégrées ou fortement interdépendantes.

Ceux qui expriment cette idée souhaitent aussi que les rémunérations au mérite restent majoritairement un intéressement aux performances globales du site. Le système actuel d'évaluation des agents de maîtrise, qui n'a pas été touché, reste parfaitement homogène et accepté. L'évaluation collective évite les frustrations. Elle renforce, nous dit-on, la volonté de préserver les réseaux de communication informelle, de bonne entente, voire d'amitié.

Les critiques sur l'introduction de la DPPO, en revanche, sont parfois très acerbes et pessimistes, quel que soit cette fois le niveau hiérarchique. L'ensemble des cadres opérationnels de niveau intermédiaire et les agents de maîtrise des ateliers de production se méfient de ses conséquences néfastes sur l'équilibre des usines : «Agir ensemble. Justement. Il le faut en usine, et la DPPO sèmera le trouble entre services...» «On encourage la triche. Les gens deviennent des chiens autour des os.»

Enfin, un problème d'équilibre général se pose. Dans plusieurs entreprises, l'introduction du nouveau système paraît injuste parce qu'il fait des gagnants et des perdants et que les gagnants se retrouvent très majoritairement chez les gestionnaires et chez les commerciaux, alors que les cadres de production sont la plupart du temps du côté des perdants.

Paradoxalement, les directions générales déclarent très souvent vouloir favoriser les *opérationnels*. Or ceux-ci sont en fait beaucoup moins satisfaits, et s'engagent moins dans la DPPO.

QUESTION

Exposer les critiques de la DPPO présentées dans ce texte.

② *Les principes de délégation*

(M. CROZIER, *L'entreprise à l'écoute*, Le Seuil, coll. «Le Point», 1994, extrait.)

Les pratiques de délégation, de décentralisation et de participation constituent l'axe central du nouveau management.

Ce sur quoi on insiste, c'est sur la justification morale, philosophique même de l'effort. [...] On ne décentralise pas pour décentraliser, on ne participe pas pour participer mais pour satisfaire le client, pour obtenir une meilleure qualité, pour atteindre des buts concrets. La commande par l'extérieur, par le résultat, est essentielle pour obtenir l'engagement. Ce dernier sera d'autant plus fort que la méthode n'apparaîtra pas comme un carcan. Le succès très particulier des cercles de qualité ne peut se comprendre que dans cette logique. La méthodologie n'est pas un rite à observer scrupuleusement, mais un outil pour résoudre des problèmes. La participation est forte, mais ce n'est pas une communion dans des valeurs ou des finalités générales. C'est une participation à une action valorisante : la résolution de problème. Ce qui permet de dépasser revendication et contestation. [...] Ne parviennent à trouver un second souffle que celles qui ont réussi à engager les cadres eux-mêmes dans le processus, à les rendre responsables. Elles ont privilégié systématiquement la qualité de l'engagement sur la quantité, les finalités et la philosophie de la démarche sur sa technique, le sens du terrain sur la doctrine. A l'inverse, les patrons qui ont pensé qu'ils pouvaient changer le système hiérarchique en faisant pression sur leurs cadres, en réservant le rôle d'animation au sommet tout puissant, en jouant sur l'effervescence des exécutants ainsi réveillés, devaient naturellement susciter des réactions de défense finalement insurmontables. [...]

Sony France, créée en 1973 par une équipe de Japonais envoyés de Tokyo, a bien réussi économiquement mais a été d'abord un échec sur le plan humain. Malgré un contexte peu favorable, l'équipe dirigeante a su développer l'activité de l'entreprise. Mais elle a tout de suite éprouvé des difficultés considérables à former et à encadrer avec efficacité des équipes françaises qui devaient mettre en œuvre les méthodes japonaises. D'où, paradoxa-

lement, un style de management très directif. Le style des pionniers coexistait avec des comportements de petit chef vis-à-vis du personnel.
Dans l'entreprise, on s'en souvient encore. «C'était très directif, raconte une secrétaire : chacun à sa place, et à chacun son travail. On communiquait peu. On attendait qu'on nous dise ce qu'on avait à faire et à ne pas faire.» «Une compétition sauvage était organisée à l'intérieur de l'entreprise, ajoute un cadre. Cela comportait beaucoup d'inconvénients : casser l'esprit d'équipe, développer un état d'esprit de courtisan, du fait de l'attitude de la direction jugée très affective et ambiguë par les Français. Cela n'avait même pas l'avantage d'accroître la motivation des gens, parce qu'on ne voyait aucun rapport évident entre elles et les grands objectifs de l'entreprise...»
[...]
On le voit donc très bien : la transposition des techniques japonaises de management dans un contexte culturel très différent, non seulement réussit mal, mais peut même aboutir à des résultats opposés à ceux que l'on attendait.
Mais la culture n'est pas l'obstacle que l'on croit. Les méthodes japonaises sont parfaitement transposables, à condition que l'on ait une stratégie de changement bien adaptée à la situation. En effet, après cette direction japonaise, Sony France a connu une période de remise en cause psychologique avec un PDG français. Ce dernier avait pour tâche de restaurer le climat de confiance et de mettre en œuvre une politique de délégation de pouvoir. «Il a coupé les racines», résume un cadre.
En fait, de graves difficultés économiques dues à l'environnement français ont accentué cette coupure. Un plan de licenciements collectifs a été conduit suivant une politique sociale très en avance pour l'époque : beaucoup de techniciens ont ainsi pu se mettre à leur compte avec une aide de l'entreprise et sont devenus des fournisseurs de Sony.
Le climat interne a complètement changé. La direction n'a pas abandonné les méthodes japonaises, mais elle en a tiré ce qu'elles comportent de bénéfique et de transposable. C'est-à-dire, d'une part l'application de grands principes sociaux chers aux Japonais, mais qui sont valorisés tout aussi bien en Occident : pas de cassure entre petit personnel et direction, pas de hiérarchie absolue, simplicité des procédures et constante activité d'information, de concertation et de développement. D'autre part, un effort énorme de délégation des pouvoirs : on essaie, non pas tant de donner aux gens des responsabilités, mais de faire en sorte qu'ils puissent eux-mêmes les renvendiquer et les prendre.
Les descriptions de fonction sont larges, pour que chacun les modèle en fonction de sa personnalité : aussi bien les ambitieux, qui s'investissent dans leur travail en y consacrant beaucoup de leur temps personnel, que ceux qui font leur travail consciencieusement, mais s'arrêtent à 18 heures.

QUESTION

Quelles sont les conditions de réussite de la participation des acteurs au management, d'après l'exemple de Sony ?

16 Centres de responsabilité et cessions internes

Le contrôle de gestion se doit de planifier, suivre, motiver et mesurer les performances de l'entreprise.

La nécessité de planifier l'activité d'entreprises de taille de plus en plus importante sur des marchés complexes, les possibilités ouvertes par la budgétisation pour suivre et mesurer les résultats associées à la prise en compte de la dimension humaine pour motiver ont conduit les directions générales à mettre en place des structures plus décentralisées en instaurant un découpage en unités plus petites appelées «centres de responsabilités».

L'entreprise est alors scindée en sous-ensembles qui reçoivent une autorité déléguée pour engager des moyens humains, matériels et financiers dans la limite d'objectifs négociés avec la hiérarchie.

L'organisation en centre de responsabilités, tente de généraliser, à l'intérieur de l'entreprise des relations clients/fournisseurs, de manière à retrouver les avantages de souplesse et rapidité de réaction de la petite unité, tout en préservant les économies d'échelle liées à la taille.

Dans ce type de structure, les responsables opérationnels sont évalués sur leur capacité à respecter les objectifs fixés et sont autonomes pour juger des moyens à mettre en œuvre pour les atteindre dans le cadre du budget préalablement défini.

Cependant, cette autonomie de gestion doit être organisée de telle sorte que les unités décentralisées :

– ne cherchent pas à privilégier leur intérêt au détriment de celui de l'entreprise,
– connaissent les modalités d'arbitrage en cas de conflit inter-centres...

La réponse du contrôle de gestion à cet ensemble de contraintes a été d'organiser les échanges internes entre centres en définissant des prix de cessions qui doivent permettre :

– le respect de l'efficacité de l'entreprise,
– la maîtrise et l'évaluation de l'efficience de chaque centre,

en garantissant le respect de l'autonomie déléguée au responsable.

Pour appréhender cette organisation, il nous faut donc envisager les types de centres de responsabilité ainsi que les méthodes de fixation des cessions internes.

1. Les centres de responsabilité

Le découpage de l'entreprise en centres de responsabilité, qui ne correspond pas nécessairement à l'organigramme de structure, est un élément du contrôle de gestion pour suivre l'activité d'un responsable.

1.1 Définition

Un CENTRE DE RESPONSABILITÉ est un groupe d'acteurs de l'organisation regroupés autour d'un responsable, auquel on octroie des moyens pour réaliser l'objectif qui lui a été assigné.

Un centre de responsabilité est donc une partie de l'entreprise, base de calcul pour les performances du gestionnaire responsable.

Exemple

- *Les différents rayons au sein d'une grande surface de distribution peuvent être organisés en centres de responsabilité.*
- *Les centres de production d'une entreprise peuvent aussi constituer des centres de responsabilité.*

1.2 Les différents centres de responsabilité

Il est habituel de distinguer cinq types de centres de responsabilité, en fonction des missions qui sont assignées :

a) Centre de coûts

L'unité concernée doit réaliser le produit qu'elle fabrique au moindre coût, avec la meilleure qualité possible.

Plusieurs indicateurs peuvent être élaborés par le contrôle de gestion pour mesurer les performances de ces centres :

COÛT :
- coût de production,
- taille du lot économique,
- niveau des stocks.

QUALITÉ :
- taux de rebut,
- taux de panne,
- critère de qualité.

DELAI :
- délai de réponse à la demande.

b) Centre de dépenses discrétionnaires

Pour les services fonctionnels dont la mission est d'aider une activité opérationnelle, on crée un centre de coûts avec un budget fixé pour gérer au mieux l'opération.

A la différence des centres de coûts, cette solution est utilisée quand il n'est pas possible de rattacher le service directement à un produit.

Le contrôle du centre se fait alors sur la capacité à respecter une dotation budgétaire.

c) Centre de recettes

L'unité doit maximiser le chiffre d'affaires du produit ou de l'activisé visée.

Les performances des responsables peuvent être évaluées avec deux optiques différentes :

- dans une vision de contrôle-sanction : l' indicateur de gestion sera le volume de ventes réalisées ;
- avec une dimension supplémentaire de conseil et d'expérience : des indicateurs sur les variables influençant les ventes sont possibles tels que le taux de remise consenti au client, le délai de paiement accordé, le nombre de visites effectuées aux clients, etc..

Il est préférable de mettre en place des critères de gestion par rapport aux moyens mis en place plutôt que par rapport aux résultats pour apprécier la performance des responsables.

d) Centre de profit

Le service doit dégager la marge maximale en améliorant les recettes des produits vendus et en minimisant les coûts de ces produits.

Les centres de profit d'une entreprise devraient correspondre aux segments stratégiques définis par l'analyse stratégique, produit-marché, métier, niches, etc.

Les vrais centres de profit sont peu nombreux car la marge d'autonomie des responsables couvre rarement la gestion des ressources (coûts, investissements) et la gestion des recettes (ventes, prix, gammes...).

Les critères de performance et de gestion sont nombreux puisque tous les domaines influencent plus ou moins directement le profit :
- résultat net, soldes intermédiaires,
- taux de marge, profit/chiffre d'affaires,
- ratio de rentabilité du capital investi,
- ratio de rendement des actifs : bénéfice/actif.

e) Centre d'investissement

Le service concerné doit dégager la meilleure rentabilité possible des capitaux investis tout en réalisant un profit.

Les moyens d'action portent sur le capital et les investissements choisis mais aussi sur tous les coûts contribuant à obérer le cash flow. Correspondant à des décisions stratégiques, les centres d'investissement se situent généralement au plus haut niveau hiérarchique.

Les indicateurs de gestion sont les critères de rentabilité classiques des capitaux investis : taux interne de rentabilité, valeur actuelle nette, délai de récupération, niveau de cash flow, ratio d'endettement etc.

Les centres d'investissement, à l'inverse des centres de profit qui ne recherchent trop souvent que des bénéfices à court terme, ont une vision à long terme.

1.3 Les centres de responsabilité et le contrôle de gestion

a) Le choix des centres

Il faut d'abord remarquer que les choix du type de centres et des critères de gestion sont délicats et subjectifs.

Le choix dépend de plusieurs facteurs de contingence, en particulier :
- la nature de l'activité, le type de produit,
- la stratégie de l'entreprise,
- le type de pouvoir et le degré de délégation d'autorité et de responsabilité accordé : plus le pouvoir sera décentralisé et délégué, plus le nombre de centres sera important.

Une fois le choix fait, le découpage de l'entreprise en centres de responsabilités doit couvrir l'ensemble de l'activité en leur affectant tous les éléments de coût et de recette sans en oublier aucun.

b) Ce que doit permettre le contrôle de gestion

Cette autonomie de gestion doit être organisée de telle sorte que les unités décentralisées :
– ne cherchent pas à privilégier leur intérêt au détriment de celui de l'entreprise,
– connaissent les modalités d'arbitrage en cas de conflit inter-centres.

Les échanges internes entre centres posent **le problème de l'évaluation du prix de cession entre la division acheteuse et la division vendeuse.**

Ces prix de cession internes sont appelés à jouer plusieurs rôles qui peuvent se révéler contradictoires, en effet ils sont à la fois considérés comme :

– un moyen pour le responsable du centre d'orienter sa gestion,
– un outil de mesure de la performance économique des centres.

Or, la performance d'un centre est influencée par l'existence des cessions internes puisque ce qui est un coût pour le centre acheteur est une recette pour le centre vendeur.

La fixation des prix de cession interne doit donc permettre :
- une **juste mesure des performances** des centres concernés,
- une **convergence des intérêts** entre la division et l'entreprise,
- un **respect de l'autonomie déléguée** aux centres de responsabilité.

Il nous faut donc envisager les différentes méthodes d'évaluation des cessions internes ainsi que leurs règles de comptabilisation.

2. La détermination des prix de cession internes

Il existe deux grandes familles de méthode de fixation des prix : une fondée sur les coûts, l'autre sur les prix. Après leur étude, nous envisagerons les conditions théoriques de leur utilisation.

2.1 Les méthodes fondées sur les coûts

Nous examinerons successivement :
– le coût réel,
– le coût standard complet,
– le coût variable standard ou le coût marginal,
– le coût variable standard plus un forfait.

a) Le coût réel

Nous avons vu, dans le chapitre 13 : «La gestion par les coûts préétablis», que l'utilisation de coûts réels pour valoriser les prestations entre centres ne permettait pas la localisation des responsabilités.

En effet, **le coût réel transfère l'efficience ou l'inefficience du centre vendeur vers celui qui reçoit la prestation**.

C'est pourquoi le coût réel n'est jamais retenu comme prix de cession interne pour juger de la performance des centres de responsabilité et bien qu'il paraisse «évident» dans les transferts entre centres productifs compte tenu de ses liens avec la comptabilité analytique.

b) Le coût standard complet

Il permet **une localisation des performances** ; en effet :
- la division vendeuse sera contrôlée par la mise en évidence d'écarts entre des données réelles et des données standard en quantité et valeur,
- la division acheteuse ne sera responsable que de la consommation (quantités) des sous-ensembles achetés.

Cette méthode présente des inconvénients dès lors que la division acheteuse a la possibilité (et la liberté) de s'approvisionner ailleurs.
- **Pour le centre «fournisseur»**
  La performance de ce dernier dépend des quantités achetées par le centre «client» : une sous-consommation par rapport au budget ne permet pas l'absorption complète des charges fixes, alors qu'une sur-consommation présente l'effet inverse. Dans les deux cas, **il y une influence sur le résultat du centre «fournisseur» sans que celui-ci n'en soit responsable.**
- **Pour le centre «client»**
  Ce centre considère ce prix de cession comme un coût variable alors qu'il comprend des charges fixes. **La recherche de l'optimisation** du résultat de l'entreprise risque alors de **porter sur des choix économiques mal fondés**.

C'est pourquoi, cette technique de coût standard complet n'est retenue que sous certaines conditions :
- la cession interne a lieu entre deux centres de coûts ;
- les centres sont obligés de travailler ensemble parce que le centre «Client» n'a pas de liberté en matière d'approvisionnement (pas de partenaires de rechange possibles tant à l'intérieur qu'à l'extérieur de l'entreprise).

Dans ce cas, les services centraux définissent les modalités de fonctionnement des transferts entre les centres ; mais alors le respect de l'autonomie de gestion des centres concernés n'est plus respecté.

c) Le coût variable standard ou le coût marginal

Cette méthode permet d'éviter les inconvénients du coût standard complet.

Cependant, reste en suspens la couverture des charges fixes de la division vendeuse puisque les prestations de celle-ci sont rémunérées uniquement sur la base d'un coût partiel... Par ailleurs, la division acheteuse perd la notion de coût complet.

d) Le coût variable standard plus un forfait

Le plus souvent, ce **forfait représente un abonnement à la couverture des charges fixes budgétées.** Les cessions (en quantité) supérieures à celles budgétées sont alors valorisées uniquement au coût variable.

Cette pratique conduit le centre «acheteur» a acquérir au moins les quantités budgétées, tout en maintenant la justesse de la classification des charges au sein de l'entreprise.

Quelquefois, ce forfait peut, outre l'abonnement des charges de structure, comprendre une marge quand le centre acheteur est un centre de profit et qu'il ne possède pas d'autres sources d'approvisionnement.

En règle générale, les méthodes fondées sur les coûts sont préconisées pour **les transferts entre centres productifs principalement quand il n'existe pas d'autres sources possibles d'approvisionnement** ou quand la Direction générale décide, pour des raisons stratégiques, de privilégier un approvisionnement interne.

2.2 Les méthodes fondées sur le prix du marché

La référence au marché semble «logique» dans le cas de transferts entre divisions, érigées en centres de profit ou de rentabilité.

Nous envisagerons les pratiques suivantes :
- le prix du marché,
- le prix du marché à moyen terme,
- le prix du marché moins une commission.

a) Le prix du marché

Cette pratique permet d'**inciter les centres de profit concernés à une attitude d'entrepreneur** en permettant des choix économiques réalistes.

Cela suppose **des produits banalisés dont les approvisionnements sont aisés et le prix de référence connu**. Dans ce cas, l'utilisation du prix du marché comme prix de transfert pousse le centre «vendeur» à une efficience identique à celle du marché puisque le centre «client» peut s'approvisionner librement et à un coût connu à l'extérieur.

b) Le prix du marché à moyen terme

Le prix du marché peut être considéré comme une référence en cas de fonctionnement normal du marché mais il peut arriver que le marché soit en période de surcapacité. Dans ce contexte, les entreprises extérieures, dans un souci de rentabilisation de leurs propres installations, propose leurs produits à un prix proche de leur coût marginal.

Le moyen d'assurer à la division vendeuse une certaine pérennité est **de lier les deux divisions**, l'acheteuse et la vendeuse, **par des engagements pluri-annuels de livraisons/achats sur la base d'un prix du marché à moyen terme**, contrats qui doivent prévoir les modalités d'indexation de ce prix.

Cette solution semble également nécessaire quand le centre vendeur doit investir pour satisfaire les besoins du centre acheteur.

Dans ce cas, c'est à la direction générale de définir les modalités de cession (prix et conditions de révision de ce dernier) et d'arbitrer des conflits éventuels.

c) Le prix du marché moins une commission

Cette technique est préconisée lorsque les transferts ont lieu entre une division de fabrication et une division commerciale.

La cession est alors **valorisée au prix du marché final (celui des consommateurs) moins une commission qui doit servir à couvrir les coûts de distribution des produits concernés engagés par la division commerciale**.

> Les méthodes fondées sur le prix du marché sont plutôt utilisées dans des entreprises où les entités responsables ont peu de complémentarité et où les directions générales laissent aux unités décentralisées une large autonomie de gestion.

Ainsi, le choix d'un prix de cession est dépendant du type de produit, des possibilités d'approvisionnement et du mode de gestion des entreprises.

3. Les conséquences en matière de comptabilisation

Le système d'information comptable privilégie une approche patrimoniale ; il cherche à déterminer le «Résultat» de l'entreprise ainsi que la valeur de ses stocks. C'est pourquoi le plan comptable distingue le cas des cessions internes selon que le prix de transfert retenu oblige ou non à des retraitements de fin d'exercice.

Nous envisagerons le cas où les cessions sont valorisées au coût réel et celui où est utilisé un coût conventionnel.

Remarque : la valorisation au coût standard relève de la comptabilisation en coûts préétablis qui n'est pas traitée dans cet ouvrage.

3.1 Cessions valorisées à un coût réel

Il y a lieu de distinguer deux organisations comptables possibles :
- chaque division tient une comptabilité générale et une comptabilité analytique autonome ;
- chaque division tient une comptabilité analytique autonome, la comptabilité générale est unique et tenue par le siège.

a) Chaque division tient les deux comptabilités de façon autonome

Nous verrons les opérations de comptabilisation en parallèle dans les deux comptabilités.

Exemple | *Soit une entreprise divisée en établissements ; l'établissement A cède à l'établissement B des produits finis pour un coût de revient de 100 000 F.*

CHEZ LE CÉDANT (ÉTABLISSEMENT A)

En comptabilité générale		
181. Compte de liaison entre établissements	100 000	
187. Biens et services échangés entre établissements-produits		100 000

En comptabilité analytique		
907. Produits réfléchis	100 000	
945. Stock de produits finis		100 000

CHEZ LE CESSIONNAIRE (ÉTABLISSEMENT B)

En comptabilité générale		
186. Biens et services échangés entre établissements – charges.	100 000	
181. Compte de liaison entre établissements		100 000

En comptabilité analytique		
941. Stock de matières premières	100 000	
904. Achats réfléchis		100 000

Cet exemple appelle les commentaires suivants :

- *En comptabilité générale*
  - le compte 181 «Liaisons entre établissements» joue le rôle d'un compte de virements internes et est donc soldé en fin d'exercice.
  - les comptes 186 «Biens et services échangés entre établissements – charges» et 187 «Biens et services échangés entre établissements – produits» sont virés dans le compte de résultat de l'entreprise et neutralisent les cessions inter-établissements.
  - l'établissement A ne dégage aucun résultat sur la cession : le compte 187 compense les charges par nature enregistrées pour la fabrication des produits finis.
- *En comptabilité analytique*
  - le problème de la consolidation des opérations entre établissements ne se pose pas puisque son objectif est la détermination du résultat de chaque département.

b) Chaque établissement tient une comptabilité analytique autonome, le siège, une comptabilité générale unique

Reprenons l'exemple précédent :

CHEZ LE CÉDANT (ÉTABLISSEMENT A)

En comptabilité générale	En comptabilité analytique		
Pas d'enregistrement des cessions internes Aucune écriture n'est passée.	997. Cessions fournies à d'autres établissements 945. Stock de produits finis	100 000	 100 000

CHEZ LE CESSIONNAIRE (ÉTABLISSEMENT B)

En comptabilité générale	En comptabilité analytique		
Pas d'enregistrement des cessions internes	93. Coût d'achat de MP 996. Cessions reçues d'autres établissements	100 000	 100 000

Les comptes 996 «Cessions reçues d'autres établissements» et 997 «Cessions fournies à d'autres établissements» doivent présenter en fin d'exercice une somme algébrique nulle. Cette condition est vérifiée de façon extra-comptable.

3.2 Cessions valorisées à un coût conventionnel

Les écritures restent les mêmes que précédemment.

Très souvent, le coût conventionnel est constitué par le coût de revient du produit auquel on ajoute une marge qui doit permettre de rémunérer le service offert par le centre vendeur.

Son utilisation introduit, dans le coût des produits cédés, une part de résultat. **Ce résultat est fictif puisqu'il ne peut y avoir de résultats réels au sein d'une entreprise que lorsque la vente se dénoue par une confrontation avec le marché.**

Lorsque les biens cédés sont intégrés en totalité dans les fabrications de la division acheteuse et vendus, l'apparition de bénéfices fictifs n'entraîne pas de conséquence sur le Résultat de l'entreprise.

Exemple

L'établissement A cède 1000 produits au prix conventionnel de 120 F l'un à l'établissement B. Le coût de revient d'un produit est de 110 F. Ces produits ont été inclus dans les fabrications de la division B.

***Hypothèse 1** : Toutes les fabrications de B ont été vendues.*

***Division A** : elle dégage un bénéfice fictif sur la cession qui s'élève à : 1000 produits (120 F – 110 F) = 10 000 F*

***Division B** : le coût de revient des produits finis de B est majoré de 10 000 F, et pour un prix de vente inchangé, le bénéfice de la division B est diminué de la même somme.*

***Pour l'entreprise** : l'opération est neutre, ce qui est gagné par un établissement est perdu par l'autre.*

La difficulté survient lorsque toutes les fabrications de la division acheteuse et incluant des cessions internes ne sont pas vendues. Il subsiste dans les stocks de fin de période une partie du bénéfice fictif qu'il faut régulariser en fin d'exercice, de telle sorte que les stocks présentent une évaluation en coûts réels.

Suite de l'exemple

***Hypothèse 2** : les 1000 produits reçus de la division A ont été partagés en deux lots :*

- *200 sont encore en stock de matières premières, 800 ont été intégrés aux fabrications de la division B ;*
- *parmi les 800 produits finis, 700 ont été vendus en dégageant un bénéfice de 20 F par produit.*

Le bénéfice fictif de 10 000 F dégagé par la division A se retrouve au sein de la division B par :

- *une minoration du résultat sur les 700 produits vendus égale à :*

  10 F x 700 soit 7000 F,
- *une sur-évaluation des stocks :*
  - *de produits finis :*

    100 produits x 10 F = 1000 F,
  - *de matières premières :*

    200 produits x 10 F = 2000 F.

Il faut donc dans le cas de cessions internes valorisées à un coût conventionnel retraiter les stocks lors de la consolidation des résultats.

RÉFLEXIONS SUR LE THÈME

1. Les cessions internes au sein d'un groupe
(entreprise composée de plusieurs sociétés juridiquement indépendantes)

La détermination du prix de transfert des échanges entre sociétés filiales de nationalités différentes doit tenir compte d'éléments complémentaires :
En effet, les prix de cession peuvent avoir une incidence sur :
- le résultat fiscal de chaque société et donc du montant de son imposition,
- l'assiette de la TVA,
- l'assiette des droits de douane.

Il peut être tentant de fixer les prix de cession pour obtenir une imposition globale minimale en jouant sur les disparités entre les fiscalités locales.
Par ailleurs, et commercialement, la manipulation des prix de cession peut être utilisée pour éliminer la concurrence.
Dans ces conditions, la définition des prix de cession ne se limite pas à un problème de contrôle de gestion. C'est pourquoi les administrations fiscales restent très attentives à de telles pratiques.

2. Regard sur les pratiques des entreprises françaises
(article de J. Bafcop, H. Bouquin et A. Desreumaux, *Revue française de gestion*, jan-fév 1991)

De cette enquête effectuée auprès de 200 entreprises mais dont seulement 46 réponses sont exploitables, il ressort que les pratiques de prix de cession ne dépendent pas :
- de la nature du produit : prestations de services, produits semi-finis ou produits finis,
- des politiques d'approvisionnement retenues : interne à l'entreprise ou ouverture vers l'extérieur du groupe,
- des objectifs des méthodes : jugement sur la performance du centre de responsabilité ou aide à sa gestion.

En revanche :
- les méthodes fondées sur les coûts sont prédominantes alors même que l'utilisation de prix de transfert s'appuyant sur le marché est possible ;
- l'emploi des prix de cession internes est conçu plus comme un outil de décision que comme un moyen d'évaluation des performances des centres concernés.

Applications

① *Sociétés Plastym et Agro*

La société PLASTYM et la société AGRO sont des filiales d'une même *société mère*.
Dans le cadre de la politique du groupe, la société PLASTYM doit, en particulier, réserver annuellement 300 tonnes de sa production de films plastiques de type Q pour la société AGRO. Le prix de transfert est défini comme étant le *coût de revient complet standard* supporté par la société PLASTYM.
La société AGRO, à partir des films plastiques Q qui lui sont livrés en rouleaux, obtient des liasses de sacs de congélation. Avec 300 tonnes de films Q, elle obtient 300 tonnes de liasses. La clientèle de la société AGRO est traditionnellement limitée à l'Europe des Douze. La société AGRO ne vend des liasses qu'à l'extérieur du groupe.
Pour l'année à venir, les informations prévisionnelles suivantes ont été collectées :

• Chez la société PLASTYM :
Prix de vente du film Q sur le marché externe au groupe — 47 800 F la tonne
Coût standard de production
(*sur la base d'une production normale de 2 300 tonnes de films Q*) :
– variable .... 10 000 F par tonne
– fixe .... 30 000 F par tonne
Volume prévu des ventes de films Q (y compris partie réservée) .... 2 300 tonnes
Capacité de production encore disponible de films Q .... 3 tonnes

• Chez la société AGRO :
Prix de vente des liasses sur le marché européen .... 51 000 F la tonne
Frais de transformation des films en liasses :
– variable .... 1 000 F par tonne
– fixe .... 3 000 F par tonne
Capacité de production totale de liasses .... 350 tonnes

QUESTIONS :

a) Calculer le résultat dégagé par la société PLASTYM sur les ventes de films Q et le résultat dégagé par la société AGRO sur les ventes de liasses.
b) L'addition de ces deux résultats (prévisionnels ou historiques) donne le résultat «apparent» du groupe sur ces deux activités. Ce résultat «apparent» reflète-t-il toujours la performance réelle du groupe ?

Une opportunité commerciale, non prévue lors des programmes prévisionnels, s'offre aux responsables de la société AGRO, sous la forme d'une vente globale possible (vers un pays d'Asie du Sud-Est) de 40 tonnes de liasses de sacs de congélation, au prix de 45 000 F la tonne.
Le lancement éventuel de cette commande ne nécessiterait pas un accroissement des charges de structure, et n'entraînerait pas de phénomène d'économie (ou de déséconomie) d'échelle.

QUESTIONS :

a) Les responsables de la société AGRO accepteront-ils cette commande marginale (justifier la réponse) ?
b) Les responsables de la société mère ont été informés de cette opportunité. Appuieront-ils la décision des responsables de la société AGRO (justifier la réponse) ?

(d'après DECF)

② *Usines de Blaye et de Fougères*

L'usine de BLAYE cède des produits finis à l'usine de Fougères de la même société.
L'unité de FOUGÈRES utilise les produits ainsi reçus en sous-produits dans sa production.
L'organisation comptable de l'entreprise est la suivante :

– la comptabilité générale est tenue de manière centralisée au siège situé à Nantes ;
– chaque usine possède une comptabilité analytique autonome.

QUESTIONS :

a) Calculer le résultat analytique de chaque usine selon que :
– les produits sont cédés à leur coût de revient ;
– les produits sont cédés au coût conventionnel de 5 200 F.

b) Comptabiliser l'opération de cession dans le journal analytique des deux usines pour le cas de la cession au coût de revient.

c) Proposer les réajustements à faire sur la valeur des stocks de l'usine de Fougères dans le cas de la cession des produits au prix de 5 200 F l'unité.

INFORMATIONS COMPTABLES

	Usine de Blaye	Usine de Fougères
État des stocks initiaux		
• Matières premières	520 tonnes à 2 000 F l'unité	240 tonnes à 1 000 F l'unité
• Sous-produits (en provenance de Blaye)	–	100 tonnes pour 490 000 F
• Encours de produits finis	240 000 F	–
• Produits finis	315 tonnes pour 1 436 800 F	50 tonnes à 3 008 F la tonne
Charges de l'exercice		
• Achats de matières premières	1 800 tonnes pour un montant de 3 832 000 F	920 tonnes à 1 000 F l'unité
• Achats de sous-produit (en provenance de Blaye)	–	770 tonnes à p francs
• Charges de personnel	1 040 000 F	1 200 000 F
• Charges indirectes		
Atelier 1	1 700 000 F	550 000 F
Atelier 2	2 300 000 F	410 000 F
• Charges de distribution	707 000 F (dont 77 000 F sur les cessions de Blaye à Fougères dont 1/2 à charge de Fougères)	1 040 000 F
Ventes de l'exercice		
• Clients ordinaires	1 050 tonnes à 6 336 F la tonne	1 550 tonnes à 5 700 F la tonne
• Cessions à Fougères	770 tonnes à p francs	
État des stocks de fin de période		
• Matières premières	450 tonnes	200 tonnes
• Sous-produits en provenance de Blaye	–	130 tonnes
• Encours de produits finis	418 000 F	–
• Produits finis	365 tonnes	200 tonnes

③ *Société Abis*

La société ABIS est spécialisée dans l'éclairage sub-aquatique. Elle s'est créée une excellente réputation dans le milieu des plongueurs grâce à ses «torches sous-marines» d'une très haute qualité et d'une grande fiabilité : lumière halogène alimentée par accumulateurs rechargeables, étanchéité en eau profonde, montage électronique novateur.

Au cours des années, l'entreprise a cherché à étendre sa gamme de produits. Elle propose ainsi, en plus des torches, un modèle «lampe de tête tous sports», puissant, rechargeable et étanche, très apprécié par les spéléologues et les spécialistes de la protection civile.

M. VIALET, fondateur et président de cette société, a pris un soin tout particulier à la conception de la structure des responsabilités. Soucieux de préserver la qualité des produits à l'origine de la renommée de la société, il a constamment veillé à assurer la dynamisation de l'organisation et des individus qui la font vivre. Forte délégation de pouvoirs et des responsabilités, esprit d'initiative et d'équipe sont les caractères majeurs de cette société sur le plan organisationnel. Tout récemment, ont été créées des «divisions autonomes», chacune constituant un centre de profit :

- la division «Éclairage sous-marin», directeur M. BABE : elle regroupe la fabrication et la vente de torches sous-marines» et des «lampes de tête tous sports» et constitue le noyau dur de l'entreprise son domaine de spécialité ;
- la division «Chargeurs», directeur M. TOMASI : elle produit les chargeurs destinés aux accumulateurs des éclairages rechargeables ; ces chargeurs, parfaitement adaptés aux éclairages sous-marins, sont un élément fondamental de la parfaite qualité des produits vendus par la société.

La division «chargeurs» livre la plus grande part de sa fabrication à la division «Éclairage sous-marin». Il a été défini un prix de transfert de 180 F l'unité (120 % du coût standard de fabrication). Par ailleurs, cette division «Chargeurs» est autorisée à vendre directement sur le marché ; elle trouve ainsi des débouchés pour sa production excédentaire.

Actuellement, la division «Chargeurs» écoule principalement sa production auprès de la division «Éclairage sous-marin» pour 60 000 unités et auprès d'une entreprise locale qui assure un débouché annuel de 20 000 produits pour un prix de 210 F pièce. Disposant d'une capacité de 100 000 produits, la division «Chargeurs» a cherché de nouveaux clients. Une offre d'achat non fractionnable de 25 000 unités par an lui est parvenue au prix de 190 F l'unité. Dans le même temps, la division «Éclairage sous-marin» a fait savoir qu'elle portait sa demande à 80 000 unités.

QUESTION

a) Sachant qu'il ne peut augmenter sa capacité de production, et soucieux d'améliorer la performance de sa division, quelle sera la décision de M. TOMASI ? Justifiez votre réponse par des éléments chiffrés.

b) Quelle serait, par rapport à la situation actuelle, les conséquences sur les résultats de l'entreprise de l'acceptation de l'offre de 25 000 chargeurs par M. TOMASI ?

L'acceptation de l'offre de 25 000 produits par M. TOMASI mécontente fortement M. BABE qui voit ainsi sa capacité à fournir des produits de qualité fortement compromise puisque son approvisionnement de chargeurs n'est plus complètement assuré. Il s'adresse à M. VIALET pour l'informer de la gravité de la situation.

c) Le président de la société, M. VIALET doit-il intervenir dans le conflit ? Argumentez.

d) Proposez de nouvelles modalités de mise en œuvre du prix de cessions internes qui autoriseraient l'autonomie de gestion de chaque division sans nuire aux intérêts de l'entreprise.

(DECF 1992 adapté)

ANNEXE 1

Données relatives à l'exploitation de la divison «Chargeurs»

Capacité maximale de production (activité normale)	100 000 unités
Coût variable unitaire	64 Francs
Charges fixes globales	8 600 000 Francs

ANNEXE 2

DONNÉES RELATIVES À L'EXPLOITATION DE LA DIVISION «ÉCLAIRAGE SOUS-MARIN»

	Torches	Lampes de tête	
Prix de vente	2 400	1 890	
Coût variable de fabrication	1 481	1 154	
Coût variable de distribution	65	60	
Charges fixes globales de la division			38 776 000 F

④ *Société IICI*

IICI est un important importateur de composants informatiques. Cette société s'est spécialisée dans le montage et la vente de micro-ordinateurs via deux établissements :
– un, à vocation industrielle, situé dans la région parisienne, à Bécon-les-Bruyères et dirigé par M. JULLIARD ;
– un autre, à vocation commerciale, sis à Lyon et dirigé par M. MOREAU.

L'établissement parisien réceptionne absolument tous les composants. Il procède aussi au montage de quatre configurations standard : 586 SX.25, 586 DX.33, 586 DX2.50, 586 DX2.66. Toute cette production est ensuite acheminée vers l'établissement lyonnais.
Par ailleurs, l'établissement peut prélever sur cette production certaines configurations standards pour les configurer (Dos et Windows) sur commandes et les vendre à des clients externes.

L'établissement lyonnais, quant à lui, a une activité essentiellement commerciale. D'une part il vend des ordinateurs sur commande après les avoir testé et configuré (chargement de Dos et de Windows). D'autre part, il dispose d'un service après-vente qui doit :
– assurer la garantie d'un an (pièces et main-d'œuvre) de tous les micro-ordinateurs vendus par la société (Bécon et Lyon) ;
– assurer des prestations d'entretien et de maintenance hors garantie ;
– offrir des prestations diverses (conception et ventes de configurations spécifiques, aide à l'utilisation, etc.).

L'organisation comptable d'IICI est la suivante : la comptabilité générale est centralisée au siège mais chaque établissement dispose d'une comptabilité analytique autonome, les produits cédés à Lyon sont valorisés au coût de revient complet réel majoré d'une marge de 3 ou 5 % selon les configurations.
Pressentant une forte dégradation des résultats du groupe et conscient de conflits d'intérêt entre les établissements, le directeur général souhaite obtenir un certain nombre d'informations complémentaires élaborées par vos soins.

1. Diagnostic de la gestion de Bécon-les-Bruyères

La source principale de conflit apparaît être le mode de fixation du prix de cession interne entre les deux établissements. La comptabilité analytique fournit plutôt des informations globales sur les coûts complets de fin de période. Considérant que le mois de décembre est significatif quant à la structure des coûts des produits, le directeur souhaiterait connaître pour chaque configuration et quelque soit sa destination (cession à Lyon ou ventes externes) les éléments de coût unitaires constitutifs du coût de revient des produits. Les informations relatives à la gestion de Bécon-les-Bruyères sont fournies en annexe 1.

QUESTION :

a) Pour les seules configurations SX.25 et DX2.50, reconstituez le coût de revient d'une unité selon sa destination (arrondir au franc le plus proche). En déduire les prix de cessions internes (même règle d'arrondi).

b) Calculez le résultat global de l'établissement en vous appuyant sur les informations du tableau D de l'annexe 1.

c) Commentez ce résultat. Traduit-il la performance économique de l'établissement ? Quel est son poids dans le résultat de l'entreprise ?

2. Diagnostic de l'établissement de Lyon

Les éléments budgétaires de l'établissement de Lyon sont fournis en annexe 2. Les prix de transfert en décembre sont les mêmes que ceux de novembre. M. MOREAU calcule un coût de revient par micro-ordinateurs de la manière suivantes :
- coût de transfert d'un ordinateur non configuré ;
- coût des logiciels (Dos et Windows) ;
- main-d'œuvre directe nécessaire à la configuration et au contrôle.

L'activité et les charges réelles du mois de décembre relatives à l'établissement de Lyon sont données en annexe 3.

QUESTION

a) Calculez le résultat réel de l'établissement de Lyon en distinguant clairement les quatre rubriques telles qu'elles existent dans les comptes prévisionnels.
b) Une configuration 586 SX.25 vendue directement par l'usine de Bécon-les-Bruyères a un coût de revient de 10 159,01 F. Le même produit vendu par le centre de Lyon a un coût de revient de 10 522,23 F. Retrouvez les causes de l'écart. Chiffrez leurs influences.
c) Mettez en évidence les écarts entre le résultat réel et le résultat prévisionnel du mois de décembre en respectant la décomposition des rubriques fournies dans les éléments budgétés (quatre sous-écarts). Quels commentaires vous inspirent les montants obtenus ?
d) Analysez les écarts sur chiffres d'affaires pour la seule vente de micro-ordinateurs (décomposition en trois sous-écarts). Commentez vos résultats.

3. Gestion des conflits entre les établissements

Les prix de transfert sont responsables des tensions entre les établissements d'IICI. Actuellement le prix de transfert est égal au coût de revient complet réel des micro-ordinateurs non configurés tel qu'il ressort des comptes de la comptabilité analytique de Bécon auquel on applique un taux de marge de 3 ou 5 % selon les configurations. Ce taux est révisé annuellement.

M. MOREAU, responsable de Lyon, considère le prix de transfert comme **trop élevé, non pertinent et instable**. Selon lui, l'usine de Bécon-les-Bruyères devrait être uniquement un centre de coût et dans ce contexte, il serait plus judicieux d'utiliser un prix de transfert égal au coût complet standard. Par ailleurs, il considère que les coûts imposés par Bécon agissent défavorablement sur la rentabilité de son établissement alors même que la vente de micro-ordinateurs représentante une part prépondérante dans le chiffre d'affaires d'IICI.

M. JULLIARD répond que le mode de fixation du prix de transfert lui permet de réaliser une marge spécifique à l'usine de Bécon ce qui motive le personnel et l'incite à maîtriser au mieux les coûts. De plus, ce responsable estime qu'une grande partie de la richesse créée par l'entreprise provient de son établissement et donc qu'il n'est pas illogique qu'une partie du résultat lui soit affectée.

QUESTION

a) Reprenez toutes les critiques formulées par M. MOREAU à l'encontre du mode de fixation du prix de transfert et explicitez-les.
b) Ce dernier évoque la possibilité de constituer l'établissement de Bécon en centre de coût. En quoi cette disposition si elle est acceptée serait-elle différente du découpage en place actuellement ?
c) Dans l'hypothèse où Bécon devient centre de coût, que pensez-vous d'un prix de transfert égal au coût de revient complet standard. Quelles sont les conditions d'une mise en œuvre harmonieuse d'un tel mode de fixation des prix de transfert ?
d) Tout en acceptant les critiques émises par M. MOREAU, le directeur général est sensible aux arguments de M. JULLIARD et souhaiterait trouver moyen d'en tenir compte. Que proposez-vous ?

(DECF 1993 adapté)

ANNEXE 1

ACTIVITÉ ET CHARGES DE L'ÉTABLISSEMENT DE BÉCON-LES-BRUYÈRES (DÉCEMBRE 19N)

A – Production et vente de la période (configurations standards)

	SX25	DX33	DX2.50	DX2.60
Production	26 400	28 500	7 700	3 500
Cessions à Lyon	15 470	21 250	4 845	2 550
Ventes externes	8 200	3 500	2 000	500
Prix de vente	10 260 F	13 041 F	20 090 F	25 000 F

Compte tenu d'une sérieuse baisse des ventes dès le début de décembre, l'usine de Lyon a refusé 15 % de la production qui lui était destinée. Par conséquent, Bécon stocke exceptionnellement des micro-ordinateurs en décembre.

B – Fabrication des micro-ordinateurs

La fabrication d'un micro-ordinateur nécessite une carte mère, un disque dur, un lecteur 3 1/2, un écran, un clavier, une souris et des composants divers. La commercialisation implique le chargement des logiciels (Dos et Windows pour un coût global de 1 400 F). L'étude de la nomenclature des produits permet de chiffrer le coût global des composants importés par type de micros :

	SX25	DX33	DX2.50	DX2.60
Coût global des composants par unité	7 180	9 170	12 860	18 570

C – Élaboration du coût complet

- Les frais de main-d'œuvre directe (MOD) c'est-à-dire les charges de personnel des techniciens et des cadres, charges sociales incluses sont répartis au prorata du temps de montage et de configuration.

	SX25	DX33	DX2.50	DX2.60
Temps nécessaire au montage d'un micro (en minutes)	50	50	70	70

Pour le montage et la configuration des micros destinés aux ventes externes, les temps sont respectivement majorés de 5 minutes.

- Toutes les autres charges (y compris les autres charges de personnel) sont réparties au prorata du nombre de micro-ordinateurs fabriqués, en appliquant des coefficients d'équivalence suivants :

	SX25	DX33	DX2.50	DX2.60
Coefficient d'équivalence	1,8	2,4	3,9	5

- Le responsable de Bécon impose un taux de marge égal à 3 % du coût de revient pour les SX.25, et 5 % pour les autres. Le prix de transfert est arrondi au franc le plus proche.

- Extrait des charges de la période

	Quantité	Coût unitaire	Montant en milliers		Montant en milliers
Charges de personnel				**Autres charges**	
– Techniciens	1 850	12 500	23 125	– Amortissement	2 500
– Cadres	25	15 500	387,5	– Chauffage	58
– Secrétaires	2	8 000	16	– Assurance	300
– Magasiniers	2	7 500	15	– Taxe professionnelle	70
– Ingénieurs	20	20 000	400	– Formation personnel	3 312,5
– Gestionnaires	15	15 000	225	– Études et recherche	85 565,7
– Charges sociales		0,55	13 292,675		
TOTAL			37 461,175	TOTAL	91 806,2

D – Extrait de la comptabilité analytique du mois de décembre

Des résultats obtenus, on vous fournit les résultats unitaires de chaque produit arrondis au franc le plus proche :

	SX25	DX33	DX2.50	DX2.60
Résultat unitaire				
– sur cessions à Lyon	262	552	790	1 106
– sur ventes externes	101	551	2 856	1 431

ANNEXE 2

Budget de l'établissement de Lyon

A – Activité : ventes d'ordinateurs

	SX25	DX33	DX2.50	DX2.60
Quantités à vendre	25 000	18 000	5 700	3 000
Prix de vente prévu	12 500	14 000	20 590	28 000
Prix de transfert prévu	8 970	11 591	16 573	23 224

Les charges de personnel prévisionnelles (6 451 875 F) sont réparties au prorata des heures nécessaires à la configuration et au contrôle des produits vendus. Chaque appareil nécessite quinze minutes de main-d'œuvre directe.
Le coût des logiciels Dos et Windows est estimé globalement à 1 400 F.

B – Coût prévisionnel du SAV pour assurer la garantie d'un an

Les charges prévues pour cette activité comprennent :
- des charges de personnel,
- le coût des pièces détachées défectueuses,
- le coût de transport des matériels.

Le montant global de ces charges a été estimé à 21 210 milliers de francs.

C – Prestations facturées par le SAV

Le service après-vente vend des produits informatiques (imprimante, carte d'extension 4 Mo, overdrive, disque dur) avec ou sans prestation de service. Il réalise un taux de marge équivalent à 30 % du coût d'acquisition sur les ventes de produits informatiques.
La marge prévisionnelle de ce type de prestations est estimée à 25 172 milliers de francs.

D – Frais généraux : 9 350 milliers de francs

Le résultat prévisionnel, toutes activités confondues, pour décembre 19N est de 84 617 260 Francs.

ANNEXE 3

Activité et charges réelles de l'établissement de Lyon (décembre 19N)

A – Activité : ventes d'ordinateurs

	SX25	DX33	DX2.50	DX2.60
Quantités vendues	15 000	22 000	3 500	1 800
Prix de vente moyen	10 260	13 041	20 090	25 000

- Le prix de transfert, le coût des logiciels, le montant des charges de personnel, et le temps de configuration et de contrôle ont été, en décembre, conformes aux prévisions.
- Les prix de transfert de décembre et de novembre étant identiques on négligera l'influence des produits en stock en début de période.

B – Coût du SAV pour assurer la garantie d'un an

Charges de personnel	3 196 800
Coût des pièces détachées	6 610 000
Frais de transport	12 000 000
Total	21 806 800

C – Prestations facturées par le SAV

Chiffres d'affaires des heures facturées	300 000 (1)
Chiffres d'affaires des produits informatiques	110 000 000

(1) Lyon a facturé 500 heures à 600 F de l'heure. Les charges de personnel, pour ces prestations, ont été de 251 900 F.

D – Frais généraux comptabilisés 9 900 000

17 Les tableaux de bord

1. *Les principes de conception et de fonctionnement*
2. *Les instruments du tableau de bord*
3. *Les rôles du tableau de bord*

Connaître les réalisations de l'entreprise reste une des préoccupations principales du contrôle de gestion. Avec ou sans gestion budgétaire, le pilotage et le contrôle du système «Entreprise» reposent sur des informations récentes de toute nature relatives aux performances de l'entreprise.

Or, les systèmes d'information comptables ne répondent pas forcément aux exigences du contrôle de gestion. La comptabilité générale produit de nombreuses informations sur les réalisations mais les règles comptables présentent des insuffisances qui réduisent la portée des informations :
- aucun critère d'importance n'est pris en compte,
- la durée du traitement de l'information (au mieux J + 30, et souvent plus) interdit des réactions rapides,
- la présentation des documents ne permet pas une localisation des responsabilités et des performances de chacun,
- l'information traitée reste essentiellement monétaire et relative aux flux externes.

La comptabilité analytique permet de juger des performances et d'identifier les responsabilités puisqu'elle traite des flux internes mais elle présente le même défaut de lenteur dans la présentation des résultats du fait de sa forte imprégnation comptable. C'est pourquoi le contrôle de gestion éprouve le besoin d'un outil qui réponde à ses besoins spécifiques, à savoir :
- avoir une connaissance sur **les informations essentielles au pilotage**,
- obtenir ces données **le plus rapidement possible**, et en **permanence**. Cet outil s'appelle le **tableau de bord**.

Le tableau de bord est un instrument de communication et de décision qui permet au contrôleur de gestion d'attirer l'attention du responsable sur les points clés de sa gestion afin de l'améliorer.

Un tel système d'information n'est efficace et donc utile que si sa conception répond à certaines règles précises tant pour son fonctionnement que pour son contenu. La présentation des informations, si elle peut revêtir des formes variées, se doit de respecter certaines contraintes de concision et de pertinence. Dans ce cas, l'ensemble des tableaux de bord de l'entreprise incite au dialogue et à la motivation des responsables. Son rôle dépasse alors la stricte fonction de contrôle qu'il était sensé remplir.

1. Les principes de conception et de fonctionnement

C'est la définition même du tableau de bord qui impose ces principes de conception :
– une cohérence avec l'organigramme,
– un contenu synoptique et agrégé,
– une rapidité d'élaboration et de transmission.

1.1 Une cohérence avec l'organigramme

Un des reproches formulés à l'encontre des systèmes d'information comptables traditionnels est la non-localisation des responsabilités. Le découpage des tableaux de bord doit donc respecter le **découpage des responsabilités** et des **lignes hiérarchiques**.

Pour l'ensemble de la firme, la cartographie des tableaux de bord doit se calquer sur celle de la structure d'autorité. Cette dernière s'apparente à une pyramide où chaque responsable appartient de fait à deux équipes :
– **il reçoit une délégation de pouvoir** du niveau hiérarchique supérieur et doit, périodiquement, rendre compte ;
– **il délègue au niveau inférieur** une partie de son pouvoir.

Cette structure oblige chaque niveau de responsabilité à trois types de communication :
– une communication **descendante** quand un niveau donne une délégation de pouvoir assortie d'objectifs négociés au niveau inférieur ;
– une communication **transversale** entre les responsables de même niveau hiérarchique ;
– une communication **montante** quand un niveau rend compte de la réalisation des objectifs reçus.

Le réseau des tableaux de bord est donc une mécanique «gigogne» aux caractéristiques suivantes :
– chaque responsable a son tableau de bord,
– chaque tableau de bord a une ligne de totalisation des résultats qui doit figurer dans le tableau de bord du niveau hiérarchique supérieur,
– chaque tableau de bord d'un même niveau hiérarchique doit avoir la même structure pour permettre l'agrégation des données,
– l'empilage des informations des tableaux de bord doit respecter la ligne hiérarchique.

Une illustration d'un tel réseau dans une entreprise de grande distribution est présentée ci-dessous.

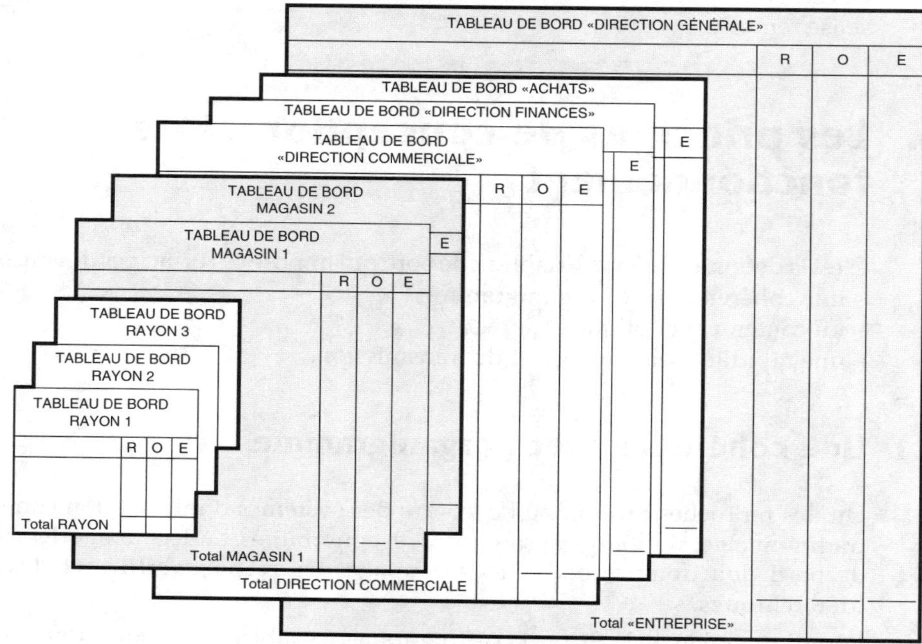

Avec R = réalisations ; O = objectifs ; E = écarts

Pour chaque responsable, les **informations retenues concernent spécifiquement sa gestion** car il en est le premier destinataire. Il doit y trouver les éléments dont il a besoin pour éclairer ses décisions mais uniquement ceux dont il a la maîtrise en accord avec la délégation qu'il a reçue.

Voici des exemples d'indicateurs possibles selon les niveaux hiérarchiques.

INFORMATIONS CLASSÉES PAR NIVEAU ET PAR NATURE

Niveau ↑ / Nature →	Main-d'œuvre	Ventes	Stock	Action de promotion
Magasin	• Effectifs magasin (tous services confondus) • Coût MOD par rayon	• Chiffre d'affaires par rayon • Marge brute par rayon	• Cumul par rayon (en % du C.A HT) • Taux de rotation par rayon	Analyse des frais de promotion maîtrisables à chaque niveau
Rayon	• Effectifs • Absences • Cumul des heures par période (Cumul par équipes)	• Détail par famille d'articles des quantités vendues	• Détail par référence • Taux d'invendus	
Équipe	• Effectifs • Taux d'absentéisme (par individus) • Détail du nombre d'heures effectuées			

Dans le cas d'une entreprise de distribution de stature nationale, les tableaux de bord « Magasins» peuvent être regroupés par zone géographique au sein d'un tableau de bord général.

1.2 Un contenu synoptique et agrégé

Il s'agit de sélectionner parmi toutes les informations possibles celles qui sont essentielles pour la gestion du responsable concerné.

Le choix consiste à **déterminer les indicateurs pertinents** par rapport au champ d'action et à la nature de la délégation du destinataire du tableau de bord.

Cette recherche doit, par ailleurs permettre l'addition d'informations cohérentes entre elles afin d'obtenir des indicateurs agrégés de plus en plus synthétiques.

Pour chaque centre de responsabilité, il faut donc suivre la démarche présentée ci-dessous.

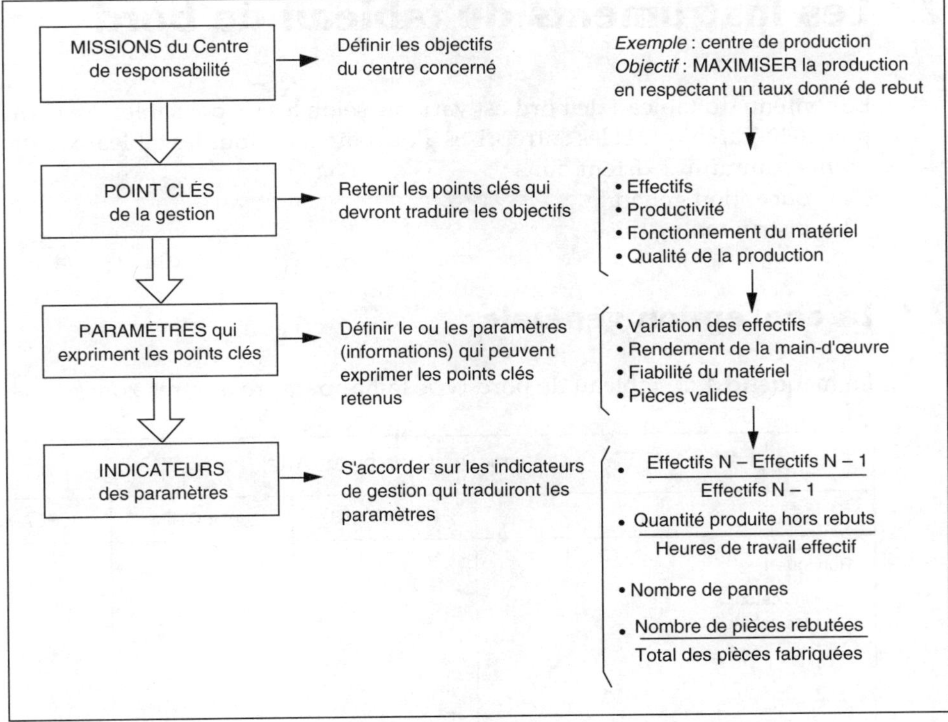

Pour autant, la recherche d'indicateurs performants ne doit pas conduire à la publication tardive du tableau.

1.3 La rapidité d'élaboration et de transmission

En ce domaine, la rapidité doit l'emporter sur la précision : il est souvent préférable d'avoir des éléments réels estimés plutôt que des données réelles précises mais trop tardives.

Le rôle principal du tableau de bord reste d'alerter le responsable sur sa gestion. Il doit mettre en œuvre des actions correctives rapides et efficaces.

La précision des résultats est de toute façon obtenue dans les rapports d'activité à périodicité mensuelle de la comptabilité analytique.

Cette rapidité et la fréquence de publication explique que les anglo-saxons nomme souvent les informations collectées dans les tableaux de bord «**Flashs**».

L'ensemble de ces documents, tableaux de bord, rapport d'activité analytique et plan d'actions correctives constitue le suivi budgétaire.

2. Les instruments du tableau de bord

Le contenu du tableau de bord est variable selon les responsables concernés, leur niveau hiérarchique et les entreprises. Pourtant, dans tous les tableaux de bord des points communs existent dans :
– la conception générale,
– les instruments utilisés.

2.1 La conception générale

La maquette d'un tableau de bord type fait apparaître quatres zones.

TABLEAU DE BORD DU CENTRE...			
	RÉSULTATS	OBJECTIFS	ÉCARTS
Rubrique 1 • indicateur A • Indicateur B • • • Rubrique 2			

ZONE «PARAMETRES ÉCONOMIQUES»
ZONES «RÉSULTATS»
ZONE «OBJECTIFS»
ZONE «ÉCARTS»

- La zone «**paramètres économiques**» : elle comprend les différents indicateurs retenus comme essentiels au moment de la conception du tableau. Chaque rubrique devrait correspondre à un interlocuteur et présenter un poids économique significatif.
- La zone «**résultats réels**» : ces résultats peuvent être présentés par période ou/et cumulés. Ils concernent des informations relatives à l'activité comme :
  - nombre d'articles fabriqués,
  - quantités de matières consommées,
  - heures machine,
  - effectifs,

  mais aussi des éléments de nature plus qualitative comme :
  - taux de rebuts,
  - nombre de retours clients,
  - taux d'invendus.

  A côté de ces informations sur l'activité, figurent souvent des éléments sur les performances financières du centre de responsabilité :
  - des marges et des contributions par produit pour les centres de chiffres d'affaires,
  - des montants de charges ou de produits pour les centres de dépenses,
  - des résultats intermédiaires (valeur ajoutée, capacité d'autofinancement) pour les centres de profit.
- La zone «**objectifs**» : dans cette zone apparaissent les objectifs qui avaient été retenus pour la période concernée. Ils sont présentés selon les mêmes choix que ceux retenus pour les résultats (objectif du mois seul, ou cumulé).
- La zone «**écarts**» : ces écarts sont exprimés en valeur absolue ou relative. Ce sont ceux du contrôle budgétaire mais aussi de tout calcul présentant un intérêt pour la gestion.

Si cette présentation est souhaitable, la forme des informations peut être très variée.

2.2 Les instruments utilisés

Les instruments les plus fréquents sont les écarts, les ratios, les graphiques et les clignotants.

a) Les écarts

Le contrôle budgétaire permet le calcul d'un certain nombre d'écarts. Il s'agit alors de repérer celui (ou ceux) qui présente un intérêt pour le destinataire du tableau de bord.

Exemple *Un directeur commercial ne sera pas intéressé par un écart de rendement d'un atelier alors qu'il désire des informations sur des écarts sur les ventes (par familles de produits).*

> En règle générale, un tableau de bord doit uniquement présenter les informations indispensables au niveau hiérarchique auquel il est destiné et seulement celles sur lesquelles le responsable peut intervenir.

b) Les ratios

Les ratios sont des rapports de grandeurs significatives du fonctionnement de l'entreprise.

$$\text{ex :} \quad \frac{\text{Réalisé à fin M}}{\text{Budget total de l'exercice}} \times 100$$

En règle générale, un ratio respecte les principes suivants :
- un ratio seul n'a pas de signification : c'est son évolution dans le temps et dans l'espace qui est significative ;
- il faut définir le rapport de telle sorte qu'une augmentation du ratio soit signe d'une amélioration de la situation.

La **nature** des ratios varie selon le **destinataire** et son niveau hiérarchique : voici des exemples de ratios possibles mais non exclusifs.

Directeur d'usine	Directeur commercial	Directeur financier	Directeur du personnel	Direction générale
Coût de production total / Nombre de pièces usinées	Résultat d'une unité / Capitaux engagés par l'unité	Capitaux propres / Capitaux permanents	Charges de personnel / Effectif	Valeur Ajoutée / Effectif
Quantités fabriquées / Heures machine	Marge sur achats / Chiffre d'affaires	Ressources stables / Immobilisations nettes	Charges sociales / Effectif	Résultat / Chiffre d'affaires
Rebuts / Quantités produites	Chiffre d'affaires / Nombre de vendeurs	Charges financières / Emprunts	Chiffre d'affaires / Effectif	Résultat / Capitaux propres

c) Les graphiques

Ils permettent de visualiser les évolutions et de mettre en évidence les changements de rythme ou de tendance. Leurs formes peuvent être variées :

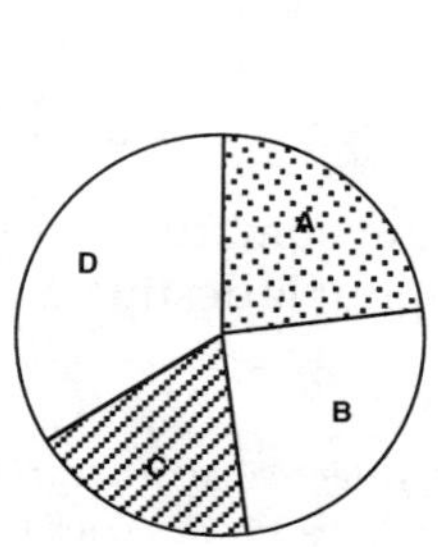

a) graphique en «Camembert» : Nature des ventes par famille

CA
Ventes nationales
Ventes à l'exportation
J F M A M J

b) Histogramme : structure de ventes

d) Les clignotants

Ce sont des seuils limites définis par l'entreprise et considérés comme variables d'action. Leur dépassement oblige le responsable à agir et à mettre en œuvre des actions correctives.

Toute la difficulté de l'utilisation de tels indicateurs réside dans leur définition, puisqu'il faut choisir l'information pertinente parmi la masse des informations disponibles.

Tous ces instruments ne se révèleront performants que dans le mesure où ils sont une aide à la décision, notion essentiellement contingente puisqu'elle dépend des entreprises, des secteurs d'activité, des niveaux hiérarchiques, des délégations données.

Bien conçu, un tableau de bord se révèle très utile à l'ensemble de l'entreprise.

3. Les rôles du tableau de bord

Le tableau de bord est, dans sa conception même, un instrument de contrôle et de comparaison. Mais le système d'information qu'il constitue en fait aussi, un outil de dialogue et de communication ainsi qu'une aide à la décision.

3.1 Le tableau de bord, instrument de contrôle et de comparaison

Le tableau de bord permet de contrôler en permanence les réalisations par rapport aux objectifs fixés dans le cadre de la démarche budgétaire.

Il attire l'attention sur les points clés de la gestion et sur leur dérive éventuelle par rapport aux normes de fonctionnement prévues.

Il doit permettre de diagnostiquer les points faibles et de faire apparaître ce qui est anormal et qui a une répercussion sur le résultat de l'entreprise.

La qualité de cette fonction de comparaison et de diagnostic dépend évidemment de la pertinence des indicateurs retenus.

3.2 Le tableau de bord, outil de dialogue et de comparaison

Le tableau de bord, dès sa parution doit permettre un dialogue entre les différents niveaux hiérarchiques. Pour l'efficacité d'une telle communication, il est important que l'emboîtement de type «gigogne» décrit dans le première partie soit respecté.

Il doit permettre au subordonné de commenter les résultats de son action, les faiblesses et les points-forts. Il permet des demandes de moyens supplémentaires ou des directives plus précises.

Le supérieur hiérarchique doit coordonner les actions correctives entreprises en priviligiant la recherche d'un optimum global plutôt que des optimisations partielles.

Enfin, en attirant l'attention de tous sur les mêmes paramètres, il joue un rôle intégrateur, en donnant à un niveau hiérarchique donné, un langage commun.

3.3 Le tableau de bord, aide à la décision

Le tableau de bord donne des informations sur les points clés de la gestion et sur ses dérapages possibles mais il doit surtout être à l'initiative de l'action.

La connaissance des points faibles doit être obligatoirement complétée par une analyse des causes de ces phénomènes et par la mise en œuvre d'actions correctives suivies et menées à leur terme. Ce n'est que sous ces conditions que le tableau de bord peut être considéré comme une aide à la décision et prendre sa véritable place dans l'ensemble des moyens du suivi budgétaire.

RÉFLEXIONS SUR LE THÈME

1. Un «bon» tableau de bord peut être un avantage compétitif.

Pour les directions générales connaître en temps réel les résultats et les performances de l'entreprise est plus que jamais une nécessité impérative.
La mondialisation oblige les entreprises qui interviennent sur des marchés de plus en plus complexes et concurrentiels à des adaptations fréquentes et rapides sur divers plans (commercial, productif mais aussi financier).
Pour répondre à ces évolutions, les directions générales ont fréquemment besoin de données pertinentes sur les ajustements à entreprendre.
Parallèlement, l'introduction de l'informatique transforme l'entreprise en un lieu de production d'informations de toute nature dont le nombre devient un handicap à leur exploitation. Il devient primordial de faire des tris et d'extraire les données synthétiques nécessaires à la prise de décision.
Dans ce contexte, un tableau de bord adapté et performant peut donner à l'entreprise un avantage concurrentiel décisif.

2. Le tableau de bord et le contrôle de gestion

En donnant à chaque responsable opérationnel les repérages nécessaires pour piloter son centre de responsabilité le tableau de bord ne se substitue-t-il pas au contrôle de gestion ?
La mise en place d'un réseau de tableaux de bord donne à chaque opérationnel une autonomie de gestion qui peut faire croire à l'inutilité d'un contrôle de gestion.
Pourtant, ce dernier reste un médiateur indispensable :

- c'est souvent le contrôle de gestion qui est à l'origine de la mise en place de cet outil. Il aide à la définition des objectifs et des délégations sur toute la ligne hiérarchique. Il définit en collaboration avec les intéressés les paramètres à retenir ainsi que leur fréquence d'édition ;
- le contrôle de gestion intervient pour permettre le dialogue et la négociation lors de l'exploitation des tableaux ;
- enfin, le contrôleur peut, plus vite que les opérationnels, s'apercevoir d'un décalage entre les informations fournies par les tableaux de bord et celles souhaitées : c'est son rôle que d'inciter à une remise à jour des indicateurs.

Applications

① *Entreprise Delyse*

L'entreprise DELYSE traite une matière première, la mélasse de betteraves. Celle-ci fermente dans de grandes cuves ; il en sort alors du moût, produit intermédiaire, qui doit être purifié dans une station de purification. On récupère la «lysine» et des effluents. Les effluents donnent naissance au sous-produit, le «sirional».

Les techniques de gestion mises en œuvre à ZEDLYNE procèdent de la direction participative par objectifs, aussi la comptabilité analytique s'attache-t-elle particulièrement à l'analyse des causes des écarts significatifs entre les réalisations et les objectifs assignés à chaque centre de responsabilité, dans un document appelé le «tableau de bord». Ce document permet d'envisager des actions correctives en retour. L'objectif de mise en jeu de responsabilité a conduit l'entreprise à n'incorporer dans les coûts de production que les éléments pour lesquels le contrôle de la consommation peut être attribué à un responsable.

Le tableau de bord regroupe l'ensemble des charges et des produits préétablis conformément aux objectifs de production fixés et des charges et des produits préétablis et constatés relatifs à la production réelle. Les coûts unitaires préétablis appelés «unité de compte industriel» (UCI) sont le résultat d'études techniques et aussi de négociations, chaque centre de production (auxiliaire ou principal) devient centre de responsabilité. Il lui est affecté les charges directes et indirectes le concernant.

La société calcule un écart sur prix des achats de matières premières dès l'entrée en stock des matières.

Une gestion par exceptions conduit à n'analyser que les écarts sur éléments de coûts de production supérieurs à 10 % du coût préétabli.

Document 1

ÉTAT DES CONSOMMATIONS CONSTATÉES DU CENTRE FERMENTATION ET CONTRÔLE BIOLOGIQUE
(pour une production réelle de moût de 2 418,3 T)

	Quantité	Coût unitaire	Coût total
Mélasse			10 792
Fournitures de laboratoire	2 696,4	0,25	674,1
Services extérieurs	2 692,3	0,156	420
Charges de personnel			220
Centre gestion des personnels			50
Centre gestion des bâtiments			254
Centre gestion des matériels			270
Centre prestations connexes			135

Document 2

EXTRAIT DU TABLEAU DE BORD DU CENTRE FERMENTATION ET CONTRÔLE BIOLOGIQUE

Production préétablie du centre .... 2 700 t de moût.

Activité préétablie du centre .... traitement de 3 000 t de mélasse.

Les unités de comptes industriels (UCI) sont établies pour chaque centre, par unité d'activité.

		Objectifs			Réalisations		
		Q	UCI	Total	Q	Coût unitaire	Total
Produits et services entrants :							
Mélasse	V	3 000	4	12 000	Q_R	UCI	R
Fournitures de laboratoire	V	3 000	0,28	840	Q_R	C_R	R
Services extérieurs indirects	V	3 000	0,05	150	Q_R	C_R	R
	F			150			
Charges de personnel	V	3 000	0,075	225	Q_R	UCI	R
Prestations des centres auxiliaires :							
Gestion des personnels	V	3 000	0,02	60	Q_R	UCI	R
Gestion des bâtiments	V	3 000	0,1	300	Q_R	UCI	R
Gestion des matériels			Forfait	270		Forfait	
Prestations connexes	V	3 000	0,05	150	Q_R	UCI	R
Total des charges			4,715	14 145			
Produits sortants :							
Moût		2 700	5,239	14 145			

[zone grisée] Écarts sous la responsabilité du centre.
R : Résultat réel constaté.
C_R : Coût réel constaté.
Q_R : Quantité réelle calculée. Les variations de coûts, lorsque les coûts unitaires sont des UCI, sont assimilées à des variations de quantité.
V : Partie variable des charges.
F : Partie fixe des charges.
Forfait : Allocation de charges facturées par le centre fournisseur, indépendante de l'activité du centre consommateur.

QUESTIONS :

a) Présenter le tableau de bord du centre «Fermentation et contrôle biologique».
b) Calculer les écarts des composants du coût du centre «Fermentation et contrôle biologique».
c) Analyser les écarts significatifs.
d) Dire comment l'on peut justifier la prise en compte par le consommateur d'un montant forfaitaire de charges de «Gestion des matériels» (service entretien notamment) et non des consommations réelles. Dire qui serait responsable d'un éventuel écart de consommations.
e) Expliquer l'intérêt des U.C.I. Pourquoi les prestations réelles sont-elles valorisées à l'aide de l'U.C.I ?

(d'après DECF)

2 SA Garage du Lauragais

La S.A. GARAGE DU LAURAGAIS est une entreprise implantée dans la zone industrielle de Villefranche-de-Lauragais et dont l'objet social réside essentiellement dans :
- l'achat et la vente de véhicules neufs et de véhicules d'occasion ;
- les travaux de réparation-mécanique ;
- la vente de pièces détachées, d'accessoires, de carburants et de pneumatiques de toutes marques.

En vue de la constitution de tableau de bord pour les activités suivantes :
- vente de véhicules neufs ;
- vente de véhicules d'occasion ;
- travaux de réparation-mécanique.

M. Mabil, PDG du GARAGE DU LAURAGAIS, vous fournit les renseignements consignés ci-après :

A. Activité : «Vente de véhicules neufs»

La S.A. GARAGE DU LAURAGAIS est agent exclusif de la marque «Recigeot» ; les engagements commerciaux et les commissions ont été définis comme suit avec le concessionnaire du canton :

Véhicules neufs	Ventes mensuelles	Prix de vente moyen (HT)	Commissions sur vente
Bas de gamme : B.G.	3	40 000	6 %
Milieu de gamme : M.G.	4	60 000	8 %
Haut de gamme : H.G.	1	100 000	10 %

Garantie des véhicules neufs

Les travaux de réparation effectués dans le cadre de la garantie légale et de la garantie contractuelle constituent une opération «blanche» pour l'entreprise, car les frais de main-d'œuvre et le coût des pièces défectueuses échangées, gratuits pour le client, sont refacturés au constructeur aux prix habituels.

B. Activité : «Vente de véhicules d'occasion»

On peut estimer à quatre-vingt-dix le nombre de véhicules d'occasion vendus chaque année.
Ces véhicules sont vendus au prix moyen de 25 000 F HT, en réalisant une marge bénéficiaire de 4 000 F HT.
Généralement, ces véhicules ont fait l'objet d'une «reprise» auprès des acheteurs de véhicules neufs et leur remise en état exige, en moyenne, trois heures de réparation-mécanique par véhicule ; par ailleurs, M. MABIL estime à 150 F HT par véhicule le coût d'achat des pièces détachées utilisées pour ce type d'opération.

Garantie des véhicules d'occasion

Ces véhicules sont garantis trois mois «pièces et *main-d'œuvre*» par le GARAGE DU LAURAGAIS. L'expérience a montré que l'exercice de cette garantie représentait en moyenne une heure de réparation par véhicule, la proportion «*main-d'œuvre/pièces détachées*» étant identique à celle des travaux de réparation facturés habituellement à la clientèle.

C. Activité : «Travaux de réparation-mécanique»

Cette activité est assurée par quatre personnes, un chef d'atelier et trois mécaniciens, dont on peut estimer le temps productif annuel à 45 semaines par an, à raison de 39 heures par semaine et la demande locale est suffisante pour envisager une activité régulière sur l'ensemble des jours ouvrés.
Par ailleurs, une heure productive est facturée 1 heure et quart en moyenne, en raison des gains sur temps barémés par les constructeurs.
L'analyse des factures portant sur des travaux de réparation-mécanique a permis de constater que le montant hors taxes d'une facture est formé à raison de 60 % par de la main-d'œuvre facturée et à raison de 40 % par des pièces facturées.
L'heure de main-d'œuvre est facturée 120 F HT ; on estime à 25 % la marge commerciale sur les pièces détachées facturées.

QUESTIONS :

a) Définir les *missions*, les *objectifs* et les *facteurs clés de succès* du centre de profit «Travaux de réparation-mécanique».
b) Proposer un tableau de bord permettant à la direction d'avoir un suivi périodique de cette activité.
c) Proposer un système de mesure des performances du centre de profit : «Véhicules d'occasion» par rapport à ses objectifs, à sa mission et à ses moyens.

(D'après DESCF)

Pour l'étude de la conception d'un tableau de bord visant à analyser la qualité des prestations d'un service après-vente, voir aussi l'application 3 intitulée «Qualité micro» du chapitre 28 : «La gestion de la qualité totale».

Sous-partie 2

Analyse, mesure et suivi des différents «sous-systèmes» de l'entreprise

18 La gestion budgétaire des ventes

1. *Rappel des techniques de prévision*
2. *La budgétisation des ventes*
3. *L'écart sur chiffre d'affaires*

La gestion budgétaire des ventes est la première construction du réseau des budgets d'une entreprise. Elle est définie par De Guerny et Guiriec comme « **un chiffrage en volume** permettant de situer le niveau d'activité des services commerciaux... et **un chiffrage en valeur** des recettes permettant de déterminer les ressources de l'entreprise. »

La connaissance des quantités et des produits à vendre conditionne les budgets avals tels ceux de production et d'approvisionnement. La connaissance des prix pratiqués détermine les encaissements potentiels de l'entreprise et donc son équilibre financier.

Le champ d'investigation de la prévision des ventes est très étendu : il peut concerner des marchés virtuels à très long terme comme des produits à développer sur un moyen terme ou encore les produits actuels de l'entreprise sur un horizon court.

Ces prévisions budgétaires sont établies après une analyse des forces et des faiblesses de l'entreprise ainsi que des contraintes imposées par l'environnement et la conjoncture économique. Elles doivent s'inscrire dans les plans à moyen terme déjà définis et respecter leur cohérence.

Dans le présent chapitre, nous nous intéresserons à certaines techniques de prévision à court terme, aux budgets qui en découlent et aux premiers travaux possibles de contrôle budgétaire à savoir le calcul de l'écart sur chiffre d'affaires.

1. Rappel des techniques de prévision

De nombreuses techniques de prévision des ventes existent qui n'ont pas toutes les mêmes objectifs :

– les **études de marché**, les **abonnements à des panels**, les **marchés tests** sont des méthodes qui permettent de connaître au mieux la demande du produit et le marché potentiel de l'entreprise ;
– les **méthodes d'extrapolation**, des **coefficients saisonniers**, les **interrogations de la force de vente** de l'entreprise permettent, elles, de déterminer l'évolution des ventes du produit dans le futur.

Dans le cadre d'une procédure budgétaire instituée, et d'un produit en maturité, seule l'évolution des ventes dans le futur fera l'objet d'une étude. C'est pourquoi nous nous contenterons de présenter rapidement les différentes méthodes quantitatives de prévisions des ventes.

1.1 Les ajustements

Ces techniques s'appuient sur l'étude chiffrée des données caractérisant une variable économique (ici, les ventes passées du produit). La prévision sur l'état futur de la variable est obtenu par extrapolation des tendances passées mises en évidence et dont on suppose la régularité.

L'ajustement consiste à substituer aux valeurs observées de la variable (y_i) une valeur calculée (y_i') à l'aide de différents procédés qui font l'objet de ce paragraphe.

Ces procédés d'ajustement peuvent être graphiques, mécaniques ou analytiques. Seuls les deux derniers procédés sont présentés ici.

a) Ajustement mécanique : la méthode des moyennes mobiles

Il s'agit de représenter la série statistique en substituant à la valeur observée y_i, une valeur ajustée y_i' calculée de la manière suivante :

$$y'_x = \frac{a \cdot y_{i-1} + b \cdot y_i + c \cdot y_{i+1}}{a + b + c}$$

a, b et c représentent des coefficients de pondération dont la valeur est laissée aux choix des statisticiens.

Le nombre des observations (ici 3) nécessaires pour le calcul de la valeur ajustée y_i' dépend de la périodicité du phénomène étudié.

Dans le cas d'historiques de ventes, il est fréquent de trouver des périodicités annuelles (ventes saisonnières) et donc les moyennes mobiles se calculent comme suit :

- historique des ventes donné en trimestre (périodicité de 4)

$$y'_i = \frac{1}{4}\left[\left(\left(\frac{1}{2}\right) \cdot y_{i-2}\right) + y_{i-1} + y_i + y_{i+1} + \left(\left(\frac{1}{2}\right) \cdot y_{i+2}\right)\right]$$

- historique des ventes donné en mois (périodicité de 12)

$$y'_i = \frac{1}{12}\left[\left(\left(\frac{1}{2}\right) \cdot y_{i-6}\right) + y_{i-5} + \ldots + y_{i-1} + y_i + y_{i+1} + \ldots + y_{i+5} + \left(\left(\frac{1}{2}\right) \cdot y_{i+6}\right)\right]$$

Les coefficients ainsi déterminés permettent de respecter le principe suivant :

Somme des coefficients = Périodicité de la série statistique

Exemple

Soit le chiffre d'affaires d'une entreprise :

Trimestres / *Années*	*1*	*2*	*3*	*4*
1	*1000*	*1200*	*1400*	*1150*
2	*1050*	*1350*	*1500*	*1300*
3	*1100*	*1450*	*1700*	*1400*
4	*1250*	*1650*	*1850*	*1550*

La périodicité est de 4, donc chaque valeur y_i est remplacée par sa valeur ajustée, ainsi :

$$y'_3 = \frac{1}{4}\left[\frac{1}{2}(1\,000) + 1\,200 + 1\,400 + 1\,150 + \frac{1}{2}(1\,050)\right] = 1\,194$$

$$y'_4 = \frac{1}{4}\left[\frac{1}{2}(1\,200) + 1\,400 + 1\,150 + 1\,050 + \frac{1}{2}(1\,350)\right] = 1\,219$$

et ainsi de suite… On obtient le tableau suivant des valeurs ajustées.

Trimestres / *Années*	*1*	*2*	*3*	*4*
1	–	–	*1 194*	*1 219*
2	*1 250*	*1 281,25*	*1 306,25*	*1 325*
3	*1 362,5*	*1 400*	*1 431,25*	*1 475*
4	*1 518,75*	*1 556,25*	–	–

La représentation graphique illustre le mécanisme d'ajustement :

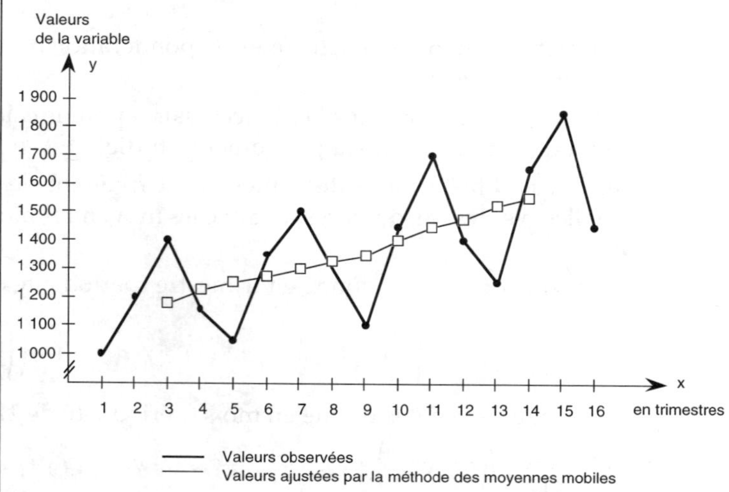

Cette méthode **écrête les phénomènes accidentels** en permettant un lissage des informations observées, mais elle **élimine des informations en début et fin de série**. Par ailleurs, elle ne donne pas une droite d'équation connue qui peut facilement se prêter à des prévisions. C'est pourquoi l'ajustement par la méthode des moindres carrés est préféré.

b) Ajustement analytique : la méthode des moindres carrés

> Il s'agit de rechercher les paramètres de la fonction $y'_i = f(x)$ qui rende **la plus faible possible la somme des carrés des distances entre la valeur observée y_i de la variable et sa valeur ajustée y'_i.**

Les fonctions d'ajustement peuvent être extrêmement variées. Dans notre cas, nous présenterons les fonctions les plus habituelles au cycle de vie d'un produit :

CYCLE DE VIE ET FONCTION D'AJUSTEMENT

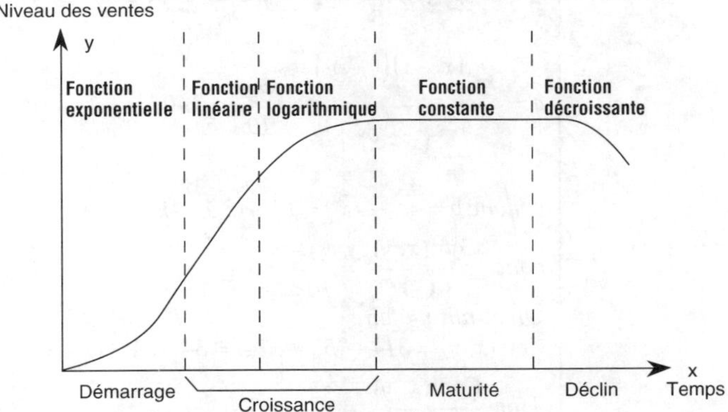

Nous nous contenterons de rappeler ici les principaux résultats :

1) Ajustement par une droite $y = ax + b$

Avec :

$$a = \frac{\sum_{i=1}^{n} (x_i - \bar{x})(y_i - \bar{y})}{\sum_{i=1}^{n} (x_i - \bar{x})^2} \quad \text{et} \quad b = \bar{y} - a\bar{x}$$

Lorsque les valeurs de $\bar{x}$ et $\bar{y}$ sont des nombres décimaux arrondis, il vaut mieux utiliser la formule suivante pour obtenir la valeur du coefficient a :

$$a = \frac{\text{Cov}(x, y)}{v(x)} \quad \text{avec} \quad \begin{aligned} \text{Cov}(x, y) &= \sum_{i=1}^{n} x_i y_i - n\bar{x}\,\bar{y} \\ v(x) &= \sum_{i=1}^{n} x_i^2 - n\bar{x}^2 \end{aligned}$$

Exemple

Soit les ventes d'une entreprise en fonction du temps :

Temps (x)	2	3	4	5	6
Ventes (y) (en milliers de francs)	7	10	15	18	23

Les calculs sont regroupés dans le tableau suivant :

x_i	y_i	$x_i y_i$	x_i^2	$X_i = x_i - \bar{x}$	$Y_i = y_i - \bar{y}$	X_i^2	$X_i Y_i$
2	7	14	4	− 2	− 7	4	14
3	10	30	9	− 1	− 4	1	4
4	15	60	16	0	+ 1	0	0
5	18	90	25	+ 1	+ 4	1	4
6	20	120	36	+ 2	+ 6	4	12
20	70	314	90	0	0	10	34

$$\bar{x} = \frac{1}{N}\sum_{i=1}^{n} x_i = \frac{20}{5} = 4 \quad ; \quad \bar{y} = \frac{1}{N}\sum_{i=1}^{n} y_i = \frac{70}{5} = 14$$

$$a = \frac{\sum_{i=1}^{n}(x_i - \bar{x})(y_i - \bar{y})}{\sum_{i=1}^{n}(x_i - \bar{x})^2} = \frac{34}{10} = 3{,}40$$

et donc $b = \bar{y} - a\bar{x} = 14 - (3{,}4 \cdot 4) = +\,0{,}4$

donc $\frac{Cov\ (x, y)}{v(x)} = \frac{34}{10} = 3{,}4$

On aurait pu faire :

$Cov\ (x, y) = 314 - (5 \cdot 4 \cdot 14) = 34$ *et* $V\ (x) = 90 - (5 \cdot 4^2) = 10$

donc $\frac{Cov\ (x, y)}{v(x)} = \frac{34}{10} = 3{,}4$

On retrouve bien a = 3,4.

La droite obtenue a pour équation $y' = 3{,}4x + 0{,}4$

Les prévisions de ventes se présentent comme suit :

$x = 7 \Rightarrow y_7' = 3{,}4 \times 7 + 0{,}4 = 24{,}2$

$x = 8 \Rightarrow y_8' = 3{,}4 \times 8 + 0{,}4 = 27{,}6$

2) Ajustement par une fonction exponentielle

La forme de la fonction est la suivante : $y' = B \times A^x$

On revient facilement au problème précédent. En effet, on peut écrire :

$$\text{Log } y' = \text{Log } B + x.\text{Log } A$$

Posons : $Y' = \text{Log } y'$

$b = \text{Log } B$

$a = \text{Log } A$

Nous pouvons écrire : $Y' = ax + b$

Ainsi les abscisses x et les ordonnées Y_i' = logarithme de y_i peuvent être ajustées par une droite de paramètres a et b. Nous sommes ramenés à un ajustement linéaire. Il s'agit de trouver a et b dont nous déduirons les valeurs A et B.

3) Ajustement par une fonction puissance

La fonction est de la forme $y' = B \, . \, x^a$. Elle peut être transformée de la manière suivante :

$$\text{Log } y' = \text{Log } B + a \, . \, \text{Log } x$$

$$Y = b + a \, . \, X$$

On calcule a et b à l'aide des formules précédentes en travaillant sur les logarithmes de x_i et de y_i.

Ainsi, la méthode des moindres carrés pour une fonction déterminée assure **l'ajustement le meilleur**, dans le sens où elle minimise le carré des distances entre les valeurs observées et celles ajustées.

Mais, comment connaître la fonction qui assure le meilleur ajustement pour une série statistique ?

- la **forme du nuage de points doit guider le choix** d'une fonction définie,
- si le doute persiste, il faut, pour chaque fonction d'ajustement retenue, **calculer le carré des résidus qui se définit comme** :

$$\sum_{i=1}^{n} (y_i - y_i')^2$$

et choisir la fonction pour qui cette expression est minimum.

1.2 Les séries chronologiques

> Une série chronologique est une série statistique représentant **l'évolution d'une variable économique en fonction du temps.**

Ce type de série est donc utilisé fréquemment dans les prévisions des ventes car ce sont des données statistiques faciles à obtenir.

a) Composantes d'une série chronologique

Elles sont au nombre de quatre :

- la tendance à long terme ou **Trend** notée T ; il exprime la tendance du phénomène sur le long terme ;
- le **mouvement cyclique** notée C ; il exprime les fluctuations liées à la succession des phases des cycles économiques ou conjoncture. Il est fréquemment regroupé avec le trend dans un mouvement global qualifié d'**extra-saisonnier et noté C** ;
- les **variations saisonnières** notées **S**. Ce sont des fluctuations périodiques qui se superposent au mouvement cyclique et dont les causes sont multiples : congés annuels, phénomènes de mode de vie, facteurs climatiques, etc. Elles obligent au calcul de coefficients saisonniers ;
- les variations **résiduelles ou accidentelles** notées **E.** Ce sont des variations de faible amplitude imprévisibles telles que des grèves, des accidents...

Ces composantes peuvent être organisées selon deux modèles :

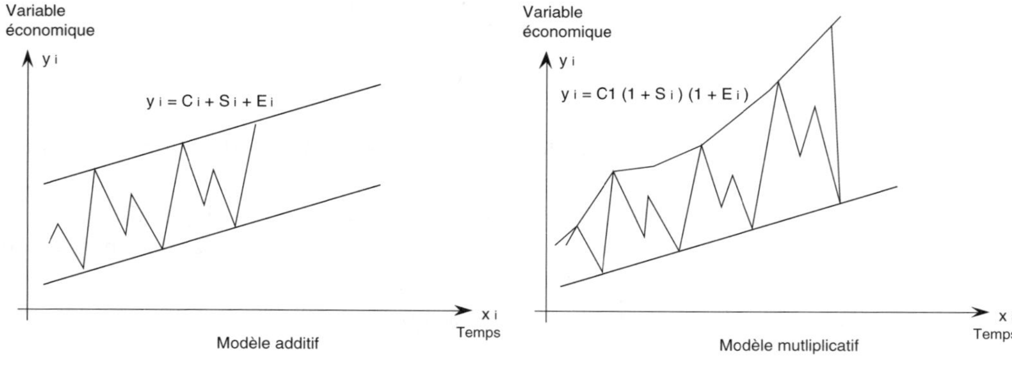

– un **modèle additif** $y_i = C_i + S_i + E_i$
cela suppose une indépendance des différentes composantes entre elles.

– un **modèle multiplicatif** $y_i = C_i\ (1 + S_i)(1 + E_i)$
dans ce cas, le mouvement saisonnier est considéré comme proportionnel au mouvement extra-saisonnier, et les aléas proportionnels aux deux mouvements précédents.

Ce schéma se ramène au cas précédent, par une transformation logarithmique.

b) Méthodes de calcul des coefficients saisonniers

Il existe deux méthodes de calcul des coefficients saisonniers, mais nous ne présenterons que celle qui est la plus utilisée : la méthode des rapports au trend.

Méthodologie

- Déterminer la droite des moindres carrés qui ajuste la série chronologique.
- Calculer les valeurs ajustées y_i' grâce à l'équation précédente.
- Faire le rapport entre la valeur y_i réellement observée et la valeur y_i' ajustée et ce, pour chaque observation.
- Prendre, pour chaque période (mois ou trimestre), le rapport moyen qui sera considéré comme le coefficient saisonnier de la période.

Exemple *Reprenons la série suivante :*

Trimestres / *Années*	*1*	*2*	*3*	*4*
1	*1000*	*1200*	*1400*	*1150*
2	*1050*	*1350*	*1500*	*1300*
3	*1100*	*1450*	*1700*	*1400*
4	*1250*	*1650*	*1850*	*1550*

Le calcul des paramètres de la droite donne :

$a = 35{,}5882$
$b = 1066{,}25$

Les valeurs ajustées par cette équation sont données dans le tableau suivant (arrondies au centième le plus proche) :

Trimestres / *Années*	1	2	3	4
1	1101,84	1173,43	1173,01	1208,60
2	1244,19	1279,78	1315,37	1350,96
3	1386,54	1422,13	1457,72	1493,31
4	1528,90	1564,49	1600,07	1635,66

Les rapports entre valeur réelle et valeur ajustée sont donnés dans le tableau suivant (arrondis à quatre chiffres) :

Trimestres / *Années*	1	2	3	4
1	0,9076	1,0550	1,1935	0,9515
2	0,8439	1,0549	1,1404	0,9623
3	0,7933	1,0196	1,1662	0,9375
4	0,8176	1,0547	1,1562	0,9476
Coefficients saisonniers bruts	0,8406	1,0461	1,1641	0,9497
Coefficients saisonniers arrondis	0,84	1,05	1,16	0,95

c) Prévisions des ventes

La prévision qui peut être faite est fondée :

- d'une part sur l'hypothèse que les années à venir connaîtront la **même tendance générale** que les années passées ;
- d'autre part, sur un **calcul correct des coefficients** saisonniers mensuels.

Méthodologie

• L'équation générale du mouvement extra-saisonnier est utilisée pour prévoir la tendance à long terme des quatre prochains trimestres.

Pour rappel, l'équation est la suivante :

$$y' = 35{,}5882\,x + 1066{,}25$$

Dans notre exemple, les valeurs de y' seront calculées pour x égal à 17, 18, 19 et 20.

• Des coefficients saisonniers sont appliqués aux valeurs trouvées pour tenir compte des fluctuations saisonnières.

Exemple *Établissons les prévisions de ventes de l'année 5 :*

Trimestres / *Années*	1	2	3	4
Prévisions du mouvement extra-saisonnier	*1671,25*	*1706,84*	*1742,43*	*1778,01*
Coefficients saisonniers	x *0,84*	x *1,05*	x *1,16*	x *0,95*
Prévisions de ventes	*1403,85*	*1792,18*	*2021,22*	*1689,11*

L'étude des séries chronologiques donne **la même importance aux observations quelle que soit leur ancienneté**. Dans un environnement incertain et changeant, cela revient à donner un poids considérable au passé. Pour s'opposer à cette tendance, certains gestionnaires préfèrent utiliser une autre méthode : le lissage exponentiel.

1.3 Le lissage exponentiel

Cette méthode de prévision calcule, de fait, une moyenne des observations passées mais en les pondérant. Les observations ont **un poids décroissant en fonction de leur ancienneté**.

Pour une période donnée t, la prévision des ventes est calculée selon la formule suivante :

$$Y_t = \alpha\, y_{t-1} + (1 - \alpha)\, Y_{t-1}$$

avec : $\mathbf{Y_t}$ prévision de la période t

$\mathbf{y_{t-1}}$ observation de la période précédente

$\mathbf{Y_{t-1}}$ prévision de la période précédente

α coefficient de pondération compris entre 0 et 1

Avec un raisonnement par récurrence, on démontre facilement que Yt est une moyenne de toutes les observations passées, pondérée par des coefficients décroissants avec le temps.

$Y_t = \alpha\, y_{t-1} + \alpha\,(1-\alpha)\, y_{t-2} + \alpha\,(1-\alpha)^2\, y_{t-3} + \ldots + \alpha\,(1-\alpha)^n\, y_{t-n+1} + (1-\alpha)^n\, Y_{t-n}$

A la vue de cette formule, deux réserves sont à formuler :

• **sur la valeur du coefficient** α :

Plus celui-ci est élevé, plus vite les informations passées perdent de leur importance ainsi :

pour $\alpha = 0{,}4$ on a $(1-\alpha)^4 = 0{,}1296$

pour $\alpha = 0{,}8$ on a $(1-\alpha)^4 = 0{,}0016$

La valeur du coefficient est donc primordiale pour la validité de la prévision. Seuls des essais sur α permettent de déterminer par la méthode des résidus la valeur qui «colle» le mieux à la série envisagée.

• **sur la prévision initiale :**

En pratique, elle est négligée car son poids devient vite faible dans le lissage.

Exemple : avec un coefficient de 0,6, au bout de quatre périodes, la prévision initiale pèse moins de 3% dans la prévision $[(1 - \alpha)^4 = 0{,}0256)]$.

Exemple

Soit la série suivante :

1	2	3	4	5	6
570	550	560	570	560	565

En retenant un coefficient de 0,8, on obtient :

$Y_2 = 0{,}8\ (570) + (1 - 0{,}8)\ 570 = 570$

$Y_3 = 0{,}8\ (550) + 0{,}2\ (570) = 554$

$Y_4 = 0{,}8\ (560) + 0{,}2\ (554) = 558{,}8$

$Y_5 = 0{,}8\ (570) + 0{,}2\ (558{,}8) = 567{,}76$

$Y_6 = 0{,}8\ (560) + 0{,}2\ (567{,}76) = 561{,}55$

et donc en prévision réelle :

$Y_7 = 0{,}8\ (565) + 0{,}2\ (561{,}55) = 564{,}31$

Dans la logique de la gestion budgétaire, la phase de prévision des ventes terminée et validée c'est-à-dire déclarée compatible avec les capacités de production à court terme, l'étape suivante peut-être commencée : la budgétisation de la prévision.

2. La budgétisation des ventes

Il est un peu artificiel de séparer aussi distinctement les procédures de prévision et de budgétisation. En effet, les prévisions des ventes influent sur les frais commerciaux et de distribution. Par ailleurs, il semble logique de considérer que les actions commerciales envisagées dans le cadre du budget ont une influence sur le niveau des ventes. Ainsi, prévision et chiffrage sont liés.

Cependant, dans le cadre de ce chapitre, nous sommes obligés à cette simplification. Après avoir étudié la procédure de budgétisation, nous présenterons les budgets obtenus.

2.1 Procédures d'élaboration des budgets commerciaux

Le travail de prévision des ventes est souvent effectué par un service des études commerciales en collaboration avec le contrôle de gestion.

Ce travail permet la connaissance des **possibilités commerciales** de l'entreprise et doit permettre à la direction générale de fixer aux services commerciaux les **OBJECTIFS** de l'année à venir.

Dans le cadre d'une gestion budgétaire négociée, cette phase doit être réalisée en collaboration avec les opérationnels de la vente. Le degré de participation des services concernés dépend de la nature de la délégation d'autorité et de la culture de l'entreprise.

La prévision retenue, souvent sous deux hypothèses, une haute et une basse, la direction commerciale définira les **moyens à mettre en œuvre** pour réaliser ces objectifs. Elle définit ainsi les **VARIABLES d'ACTION** sur lesquelles elle compte asseoir son **PLAN D'ACTION**.

Les principales variables d'action à ce niveau sont les différentes composantes du plan de marchéage des produits :
- les tarifs pratiqués,
- les ristournes à consentir,
- les actions de promotion,
- les choix de distribution,
- les effectifs de la force de vente.

Ce plan d'action fait l'objet d'un **pré-chiffrage** qui doit recevoir l'aval de la hiérarchie dans la mesure où il engendre des consommations de facteurs qui doivent rester **compatibles avec les possibilités globales de l'entreprise**.

Cet accord obtenu, le plan est traduit en **budgets**. Il doit y avoir autant de budgets que de responsables. Selon le niveau de responsabilité déléguée, les informations calculées changent : on peut donc trouver des budgets de dépenses, des budgets de recettes ou des budgets combinant recettes et dépenses.

2.2 Les différents budgets des services commerciaux

Il faut généralement distinguer le budget des ventes à proprement parler et celui des frais commerciaux.

a) Le budget principal des ventes

Le budget principal des ventes est l'expression chiffrée des ventes de l'entreprise par types de produits, en quantité et prix.

Selon le niveau hiérarchique concerné, il sera plus ou moins décomposé. En général, il est bon d'obtenir des prévisions par rapport à plusieurs critères :

- **analyse chronologique** c'est-à-dire la répartition dans le temps des ventes (souvent le mois). Ce type de décomposition est nécessaire pour un suivi efficace des réalisations ;
- **analyse géographique** c'est-à-dire par zone ou circonscription. Ce découpage respecte l'organisation existante de la force de vente ;
- **analyse par clientèle** c'est-à-dire par segments de marché qui présentent un comportement similaire et sur lesquels l'entreprise a défini une action spécifique ;
- **analyse des canaux de distribution** : sont distingués, par exemple, les grossistes des détaillants, les ventes directes des ventes par correspondance.

Toutes ces décompositions ne sont pas systématiquement fournies aux responsables commerciaux. En effet, le budget ne doit comporter que les **éléments strictement nécessaires à l'action et au contrôle du responsable concerné**.

b) Le budget des frais commerciaux

Les frais commerciaux comprennent en général :
- la force de vente,
- la publicité et la promotion des marques,
- l'administration de la fonction commerciale,
- les transports et la logistique de distribution,
- le conditionnement.

La prévision de tels frais mérite quelques remarques :
- **les frais de publicité et promotion des marques** sont les résultats de décisions de nature politique quant au positionnement des produits. L'efficacité «moyens/ résultats » est difficile à évaluer et très souvent, ils échappent à une procédure de prévision rationnelle ;
- **les autres frais** ont des liens plus précis avec les quantités vendues et seront approchés selon leur comportement en distinguant charges fixes et charges variables.

Ardoin dans *Contrôle de gestion* (Publi-union, 1986) illustre la mise en œuvre d'un plan d'action commercial et du budget des ventes dans une entreprise qui commercialise des batteries. Nous lui empruntons son exemple (voir page suivante).

Ces budgets établis en fin d'année N serviront de référence tout au long de l'année N + 1. Les réalisations de l'entreprise y seront régulièrement confrontées : calcul d'écarts, analyse de ces écarts, mise en œuvre d'actions correctives qui permettent de piloter le système entreprise dans les limites définies par les budgets. Au-delà du calcul des écarts, la gestion budgétaire assure une fonction essentielle de pilotage.

Les calculs et les analyses d'écarts relèvent du contrôle budgétaire. Dans le cadre de la gestion budgétaire des ventes, celui-ci doit suivre tout à la fois des budgets de fonctionnement et le budget principal des ventes.

Le calcul d'écarts relatif aux budgets de fonctionnement fait appel à des décompositions similaires à celles étudiées pour les charges indirectes de production (*cf.* chapitre 14), en revanche l'analyse du budget principal des ventes demande une démarche spécifique.

3. L'analyse de l'écart sur chiffre d'affaires

Le budget principal des ventes est constitué essentiellement de prévisions sur les quantités de produits à vendre ainsi que du prix moyen prévu pour ces produits.

PLAN D'ACTION COMMERCIAL SELON ARDOIN (1986)

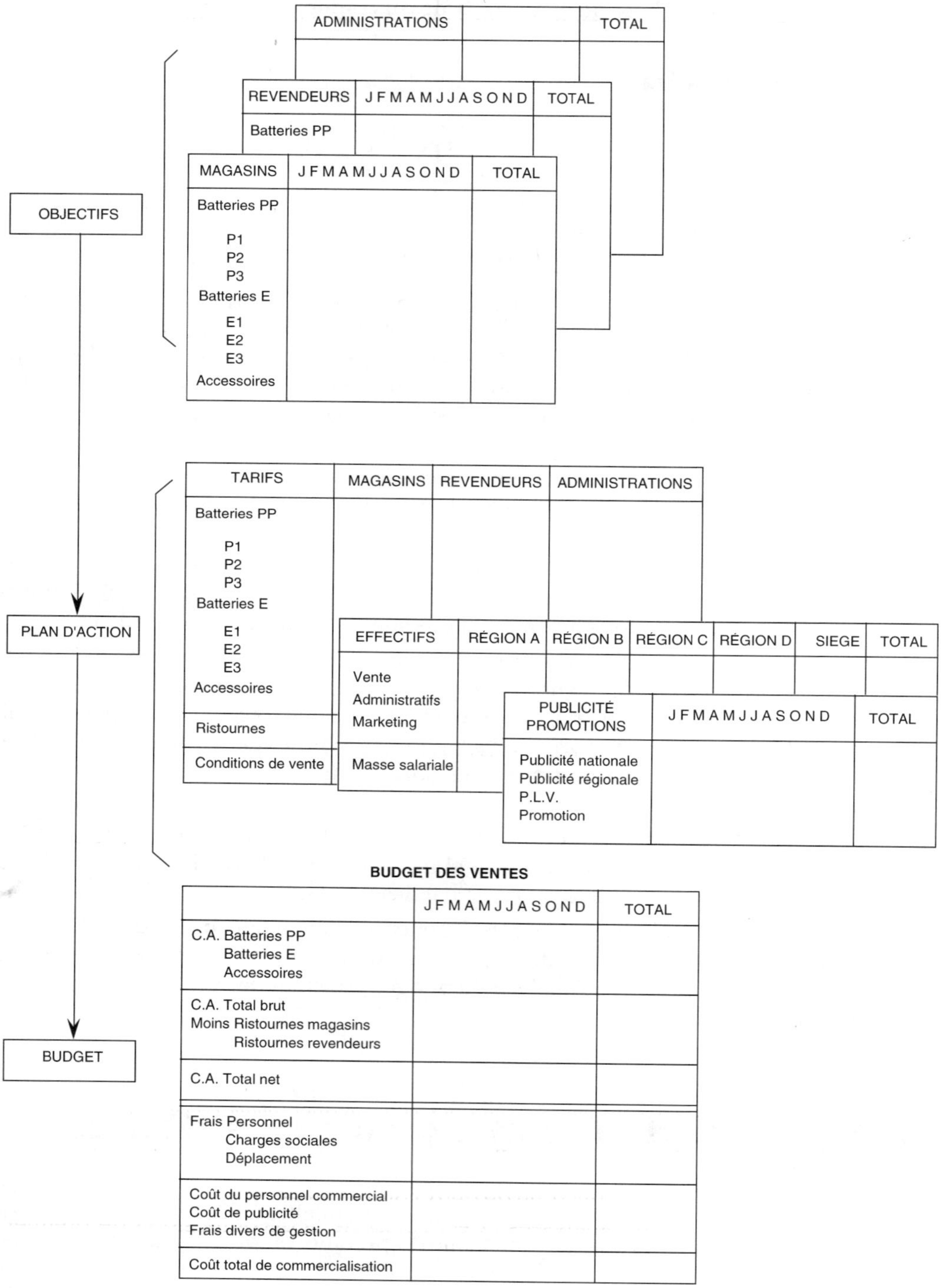

OBJECTIFS → PLAN D'ACTION → BUDGET

OBJECTIFS

ADMINISTRATIONS		TOTAL

REVENDEURS	J F M A M J J A S O N D	TOTAL
Batteries PP		

MAGASINS	J F M A M J J A S O N D	TOTAL
Batteries PP P1 P2 P3 Batteries E E1 E2 E3 Accessoires		

PLAN D'ACTION

TARIFS	MAGASINS	REVENDEURS	ADMINISTRATIONS
Batteries PP P1 P2 P3 Batteries E E1 E2 E3 Accessoires			
Ristournes			
Conditions de vente			

EFFECTIFS	RÉGION A	RÉGION B	RÉGION C	RÉGION D	SIEGE	TOTAL
Vente Administratifs Marketing						
Masse salariale						

PUBLICITÉ PROMOTIONS	J F M A M J J A S O N D	TOTAL
Publicité nationale Publicité régionale P.L.V. Promotion		

BUDGET

BUDGET DES VENTES

	J F M A M J J A S O N D	TOTAL
C.A. Batteries PP Batteries E Accessoires		
C.A. Total brut Moins Ristournes magasins Ristournes revendeurs		
C.A. Total net		
Frais Personnel Charges sociales Déplacement		
Coût du personnel commercial Coût de publicité Frais divers de gestion		
Coût total de commercialisation		

Les réalisations fournissent des informations légèrement différentes : le chiffre d'affaires et les quantités vendues par produit. Il est aisé d'en déduire le prix de vente réel moyen de la période et ainsi de calculer l'écart sur chiffre d'affaires.

3.1 L'écart total sur chiffre d'affaires (E/CA)

L'écart total sur chiffre d'affaires se définit de la manière suivante :

E/CA = Chiffre d'affaires réel – Chiffre d'affaires budgété

Ce calcul n'est envisageable par produit que pour des entreprises dont les gammes de produits vendus sont très étroites, le plus souvent ce calcul est fait pour l'ensemble des ventes comme dans l'exemple suivant :

Exemple

Soit le budget des ventes d'une entreprise qui commercialise quatre familles de produits.

Budget des ventes pour le mois M

Famille	*Quantité*	*Prix moyen*	*Chiffre d'affaires*
A	*2 000*	*150*	*300 000*
B	*4 200*	*100*	*420 000*
C	*700*	*250*	*175 000*
D	*500*	*400*	*200 000*
Total	*7 400*		*1 095 000*

Les données réelles pour la même période sont les suivantes :

Famille	*Quantité*	*Chiffre d'affaires*	*Prix moyen pratiqué* (1)
A	*2 500*	*350 000*	*140*
B	*5 000*	*500 000*	*100*
C	*800*	*216 000*	*270*
D	*200*	*60 000*	*300*
Total	*8 500*	*1 126 000*	

(1) $\dfrac{\textit{Chiffre d'affaires}}{\textit{Quantité}}$

L'écart total sur chiffre d'affaires apparaît comme égal à :

CA réel – CA budgété = 1 126 000 – 1 095 000 = 31 000 favorable.

Un chiffre d'affaires est constitué de deux composantes : prix et quantité dont les influences doivent être analysées : c'est l'objet de la décomposition de premier niveau.

3.2 Décomposition en deux sous-écarts

Par analogie avec les décompositions en vigueur sur les charges directes, il est facile de déduire les définitions des écarts sur prix (E/Prix) et des écarts de volume (E/Vol.). Il vient :

E/Prix = (Prix réel – Prix budgété) Quantité réelle
E/Vol. = (Quantité réelle – Quantité budgétée) Prix budgété

Appliqué à notre exemple, le calcul donne les résultats suivants :

Exemple *Tableau de calculs de l'écart sur prix :*

Famille	*Prix réel*	*Prix budgété*	*Quantité réelle*	*Écart/prix*
A	*140*	*150*	*2 500*	*– 25 000 Défavroable*
B	*100*	*100*	*5 000*	*–*
C	*270*	*250*	*800*	*+16 000 Favorable*
D	*300*	*400*	*200*	*– 20 000 Défavorable*
Total				*– 29 000 Défavorable*

Remarque : Cet écart peut être calculé très rapidement, puisqu'il suffit de connaître le chiffre d'affaires réel et les quantités vendues. Ces informations sont disponibles bien avant que les systèmes comptables (comptabilité générale et comptabilité analytique) aient arrêté les comptes du mois concerné.

Exemple *Tableau de calculs de l'écart sur volume :*

Famille	*Quantité réelle*	*Quantité budgétée*	*Prix budgété*	*Écart/Volume*
A	*2 500*	*2 000*	*150*	*+ 75 000 Fav.*
B	*5 000*	*4 200*	*100*	*+ 80 000 Fav.*
C	*800*	*700*	*250*	*+ 25 000 Fav.*
D	*200*	*500*	*400*	*– 120 000 Déf.*
Total				*+ 60 000 Fav.*

Il est aisé de vérifier que E/Prix + E/Vol. = E/Chiffre d'affaires

De fait, l'écart sur volume regroupe deux aspects dont l'évolution peut être antagoniste : l'augmentation des ventes peut provenir d'une meilleure implantation sur le marché mais celle-ci peut être réalisée sans respecter la composition des ventes prévues. C'est pourquoi l'écart sur volume peut être décomposé en deux sous-écarts.

3.3 Décomposition de l'écart sur volume

Il s'agit de mettre en évidence l'augmentation globale des quantités vendues par le calcul de l'écart de volume global et de juger du respect de la composition des ventes prévues par celui de l'écart sur composition des ventes. Ainsi les écarts se définissent de la façon suivante :

$$\text{E/Volume global} = \left(\text{Quantité totale réelle} - \text{Quantité budgétée}\right) \text{Prix moyen budgété}$$

Exemple

Le prix moyen budgété dans notre cas est égal à :
Chiffre d'affaires budgété / Quantité totale budgétée soit :
1 095 000 / 7 400 = 147,9729…
L'écart de volume global s'inscrit à :
(8 500 – 7 400) 147,97 = 162 767 Favorable

$$\text{E/Composition des ventes (ou écart de mix)} = \left(\text{Prix moyen préétabli (1)} - \text{Prix moyen budgété}\right) \text{Quantité totale réelle}$$

Exemple

Calcul du chiffre d'affaires préétabli :
(2 500 x 150) + (5 000 x 100) + (800 x 250) + (200 x 400) = 1 155 000 F pour 8 500 produits vendus
soit un prix moyen préétabli de 135,8823…
L'écart de composition des ventes est égal à :
(135,88 – 147,97) 8 500 = – 102 765 Défavorable

Il vient, aux arrondis près :
E/Vol. = E/Volume global + E/Composition des ventes
60 000 ≈ (+ 162 767) + (– 102 765)

3.4 Intérêt de ces calculs

La possibilité d'un calcul précoce par rapport aux réalisations permet d'avoir une vision partielle de la qualité de gestion des services commerciaux et peut autoriser des actions correctives très rapides surtout en cas de dérapages sur les prix ou de non respect des compositions des ventes prévues.

Toutefois, il faut se garder d'un optimisme facile dans le cas d'écarts favorables. En effet **accroître le chiffre d'affaires ne signifie nullement accroître le résultat** si parallèlement cette augmentation des ventes s'obtient en développant des produits à faible marge au détriment de produits plus rémunérateurs pour la firme. C'est pourquoi l'action des services commerciaux ne peut être jugée au vu du calcul

1. Le prix moyen préétabli est déduit du chiffre d'affaires préétabli qui s'obtient en multipliant par famille de produits les quantités réelles vendues par le prix de vente prévu dans le cadre du budget.

de ces seuls écarts sur chiffre d'affaires mais doit intégrer des calculs d'écarts incorporant des notions de marges. Une telle décomposition, plus riche et mieux ciblée est présentée au chapitre 22 «Le budget général et le contrôle budgétaire du résultat» dans le cadre du point 3. Le contrôle budgétaire du résultat.

Dans le cadre d'un pilotage par les budgets, elle nous semble plus pertinente pour évaluer valablement les prestations d'une entité à responsabilités de nature commerciale.

RÉFLEXIONS SUR LE THÈME

1. Le temps est-il un facteur explicatif du niveau des ventes ?

Les modèles de prévision présentés ici sont des modèles par extrapolation qui prolongent l'évolution du passé dans le futur.
Ils supposent implicitement la stabilité du phénomène étudié et la non-apparition d'un bouleversement qui pourrait remettre en cause les tendances mises en évidence.
Ces hypothèses ne sont vérifiées que dans un horizon à court terme et encore faut-il bien comprendre qu'établir des prévisions en s'appuyant sur l'écoulement du temps n'explique pas les causes du phénomène étudié.
Ainsi, on peut préférer utiliser des modèles de causalité qui identifient les variables explicatives ou causales du phénomène étudié : les ventes d'une entreprise peuvent dépendre du prix de vente, de la politique de promotion et du taux de remise consenti aux clients.
La difficulté de tels modèles réside dans leur construction puisqu'il faut repérer les variables causales et les influences sur le phénomène étudié.

2. Nature des campagnes publicitaires et rattachement budgétaire

Dans les années 60-70, le marketing était essentiellement tourné vers le produit et le développement de ses ventes. Les actions commerciales : campagne publicitaire, promotion sur les lieux de ventes relevaient donc du budget des frais commerciaux.
Dans les années 70-80, le marketing a suivi une politique de segmentation en distinguant des cibles précises. Sont séparées :

- la publicité d'entretien qui vise à maintenir le «capital publicitaire» du produit comme des actions ponctuelles ou répétitives,
- la publicité de lancement dont l'objectif est de faire connaître le produit et dont l'impact doit s'étaler sur plusieurs années,
- la publicité institutionnelle qui cherche à faire connaître ou reconnaître l'entreprise afin de lui créer une image de marque.

Cette segmentation entraîne des rattachements budgétaires différenciés : la publicité d'entretien continue à relever d'un budget d'exploitation alors que les publicités de lancement et institutionnelle font partie des budgets d'investissement.
Cette distinction doit exister indépendamment des modes de comptabilisation (enregistrement en classe 6).

Applications

(1) *Société Tube SA*

L'analyse des ventes trimestrielles de tubes Y au cours des quatre derniers exercices a permis de dresser le tableau ci-après :

VOLUME DES VENTES TRIMESTRIELLES
(en milliers de tubes Y)

	19N – 3	19N – 2	19N – 1	19N
1er trimestre	524	532	556	660
2e trimestre	378	418	426	482
3e trimestre	354	378	394	434
4e trimestre	636	692	716	724

La composante tendancielle des ventes en volume est représentée par la relation : Y = 9t + 460 (origine des temps : 1er janvier 19N – 3).

Lissage par les moyennes mobiles

QUESTIONS :

a) Déterminer, à cette fin, les moyennes mobiles centrées (de longueur 4).
b) Représenter graphiquement la suite des observations et celle des moyennes mobiles centrées. Que peut-on conclure ?
c) Calculer, pour chaque trimestre, l'indice saisonnier égal au rapport de l'observation sur la moyenne mobile centrée (prendre 4 décimales).
d) Calculer pour chaque trimestre le «coefficient saisonnier», moyenne pour chaque trimestre des rapports précédents.
e) Donner une estimation des ventes en volume pour les quatre trimestres de l'année 19N + 1.

Lissage exponentiel

On se propose sur les deux derniers exercices (19N – 1 et 19N) de tester les valeurs de α. On hésite entre α = 0,4 et α = 0,7 :

QUESTIONS :

a) Calculer, par la méthode des résidus, la valeur à retenir ?
b) A l'aide de la valeur du coefficient retenu à la question précédente donner une estimation des ventes en volume pour le premier trimestre de l'année 19N + 1.

(d'après DECF)

2 Société Arcturus

La société anonyme ARCTURUS a pour activité exclusive la vente en gros d'articles de sport et de camping. Son exercice se termine le 30 septembre.
On vous fournit un relevé des chiffres d'affaires mensuels hors taxes des trois derniers exercices.

CHIFFRES D'AFFAIRES MENSUELS RÉALISÉS AU COURS DES TROIS DERNIERS EXERCICES

	(N – 3/N – 2)	(N – 2/N – 1)	(N – 1/N)
Octobre	795 000	1 010 000	1 130 000
Novembre	947 000	1 326 000	1 391 000
Décembre	1 339 000	1 441 000	1 579 000
Janvier	1 054 000	1 361 000	1 560 000
Février	585 000	505 000	417 000
Mars	724 000	775 000	826 000
Avril	858 000	913 000	1 122 000
Mai	1 482 000	1 355 000	1 428 000
Juin	1 685 000	1 770 000	1 750 000
Juillet	1 360 000	1 299 000	1 252 000
Août	826 000	777 000	649 000
Septembre	788 000	934 000	866 000
	12 443 000	13 469 000	13 978 000

Le service commercial prévoit un chiffre d'affaires hors taxes prévisionnel de 15 700 000 F pour l'exercice à venir.

QUESTIONS :

a) Calculer les coefficients saisonniers (prendre 3 chiffres significatifs après la virgule).

Le service commercial prévoit un chiffre d'affaires hors taxes prévisionnel de 15 700 000 F pour l'exercice à venir.

b) En utilisant les coefficients saisonniers, établir le budget mensuel des ventes de l'exercice clos le 30 septembre N + 1. (Arrondir les résultats au millier de franc le plus proche.)

(d'après DESCF)

3 Société des Équipements de bâtiments modulaires

La société des ÉQUIPEMENTS DE BÂTIMENT MODULAIRES (SEBM) est une petite entreprise industrielle qui fabrique des modules d'échafaudages vendus à une clientèle régionale d'entreprises du bâtiment.
Elle envisage de diversifier ses ventes en proposant à ses clients, à côté des échafaudages classiques, un produit nouveau : l'échafaudage mobile. On vous fournit un descriptif des deux produits.

1. Échafaudage classique :
Produit traditionnel ; chaque échafaudage est constitué d'un nombre variable de modules identiques.

2. Échafaudage mobile :
Produit de conception nouvelle dont la mise sur le marché est prévue pour début janvier 19N + 1.
Chaque échafaudage comprend :
– une plate-forme de base munie de roues et motorisée, que la SEBM achète finie chez un sous-traitant ;
– un nombre variable de modules analogues aux modules classiques.

Dans le cadre de la mise en place d'une gestion budgétaire, le contrôleur de gestion vous informe sur les données commerciales des deux produits :

Échafaudages classiques

Structure saisonnière des ventes 19 N – 1 et 19N

	1er trimestre	2e trimestre	3e trimestre	4e trimestre
19 N – 1	7 074	14 140	12 120	7 070
19 N	6 860	13 720	11 760	6 860

Échafaudages mobiles

En l'absence de toute donnée historique, il a constitué un échantillon de clients de la SEBM au sujet de leurs intentions d'achat d'échafaudages mobiles et classiques.
Les résultats en sont qu'ils envisagent de substituer à 20 % de leurs achats de modules classiques, des achats en même quantité de modules mobiles.
De plus, il est vraisemblable qu'une clientèle nouvelle se porterait sur ces échafaudages mobiles et vous estimez que cette clientèle pourrait être égale à celle évoquée ci-dessus.
Par ailleurs, il n'y a aucune raison pour que la saisonnalité des ventes soit différente d'un produit à l'autre.

Les prix de vente prévus en 19N + 1 seront les suivants :

Module d'échafaudage classique .... 500 F
Module d'échafaudage mobile .... 400 F
Plate-forme mobile .... 2 000 F

Pour le trimestre 2 de l'année N+1, les données réelles sont les suivantes :

	Chiffres d'affaires	Quantités vendues
Module échafaudage classique (MEC)	5 607 000	12 600
Module Échafaudage mobile (MEM)	2 331 200	4 960
Plate-forme mobile (PFM)	1 246 200	620
Total	9 184 400	

QUESTIONS :

a) Sachant que les prévisions de ventes d'échafaudages classiques, faites sur la base de l'évolution du marché et avant mise au point des échafaudages mobiles, étaient pour 19N + 1 de 40 000 modules, en déduire les prévisions de vente compte tenu de l'introduction des échafaudages mobiles sur le marché dès le 1er janvier N + 1.
b) Établir le budget des ventes en quantité et en valeur, par trimestre, pour l'année N + 1.
c) Calculer et analyser l'écart total sur chiffre d'affaires pour le trimestre 2 de l'année N + 1.

(d'après DECF)

4 *Société Alibert*

Pendant les 12 mois (x) d'une année la société ALIBERT a noté le chiffre d'affaires (y) relatif à un produit nouveau (y en milliers de francs).

x_i	y_i	x_i	y_i	x_i	y_i
1	31	5	499	9	7 850
2	67	6	1 150	10	17 320
3	125	7	2 025	11	31 450
4	263	8	4 157	12	69 200

QUESTIONS :

a) Calculer u = log y pour chaque mois. Les logarithmes décimaux seront donnés avec 2 décimales.
b) Représenter graphiquement l'ensemble des couples (x_i, y_i) et (x_i, u_i).
c) Déterminer par la méthode des moindres carrés une droite d'ajustement d'équation : U = ax + b.
d) En déduire une relation y = F (x) de la forme $y = y_0 A^x$.

(d'après examen)

19 La gestion budgétaire de la production

La budgétisation de la production est la représentation globale chiffrée de l'activité productive annuelle. Mais ce n'est que l'aboutissement final de toute la procédure de gestion de la production. Auparavant, de manière continue et quotidienne, il faut gérer et optimiser l'organisation du travail et de la production grâce à quelques méthodes et techniques simples. Nous présenterons ici les trois principales.

1. Les techniques de gestion de la production

Dans le cadre d'une organisation taylorienne de la production, trois questions se posent en permanence :

• Combien faut-il produire pour répondre à la demande en tenant compte des contraintes techniques de fabrication ? Les méthodes de **programmation linéaire** permettent d'y répondre.

• Combien faut-il commander et stocker de matières premières pour satisfaire la demande prévue ? Le **calcul des besoins en composants donne la réponse**.

• Comment et combien faut-il charger les ateliers, les machines, les capacités humaines pour que la production corresponde aux besoins ? Les **méthodes de chargement** gèrent les goulots d'étranglements.

1.1 La programmation linéaire

La programmation linéaire est une technique qui permet de répondre à l'interrogation suivante : le programme des ventes déterminé en amont par les services commerciaux permet-il de saturer les contraintes productives et ce, de façon optimale en termes de résultat attendu ?

Sous cette forme, le problème a deux aspects qui seront envisagés successivement :
– assurer, si possible, le plein emploi des capacités productives (c'est-à-dire les équipements et la majeure partie de la main-d'œuvre) ;
– choisir une combinaison productive de produits qui maximise la rentabilité.

a) Élaboration d'un programme de production pour assurer le plein emploi des ateliers

L'illustration de cet outil sera envisagée dans le cadre d'un exemple d'entreprise de l'industrie mécanique.

Exemple

Soit une entreprise de construction mécanique qui produit trois types de roulement soit R1, R2 et R3. Les trois types de roulement passent successivement dans trois ateliers. Leurs temps de passage en heures et par atelier sont donnés dans le tableau ci-après :

Produits / *Ateliers*	*R1*	*R2*	*R3*	*Capacité des ateliers*
A1	*4*	*2*	*1*	*2600 heures*
A2	*3*	*3*	*2*	*2500 heures*
A3	*2*	*5*	*3*	*3000 heures*

Pour des impératifs commerciaux, la production des roulements R3 est fixée à 200 unités.

Existe-t-il un programme de production qui assure le plein emploi des capacités ? En cas de réponse négative, quel programme choisir ?

Les contraintes peuvent être mises en équation, en prenant pour acquis la vente et la production de 200 R3. Le choix se situe donc entre les produits R1 et R2

atelier A1 $\rightarrow$ $4R1 + 2R2 + R3 \leq 2600$ *d'où*

$4R1 + 2R2 \leq 2600 - (200\ R3 \times 1)$ *soit 2400*

atelier A2 $\rightarrow 3R1 + 3R2 \leq 2500 - (200\ R3 \times 2)$ *soit 2100*

atelier A3 $\rightarrow 2R1 + 5R2 \leq 3000 - (200\ R3 \times 3)$ *soit 2400*

Ces différentes contraintes peuvent être rapportées sur un graphique.

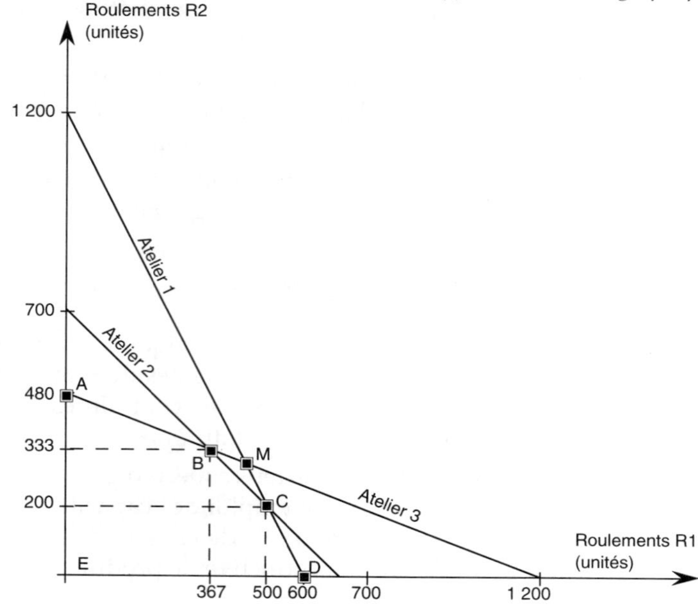

Démarche générale

Chaque contrainte partage le plan en trois zones :
- **la droite elle-même** qui représente toutes les combinaisons de produits qui saturent la contrainte ;
- **une zone en dessous de la contrainte** : les combinaisons de cette partie du plan respectent la contrainte mais n'assurent pas le plein emploi de ses capacités ;
- **la partie supérieure du plan** : les combinaisons de produits sont inacceptables puisqu'elles nécessitent plus de facteurs de production que l'on en dispose.

> Pour **assurer le plein emploi simultané** des contraintes productives, il faut rechercher la ou les combinaison(s) productive(s) qui **saturent toutes les contraintes** concernées.

Suite de l'exemple

L'ensemble des contraintes définit un polygone de combinaisons acceptables ABCDE. ***Aucun point de ce domaine ne permet de saturer toutes les contraintes de production.***

Seuls les points B et C assurent le plein emploi de deux des trois contraintes de production.

Solution B *: intersection de l'atelier A2 et de l'atelier A3.*

Il suffit de résoudre le système d'équation suivant pour obtenir la combinaison de produits.

$$\begin{cases} 3R1 + 3R2 = 2100 \\ 2R1 + 5R2 = 2400 \end{cases}$$

et on obtient 367 R1 et 333 R2.

L'atelier A1 est en sous-emploi de :

2400 – (367 R1 x 4) – (333 R2 x 2) = 266 heures

Solution C *: intersection de l'atelier A1 et A2.*

Sur le graphique, on lit la combinaison de produits soit 500 R1 et 200 R2.

L'atelier A3 est en chômage pour :

2400 – (500 R1 x 2) – (200 R2 x 5) = 400 heures

Démarche générale

A cette étape du raisonnement, le choix doit se faire entre le coût relatif du chômage de chaque atelier.

Il intégrera le montant des charges fixes spécifiques mais également les possibilités d'obtenir des travaux de sous-traitance sur les ateliers en sous-activité afin de réduire cette dernière.

Compte tenu des résultats précédents, l'entreprise peut également chercher des solutions qui permettent d'augmenter les capacités des ateliers :
- recours aux heures supplémentaires,

– organisation différente du travail : travail sur trois équipes au lieu de deux,
– réallocation des matériels (lorsque c'est possible)entre ateliers en sous activité et ceux à qui ils manquent des capacités.

Dans les cas envisagés précédemment, c'est l'ATELIER A2 **qui limitait la production et obligeait au sous-emploi des autres ateliers : on qualifie cette situation de goulot d'étranglement.**

Suite de l'exemple

L'entreprise décide d'affecter des capacités supplémentaires pour obtenir le plein emploi de ces trois ateliers.

Dans cette perspective, elle choisit la combinaison productive représentée par le point M du graphique qui correspond à 450 R1 et 300 R2 (chiffres lus sur le graphique).

L'atelier A2 devrait disposer d'une capacité de :

(450 R1 x 3) + (300 R2 x 3) = 2250 heures

Si l'entreprise veut choisir cette solution, elle doit affecter une capacité supplémentaire de 150 heures (2250 – 2100) à l'atelier A2.

b) Recherche de la solution optimale en termes de rentabilité

Toutes ces possibilités ont été envisagées sans l'aspect pécuniaire. Mais les choix de l'entreprise ne peuvent s'effectuer sans référence aux coûts des ateliers ni à la rentabilité des différents produits.

Reprenons le cas de l'entreprise de construction mécanique

Exemple

Supposons que les produits R1,R2 et R3 dégagent respectivement une marge sur coûts variables de 160, 140 et 50 F.

La solution optimale est celle qui maximise la marge sur coût variable globale. C'est-à-dire : MAX F = 160 R1 + 140 R2

La fonction ainsi définie est appelée ***Fonction économique du programme****. Elle peut s'écrire aussi : R2 = – 1,15 R1 + MAX F*

Sous cette forme, la fonction économique est une fonction de la forme ax + b et MAX F est une constante qu'il faut maximiser tout en respectant les contraintes de l'entreprise. Cela revient à ***chercher la droite de pente égale à -1,15 et dont l'ordonnée à l'origine est maximum****. Il existe une méthode graphique pour choisir la solution optimale.*

Reprenons le graphique précédent.

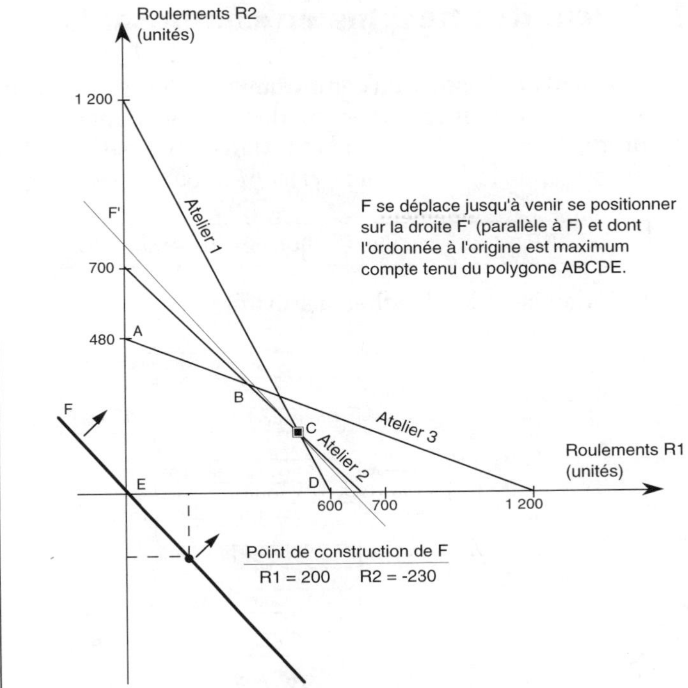

La marge sur coût variable globale dégagée est de (160 x 500 R1) + (140 x 200 R2) = 108 000 F.

Démarche générale

La fonction économique (F) doit être représentée au point E. Il existe toute une famille de droites parallèles à la droite F et qui possèdent des ordonnées à l'origine de plus en plus élevées dès que l'on se déplace vers le haut du graphique.

Le déplacement sur le graphique d'une droite parallèle à la droite tracée permet de déterminer directement le point d'intersection entre le polygone des solutions acceptables et la fonction économique : ce point est celui de la solution optimale. Ici, il s'agit du point C représentant une combinaison de 500 R1 et de 200 R2.

Cette solution reste **valable** tant que les **capacités de production et les marges générées par les produits restent inchangées.**

Remarque : La solution graphique est praticable dans le cas de deux produits car elle conduit à des représentations géométriques simples. Dès que le **nombre de produits s'accroît, il faut avoir recours aux techniques du simplexe** pour résoudre ce type de problème.

L'emploi de ces méthodes permet, à court terme, d'ajuster les prévisions des ventes et les capacités de production de l'entreprise. Ces choix définis, il est nécessaire de répartir les charges de travail dans le temps et l'espace mais auparavant il faut calculer les besoins en composants.

1.2 Calcul des besoins en composants

Le calcul des besoins en composants ou PBC (planification des besoins en composants) correspond à la gestion des stocks de matières premières nécessaires à la production. Ce calcul s'insère dans un système plus large de gestion de la production : le MRP (*Management Ressources Planning*).

Le MRP est un système de pilotage par l'amont du processus de production.

Il s'organise selon le schéma suivant :

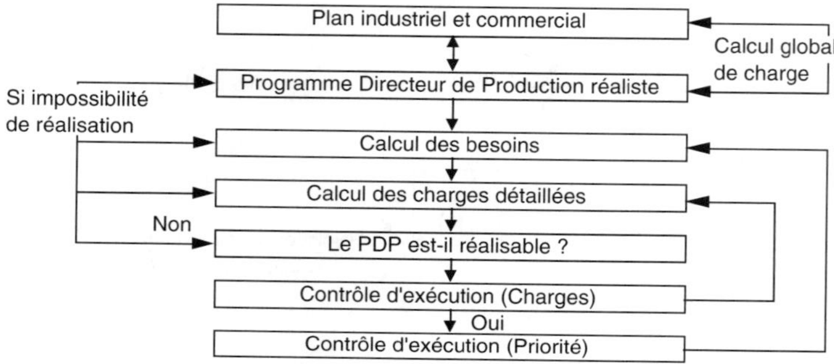

Architecture de M.R.P. - 2

Source : COURTOIS A., MARTIN C., PILLET M., *Gestion de production*, Éd. d'Organisation, 1989.

Le **plan industriel et commercial** est «élaboré par familles de produits». Il représente un calendrier des ventes et du niveau des stocks sur une période variable suivant la durée du cycle de fabrication mais qui dépasse souvent le cadre annuel de la gestion budgétaire.

Il s'appuie sur la relation suivante :

Production prévisionnelle	=	Ventes prévisionnelles	+	Niveau de stock désiré	–	Niveau de stock actuel

Le **programme directeur de production** est la traduction en termes de produits ou de sous-ensembles du plan précédent. Il rassemble l'ensemble des demandes sur la production (un même sous-ensemble peut servir à plusieurs produits) et établit un échéancier des productions à effectuer. Son horizon est la semaine, voire le jour. Il doit être compatible avec les capacités usines et répondre aux prévisions commerciales.

Le **calcul des besoins** précise pour chaque élément les besoins en quantités de tous les articles achetés ou réalisés par l'entreprise ainsi que les dates de fabrication ou d'approvisionnement.

Le **calcul des charges** analyse les postes de travail en capacité et gère les flux entrant et sortant dans chaque atelier. Il permet aux gestionnaires de repérer les goulots d'étranglement.

Les **contrôles d'exécution** ordonnancent la charge de travail entre les postes une fois les problèmes de sous ou sur capacité réglés. Il planifie les priorités en termes d'ordres de fabrication.

a) Le principe du calcul des besoins en composants

Chaque produit est composé d'ensembles, de sous-ensembles et de pièces. Ce sont ces composants de base que les services de production doivent usiner. Le programme prévisionnel des ventes exprimées en nombre de produits doit être transcrit en éléments de base dont la charge de travail est à répartir dans le temps et l'espace.

La fabrication d'un produit est composée de phases d'usinage et d'assemblage. Chaque étape de fabrication est caractérisée par :

- un **élément** (ensemble, sous-ensemble ou pièce),
- une **opération** qui s'effectue sur l'élément,
- une **durée** pour réaliser cette opération.

L'ensemble des éléments constitutifs du produit ainsi que la nature et la durée de l'opération qu'ils supportent forme une **nomenclature**. Courtois (1) illustre cette décomposition dans le cas simplifié d'une valise.

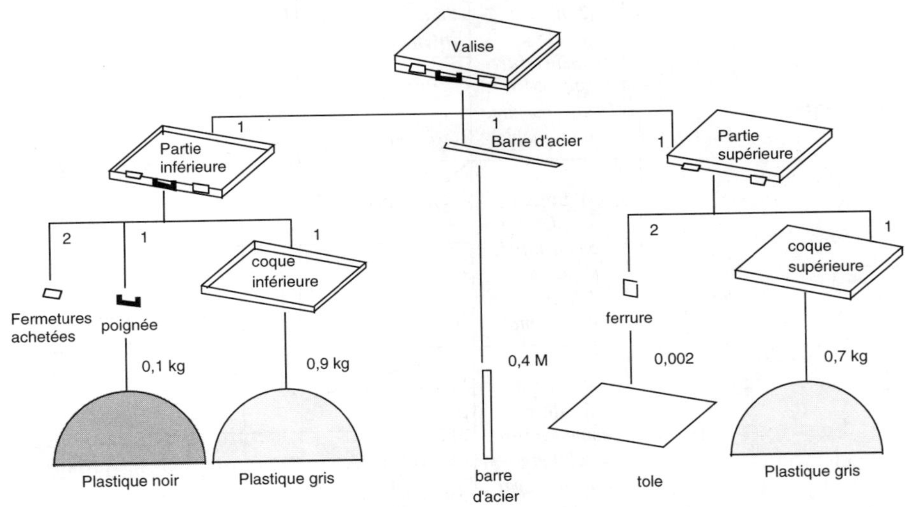

Cette nomenclature permet de définir des **besoins dépendants** et des **besoins indépendants** :

- les **besoins indépendants** sont constitués de pièces ou produits achetés en l'état à l'extérieur. La prévision de consommation de tels besoins repose uniquement sur une bonne prévision des ventes (exemple : dans le cas de la valise, les fermetures représentent un besoin indépendant) ;

1. Courtois A., Martin C., Pillet M., *Gestion de la production*, Éditions d'Organisations, 1989.

– les **besoins dépendants** sont constitués des sous-ensembles pièces et matières nécessaires aux produits finis. Pour de tels besoins, la prévision de consommation ne peut être obtenue que par calcul.

b) Un cas simplifié de calcul des besoins en composants

Exemple

Soit, pour un processus de fabrication par lots, les nomenclatures suivantes, pour 3 produits A, B et C.

Niveau de nomenclature	*Matrice de nomenclature*				*Délai d'assemblage ou d'usinage*
1er niveau de nomenclature (Ensemble par produit)	*Produit / Ensemble*	*A*	B	C	*M = matrice*
	E_1 E_2 E_3	1 2 1	1 0 1	2 1 2	$= M_E^P$ *3 mois*
2e niveau de nomenclature (Sous-ensemble par ensemble)	*Ensemble / Sous-Ensemble*	E1	E2	E3	
	SE_1 SE_2 SE_3	1 1 0	2 1 1	1 1 2	$= M_{SE}^E$ *2 mois*
3e niveau de nomenclature (Pièce par sous-ensemble)	*Sous-Ensemble / Pièces*	SE_1	SE_2	SE_3	
	PI_1 PI_2 PI_3	1 1 0	1 1 1	1 2 1	$= M_{PI}^{SE}$ *1 mois*
4e niveau de nomenclature (Matières premières par pièce)	*Pièce / Matières premières*	PI_1	PI_2	PI_3	
	M_1 M_2 M_3	2kg 1 1	0 1 1	2 1 0	$= M_{MP}^{PI}$ *3 mois (de délai d'approvisionnement)*

Le carnet de commandes prévisionnelles pour les trois produits est le suivant :

Mois / Produits	*Janvier N*	*Février N*	*Mars N*
A	1	2	1
B	2	1	1
C	0	1	2

Etablir le modèle de calcul des besoins en composants correspondant à ces nomenclatures et calculer, pour le carnet de commandes donné, le nombre et la date de disponibilité des ensembles, des sous-ensembles, des pièces et des matières premières.

Le modèle de PBC consiste en une suite de multiplications de matrices qui indiqueront les quantités nécessaires et les dates (en mois) auxquelles ces quantités doivent être disponibles.

Soit M_P^N, la matrice représentant le carnet de commandes.

- ***Calcul des besoins en ensembles (niveau 1 de Nomenclature)***

$$M_E^P \times M_P^N = M_E^N$$

$$\begin{array}{c} \\ E_1 \\ E_2 \\ E_3 \end{array}\begin{array}{c} A\ B\ C \\ \begin{bmatrix} 1 & 1 & 2 \\ 2 & 0 & 1 \\ 1 & 1 & 2 \end{bmatrix}\end{array} \times \begin{array}{c} \\ A \\ B \\ C \end{array}\begin{array}{c} Janv\ Fév\ Mar \\ \begin{bmatrix} 1 & 2 & 1 \\ 2 & 1 & 1 \\ 0 & 1 & 2 \end{bmatrix}\end{array} = \begin{array}{c} \\ E_1 \\ E_2 \\ E_3 \end{array}\begin{array}{c} Oct\ Nov\ Déc \\ \begin{bmatrix} 3 & 5 & 6 \\ 2 & 5 & 4 \\ 3 & 5 & 6 \end{bmatrix}\end{array}$$

– Compte tenu des commandes de janvier N, il faut :

(1E1 x 1A) + (1E1 x 2B) + (2E1 x 0C) = 3E1

Le raisonnement est identique pour E2 et E3.

– Le mois de disponibilité tient compte du délai d'assemblage des ensembles E1 soit 3 mois.

Si la livraison doit être faite en janvier N, les ensembles E1, E2, E3 doivent être disponibles 3 mois plus tôt soit en octobre N – 1.

- ***Calcul des besoins en sous-ensembles (niveau 2 de Nomenclature)***

$$M_{SE}^E \times M_E^N = M_{SE}^N$$

$$\begin{array}{c} \\ SE_1 \\ SE_2 \\ SE_3 \end{array}\begin{array}{c} E_1\ E_2\ E_3 \\ \begin{bmatrix} 1 & 2 & 1 \\ 1 & 1 & 1 \\ 0 & 1 & 2 \end{bmatrix}\end{array} \times \begin{array}{c} \\ E_1 \\ E_2 \\ E_3 \end{array}\begin{array}{c} Oct\ Nov\ Déc \\ \begin{bmatrix} 3 & 5 & 6 \\ 2 & 5 & 4 \\ 3 & 5 & 6 \end{bmatrix}\end{array} = \begin{array}{c} \\ SE_1 \\ SE_2 \\ SE_3 \end{array}\begin{array}{c} Aou\ Sept\ Oct \\ \begin{bmatrix} 10 & 20 & 20 \\ 8 & 15 & 16 \\ 8 & 15 & 16 \end{bmatrix}\end{array}$$

Le raisonnement est identique au précédent compte tenu d'un délai de 2 mois.

- ***Calcul des besoins en pièces (niveau 3 de Nomenclature)***

$$M_{PI}^{SE} \times M_{SE}^N = M_{PI}^N$$

$$\begin{array}{c} \\ PI_1 \\ PI_2 \\ PI_3 \end{array}\begin{array}{c} SE_1\ SE_2\ SE_3 \\ \begin{bmatrix} 1 & 1 & 1 \\ 1 & 1 & 2 \\ 0 & 1 & 1 \end{bmatrix}\end{array} \times \begin{array}{c} \\ SE_1 \\ SE_2 \\ SE_3 \end{array}\begin{array}{c} Aou\ Sept\ Oct \\ \begin{bmatrix} 10 & 20 & 20 \\ 8 & 15 & 16 \\ 8 & 15 & 16 \end{bmatrix}\end{array} = \begin{array}{c} \\ PI_1 \\ PI_2 \\ PI_3 \end{array}\begin{array}{c} Jui\ Aou\ Sept \\ \begin{bmatrix} 26 & 50 & 52 \\ 34 & 65 & 68 \\ 16 & 30 & 32 \end{bmatrix}\end{array}$$

• ***Calcul des besoins en matières premières (niveau 4 de nomenclature)***

$$M_{MP}^{PI} \times M_{PI}^{N} = M_{MP}^{N}$$

$$\begin{array}{c} \\ MP_1 \\ MP_2 \\ MP_3 \end{array}\begin{array}{c} \begin{array}{ccc} PI_1 & PI_2 & PI_3 \end{array} \\ \begin{bmatrix} 2 & 0 & 2 \\ 1 & 1 & 1 \\ 1 & 1 & 0 \end{bmatrix} \end{array} \times \begin{array}{c} \\ PI_1 \\ PI_2 \\ PI_3 \end{array}\begin{array}{c} \begin{array}{ccc} Jui & Aou & Sept \end{array} \\ \begin{bmatrix} 26 & 50 & 52 \\ 34 & 65 & 68 \\ 16 & 30 & 32 \end{bmatrix} \end{array} = \begin{array}{c} \\ MP_1 \\ MP_2 \\ MP_3 \end{array}\begin{array}{c} \begin{array}{ccc} Avr & Mai & Jui \end{array} \\ \begin{bmatrix} 84 & 160 & 168 \\ 76 & 145 & 152 \\ 60 & 115 & 120 \end{bmatrix} \end{array}$$

Ainsi sont planifiés la production et les approvisionnements sur toute la durée du processus de fabrication soit 9 mois.

La validité des prévisions obtenues dépend de la connaissance des ventes futures et de la qualité des informations contenues dans la nomenclature.

Cette démarche est un **modèle d'entreprise complet** : il permet, en fait, à partir des prévisions des ventes ou du carnet de commandes de planifier l'ensemble de l'activité, de réserver des capacités, de gérer les stocks de composants et d'assurer leurs disponibilités aux dates nécessaires.

Sous réserve de données de coûts, il permet également de **calculer les charges de trésorerie** et les **coûts complets standards par produits** dès les prévisions de ventes.

Ainsi donc, la gestion des goulots d'étranglement et d'équilibrage des charges sont les points clés de la gestion de la production.

1.3 Les méthodes de chargement et les goulots d'étranglement

La notion de goulot d'étranglement est liée au concept de chargement des ateliers et à un manque de capacité pour satisfaire les besoins de fabrication répertoriés. Intéressons-nous d'abord aux problèmes de chargement des ateliers avant d'envisager l'allocation entre les différents produits en cas de sous-capacité.

a) Tableau de chargement des ateliers

Les points seront développés dans le cadre d'une application.

Exemple *Dans deux ateliers A1 et A2, trois produits X, Y et Z doivent être usinés.*

Le temps (exprimé en heures) nécessaire à l'usinage de chacun des produits dans les ateliers est résumé dans le tableau suivant :

Pour / *Dans l'atelier*	X	Y	Z
atelier A1	1	3	2
atelier A2	1	2	5

Les temps de chargement des différents postes de travail sont de 2 000 heures par an dans l'atelier A1 et de 2 100 heures par an dans l'atelier A2. Il faut compter 10 % pour les temps de réglage et de changement d'outil pendant lesquels les machines ne sont pas en état de marche.

Le nombre maximum de postes utilisables est de :
– 20 pour l'atelier A1,
– 18 pour l'atelier A2.

Le budget des ventes prévoit 7 000 X, 6000 Y et 4 000 Z.

Les lots de fabrication doivent respecter la proportion des ventes (hypothèse de production simultanée).

Etablir un programme de chargement qui permet les ventes en quantités maximales.

Démarche générale

- Calcul des capacités nécessaires à la production maximale.
- Calcul des capacités disponibles.
- Ajustement entre le désirable et le possible.

Suite de l'exemple

Tableau provisoire des temps de chargement

Intitulé	*Atelier 1*	*Atelier 2*
Calcul des capacités nécessaires		
Pour le produit X	*7 000*	*7 000*
(7 000 x temps de fabrication)	*(7 000 x 1)*	*(7 000 x 1)*
Pour le produit Y	*18 000*	*12 000*
(6 000 x temps de fabrication)	*(6 000 x 3)*	*(6 000 x 2)*
Pour le produit Z	*8 000*	*20 000*
(4 000 x temps de fabrication)	*(4 000 x 2)*	*(4 000 x 5)*
Capacités nécessaires (A)	*33 000*	*39 000*
Calcul des capacités disponibles		
Temps de marche par poste de travail		
(temps de chargement x 0,90)	*1 800*	*1 890*
Nombre de postes par atelier	*x 20*	*x 18*
Capacités disponibles (B)	*36 000*	*34 020*
Solde		
Excédent de capacités (B) – (A)	*3 000*	
Manque de capacités (A) – (B)		*4 980*
Taux de chargement $\frac{(A)}{(B)}$	*0,916*	*1,146*

L'atelier A2 a un taux de chargement supérieur à 1 ce qui n'est pas réaliste. Cet atelier présente un manque de capacité de 4980 heures : il constitue un goulot d'étranglement. C'est lui qui limite la production possible.

Ajustement *:*

La contrainte de fabrication simultanée et dans la proportion donnée (7 X, pour 6 Y et 4 Z) définit une combinaison productive qui consomme, lors de son passage dans l'atelier A2 :

(7 X x 1) + (6 Y x 2) + (4 Z x 5) = 39 heures

Dans les capacités disponibles de l'atelier A2, on peut avoir :

34020/39 = 872 combinaisons de base et donc une fabrication de :
6104 X arrondie à 6100 unités,
5232 Y arrondie à 5230 unités,
3488 Z arrondie à 3480 unités.

On peut alors présenter le ***tableau de chargement définitif*** *:*

Intitulés	*Atelier 1*	*Atelier 2*
Calcul des capacités nécessaires		
Produit X (6 100 unités)	*6 100*	*6 100*
Produit Y (5 230 unités)	*15 690*	*10 460*
Produit Z (3 480 unités)	*6 960*	*17 400*
	28 750	*33 960*
Capacités disponibles	*36 000*	*34 020*
Solde excédent de capacité	*7 250 heures*	*60 heures*
Taux de chargement	*0,80*	*≈ 1*

Avec ce programme, les taux de chargement sont tous inférieurs ou égaux à 1 mais l'atelier A1 est en chômage pour 7250 heures.

b) Goulot d'étranglement et choix des produits

Les programmes précédents ont été obtenus sans référence aux coûts et aux marges générés par les produits. La gestion optimale d'un goulot d'étranglement ne peut s'effectuer hors des éléments de prix.

Reprenons notre exemple en le complétant.

Suite de l'exemple

Le contrôleur de gestion vous fournit les renseignements complémentaires suivants :

	X	Y	Z
Marge sur coût variable par produit	*150 F*	*320 F*	*400 F*

Il vous demande d'établir le programme de production qui génère la plus grande marge globale.

Démarche générale

Il s'agit de saturer les capacités de l'atelier qui constitue le goulot d'étranglement en produisant des quantités différentes de X, Y et Z. **Il n'y a donc plus l'hypothèse de production simultanée.**

> **L'élément «rare»** n'est pas un des produits mais **l'unité de facteur du goulot d'étranglement** (ici, l'heure de marche des machines de l'atelier). Il faut donc utiliser ces heures à produire ce qui rapporte le plus, non pas en termes de produits mais en termes de **marge par unité de facteur du goulot d'étranglement**.

Suite de l'exemple

Calcul de marge par heures de passage et par produit dans l'atelier A2.

	X	Y	Z
Marge sur coût variable par produit	150 F	320 F	400 F
Temps de passage par produit (en heures)	1	2	5
Marge sur coût variable horaire	150	160	80
Ordre de production	2	1	3

Le programme de production s'établit à :

Quantités de produits	*Temps nécessaire*	*Temps disponible*	*Marge sur coût variable*
		34020 (1)	
6 000 Y	12 000 h	22020	1 920 000
7 000 X	7 000 h	15020	1 050 000
3 004 Z	15 020 h	0	1 201 600
Marge sur coût variable globale			4 171 600

(1) Il s'agit de la capacité disponible calculée dans le tableau de chargement provisoire.

Ce programme assure une utilisation optimale des heures de l'atelier A2 et est compatible avec les capacités de l'atelier A1. Il est facile de vérifier que le nombre d'heures de fonctionnement dans cette hypothèse s'élève à 31 008 heures pour A1 et donne un taux de chargement supérieur (0,86 au lieu de 0,80 précédemment).

Toutes ces techniques doivent permettre d'harmoniser les prévisions des ventes et le programme de production afin de pouvoir envisager les conséquences budgétaires des choix précédents.

PARTAGE DES TACHES ENTRE SERVICES DE PRODUCTION ET CONTRÔLE DE GESTION

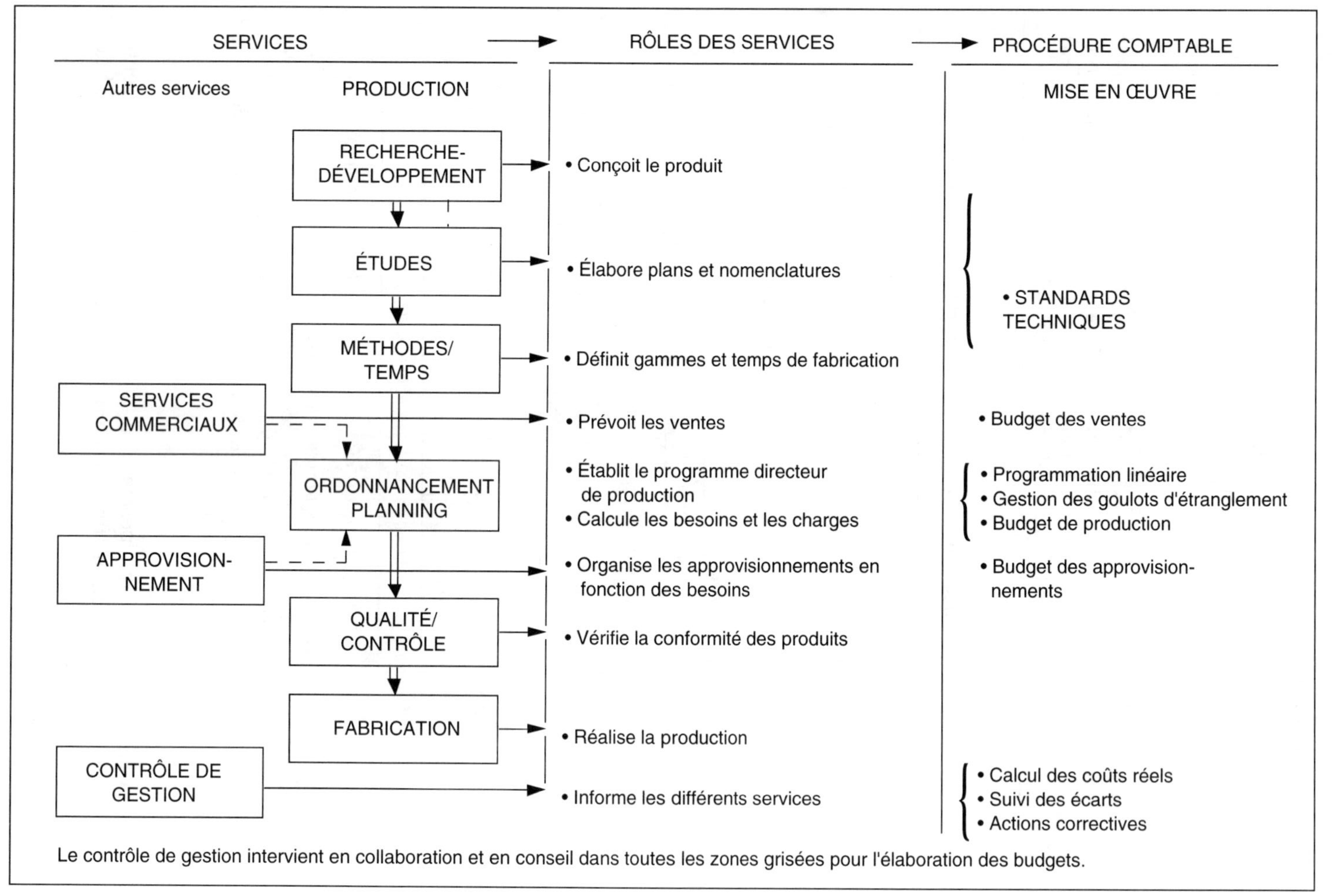

2. La budgétisation de la production

Il s'agit, après avoir défini les variables d'action, de ventiler le programme de production en autant de budgets que nécessaire. Ce travail de budgétisation est réalisé en collaboration avec les services techniques productifs et le contrôle de gestion. Il semble nécessaire de rappeler les tâches des uns et des autres.

2.1 Partage des tâches entre les services de production et le contrôle de gestion

Nous reprendrons un graphique exposé dans le chapitre 13 «Gestion par les coûts préétablis» pour le compléter (voir page ci-contre).

2.2 Valorisation du programme de production

Pour présenter un plan de production valorisé, l'entreprise utilise les coûts standards des produits définis aux chapitres 13 et 14. **Ce chiffrage représente l'OBJECTIF des services productifs.**

Dans ce chiffrage les charges directes et indirectes de production sont éclatées dans le temps (le mois très souvent) et dans l'espace en fonction de la répartition géographique de la production et des responsabilités.

Ces services doivent proposer un **PLAN d'ACTION** permettant de respecter, dans les conditions du budget, leurs obligations en matière de production.

Ce plan envisage les variables suivantes :
- le taux de perte de matières premières,
- le taux de productivité de la main d'œuvre,
- les effectifs,
- la sous-traitance en volume (éventuellement),
- l'entretien préventif en taux d'heures perdues, etc.

Ainsi, en reprenant l'exemple de l'entreprise de batteries proposé par Ardoin, la budgétisation de la production s'organise comme sur le graphique présenté page suivante.

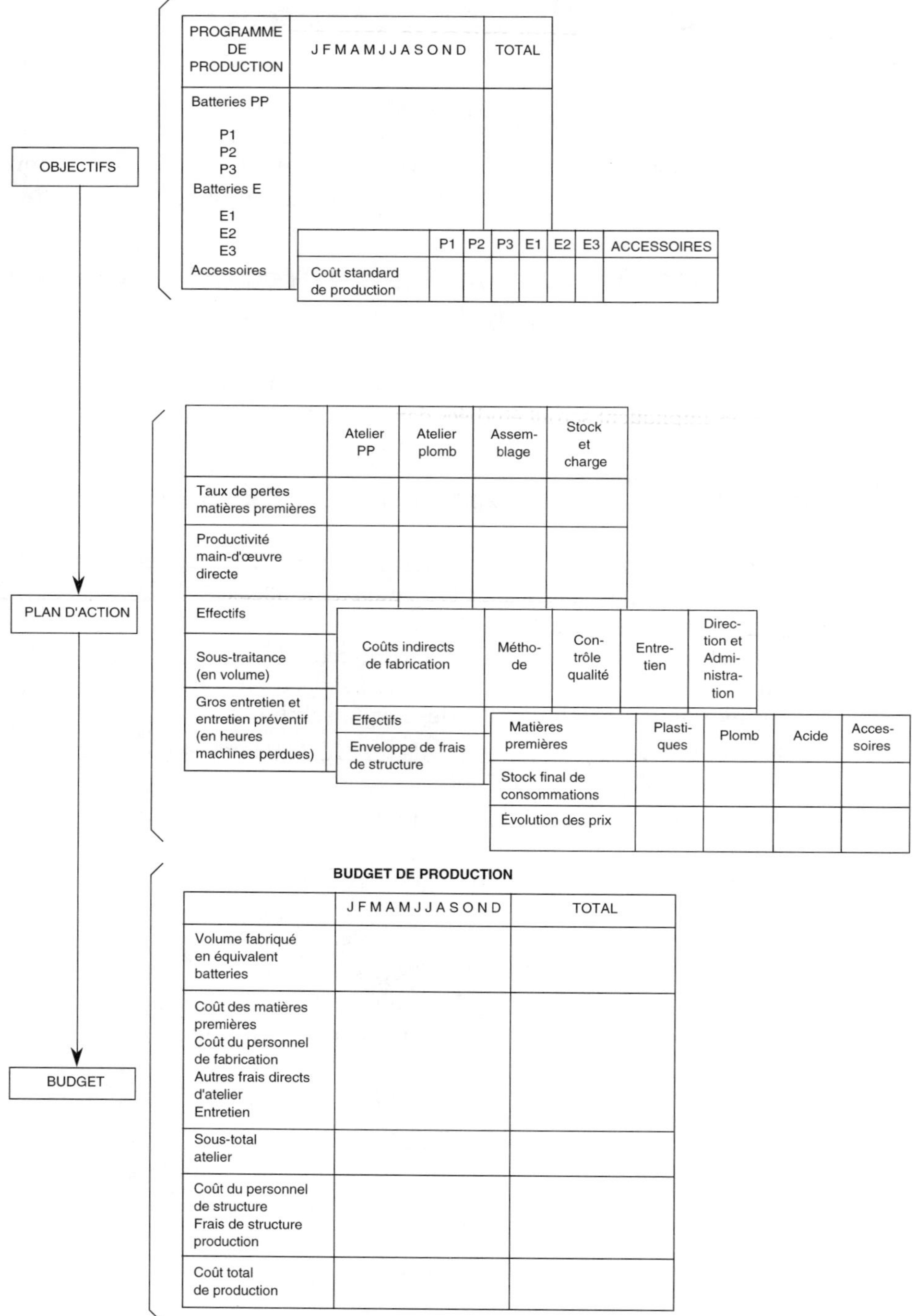

OBJECTIFS

PROGRAMME DE PRODUCTION	J F M A M J J A S O N D	TOTAL
Batteries PP		
P1		
P2		
P3		
Batteries E		
E1		
E2		
E3		
Accessoires		

	P1	P2	P3	E1	E2	E3	ACCESSOIRES
Coût standard de production							

PLAN D'ACTION

	Atelier PP	Atelier plomb	Assem-blage	Stock et charge
Taux de pertes matières premières				
Productivité main-d'œuvre directe				
Effectifs				
Sous-traitance (en volume)				
Gros entretien et entretien préventif (en heures machines perdues)				

Coûts indirects de fabrication	Métho-de	Con-trôle qualité	Entre-tien	Direc-tion et Admi-nistra-tion
Effectifs				
Enveloppe de frais de structure				

Matières premières	Plasti-ques	Plomb	Acide	Acces-soires
Stock final de consommations				
Évolution des prix				

BUDGET

BUDGET DE PRODUCTION

	J F M A M J J A S O N D	TOTAL
Volume fabriqué en équivalent batteries		
Coût des matières premières Coût du personnel de fabrication Autres frais directs d'atelier Entretien		
Sous-total atelier		
Coût du personnel de structure Frais de structure production		
Coût total de production		

Source : ARDOIN J.-L., MICHEL D., SCHMIDT J., *Le contrôle de gestion*, Publi-Union, 1986.

RÉFLEXIONS SUR LE THÈME

1. Les techniques de gestion de la production évoluent avec les modifications de l'organisation de la production.

Les quelques méthodes présentées ici ont été élaborées dans le contexte productif du début du siècle avec une organisation sur stocks et des produits relativement standards. Elles répondaient alors tout à fait aux besoins d'information et de gestion du moment.
Le contexte actuel est différent. Les stocks sont remplacés par les flux : c'est l'organisation Juste-à-temps. Dans cette optique, certaines techniques sont toujours utiles et nécessaires à la gestion de la production (programmation linéaire, programme de chargement) avec des adaptations, d'autres doivent être modifiées comme le MRP.
Les modifications actuelles du contexte productif ainsi que les techniques nouvelles qu'elles impliquent seront étudiées dans les chapitres 27 et 29.
Pour autant, il est fréquent de voir co-exister dans les entreprises, des organisations de production classiques et des gestions en juste-à-temps. Dans ce cas, la gestion de la production utilisera toutes les techniques existantes.

2. La production et la vente sont indissociables.

Pour bien connaître la demande et s'y adapter le mieux possible en quantité et en temps, un aller-retour permanent est nécessaire entre la vente et la production. Le budget des ventes ne peut être arrêté sans une vérification des possibilités de fabrication à court terme. Ainsi, en cas de sous-capacité structurelle, ce sont les possibilités productives qui définissent, même, le programme des ventes.
La mise en place de moyens productifs supplémentaires ne peut être envisagée que dans le moyen terme, d'où l'importance des plans stratégique et opérationnel dans lesquels s'inscrit la démarche budgétaire.
C'est pourquoi, il est difficile de dissocier et de classer les budgets des ventes et de production. Ils forment un tout sans une linéarité prédéterminée.

3. L'organisation taylorienne de la production conduit à une déresponsabilisation du personnel exécutant.

Historiquement, les services de la production sont ceux qui sont les plus habitués à travailler sur budgets et par rapport à des normes. Ce mode de fonctionnement, en s'attachant à des éléments visibles et sur lesquels les responsables ont un contrôle immédiat, a contribué à déresponsabiliser le personnel exécutant.
Dans ce mode d'organisation, les tâches productives sont parcellisées et le contrôle s'effectue par rapport à des normes quantitatives. Les opérateurs se sont donc progressivement désintéressés de leur travail d'autant qu'on ne leur demandait aucun investissement intellectuel dans la conception de celui-ci. A terme, c'est la qualité même des produits qui est à reprendre. Cet état d'esprit représente un handicap à la mise en place d'une démarche «Qualité» (cf. chap. 28).

Applications

1 Entreprise Zed

L'entreprise ZED fabrique et commercialise un produit S, destiné à l'alimentation du bétail.
Les installations pourraient permettre la fabrication d'un produit nouveau : de l'engrais E.
Elle envisage l'adjonction d'une unité de production d'engrais à ses installations actuelles. En fait les équipements qui servent actuellement à la production de S, notamment les stations de filtration et de cristallisation, peuvent conduire à la production de E. Les temps de traitement sont différents ; il est donc nécessaire, au moment du lancement, de choisir entre la production de S et celle de E.
Les installations spécifiques à la production de E, unités de séchage et criblage, limitent pour l'instant cette production à 180 tonnes par mois, mais exigent aussi une production minimale de 40 tonnes.

- Capacité mensuelle de traitement :
  Station filtration : 700 heures.
  Station cristallisation : 600 heures.
- Temps de passage dans les stations de filtration et de cristallisation par tonne de produit fini :

....	filtration	cristallisation
S	5 h	6 h
E	3,5 h	2 h

- Marge sur coût variable par tonne de produit fini :

S	12
E	10

QUESTIONS :

a) Déterminer quel est le programme optimal de production mensuelle.
b) Calculer la marge sur coût variable de ce programme.

(d'après examen)

2 Produits A et B

Soit deux produits A et B qui passent successivement dans trois ateliers.
La fiche de coût standard des deux produits est la suivante :

	Produit A	Produit B
Matières premières	2,75	5,20
Main d'œuvre directe	2,35	3,40
Frais variable :		
Atelier 1	1,65	3,30
Atelier 2	1,80	2,70
Atelier 3	1,65	1,65
Frais fixes :		
Atelier 1	0,60	1,20
Atelier 2	1,20	1,80
Atelier 3	1,40	1,40
Frais de distribution :		
8 % du coût variable de production	0,82	1,30
	14,22	21,95

Selon les services commerciaux, il serait possible d'écouler sur le marché, aux prix actuels, 9 000 A et 5 000 B, aux prix respectifs de 16,7 F et 26 F l'unité.

Les temps de passage sur les machines (en centièmes d'heures) sont les suivants :

	Atelier 1	Atelier 2	Atelier 3
A	0,20 h	0,20 h	0,30 h
B	0,40 h	0,30 h	0,30 h

Les capacités normales sont les suivantes :

Atelier 1 : 2 400 heures de marche
Atelier 2 : 2 400 heures de marche
Atelier 3 : 3 000 heures de marche

QUESTIONS :

a) Calculer la marge sur coûts variables pour une unité de A et pour une unité de B. Évaluez cette marge par rapport au prix de vente unitaire (en pourcentage).

b) Déterminer le programme de production qui maximisera le résultat. Une solution graphique est souhaitée. Quel sera alors le résultat global ?

c) Pour réaliser le plein emploi des trois ateliers, dans l'hypothèse où les contraintes commerciales ne changent pas et où la capacité de l'atelier 2 ne peut être modifiée, de combien faut-il augmenter la capacité des ateliers 1 et 3 ?
Les prix de vente unitaires, les coûts variables unitaires seront supposés constants et on admettra que l'entreprise recherche toujours le bénéfice maximum.
Quel sera le résultat global dans cette hypothèse ? (On ne tiendra pas compte du coût des investissements nécessaires pour accroître la capacité des ateliers.)

(d'après examen)

3 *Société Granufilm*

Une entreprise fabrique 4 produits M, N, P et Q.
Lors d'une première phase sont obtenus des granulés dans un atelier A.
Lors de la phase suivante, dans un atelier B, ces granulés subissent un traitement complémentaire par mise en œuvre de techniques dépendant de la nature du produit attendu.
Pour l'atelier B, les informations prévisionnelles suivantes pour l'année à venir ont été collectées :

Type de produits	M	N	P	Q
Volume maximal envisageable des ventes	3 000 tonnes	2 000 tonnes	2 000 tonnes	2 500 tonnes
Poids de granulés par tonne de produits	0,3 tonne	0,8 tonne	0,8 tonne	0,945 tonne
Coût de revient spécifique par tonne	23 800 F	20 400 F	37 400 F	34 000 F
dont charges :				
– fixes spécifiques de l'atelier	16 800 F	14 400 F	26 400 F	24 000 F
– variables	7 000 F	6 000 F	11 000 F	10 000 F
Prix de vente à la tonne	19 600 F	39 600 F	41 400 F	47 800 F

Les frais fixes sont spécifiques de l'atelier, mais il n'y a pas de frais fixes spécifiques pour un type de production donné.

Il est prévu que durant cette même période l'atelier A ne pourra livrer que 4 913,5 tonnes de granulés. Il n'est pas envisagé pour l'atelier B la possibilité de s'approvisionner ailleurs en granulés. Par contre, il n'y a aucun problème d'approvisionnement en matières complémentaires diverses, ni insuffisance envisageable des capacités de production.

Par ailleurs, sur la production de l'atelier B, il est prévu de réserver impérativement 300 tonnes de chaque type de film pour le client AGRO.

QUESTIONS :

a) Calculer la marge sur coûts variables par tonne vendue de chaque type de produit.
b) Proposer un programme de production optimal.
c) Calculer le résultat optimal prévisionnel correspondant.

(d'après DECF)

4 *Société Cementex*

La société CEMENTEX produit 4 variétés de ciment C1, C2, C3, C4. Les installations de production actuellement disponibles se composent essentiellement de 3 fours de grande taille A, B, C. Les 4 variétés de ciment doivent obligatoirement être traitées, en un premier temps, dans le four A, puis ensuite, indifféremment dans les fours B et C. Les durées de passage dans les fours et les coûts standards de fonctionnement de ceux-ci figurent à l'annexe.

A la suite des résultats médiocres de la période précédente et particulièrement ceux du premier trimestre 19N, la direction décide de procéder à une réorganisation de la production et d'opérer de nouveaux investissements.

QUESTIONS :

a) En fonction des conditions de cession (annexe) et des coûts standards, déterminer le programme de production optimal et le résultat mensuel.
La direction aimerait connaître le montant maximum des coûts fixes qui pourrait être supporté par le four C dans l'hypothèse du programme de production précédent. Si les coûts fixes excédaient ce montant, quel devrait être le programme de production à adopter ?
b) Pour des raisons techniques (réparations importantes à effectuer), il est probable qu'il faudra mettre le four B en chômage avant la fin de 19N. On parviendrait, dans cette hypothèse, à faire fonctionner le four C en 3 équipes, soit 600 heures par mois, ses coûts fixes restant inchangés. Quel serait alors le programme de production à adopter ?

ANNEXE

Budget standard mensuel

	Four A		Four B		Four C	
	Fixes	Variables	Fixes	Variables	Fixes	Variables
Montant prévisionnel des charges	1 000	30 000	800	24 000	800	26 000
Activité standard	600 h en 3 équipes		400 h en 2 équipes		400 h en 2 équipes	

NB : Les coûts n'interviennent que lorsque les fours sont en fonctionnement.

Conditions de production

Nbre d'heures de passage dans le four	Types de Ciment			
	C1	C2	C3	C4
Four A	2	3	2	4
Four B ou Four C	6	4	3	5

NB : Dans l'état actuel des équipements de CEMENTEX aucun stockage n'est possible.

Données commerciales prévisionnelles

	C1	C2	C3	C4
Ventes potentielles	50 t	40 t	30 t	20 t
Px de vente/tonne	600 F	500 F	400 F	600 F

(5) *Société Modulec*

Une entreprise fabrique des échafaudages en modules. Elle commercialise deux types de produits :

1. Échafaudage classique : produit traditionnel où chaque échafaudage est constitué d'un nombre variable de modules identiques.
   Chaque module comprend :
   – quatre tubes métalliques avec équerres ;
   – une plate-forme en plastique ;
   – une rambarde de protection en plastique.
2. Échafaudage mobile : produit de conception nouvelle où chaque échafaudage comprend :
   – une plate-forme de base munie de roues et motorisée que la société achète finie chez un sous-traitant ;
   – un nombre variable de modules analogues aux modules classiques, mais utilisant des tubes moins œuvrés (en moyenne prévue : 8 modules mobiles pour une plate-forme).

Le contrôleur de gestion, vous a chargé d'élaborer les prévisions budgétaires de l'année N + 1, et plus spécialement le plan de production. Dans le travail qui va suivre, vous vous intéressez seulement au centre USINAGE des tubes.

Compte tenu des données suivantes :

Prévisions des ventes pour l'exercice N + 1 (en modules)

Trimestre	1	2	3	4
Échafaudage classique	5 600	11 200	9 600	5 600
Échafaudage mobile	2 800	5 600	4 800	2 800

Standard de production

	Unité	Tube pour échafaudage classique			Tube pour échafaudage mobile		
		Quantité	Coût unitaire	Montant	Quantité	Coût unitaire	Montant
Tube Ø 25	m	2,50	4,00	10,00	2,20	4,00	8,80
Main-d'œuvre directe	h	0,25	40,00	10,00	0,20	40,00	8,00
Coût direct				20,00			16,80
Centre usinage	4 MOD	0,25	100,00	25,00	0,20	100,00	20,00
Coût standard				45,00			36,80

Informations sur le centre de production

Centre : usinage des tubes.
Unité d'œuvre : heure de main-d'œuvre directe.
Capacité maximale mensuelle : 3 600 heures productives.
Coût variable unitaire standard : 50 F.
Coût fixe mensuel standard : 144 000 F (calculé sur 11 mois).

Indications sur le plan de production

Stock au 31 décembre 19N
Tubes pour échafaudages classiques .... 6 000 unités
Tubes pour échafaudages mobiles .... 1 000 unités

Stocks souhaités au 31 décembre 19N + 1
Tubes pour échafaudages classiques .... 10 000 unités
Tubes pour échafaudages mobiles .... 5 000 unités

Problèmes de capacité
La capacité maximale définie pour l'atelier est la capacité maximale exprimée en heures normales productives.
En cas de dépassement de capacité, la société pourra recourir aux heures supplémentaires.
Surcoût : 25 % du coût horaire de la main-d'œuvre directe dans la limite de 20 % en sus des heures normales, 50 % au-delà.
Il est à noter que si, au cours d'un trimestre, l'activité d'un atelier chutait en deçà de 80 % de l'activité normale, les heures chômées seraient payées aux ouvriers jusqu'à concurrence de ces 80 %.

Objectifs particuliers du directeur technique
1. Assurer la meilleure répartition dans le temps du système d'activité des ateliers, les éléments étant produits par multiples de 100.
2. Minimiser les coûts de production.
3. Assurer des stocks minima en fin de trimestre de :
   – 2 000 tubes pour échafaudages fixes ;
   – 1 000 tubes pour échafaudages mobiles.

QUESTIONS :

a) Établir le plan de production des deux catégories de tubes de manière à respecter les objectifs particuliers du directeur technique, ainsi que le plan d'activité de l'atelier (résultats arrondis à la centaine d'unités la plus proche).

b) Établir :
– le budget par trimestre des coûts salariaux directs ;
– le budget par trimestre du centre d'analyse.

c) Établir le coût de production budgété des tubes pour modules classiques, des tubes pour modules mobiles (par trimestre).

(d'après DECF)

6 *Entreprise Duvieuxbourg*

L'entreprise DUVIEUXBOURG fabrique trois produits A, B et C à partir de 2 matières premières de qualité différente X et Y.

1. Approvisionnement en matière première

L'entreprise dispose de deux sources d'approvisionnements :
– des fournisseurs, implantés sur le territoire national, auprès desquels elle se procure la matière première X ;
– des fournisseurs étrangers, qui exportent uniquement de la matière première Y.
Les coûts d'achat au kg s'élèvent à 2 F dans le premier cas, à 4 F dans le second.
Sur le plan technique, il est possible, à partir de la matière première X, *grâce à un traitement approprié qui ne pèse en aucune manière sur les coûts*, d'obtenir de la matière première de qualité supérieure Y, et ce, dans la proportion de 10 kg de X pour 1 kg de Y ; de 10 kg de X on peut donc obtenir 1 kg de Y, et 9 kg de X.
On considère comme illimitée la possibilité d'approvisionnement à l'étranger en matière première Y, le coût en restant inchangé. De l'autre côté, la quantité maximale de matière première X qu'il est possible d'acheter s'élève à 5 600 tonnes (le coût ne subissant, là non plus, aucune modification).

2. Fabrication

La production des articles A est réalisée dans un atelier spécialisé – atelier I – à partir de la matière première Y. La capacité de production de cet atelier lui permet de traiter, annuellement, jusqu'à 336 000 kg de cette matière. L'obtention d'un kg de produit manufacturé A nécessite la mise en œuvre de 8 kg de matière première Y.
Quant à la fabrication des articles B et C, elle se déroule en deux phases successives :
- transformation de la matière première en un produit intermédiaire S dans un atelier II dont la capacité de production ne peut excéder 5 tonnes de produit S par jour. La production d'un kg de ce produit exige l'utilisation de 4 kg de matière première X ;
- adjonction au produit S de matières consommables dans un atelier III donnant naissance aux produits B et C (le coût de celles-ci s'élève à 24 F par unité de B, 8 F par unité de C). Dans la fabrication de chaque article B ou C, entrent 10 kg de produit S. La production de C exige trois fois moins de temps – donc trois fois moins de main-d'œuvre – que celle de B. L'équipement de cet atelier III ne lui permet pas de produire plus de 250 articles B – ou 750 articles C – par jour ouvrable, ou de fabriquer simultanément les deux types d'articles dans les limites ainsi définies.

La production s'étale sur 250 jours ouvrables. La direction de l'usine souhaite terminer l'année N + 1 avec des stocks nuls (on supposera de même que l'activité démarrera début N + 1 avec, là aussi, des stocks nuls). Enfin, les charges de personnel et les autres charges de fabrication sont considérées comme fixes.

3. Ventes

Les prix de vente pratiqués en N ne sont pas modifiés en année N + 1. Par contre, la disparition du principal – et quasiment unique – concurrent de l'entreprise sur le marché est susceptible de se traduire par une augmentation très sensible de la demande à l'entreprise.

Produit	A	B	C
Prix de vente de l'année N	80 F le kg	256 F l'unité	179,20 F l'unité

QUESTION :

a) Après avoir présenté et résolu le programme de production et de vente qui traduit les contraintes ci-dessus formulées, préciser :
- **la valeur des ventes réalisables par produit ;**
- **le montant des achats de matières premières à effectuer, pour l'année N + 1 ;**
- **la marge sur coûts variables globale de l'année N + 1.**

A la suite de conditions climatiques peu favorables, des informations sur le risque d'une diminution des disponibilités en matière première X parviennent entre-temps à la connaissance de l'entreprise : l'approvisionnement pour l'année N + 1 serait limité à hauteur de 5 000 tonnes.

Considérant que :
- toutes les contraintes exposées précédemment restent valables (hormis, bien sûr, celle relative à l'approvisionnement) ;
- l'objectif fixé reste le même.

QUESTION :

b) Définir éventuellement une nouvelle politique d'approvisionnement et d'étudier, le cas échéant, les répercussions sur le résultat global.
- **Énoncer clairement les solutions envisageables.**
- **En évaluer les caractéristiques.**

(d'après DECF)

20 La gestion budgétaire des approvisionnements

L'existence de stock est un **moyen de concilier des objectifs contradictoires** entre :

- la fabrication et la vente dans le cas des produits finis,
- les impératifs des fournisseurs et ceux de la production pour les matières premières et les composants.

La gestion des matières premières et des composants relève de la compétence des services d'approvisionnements et nécessite un ou des budget(s) spécifique(s).

Cette gestion budgétaire, comme dans le cas des ventes et de la production, s'organise en deux étapes liées :

- une **phase de prévision des approvisionnements nécessaires** compte tenu des modes de gestion des stocks retenus par l'entreprise ainsi que des hypothèses quant au niveau des consommations ;
- une **phase de valorisation** qui conduit à l'élaboration des budgets proprement dits.

C'est pourquoi après avoir analysé les fondements économiques de la gestion des stocks, nous envisagerons succinctement les modèles de gestion des stocks les plus courants et les budgets qu'ils permettent d'élaborer.

1. Les fondements économiques de la gestion des stocks

Le rôle de la fonction d'approvisionnement peut être défini comme l'obligation de fournir matières premières et composants en qualité et quantité suffisantes, au moment voulu et au coût le plus bas possible.

Pour autant, constituer et conserver un stock entraîne des coûts «techniques» dont la minimisation doit être un objectif important de cette fonction.

1.1 Catégories de coûts engendrés par les stocks

Ils sont nombreux mais nous les regrouperons en trois grands types.

a) Les coûts liés à la commande

Passer une commande crée des charges : certaines sont directes et assez faciles à évaluer comme les frais de courrier ou de télex, d'autres plus indirectes et difficiles à cerner comme le suivi de commandes aux spécifications particulières que les services techniques doivent contrôler chez le fournisseur.

Il faut également réceptionner ces commandes c'est-à-dire recevoir, vérifier les quantités et contrôler la qualité. Ces tâches présentent des aspects techniques mais aussi administratifs : création et circulation de documents internes comme les bons de réception et de qualité, mise à jour des fiches de stocks...

> L'ensemble de ces charges forment le **coût d'obtention des commandes** et ce coût est **fonction du nombre de commandes**.

b) Les coûts liés à la possession du stock

Posséder un stock entraîne deux conséquences : il faut le «loger» et il faut le financer. Ces deux obligations génèrent des charges.

• Le loyer des entrepôts, les assurances, le gardiennage et les suivis administratifs qui en découlent sont constitutifs des coûts du «logement».

• Le coût financier s'analyse comme le coût des ressources nécessaires au financement des besoins en fonds de roulement générés par l'existence du stock. Un financement à court terme comme les crédits de campagne est un coût assez facile à cerner. Si l'entreprise ne met pas en place de financement spécifique, ce coût s'apparente à un coût d'opportunité constitué par les gains dont l'entreprise se prive en affectant des ressources au financement du stock au lieu de les placer sur le marché financier.

> L'ensemble de ces coûts forme le **coût de possession du stock** qui s'exprime comme un **taux annuel de possession appliqué sur la valeur du stock moyen**.

c) Les coûts liés à l'insuffisance des stocks

Il s'agit de l'ensemble des frais résultant pour l'entreprise, du manque de disponibilité d'un article. En dehors des coûts administratifs pour informer de cette indisponibilité, ces coût peuvent, parfois, être calculés comme des pénalités prévues dans les contrats d'approvisionnement.

Mais la majeure partie de ces coûts correspond à un coût d'opportunité dont l'évaluation dépend, en partie, des conséquences de cette pénurie : ventes différées, ventes perdues sans perte de clientèle, ventes perdues avec perte de la clientèle pour les produits finis, arrêt de la production avec ou sans possibilité de dépannage en urgence pour les matières premières et les composants.

L'ensemble de ces éléments forment le **coût de pénurie ou de rupture** qui est **fonction du nombre de ruptures** et le plus souvent, **du temps**.

L'ensemble de ces trois coûts : le coût d'obtention des commandes, le coût de possession du stock et le coût de pénurie constitue un coût que nous appelerons le **COÛT DE GESTION DU STOCK**. Il faut y adjoindre le coût d'achat des matières en stock pour obtenir le **COÛT DU STOCK**.

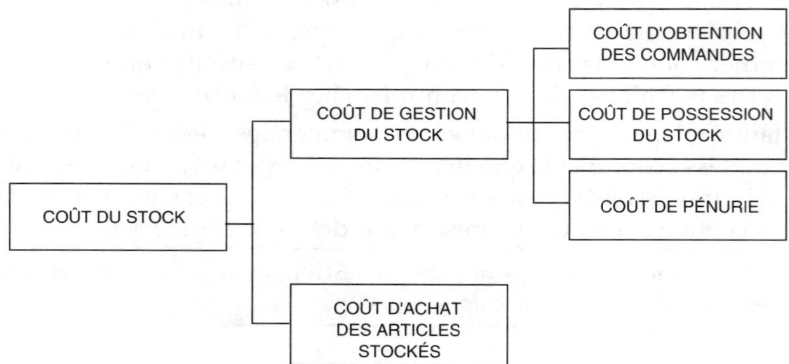

L'objectif des services d'approvisionnement est donc de minimiser le coût de gestion du stock en tenant compte des comportements contradictoires des coûts élémentaires qui le composent. Ce calcul d'optimisation ayant lui-même un coût, il ne sera pratiqué que sur certains stocks.

1.2 Méthodes de suivi administratif des stocks

Le but de ces méthodes est de **déterminer les stocks** qui feront **l'objet d'un suivi précis** de la part des services d'approvisionnement. Il s'agit de classer les articles stockés par valeur décroissante exprimée en pourcentage.

Soit un repère d'axes orthonormés, l'axe des X représente le **pourcentage cumulé du total des articles** et l'axe des Y, le **pourcentage cumulé de la consommation totale en valeur** (voir courbe page suivante).

Un petit nombre d'articles représente une part très importante en valeur alors que le reste des articles représente une valeur faible. Ce type de représentation s'appelle un graphique de PARETO, du nom du mathématicien qui théorisa ce type de distribution statistique (cf. le chapitre 28 sur la qualité).

Cela conduit à classer les articles en groupes qui feront l'objet d'un suivi identique des stocks. En général, deux ou trois groupes sont retenus :

- *Méthode des 20/80*

20 % des articles en nombre représente 80 % des articles en valeur : ces références seront suivies de façon approfondie afin de limiter le coût de gestion de ces stocks. Les autres subiront une gestion plus souple.

• *Méthode ABC*

La classification s'établit comme suit :

	% de consommation en nombre	% de consommation en valeur
Groupe A	10 %	65 %
Groupe B	25 %	25 %
Groupe C	65 %	10 %

La groupe A va subir un contrôle très précis, alors que le groupe B sera géré de façon plus souple, et qu'il suffira d'éviter la rupture de stocks pour les articles du groupe C.

Une fois repérés les articles qui doivent faire l'objet d'un suivi rigoureux, il faut déterminer le volume optimal de leurs stocks : c'est le but des modèles de gestion des stocks.

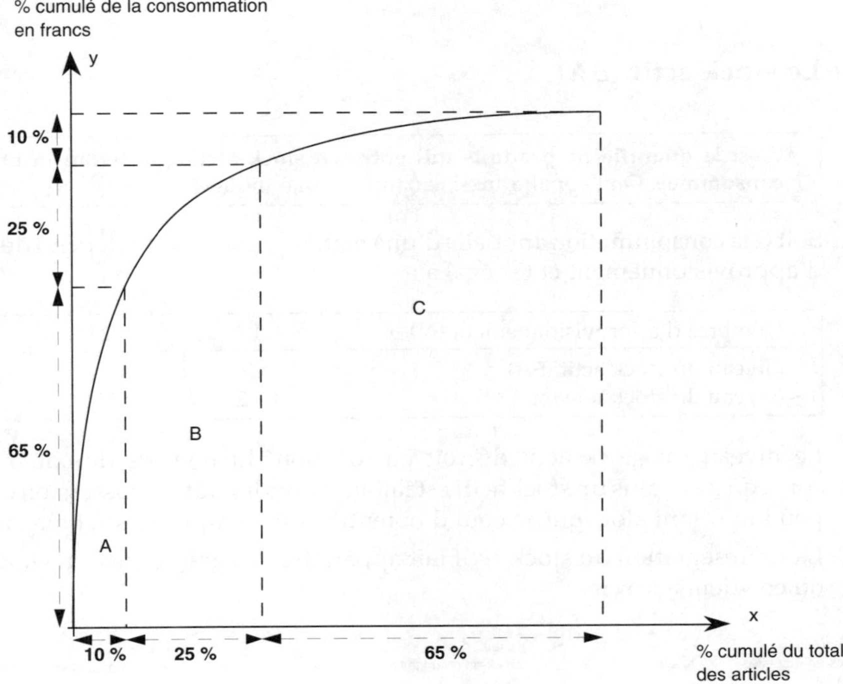

2. Les modèles de gestion de stocks

Pour assurer une gestion optimale des stocks, il faut connaître la cadence d'approvisionnement, les délais de livraison et les niveaux de sécurité pour limiter les risques de rupture de stocks. Ces éléments sont à la base des modèles de gestion et devront être préalablement définis.

Il existe de nombreux modèles de gestion des stocks qui répondent à la multiplicité des situations rencontrées en entreprise : les traiter tous obligerait à la rédaction d'un ouvrage particulier.

Pour autant, ils s'appuient tous sur un raisonnement connu sous le nom de modèle de Wilson.

Dans cette section, nous nous contenterons de rappeler les principaux résultats et la logique de leur utilisation en distinguant deux types d'environnement : l'avenir certain et l'avenir incertain.

2.1 Terminologie

Nous définirons le stock actif, le stock de réapprovisionnement, le stock de sécurité.

a) Le stock actif (SA)

C'est la **quantité de produits qui entre en stock à chaque livraison et qui est consommée**. On l'appelle aussi «quantité économique».

Soit C la consommation annuelle d'une matière, le stock actif dépend de la cadence d'approvisionnement et est égal à :

Nombres d'approvisionnement (N)	1	2	3
Niveau du stock actif (SA) Niveau du stock moyen (SM)	C C/2	C/2 C/4	C/3 C/6

Le niveau du stock actif décroît en fonction du nombre de commandes. En conséquence, plus un stock actif est faible et plus le coût de possession du stock est peu important alors que le coût d'obtention des commandes est majoré.

La représentation du stock actif fait apparaître des graphiques en «toits d'usine» ou en «dents de scie».

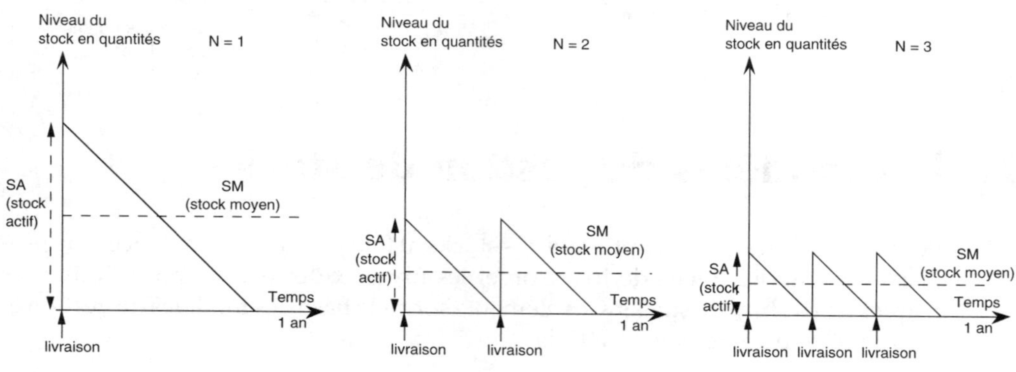

b) Le stock de sécurité (SS)

Le stock de sécurité est un volant de stock qui a deux buts :
- faire face à une **accélération de la consommation** pendant le délai de réapprovisionnement ①,
- faire face à un **allongement du délai de livraison** c'est-à-dire un retard de livraison ②.

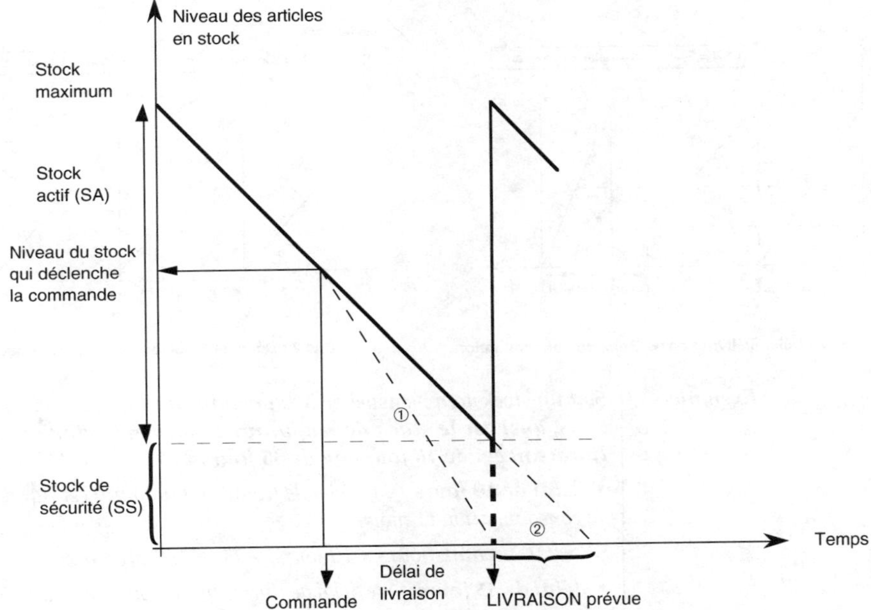

① Accélération de la demande pendant le délai de livraison
② Retard de livraison acceptable.

Exemple *Soit un stock actif mensuel de 300 produits, un délai de livraison de 10 jours et un stock de sécurité de 150 produits.*

***Accélération possible de la consommation** : en 10 jours, il est possible de consommer 150 produits, donc la consommation peut être de 15 produits/jours contre 10 en cas normal (300 produits pour 30 jours) **soit une accélération de 50 %**.*

***Retard possible de livraison** : en supposant la consommation normale (10 produits/jours), le stock de sécurité peut **permettre de «tenir» 15 jours supplémentaires**.*

c) Le stock de réapprovisionnement (SR)

Le stock de réapprovisionnement est le **niveau du stock qui entraîne le déclenchement de la commande**. Il inclut le stock de sécurité s'il existe.

Il est égal à la consommation pendant le délai de livraison plus le stock de sécurité et noté :

$$SR = \left(\text{Vitesse de consommation} \times \text{Délai de livraison} \right) + SS$$

Selon les ouvrages, il s'appelle aussi : **stock d'alerte, stock critique** ou **point de commande.**

Il se calcule différemment selon la durée du délai de livraison.

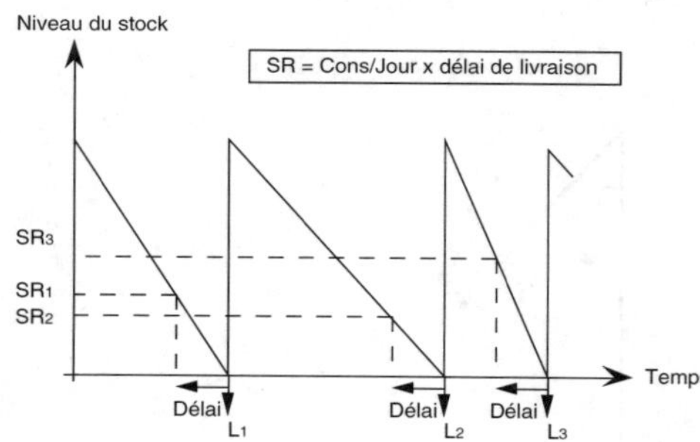

Cas 1 : Délai de livraison < Délai de consommation

Niveau du stock

SR = (Cons/Jour x délai de livraison) – Commandes en cours

SR

Temps

Délai

Délai

L1

L2

Cas 2 : Délai de livraison > Délai de consommation

Exemple

Soit un stock actif mensuel de 300 produits, un stock de sécurité de 50 produits, ***quel est le stock de réapprovisionnement selon que le délai de livraison est de 10 jours ou de 35 jours ?***

- ***délai de 10 jours*** *→ le délai de livraison (10 jours) est inférieur au délai de consommation (1 mois),*

SR = (10 produits/jours x 10 jours) + 50 = 150 produits

- ***délai de 35 jours*** *→ le délai de livraison (35 jours) est supérieur au délai de consommation (30 jours)*

SR = (10 produits/jours x 35) + 50 - 300 = 100 produits

Chaque fois que le stock atteindra le niveau du stock de réapprovisionnement, l'entreprise déclenchera une commande.

2.2 Modèles de gestion des stocks en avenir certain

Nous exposerons brièvement le modèle de Wilson pur, puis les améliorations qui y ont été apportées.

a) Modèle de Wilson «pur»

Il s'agit de déterminer la quantité économique qui minimise le coût de gestion du stock afin de permettre l'automatisation des procédures de réapprovisionnement. Le modèle peut être schématisé comme suit :

Objectifs	Hypothèses
• Minimiser le **COÛT DE GESTION DU STOCK** qui comprend : - coût d'obtention des commandes - coût de possession du stock	• ventes ou consommations régulières • docilité du fournisseur • unicité du tarif du fournisseur
Paramètres	**Inconnues**
• **C** consommation annuelle en quantité • **f** coût d'obtention d'une commande • **t** taux de possession du stock/an • **p** coût d'un article stocké	• **Q** quantité économique **ou** • **N** nombre de commandes avec N = C/Q

Formalisation du modèle

Compte tenu des coûts définis au paragraphe 1.2, nous obtenons par rapport à l'inconnue Q :

• **le coût d'obtention des commandes**, noté K_1

$K_1 = f \times N$ et comme $N = C/Q$, $K_1 = f \times C/Q$

• **le coût de possession du stock**, noté K_2

Si l'approvisionnement est égal à Q en début de période, le stock initial (SI) sera égal à Q et le stock final (SF) à 0 et compte tenu que :

$$\text{Stock moyen} = \frac{SI + SF}{2} = \frac{Q}{2},$$

on peut écrire que $K_2 = Q/2 \times p \times t$

Le coût de gestion du stock s'écrit :

$$K_1 + K_2 = K = (f \times C/Q) + (Q/2 \times p \times t)$$

Représentation du modèle

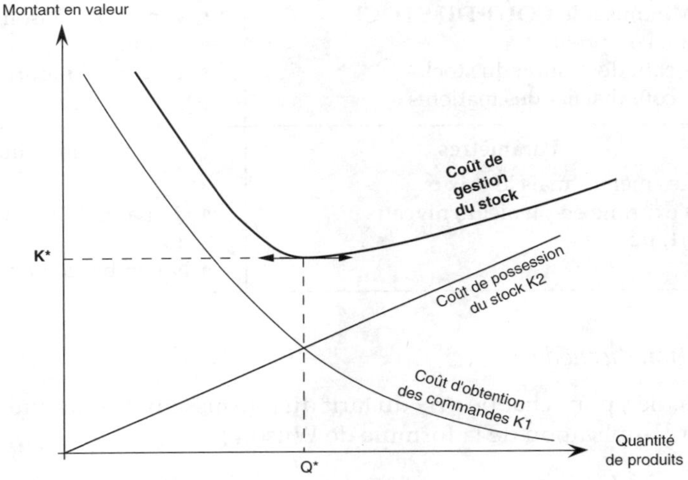

Solution du modèle

Le coût de gestion K est minimum pour une valeur de Q notée Q* et égal à :

$$Q^* = \sqrt{\frac{2 \times C \times f}{p \times t}}$$

Connaissant la consommation annuelle, la cadence d'approvisionnement optimale N* est égale à :

$$N^* = \frac{C}{Q^*}$$

et pour cette valeur Q*, le coût de gestion du stock est minimum et égal à :

$$K^* = \sqrt{2 \times C \times p \times t \times f}$$

Sous cette forme, les hypothèses restrictives du modèle limitent sa portée pratique. Pourtant, de nombreuses tentatives existent pour le rendre applicable à la réalité.

b) Modèle de Wilson et tarif dégressif du fournisseur

Fréquemment, les fournisseurs proposent des tarifs dégressifs en fonction des quantités commandées, remettant en cause une des hypothèses du modèle de Wilson «pur».

La solution retenue dans ce cas doit tenir compte des économies potentielles que représente l'achat des matières premières à un prix préférentiel. L'objectif du modèle est donc modifié.

Objectifs	**Hypothèses**
• Minimiser le **COÛT DU STOCK** qui comprend : – coût de gestion du stock – coût d'achat des matières	• Ventes ou consommations régulières • Docilité du fournisseur
Paramètres	**Inconnues**
• Les mêmes mais le prix **p** s'exprime en plusieurs niveaux **p1, p2**...	• **Q** quantité économique ou • **N** nombre de commandes

Solution du modèle

- calculer, pour chaque prix du tarif du fournisseur, la quantité optimale obtenue par l'application de la formule de Wilson ;

- vérifier la cohérence entre la valeur obtenue Q* et le prix proposé par le fournisseur ;
- en cas d'incohérence, choisir la quantité minimale qui permette de bénéficier du prix proposé ;
- calculer, pour chaque prix proposé, le coût total du stock pour la quantité retenue ;
- choisir la solution qui donne un coût total minimum.

Exemple *Soit une consommation annuelle C = 12 000 articles, un coût d'obtention des commandes de 200 F et un taux de possession du stock évalué à 12 %.*

Le fournisseur propose les conditions de prix suivantes :
p = 42 F pour des commandes inférieures à 900 produits,
p = 40 F pour des commandes comprises entre 900 et 1200 produits,
p = 38 F pour des commandes supérieures à 1200 produits.

Les résultats sont résumés dans le tableau suivant :

	Prix = 42	Prix = 40	Prix = 38
Quantité économique $Q^* = \sqrt{\frac{2 \times C \times f}{p \times t}}$	$\sqrt{\frac{2 \,.\, 12\,000 \,.\, 200}{42 \,.\, 0{,}12}}$ Q* = 975	$\sqrt{\frac{2 \,.\, 12\,000 \,.\, 200}{40 \,.\, 0{,}12}}$ Q* = 1 000	$\sqrt{\frac{2 \,.\, 12\,000 \,.\, 200}{38 \,.\, 0{,}12}}$ Q* = 1 026
Cohérence entre Q et le prix proposé*	*impossible*	*possible*	*impossible*
Quantité retenue pour bénéficier du prix	Q = 900	Q = 1 000	Q = 1 200
Coût de lancement des commandes : $K_1 = f \,.\, \frac{C}{Q}$	2 667	2 400	2 000
Coût de possession du stock : $K_2 = \frac{Q}{2} \,.\, p \,.\, t$	2 268	2 400	2 736
Coût d'achat des articles : $C \times p$	504 000	480 000	456 000
Coût du stock	508 935	484 800	460 736

L'entreprise choisira des approvisionnements constants de 1200 produits.

Dans les deux paragraphes précédents, l'entreprise refuse, de façon implicite d'être en situation de pénurie. Mais, ne peut-on accepter, sous certaines conditions, une gestion des stocks qui prenne en compte des possibilités de rupture d'approvisionnement ?

c) Modèle de Wilson et pénurie

Nous n'envisagerons que le cas d'une pénurie dépendant du nombre d'articles manquant pendant une unité de temps.

Objectifs	**Hypothèses**
• Minimiser le **COÛT DE GESTION** du stock qui comprend : – coût d'obtention – coût de possession – coût de pénurie	• Ventes ou consommations régulières • Docilité du fournisseur • Unicité du tarif du fournisseur
Paramètres	**Inconnues**
• Les mêmes que précédemment • C_r coût de pénurie par article manquant et par an • **S** niveau du stock en début de période de réapprovisionnement	• **Q** quantité économique et • **S** niveau du stock en début de période

Représentation graphique

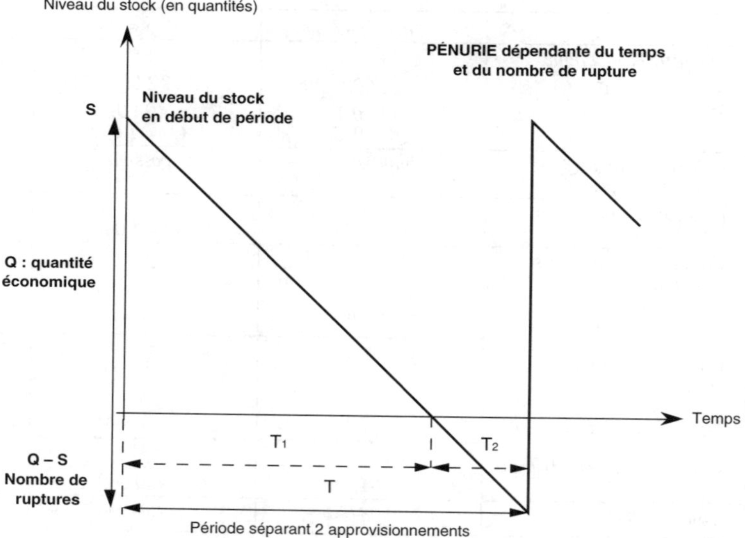

Le temps T séparant deux approvisionnements se partage entre :

– une durée T_1 où le stock permet de satisfaire la demande,

– une durée T_2 où il y a rupture de stock et où les demandes de consommations sont différées .

On peut écrire, en s'appuyant sur les propriétés des triangles semblables, que :

$$\frac{T_1}{T} = \frac{S}{Q} \quad \text{et} \quad \frac{T_2}{T} = \frac{Q - S}{Q}$$

Ces relations nous permettent de calculer la valeur des stocks moyens :

– stock moyen des produits stockés (pendant le temps T_1)

$$SM = \frac{S}{2} \times \frac{T_1}{T} = \frac{1}{2}\frac{S^2}{Q}$$

– stock moyen des ruptures de stock (pendant le temps T_2)

$$SM = \frac{Q - S}{2} \times \frac{T_2}{T} = \frac{1}{2} \frac{(Q - S)^2}{Q}$$

Formalisation du problème

- **Le coût d'obtention des commandes** est inchangé et se note :

$$K_1 = f \times C/Q$$

- Le **coût de possession** du stock est égal à :

$$K_2 = \frac{1}{2} \times \frac{S^2}{Q} \times p \times t$$

- Le **coût de pénurie** est égal à :

$$K_3 = \frac{1}{2} \times \frac{(Q - S)^2}{Q} \times C_r$$

Solution du problème

- Le stock en début de période S est lié à la quantité économique Q par la relation :

$$S = \alpha Q$$

où α représente un taux de service c'est-à-dire la période relative pendant laquelle le stock n'est pas vide. Ce coefficient dépend des valeurs du coût de possession et du coût de pénurie par article. Il est égal à :

$$\alpha = \frac{C_r}{C_r + C_s} \quad \text{avec} \; C_s = p \times t$$

- Par ailleurs, la quantité économique Q* qui minimise le coût de gestion du stock est égale à :

$$Q^* = \sqrt{\frac{2 . C . f}{p . t}} \times \sqrt{\frac{1}{\alpha}}$$

On peut donc écrire :

$$Q^* \text{ avec pénurie} = Q^* \text{ sans pénurie} \times \frac{1}{\sqrt{\alpha}}$$

- Pour cette valeur Q*, le coût de gestion du stock est égal à :

$$K^* = \sqrt{2 . C . f . p . t} \times \sqrt{\alpha}$$

Comme le coefficient α est toujours inférieur à 1, la valeur $\sqrt{\alpha}$ est elle aussi inférieure à 1. Le coût de gestion du stock avec pénurie est donc plus faible que celui obtenu sans pénurie. Ainsi et cela parait logique, vouloir satisfaire la clientèle à 100 % est plus coûteux que de se satisfaire d'un taux de service plus faible.

Tous les raisonnements précédents s'appuient sur une demande régulière et certaine mais de nombreux aléas peuvent apparaître et dans ce cas, il est préférable de se situer en avenir incertain.

2.3 Modèles de gestion des stocks en avenir incertain

Ces modèles s'utilisent dans des situations probabilisables pouvant provenir :
- d'aléas concernant le demande par unité de temps,
- d'approvisionnements dont les délais ne peuvent être assurés,
- où de la conjonction des deux phénomènes : demande et délai incertains.

Quelle que soit l'origine de l'incertitude, elle se traduit finalement par une DEMANDE ALÉATOIRE pendant le délai de réapprovisionnement et des risques de rupture de stock.

Pour se protéger contre les variations aléatoires de la demande, l'entreprise doit se constituer un stock de sécurité (SS) au delà du stock actif. Cela conduit à déterminer deux catégories de stock :
- le **STOCK ACTIF**, calculé sur la base d'une demande moyenne considérée comme sûre dans les modèles déterministes c'est-à-dire la quantité économique ;
- le **STOCK DE SÉCURITÉ** qui dépend de la loi de probabilité suivie par la demande pendant le délai de réapprovisionnement et du taux de service désiré.

Mais constituer un stock de sécurité entraîne des coûts de stockage additionnels qui doivent se justifier par une réduction corrélative des coûts de rupture.

Pour gérer ses stocks, l'entreprise a le choix entre deux modes de gestion :
- la **GESTION CALENDAIRE** qui consiste à lancer des ordres d'approvisionnement à intervalles réguliers T ;
- la **GESTION À POINT DE COMMANDE** qui consiste à passer une commande pour reconstituer le stock actif (quantité économique) dès que le niveau du stock atteint le point de commande (SR).

a) La gestion calendaire

Il faut déterminer à quel niveau S* doit se situer le stock en début de période de réapprovisionnement T.

Objectifs	Hypothèses
• Minimiser le **COÛT DE GESTION** du stock qui comprend : - coût de possession - coût de pénurie	• Demande aléatoire pendant le délai de livraison
Paramètres	**Inconnues**
• C_s coût de possession par article par unité de temps • C_r coût de pénurie par article manquant et par an • **S** niveau du stock en début de période de réapprovisionnement • **D** demande ou consommation du produit stocké	• **S** niveau du stock en début de période

Représentation graphique

Soit un niveau S donné, les deux cas suivants apparaissent :

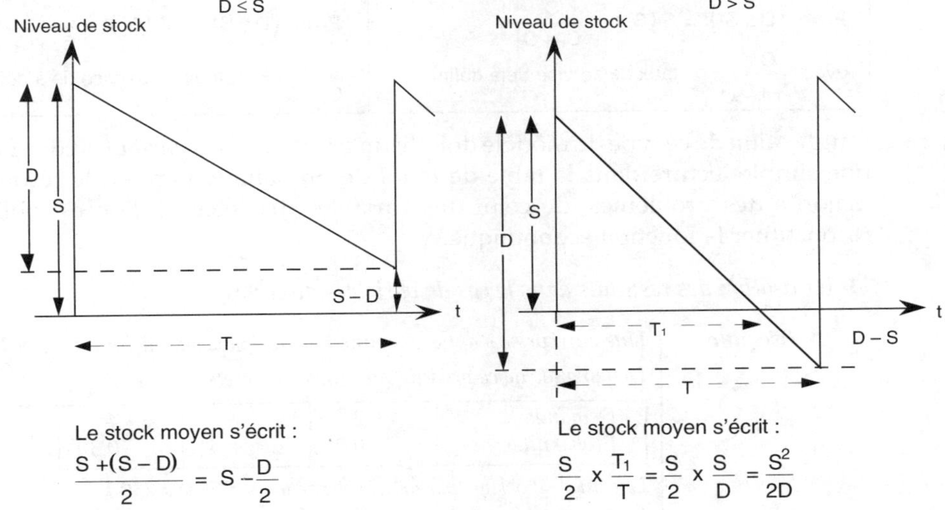

Formulation du modèle

Pour minimiser le coût aléatoire de gestion, on calcule son espérance mathématique à partir de la loi de probabilité attribuée à la demande. Le coût d'obtention des commandes est indépendant de la demande aléatoire et peut-être neutralisé. Les résultats sont donc donnés à une constante près.

	Demande < Niveau du stock D S	Demande > Niveau du stock D S
La demande est une variable aléatoire discrète	$K = F(D, S) = \underbrace{C_s \sum_{D=0}^{S} \left(S - \frac{D}{2}\right) prob(D)}_{\textbf{coût de stockage si } D < S}$ +	$\underbrace{C_s \sum_{D=S+1}^{\infty} \frac{S^2}{2D} prob(D)}_{\textbf{coût de stockage si } D > S} + \underbrace{C_r \sum_{D=S+1}^{\infty} (D - S)\ prob(D)}_{\textbf{coût de rupture si } D > S}$
La demande est une variable aléatoire continue	$K = F(D, S) = \underbrace{\int_{-\infty}^{S} C_s \left(S - \frac{D}{2}\right) f(D)\ dD}_{\textbf{coût de stockage si } D < S}$ +	$\underbrace{\int_{S}^{+\infty} C_s \frac{S^2}{2D} f(D)\ dD}_{\textbf{coût de stockage si } D > S} + \underbrace{\int_{S}^{+\infty} C_r (D - S) f(D)\ dD}_{\textbf{coût de rupture si } D > S}$

Solution du modèle

La fonction économique est une combinaison de la fonction de répartition de la demande (D) ainsi que de l'espérance mathématique de cette demande E(D).

Le niveau optimal du stock de début de période, noté S* qui minimise la fonction du coût de gestion est donné dans le tableau suivant :

La demande est une variable aléatoire discrète	La demande est une variable aléatoire continue
S* doit vérifier la relation : **Prob** $\{D \leq S^*\}$ = **F (S*)** $> \frac{C_r}{C_r + C_s}$ avec $\frac{C_r}{C_r + C_s} = \alpha$, taux de service déjà défini	S* doit vérifier la relation : **Prob** $\{D \leq S^*\}$ = **F (S*)** $= \frac{C_r}{C_r + C_s}$ $\frac{C_r}{C_r + C_s} = \alpha$, taux de service déjà défini

L'utilisation de ce type de modèle doit distinguer le cas des variables continues où une simple lecture dans la table de la loi de probabilité permet de résoudre la majorité des problèmes, de celui des variables discrètes où l'on est obligé de reconstituer la fonction économique.

1) Utilisation des résultats dans le cas de variables discrètes

Exemple

Une entreprise s'approvisionne tous les mois en machine à laver de luxe.
La demande de ce produit suit une loi discrète :

Demande	2	3	4	5
Probabilité	0,2	0,4	0,3	0,1

Le coût de stockage par article et par mois s'élève à 250 F.
Le manque à gagner est estimé à 500 F par produit non disponible.
Pour résoudre ce type de problème, il faut envisager pour tous les cas possibles le coût de gestion du stock constitué par :
– le coût de stockage K_2 qui dépend de la valeur de D :

$$\text{si } D \leq S \quad K_2 = \left(S - \frac{D}{2}\right) 250 \text{ F} \qquad \text{si } D > S \quad K_2 = \frac{S^2}{2D} \times 250 \text{ F}$$

– le coût de pénurie K_3 égal à $(D - S) \times 500$.

Les résultats sont présentés dans le tableau ci-dessous :

Demande D / Prob. — Niveau de stock S	2	3	4	5	Coût de gestion
	0,2	0,4	0,3	0,1	
2	$K_2 = 250$	$K_2 = 167$ $K_3 = 500$	$K_2 = 125$ $K_3 = 1\,000$	$K_2 = 100$ $K_3 = 1\,500$	814,3
3	$K_2 = 500$	$K_2 = 375$	$K_2 = 281{,}25$ $K_3 = 500$	$K_2 = 225$ $K_3 = 1\,000$	606,87
4	$K_2 = 750$	$K_2 = 625$	$K_2 = 500$	$K_2 = 400$ $K_3 = 500$	640
5	$K_2 = 1\,000$	$K_2 = 875$	$K_2 = 750$	$K_2 = 625$	837,5

Le choix sera un niveau de stock de début de période de 3 car le coût de gestion moyen est minimum.

2)Utilisation des résultats dans le cas de variables continues

Très souvent, la valeur de α déterminée en fonction de C_r et C_s donne des taux de service incompatibles avec la réalité commerciale ou productive de l'entreprise.

Dans ce cas, celle-ci abandonne son objectif de minimisation du coût de gestion de stock mais cherche, en fonction d'un taux de service qu'elle se fixe comme commercialement acceptable, le niveau de stock de début de période qui répond à cette contrainte.

Nous ne considérerons que le cas où la demande D suit une loi Normale de moyenne m et d'écart type σ. L'entreprise ne cherche pas à minimiser le coût de gestion du stock mais à tester des hypothèses de taux de service. Deux recherches apparaissent donc :

• **Déterminer le stock de début de période S qui permet d'assurer un taux de service donné $\alpha°$**

$$\text{Prob } (D < S) = \alpha°.$$

Avec $t = S - m$, on obtient que $S = \sigma t + m$

Sachant que le stock de début de période S est égal à la demande moyenne pendant la durée T plus la quantité du stock de sécurité SS, on peut écrire que :

$$SS = \sigma t$$

Exemple

Soit un taux de service fixé à 95 %, et une demande qui suit une Loi Normale de moyenne 1000 et d'écart type 150. A quel niveau doit se situer le stock de début de période pour respecter le taux de service fixé ?

On cherche Prob $(D \leq S) = 0{,}95 \Rightarrow t = 1{,}65$

$S = 1{,}65 \times 150 + 1000 = 1240$

$SS = 1240 - 1000 = 240$

A chaque période T, le stock sera complété pour qu'il soit égal à 1240 produits.

• **Déterminer le taux de service qui autorise un niveau de stock de début de période fixé à une valeur donnée S° ?**

Donc quelle est la probabilité suivante : Prob $(D < S°) = ?$

Une simple lecture dans la table d'une variable centrée réduite permet de trouver la valeur de α.

Le taux de rupture s'écrira : $1 - \alpha$.

Exemple

Soit une demande qui suit une Loi Normale de moyenne 200 et d'écart type 50, quel est le risque de rupture si le stock de début de période est égal à 260 ?

$$\text{Prob}(D > 260) = 1 - \text{Prob } (D \leq 260)$$

$$= 1 - \text{Prob}\left(D \leq \frac{260 - 200}{50}\right)$$

Pour $t = 1{,}2$ *on lit probabilité* $= 0{,}8849$

$\alpha = 88{,}50$ % $\Rightarrow$ ***taux de rupture = 11,50 %***

La gestion calendaire lisse la charge de travail du service des achats mais elle oblige à des commandes de montants différents puisqu'il s'agit de reconstituer un niveau de stock de début de période. C'est pourquoi une gestion par commandes de quantité égale peut être préférée

b) La gestion à point de commande

L'objectif est de déterminer le **niveau du stock qui doit déclencher la commande**, en sachant que ce niveau doit permettre de **faire face à la demande aléatoire pendant le délai de livraison** notée Dl et de **maintenir le stock de sécurité SS**.

Dans ce cadre, l'analyse porte sur le **coût de gestion du stock de sécurité**. En effet, un stock de sécurité important entraîne des coûts de stockage élevés alors qu'un niveau plus faible de ce stock génère des coûts de rupture. Il s'agit de déterminer le niveau du stock SS qui minimise les coûts de stockage et de rupture qui ont des évolutions antagonistes.

Dans ce type de modèle, il est possible de déterminer soit :
- le **stock de réapprovisionnement** ou point de commande pour un taux de service donné,
- le **taux de service** qu'autorise un point de commande donné.

Les démarches sont les mêmes que celles développées au point précédent.

Tous les modèles de gestion du stock permettent, selon les cas, de déterminer les paramètres nécessaires à la gestion des stocks : la cadence d'approvisionnement, le niveau du déclenchement de commande et celui du stock de sécurité. Il est maintenant possible de budgétiser les approvisionnements.

3. La budgétisation des approvisionnements

Cette budgétisation doit faire apparaître, dans le temps c'est-à-dire chaque mois, l'échelonnement des prévisions en termes de commande, de livraison, de consommation et de niveau de stock.

Ce travail doit être effectué sous deux formes :

- **en quantité** : sous cette forme, le budget offre plus d'intérêt pour les services d'approvisionnement qui devront contrôler son suivi ;
- **en valeur** : les quantités précédentes sont valorisées par un coût unitaire standard. Cette présentation est indispensable pour l'établissement du budget global et du budget de trésorerie ainsi que pour les «documents de synthèse» prévisionnels.

Les budgets précédents ont fourni aux services des approvisionnements les éléments qui leur permettent de déterminer la consommation mensuelle des articles stockés. Les modèles de gestion leur ont apporté la valeur des paramètres optimaux. Il s'agit d'harmoniser ces différentes informations pour obtenir une prévision pragmatique des stocks.

L'entreprise doit choisir entre une gestion calendaire ou une gestion à point de commande : ce choix peut-être différent selon les articles. Il entraîne deux modes de budgétisation :
- une **budgétisation par périodes constantes**,
- une **budgétisation par quantités constantes**.

3.1 La budgétisation par périodes constantes

Cette prévision peut-être obtenue par une méthode graphique et par une méthode comptable.

Exemple

Soit un produit dont les prévisions de consommation pour les 6 mois à venir sont les suivantes :

Mois	*Janvier*	*Février*	*Mars*	*Avril*	*Mai*	*Juin*
Quantités	*800*	*1200*	*1800*	*2400*	*1000*	*800*
Qtés cumulées	*800*	*2000*	*3800*	*6200*	*7200*	*8000*

Par ailleurs : le stock initial au 1er janvier est de 800 produits, le coût d'obtention d'une commande est de 1000 F, le prix de l'unité est de 40 F et le taux de possession du stock sur la période est de 10 %. Le délai de livraison est de 15 jours et l'on souhaite un stock de sécurité égal à 15 jours de consommation à venir.

Calcul des éléments optimaux :

L'utilisation du modèle de Wilson donne une quantité économique égal à :

$$Q^* = \sqrt{\frac{2 \times 8\,000 \times 1\,000}{40 \times 10\ \%}} = 2\ 00($$

N = 8000 / 2000 = 4 commandes*

T = 6 mois / 4 = 1 mois et demi*

Dans le cadre d'une budgétisation par périodes constantes, il y aura donc 4 livraisons-commandes espacées d'un mois et demi.

a) La méthode graphique

Dans un repère où l'axe des X représente le temps exprimé en mois et l'axe des Y les quantités cumulées, traçons les consommations cumulées.

L'objectif est de représenter les entrées cumulées (voir graphe page suivante).

Le stock initial étant de 800 produits, et compte tenu des consommations cumulées, il y a risque de rupture à fin janvier. Il est donc nécessaire de **prévoir une livraison au 15 janvier pour respecter la valeur du stock de sécurité** (15 jours de consommation). Cette date détermine les autres livraisons compte tenu de la cadence fixée : 1 mois et demi ; donc 1er mars, 15 avril et 1er juin.

Il reste à déterminer les **quantités à commander :** elle doivent couvrir **la consommation du mois et demi qui suit la date où il y a risque de rupture** de stock c'est-à-dire le 15 mars, le 1er mai et le 15 juin :

Exemple : Risque de rupture fin janvier

1 mois et demi de consommation = consommation de février + la moitié de la consommation de mars = 1200 + 900 = 2100.

Les dates de commandes sont déduites des dates de livraison en tenant compte du délai de livraison.

MÉTHODE GRAPHIQUE

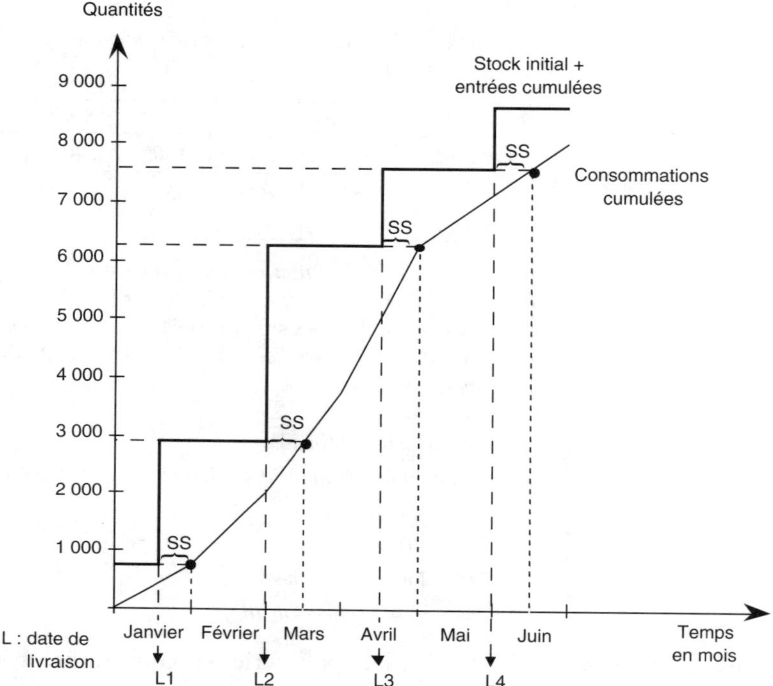

b) La méthode comptable

La recherche des éléments s'effectue à l'aide d'un tableau dont les principales informations sont :

MÉTHODE COMPTABLE

Mois	Consom-mations	Stock avec ruptures	Entrées	Stock rectifié	Date de livraison	Date de commande	Quantités
Déc		800					
Janv	800	0	2 100	2 100	15 Jan	1er Jan	2 100
Fév	1 200	900				15 Fév	3 300
Mars	1 800	– 900	3 300	2 400	1er Mars		
Avril	2 400	0	1 400	1 400	15 Avril	1er Avril	1 400
Mai	1 000	400				15 Mai	400 + x
Juin	800	– 400	400 + x	x	1er Juin		
Juill	x						

Les éléments connus sont les consommations qui sortent tout au long du mois, les entrées apparaissent en début de période (mois, semaine ou décade), et les stocks sont exprimés en fin de mois. Compte tenu de ces approximations, les dates obtenues peuvent être moins précises que celles de la méthode graphique.

La construction du tableau suit l'ordre de la flèche. Il n'appelle pas de remarques particulières.

c) Le budget des approvisionnements

Le budget en quantité peut alors être établi :

Mois	Janvier	Février	Mars	Avril	Mai	Juin
Date de commandes	1er	15		1er	15	
Stock initial	800	2100	900	2400	1400	400
Livraisons	2100		3300	1400		400 + x
Cons.	800	1200	1800	2400	1000	800
Stock final	2100	900	2400	1400	400	x

L'entreprise a choisi une budgétisation par périodes constantes mais elle aurait pu décider de retenir quatre commandes de quantités égales.

3.2 La budgétisation par quantités constantes

Dans ce cas, et en reprenant l'exemple précédent, il y aurait quatre commandes de 2000 produits à des intervalles irréguliers. Il s'agit de déterminer à quelle date.

a) La méthode graphique

Pour simplifier la recherche des dates, les mois sont de 4 semaines.

La démarche est la suivante :

Le stock initial est de 800. Il y a risque de rupture à fin janvier, il faut donc une livraison de 2 000 au 15 janvier.

Cette entrée permet de «tenir» jusqu'à mi- mars : compte tenu du délai de sécurité, il faut une livraison de 2 000 au début de mars.

Et ainsi de suite...

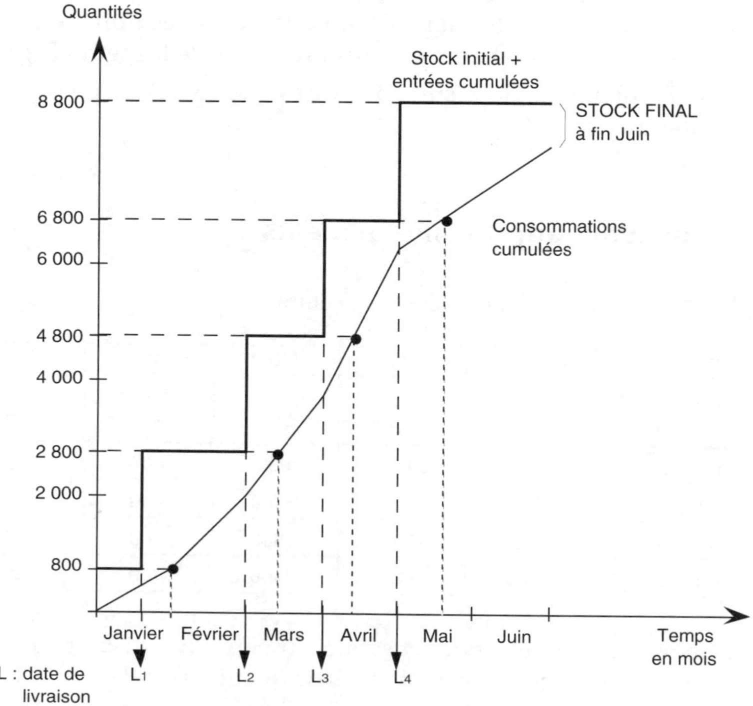

b) La méthode comptable

Le tableau se présente comme suit :

MÉTHODE COMPTABLE

Mois	Consom. (sorties)	Stock avec ruptures	Livraisons (entrées)	Stock final définitif	Dates livraison	Dates de commandes	Quantités
Déc		800					
Janv	800	0	2 000	2 000	15 Jan	1er Janv	2 000
Fév	1 200	800					
Mars	1 800	– 1 000	2 000	1 000	1er Mars	15 Fév	2 000
Avr	2 400	– 1 400	2 000	600	1er Avril	15 Mars	2 000
Mai	1 000	– 400	2 000	1 600	1er Mai	15 Avril	2 000
Juin	800	800					

Le cheminement est indiqué par la flèche et s'apparente à celui de la budgétisation à périodes constantes.

Les dates obtenues sont moins précises que celles de la méthode graphique du fait de l'approximation sur les dates d'entrée ramenées en début de période :

Exemple : à fin avril, le stock final est de 600 produits et représente 18 jours de consommation du mois de mai (consommation journalière de mai = 1000/30), pourtant la date de livraison est indiquée en début de mois et non pas le 3 comme prévu (18 jours – 15 jours de stock de sécurité).

c) Le budget des approvisionnements

En reprenant les résultats de la méthode comptable, il se présente comme suit :

Mois	Janvier	Février	Mars	Avril	Mai	Juin
Date de commandes	1er	15	15	15		
Stock initial	800	2000	800	1000	600	1600
Livraisons	2000		2000	2000	2000	
Cons.	800	1200	1800	2400	1000	800
Stock final	2000	800	1000	600	1400	800

L'état des stocks obtenu dans ces budgets, ainsi que les dates de commandes et de livraisons sont de la responsabilité des services des approvisionnements. Pour respecter ces contraintes,ils doivent mettre en œuvre des moyens (effectifs, locaux et frais divers) qui sont regroupés dans un budget de fonctionnement.

3.3 Le budget des services des approvisionnements

Ce budget recense tous les moyens nécessaires pour permettre l'activité du service :
– effectifs,
– services extérieurs (assurance, électricité, fournitures de bureau, frais postaux...),
– transports,
– amortissements des locaux.

Ces éléments représentent des frais indirects et sont souvent regroupés en **deux fonctions principales** :
– les **achats** dont le rôle est la recherche des fournisseurs, la passation et le suivi des commandes et de façon plus générale des tâches administratives de la gestion des stocks ;
– le **magasinage** qui assure le contrôle et le gardiennage des articles stockés.

RÉFLEXIONS SUR LE THÈME

1. La difficulté de trouver un modèle de stock adapté au produit à gérer

Les situations d'approvisionnement sont multiples. Cette diversité s'appréhende par rapport à :

- la nature du produit : matières premières, encours de production, produits semi-finis ou produits finis et à chacun de ces stades d'élaboration l'aspect périssable de l'article introduit une complexité supplémentaire ;
- les possibilités d'approvisionnement : articles banalisés faciles à obtenir par opposition au produit spécifique ou même conçu sur commande précise ;
- le mode de production de l'article : en séries ou par un processus continu ;
- les conséquences de la rupture de stock : ventes différées, ventes perdues sans perte de clientèle, ventes perdues et perte de clientèle pour les produits finis ou risque d'arrêt de production avec ou sans possibilité de dépannage en urgence pour les matières ou les encours.

La combinaison de tous ces paramètres crée des situations spécifiques à chaque entreprise que ne peuvent résoudre les modèles courants exposés dans le cadre du chapitre. C'est pourquoi de nombreux modèles de gestion des stocks ont été élaborés pour intégrer les cas particuliers rencontrés : s'ils retiennent des hypothèses et des paramètres propres à la situation à résoudre, ils s'appuient tous sur un raisonnement de minimisation du coût de gestion du stock similaire à celui qui a été étudié.

2. Le juste-à-temps et les stocks

L'organisation de la production en flux tendus qui sera développée dans le chapitre 27 avec la méthode du juste-à-temps semble nier les stocks et donc, la gestion des stocks telle qu'elle est exposée ici, peut apparaître comme obsolète.

En fait, cette organisation cherche à réduire les stocks de matières, d'en-cours et de produits finis (c'est l'objectif du zéro stock) mais cette exigence n'est jamais atteinte complètement. Il faut donc encore gérer des stocks, de quantités moindres et en privilégiant la disponibilité au détriment des quantités : on choisit de nombreuses livraisons de petites tailles en provenance de fournisseurs avec lesquels ont été élaborées des relations de partenariat.

Par ailleurs, il est fréquent de rencontrer au sein d'une même organisation des activités gérées avec des stocks et d'autres gérées en flux tendus. Les deux modes de gestion de la production obligent à deux types de gestion des stocks : l'une classique et l'autre à stock zéro.

Applications

① *Entreprise Truc*

L'entreprise TRUC a prévu une vente annuelle de 10 800 unités d'un produit A.
- Le coût de possession du stock est évalué à 8 % de la valeur moyenne du stock.
- Le coût de passation d'une commande est de 40 F.
- Le prix unitaire d'achat du produit A est de 30 F.

QUESTIONS :

a) Déterminer la quantité économique à commander.
b) En déduire le coût total minimum et le rythme optimum de passation des commandes.

② *Entreprise Mathoux*

L'entreprise MATHOUX fabrique un aliment pour chats dans la composition duquel entre du potassium. La consommation annuelle de cette matière première est de 6 tonnes.
- Prix d'achat : 4 F le kg.
- Coût de passation d'une commande : 20 F.
- Le coût de possession du stock peut être évalué à 2 F par mois pour 100 kg.
- Le stock de sécurité est fixé à 400 kg.

QUESTIONS :

a) Déterminer la quantité économique à commander.
b) Déterminer le niveau du stock après la commande.

③ *Entreprise de voitures miniatures*

Une entreprise fabrique des voitures miniatures par lots, du fait d'une production irrégulière.
- Les frais de lancement d'un lot sont évalués à 300 F.
- Le coût de possession du stock des produits fabriqués est égal à 15 % de la valeur moyenne du stock.
- La production totale de l'année N est prévue pour 200 000 produits.
- Le coût de production est donné par la relation : C = 300 000 + 6Q, avec Q = quantité produite.

QUESTION :

Déterminer le nombre de lots à lancer pour optimiser le coût de gestion du stock.
NB : Chaque lot est livré globalement au moment où le stock est nul.

④ *Entreprise d'électro-ménager*

Une entreprise d'électro-ménager utilise diverses pièces détachées. Les quantités de pièces A consommées sont commandées de manière régulière et en quantité constante, auprès du même fournisseur tout au long de l'année.
- Consommation mensuelle : 60 000 pièces A,
- Coût du stockage = 0,20 F par jour par pièce stockée,
- Coût de lancement d'une commande = 2 500 F indépendamment de son volume.

QUESTIONS :

a) Déterminer les quantités optimales d'une commande de réapprovisionnement.
b) Déterminer la durée optimale séparant deux approvisionnements.
c) Déterminer le coût mensuel de la gestion optimale de ce stock.
d) Délai de réapprovisionnement : 2 jours. Déterminer le niveau du stock devant provoquer la commande (1 mois = 30 jours).

L'entreprise envisage de gérer son stock en acceptant le risque de pénurie. Dans ces conditions, elle est obligée de stocker ses matériels inachevés en attendant les prochaines livraisons de pièces A. Les frais de stockage s'en trouvent donc augmentés. Cette augmentation est égale à 25/11 du coût de stockage des pièces A par unité manquante et par jour.

QUESTIONS :

a) Déterminer les quantités optimales d'une commande de réapprovisionnement.
b) Déterminer le niveau optimal du stock en début de période de gestion.
c) Déterminer la durée optimale séparant deux approvisionnements.
d) Déterminer le coût mensuel de la gestion optimale du stock.
e) Déterminer la durée de pénurie pendant un mois de gestion.
Si le délai de réapprovisionnement est de 3 jours à quel niveau du stock doit-on déclencher une nouvelle commande ?

5 *Produit de grande consommation*

Une entreprise achète un produit de grande consommation pour le revendre.
- Demande annuelle moyenne : 1 600 produits.
- Coût de lancement d'une commande : 20 F.
- Coût de possession du stock : 0,225 F par produit et par an.
- Délai de livraison : 6 jours.

QUESTION :

a) Quelles sont les équations des coûts d'approvisionnement en fonction du nombre de commandes pour l'article considéré ? Présenter ces coûts sur un graphique : en déduire le nombre optimum de commande de l'article.

Le fournisseur du magasin propose une remise de 5 % sur le PU de l'article pour toute quantité commandée supérieure à 700 lots ; en fonction de son programme d'approvisionnement, le magasin pense qu'il lui faudrait, s'il acceptait la proposition du fournisseur, passer deux commandes par an.

QUESTIONS :

b) Sous quelles conditions, l'entreprise a-t-elle intérêt à accepter la remise ?
c) Chiffrer l'économie obtenue si le prix de vente du lot est de 1 F.

Une recherche empirique a permis d'établir que la distribution de la demande de l'article pendant la période économique de commande choisie à la deuxième question suit une loi normale de moyenne 800 et d'écart type 100 unités.

Le magasin choisit comme stock de sécurité celui correspondant à un niveau de service de 84,13 %. Si au moment de passer une commande il reste 125 articles en stock et qu'il n'y a pas de reste à livrer sur les commandes en cours.

QUESTIONS :

d) Déterminer la quantité à commander ; qu'en conclure ?

Le stock de sécurité reste au même niveau mais que par suite de difficultés d'approvisionnement dues à des grèves, le délai d'approvisionnement passe à 9 jours et au moment de passer une commande il ne reste que 98 articles en stock par suite d'une augmentation de la demande ;

e) Calculer la nouvelle quantité à commander ; commenter.

6 Entreprise Sitradep

La SITRADEP doit améliorer sa politique de gestion des stocks. Elle s'approvisionne en quantités très importantes en une matière première, l'éthylène, qui entre dans la composition de nombreux produits dérivés. Le stockage est dangereux. Mais si une rupture de stock se produit, elle entraîne un coût de défaillance pour l'entreprise, en raison de l'utilisation massive de l'éthylène dans des fabrications diverses. La demande, en produits dérivés de l'éthylène, qui s'adresse à l'entreprise, est aléatoire et les prévisions de production rendues difficiles.

La SITRADEP aimerait connaître quelle politique optimale d'approvisionnement elle doit adopter pour faire face à la production donc à la demande (en millions de tonnes).

- Le service des achats a déterminé qu'une livraison d'éthylène aurait lieu systématiquement chaque début de semaine.

Prévisions de demande	0	1	2	3	4	5
Probabilités	0,1	0,1	0,2	0,3	0,2	0,1

- Le coût de défaillance (ou de pénurie) est estimé à 1 000 F la tonne.
- Le coût de stockage d'une tonne d'éthylène est évalué à 250 F par semaine.

QUESTIONS :

a) En appelant *Si* (i = 0, 1, 2, 3, 4, 5) le stock initial en début de semaine, c'est-à-dire la quantité livrée à ce moment, *Dj* (j = 0, 1, 2, 3, 4, 5) la demande au cours de la semaine, exprimer le stock moyen en fonction de *Si* et *Dj*.
Puis présenter, sous forme matricielle de préférence, les valeurs du stock moyen en fonction de *Si* et *Dj* : (en colonne *Dj* et en ligne *Si*).

b) En utilisant toujours la présentation matricielle, déterminer la matrice des coûts de stockage et de défaillance en fonction de *Dj* et *Si*.

c) Compte tenu des probabilités de réalisation de la demande, déterminer le niveau optimal de stock à approvisionner au début de chaque semaine.

(d'après examen)

7 Société Agde-Marine

La société AGDE-MARINE a centré sa production sur trois types de planches à voile (PAV).
Quel que soit le type de PAV, celle-ci se compose de deux éléments :
– le flotteur fabriqué entièrement par la Société AGDE-MARINE ;
– l'ensemble gréement et voile dont la fabrication est sous-traitée.
La fabrication du flotteur s'effectue à partir d'une matière première, la polyéthylène, dans un atelier «extrusion-soufflage» et donne naissance à un monobloc, qui est alors immédiatement rempli de mousse de polyuréthane, destinée à lui assurer l'insubmersibilité, dans un atelier «moussage».

A- La société AGDE-MARINE désirerait s'approvisionner régulièrement en mousse de polyuréthane pour éviter toute rupture de stock et de trop amples variations de prix. Pour 19A, la production prévisionnelle annuelle de PAV serait de :

- JUNIOR : 2 800 ;
- SLALOM : 9 000 ;
- ULTRA-SPEED : 2 150.

Le coût de lancement a été évalué à 450 F par commande et le taux de possession du stock à 10 %.

CONSOMMATION DE CHARGES DIRECTES PAR PAV

Éléments	JUNIOR 420		SLALOM 560		ULTRA-SPEED 700	
	Quantité	Coût unitaire	Quantité	Coût unitaire	Quantité	Coût unitaire
Matières Premières :						
Polyéthylène	10 kg	12 F	15 kg	12 F	15 kg	12 F
Mousse de polyuréthanne	10 kg	15 F	15 kg	15 F	15 kg	15 F
Revêtement Epoxy fibre de verre					10 kg	25 F

QUESTIONS :

a) Quelle serait la cadence optimale d'approvisionnement ? A justifier. En déduire :
– la quantité de mousse à commander ;
– la période de réapprovisionnement ;
– le coût total annuel du stock.

b) La société AGDE-MARINE souhaiterait, par ailleurs, connaître l'incidence de la fixation d'un stock de sécurité de 3 000 kg sur l'ensemble des paramètres précédents.

c) Si le délai d'approvisionnement était fixé à 30 jours, quel serait le stock d'alerte ?

B- On peut admettre que les ventes annuelles des PAV sont des variables aléatoires indépendantes qui suivent une loi normale dont les paramètres sont :
- JUNIOR (m = 3 000 ; σ = 200) ;
- SLALOM (m = 9 000 ; σ = 100) ;
- ULTRA-SPEED (m = 2 000; σ = 500).

QUESTIONS :

a) A quel taux de service correspondrait le stock de sécurité de 3 000 kg ?

b) A quel niveau fixer le stock de sécurité si la société AGDE-MARINE souhaite limiter son taux de rupture de stock à 5 % ?

(d'après examen)

⑧ *Entreprise de tubes*

Le programme de production en volume, établi par le directeur de la production, fournit les renseignements ci-après pour le premier semestre 19A :

	Nombre de tubes x	Nombres de tubes y
Janvier	18 000	240 000
Février	16 000	225 000
Mars	20 000	240 000
Avril	16 000	235 000
Mai	15 000	200 000
Juin	19 000	225 000

L'objectif est d'établir un plan d'approvisionnement en culots de tubes nécessaires pour satisfaire régulièrement les besoins de la fabrication. A cette fin, voici les éléments de la politique d'approvisionnement adoptée par l'entreprise.

A. Culots de tubes X

– utilisation, pour un tube X, d'un jeu complet de culots présenté sous sachet ;
– acquisition par caisses contenant 1 000 sachets ;
– commandes par quantités constantes de 20 000 jeux de culots, soit 20 caisses, à des dates déterminées en fonction des besoins de la fabrication, la date de commande correspond au jour où le stock réel atteint le stock d'alerte ;
– le stock d'alerte est composé :
  • d'un stock minimum destiné à couvrir le délai de livraison des fournisseurs ;
  • d'un stock de sécurité fixé à 3 000 jeux de culots X ;
– le délai de livraison des fournisseurs est de 1 mois ;
– au 1er janvier 19A, le stock initial s'élève à 25 000 jeux ;
– le stock au 30 juin 19A doit être suffisant pour couvrir les consommations du mois de juillet que l'on peut estimer à 20 000 tubes X.

B. Culots de tubes Y

– utilisation, d'un jeu de culots, par tube, présenté également sous sachet ;
– acquisition par caisses contenant 5 000 sachets ;
– commandes passées le premier jour de chaque mois, en quantités variables déterminées en fonction des besoins de la production ;
– le stock d'alerte est composé :
  • d'un stock minimum correspondant au délai de livraison des fournisseurs ;
  • d'un stock de sécurité fixé à 15 000 jeux de culots Y ;
– le délai de livraison des fournisseurs : 15 jours ;
– stock au 1er janvier 19A : 140 000 sachets ;
– stock au 30 juin 19A : stock nécessaire pour couvrir les besoins de la fabrication du mois de juillet, que l'on peut estimer à 245 000 tubes Y.

QUESTIONS :

a) Présenter, sous forme de tableau, un programme d'approvisionnement relatif aux culots de tubes X, mettant en évidence, entre autres, les dates de commandes calculées au jour près.
b) Présenter, sous forme graphique, un programme d'approvisionnement relatif aux culots de tubes Y, mettant en évidence les quantités commandées.
c) Rédiger le budget des approvisionnements (en quantité) des deux types de tubes.

(d'après DECF)

21 La gestion budgétaire des investissements

1. *Rappel des méthodes de choix des investissements*
2. *La budgétisation des investissements*

L' investissement se définit comme l'**affectation de ressources à un projet dans l'espoir d'en retirer des profits futurs**. C'est un détour de production.

Les choix d'investissements d'aujourd'hui seront donc ressentis dans le futur et conditionnent l'évolution à long terme de l'entreprise : ainsi l'investissement est un pari sur l'avenir.

Au sein du système de contrôle de gestion, des procédures existent qui permettent de sélectionner, d'autoriser et de contrôler ces investissements.

L'objectif de ces procédures peut être de :

– **s'assurer que les projets** d'investissements proposés par les responsables opérationnels **sont cohérents avec** le développement à long terme et **la stratégie** de l'entreprise : c'est l'objet du **PLAN DE FINANCEMENT** ;
– **vérifier la validité des projets** sur les plans commerciaux, techniques, financiers et légaux pour en cerner les avantages et les risques **et en déterminer la rentabilité : c'est le but des MÉTHODES D'ÉVALUATION des investissements** ;
– **suivre la mise en œuvre des investissements** pour faire respecter les prévisions de dépenses telles qu'elles sont budgétées dans le **BUDGET DES INVESTISSEMENTS**.

Le deuxième point relève du choix des investissements alors que les deux autres constituent, à proprement parler, une prévision des investissements.

1. Rappel des méthodes de choix des investissements

Ces méthodes permettent de connaître la rentabilité économique des investissements et de les sélectionner. Toutes comparent la dépense initiale, aux recettes attendues dans les années à venir, mais intègrent différemment le facteur temps.

1.1 Les méthodes de choix sans actualisation

a) Le délai de récupération du capital investi

Il faut déterminer **le délai au bout duquel les flux nets de trésorerie permettent de récupérer le capital** investi. L'investissement choisi sera celui dont le délai est le plus court.

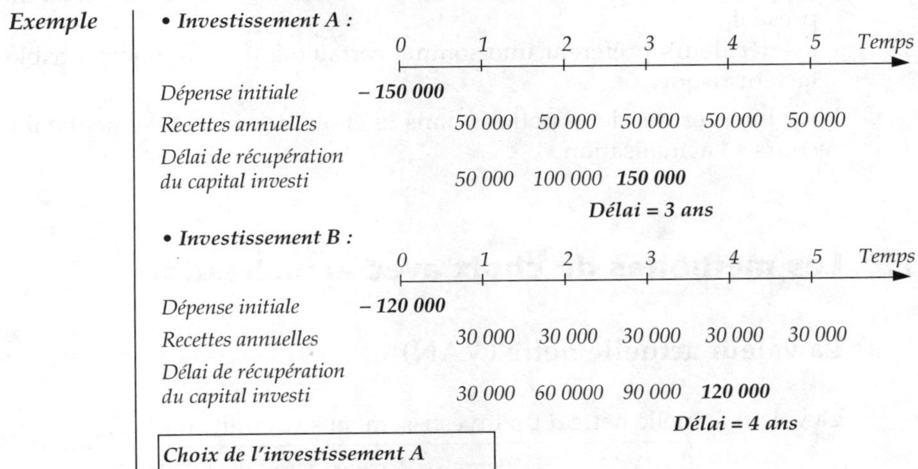

Exemple

• ***Investissement A :***

	0	1	2	3	4	5 Temps
Dépense initiale	***– 150 000***					
Recettes annuelles		*50 000*	*50 000*	*50 000*	*50 000*	*50 000*
Délai de récupération du capital investi		*50 000*	*100 000*	***150 000***		

Délai = 3 ans

• ***Investissement B :***

	0	1	2	3	4	5 Temps
Dépense initiale	***– 120 000***					
Recettes annuelles		*30 000*	*30 000*	*30 000*	*30 000*	*30 000*
Délai de récupération du capital investi		*30 000*	*60 0000*	*90 000*	***120 000***	

Délai = 4 ans

Choix de l'investissement A

Cette méthode simple présente certains inconvénients :
– les investissements à comparer doivent avoir la même durée de vie,
– les flux de trésorerie postérieurs au délai de récupération ne sont pas pris en compte.

b) Le taux de rentabilité comptable

Le **taux de rentabilité comptable** est le rapport entre le bénéfice annuel moyen procuré par l'investissement et la dépense initiale.

t = Bénéfice moyen/ capital investi

Exemple

• ***Investissement A :***

	0	1	2	3	4	5 Temps
Dépense initiale	***– 150 000***					
Bénéfice annuel		*20 000*	*50 000*	*80 000*	*100 000*	*90 000*

$$\textbf{\textit{Bénéfice moyen}} = \frac{340\,000}{5} = \mathbf{68\,000} \Rightarrow \textbf{\textit{Rentabilité comptable}} = \frac{68\,000}{150\,000} = \mathbf{45\ \%}$$

• ***Investissement B :***

	0	1	2	3	4	5 Temps
Dépense initiale	***– 120 000***					
Bénéfice annuel		*20 000*	*40 000*	*60 000*	*30 000*	*25 000*

Bénéfice moyen $= \frac{175\ 000}{5} = 35\ 000 \Rightarrow$ *Rentabilité comptable* $= \frac{35\ 000}{120\ 000} = 29\ \%$

Choix de l'investissement A

On retient les projets dont les taux sont les plus élevés.

Ces deux méthodes n'intègrent ni le facteur temps, ni le facteur risque :

- les décideurs ont une préférence pour la disponibilité présente d'une somme par rapport à la possession future de cette même somme, c'est la préférence pour le présent ;
- les décideurs préfèrent une somme certaine à une somme probable : c'est le facteur risque.

Pour intégrer ces deux notions dans le choix des investissements, il faut avoir recours à l'actualisation.

1.2 Les méthodes de choix avec actualisation

a) La valeur actuelle nette (VAN)

La valeur actuelle nette d'un investissement se définit comme :

VAN = – Dépense initiale + Recettes nettes d'exploitation actualisées

Un investissement est considéré comme rentable quand la **valeur actuelle nette est positive** compte tenu d'un taux d'actualisation i donné.

Exemple

- ***Investissement A :***

	0	1	2	3	4	5 Temps
Dépense initiale	**– 150 000**					
Recettes annuelles		50 000	50 000	50 000	50 000	50 000

$$VAN = -150\ 000 + 50\ 000\left(\frac{1-(1+i)^{-n}}{i}\right) = -150\ 000 + 50\ 000\left(\frac{1-(1{,}15)^{-5}}{0{,}15}\right) \quad i = 15\ \%,\ n = 5 \text{ ans}$$

VAN = 17 608

- ***Investissement B :***

	0	1	2	3	4	5 Temps
Dépense initiale	**– 150 000**					
Recettes annuelles		80 000	70 000	60 000	20 000	20 000

$$VAN = -150\ 000 + 80\ 000\ (1{,}15)^{-1} + 70\ 000\ (1{,}15)^{-2} + 60\ 000\ (1{,}15)^{-3} + 20\ 000\ (1{,}15)^{-4} + 20\ 000\ (1{,}15)^{-5}$$

VAN = 33 324

Choix de l'investissement B

Les résultats obtenus dépendent du taux d'actualisation retenu : il doit être unique pour l'entreprise et représente le coût moyen des capitaux investis, il doit rémunérer les facteurs temps et risque.

Entre deux investissements, le choix se fait pour celui dont la valeur actuelle nette est la plus élevée.

b) Le taux interne de rentabilité (TIR)

> Le taux interne de rentabilité est le taux d'actualisation pour lequel la valeur actuelle nette est nulle.

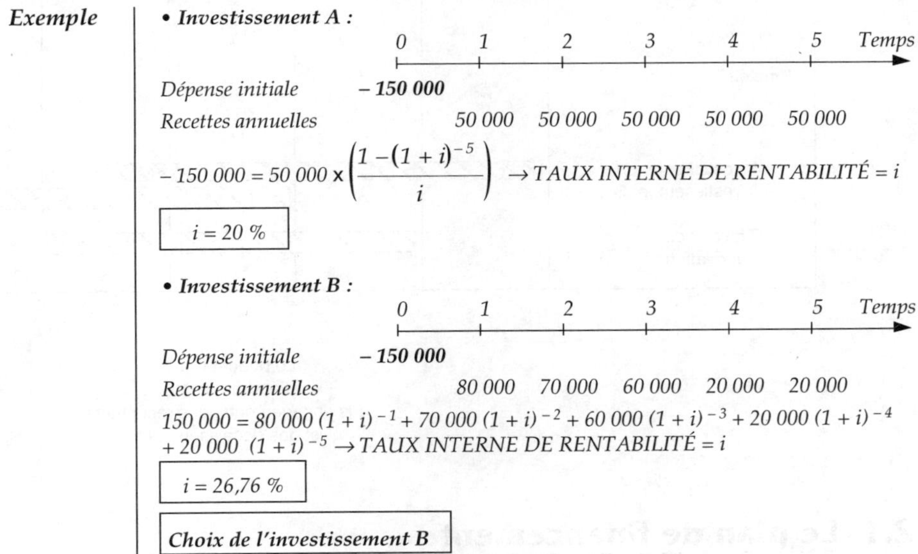

Exemple

• ***Investissement A :***

	0	1	2	3	4	5	*Temps*
Dépense initiale	***– 150 000***						
Recettes annuelles		*50 000*	*50 000*	*50 000*	*50 000*	*50 000*	

$$-150\,000 = 50\,000 \times \left(\frac{1-(1+i)^{-5}}{i}\right) \rightarrow \textit{TAUX INTERNE DE RENTABILITÉ} = i$$

i = 20 %

• ***Investissement B :***

	0	1	2	3	4	5	*Temps*
Dépense initiale	***– 150 000***						
Recettes annuelles		*80 000*	*70 000*	*60 000*	*20 000*	*20 000*	

$$150\,000 = 80\,000\,(1+i)^{-1} + 70\,000\,(1+i)^{-2} + 60\,000\,(1+i)^{-3} + 20\,000\,(1+i)^{-4} + 20\,000\,(1+i)^{-5} \rightarrow \textit{TAUX INTERNE DE RENTABILITÉ} = i$$

i = 26,76 %

Choix de l'investissement B

L'investissement qui présente le taux interne de rentabilité le plus élevé est retenu.

Les méthodes d'actualisation supposent que les sommes dégagées sont réinvesties au taux utilisé pour l'actualisation : si cette hypothèse est plausible pour la méthode de la VAN, elle est plus théorique dans le cas du TIR surtout quand il est élevé. C'est la raison pour laquelle on préfère le critère de la VAN à celui du TIR[1].

2. La budgétisation des investissements

L'investissement et ses retombées s'inscrivent dans une perspective à moyen ou long terme. Le budget est une simulation de l'activité de l'entreprise pour l'année à venir. Il peut sembler **contradictoire**, dans ces conditions, **de parler de budget des investissements**.

1. Pour une étude complète des critères de choix d'investissement voir l'ouvrage de J. Barreau et J. Delahaye : *Gestion financière* UV n° 4, coll. «Gestion sup», DECF, Dunod, 1996.

En effet, **la prévision des investissements s'effectue dans un plan prévisionnel à 5, 7 ou 10 ans** selon les capacités de planification de l'entreprise. Elle s'inscrit dans la recherche d'équilibre financier à long terme exprimé par le **Plan de financement**.

Le **budget annuel des investissements ne retient que les conséquences financières de ce plan pour l'année budgétée**.

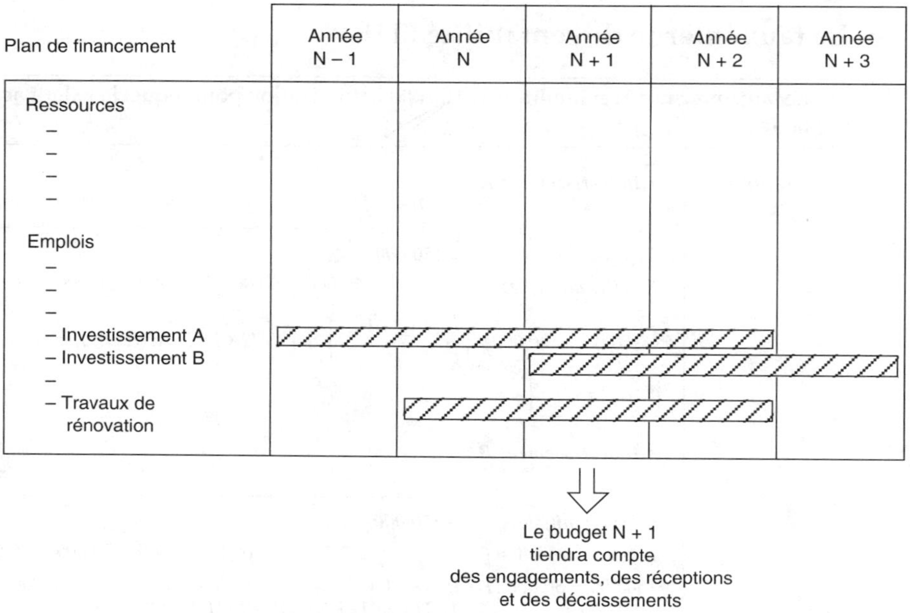

Plan de financement	Année N – 1	Année N	Année N + 1	Année N + 2	Année N + 3
Ressources					
–					
–					
–					
–					
Emplois					
–					
–					
–					
– Investissement A					
– Investissement B					
–					
– Travaux de rénovation					

Le budget N + 1 tiendra compte des engagements, des réceptions et des décaissements

2.1 Le plan de financement

> **Le plan de financement est un état financier prévisionnel des emplois et des ressources de l'entreprise** à moyen terme ou à long terme.

C'est un **instrument de gestion** prévisionnelle qui traduit la stratégie de l'entreprise et qui quantifie ses projets de développement et leurs financements.

Aucun modèle n'est prescrit. En général, les rubriques sont les suivantes dans les **emplois** :
- dividendes à verser,
- acquisitions d'immobilisations,
- remboursements de dettes financières,
- augmentation du besoin en fonds de roulement.

et dans les **ressources** :
- capacité d'autofinancement,
- cessions d'immobilisations,
- augmentations de capital,
- subventions d'investissement reçues,

– augmentation des dettes financières,
– diminution du besoin en fonds de roulement.

Ce plan, dont la période de base est l'année, se construit en deux étapes :

Plan provisoire : en partant de la trésorerie initiale, une ébauche du plan est construite à partir des prévisions d'activité et des projets d'investissements envisagés. Les flux de trésorerie de fin d'année peuvent être, dans ce cas, déséquilibrés.

Plan définitif : Il s'agit de trouver les ressources supplémentaires nécessaires au financement des emplois. Mais ces ressources modifient les emplois des années suivantes et donc le plan ; de proche en proche, il s'agit d'ajuster les emplois et les ressources de chaque année afin d'assurer l'équilibre financier à long terme de l'entreprise.

A ce niveau, on n'envisage pas de projets d'investissements spécifiques, mais plutôt des **programmes d'investissements** qui regroupent un ensemble de projets plus ou moins complémentaires.

Seuls donc les projets essentiels et leurs enveloppes financières globales, cohérents avec les grandes options stratégiques de l'entreprise sont retenus.

C'est à l'intérieur des enveloppes financières et des priorités définies au travers du plan que s'inscrit le budget qui, bien entendu, est détaillé.

2.2 Le budget des investissements

Le budget reprend les informations du plan d'investissement en les détaillant par responsable opérationnel afin de permettre un suivi administratif de l'engagement des dépenses.

Très souvent, l'enveloppe budgétaire autorisée ne représente qu'une partie des possibilités d'engagement de l'année. La direction générale préfère garder une partie de ces possibilités financières (10 à 20 %) pour faire face à d'éventuels projets en urgence ou à des dépassements imprévus sur des investissements acceptés.

Le suivi des investissements s'organise en trois temps :

- **les dates d'engagements** : ce sont les dates à partir desquelles il n'est plus possible de revenir sur les décisions d'investissement sauf à payer un dédit. Elles peuvent donner lieu à versement d'acompte et tout retard dans l'exécution des tâches précédentes contrarie les engagements des tâches suivantes et l'organisation du projet ;
- **les dates de décaissements** : ce sont les différents moments où il faut régler les travaux engagés. Outre leurs conséquences en matière de trésorerie, il est important de vérifier la cohérence entre les montants facturés et ceux budgétés ;
- **les dates de réception** : elles conditionnement le démarrage des activités de fabrication et donc la rentabilité des projets envisagés.

Lorsque les projets sont nombreux, il faut regrouper ces différents éléments dans un budget du type de celui présenté ci-après :

Types de suivi	ENGAGEMENT					RÉCEPTION			DÉCAISSEMENTS							
Année	N	N + 1 **Année à budgéter**				N + 1 **A. à bud.**		N + 2	N	N + 1 **Année à budgéter**						N + 2
Mois	Sept.	Fév	Avr	Juin	Nov	Juil	Sept	Mars	Sept	Fév	Avr	Juin	Juil	Sept	Nov	Solde
Projet 1	1 500						1 500		150	450				900		
Projet 2		1 000				1 000				100	300		600			
Projet 3			500		500	500		500			250		150	100	250	250
Projet 4				200		200						100	60	40		
	1 500	1 000	500	200	500	1 700	1 500	500	150	550	550	100	810	1 040	250	250
	1 500	2 200				3 200		500	150	3 300						250

Projet 1 et 2 = Décaissements comme suit : 10 % à l'engagement, 30 % au début du projet, 60 % à réception des travaux.
Projet 3, 4 : 50 % à l'engagement, 30 % à réception et le solde à deux mois.

RÉFLEXIONS SUR LE THÈME

1. Investissements immatériels et critères de choix quantitatifs

Tous les critères présentés comparent une dépense initiale à des revenus futurs dégagés par les projets. Mais peut-on dans tous les types d'investissement connaître ces paramètres ?

Les investissements peuvent être classés selon la typologie suivante :

- investissements matériels parmi lesquels on peut recenser des projets :
  - de maintien du potentiel productif ou commercial,
  - d'expansion et croissance de ce potentiel ;
- investissements immatériels dont les principaux sont :
  - la recherche et le développement,
  - la formation et le perfectionnement des hommes,
  - les investissements commerciaux (image de marque des produits, lancement des produits nouveaux...),
  - les investissements de publicité institutionnelle dont le but est de faire connaître l'entreprise à l'extérieur et de développer une culture d'entreprise à l'intérieur.

Il est important de noter que la notion d'investissement dans le contrôle de gestion dépasse largement la notion d'immobilisation du Plan Comptable.

Globalement, pour tous les types d'investissements il est possible de connaître les coûts initiaux et les dépenses d'exploitation qu'ils vont entraîner. Mais seuls les investissements matériels permettent une évaluation des recettes probables, encore faut-il nuancer cette affirmation dans le cas d'investissements matériels dont le but est de se conformer à des obligations légales comme des normes anti-pollution.

Faute de recettes, il n'est pas possible de calculer la rentabilité des projets mais seulement d'arbitrer entre le coût du projet et son utilité subjective pour l'entreprise. Pour autant, ces méthodes ne peuvent être rejetées car elles permettent, tout de même, de classer des projets alternatifs de même nature.

2 Comment fixer le taux d'actualisation ?

Le taux d'actualisation doit être unique pour tous les projets d'investissement d'une entreprise. Il doit garantir la rémunération des capitaux investis et d'autre part permettre de sélectionner les projets les plus avantageux.
Globalement, un projet qui assure une rentabilité égale à ce taux permet la continuité de l'entreprise. Cependant, en fixant ce taux, il ne faut pas oublier que celle-ci est obligée d'investir dans des projets qui ne produisent pas de résultats mesurables. Le taux retenu doit donc tenir compte des projets rentables et des projets nécessaires.
Par ailleurs, tout projet d'investissement est constitué d'un flux monétaire négatif compensé, dans le futur, par un flux monétaire positif. Pour combler ce décalage, il faut disposer de capitaux et envisager le coût des ces derniers.
Les capitaux d'une entreprise sont constitués de capitaux propres qui doivent être rémunérés pour assurer la stabilité des apporteurs de capital et des capitaux empruntés pour lesquels la charge d'intérêt est connue.
Le coût des capitaux permanents est donc déterminé par les facteurs suivants :

- la part relative entre capitaux propres et capitaux empruntés,
- la rémunération nécessaire des actionnaires qui s'apparente à un coût d'opportunité,
- les intérêts à payer aux prêteurs après impôts.

Ainsi,le taux d'actualisation représente le coût du capital qui est une moyenne pondérée du coût des fonds propres et du coût des capitaux empruntés, majorée pour tenir compte des projets obligatoires mais sans rentabilité directe.

Applications

① *Société Cément*

Afin de faire face à l'accroissement de la demande, le directeur général de la société CÉMENT envisage l'acquisition d'un nouveau four, mais hésite entre un four au fuel et un four électrique d'une durée de vie de 10 ans chacun. Ils permettraient de produire 2 variétés distinctes de ciment pour lesquelles les perspectives de demande sont également favorables de telle sorte que les critères commerciaux ne sauraient présider au choix du type d'investissement à réaliser.
Les caractéristiques de ces 2 fours, ainsi que les modalités des deux voies de financement possibles sont fournies en annexe. En outre, la société à l'habitude de ne retenir les projets d'investissements que lorsqu'ils assurent une rentabilité avant impôt d'au moins 15 % des capitaux investis et 20 % des capitaux propres.

QUESTIONS :

a) Déterminer le projet à retenir (ne pas tenir compte de l'influence de l'IS).
b) Choisir le mode de financement le moins onéreux en négligeant l'influence de l'IS.

ANNEXE : PROJET D'INVESTISSEMENT
CARACTÉRISTIQUES TECHNIQUES DES FOURS

	Investissement total (millions de Frs)	Charges de fonc-tionnement/tonne	Prix de vente de la tonne	Production (tonnes)
Four au fuel	1,8	350 F	800 F	1 000
Four électrique	2,5	600 F	1 200 F	800

MODALITÉS DE FINANCEMENT

1. Emprunt bancaire :
Montant : celui de l'investissement
Taux intérêt : 12 % l'an
Remboursable : en 10 ans par annuités constantes

2. Crédit-bail :
Montant du contrat : celui de l'investissement
Durée de location : 5 ans
Loyer annuel : s'obtient en divisant par 4 le capital investi par la société de leasing
Option au bout des 5 ans :
– rachat pour un prix égal à 1/4 de la valeur de l'investissement,
– poursuite de la location à un loyer égal à la moitié du loyer antérieur.

(d'après examen)

② *Société Lasalle*

En raison de l'insuffisance de ses capacités de production actuelles, la société LASALLE étudie la création d'une nouvelle unité de production. Les caractéristiques de l'investissement envisagé sont les suivantes :
– construction de bâtiments industriels : 6 000 000 F (HT) amortissables en 10 ans ;
– acquisition de matériels de production : 2 500 000 F (HT) amortissables en 5 ans ;
– agencements des installations : 500 000 F (HT) amortissables en 5 ans.
(Par simplification, les amortissements seront calculés selon le mode linéaire.)

Les études prévisionnelles réalisées ont, par ailleurs, permis de collecter les informations suivantes :

- lors de la première année d'exploitation de cette nouvelle usine, la production supplémentaire, entièrement écoulée sur le marché, serait de 20 000 unités vendues au prix de 1 500 F HT pièce ;
- l'ensemble des charges proportionnelles de fabrication et de distribution s'élèverait à 881 F par unité ;
- l'opération projetée entraînerait des charges fixes hors frais d'investissement (*i.e.* hors amortissements et hors charges financières) de 5 000 000 F par an ;
- il est raisonnable de tabler sur une progression du résultat d'exploitation (hors amortissements) de 5 % par an.

Le financement du projet peut être assuré par l'une des deux modalités ci-après :

- un emprunt à moyen terme, à hauteur de 80 % du montant global de l'investissement, au taux de 15 % l'an, remboursable par amortissements constants à terme échu en 5 ans. Le solde ferait l'objet d'un apport en capital des associés auxquels serait servi un dividende annuel de 10 % ;
- un contrat de crédit-bail, assurant le financement des matériels de production et de la moitié des bâtiments, le reste étant acquis sur fonds propres. Le contrat présenterait les caractéristiques suivantes :
  - un crédit-bail mobilier, durée : 3 ans, loyer annuel 900 000 F (HT) payable à terme échu, option d'achat en fin de contrat 800 000 F (supposée effectivement levée par la société Lasalle, les matériels concernés étant amortis en 2 ans) ;
  - un crédit-bail immobilier, durée : 5 ans, loyer annuel 500 000 F (HT) payable à terme échu, option d'achat en fin de contrat 200 000 F (supposée également levée par la société) ;

Données complémentaires :

- dans les calculs financiers, on considérera que les produits ou les charges, quels qu'ils soient, sont perçus ou acquittés à la fin de chaque période ;
- la seule incidence fiscale à prendre en compte est celle de l'impôt sur les sociétés (au taux de 33,1/3 %) ;
- si le projet voit effectivement le jour, à la fin des cinq années, la société LASALLE ne compte pas, en tout état de cause, revendre l'unité de production concernée ;
- elle ne souhaite pas réaliser une opération d'investissement telle que les capitaux engagés – quelles que soient les modalités de financement – ne permettent pas d'atteindre une rentabilité minimale de 12 %.

QUESTIONS :

a) Pour chacune des deux hypothèses de financement envisagées, présenter le tableau de détermination des flux prévisionnels de trésorerie générés par le projet.

b) La société Lasalle souhaite des conseils sur l'opportunité de l'investissement et sur le choix du mode de financement le plus avantageux.

(d'après DECF)

3 *Matériel de coupe*

Dans un atelier de fabrication de tissu, une étude menée sur plusieurs produits, a révélé dans tous les cas des écarts importants sur les quantités de matière utilisées. Des recherches complémentaires ont mis en évidence une insuffisance du contrôle des pièces de tissu lors de la réception, les défauts n'étant détectés qu'au moment de la coupe.

Le contrôleur de gestion propose l'installation d'un matériel de contrôle automatique et systématique de toutes les livraisons, matériel déjà installé chez un concurrent et qui semble donner satisfaction. Cette implantation entraînerait la réorganisation de la réception et du magasin matières.

Conditions d'installation du matériel destiné au contrôle des tissus

Matériel

Date d'acquisition : fin décembre 19N.
Date de mise en service : début janvier 19N + 1.
Prix d'acquisition : 1 560 000 F HT.
Frais d'installation : 140 000 F HT.
Durée de vie économique : 5 ans.
Amortissement dégressif.
Valeur vénale fin 19N + 5 : 10 000 F.

Besoin en fonds de roulement

L'utilisation de ce matériel entraînera des retours beaucoup plus fréquents aux fournisseurs et certaines relations privilégiées en seront modifiées. Il en résultera une réduction des délais de règlement correspondant à une variation du crédit-fournisseur de 500 000 F.

Exploitation

Ce matériel devrait supprimer totalement les pertes de tissu évaluées à 440 000 F par an et réduire les dépenses annuelles de gestion (dépenses de fonctionnement du nouveau matériel déduites) de 96 000 F.
Au service réception, un employé qui effectuait le contrôle des tissus sur une dérouleuse manuelle totalement amortie, part à la retraite et ne sera pas remplacé. Les charges annuelles liées à ce salarié s'élèvent à 104 000 F.

Contexte économique et financier

On retient pour taux d'actualisation des flux économiques le coût moyen pondéré du capital.
Dans l'entreprise :
– le coût des fonds propres est de 15,6 % ;
– 40 % des sources de financement sont empruntées à un coût moyen avant impôt de 11 %.

Hypothèses de travail

Par mesure de simplification, on retiendra les hypothèses suivantes :
– les flux de liquidités sont considérés comme dégagés en fin de période ;
– taux uniforme de 33,1/3 % de l'impôt sur les sociétés.

QUESTIONS :

a) Déterminer la rentabilité économique de ce projet en utilisant le critère de la valeur actuelle nette des flux de liquidités. (Taux d'actualisation : 12 %.)
b) Vérifier que le taux d'actualisation utilisé précédemment par le contrôleur de gestion correspond au coût moyen pondéré des sources de financement de l'entreprise.

(DESCF extrait)

22 Le budget général et le contrôle budgétaire du résultat

Une fois arrêté le programme des ventes en adéquation avec les capacités productives, il a été possible de définir les différents budgets :
- budget des ventes et des frais commerciaux,
- budget de la production et éventuellement de la sous-traitance,
- budget des approvisionnements, et d'en déduire les budgets de fonctionnement des différents services.

Il est alors nécessaire de vérifier la cohérence de l'ensemble prévisionnel construit, et la capacité monétaire de l'entreprise à le réaliser.

L'objet du budget de trésorerie est de traduire, en termes monétaires (encaissements et décaissements), les charges et les produits générés par les différents programmes.

L'élaboration du budget de trésorerie est la résultante d'une démarche budgétaire complète. Il faudra la finaliser par l'établissement de documents de synthèse prévisionnels qui devront être cohérents avec les travaux de planification à plus long terme existant dans l'entreprise.
Par ailleurs, ces documents fournissent au contrôleur budgétaire des données sur lesquelles il peut appuyer un suivi des réalisations de l'entreprise, en généralisant le calcul d'écarts à la formation du résultat.

1. Le budget de trésorerie

Le budget de trésorerie est la **transformation** des charges et des produits de tous les budgets précédents **en encaissements et en décaissements**, notions qui **privilégient l'échéance des flux monétaires**.

LE BUDGET DE TRÉSORERIE

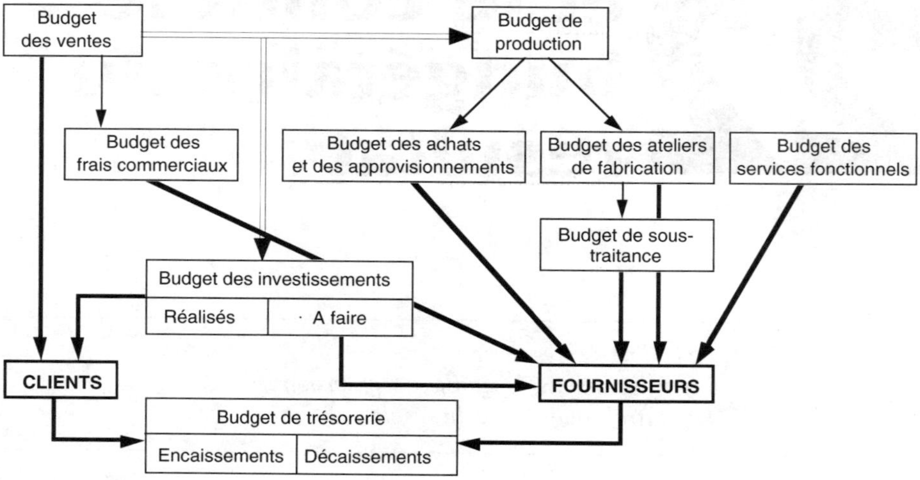

Il ne peut donc être établi qu'une fois l'ensemble de la démarche budgétaire d'un exercice élaboré et les différents budgets approuvés.

Dans une optique strictement budgétaire, le budget de trésorerie répond à deux impératifs :

- **s'assurer d'un équilibre mensuel** entre encaissements et décaissements en vue de mettre en place, **préventivement**, des moyens de financement nécessaires à court terme en cas de besoin de liquidités pour un ou des mois donnés ;
- **connaître le solde de fin de période budgétaire** des comptes de tiers et de disponible, tels qu'ils figureront dans le bilan prévisionnel.

L'établissement d'un budget de trésorerie nécessite plusieurs étapes indispensables qui permettent un bouclage de la démarche budgétaire finalisée par les «documents de synthèse» prévisionnels :
- la collecte des informations nécessaires,
- la préparation des budgets partiels de trésorerie,
- l'élaboration et l'ajustement du budget récapitulatif de trésorerie.

Nous envisagerons successivement ces différentes étapes.

1.1 La collecte des informations

Le budget de trésorerie relie des informations budgétaires d'exercices différents. C'est pourquoi la phase de collecte est obligatoire.

Les éléments nécessaires pour élaborer le budget de l'année en cours sont :
- le bilan de l'année précédente,
- tous les budgets approuvés de l'année en cours,
- la connaissance des modes de règlement de l'entreprise,
- les décaissements et encaissements exceptionnels qui n'entrent pas dans le cadre d'un budget précis.

Exemple

La société Z vous demande d'établir son budget de trésorerie relatif au premier semestre de l'année N. Vous disposez des documents et renseignements suivants.

Bilan au 31 décembre N-1

Immobilisations brutes	*380 000*	*Capitaux propres*	*324 360*
Amortissements	*– 128 000*		
Immobilisations nettes	*252 000*		
Stock de matières premières	*22 380*	*Fournisseurs de matières premières*	*23 720*
Stock de produits finis	*33 200*	*Charges sociales*	*9 500*
Clients (Effets)	*46 000*	*TVA à décaisser*	*7 440*
Disponibilités	*11 440*		
Total	*365 020*	*Total*	*365 020*

Budgets du premier semestre de l'année N

- *Budget des ventes*

Mois	*Jan*	*Fév.*	*Mars*	*Avril*	*Mai*	*Juin*	*TOTAL*
Prix unitaire(HT)	*200*	*200*	*200*	*200*	*200*	*200*	*–*
Quantités	*200*	*500*	*250*	*750*	*250*	*350*	*2 300*
Chiffres d'affaires (milliers de Frs)	*40*	*100*	*50*	*150*	*50*	*70*	*460*

- *Budget de la production*

	Janvier	*Février*	*Mars*	*Avril*	*Mai*	*Juin*	*Total du semestre*
Charges directes							
• *Consommations de matières*	*40 000*	*32 000*	*44 000*	*48 000*	*20 000*	*24 000*	*208 000*
• *Salaires de production*	*4 000*	*3 000*	*4 200*	*4 400*	*3 000*	*3 000*	*21 600*
• *Charges sociales*	*2 000*	*1 500*	*2 100*	*2 200*	*1 500*	*1 500*	*10 800*
Charges indirectes							
• *Entretien*	*1 000*	*500*	*1 000*	*2 000*	*500*	*200*	*5 200*
• *Assurances*	*3 000*	*3 000*	*3 000*	*3 000*	*3 000*	*3 000*	*18 000*
• *Taxe professionnelle*	*1 000*	*1 000*	*1 000*	*1 000*	*1 000*	*1 000*	*6 000*
• *Amortissements*	*3 000*	*3 000*	*3 000*	*3 000*	*3 000*	*3 000*	*18 000*
Total mensuel	*54 000*	*44 000*	*58 300*	*63 600*	*32 000*	*35 700*	*287 600*

Les charges indirectes, hormis les charges d'entretien, sont des charges abonnées.

- *Budget des achats (en valeur)*

Matières premières

	Janvier	*Février*	*Mars*	*Avril*	*Mai*	*Juin*	*Total du semestre*
Stock en début de mois	*22 380*	*12 380*	*20 380*	*26 380*	*28 380*	*8 380*	
Livraisons (début de mois) +	*30 000*	*40 000*	*50 000*	*50 000*	*–*	*30 000*	*200 000*
Consommations du mois –	*40 000*	*32 000*	*44 000*	*48 000*	*20 000*	*24 000*	*208 000*
Stock de fin de mois =	*12 380*	*20 380*	*26 380*	*28 380*	*8 380*	*14 380*	

• *Budget des services fonctionnels*

	Janvier	*Février*	*Mars*	*Avril*	*Mai*	*Juin*	*Total du semestre*
Salaires et appointements	15 000	15 000	15 000	15 000	15 000	15 000	90 000
Charges sociales	7 500	7 500	7 500	7 500	7 500	7 500	45 000
Charges de gestion	2 000	3 000	500	1 000	2 000	800	9 300
Total du mois	24 500	25 500	23 000	23 500	24 500	23 300	144 300

Renseignements divers

• *Règlements clients*

Les ventes sont encaissées moitié comptant, moitié 30 jours-date de facturation, par le biais d'effets escomptables.

• *Règlements fournisseurs*

Les fournisseurs de matières premières sont réglés à 30 jours fin de mois ; les autres fournisseurs sont réglés comptant.

• *Taxe sur la valeur ajoutée*

Tous les produits et les charges passibles de TVA sont imposés au taux de 20,6%. L'entreprise paye la TVA le 25 du mois suivant et relève du régime de droit commun. Le crédit de TVA éventuel s'impute sur la TVA à payer des mois suivants.

• *Règlements divers*

- *L'acompte de taxe professionnelle de 6000 F est payé en juin.*
- *Les primes d'assurances annuelles s'élèvent à 36 000 F et sont réglées globalement en mars.*
- *Les salaires sont payés le dernier jour du mois échu.*
- *Les charges sociales relatives aux salaires sont payées le 15 du mois suivant.*

Chacune des informations fournies a des implications sur les encaissements ou les décaissements quant à leur montant, ou leur échéance ; il est donc **impératif de s'assurer de l'exhaustivité** des informations collectées et **également de leur fiabilité** : version définitive des budgets, modes de règlement toujours en vigueur, etc.

Il est alors possible d'organiser la phase de préparation des budgets partiels.

1.2 Les budgets partiels de trésorerie

Les budgets sont établis généralement en montant hors taxes. Les encaissements et les décaissements doivent être exprimés toutes taxes comprises.

Par ailleurs, l'application des règles de droit commun en matière de TVA oblige à un calcul particulier pour déterminer le montant de la «TVA à décaisser» du mois qui sera payable le mois suivant.

C'est pourquoi, il est fréquent d'établir trois budgets partiels :
– un budget des encaissements,
– un budget de TVA,
– un budget des décaissements.

a) Le budget des encaissements

Le budget comprend deux zones :

– la **partie haute du tableau** permet le calcul du chiffre d'affaires TTC et du montant de la TVA collectée du mois (reprise dans le budget de TVA).

– la **partie basse du tableau** tient compte des décalages d'encaissements introduits par les modes de règlement, elle intègre les créances clients figurant au bilan de l'année précédente.

Exemple *Pour le premier semestre de l'année N, le budget des encaissements de l'entreprise Z se présente comme suit :*

BUDGET DES ENCAISSEMENTS

	Janvier	*Février*	*Mars*	*Avril*	*Mai*	*Juin*	*Total du semestre*
Ventes hors taxes (cf. Budget des ventes)	40 000	100 000	50 000	150 000	50 000	70 000	460 000
TVA collectée (taux 20,6 %)	8 240	20 600	10 300	30 900	10 300	14 420	94 760
Chiffres d'affaires T.T.C.	48 240	120 600	60 300	180 900	60 300	84 420	554 760
							Bilan
• *Clients de l'année N – 1 (Cf. Bilan année précédente)*	46 000						
• *Encaissements comptant dans le mois (1/2 du CA TTC)*	24 120	60 300	30 150	90 450	30 150	42 210	
• *Encaissements par effets (à 30 jours date de facturation)*	–	24 120	60 300	30 150	90 450	30 150	42 210
Encaissements du mois	70 120	84 420	90 450	120 600	120 600	72 360	

Il est utile de faire figurer dans une colonne spéciale le montant des encaissements attendus à fin juin de l'année N ; cette information facilite l'élaboration des «documents de synthèse» prévisionnels.

b) Le budget de TVA

Ce budget permet le calcul du décaissement de TVA selon les règles de droit commun, à savoir :

TVA à décaisser du mois M	=	TVA collectée du mois M	–	TVA déductible /immobilisations du mois M	–	TVA déductible /biens du mois M

La «TVA à décaisser» d'un mois donné est payable dans le courant du mois suivant.

La construction du budget de trésorerie oblige à déterminer le montant de «TVA déductible» du mois, et donc à reconstituer les achats de toute nature en valeur toutes taxes comprises (TTC).

La **partie haute du tableau** permet la reconstitution des achats TTC, ainsi que le calcul de la «TVA déductible» du mois reprise dans la partie basse du tableau.

La **partie basse du tableau** conduit à la détermination de la «TVA à décaisser» d'un mois en appliquant la règle ci-dessus énoncée : c'est cette zone qui constitue à proprement parler le budget de TVA.

Exemple | *Le budget de TVA pour l'entreprise Z se présente comme suit :*

BUDGET DE TVA

	Janvier	*Février*	*Mars*	*Avril*	*Mai*	*Juin*	*Total du semestre*
Achats de matières premières (cf. Budget des achats)	30 000	40 000	50 000	50 000		30 000	200 000
TVA sur matières premières (A)	6 180	8 240	10 300	10 300	–	6 180	41 200
Achats de matières premières TTC	36 180	48 240	60 300	60 300	–	36 180	241 200
Charges diverses (entretien et charges de gestion)	3 000	3 500	1 500	3 000	2 500	1 000	14 500
TVA sur charges diverses (B)	618	721	309	618	515	206	2 987
Charges diverses TTC	3 618	4 221	1 809	3 618	3 015	1 206	17 487
TVA déductible du mois (A) + (B)	6 798	8 961	10 609	10 918	515	6 386	44 187
							BILAN
TVA collectée du mois (cf. budget des encaissements)	8 240	20 600	10 300	30 900	10 300	14 420	
TVA déductible du mois	6 798	8 961	10 609	10 918	515	6 386	
TVA à décaisser du mois	1 442	11 639	– 309	19 982	9 785	8 034	
TVA payable dans le mois (TVA à décaisser du mois précédent	7 440 (1)	1 442	11 639	–	19 673 (2)	9 785	8 034

(1) Données obtenues dans le bilan N – 1. *(2) 19 982 – 309.*

c) Le budget des décaissements

Il regroupe les dépenses figurant dans les budgets de charges selon leur mode de règlement. Ces éléments sont repris pour leur montant TTC.

On y retrouve le montant de la «TVA payable dans le mois» obtenue dans le budget de TVA.

Exemple | *Le budget des décaissements de l'entreprise Z regroupe les règlements par échéance :*

- *les règlements des fournisseurs de matières premières payables le mois suivant ;*
- *les règlements des «autres fournisseurs» sont payables comptant. Ils sont constitués par :*

- *les charges d'entretien relevées dans le budget de production,*
- *les charges de gestion prévues dans le budget des services fonctionnels.*

Il se présente comme suit :

BUDGET DES DÉCAISSEMENTS

	Janvier	*Février*	*Mars*	*Avril*	*Mai*	*Juin*	*BILAN*
• *Achats de matières premières TTC*	(1) 23 720	36 180	48 240	60 300	60 300	–	36 180
• *Charges diverses TTC*	3 618	4 221	1 809	3 618	3 015	1 206	–
• *Assurances*			36 000				(2) 18 000
• *Taxe professionnelle*						6 000	
• *Salaires et appointements (cf. Budgets de production et des services fonctionnels)*	19 000	18 000	19 200	19 400	18 000	18 000	
• *Charges sociales*	(1) 9 500	9 500	9 000	9 600	9 700	9 000	9 000
• *TVA à décaisser*	(1) 7 440	1 442	11 639	–	19 673	9 785	8 034
Total mensuel	63 278	69 343	125 888	92 918	110 688	43 991	

(1) Données obtenues du bilan de l'année N – 1. *(2) Charges constatées d'avance*

Il est utile de faire figurer dans une colonne spéciale le montant des décaissements attendus à fin juin de l'année N ; cette information facilite l'élaboration des documents de synthèse prévisionnels.

Ces budgets partiels établis, il est possible de présenter le budget de trésorerie proprement dit.

1.3 Le budget récapitulatif de trésorerie

Ce budget récapitulatif est généralement présenté sous **deux versions successives**. Dans ce cas, le travail budgétaire consiste en :

– l'établissement d'une **version initiale** du budget, faisant apparaître les **soldes bruts mensuels de trésorerie,**

– la **mise au point d'un budget de trésorerie ajusté**, compte tenu des desiderata financiers de l'entreprise.

a) La version initiale du budget

Dans cette optique, mois par mois, les encaissements sont comparés avec les décaissements, tels qu'ils sont apparus dans les budgets partiels précédents, et en tenant compte des disponibilités qui figurent au bilan de l'exercice antérieur.

Cette version s'établit colonne par colonne puisque le solde final de trésorerie d'un mois donné est la trésorerie initiale du mois suivant.

Exemple *Dans l'entreprise Z, la version initiale du budget est la suivante, et fait apparaître une trésorerie négative au cours du mois de mars.*

BUDGET RÉCAPITULATIF DE TRÉSORERIE (VERSION INITIALE)

	Janvier	*Février*	*Mars*	*Avril*	*Mai*	*Juin*
• *Solde de trésorerie en début de mois*	(1) *11 440*	*18 282*	*33 359*	*– 2 079*	*25 603*	*35 515*
• *Encaissements*	*70 120*	*84 420*	*90 450*	*120 600*	*120 600*	*72 360*
• *Décaissements*	*63 278*	*69 343*	*125 888*	*92 918*	*110 688*	*43 991*
• *Solde de trésorerie de fin de mois*	*18 282*	*33 359*	*– 2 079*	*25 603*	*35 515*	*63 884*

(1) Informations du bilan N – 1.

b) Le budget de trésorerie ajusté

Il présente obligatoirement des **soldes de trésorerie nuls ou positifs puisqu'il tient compte des modes de financement retenus par l'entreprise pour équilibrer sa trésorerie.**

En effet, négocier préventivement des financements à court terme est généralement moins coûteux et plus sûr que le recours éventuels à des crédits à court terme en situation de trésorerie négative.

Exemple *La direction financière de l'entreprise Z souhaite qu'il y ait toujours, par sécurité, une encaisse minimale de 9000 F. Il est possible d'escompter les effets des clients moyennant un taux d'intérêt de 12 % l'an.*

Compte tenu de cette exigence, le budget de trésorerie ajusté se présente comme suit :

BUDGET DE TRÉSORERIE AJUSTÉ

		Janvier	*Février*	*Mars*	*Avril*	*Mai*	*Juin*
Solde début de mois		*11 440*	*18 282*	*33 359*	*9 000*	*25 492*	*35 404*
Encaissements bruts	+	*70 120*	*84 420*	*90 450*	*120 600*	*120 600*	*72 360*
Effets escomptés dans le mois précédent	–	–	–	–	*– 11 190*	–	–
Encaissements nets	=	*81 560*	*102 702*	*123 809*	*118 410*	*146 092*	*107 764*
Décaissements	–	*63 278*	*69 343*	*125 888*	*92 918*	*110 688*	*43 991*
Solde de trésorerie brut	=	*18 282*	*33 359*	*– 2 079*	*25 492*	*35 404*	*63 773*
Effets escomptés dans le mois	+	–	–	(1) *11 190*	–		
Intérêts à 12 % l'an sur les effets	–	–	–	(2) *– 111*	–		
Solde de trésorerie net (fin de mois)	=	*18 282*	*33 359*	*9 000*	*25 492*	*35 404*	*63 773*

(1) Déficit + encaisse minimale = 99 % des effets escomptés bruts arrondis à la dizaine de francs supérieurs.
(2) Coût moyen de l'escompte : 12 % l'an soit 1 % sur 1 mois.

Ce budget ajusté devrait, dans la pratique, être amélioré : il considère la notion d'encaisse minimale comme un montant en deçà duquel il ne faut pas descendre. En toute logique, un excès de trésorerie non placé est un signe de mauvaise gestion, au même titre que des déficits non souhaités. Il faudrait alors envisager des placements pour les mois à trésorerie excédentaire, et tendre à une encaisse de 9 000 F si l'on retient ce montant comme élément de sécurité.

Cette mise en œuvre concrète est généralement effectuée au sein de la fonction Trésorerie chargée d'exécuter les décisions arrêtées, au vu des éléments budgétaires. La gestion de trésorerie n'apparait pas dans notre démarche. Notons simplement qu'elle a pour vocation, entre autre, d'assurer quotidiennement la pérennité de l'entreprise en lui maintenant un niveau de liquidités suffisantes par une gestion en temps réel des comptes bancaires et des refinancement nécessaires.

POINT MÉTHODE

- Le bilan de l'exercice précédent doit être un bilan après répartition afin que la partie décaissée du résultat, c'est-à-dire les dividendes à payer, soit connue.
- Bien lire les informations relatives aux modes de règlement : ainsi les expressions «paiement à 30 jours» et «paiement à 30 jours fin de mois» ne sont pas synonymes. La première décompte la durée du crédit à partir de la date de facturation, et donc entraîne un encaissement dans le mois suivant celle-ci. La seconde entraîne une exigibilité à la fin du mois suivant celui de la facturation, et donc un encaissement sur les premiers jours du mois prochain, soit deux mois de décalage par rapport au mois de facturation.
- Attention aux informations des budgets qui sont fournies hors taxes, elles doivent toujours être reprises dans un budget de trésorerie toutes taxes comprises.
- Ne pas assimiler charges à décaissements et produits à encaissements. Il existe des charges non décaissées (toutes les dotations aux amortissements et aux provisions), et des décaissements qui ne sont pas des charges (les remboursements de capital financier, les acquisitions d'immobilisations).
- Le budget de TVA présenté respecte les règles de droit commun, mais il existe d'autres régimes d'assujettissement : la TVA sur les encaissements, celle sur les débits. Il s'agit toujours dans la conception de ce budget de respecter les règles d'«exigibilité» et de «fait générateur», pour déterminer le montant de la «TVA à décaisser».

A ce niveau d'élaboration le budget de trésorerie a répondu à son premier objectif : équilibrer les encaissements et les décaissements dans le cadre de la démarche prévisionnelle qui caractérise les budgets. Il est possible alors d'établir les documents de synthèse prévisionnels.

2. Les «documents de synthèse» prévisionnels

L'établissement de «documents de synthèse» prévisionnels répond à deux exigences :
- **assurer l'équilibre comptable de l'année budgétée** entre les budgets des différents services et le budget de trésorerie, afin de **permettre un suivi en termes d'écarts de tout le système «Entreprise»**,
- **vérifier la cohérence de la démarche budgétaire** avec celle retenue dans le **plan**

à moyen terme : il est impératif que les objectifs à moins d'un an des budgets soient compatibles avec ceux, à moyen terme, du plan opérationnel.

Il s'agit, en regroupant les informations des différents budgets de dresser :
- un compte de résultat prévisionnel faisant apparaître le résultat budgété de l'année,
- le bilan prévisionnel à la fin de l'exercice budgétaire.

2.1 Le compte de résultat prévisionnel (ou budgété)

Il respecte les principes comptables et regroupe les charges et les produits par nature pour leur montant hors taxes.

Exemple *Compte tenu d'un stock final de produits finis de 40 000 F, le compte de résultat prévisionnel de l'entreprise Z pour le premier semestre de l'année N se présente comme suit :*

COMPTE DE RÉSULTATS AU 30.06.N

CHARGES			*PRODUITS*		
Achats de matières premières		*200 000*	*Ventes de produits finis*		*460 000*
Variation de stocks		*+ 8 000*	*Production stockée*		*+ 6 800*
• Stock initial	*22 380*		*• Stock final*	*40 000*	
• Stock final	*14 380*		*• Stock initial*	*33 200*	
– Consommation de matières premières		*208 000*			
– Autres achats et charges externes		*32 500*			
• Entretien	*5 200*				
• Assurance	*18 000*				
• Charges de gestion	*9 300*				
– Salaires et charges de personnel		*167 400*			
• Salaires	*111 600*				
• Charges sociales	*55 800*				
– Impôts et taxes		*6 000*			
– Amortissements		*18 000*			
– Charges financières		*111*			
Total des charges		*432 011*			
Résultat de l'exercice		***34 789***			
Total général		*466 800*	*Total général*		*466 800*

Le résultat budgété s'élève à 34 789 F.

Le résultat budgété obtenu sert de référence dans l'analyse des écarts qui sera développée dans la partie 3 : le contrôle budgétaire du résultat.

Il permet également l'équilibre avec le bilan prévisionnel.

2.2 Le bilan prévisionnel (ou budgété)

Son élaboration s'effectue à l'aide :
- du bilan de l'exercice précédent,

– des résultats des budgets de trésorerie en ce qui concerne les comptes de tiers ou de disponible,
– des budgets de production et d'approvisionnement pour les éléments stockés,
– du compte de résultat prévisionnel pour les amortissements et le résultat budgété.

Exemple *Au 30 juin 19N, le bilan budgété de l'entreprise Z se présente ainsi :*

BILAN BUDGÉTÉ AU 30.06.N

ACTIF		PASSIF	
Immobilisations brutes	380 000	*Capitaux au 1.1.N*	324 360
Amortissements (128 000 + 18 000)	146 000	***Résultat de l'exercice***	**34 789**
Immobilisations nettes	234 000	*Capitaux propres au 30.6.N*	359 149
Stock de matières premières	14 380		
Stock de produits finis	40 000	• *Fournisseurs de matières premières*	36 180
Clients (Effets à recevoir)	42 210	• *Charges sociales*	9 000
Disponibilités	63 773	• *TVA à décaisser*	8 034
Charges constatées d'avance	18 000		
	412 363		412 363

POINT MÉTHODE

• La construction des «documents de synthèse» budgétés est fortement facilitée par l'existence dans tous les tableaux des budgets, soit d'une colonne «montant total de la période budgétée» pour ce qui concerne les éléments du compte de résultat, soit d'une colonne «montant figurant au bilan» pour les comptes de tiers et de disponible.
• Le compte de résultat prévisionnel ne retient que des éléments hors taxes, en application des règles du plan comptable, alors que les dettes et les créances figurent au bilan pour un montant toutes taxes comprises.
• La démarche budgétaire est correcte si elle aboutit à l'équilibrage de tous les budgets exprimés dans les «documents de synthèse» prévisionnels : les étudiants à qui l'on demande ce travail, doivent y voir une obligation de résultat et pas seulement de moyens.

Les documents de synthèse prévisionnels établis serviront de référence pour ajuster le pilotage du système «Entreprise». Régulièrement (souvent sur une périodicité mensuelle), les réalisations seront confrontées aux chiffres budgétés, et permettront la mise en évidence d'écarts qui seront à l'origine d'actions correctives : ce travail est celui du contrôle budgétaire.

3. Le contrôle budgétaire du résultat

L'établissement de «documents de synthèse» prévisionnels dans le cadre d'une démarche budgétaire permet d'étendre un contrôle sous forme d'écarts à tout le système «Entreprise». Ce mode de pilotage respecte une approche analytique qui procède du général (le résultat) au particulier (chaque élément constitutif du résultat).

3.1 Analyse de l'écart de résultat

L'établissement du compte de résultat prévisionnel a conduit à évaluer tous les postes de charges et de produits participant au «**Résultat budgété**».

Le résultat s'analyse comme la différence entre un chiffre d'affaires et des coûts de revient. Ces derniers peuvent être considérés comme des coûts de production et une quote-part de frais dits «généraux» en provenance des services fonctionnels et administratifs.

La synthèse des données mises à la disposition du contrôle de gestion est présentée dans l'exemple suivant :

Exemple

	Données budgétées				*Données réelles*			
	Prix vente	*Coût prod.*	*Qté*	*Autres charges*	*Prix vente*	*Coût prod*	*Qté*	*Autres charges*
Prod.A	*15*	*9*	*200*	*2*	*13*	*8*	*170*	
Prod.B	*10*	*7*	*90*	*1*	*11*	*6*	*110*	
Total			*290*				*360*	*540*

a) L'écart de résultat

L'écart de résultat s'écrit ainsi :

E/R = Résultat réel – Résultat Budgété

Exemple

En reprenant les chiffres précédents :

	RÉEL		*BUDGÉTÉ*	
	Détail	*Global*	*Détail*	*Global*
• *Chiffre d'affaires :*		*3420*		*3900*
Produit A	*2210*		*3000*	
Produit B	*1210*		*900*	
• *Coût de production*		*2020*		*2430*
Produit A	*1360*		*1800*	
Produit B	*660*		*630*	
• *Autres charges*		*540*		*490*
Produit A			*400*	
Produit B			*90*	
RÉSULTAT		*860*		*980*

L'écart de résultat est donc égal à – 120. Défavorable.

L'ÉCART DE RÉSULTAT est constitué de trois composantes associées chacune à une entité responsable :

– le chiffre d'affaires dont la réalisation incombe aux commerciaux,
– les coûts de production dont la maîtrise est prise en charge par les responsables de la production,
– les frais généraux dont le suivi est de la responsabilité des services fonctionnels et administratifs.

C'est pourquoi la décomposition de l'écart de résultat doit faire apparaître les responsabilités budgétaires de chaque entité.

Remarque méthodologique

Dans toute la suite des développements, le raisonnement s'appuie sur des éléments globaux (Chiffre d'affaires total ou coût de production global) et non sur des informations spécifiques à chaque produit. En effet, l'étendue des gammes de produits est généralement trop importante pour permettre une décomposition par produit.

b) Décomposition de l'écart de résultat

Il s'agit d'arriver à contrôler par cette décomposition, les trois zones de responsabilité évoquées précédemment. Mais une difficulté existe quant à la mise en évidence de la nature de l'action des services commerciaux : une simple comparaison des chiffres d'affaires, telle qu'elle est proposée dans le chapitre 18 – La gestion budgétaire des ventes, est insuffisante pour porter un jugement pertinent sur la qualité des réalisations budgétaires de ces services.

Dans le cadre du budget, les commerciaux s'engagent sur plusieurs objectifs : des quantités à vendre par produit, des prix moyens pour ces mêmes produits mais aussi sur une proportion précise entre les ventes de ces différents produits. En effet, réaliser un chiffre d'affaires prévu en privilégiant le développement des ventes d'un produit à faible marge unitaire, entraîne un impact négatif sur le résultat, et ce, sans préjuger de la qualité de la maîtrise des coûts de production.

Il faut donc que la décomposition de l'écart sur résultat mette en évidence les responsabilités de chaque entité et, plus spécifiquement, qu'elle permette, pour les commerciaux, de juger du respect des trois objectifs précédemment définis.

C'est pour respecter cette contrainte que les calculs suivant sont faits.

Soit les abréviations suivantes :

CA : chiffre d'affaires,
CP : coût de production global,
AC : autres charges globales.

Les éléments réels sont indicés «**r**», les éléments budgétés sont indicés «**b**».

L'écart sur résultat peut s'écrire :

$$
\begin{aligned}
E/R &= \text{Résultat réel} - \text{Résultat budgété} \\
&= (CA_r - CP_r - AC_r) - (CA_b - CP_b - AC_b)
\end{aligned}
$$

Soit **CP_p**, le coût de production préétabli c'est-à-dire le coût de production standard adapté à la production réelle.

L'égalité précédente n'est pas remise en cause en ajoutant l'expression suivante de valeur nulle ($CP_p - CP_p$) mais qui permet une meilleure décomposition de l'écart sur résultat.

On obtient :

$$E/R = (CA_r - CP_r - AC_r) - (CA_b - CP_b - AC_b) + (CP_p - CP_p)$$

et en regroupant les termes :

$$E/R = [(CA_r - CP_p) - (CA_b - CP_b)] - (CP_r - CP_p) - (AC_r - AC_b)$$

Marge réelle – Marge budgétée

E/R = Écart de marge sur chiffre d'affaires (responsabilité des services commerciaux) – Écart sur coût de production (responsabilité des services de production) – Écart sur charges de structure (responsabilité des services fonctionnels et administratifs)

Suite de l'exemple

Compte tenu des calculs précédents, la décomposition de l'écart de résultat se présente ainsi, il suffit de calculer préalablement le coût de production préétabli :

Produit A = 170 unités x 9 = 1530

Produit B = 110 unités x 7 = 770 soit au total 2300

On obtient :

Écart de marge sur chiffres d'affaires — *Écart sur coût de prodution* — *Écart sur charges de structure*

E/R = [(3420 – 2300) – (3900 – 2430] – [2020 – 2300] – [540 – 490]

= [(1120) – (1470)] – [–280] – [+50]

= [– 350 Déf] – [– 280 Fav] – [+ 50 Déf]

= – 120 Déf.

Dans cet exemple simplifié, on peut voir que la baisse du résultat par rapport au budget est imputable aux services commerciaux et, à un moindre degré, aux services administratifs (écart défavorable de + 50) alors même que les services de fabrication ont su préserver une bonne productivité.

Le principe de décomposition en sous-écarts doit se poursuivre à un niveau encore plus fin pour analyser l'influence du paramètre d'origine. Seule cette localisation des causes des écarts peut permettre une recherche d'actions correctives judicieuses. C'est ce que cherche à montrer le graphique suivant :

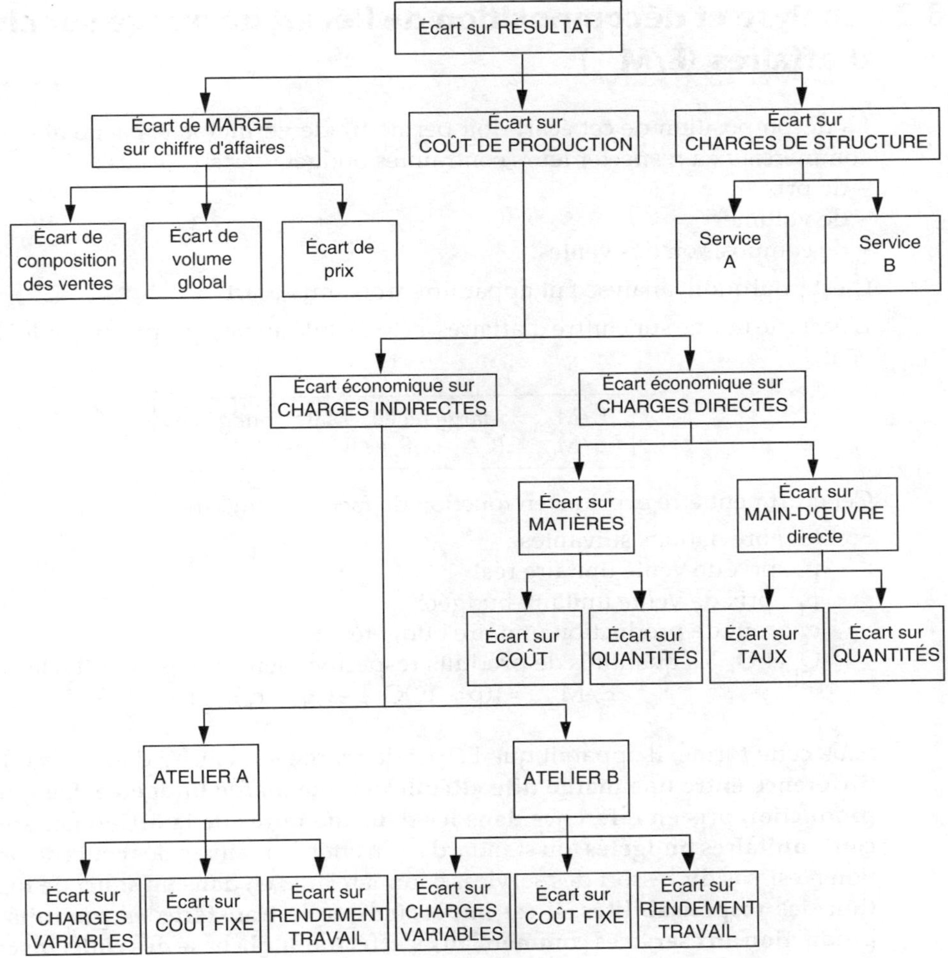

• **L'ÉCART SUR COÛT DE PRODUCTION** n'est autre que l'écart économique que nous avons déjà étudié dans le cadre de la méthode des coûts préétablis aux chapitres 13 à 14. Nous n'y reviendrons pas.

• **L'ÉCART SUR CHARGES DE STRUCTURE** est la différence entre le montant réel et budgété des «autres charges». Ces éléments représentent les frais de fonctionnement des services administratifs et fonctionnels, et sont globalement composés de charges fixes. Leur suivi budgétaire se contente de faire apparaître, par service, les dépassements de budgets.

• **L'ÉCART DE MARGE SUR CHIFFRE D'AFFAIRES** apparaît comme une différence de marge, il tient compte des trois facteurs budgétaires précédemment énoncés.

Il s'agit maintenant d'analyser ce dernier écart.

3.2 Analyse et décomposition de l'écart de marge sur chiffre d'affaires (E/M_{CA})

La décomposition de cet écart doit permettre de vérifier la capacité des services commerciaux à respecter leurs contraintes budgétaires en termes :
- de prix,
- de volume,
- de composition des ventes.

C'est pourquoi l'analyse fait apparaître trois sous-écarts.

L'écart de marge sur chiffre d'affaires a été calculé au paragraphe précédent. Il est égal à :

$$E/M_{CA} = \text{Marge réelle} - \text{Marge budgétée}$$
$$E/M_{CA} = (CA_r - CP_p) - (CA_b - CP_b)$$

Cet écart peut être exprimé en fonction de facteurs unitaires.

Soit les abréviations suivantes :

$\mathbf{p_r}$: prix de vente unitaire réel
$\mathbf{p_b}$: prix de vente unitaire budgété
$\mathbf{c_b}$: coût de production unitaire budgété
$\mathbf{Q_r}$ et $\mathbf{Q_b}$ les quantités de produits respectivement réelles et budgétées.

$$E/M_{CA} = [(p_r - c_b)Q_r] - [(p_b - c_b)Q_b]$$

Sous cette forme, il apparait que l'écart de marge sur chiffre d'affaires (1) est la **différence entre une marge dite «Réelle» et une marge budgétée. Les coûts de production pris en référence dans les deux membres de la différence sont des coûts unitaires budgétés** (ou standards). En effet, la maîtrise des coûts de production n'est pas du ressort des services commerciaux, et, dans un **souci de localisation des responsabilités**, il est important que le **transfert des produits de la production aux services commerciaux s'effectue sur la base des coûts inscrits au budget**.

a) L'écart sur prix (E/P)

Il se définit comme la différence entre les deux marges unitaires mises en évidence ci-dessus, valorisée par les quantités réelles.

$$E/P = [(p_r - c_b) - (p_b - c_b)]\ Q_r$$

En simplifiant, on obtient une définition plus opératoire pour les calculs.

$$E/P = (p_r \times Q_r) - (p_b \times Q_r)$$

1. Selon la terminologie retenue par A. BURLAUD et C. SIMON dans *Coûts/Contrôle*, Vuibert, 1988. Cet écart aurait peut-être pu s'appeler «écart de marge des services commerciaux» mais cette appellation n'aurait pas été homogène avec les autres dénominations qui nomme le paramètre générateur de l'écart.

soit

E/P = CA réel – CA préétabli

Suite de l'exemple

Dans notre cas, le calcul de l'écart sur prix donne :

	RÉEL	*PRÉÉTABLI*
Produit A *Produit B*	*13 x 170 = 2210* *11 x 110 = 1210*	*15 x 170 = 2550* *10 x 110 = 1100*
	CA réel = 3420	*CA préétabli = 3650*

L'écart sur prix est de (3420 – 3650) = – 230 déf

b) L'écart sur volume global (E/VG)

Cet écart doit permettre de juger l'évolution du chiffre d'affaires due à des données communes à l'ensemble des produits (croissance du marché, état de la concurrence), qui entraînent des variations dans les quantités vendues.

Comme les produits vendus par les entreprises peuvent être nombreux et hétérogènes en termes d'unités, il n'est pas possible de travailler sur des quantités. L'écart se calcule donc sur des bases monétaires de chiffre d'affaires pour lesquelles a été éliminée l'influence de la variation des prix.

E/VG = (CA préétabli – CA budgété) Taux de marge budgétée

ou encore

$$E/VG = [(Q_r - Q_b)\ p_b] \times \text{Taux de marge budgétée}$$

Suite de l'exemple

Il a déjà été calculé :

– le CA préétabli (cf écart sur prix) = 3650

– le CA budgété (cf écart de résultat) = 3900

et le taux de marge budgété se calcule en faisant :

Marge budgétée / CA budgété = 1470 / 3900 = 0,376923

L'écart est donc égal à :

(3650 – 3900) x 0,376923 = – 94,23 Défavorable

Il y a donc bien valorisation d'une variation globale des quantités apparue entre les réalisations et le budget. Cependant, il est nécessaire de s'assurer que la composition prévue des ventes a été respectée.

c) Écart sur composition des ventes (E/CV)

Les marges respectives des différents produits ont une incidence sur le taux de marge. Pour juger des proportions entre les produits, il suffit de comparer les taux de marge moyens.

Comme pour l'écart de volume global, les éléments de référence sont calculés hors «effet-prix», c'est-à-dire indépendamment des variations de prix, et donc sur des notions préétablies définies comme suit :

Taux préétabli = Marge préétablie / CA préétabli

Taux budgété = Marge budgétée / CA budgété

L'écart sur composition des ventes s'écrit :

E/CV = (Taux préétabli – Taux budgété) x CA préétabli.

Suite de l'exemple

Il ne manque que le taux de marge préétablie qui est égal à :
(3650 – 2300) / 3650 = 0,369863

l'écart est alors égal à :
(0,369863 – 0,376923) x *3650 = – 25,77 Défavorable*

Il est facile de vérifier que :
E/CA = E/P + E/VG + E/CV
= (– 230) + (– 94,23) + (– 25,77)

Ces calculs peuvent (et doivent) facilement être automatisés. Les informations permanentes sont prises dans le budget : il s'agit, par période (souvent le mois), et par produits ou famille de produits :

– de la quantité à vendre et du prix unitaire retenu en provenance du budget commercial,
– du coût standard en provenance du budget de production.

Les données à saisir, chaque mois, sont uniquement (et toujours par produits ou famille de produits) :

– les quantités vendues,
– les chiffres d'affaires réalisés.

Il est alors facile de programmer dans un simple tableur les opérations nécessaires au calcul des écarts.

RÉFLEXIONS SUR LE THÈME

1. Le budget de trésorerie n'est pas la gestion de la trésorerie.

Le budget de trésorerie a pour vocation principale la mise en évidence de certains déséquilibres monétaires dans le cadre du budget annuel.
La gestion des besoins ou des excédents de trésorerie est prise en charge par le technicien compétent : le TRESORIER au sein d'une fonction spécifique, la fonction TRESORERIE.
L'objectif du trésorier d'entreprise est, dans le cadre d'une délégation bien précise, d'assurer la liquidité à court terme et au moindre coût de l'entreprise pour qu'elle puisse faire face à tous moments à ses obligations.
La fonction trésorerie a en charge depuis quelques années, et suite aux développements rapides des marchés financiers, l'immunisation de l'entreprise à un certain nombre de risques et tout spécialement :

- le risque de change,
- le risque de taux.

En ce sens, l'approche budgétaire devra, pour les entreprises à forte activité internationale, être menée de manière pluri-monétaire de façon à prévoir, aussi tôt que possible, les risques encourus par la firme et donc de mettre en œuvre les couvertures nécessaires et indispensables si telles sont les directives de la direction générale.

2. Le contrôle budgétaire ne se résume pas au calcul des écarts.

Il serait erroné de réduire le contrôle budgétaire au calcul des écarts. Ce dernier englobe bien d'autres aspects qu'il faut avoir présent à l'esprit.
Certes, son rôle principal consiste à agir pour améliorer les performances de l'entreprise mais cette recherche de l'efficience peut revêtir plusieurs formes :

- optimiser des goulots d'étranglement,
- réaliser des études ergonomiques afin d'aménager les temps de travail,
- détecter les blocages psychologiques dans le but d'améliorer la communication,
- proposer des modifications de procédures et éliminer les circuits caduques...

Mais le contrôle budgétaire impose à toute l'entreprise un «code de bonne conduite» :

- il oblige à respecter les contraintes et développe un mode de fonctionnement contractuel,
- il responsabilise la hiérarchie à tous les niveaux par le jeu des délégations successives,
- il oblige à une remise en cause régulière et à l'apprentissage de la négociation dans tous les types de communication (hiérarchique, mais aussi avec les collègues).

Ainsi les conséquences d'un contrôle budgétaire efficace sont nombreuses et positives pour autant que les exigences de communication indispensables à son fonctionnement ne servent pas à régler des comptes...

Applications

① Budget des encaissements

Le service commercial d'une entreprise a établi les prévisions mensuelles de ventes consignées dans le tableau ci-dessous :

Mois	Volume des ventes de tubes X	Volume des ventes de tubes Y
Janvier	18 000	235 000
Février	18 000	230 000
Mars	20 000	235 000
Avril	16 000	170 000
Mai	14 000	150 000
Juin	14 000	170 000

– prix de vente hors taxe d'un tube X : 25 F ;
– prix de vente hors taxe d'un tube Y : 12 F ;
– TVA au taux normal.

Conditions générales de règlement des clients

- *Clients de tubes X :*
  – 10 % du montant hors taxe à la commande qui a lieu, en moyenne, un mois avant la livraison ;
  – 50 % de la facture à la livraison ;
  – le solde à 30 jours.
- *Clients de tubes Y :*
  – 20 % à la livraison ;
  – 50 % à 30 jours ;
  – le solde à 60 jours.
- Au 31 décembre 19A, le compte 411 Clients est débiteur des sommes dues au titre :
  – des ventes de tubes Y du mois de novembre : 3 415 680 F ;
  – des ventes de tubes Y du mois de décembre : 3 486 840 F.

QUESTIONS :

a) Établir le budget des ventes de tubes X, ainsi que le budget des ventes de tubes Y pour le premier semestre 19A + 1.
b) Établir le budget des encaissements de créances-clients de tubes X, ainsi que le budget des encaissements des créances-clients de tubes Y, pour le premier semestre 19A + 1.
c) Préciser le solde du compte : 411 Clients à la date du 30 juin 19A + 1.

(d'après DECF)

② Entreprise commerciale Solver

L'entreprise commerciale SOLVER, un article unique P au prix de 4 000 F HT l'unité. La distribution du produit est assurée par des VRP multi-cartes rémunérés par des commissions égales à 10 % du chiffre d'affaires HT.

La fabrication d'un produit nécessite :
– 20 kg de matières premières à 30 F HT le kilo,
– 600 F de frais de fabrication variables.

Les frais fixes de fabrication comprennent des salaires et des amortissements. Ils s'élèvent à 1 200 000 F. Les frais fixes d'administration sont constitués pour partie de services extérieurs soumis à TVA (montant : 780 000 F HT) et pour le reste d'amortissements.

L'inventaire physique au 31.12.N a dénombré :
– 2000 kg de matières premières,
– 1000 unités de produit finis.

Le bilan au 31 décembre 19N de la même entreprise se présente ainsi :

BILAN AU 31 DÉCEMBRE 19N			
PASSIF		ACTIF	
Immobilisations	1 600 000	Capital (1)	2 140 000
Matière première	60 000	Emprunt	282 000
Produits finis	264 000	Fournisseurs	20 000
Clients	160 000	État, TVA à payer	38 000
Effets à recevoir	320 000	Personnel, charges à payer (2)	30 000
Trésorerie	106 000		
	2 510 000		2 510 000

(1) Après virement des comptes *Résultats* et *Compte personnel de l'exploitant.*
(2) Les charges à payer représentent le montant des commissions dues aux représentants.

Pour l'exercice 19N + 1 les prévisions sont les suivantes :

- *Achats de matière première* : 6 000 kg tous les trois mois, le premier achat ayant lieu en janvier.
- *Production* : 100 articles par mois, sauf en août où l'atelier est fermé.
- *Ventes* : 960 articles ; coefficients saisonniers mensuels :
  - de janvier à mars 0,6
  - d'avril à juin 1
  - de juillet à septembre 1,6
  - d'octobre à décembre 0,8
- *Règlements* : Les clients règlent en moyenne 50 % de leurs achats par crédit à un mois et 50 % par effets à 2 mois négociables.
  - Les fournisseurs sont payés en moyenne 50 % comptant et 50 % à un mois.
  - Les frais de fabrication et administratifs sont réglés le mois même de leur apparition ; les décaissements concernant les frais fixes se répartissent à peu près uniformément sur les douze mois de l'année.
  - Les commissions aux représentants sont réglées le mois suivant celui des ventes correspondantes.
- *Emprunt* : il doit être amorti de 72 000 F en mars. Les intérêts de cet emprunt sont compris dans les frais administratifs.
- *Frais fixes* : ceux de production comprennent 240 000 F d'amortissements, ceux d'administration en comportent 120 000 F.
- *Investissements* : un matériel de production doit être acheté en mars, sa valeur hors taxes est de 400 000 F (TVA : 20,60 %). Il est envisagé de leur payer 50 % en juin et 50 % en janvier 19N + 2. Les amortissements correspondants prévus pour 19N + 1, qui se montent à 120 000 F, n'ont pas été compris dans l'estimation initiale des frais.

QUESTIONS :

Présenter :

a) Le budget mensuel des recettes de 19N + 1.
b) Le budget mensuel de la TVA payée en 19N + 1.
c) Le budget mensuel des dépenses de 19N + 1.

d) La situation mensuelle de la trésorerie de 19N + 1 (situation théorique).

e) Prévoir, en se conformant aux directives données en annexe, les ajustements nécessaires pour maintenir en permanence la trésorerie à un niveau suffisant : limiter les calculs aux trois premiers mois de l'année 19N + 1.

f) Établir le compte de résultat prévisionnel de l'exercice 19N + 1, compte tenu des frais financiers résultant des ajustements des soldes mensuels de trésorerie, frais estimés à 35 000 F pour l'année complète.
(Cette question peut être traitée avant les trois qui précèdent).

ANNEXE

Il s'agit d'obtenir, à la fin de chaque mois, un solde de trésorerie positif en recourant :

1. A la négociation des effets à recevoir en portefeuille, aux conditions suivantes :
   a) remise mensuelle : par tranches de 10 000 F, les effets les plus anciens étant négociés les premiers ;
   b) coût mensuel : 1 % (compter les mois en nombres entiers).
2. A l'avance bancaire si nécessaire :
   a) par tranches mensuelles de 10 000 F ;
   b) frais :
   – 2 % par mois immédiatement inscrits au débit du compte de l'entreprise ;
   – 5 % de la plus forte avance mensuelle imputés en fin d'année.

(d'après examen)

3 Société OCE

Vous êtes chargé(e) d'élaborer pour le chef d'entreprise de la société OCE des documents prévisionnels du prochain trimestre. Vous disposez des informations suivantes :

Bilan au 30.04.19A

ACTIF				PASSIF	
Fonds commercial	145 400	–	145 400	Capital	1 200 000
Terrains	153 300	–	153 300	Réserve légale	120 000
Constructions	930 000	440 000	490 000	Résultat de l'exercice	251 116
Installations techniques	448 000	213 500	234 500		
Autres immobilisations	64 200	18 900	45 300		
				Emprunts auprès des	
Stocks de marchandises	910 000	–	910 000	établissements de crédit	440 434
Créances clients	455 000		455 000	Dettes fournisseurs	355 000
Autres créances	48 800		48 800	Dettes fiscales (État)	150 750
				Autres dettes	100 000
Disponibilités	103 050		103 050		
Charges constatées d'avance	31 950		31 950		
	3 289 700	672 400	2 617 300		2 617 300

1. Le poste «Autres créances» est encaissable en mai.

2. Le poste «Dettes fiscales (État)» représente :
   – la TVA due au titre d'avril, à décaisser en mai ;
   – le solde (acomptes provisionnels déduits) de l'impôt sur les sociétés de l'exercice clos le 30 avril 19A.
   Le résultat fiscal de l'exercice clos le 30 avril A – 1 était de 126 000 F.
   L'impôt sur les sociétés dû au titre de l'exercice clos le 30 avril 19A s'élève à 98 700 F ; les acomptes provisionnels représentent 33 1/3 % du résultat fiscal de référence.
   L'impôt dû est payé le plus tard possible.

3. Le plan d'amortissement de l'emprunt figurant au passif du bilan est le suivant :

(Extraits)

Échéance	Capital dû en début de période	Intérêt	Amortissement	Trimestrialité	Capital dû en fin de période
31.3.A	455 550,00	19 247,00	21 233,00	40 480,00	434 317,00
30.6.A	434 317,00	18 350,00	22 130,00	40 480,00	412 187,00
30.9.A	412 186,89	17 415,00	23 065,00	40 480,00	389 122,00

(Il s'agit d'un emprunt remboursable par trimestrialités constantes, au taux annuel de 18 %).

4. Les «Autres dettes» figurant au passif du bilan ne donneront lieu à aucun remboursement en mai, juin et juillet.
5. L'assurance responsabilité civile et l'assurance incendie, dont la prime annuelle s'élève à 42 600 F, a été réglée d'avance le 1.2.19A.
6. Les immobilisations sont amortissables selon le mode linéaire. Aucune n'arrivera en fin d'amortissement au cours de la période. Aucune n'est totalement amortie. On n'envisage ni acquisition, ni cession.
   Les taux d'amortissement pratiqués sont les suivants :
   – constructions .... 5 % l'an
   – installations techniques, matériel et outillage industriel .... 10 % l'an
   – autres immobilisations corporelles .... 15 % l'an

Prévisions d'exploitation

1. Chiffre d'affaires prévisionnel :
   Mai 19A .... 1 145 700 F TTC
   Juin 19A .... 964 800 F TTC
   Juillet 19A .... 1 326 600 F TTC
   (toutes les ventes sont passibles de la TVA au taux normal).
2. Marge sur prix d'achat : en moyenne 30 % du prix de vente.
3. Habitudes de paiement de la clientèle :
   50 % règlent au comptant ; 50 % règlent à 30 jours fin de mois.
4. Prévisions d'achats :
   Mai 19A .... 904 500 F TTC
   Juin 19A .... 904 500 F TTC
   Juillet 19A .... 783 900 F TTC
   (tous les achats sont passibles de la TVA au taux normal).
5. Prévisions de «charges diverses» (autres qu'intérêts d'emprunts, assurances et amortissements) :
   80 000 F TTC (dont 5 000 F de TVA déductible) par mois.
6. Règlement des achats et des «charges diverses» :
   – achats : 40 % au comptant et 60 % à 30 jours fin de mois.
   – «charges diverses» : on les supposera toutes réglées au comptant.
7. La TVA est réglée à l'administration fiscale le 20 de chaque mois.

QUESTIONS :

a) Le budget de trésorerie (mois par mois) du prochain trimestre.
Avec les étapes intermédiaires :
– du budget des encaissements ;
– du budget des décaissements (lui-même précédé du budget de TVA).

b) Le compte de résultat prévisionnel (schématique) du trimestre.

c) Le bilan prévisionnel en fin de trimestre.

(d'après examen)

(4) *Contrôle budgétaire du résultat*

Pour le mois de mars de l'année N, vous disposez des informations suivantes :

Données extraites du budget

Fiche de coût standard

	PRODUIT A			PRODUIT B			PRODUIT C		
	Q	P.U.	Montant	Q	P.U.	Montant	Q	P.U.	Montant
Matière première M	2 kg	4 F	8	2,2	4 F	8,8	2,5	4 F	10
Main-d'œuvre directe	0,20 h	62 F	12,4	0,25 h	62 F	15,5	0,5	62 F	31
Centre C (1)	0,40 h	40 F	16	0,50 h	40 F	20	1	40 F	40
			36,4			44,3			81

(1) Dont 15 F de coût fixe unitaire.

Production normale	1 000	750	300
Stock initial de produits finis	100	50	20
Ventes budgétées (en quantités)	1 000	720	310
Prix unitaire budgété	50 F	70 F	100 F

Compte de résultat réel

– Chiffres d'affaires Produit A = 900 x 50 F Produit B = 600 x 80 F Produit C = 400 x 120 F	141 000
– Production stockée (valorisée au coût standard) Produit A (150 – 100) 36,4 Produit B (220 – 50) 44,3 Produit C (10 – 20) 81	+ 8 541
	149 541
Consommation de matières M 4 500 kg à 4,20 F	18 900
Main d'œuvre directe 600 heures à 65 F de l'heure	39 000
Charges indirectes Centre C (Activité réelle : 1 200 heures)	49 800
Résultat avant charges commerciales	41 841

QUESTIONS :

a) Effectuer les calculs du contrôle budgétaire permettant d'analyser l'écart de résultat.
b) Mettre en évidence tous les écarts défavorables et proposer des actions correctives possibles.

■ Quatrième partie

Contrôle de gestion et mesure de la performance globale

Techniques récentes ponctuelles et globales

La complexité et l'incertitude qui caractérisent l'environnement actuel ont modifié les besoins des organisations en information et les décideurs ont demandé au contrôle de gestion de nouvelles démarches pour mieux suivre et piloter l'activité.

• Ainsi, certaines améliorations et méthodes complémentaires ont été élaborées sans modifier les fondements et les principes du contrôle de gestion ; c'est l'objet de la première sous-partie :

Première sous-partie : ***Améliorations ponctuelles du contrôle de gestion***

– *chapitre 23* : Le budget base zéro

– *chapitre 24* : Le surplus de productivité globale

– *chapitre 25* : Le contrôle de gestion et l'informatique

– *chapitre 26* : L'analyse de la valeur

• Mais, face aux bouleversements rapides et profonds de l'organisation de la production tant à l'intérieur qu'à l'extérieur des entreprises, à la modification de la nature des marchés (passage d'une économie de l'offre à celle de la demande), les demandes formulées au contrôle de gestion obligent à une remise en cause plus globale.

De nouvelles démarches sont conçues pour mieux mesurer la performance globale de l'entreprise. C'est l'objet de la deuxième sous-partie :

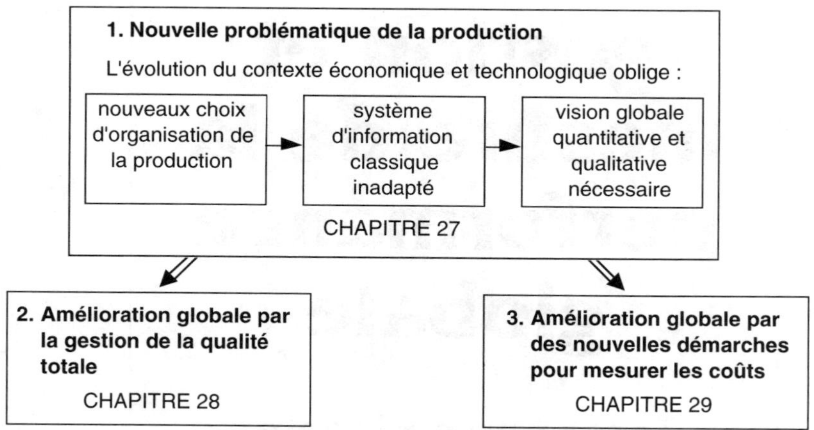

Deuxième sous-partie : ***Améliorations globales du contrôle de gestion***

– *chapitre 27* : La nouvelle problématique de la production

– *chapitre 28* : La gestion de la qualité totale.

– *chapitre 29* : Le calcul des coûts dans la nouvelle problématique de la production.

• Enfin, pour terminer nous essayerons de dégager les tendances fortes du contrôle et du contrôleur de gestion actuellement.

Troisième sous-partie : ***Analyse, formalisation du système contrôle de gestion***

– *chapitre 30* : L'organisation du contrôle gestion et les missions du contrôleur de gestion.

Sous-partie 1

Améliorations ponctuelles du contrôle de gestion

23. **Le budget base zéro**
24. **Le surplus de productivité globale**
25. **Le contrôle de gestion et l'informatique**
26. **L'analyse de la valeur**

23 Le budget base zéro

Face aux dysfonctionnements constatés dans la pratique des budgets, des études ont été menées pour essayer de pallier ces dérives.

Remettant en cause la procédure budgétaire, la technique des budgets à base zéro (BBZ) s'intéresse à la budgétisation des frais généraux.

1. Définition et objectifs

1.1 Pourquoi le BBZ ?

Les charges et les budgets des services fonctionnels sont difficiles à mesurer et à contrôler : en effet le service opérationnel «client» ignore le coût des prestations qu'il demande et le service fonctionnel «fournisseur» ignore la valeur des prestations qu'il fourni.

Les charges des services fonctionnels des entreprises et les administrations ont tendance à «gonfler» rapidement.

La budgétisation des frais généraux telle qu'elle est présentée par le contrôle budgétaire ne permet pas une maîtrise complète de ces charges.

Les dérives constatées dans la gestion et le contrôle de gestion des services administratifs ont conduit à rechercher une méthode plus adaptée.

L'objectif est de mettre en évidence les corrélations entre les budgets alloués et les performances réalisées en utilisant les mêmes indicateurs de mesure.

La démarche conduit indirectement à analyser l'opportunité des missions envisagées, ce qui revient à définir les priorités.

1.2 Définition

Au début des années 70 aux Etats-Unis, P. PYHRR élabore un modèle connu sous le nom de Budget Base Zéro (BBZ).

> Le BBZ est une **procédure budgétaire** qui restructure l'entreprise **sans tenir compte du passé**, en ne retenant que les modules vraiment utiles.

La construction des budgets se fait à partir de zéro, c'est-à-dire sans référence au montant réellement dépensé à la période précédente mais en fonction du besoin présent.

Ce modèle doit permettre une planification plus simple des budgets donc une meilleure prise de décision et une réduction des coûts par une répartition des ressources plus adéquate.

Pyhrr définit ainsi sa procédure :

«Plutôt que de procéder à des replâtrages incessants du budget existant, il s'agit de reconsidérer totalement les activités et les priorités, et de reconstruire un ensemble d'allocations de ressources neuf et meilleur pour l'année budgétaire qui commence»,

et il la définit comme :

«un procédé de planification et de budgétisation qui exige de la part de chaque dirigeant d'un centre de décision qu'il justifie dans le détail et dès son origine (d'où l'intitulé de base zéro) tous les postes du budget dont il a la responsabilité et qu'il donne la preuve de la nécessité d'effectuer cette dépense [1]».

Expérimenté en premier lieu dans une entreprise très consommatrice en charges indirectes (TEXAS instruments), le modèle a structuré le budget des services fonctionnels selon des modules de décision, donc plus en relation avec les missions de l'activité que ne le faisait le découpage classique.

La méthode fut appliquée dès les années 70 par les administrations américaines puis françaises pour essayer de réduire les frais généraux.

2. La mise en place de la procédure

2.1 Les différentes étapes

Le principe du BBZ repose sur trois étapes :

1. P. Pyhrr, *International Conference of the Planning Executive Institute*, New York, 15 mai 1972.

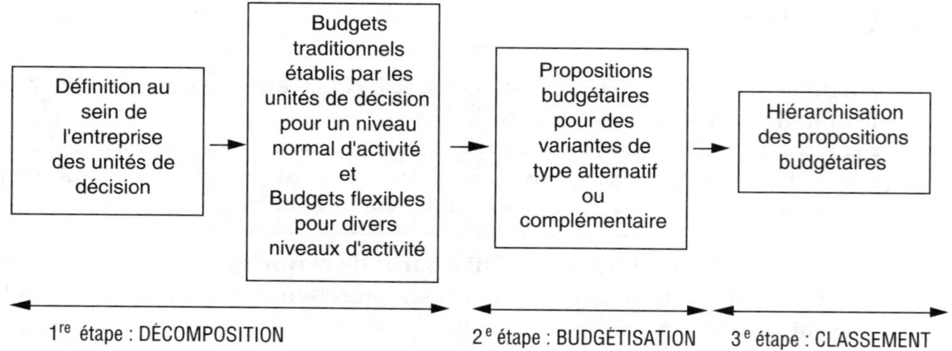

a) La décomposition

L'entreprise est découpée en **activités** et pour chacune d'entre elles sont déterminées les missions principales et les missions secondaires.

b) La budgétisation

Chaque responsable d'activité budgète les moyens nécessaires pour ses missions. Un ensemble budgétaire est constitué pour chaque activité comprenant :

- des budgets mutuellement exclusifs correspondant à plusieurs options et dont on retient ensuite la plus adéquate ;
- des budgets complémentaires à l'intérieur de chaque option pour développer des différentes hypothèses d'activité.

c) Le classement

Chaque responsable doit justifier ses missions par leur hiérarchisation et leur évaluation en termes de coûts/avantages, pour que les ressources financières et humaines nécessaires lui soient allouées.

Dans ce contexte, le budget d'un niveau d'activité ou d'une unité serait présenté sous la forme suivante :

STRUCTURE DE BASE D'UN DEVIS DÉCISIONNEL (1)				
TITRE DU DEVIS (niveau du devis _____ de _____) Date DÉPARTEMENT SECTION				
I RAISON D'ÊTRE DE L'ACTIVITÉ				
II BÉNÉFICES OU AVANTAGES				
III RÉSULTATS DE LA NON-APPROBATION DU DEVIS				
IV RESSOURCES REQUISES				
	Année fiscale en cours	Budget Niveau du devis	Budget Niveau cumulatif	% de l'an en cours
1. Ressources humaines (nombre)				
2. Ressources financières : a) Dépenses annuelles d'opération Salaires Autres Total				
b) Dépenses d'investissement				
Total (a + b)				
V AUTRES POSSIBILITÉS (au niveau de service existant) ET COÛTS :				
VI AUTRES POSSIBLITÉS (façons différentes de mener l'activité) ET COÛTS				

(1) Source : Dossier Z.B.B. – Éditions I.S.I. Les Presses de l'Université LAVAL.

Ce budget sera ensuite intégré dans un ensemble budgétaire.

2.2 Les systèmes de classement

La hiérarchie requiert un mode classement qui peut varier selon les entreprises.

Trois méthodes ont été couramment utilisées :

- un **critère unique** : à partir d'un indicateur de rentabilité (valeur actuelle nette, ratio bénéfice/coût, rendement d'investissement...) les budgets sont classés par ordre croissant ;
- un **système de critères** : une approche multicritère (sur des éléments quantitatifs, financiers, et qualitatifs, utilité, risque...) essaie d'apprécier la validité des ensembles budgétaires pour les ordonner ;
- un **système de notes** : une commission comprenant les responsables de l'activité analyse les ensembles budgétaires, les note et les classe.

Exemple

Voici un système de classement par notes.

- *Soit les objectifs suivants et leur ordre de priorités.*

Objectifs :	***Ordre de priorité***	***Importance relative***
N° 1 : Augmenter le gain par action	*1*	*2*
N° 2 : Conserver la part du marché	*2*	*1,5*
N° 3 : Maintenir le niveau de risque dans les investissements	*4*	*0,5*
N° 4 : Ne proposer aucune augmentation de personnel	*3*	*1*

Niveau possible de réalisation des objectifs				
N° 1	***N° 2***	***N° 3***	***N° 4***	***Points***
0	*– 10 %*	*Augmentation*	*0*	*→ 0*
5 %	*– 5 %*	*Maintien*	*moins 1 personne*	*→ 1*
10 %	*0*	*Diminution*	*moins 2 personnes*	*→ 2*
15 %	*+ 5 %*	*–*	*moins 3 personnes*	*→ 3*
20 %	*– 10 %*	*–*	*–*	*→ 4*

- *À partir du système de notes établi au-dessus, il faut évaluer deux devis décisionnels A et B :*
  - *A : entretien préventif de véhicules,*
  - *B : recherche commerciale.*

Le tableau suivant reproduit le calcul détaillé du nombre de points respectif qui leur est attribué, soit 9,5 et 6,0 ce qui permettra ensuite de les classer parmi l'ensemble des devis proposés.

(A) DEVIS : ENTRETIEN PRÉVENTIF DES VÉHICULES

Bénéfices prévus de cette activité :

Augmentation du gain par action de 12 %, réduction de 2 employés.
Maintien du risque et de la part de marché

Objectifs	***Points***	***Pondération***	***Total***
N° 1	*2*	*2,0*	*4,0*
N° 2	*2*	*1,5*	*3,0*
N° 3	*1*	*0,5*	*0,5*
N° 4	*2*	*1,0*	*2,0*
			9,5

(B) DEVIS : RECHERCHE COMMERCIALE

Bénéfices prévus de cette activité :

Augmentation des ventes de 5 %,
Augmentation du gain par action de 5 %,
Aucun changement dans le personnel existant.
Maintien du risque

Objectifs	***Points***	***Pondération***	***Total***
N° 1	*1*	*2,0*	*1*
N° 2	*3*	*1,5*	*4,5*
N° 3	*1*	*0,5*	*0,5*
N° 4	*0*	*1,0*	*0*
			6

Source : ARDOIN J.L., MICHEL D., SCHMIDT J., *Le contrôle de gestion*, Publi-Union, 1986.

Ainsi par exemple pour A, l'objectif de réduction de personnel a été atteint avec 2 personnes en moins ; le nombre de points correspondant à ce niveau de réalisation est lu dans le premier tableau : 2 points ; et cet objectif n° 4 a une pondération de 1, donc au total 2.

Ainsi d'après ce système de points, le devis A est plus intéressant que le devis B.

3. Les avantages et inconvénients de la méthode

Les expériences de BBZ dans les entreprises ont montré clairement les avantages et les limites de la méthode.

3.1 Les avantages de la méthode

- Le BBZ a été un premier essai pour établir une relation entre les moyens alloués et les prestations proposées, afin de mieux apprécier les résultats obtenus.
- Le BBZ permet de bien délimiter les missions des fonctions et des services concernés.
- Le BBZ peut mettre en évidence la nécessité de nouvelles activités.

3.2 Les inconvénients de la méthode

Quatre limites principales apparaissent :

- Le BBZ est un plan opérationnel sur 2 ou 3 ans, donc assez lourd à gérer.
- Le modèle n'empêche pas la création d'activités artificielles ou arbitraires pour biaiser son fonctionnement.
- Les activités inefficaces de N – 1 doivent pouvoir être supprimées en N sans que leurs coûts soient reportés sur d'autres activités.
- La méthode doit être instaurée progressivement car elle bouleverse les habitudes de travail.

Ce modèle est tombé en désuétude dans les années 80.

RÉFLEXIONS SUR LE THÈME

1. La contingence de toute méthode

La budgétisation base zéro a été critiquée car elle a conduit à des échecs. Mais pour des unités fonctionnelles qui n'avaient pas de procédure budgétaire ou une, inadaptée, cette méthode a apporté des améliorations notables, même en tenant compte des lourdeurs et des coûts du BBZ.
Toute technique ou démarche ne donne pas les mêmes résultats selon les besoins, les contraintes et la structure de l'entreprise dans laquelle on l'applique.
Il faut savoir prendre du recul par rapport aux techniques ; ni vouloir introduire une technique sous prétexte qu'elle est nouvelle, ni en rejeter une autre parce qu'elle a échoué dans une entreprise voisine.

2. Le difficile contrôle des frais généraux

Tous les services administratifs et d'état-major qui aident au fonctionnement de l'activité dégagent des charges fixes difficiles à répartir entre les fonctions utilisatrices et à contrôler. D'autres méthodes ont été élaborées en essayant de supprimer les inconvénients du BBZ :

- l'analyse de la valeur des frais généraux : les principes et la méthode de l'analyse de la valeur pour les produits sont appliqués aux services administratifs (cf. chapitre 26). Après avoir fixé le seuil de réduction de coût à atteindre, des actions correctives sont proposées pour les services dont le coût est trop élevé et/ou la valeur trop faible ;
- la budgétisation en coucher de soleil : moins lourd que le BBZ, une activité est analysée tous les 3 à 5 ans en la supprimant. Pour que l'activité reprenne, il faut que l'analyse complète et les actions correctives éventuelles soient réalisées.

Application

L'utilisation du BBZ

(«Cas concrets d'utilisation du BBZ en France», extrait de TCHÉNIO, VAILHEN, GARIBIAN, *La pratique du BBZ*, InterEditions, 1983, p. 29 et *sq.*)

Une société désirant réduire ses frais généraux

Créée en 1971 à partir de rien par un homme dynamique, cette société de construction de maisons individuelles a su se développer et devenir le leader sur son marché régional. Grâce à une stratégie intelligente et une gestion rationnelle, le dirigeant a su répondre aux besoins de son marché et construire une entreprise rentable de 220 personnes.

1981 est une année très difficile. Les taux d'intérêt élevés désolvabilisent beaucoup de clients potentiels. Parallèlement, l'entreprise doit faire face à des prix irrationnels pratiqués par des concurrents en difficulté et des artisans. Les ventes mensuelles baissent de 30 % par rapport à l'année passée. Le président de la société, qui s'est entouré d'une équipe compétente et s'est doté d'un système de gestion rigoureux, connaît bien ses coûts et sait qu'il ne peut pas réduire ses prix sans passer dans le rouge. Par ailleurs, s'il ne réduit pas ses prix, le niveau des ventes restera probablement en dessous du point mort. C'est pour sortir de ce dilemme qu'il décide de mener une double action en profondeur pour réduire ses coûts. Il lance d'une part une opération d'analyse de la valeur pour réduire les coûts directs, d'autre part une opération BBZ pour réduire les coûts indirects.

Ces deux opérations ont permis de réduire les coûts directs de 15 % et les coûts indirects de 10 % et ceci sans baisse ni de la qualité des maisons, ni des services administratifs et techniques. Ces résultats ont pu être obtenus grâce à la capacité des dirigeants de mobiliser tout le personnel au moment difficile, à la politique de formation des cadres qui avait été suivie depuis plusieurs années et au dévouement de tout l'encadrement qui a investi le temps et l'effort de créativité nécessaires pour atteindre les objectifs. Grâce à ces deux opérations conjuguées, la société a pu réduire ses prix et retrouver un niveau de ventes permettant de maintenir sa rentabilité.

Une société désirant dynamiser et motiver son encadrement

Cette société de produits alimentaires, rachetée par un grand groupe, avait vu l'arrivée d'une nouvelle direction. Après diagnostic du manque de dynamisme de l'encadrement, la direction a pris la décision d'appliquer le BBZ pour améliorer l'état d'esprit de ses cadres et les aider à redéfinir leur contribution. Un des exemples les plus illustratifs des effets du BBZ dans ce domaine nous est donné dans le service comptable de cette entreprise.

Le responsable de la cellule de comptabilité d'exploitation dirigeait une équipe de douze personnes après une réorganisation complète du service comptable trois ans auparavant.

En même temps qu'il mettait en œuvre cette réorganisation, il avait formé deux adjoints parmi les employés qualifiés et il estimait que son service «tournait rond», ce qui fut confirmé par la mesure des niveaux de service.

Il fit donc une proposition «plancher» qui permettait entre autre de dégager son poste en regroupant les différentes sections comptables, en donnant des responsabilités supplémentaires aux adjoints et en formant plus complètement les différents collaborateurs.

Son supérieur hiérarchique resta d'abord interloqué. Ne s'agissait-il pas d'un simple transfert de charge sur lui-même ? Pour répondre à son inquiétude légitime, les grandes lignes de cette proposition furent présentées assez tôt dans le stade d'élaboration des propositions budgétaires et la nouvelle organisation fut conçue en liaison étroite avec lui. Cette proposition fut finalement acceptée par le directeur de la comptabilité, et défendue par lui devant le comité de direction, après examen approfondi de sa faisabilité.

Comme l'opération BBZ avait révélé une faiblesse en encadrement aux achats et l'intérêt d'une réorganisation autour du concept de «Materials Management»*, cette personne fut nommée dans ce secteur où elle s'attaqua avec ardeur aux différentes étapes de réorganisation et après deux ans fit preuve de la même audace en proposant la suppression de son nouveau poste...

Ce cas particulièrement spectaculaire frappa beaucoup ses collègues et fut l'un des facteurs importants de familiarisation des cadres avec le BBZ qui est devenu par la suite la méthode usuelle de budgétisation.

En plus de l'opportunité offerte ainsi aux éléments les plus compétents et les plus motivés, le BBZ a permis de réduire les frais généraux de 15 % dans cette société.

---

* Regroupement sous une même responsabilité de tout ce qui concerne le flux «matières» dans l'usine : programmation, achat, approvisionnement, gestion des stocks, magasinage et mouvements physiques...

Un service public

Lorsqu'on a affaire à un vrai service public, c'est-à-dire un secteur d'activité situé en univers non concurrentiel (par opposition à de nombreux secteurs étatisés qui sont dans ce cas), le gros problème de l'application du BBZ est celui de la finalité poursuivie par ledit service public. Ce n'est qu'une fois que les objectifs poursuivis par cette institution auront été clairement explicités et approuvés par ses responsables, que l'analyse du coût global du service ainsi rendu aux usagers sera engagée. Par définition, un service public est une responsabilité que l'État assume et que le consultant ne peut *a priori* remettre en question, alors qu'il peut fort bien, en univers concurrentiel, suggérer la suppression de tel produit ou service. En revanche ce sera de son devoir de proposer toutes suggestions permettant d'optimiser les coûts en fonction du service rendu, et éventuellement de mettre en évidence ce que représente, financièrement parlant, telle prestation particulière, si celle-ci est prohibitive.
Mais justement, définir de façon claire et explicite les différentes finalités et sous-finalités d'un service public n'est pas chose simple (sans doute parce que des références extérieures comme la concurrence, auxquelles se rattacher, font défaut). Souvent des conflits d'objectifs (ce qui est tout à fait normal dans toute organisation quel que soit son statut) se présentent, obligeant à des arbitrages. Cette phase de définition des objectifs est donc un préalable à toute action plus en détail lors de l'intervention BBZ.
Dans le cas évoqué ici, l'organisation concernée jouait en quelque sorte le rôle de société de services envers d'autres organismes publics qu'elle fournissait en documentation. Une étude auprès de ses utilisateurs avait montré que cette société ne collait pas tout à fait aux attentes de ceux-ci, cette constatation étant corroborée par une baisse de commandes concernant la documentation (les organismes utilisateurs étaient libres de commander lesdites publications).
Outre ce premier problème, la direction de cet organisme était préoccupée par l'inflation des coûts en matière de publication de documentations.
Dans ce contexte, l'objectif poursuivi au travers du BBZ par une direction particulièrement consciente de sa mission et désireuse de promouvoir des méthodes de direction modernes et participatives était, dans le cadre de la satisfaction des organismes utilisateurs, de proposer un éventail de recommandations, associées aux coûts correspondants lui permettant de faire des choix dont elle était seule juge, et que le système actuel de budgétisation était incapable de lui fournir. Bien entendu, toute économie identifiée, lors de l'intervention, et ne correspondant pas à une diminution du service apporté, était bienvenue. La direction voulait en outre, au travers de cette utilisation du BBZ, mettre en place un système de suivi des coûts, dans le but de mieux maîtriser, dans l'avenir, tout dérapage.
Ce qu'il est intéressant de noter dans ce cas, c'est que la masse la plus importante des dépenses ne provenait pas des salaires mais des coûts gérés par l'organisation : frais de sous-traitance, achats de papier, reproduction, impression, acheminement, etc. De ce côté-là, cette intervention se rapprochait d'un cas d'analyse de la valeur.
Les rapports annuels publiés par cet organisme comportaient des batteries très complètes d'indicateurs d'activité selon les services, en particulier : volume du courrier reçu et expédié ; nombre de coups de téléphone donnés et reçus ; volume de documentation publié, en nombre de pages ; volume des rééditions, etc.
Lors de notre intervention, notre action a surtout consisté à mettre en évidence les finalités et sous-finalités de l'organisme en question, et à amener le personnel à raisonner en service rendu, et non en fonction de l'outil utilisé. Les résultats ont été conformes aux attentes et ont permis d'identifier les domaines de réallocation de postes, en fonction du développement de nouvelles prestations, ainsi que des économies potentielles de 10 à 20 % sur les coûts gérés (achats, sous-traitance). Un calendrier de mise en place a été établi qui indiquait qu'après un an, 40 % des économies recommandées avaient été obtenues, ce qui laissait augurer favorablement de la suite.

QUESTIONS :

a) Quelles sont les motivations principales d'utilisation de la méthode BBZ évoquées dans ces 3 cas ?
b) Quels sont les apports du BBZ dans chacun des cas ?
c) Quelles sont les spécificités du service public qui modifient l'approche du BBZ ?

24 Le surplus de productivité globale

1. *La notion de productivité*
2. *Le surplus de productivité globale*
3. *Le surplus de productivité totale*

Pour certaines entreprises dont l'objectif n'est pas uniquement le profit mais des obligations de services publics, il est difficile d'apprécier leurs performances, avec les critères classiques.

Dans ce but, une méthode française a été élaborée et mise en place dans des grandes entreprises telles que EDF, SNCF et Charbonnages de France.

Elle vise à mesurer la valeur créée par l'activité de l'entreprise dans ses rapports avec tous les acteurs internes et externes et comment ce surplus dégagé par l'entreprise a été partagé entre ces partenaires.

1. La notion de productivité

La productivité constitue toujours un des objectifs des entreprises, quel que soit le contexte, car elle induit la performance et donc la différenciation par rapport à la concurrence.

Les décideurs cherchent donc à l'améliorer et pour ce faire il leur faut disposer d'une mesure fiable qui montre les interdépendances des facteurs influençant la productivité.

1.1 La productivité

En première approximation, la productivité est un rapport entre un résultat et les moyens mis en œuvre pour l'obtenir.

Exemple

$$\frac{\text{Production (en quantité)}}{\text{Matières premières (en quantité).}}$$

$$\frac{\text{1 Kg de produits}}{\text{10 000 Kg de matières premières non transformées}} = 0{,}0001 = 0{,}01\ \%$$

C'est le rapport pour extraire l'or du minerai ; la productivité est très faible.

Une mesure directe de la productivité s'effectue à partir d'un seul facteur, en général, la main-d'œuvre.

Mais il y a d'autres facteurs de production et cette mesure directe n'est pas applicable pour des productions hétérogènes.

La comptabilité analytique permet de déterminer l'incidence des différents facteurs mais il y a des interactions et des influences réciproques entre ces facteurs. C'est pourquoi, il est nécessaire d'analyser globalement la productivité.

1.2 La productivité globale

Le P.C. définit la productivité globale de l'entreprise comme le rapport de la production totale sur l'ensemble des facteurs de production, pondérés selon leur participation aux coûts.

Exemple

Production totale : 1000 unités de produit qui a nécessité une consommation de :

facteur A : 2000 unités de facteur pondéré à 20 %

facteur B : 500 unités de facteur pondéré à 80 %

⇒ productivité globale :

$$\frac{1000}{2000 \times 0{,}2 + 500 \times 0{,}8} = 1{,}25$$

Dans ce contexte la méthode des surplus essaie de donner une image de la productivité globale de l'entreprise et de son évolution.

Elle permet également d'identifier le partage effectif de cette productivité globale entre les partenaires.

2. Le surplus de productivité globale

2.1 Objectifs et définition

a) Objectifs

La méthode du surplus de productivité globale place l'entreprise dans ses **relations avec tous les partenaires économiques** extérieurs en amont et en aval ainsi qu'avec les acteurs internes à son organisation.

Elle permet donc d'analyser les **rapports de force et de négociation** qui s'instaurent et qui évoluent entre l'entreprise et ses clients, ses fournisseurs, ses salariés, ses banquiers, ses actionnaires.

Elle cherche à répondre à deux question majeures :
- **COMMENT** a été obtenu le surplus de productivité (s'il y en a un) ?
- **QUI** a bénéficié de ce surplus ?

La méthode peut également souligner l'évolution des objectifs de l'entreprise sur plusieurs périodes et la répartition des moyens mis en œuvre.

b) Définition

Le surplus de productivité globale (SPG) analyse les performances de l'entreprise dans une approche globale de sa rentabilité.

C'est l'OECCA qui édite la méthode des comptes de surplus de l'entreprise en 1981, à partir des études des revenus et des coûts réalisées par le CERC (Centre d'études et de recherche sur les coûts) :

> Le SPG mesure la variation de la productivité globale, c'est-à-dire le gain ou la perte qui existe dans la combinaison des moyens de production et calcule la contribution de chaque moyen de production à la variation de cette productivité.

Il faut remarquer que le **surplus est donc une variation d'une année sur l'autre** et non une mesure absolue.

De plus, la méthode du surplus met en évidence tous les partenaires, les bénéficiaires comme les perdants.

2.2 Une relecture du compte de résultat

Il faut définir les éléments de calcul avant d'en exposer le traitement.

a) La délimitation des termes de produits et de facteurs de production pour la méthode du SPG

- **Produits** : proches de la terminologie comptable, ce sont les produits d'exploitation , en particulier les biens, les travaux et les services qui constituent la PRODUCTION de l'entreprise.
- **Facteurs** : ce sont les moyens de production que l'on appréhende, dans cette méthode, à travers l'expression de leurs coûts.

Il en résulte deux hypothèses sous-jacentes de la méthode :
- **l'importance du facteur vient de son coût** et non de son type ;
- il n'y a **pas de retraitement** entre les charges de la comptabilité générale et les charges prises en compte par la méthode.

b) Les composantes d'une valeur comptable

Chaque élément (produit ou facteur) est décrit par l'expression :		
- d'un prix et	**ou**	**- d'un taux et**
- d'un nombre d'unités physiques,		**- d'une assiette.**

Si P et F sont respectivement les quantités des produits et des facteurs, et p et f les prix ou taux unitaire, alors le compte de résultat peut se résumer par :

$$\sum_{i:1}^{n} P_i p_i = \sum_{i:1}^{n} F_i f_i$$

Les expressions de prix font référence à des prix moyens sur la période considérée. Le solde du compte de résultat (EBE ou résultat d'exploitation) est traité comme un facteur (ou un produit en cas de perte) qui exprime la rémunération du facteur capital.

c) Les difficultés d'analyse sur les postes de charge et de produit

Des variables exogènes biaisent la mesure des facteurs de production, en particulier l'inflation et la qualité.

- *L'inflation* : la méthode donne toute sa validité dans un contexte de stabilité des prix. Il ne faudrait pas que l'inflation perturbe l'influence de l'augmentation des prix.
  Or les données de la comptabilité générale sont enregistrées au coût historique. Il faut donc utiliser des méthodes de réévaluation pour neutraliser l'effet de l'inflation le cas échéant.
- *La notion de qualité* : cette analyse reste quantitative. Elle n'intègre pas de critères qualitatifs que la comptabilité analytique ne contient pas. Il est donc difficile de comparer des produits qui diffèrent sur ces aspects.

2.3 Le calcul du surplus : l'analyse des variations de quantité

La comptabilité analytique analyse des écarts de valeur qui se décompose en écart sur quantité et écart sur prix.

La méthode des comptes de surplus utilise cette même approche.

• *Deux remarques préalables*

– Sont analysées les variations d'une année par rapport à une année de référence. La période 1 est la période traitée, la période 0 est la période de référence.

– La méthode précise que les prix traduisent «les conditions concrètes d'échange entre biens et services dans l'économie de marché où opère l'entreprise».

De ce fait, les variations en volume doivent être débarrassées de l'influence des mouvements de prix et l'activité productive est évaluée au prix de la période de référence.

a) Première étape : définition des variations

Soit Δ = Variation, P = Quantité de produits obtenus, p = Prix du produit.

L'expression comptable d'un produit (quantité de produit x prix du produit) s'écrit :

– pour la période de référence : $P.p$

– pour la période traitée : $(P + \Delta P)(p + \Delta p)$,

ainsi la différence s'écrit : $(P + \Delta P)(p + \Delta p) - P.p$

ou encore

$$= \Delta P.p + P.\Delta p + \Delta P.\Delta p$$

$$= \Delta P.p + \Delta p\,(P + \Delta P)$$

$$= \underbrace{(P_1 - P_0).p_0}_{} + \underbrace{(p_1 - p_0).P_1}_{}$$

= variation de quantité valorisée au prix de la période de référence + variation de prix pondérée par la quantité de la période traitée

Remarque : le choix d'intégrer l'écart $\Delta P.\Delta p$ à l'écart sur prix est conventionnel. Le terme n'est pas déterminant pour modifier les rapports entre grandeurs.

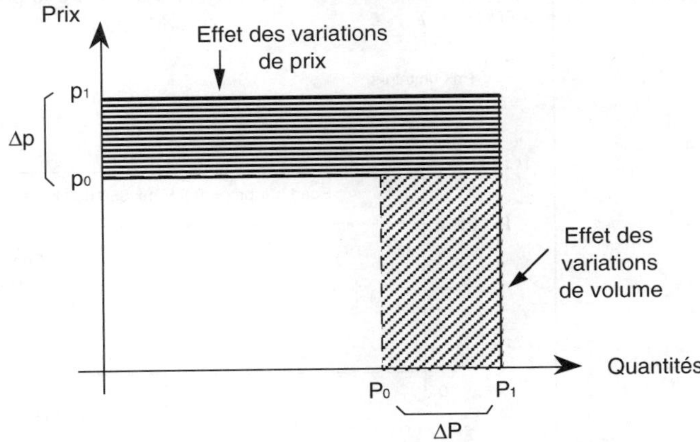

La même décomposition peut être faite pour les facteurs consommés.

Exemple *Les comptes de résultat d'une entreprise se présentent comme suit pour les années N et N + 1.*

COMPTE DE RÉSULTAT DE L'EXERCICE N

Charges	*Quantité*	*Pu*	*Total en M.F.*	*Produits*	*Quantité*	*Pu*	*Total en M.F.*
Consommation de matières	*40 000 t*	*125 F*	*5 000*	*Ventes* P_1	*1 200 000 u*	*12*	*14 400*
Frais de pers.	*800 000 h*	*10 F*	*8 000*	*Ventes* P_2	*700 000 u*	*8*	*5 600*
Impôts et taxes	*1 900 000 u*	*0,6*	*1 140*				
Frais financiers	*20 000 000 F*	*0,1*	*2 000*				
Dot. aux amortis	*16 250 000 F*	*0,16*	*2 600*				
Résultat	*15 750 000 F*	*0,08*	*1 260*				
			20 000				*20 000*

COMPTE DE RÉSULTAT DE L'EXERCICE N + 1

Charges	*Quantité*	*Pu*	*Total en MF*	*Produits*	*Quantité*	*Pu*	*Total en M.F.*
Consommation de matières	*43 000 t*	*110*	*4 730*	*Ventes* P_1	*1 320 000 u*	*11,8*	*15 576*
Frais de pers.	*850 000 h*	*10,8*	*9 180*	*Ventes* P_2	*770 000 u*	*8,1*	*6 237*
Impôts et taxes	*2 090 000 u*	*0,7*	*1 463*				
frais financiers	*21 250 000 F*	*0,104*	*2 210*				
Dot. aux amort.	*16 250 000 F*	*0,16*	*2 600*				
Résultat	*16 300 000 F*	*0,1*	*1 630*				
			21 813				*21 813*

Pour chaque poste de charges et de produits on calcule la variation en volume et la variation en prix.

Application pour les frais de personnel (F : quantités de facteur, f : prix du facteur) :

$$(F_1 - F_0) \cdot f_0 \quad + \quad (f_1 - f_0)\, F_1$$
$$= (850\,000 - 800\,000)\ 10\ F \quad + \quad (10{,}8 - 10)\ 850\,000$$
$$= 500\,000\ F \quad + \quad 680\,000\ F$$

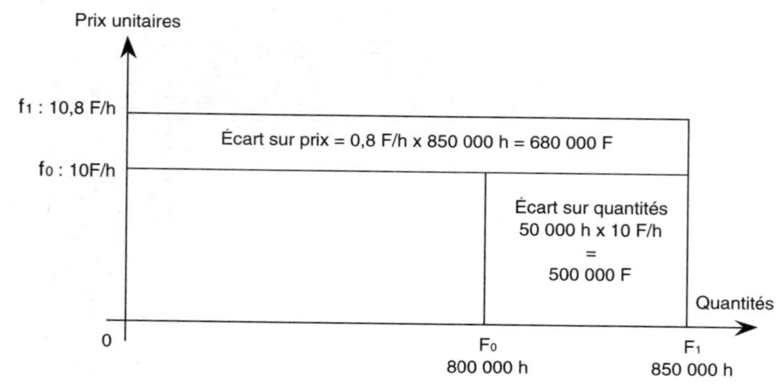

b) Deuxième étape : productivité et surplus

Le surplus de productivité globale des facteurs (SPG) est la différence, positive ou négative, entre volume des produits et volume des facteurs. Autrement dit, le surplus de productivité globale est la différence, entre deux périodes, entre les excédents de quantités produites et les excédents de quantités consommées, ces quantités étant évaluées en coûts ou prix constants.

$$SPG = \sum_{i=1}^{n} p_i(P_i + \Delta P_i) - \sum_{i=1}^{n} f_i(F_i + \Delta F_i)$$

$\sum_{i=1}^{n}$ avec n : nombre de produits ou de facteurs.

et comme $\sum p.P = \sum f.F$

on obtient :

$$SPG = \sum p.\Delta P - \sum f.\Delta F$$

avec p : prix des produits
f : prix des facteurs
P : quantité des produits
F : quantité des facteurs.

Exemple | *En poursuivant la même application :*

CALCUL DU SPG (SURPLUS DE PRODUCTIVITÉ GLOBALE)
COMPTE DE RÉSULTAT DIFFÉRENTIEL (N + 1) – N EXPRIMANT LES VARIATIONS DE QUANTITÉS

Variation du volume des facteurs de production				*Variation du volume de production*			
	ΔF entre N + 1 et N	f_0 *(N)*	*Total*		*ΔP entre N + 1 et N*	p_0 *(N)*	*Total*
Consommation de matières	+ 3 000 t	125 F	375 000	*Ventes* P_1	+ 120 000 u	12 F	1 440 000
Frais de pers.	+ 50 000 H	10 F	500 000	*Ventes* P_2	+ 70 000 u	8 F	560 000
Impôts et taxes	+ 190 000 u	0,6	114 000				
Frais financiers	+ 1 250 000 F	0,1	125 000				
Dot. aux amort.	–						
Résultat	+ 550 000 F	0,08	44 000				
Total			1 158 000				2 000 000
Surplus de productivité globale (SPG)			842 000				
TOTAL			2 000 000	*TOTAL*			2 000 000

Le surplus de productivité globale est donc de 842 000 F.

$\sum p . \Delta P \quad - \quad \sum f . \Delta F$

2 000 000 – 1 158 000 = 842 000.

3. Le surplus de productivité totale

3.1 Les avantages et les désavantages de prix

Le raisonnement sera exposé par rapport aux facteurs. Il se généralise aisément aux produits.

L'ensemble des charges de l'entreprise sont **SIMULTANÉMENT** :
- des **COÛTS** pour l'entreprise et,
- des **RESSOURCES** pour certains bénéficiaires : fournisseurs, salariés, apporteurs de capitaux, banques, Etat.

> Est appellé «**AVANTAGE**» les suppléments de valeurs obtenus, du fait des variations de prix, par les acheteurs des produits de l'entreprise ou par les agents économiques qui lui procurent ses facteurs de production.

Ainsi une hausse des prix d'un article :
- est un avantage pour le fournisseur et un désavantage pour l'entreprise si cet article est un facteur de production pour cette dernière ;
- mais c'est un avantage pour l'entreprise et un désavantage pour le client si cet article est un produit fini de l'entreprise.

Exemple

Pour les frais de personnel de l'application : nous avons obtenu un écart sur prix de 680 000 F et un écart sur quantité de 500 000 F.

Les 680 000 F s'analysent en un «avantage» réparti aux salariés (augmentation de leurs salaires) et une «perte de productivité» de 500 000 F due à un allongement du temps de travail à moins qu'elle ne soit compensée par une augmentation au moins égale de la valeur produite.

Démarche
- Il faut calculer d'où vient le surplus c'est-à-dire quels sont les apporteurs,
- puis entre qui il est partagé, c'est-à-dire quels en sont les bénéficiaires.

De la même manière que : $(P + \Delta P)(p + \Delta p) - P.p = \Delta P.p + \Delta p (P + \Delta P)$
- on peut écrire : $(F + \Delta F)(f + \Delta f) - F.f = \Delta F.f + \Delta f (F + \Delta F)$
- du fait de l'égalité des comptes de résultat, on obtient :

$$\Delta P \,.\, p + \Delta p (P + \Delta P) = \Delta F \,.\, f + \Delta f (F + \Delta F) \quad \text{et}$$

$$\underbrace{\Delta P \,.\, p - \Delta F \,.\, f}_{\text{SPG}} = \underbrace{- \Delta p (P + \Delta P) + \Delta f (F + \Delta F)}_{\Sigma \text{ des avantages des acheteurs de produits ou des apporteurs de facteurs}}$$

Le surplus mesure globalement l'impact des changements autres que les mouvements de prix dans le processus productif.

Exemple | *En continuant l'exemple :*

COMPTE DE RÉSULTAT DIFFÉRENTIEL (N + 1) – N EXPRIMANT LES VARIATIONS DE PRIX

	Δf	$F_1 (N+1)$	Total		Δp	$P_1 (N+1)$	Total
Consommations de matières	*– 15*	*43 000 t*	*– 645 000*	*Ventes P1*	*– 0,2*	*1 320 000*	*– 264 000*
Frais de pers.	*+ 0,8*	*850 000 H*	*+ 680 000*	*Ventes P2*	*+ 0,1*	*770 000*	*+ 77 000*
Impôts et taxes	*+ 0,1*	*2 090 000 u*	*+ 209 000*				
Frais financiers	*+ 0,004*	*21 250 000 F*	*+ 85 000*				
Dot. aux amort.	*–*						
Résultat	*+ 0,02*	*16 300 000 F*	*+ 326 000*				
Total			*655 000*				*– 187 000*
				SPG			***+ 842 000***
TOTAL			*655 000*	*TOTAL*			*655 000*

Il est possible de définir aussi le taux de surplus comme le rapport pour une année donnée :

$$\frac{SPG}{\Sigma p \, . \, P}$$

Il permet des comparaisons entre plusieurs périodes pour une même firme ou entre firmes de taille et de structure différentes.

Exemple | *Pour l'application, il vient :*

$$\frac{842\,000}{21\,813\,000} = 0{,}038 = 3{,}8\ \% \text{ du chiffre d'affaires de } N+1.$$

Qui sont ces parties prenantes aux surplus ?
– les partenaires extérieurs : clients, fournisseurs, prêteurs,
– le personnel de l'entreprise,
– l'entreprise par l'intermédiaire des coûts de cession internes

Le compte de surplus va permettre de mesurer les apports et les bénéfices de chaque partenaire.

3.2 Le compte de surplus

Parmi toutes les parties prenantes au surplus, certaines bénéficient d'avantages de prix, d'autres en concèdent.

Le **SPG auxquels s'ajoutent les désavantages subis par les parties prenantes forment une masse appelée SURPLUS DE PRODUCTIVITÉ TOTALE** (SPT), qui est répartie entre tous les agents bénéficiant d'avantages, d'où le compte de surplus :

> SPT = SPG + héritages (ou désavantages) des partenaires
> = avantages des acheteurs de produits ou des apporteurs de facteurs

Le compte de surplus rassemble ces informations :

COMPTE DE SURPLUS	
Emplois faits par l'entreprise	**Ressources de l'entreprise**
Avantages accordés aux : – clients – fournisseurs – salariés – entreprise **= Total réparti (SPT)**	**SPG si positif** **+ Avantages cédés par :** – clients – fournisseurs – salariés – autres tiers **= Total disponible (SPT)**

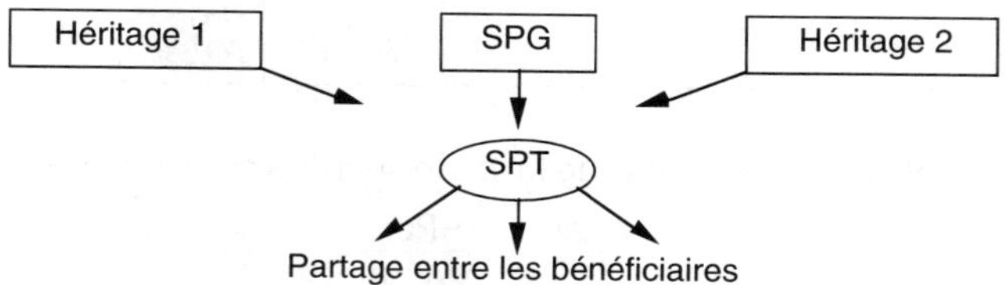

Exemple *Dans cet exemple, le surplus global positif de 842 000 F est ensuite réparti entre les différents partenaires de l'organisation ou parfois complété par des «héritages» provenant de partenaires victimes de la redistribution. Ainsi, les fournisseurs apportent 645 000 F à l'organisation dans la mesure où ils consentent à une diminution du prix des matières premières. De même, les acheteurs de P2 apportent un surplus qui n'est pas de productivité (car indépendant de la combinaison des facteurs de production) dans la mesure où ils supportent une hausse de prix de vente de cet article. L'ensemble de ces opérations peut être résumé dans le tableau et le schéma suivants :*

COMPTE DE SURPLUS

Emplois faits par l'entreprise			*Ressources de l'entreprise*		
	en F	*en % production N*		*en F*	*en % production N*
En faveur :			*SPG*	*842 000*	*4,21*
– des clients P1	*264 000*	*1,32*	*Apport provenant :*		
– du personnel	*680 000*	*3,4*	*– des fournisseurs*	*645 000*	*3,225*
– de l'état	*209 000*	*1,045*	*– des clients P2*	*77 000*	*0,385*
– des prêteurs	*85 000*	*0,425*			
– des propriétaires	*326 000*	*1,63*			
Total réparti (SPT)	*1 564 000*	*7,82*	*Total disponible (SPT)*	*1 564 000*	*7,82*

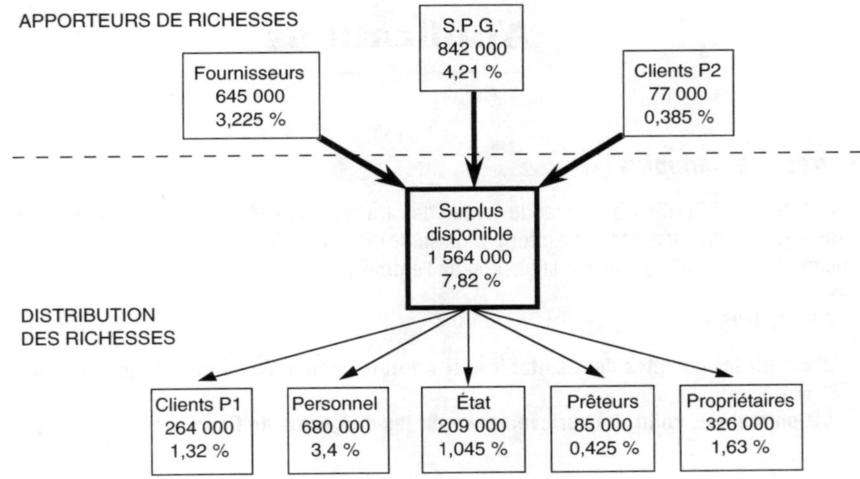

RÉFLEXIONS SUR LE THÈME

1. Les avantages de la méthode des comptes de surplus

Trois points positifs ressortent de l'analyse de cette méthode :
- une meilleure compréhension des finalités de l'entreprise ;
- une appréhension complète et interdépendante de l'environnement de l'entreprise ;
- un nouvel éclairage des rapports de force et des pouvoirs de négociation de l'entreprise avec ses différents partenaires extérieurs et internes.

2. Les inconvénients de la méthode des comptes de surplus

Mais il faut relativiser ces avantages.
La mise en place et l'obtention de données fiables est difficile, longue et coûteuse pour l'entreprise. En particulier pour les postes secondaires du compte de résultat qui doivent être retraités en facteurs de production. Ceci est d'autant plus vrai que l'entreprise est diversifiée.

3. La réalité du surplus dans l'entreprise

Un surplus plus ou moins important est généré dans toute entreprise tout au long de son activité, même s'il n'est pas calculé. La «distribution» de ce surplus se fait au fur et à mesure de l'exercice automatiquement sans décision objective ni procédure formalisée.
L'analyse du surplus de productivité globale ne fait que mettre en évidence un état de fait. Le calcul du surplus, des apports et/ou des avantages pour chaque partenaire permet d'analyser la situation et de l'améliorer le cas échéant.
Mais le surplus n'est pas une «cagnotte» collectée l'année N et partagée officiellement l'année N+1 !

Applications

① *Entreprise Canoplus*

Les dirigeants CANOPLUS ayant entendu parler des travaux du CEREDE sur les comptes de surplus de l'entreprise souhaiteraient obtenir une information sur le mode d'établissement du compte de surplus et sur les enseignements qu'il peut donner sur la gestion de l'entreprise.

QUESTIONS :

a) Établir les comptes de résultat N et N + 1 et le compte de surplus de productivité pour l'année N + 1.

b) Commenter, enfin, très brièvement pour les dirigeants de Canoplus les résultats de l'analyse.

ANNEXE

INFORMATIONS INDISPENSABLES

POUR ÉTABLIR LE COMPTE DE SURPLUS DE PRODUCTIVITÉ

Les exploitations de N et N + 1 sont caractérisées par les chiffres suivants :

	N	*N + 1*
Quantité annuelle de centrales vendues	1 350	1 500
Prix unitaire d'une centrale à béton	13 000	13 500
Coût moyen du kilo de tôle	4,25	4,20
Coût moyen par centrale des autres matières premières utilisées	820	830
Coût moyen du salaire horaire de la main-d'œuvre directe de production	52	56
Coûts fixes de personnel (par mois)	92 000	100 000
Charges sociales sur personnel	40 %	40 %
Frais fixes mensuels	185 000	190 000
Nombre d'heures de fabrication nécessaires à la production d'une centrale	47	46

En N et en N + 1, il faut compter 1 300 kg de tôle par centrale à béton vendue.
Les autres éléments d'exploitation et les normes de fabrication non modifiés dans cette annexe sont conformes aux prévisions.
Le bénéfice net comptable ainsi que l'impôt sur les bénéfices ont augmenté de 442 455 F.
En N + 1 les frais financiers ont diminué de 39 000 F. Il n'y a jamais eu de produits financiers.

(d'après examen)

② *Établissement Sicopla*

L'établissement SICOPLA propose à ses clients des imprimés de toute catégorie : imprimés informatiques, administratifs ou commerciaux.
L'activité «continu» fournit les imprimés informatiques.
L'activité «à plat» fournit les autres imprimés.
La direction de l'imprimerie sait, qu'à plus ou moins long terme, l'activité «continu» perdra son attrait car les

imprimantes à aiguilles utilisées par les clients sont de plus en plus remplacées par des imprimantes laser feuille à feuille. C'est pourquoi la politique suivie depuis deux ans est une politique de diversification.

La direction souhaite analyser les résultats sur plusieurs périodes. Les informations suivantes sont communiquées :
– annexe I : compte de résultat N – 2, N – 1, N, Établissement Sicopla.
– annexe II : formation du surplus de productivité globale N – 1.
– annexe III : renseignements complémentaires.

ANNEXE I

Établissement Sicopla
Compte de résultat N – 2, N – 1, N

(En milliers F)

	N – 2	N – 1	N
Production vendue (1)	45 086	49 884	52 645
Production stockée	– 16	+ 241	– 806
Production globale HT	**45 070**	**50 125**	**51 839**
Approvisionnements	17 597	17 239	14 958
Variation de stocks	498	298	1 920
Services liés à l'investissement	1 577	4 078	4 178
Services liés à l'activité	5 815	8 218	8 527
Consommation	**25 487**	**29 833**	**29 583**
Valeur ajoutée	**19 583**	**20 292**	**22 256**
Impôts et taxes	832	970	1 048
Charges de personnel (2)	14 727	16 725	17 469
Excédent brut d'exploitation	**4 024**	**2 597**	**3 739**
Amortissements Provisions	2 421	1 996	2 673
Résultat d'exploitation	**1 603**	**601**	**1 066**
Frais financiers	761	690	922
Résultat courant avant impôt	**842**	**– 89**	**144**
Opérations exceptionnelles Impôts sur les sociétés	450	0	101
Résultat net comptable	**392**	**– 89**	**43**

(1)

Production vendue	N – 2	N – 1	N
«Continu»	27 146	27 735	28 620
«À plat»	17 940	22 149	24 025

(2)

Charges de personnel	N – 2	N – 1	N
«Continu»	3 000	3 094	2 225
«À plat»	2 691	3 276	4 038
Administrations	4 904	5 408	5 953
Charges sociales	4 132	4 947	5 253

ANNEXE II

Répartition du surplus de productivité globale N – 1

(En milliers F)

Surplus négatif	**6 664**	Clients «continu» :	= 3 913
Crédit-bail :	= 1 477	Clients «à plat» :	= 1 449
État :		Production stockée :	= 29
Impôt et taxes :	= 30	Perte assumée par l'entreprise	= 482
Impôt société :	= 0	Fournisseurs de matières :	= –1 482
		Autres services :	= – 66
Administrations :	= 271	Personnel :	
Charges sociales :	= 353	«Continu» :	= – 73
Organismes financiers :	= 20	«À plat» :	= – 674
Amortissements :	= – 647		
	8 815		8 815

ANNEXE III

Renseignements complémentaires

	N – 2	N – 1	N
Consommation de matières :			
– quantité (en tonnes)	2 350	2 470	1 940
– prix au kg	7,70	7,10	8,70
Crédit-bail (services liés à l'investissement) :			
– assiette en milliers F	8 524	14 063	16 070
– taux en %	18,5	29	26
Services liés à l'activité :			
– augmentation volume %	–	42,46	0,1
– indice prix base N – 2		99,20	103,66
Salaires «continu» :			
– effectifs	24	23	23
– nombre d'heures travaillées	45 000	47 500	49 000
– coût horaire	66,67	65,14	45,41
Salaires «à plat» :			
– effectifs	29	39	42
– nombre d'heures travaillées	54 500	80 000	89 500
– coût horaire	49,38	40,95	45,12
Salaires administrations :			
– effectifs	23	24	25
– nombre d'heures travaillées	42 000	44 000	46 000
– coût horaire	116,76	122,91	129,41
Charges sociales :			
– taux %	39	42	43
Amortissements :			
– Immobilisations en milliers F	16 469	17 982	23 866
– taux %	14,7	10,5	11,2
Impôts sociétés :			
– résultat fiscal	1 000	0	259
– taux %	45	42	39
Impôts et taxes :			
– base :	4 356	4 924	5 458
– taux %	19,1	19,7	19,2

Production «continu» :			
– quantité en milliers d'imprimés	245	215	216
– prix pour le mille	110,80	129	132,50
Production «à plat» :			
– quantité en milliers d'imprimés	26	30	31
– prix pour le mille	690	738,30	775
Production stockée :			
– quantités	178	2 360	7 600
– prix	89,80	102,12	106,05

QUESTIONS :

a) Présenter en quelques lignes en quoi consiste l'analyse du surplus de productivité globale et sa répartition ; montrer son intérêt pour la gestion d'une entreprise.

b) Calculer le surplus de productivité globale de l'année N, et établir le tableau de répartition du surplus pour cette même année.

c) Comparer et commenter les deux comptes de surplus obtenus en N – 1 et N.

(DECF)

25 Le contrôle de gestion et l'informatique

1. *La GPAO : la gestion de production assistée par ordinateur*
2. *Les logiciels de comptabilité et d'aide à la décision*
3. *La transmission des informations*

Les techniques de gestion et de contrôle de gestion utilisent de plus en plus largement l'informatique.

De manière générale pour les domaines de la gestion, l'informatique peut permettre de traiter plus rapidement une plus grande masse d'information et de faire plus d'analyse.

Le contrôle de gestion est aidé, amélioré mais aussi évolue et est contraint par la GPAO (1), les logiciels comptables et d'aide à la décision (2), les nouvelles technologies de transmission des informations (3).

1. La GPAO : la gestion de production assistée par ordinateur

L'informatique peut aider le contrôle de gestion en s'appliquant aux activités et aux étapes de la fonction de production.

1.1 La GPAO

a) Qu'est-ce-que la GPAO ?

La Gestion de Production Assistée par Ordinateur est un système informatique comprenant un ensemble de logiciels qui intègre les informations d'un processus de fabrication d'une entreprise pour le piloter à l'optimum automatiquement ou semi-automatiquement.

Il est possible de visualiser, avec le tableau ci-dessous, les points d'impacts de l'informatique sur la gestion de la production :

Étapes de la production à gérer		→	Outils informatiques
– Conception		→	Conception assistée par ordinateur
– Logistique transport – Approvisionnement – Ordonnancement – File d'attente – Plan de production	GPAO	→	Gestion de la Production Assistée par Ordinateur
– Besoins en composants		→	Calcul des besoins en composants
– Flux tendus		→	KANBAN informatisé
– Simulations d'ateliers		→	Modèle de simulation
– Contrôle qualité		→	Total quality Control
– Maintenance		→	Maintenance assistée par ordinateur Systèmes experts

b) La logique des logiciels de GPAO :

Les logiciels de GPAO cherchent à répondre à la question :

quelles sont les quantités et les dates d'approvisionnement et de fabrication des différents produits et sous-produits en fonction des contraintes de production définies par le plan de production, qui permettront d'atteindre les objectifs ?

Plusieurs caractéristiques des systèmes de GPAO permettent d'en comprendre le fonctionnement :

- la GPAO **nécessite une base de données importante** :
  le système doit contenir toutes les informations sur les produits, les nomenclatures, les composants, les moyens de fabrication et d'approvisionnement, les délais et les stocks disponibles pour chaque pièce ;
- la GPAO **traite ces données pour programmer les quantités et les dates de fabrication dans une vision globale de l'entreprise** tenant compte de la politique industrielle et du plan de production général de tous les produits.

Ainsi le système informatique devient particulièrement complexe dans une entreprise diversifiée. Le schéma de la page suivante illustre cette complexité.

1.2 Les implications pour le contrôle de gestion : le calcul des coûts, les plans et budgets

La GPAO apporte des avantages au contrôle de gestion en introduisant certaines contraintes.

SCHÉMA D'UN SYSTÈME DE GPAO

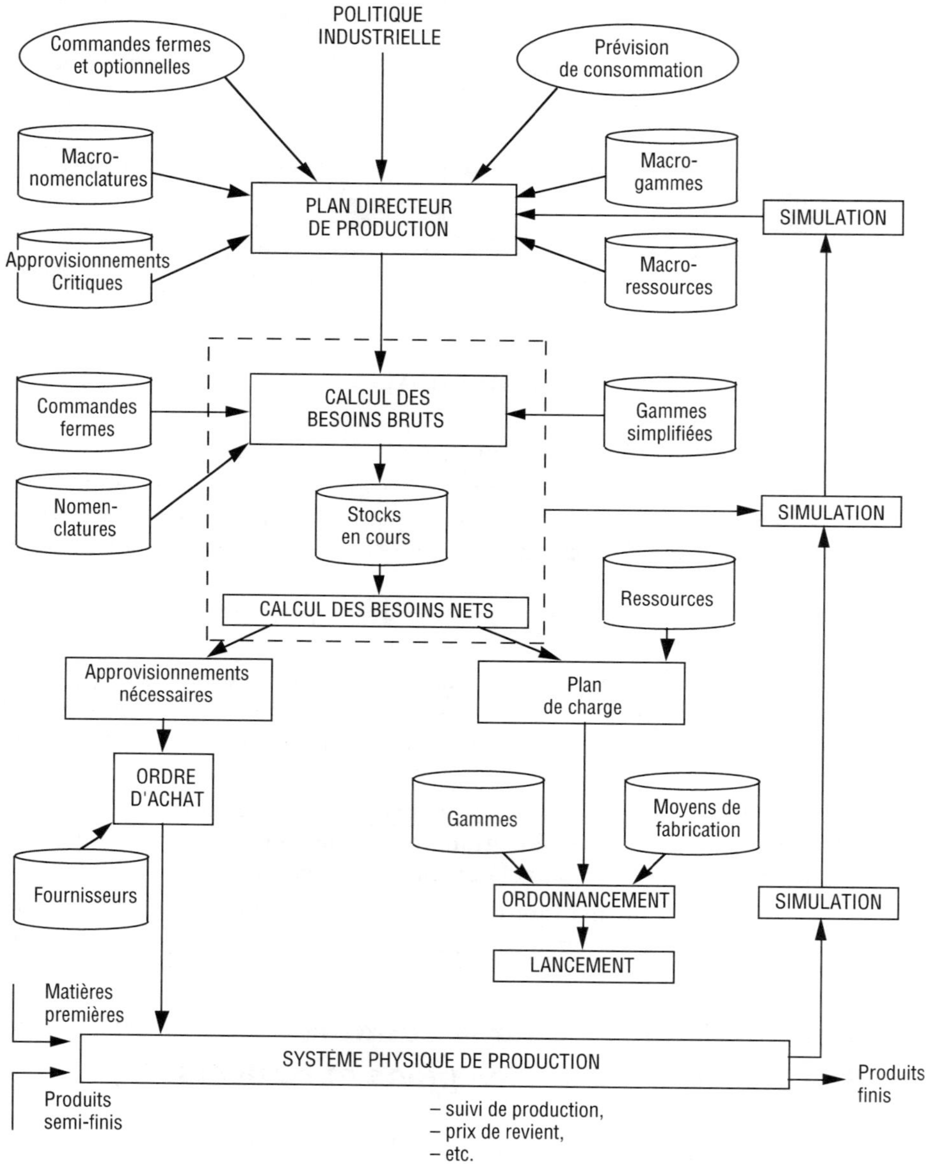

Source : Mollet, *Nouvelle gestion de production*, Hermès.

- **La cohérence des données :**

Le système détecte rapidement des impossibilités entre informations ou des données incompatibles avec le plan de production et d'approvisionnement établi.

- **La rapidité et la fiabilité des calculs de coûts :**

Les calculs partiels comme les plans et les budgets peuvent être exécutés plusieurs fois dans la période très rapidement permettant ainsi de prendre des décisions pour réagir rapidement face à des perturbations imprévues.

Plusieurs simulations de situations variées de production peuvent être faîtes avant de lancer un programme de fabrication ou d'opter pour un choix commercial.

- **La souplesse du système :**

Des données peuvent être modifiées, ajoutées ou retranchées pour tenir compte des évolutions du système de production, tout en conservant l'architecture générale du processus de production.

Mais il faut noter que la mise en place d'une GPAO entraîne souvent des modifications des systèmes d'information de gestion existant dont la structure et les procédures ne correspondent pas à celles du logiciel.

De plus, la GPAO nécessite un plan directeur de production clairement défini ce qui suppose des arbitrages de la fonction de direction ou de la direction et donc parfois des rigidités.

2. Les logiciels de comptabilité et d'aide à la décision

On peut répertorier des logiciels de comptabilité analytique et budgétaire et des logiciels d'aide à la décision et de simulation .

2.1 Les progiciels de comptabilité analytique et budgétaire

Les traitements informatiques de comptabilité analytique et d'analyse budgétaire sont toujours rattachés à un logiciel central de comptabilité générale.

a) Sur des gros ordinateurs

Une étude sur l'utilisation par les entreprises de 5 logiciels comptables sur gros systèmes a conclu au faible emploi des modules analytiques et budgétaires. Seule la partie comptabilité générale est véritablement utilisée.

b) Sur des micro-ordinateurs

En revanche **les micro-ordinateurs** équipés de progiciels de comptabilité analytique voire de tableurs ou de logiciels intégrés **répondent tout à fait aux besoins du contrôle de gestion par les graphiques, les calculs** sur une base de données, **les tableaux qu'ils exécutent**.

Ces produits sont relativement répandus dans les entreprises, mêmes moyennes, qui ont informatisé leur comptabilité générale.

2.2 Les logiciels d'aide à la décision et de simulation

Modéliser une situation permet de mieux gérer la complexité en analysant les interdépendances de plusieurs variables.

Une fois le modèle élaboré, il faut entrer les données de départ. Mais les prévisions sur ces données ne sont pas certaines, des facteurs les perturbent. Il est alors intéressant de «faire tourner» le modèle avec des «états de la nature» différents.

La simulation ne donne pas la solution optimale mais propose des solutions satisfaisantes au sens de H. Simon (1956).

Grâce à l'informatique de nombreux logiciels de simulation sont apparus pour aider aux prises de décisions stratégiques et opérationnelles en gestion.

a) Le concept de «Systèmes Interactifs d'Aide à la Décision» (SIAD)

Il est apparu dans les années 70 aux Etats-Unis. Il associe les performances de l'informatique et des systèmes de gestion de bases de données avec les modèles de prise de décision et les systèmes d'information de l'entreprise.

Ces systèmes ont comme objectif d'aider à la décision en permettant de simuler très rapidement plusieurs hypothèses de fonctionnement avec des variables différentes. Ils sont développés pour des problèmes semi-structurés c'est-à-dire ceux pour lesquels :

- les éléments de la décision sont quantitatifs et qualitatifs,
- les objectifs ne sont pas tous précis,
- la démarche algorithmique n'explique pas tout le raisonnement.

Les logiciels fonctionnent sous forme de questions-réponses, donc sont très facilement utilisables, même et surtout par des non-informaticiens.

Les **SIAD** élaborés dans le domaine du contrôle de gestion concernent en particulier les **budgets** pour lesquels il y a plusieurs critères de décision, où les variables d'action sont sensibles à des hypothèses de part de marché, taux de croissance et de prix ainsi qu'à des facteurs exogènes non maîtrisables.

Un SIAD en contrôle de gestion doit permettre d'aider pour :

- **les modèles budgétaires** et de planification,
- **les calculs d'écarts** par rapport aux standards et aux objectifs,

– **les analyses de données,**
– **les modèles décisionnels.**

• *Des logiciels d'aide à la décision financière (langages de modélisation financière)*

Plus évolués que les tableurs ils offrent des potentialités pour le contrôle de gestion. Ils permettent des simulations pour répondre à la question «que faut-il faire pour que ?» avec des variables simples ou des variables probabilisées (simulation de Monte-Carlo), et des analyses de données sur des fichiers importants (trends, coefficients saisonniers, budgets).

• *Les méthodes matricielles*

L'informatique a permis d'appliquer des méthodes matricielles pour faire des calculs analytiques et des simulations.

Les procédures classiques de résolution de problème du contrôle de gestion sont remplacées par des procédures de résolution matricielle. L'ordinateur inverse très rapidement des matrices à n dimensions simplifiant ainsi des calculs longs.

b) Les systèmes-experts

1) *Définition et objectifs*

Un système-expert est un logiciel qui essaie de reproduire les démarches du raisonnement d'un individu spécialiste dans un domaine. Ce logiciel pourra ensuite être utilisé très facilement en mode interactif par des non-experts, diffusant ainsi le savoir.

Il diffère d'un programme informatique classique par plusieurs points :
– les connaissances de l'expert ne sont pas assez structurées pour les traduire par des algorithmes ; le programme est donc heuristique ;

LA MÉTHODE HEURISTIQUE

Une démarche heuristique correspond à une procédure qui recherche le champ des solutions possibles en utilisant l'analogie, la récurrence, les approximations successives sans certitude d'une solution unique et d'un nombre fini d'étapes pour arriver à la solution.

Il n'y a pas de cheminement formalisé et reproductible pour obtenir un résultat comme dans une démarche algorithmique.

Il y a plusieurs chemins possibles que l'on parcourt partiellement ou complètement jusqu'au résultat.

– les raisonnements de l'expert ou règles de savoir-faire, parcellaires et acquises avec l'expérience, sont transcrits sous forme de phrase SI...ALORS ;

– les connaissances sont en perpétuelle évolution ; le programme n'est pas fixe, il est enrichi de données et de règles durant sa vie mais certaines informations sont également retirées.

2) Structure

Un système-expert comprend toujours trois parties :
– **une base de faits** : les faits sont les données qui permettent de résoudre le problème. La base n'est pas figée, elle s'enrichit progressivement au cours de sa vie par de nouveaux faits déduits par le système ;
– **une base de règles** : ce sont toutes les connaissances relatives au problème à traiter, exprimées sous forme de relations de causalité entre les faits : SI...ALORS ;
– **un moteur d'inférence** : à partir des faits connus et du problème à traiter, le moteur sélectionne et enchaîne les règles de connaissance qui forment le raisonnement pour en déduire de nouveaux faits et ainsi de suite par itération jusqu'à la conclusion.

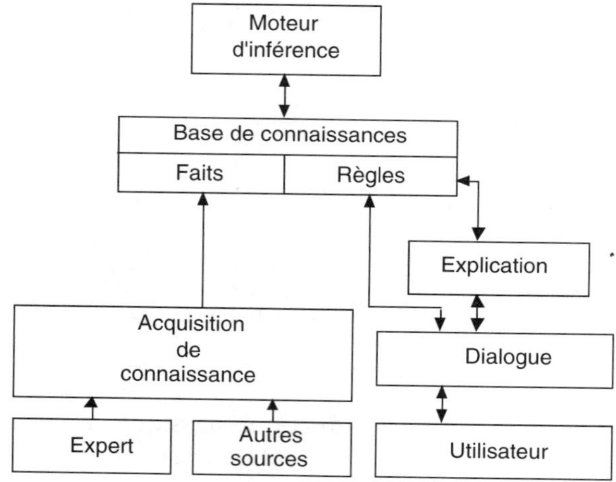

3) Les utilisations en gestion des systèmes-experts (SE)

Si les premières applications des SE se situent dans le domaine médical (projet MYCIN), l'entreprise est vite devenue un terrain d'expérimentation et de réalisation important.

A partir du début de la décennie 80, plusieurs fonctions de l'entreprise sont concernées :
– domaine de la production : SE pour le diagnostic de panne, l'élaboration des gammes et des nomenclatures, l'aide à l'ordonnancement, le pilotage des procédés de production ;
– domaine de la finance : aide au diagnostic financier et boursier, suivi de portefeuilles ;

– domaine des ressources humaines : SE pour le recrutement ;
– **domaine du contrôle de gestion : aide au diagnostic d'analyse des écarts.**

4) Les avantages des systèmes experts de gestion

L. Rigaud (1) décrit les fonctions remplies par les systèmes-experts :

Diagnostic : «Le système déduit le mauvais fonctionnement de certaines parties de l'application considérée à partir de faits repérés».

Interprétation : «A partir de données ou de signaux, provenant par exemple de capteurs, le système exprime une signification symbolique, décrit d'une manière compréhensible et utilisable un état du phénomène».

Maintenance : Le système expert peut «non seulement repérer les défaillances, identifier les causes, ... mais aussi suggérer les actions nécessaires pour effectuer les répartitions».

Pilotage : «Cette fonction est accomplie en rapprochant, en permanence, les observations caractéristiques [de la situation actuelle] avec les éléments similaires qui semblent cruciaux pour atteindre l'objectif fixé».

Prévision : «C'est la déduction de l'évolution future à partir d'une situation donnée».

Planification : Le système déduit les actions à déclencher, en rapprochant situation réelle et état souhaité et en tenant compte des possibilités et des contraintes de l'environnement.

Conception : L'objectif ici est «de configurer un objet ou un système en tenant compte de contraintes complexes» (Exemple : la configuration d'un système informatique).

Formation : «Les systèmes experts permettent de transmettre des connaissances à une personne dans des conditions de grande efficacité car ils se répètent sans fatigue et s'adaptent au niveau de connaissances de chaque individu».

Ces fonctions sont celles du contrôle de gestion. **Les systèmes-experts doivent donc aider le contrôle de gestion et améliorer son efficacité.**

Les avantages octroyés par l'informatique et les SE au contrôle de gestion portent surtout sur les données et leur traitement :
– le système assure une cohérence de l'ensemble des données de base,

---

1. Rigaud L., *La mise en place des systèmes d'information pour la direction et la gestion des organisations*, Dunod, 1979.

– les résultats sont fiables,
– les simulations sont possibles et permettent une rapidité d'adaptation si de mauvais résultats apparaissent.

Pourtant, si tous les objectifs et les fonctions du contrôle de gestion peuvent être exécutées par un SE, en 1995, les applications de SE dans ce domaine sont peu développées.

Le coût élevé (par rapport à la solution tableur et logiciel intégré) de ces systèmes bloque leur diffusion.

3. La transmission des informations

Les nouvelles technologies liées à l'électronique ont fortement modifié la circulation des informations et la communication.

Au-delà de la grande capacité de transmission et de la vitesse de diffusion c'est la gestion du temps et de l'espace qui est bousculée :
– l'espace économique est mondial et pourtant il semble se retrécir tant il est facile de dialoguer avec des interlocuteurs lointains (visio-conférence), d'obtenir des informations de sources internationales (réseau Internet) ;
– la gestion se fait de plus en plus en temps réel car le délai s'amenuise entre émission et réception grâce à des connexions télématiques (EDI échange de données informatisées) : par exemple, le juste-à-temps ne pourrait s'effectuer avec les fournisseurs extérieurs sans l'EDI ;
– à l'intérieur d'une organisation, les relations sont aussi modifiées avec la possibilité de transmettre des informations à travers les ordinateurs individuels (collecticiel, workflow), de dialoguer, de laisser des messages électroniques.

Ainsi, toutes ces potentialités technologiques sur la transmission des informations dans le temps et l'espace influencent les procédures de communication, de coordination, de suivi et de contrôle mises en place avec le contrôle de gestion.

Grâce à cette rapidité et cette proximité, le contrôle de gestion peut évoluer vers un outil de conseil pendant l'activité et non plus seulement un outil de mesure et de sanction après l'action.

Exemple de ces potentialités technologiques

> ***«Une panoplie complète d'outils communicants»***
>
> *«L'outil de base du salarié mobile est bien sûr le micro-ordinateur portable. Aux États-Unis, on trouve désormais des machines équipées de puces Pentium spéciales, avec des dizaines de mégaoctets de mémoire, des centaines de Mo sur le disque dur et des écrans couleur à matrice active, qui dépassent en performances la plupart des machines de bureau actuelles. On peut également choisir des portables qui disposent d'un (voire de deux) lecteur de CD-ROM intégré dans l'appareil.*
>
> *Mais l'enjeu principal de la mobilité se trouve probablement ailleurs. Il passe*

en effet par les moyens et les coûts de communications offerts aux salariés itinérants. En plus du radio-téléphone, qui fait partie intégrante de l'équipement de base du salarié mobile, de plus en plus d'entreprises les équipent de systèmes de messagerie électronique qui permettent d'accéder, grâce à leur portable sans fil, aux services de messagerie des fournisseurs on line aussi bien sur Internet que sur Compuserve ou America on Line. Par exemple, la société Wynd Communications propose son logiciel "Wyndmail" (existant en versions PC Windows ou Macintosh), disponible en utilisant le réseau sans fil RAM Mobile Data, qui couvre l'ensemble du territoire des États-Unis.

Transferts de fichiers en plein vol

Si l'on veut être prévenu que l'on a reçu un message électronique, on peut choisir de s'équiper d'un petit "pager" qui sonne automatiquement. Cet appareil permet aussi de recevoir, en standard, des informations spécialisées, notamment financières. Le coût d'un tel service, outre le prix d'un radiomodem aux alentours de 500 dollars, est de quelques dizaines de dollars par mois, selon le volume de messages échangés ou le type d'abonnement. Les itinérants peuvent aussi accéder, avec leur portable sans fil, à la totalité des services disponibles sur Internet. "Explorer", un fournisseur de cartes au format PCMCIA (format carte de crédit), qui s'enfichent dans un lecteur de PC portables, s'est en effet associé avec Netcom, l'un des principaux fournisseurs de services Internet aux États-Unis. De fait il est désormais possible d'utiliser les interfaces habituelles de navigation d'Internet pour se déplacer sur les différents sites (on peut ainsi présenter électroniquement son entreprise à un client), mais aussi bénéficier des possibilités de transfert de fichiers ou de messagerie électronique. Le service, disponible dans l'environnement Windows, est commercialisé pour une vingtaine de dollars par mois, ce qui comprend quarante heures de connexion.

Le téléphone n'est pas non plus épargné par les améliorations technologiques. Ainsi, la Société Wildfire Communications propose un système particulièrement évolué de gestion des appels pour les travailleurs mobiles. Wildfire Assistant permet par exemple d'indiquer au système les différents numéros de téléphone où l'on peut être joint, cela en fonction de plages horaires précises. Le service redirige automatiquement un appel vers la bonne destination, de façon transparente pour celui qui appelle. De son côté, l'abonné peut mémoriser autant de numéros de téléphone qu'il veut et demander, vocalement, au système de composer le numéro de son correspondant.

A la convergence entre le téléphone cellulaire et les communications sans fil se trouve une nouvelle technologie baptisée Cellular Digital Packet Data (CDPD). Celle-ci permet de transmettre des fichiers de données sur les réseaux de téléphone sans fil et récemment, lors d'une manifestation consacrée à la technologie CDPD, les principaux fournisseurs du marché se sont accordés sur des techniques de compression de données. Grâce à elles, les services proposés seront élargis de façon à offrir les mêmes possibilités que le transfert de courrier électronique (envois simultanés à plusieurs correspondants, réroutage, etc.). De plus, les fichiers transitant sur les réseaux sans fil pourront bientôt arriver jusqu'aux réseaux informatiques des entreprises, améliorant ainsi le degré de "connectivité" des utilisateurs mobiles.

Dans le domaine des services, les innovations se succèdent au même rythme. La compagnie aérienne USAir est en train de tester, sur ses avions reliant New-York à Washington, un service de transfert de fichiers et de messagerie en vol, pour ses passagers équipés de micro-ordinateurs portables. La compagnie espère ainsi augmenter sa clientèle d'affaires, même si les coûts d'utilisation de ce service risquent d'être dissuasifs : autour de 2 dollars la minute, soit cinq à dix fois plus cher que le coût d'une communication vocale en vol. De plus, même si ce service permet de se connecter aux serveurs de son entreprise, il est encore assez lent (la vitesse de transmission n'est que de 2 400 bauds) et il faut s'équiper d'un modèle spécial. Enfin, les stations de relais au sol ne sont pas encore reliées entre elles, ce qui empêche des communications de longue durée. Les autres grandes compagnies aériennes américaines envisagent de développer une offre comparable. Dans ces conditions, les prix devraient baisser et les performances du système s'améliorer.»

Michel Ktitareff, Les Échos, *12 avril 1995.*

RÉFLEXIONS SUR LE THÈME

1. Les difficultés liées à l'utilisation des systèmes informatisés et des systèmes experts

Il est possible de recenser les points suivants :

- risque de rigidifier les procédures de comptabilité analytique et de contrôle budgétaire,
- nécessité de données de base très structurées,
- difficulté de communication avec l'expert et de formalisation de son savoir,
- problèmes humains d'acceptation, de formation des utilisateurs,
- problème de structure qui se décentralise et de pouvoir qui se dilue,
- problèmes de coût d'installation des systèmes.

Pour pallier ces difficultés il y a des conditions à respecter pour que les systèmes-experts réussissent :

- un matériel technique facilement accessible et maîtrisable par les utilisateurs,
- savoir comprendre les besoins de l'entreprise,
- savoir écouter et faire parler les experts,
- savoir évaluer et budgéter l'application.

2. Les risques sur la mémoire de l'entreprise

Si chaque service ou chaque individu crée son logiciel et utilise de manière autonome et isolée son informatique, des risques de dysfonctionnement pour l'entreprise apparaissent :

- d'une part, il y a risque d'une multiplicité de logiciels parfois redondants qui ne se connectent pas et ne peuvent travailler ensemble. La productivité de l'ensemble ne s'améliore pas, au contraire ;
- d'autre part, le personnel à faible qualification va se spécialiser sur un logiciel ou une machine pour effectuer des petites tâches et s'adaptera plus difficilement sur une autre machine. De plus si la machine évolue technologiquement son expérience précédente ne sera pas utilisable ;
- enfin l'informatique répartie peut isoler les individus rendant difficile le transfert de connaissances donc la mémoire de l'entreprise. Lors des mutations de personnel, celui qui avait conçu le programme part avec son expérience sans laisser de procédures d'utilisation pour son successeur.

Application

«L'EDI, un levier pour améliorer ses performances»

(LUCAS T., *Usine nouvelle*, n° 2490, 22 février 1995.)

«L'EDI (échange de données informatisé) progresse à grands pas : 63 millions de messages échangés en France en 1994, contre 18 millions en 1991. Selon une étude réalisée par Intégration Marketing, en collaboration avec EdiFrance, des utilisateurs toujours plus nombreux envoient des messages de plus en plus volumineux (109 gigaoctets ont transité par EDI en 1994, au lieu de 23 gigaoctets en 1991).

Cette croissante ne doit pas cacher de fortes disparités. Dans l'assurance, le commerce et la grande distribution, l'EDI est en phase de banalisation. L'automobile et le transport sont déjà fortement impliqués. En revanche, des secteurs comme l'industrie pharmaceutique et la santé démarrent seulement.

Avec la diffusion de l'EDI, il est possible aujourd'hui de tirer un enseignement de l'informatisation des échanges de données. Première leçon à retenir : c'est une grave erreur de ne considérer l'EDI que comme une simple technique de transmission de données. "Dans la mesure du possible, la mise en place de l'EDI doit s'inscrire dans une réflexion globale sur les performances de l'entreprise. [...]"

Les expériences d'utilisateurs rompus à cette technique montrent également que lorsque deux entreprises décident d'échanger et de traiter automatiquement leurs commandes et factures, la nature de leurs relations commerciales peut en être sensiblement modifiée. Cette mutation technologique a également des conséquences significatives en interne. L'informatisation des échanges doit par conséquent s'accompagner d'une remise en cause, au moins partielle, du fonctionnement de l'entreprise. Quelques exemples, pris dans divers secteurs, permettent ainsi de baliser le chemin de la mise en œuvre réussie d'un système d'EDI.

1. Adapter l'organisation interne

Avant d'automatiser les échanges de données avec ses clients, mieux vaut commencer par une analyse de ses propres procédures de traitement. Une réflexion qui peut conduire à une véritable remise à plat des flux d'informations à l'intérieur de l'entreprise.

• "Automatiser le traitement des commandes, ce n'est pas simplement remplacer le fax par des réseaux informatiques", fait remarquer Jean-Pierre Dehez, directeur des systèmes d'information chez Saft.

Chez le fabricant d'accumulateurs, en effet, l'analyse préalable du circuit suivi par les commandes a mis en évidence de nombreuses tâches administratives sans valeur ajoutée : saisies et ressaisies multiples sur des documents intermédiaires, contrôle "manuel" des références, etc.

L'objectif final, stratégique, n'a pas pour autant été perdu de vue. Pour Saft, l'EDI avait une fonction claire : automatiser la planification de l'usine à partir des commandes afin de réduire de cinq à deux jours le délai de réponse au client.

Aujourd'hui, grâce aux messages EDI, les prises de commandes (par les filiales étrangères ou les clients) alimentent directement l'outil informatique qui calcule l'ordonnancement de la fabrication. Une simplification qui a permis de supprimer des tâches ou de les faire évoluer : désormais, seules les exceptions (les commandes posant un problème particulier) sont traitées par un opérateur.

• L'équipementier d'automobiles Keller prend également très au sérieux la contrainte de fiabilisation de son EDI. Pour ce faire, le fabricant de systèmes d'isolation acoustique a été jusqu'à créer une fonction "Qualité GPAO". Un responsable spécialement formé veille au respect des procédures d'utilisation du logiciel, met en place des points de contrôle des données, etc.

Si les contraintes liées à l'EDI commencent par perturber le fonctionnement de l'entreprise, à plus long terme elles ont aussi un effet bénéfique d'homogénéisation. "L'adoption d'une même station EDI, fournie par GEIS, dans l'ensemble de nos filiales a permis d'établir un langage commun de codification des commandes au sein du groupe", précise Jean-Pierre Dehez, de Saft.

2. Modifier les relations avec ses clients

Lorsqu'il s'agit d'établir des liens EDI avec le maximum de clients, la standardisation est un impératif. Mais elle ne peut se faire sans une coopération active entre partenaires.

• Paul Prédault a, dès le départ, opté pour un standard du marché dans le domaine de la grande distribution (des messages Gencod et le réseau Allegro). "À l'origine, c'est pour répondre à la demande d'un client que nous avons commencé à réfléchir à l'EDI. Mais il était hors de question de multiplier les solutions spécifiques", raconte Véronique Maturel.

Depuis, la PME s'est employée à diffuser le standard chez ses clients. Une démarche qui exige de passer du temps, au démarrage, avec les partenaires concernés, mais qui, à terme, se révèle "un investissement rentable".

"Mettre en place l'EDI suppose une relation forte entre client et fournisseur, confirme Jean-Pierre Dehez. La normalisation permet de standardiser la structure des messages, mais, si l'on veut vraiment effectuer des échanges et des traitements automatiques, le contenu doit lui aussi être très soigneusement codifié."

• Si la mise en place de l'EDI resserre les liens entre le fournisseur et ses clients, son utilisation permet de développer de nouveaux services. Le retour d'informations vers le client est le premier service qui découle "naturellement" de l'EDI. Une possibilité ouverte par la disponibilité des données, mais aussi par celle du personnel auparavant affecté à des tâches administratives supprimées.

Ainsi, chez FujiFilm, qui livre ses produits aux photographes indépendants, magasins spécialisés et grandes surfaces, la mise en place de l'EDI avec ses transporteurs a débouché sur la création d'une nouvelle fonction d'assistance à la clientèle. "Auparavant, à partir du moment où la commande était partie, il était difficile de renseigner un client inquiet de ne pas l'avoir reçue. En développant l'EDI avec ses transporteurs, FujiFilm peut désormais suivre ses produits jusqu'à la livraison, gérer les anomalies d'expédition, et donner au client les explications qu'il demande", explique Bruno Prépin, directeur général adjoint de la SSII Cazan, et qui assume la direction technique des projets EDI chez FujiFilm.

[...]»

QUESTION

Résumer les idées essentielles du texte.

26 L'analyse de la valeur

Dans cet environnement économique et technologique contraignant pour l'entreprise et dans le cadre de la nouvelle problématique de la production analysée au chapitre 27, il faut bien coordonner et contrôler l'organisation et chercher en permanence à l'améliorer, aussi bien dans ses procédures que dans ses coûts, pour que les produits soient en adéquation avec la demande. L'analyse de la valeur est alors une méthode utile dans ce sens.

1. Définition et objectifs

1.1 Définition de l'analyse de la valeur

La «**valeur**» est une grandeur qui croît lorsque la satisfaction de la fonction pour laquelle le produit a été conçu augmente ou que le coût du produit diminue.

$$\text{VALEUR} = \frac{\text{SATISFACTION DE LA FONCTION}}{\text{COÛT}}$$

L'analyse de la valeur a été élaborée en 1947 aux Etats-Unis par L.D. MILES, ingénieur à la «General Electric» et introduite en France dans les années 60.

C'est une méthode qui analyse un produit et cherche à l'améliorer en vue d'en augmenter son UTILITÉ et d'en diminuer son COÛT.

le Produit doit

Maximiser la satisfaction ET **Minimiser les coûts**

l'utilité du client — *être rentable*

pour dégager de la VALEUR

C'est le logo de l'AFAV : l'Association française d'analyse de la valeur.

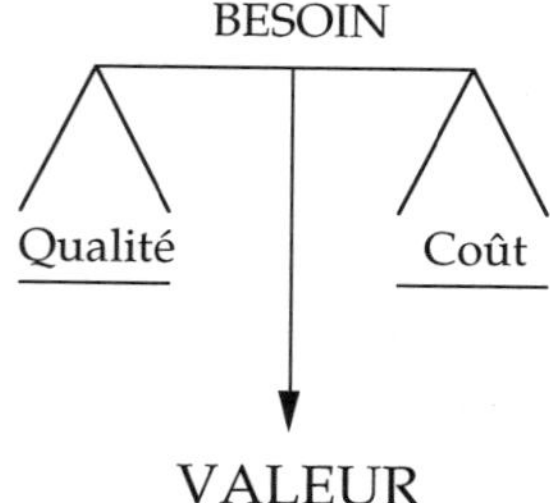

L'amélioration recherchée se traduit par une fonction Utilité précise ; par exemple, il faut déterminer un certain niveau de performances nécessaire et suffisant avec un coût minimal. Ainsi l'analyse de la valeur essaie de répondre à la question :

Quelles sont les FONCTIONS du produit qui permettront l'ADEQUATION des BESOINS des clients à l'OPTIMISATION du COUT des MOYENS ?

L'analyse de la valeur cherche à obtenir au moindre coût les seules fonctions nécessaires et jugées utiles d'un produit, tout en améliorant la qualité, la sécurité, la durée du produit. L'analyse de la valeur peut être menée pour un produit existant ou pour un produit entièrement nouveau.

L'AFNOR propose la définition suivante :

> L'analyse de la valeur est une méthode de compétitivité organisée et créative visant la satisfaction du besoin de l'utilisateur par une démarche spécifique de conception à la fois fonctionnelle, économique et pluridisciplinaire.

1.2 Objectifs de l'analyse de la valeur

1) L'analyse de la valeur remplit plusieurs fonctions

• *C'est un outil d'AMELIORATION* : le but est de mieux satisfaire le client en proposant des fonctions plus adéquates aux besoins.

• *C'est un outil d'ECONOMIE* : l'analyse cherche à réduire le coût total du produit,

• *C'est un outil d'INNOVATION* : l'analyse du produit et la recherche d'améliorations apporte souvent des progrès sur d'autres points non prévus au départ.

2) L'analyse de la valeur occasionne une dynamique de l'organisation

• C'est un outil qui nécessite un **état d'esprit d'ouverture et une communication** libre sans blocage.

Les réunions ne sont pas des lieux d'affrontement mais permettent de dégager un consensus et un intérêt commun.

• C'est un outil qui permet un **décloisonnement interne** de l'organisation.

Les clivages hiérarchiques et professionnels sont gommés par l'analyse de la valeur qui requiert une communication entre tous les niveaux verticaux et horizontaux de la structure.

2. Les étapes de l'analyse

2.1 La démarche de l'analyse

Le principe est :
– de recenser de manière exhaustive **toutes les fonctions remplies par un produit** ;
– d'en mesurer le coût ;
– puis de déterminer quelles sont les **fonctions essentielles** à conserver et/ou à améliorer ;
– quelles sont celles **nouvelles à créer** pour mieux répondre aux besoins du client,
– et quelles sont celles qui peuvent être supprimées ;
– tout en identifiant le **coût minimum** auquel ces fonctions peuvent être assurées en éliminant le superflu ;
– tout en conservant la **qualité et la sécurité** du produit.

Le graphique permet de bien visualiser la démarche :

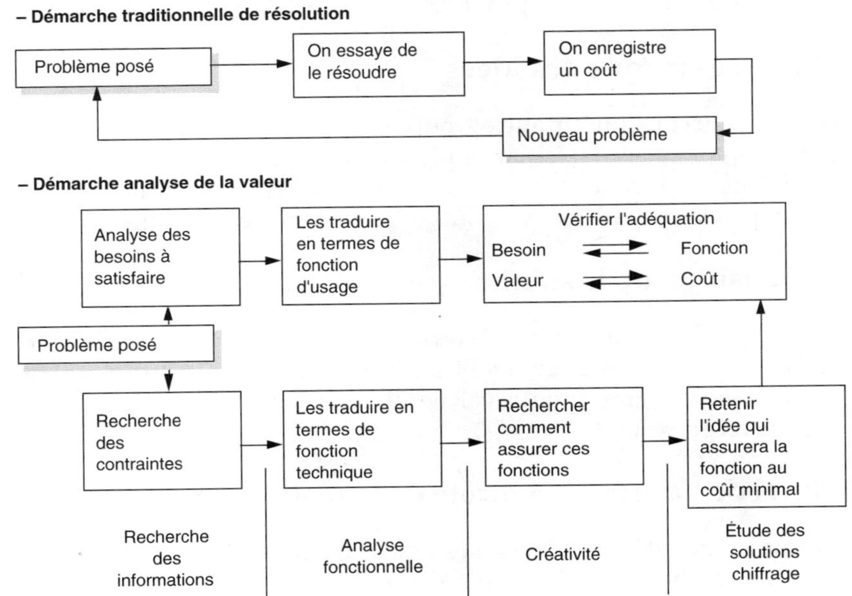

2.2 Les étapes de travail

La décomposition n'est pas strictement délimitée et identique pour toutes les analyses mais il est possible de délimiter les étapes principales et incontournables.

a) Formulation du problème

Pour bien orienter l'action, il faut délimiter l'objet de l'étude et son champ d'analyse, quantifier l'objectif, former l'équipe de travail et élaborer le planning de travail.

b) Recherche de l'information

La recherche de l'information, qui peut être longue, est essentielle puisque les données recueillies constitueront le matériel de base pour le travail d'analyse.

Il faut collecter les informations internes et externes à l'entreprise, les informations sur les besoins à satisfaire et celles sur les fonctions à assurer.

c) Analyse de l'existant

Elle comprend l'étude des fonctions actuelles du produit ainsi que les coûts actuels totaux sur ce produit.

d) Recherche des idées

Après avoir constitué le groupe de travail, les participants vont utiliser plusieurs méthodes de réflexion et de créativité pour trouver des idées nouvelles puis classer ces idées par fonction du produit.

e) Analyse critique des idées

Après avoir constitué un autre groupe de travail comprenant les services concernés de l'entreprise encadrés par le premier groupe de réflexion, il est procédé à la vérification concrète et pratique des possibilités de réalisation des idées émises ainsi qu'à la vérification des coûts engendrés par ces solutions alternatives.

f) Proposition de la solution

Le groupe de travail présente la ou les solutions possibles retenues après sélection, en justifiant son choix et établit un bilan prévisionnel et budgété des solutions préconisées. Le groupe de travail ne fait que proposer, la décision finale appartient aux seuls dirigeants.

g) Suivi de l'action et contrôle de la réalisation

Si une action est lancée, elle sera suivie et contrôlée par les services de l'entreprise sans participation du groupe d'analyse de la valeur, sur instructions du décideur.

2.3 Quelques outils de l'analyse de la valeur

Pour détailler les fonctions du produit, pour détecter les défauts existant sur les produits et leurs composants, pour trouver d'autres idées, les groupes de travail utilisent diverses méthodes d'analyse, la plupart connues de longue date.

En voici présentées quelques unes :
- le travail de groupe : communication, motivation et animation,
- les méthodes pour stimuler la créativité :
  - analytiques : osborn, attributs, entrée-sortie,
  - libre association d'idées : déchaînement, gordon, brainstorming.
- analyse des priorités : loi de PARETO, ABC, 20-80,
- analyse de corrélation : test de spearman,
- analyse et structure des coûts,
- analyse des tâches : réseau P.E.R.T,
- analyse des stocks : modèles de gestion,
- analyse de la qualité : techniques cf. chap. 28,
- analyse de l'organisation physique : implantation des services, des machines, des postes de travail et ergonomie.

2.4 Exemples d'analyse de la valeur

EXEMPLE 1
ANALYSE DE LA VALEUR D'UN PRODUIT DE CONSOMMATION COURANTE P

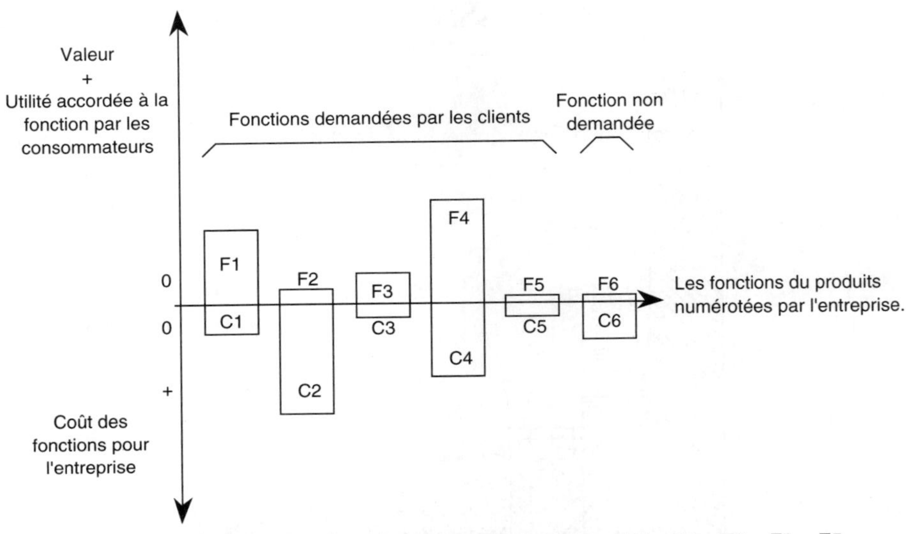

– L'ordre de valeurs des fonctions pour les consommateurs : F4 – F1 – F3 – F2 – F5
– L'ordre des coûts des fonctions pour l'entreprise C2 – C4 – C1 – C6 – C3 – C5

La comparaison des deux tableaux précédents permet d'identifier les premières pistes d'amélioration du rapport qualité-coût :

- suppression des fonctions non demandées, mais néanmoins satisfaites (F6). Cette fonction entraîne des surcoûts inutiles ;
- études approfondies des fonctions marginales qui sont aujourd'hui réalisées pour un haut niveau de coût (F2), ce qui suppose au départ un mauvais rapport qualité-coût ;
- amélioration de la qualité des fonctions demandées par le client, mais mal assurées (F5), dont le niveau de satisfaction, est égal à zéro.

EXEMPLE 2
ANALYSE DE LA VALEUR D'UN CARBURATEUR

① **Solution initiale**

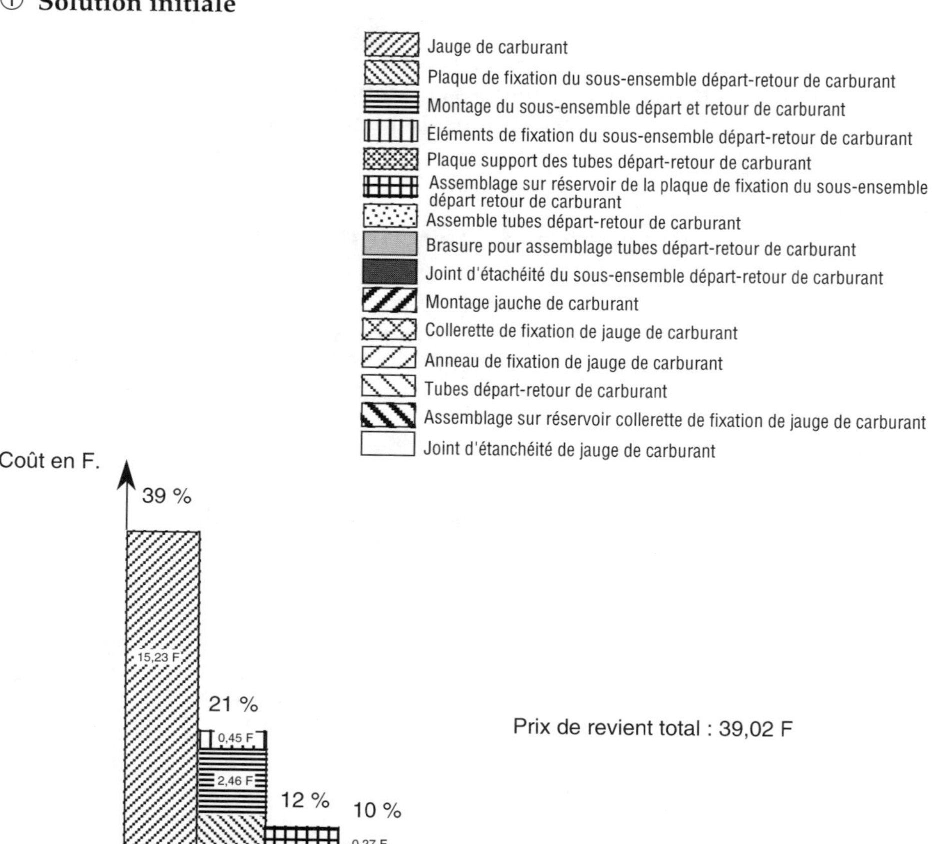

Sous-ensembles		Fonctions	
1	Stockage combustible	1 2	Recevoir le dispositif de mesure du volume de carburant. Recevoir le dispositif d'aspiration de retour de carburant.
2	Alimentation et retour de carburant	3 5 7	Permettre le départ et le retour de carburant. Etre démontable. Assurer une bonne étanchéité.
3	Jauge de carburant	4 6 8	Donner la quantité de carburant disponible. Etre démontable. Assurer une bonne étanchéité.

② Solutions après analyse de la valeur

Sous-ensembles	Fonctions	
Combiné «Jauge – départ – retour de carburant»	A	Permettre le départ et le retour de carburant et donner la quantité de carburant disponible.
	B	Etre démontable.
	C	Assurer une bonne étanchéité.
	D	S'adapter sur le réservoir.

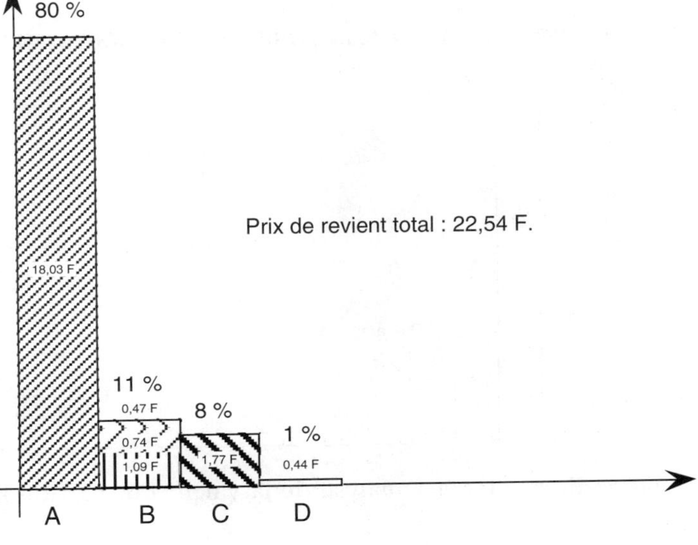

3. Les apports de l'analyse de la valeur pour le contrôle de gestion

3.1 La portée trop restreinte du contrôle de gestion

Les études et la conception d'un produit représentent 75 % du coût de revient total et la préparation du travail plus de 10 %. Donc les techniques classiques de réduction de coût issues du **contrôle de gestion qui ne portent que sur les matières et la fabrication ne s'intéressent qu'à 15 % du coût total**.

3.2 Une vision globale du coût d'un produit apportée par l'analyse de la valeur

Non seulement l'analyse de la valeur intègre toutes les phases et tous les composants d'un produit dans une **optique productive** du côté de l'entreprise, mais l'analyse de la valeur tient compte **aussi de l'optique commerciale** et de l'utilisation faîte par le client.

objectif des méthodes traditionnelles de réductiondes coûts : RÉDUIRE LE COÛT DE FABRICATION	objectif de l'analyse de la valeur : RÉDUIRE LE COÛT DE LA (OU DES) FONCTIONS UTILES
moyen : le contrôle de gestion donne une information sur le coût	*moyen* : le contrôle de gestion est un système d'information insuffisant

Le coût est un fleuve dont presque tout le débit est généré à sa source :

PART DE RESPONSABILITÉ DANS LA FORMATION DES COÛTS (EN %) EN MOYENNE

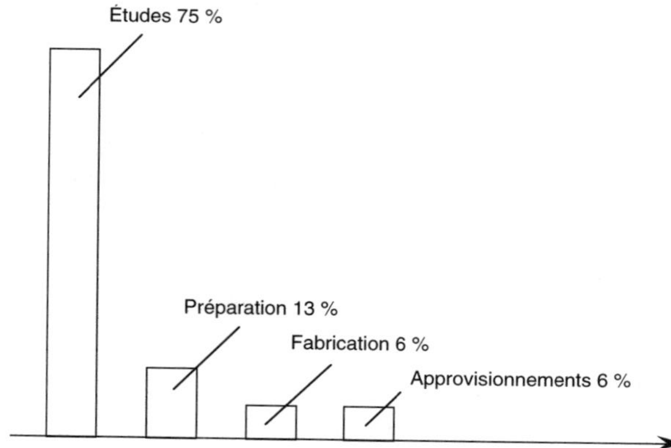

d'où l'intérêt de pratiquer l'analyse de la valeur qui part de la conception du produit.

3.3 Une adaptation possible du contrôle de gestion

M. Bettan (1) analyse les faiblesses du contrôle de gestion face à l'analyse de la valeur et propose une modification des techniques budgétaires.

1) Remise en cause du contrôle de gestion

«Depuis dix ans environ nous travaillons autour des concepts et méthodes et nous avons pu en mesurer à la fois l'utilité et l'efficacité. De nombreuses entreprises se sont engagées dans des remises en cause de leurs coûts, de leurs organisations, de leurs procédures.

La participation à de telles opérations nous a conduits à nous demander pourquoi les techniques du contrôle budgétaire et du contrôle de gestion n'avaient pu mettre en évidence les activités non indispensables ni faciliter les décisions de recherches et réalisations d'économies.

Pourquoi ces techniques qui ont longtemps été les outils du progrès et de la performance n'ont-elles pu s'adapter aux nouvelles situations ?

Le contrôle budgétaire a su parfaitement mettre en évidence les résultats insuffisants dus à la crise, à la décroissance de certaines activités, à la concurrence internationale.

Par contre il est clair que ces techniques n'ont pas su faire prendre conscience de l'inadaptation de certaines activités, les changements de priorités, des besoins de technologies nouvelles et par conséquent de la décroissance nécessaire de certaines activités traditionnelles.

Le contrôle de gestion s'est fortement appuyé dans le passé sur les méthodes de contrôle des activités de production proprement dites, c'est-à-dire des activités directes ; il n'a pu mettre en place des systèmes équivalents pour les activités fonctionnelles et plus généralement indirectes. Le seul outil de contrôle de ces activités reste le budget qui est à la fois trop imprécis et trop global en ce domaine.

Si on examine ce problème avec l'œil du praticien de l'AV, on peut considérer que le contrôle de gestion doit adapter les prestations qu'il fournit à ses «clients», aux besoins actuels et aux moyens et demandes de ceux-ci.»

2) Le contrôle continu de l'organisation

«L'adaptation des techniques budgétaires aux besoins du marché consiste bien évidemment à dépenser moins en ce qui concerne les points non indispensables, pour investir davantage dans les fonctions les plus attendues par les utilisateurs.

Le budget Base Zéro lorsqu'il est inscrit dans le calendrier annuel de l'entreprise est une première réponse dans ce sens. (Cf. chapitre 23).

Partant de l'observation faite sur la charge de l'encadrement, nous avons plutôt recherché des allégements pour proposer le contrôle continu de l'organisation.

---

1. Bettan M., *Bulletin AFAV*.

L'idée de base est que les fonctions et services indirects évoluent plus lentement que les phases du calendrier budgétaire annuel.

En effet les fonctions indirectes et de structures évoluent par sauts en fonction à la fois des variations d'activités et des changements de technologies.

Très souvent, leur évolution se fait tous les deux ou trois ans. De plus cet horizon du changement est souvent assez facile à prévoir : informatisation, changement d'organisation, modification de procédures, etc.

Aussi nous suggérons de prendre en compte la réalité de cette évolution.

Pour cela chaque service se voit attribuer des objectifs, des moyens et un horizon à l'occasion de l'opération d'AV Administrative ou à l'occasion d'un contrôle postérieur.

Pendant la période de deux ou trois ans ainsi définie, le responsable de l'activité fonctionne sur les bases prévues et avec les moyens attribués.

Il en résulte que le budget annuel devient une formalité simplifiée puisqu'il ne fait que prendre en compte des options déjà définies par ailleurs.

Si en plus on fixe astucieusement les dates des échéances des services (horizon), on peut arriver à ce que chaque mois un comité de direction soit consacré à l'examen de deux ou trois fonctions qui arrivent à échéance. A cette occasion on examinera si l'activité doit être poursuivie, quelles en sont les performances et prestations demandées, quels sont les moyens à accorder, etc.

On a ainsi remplacé une opération annuelle par un étalement mensuel, ce qui lisse la charge de travail de l'encadrement et de la direction, et on a en même temps allégé la charge d'élaboration du budget annuel.

Les sous-produits de cette procédure sont intéressants également. Par exemple on peut dire que le calendrier retenu, s'il est convenablement construit, permet à la direction de rencontrer régulièrement chaque responsable et cela sur un sujet capital qui est à définir et ce que la direction attend de chacun.

On peut imaginer de combiner cette procédure avec les techniques d'intéressement aux résultats obtenus, ainsi qu'avec des techniques d'amélioration des performances et de la qualité.»

3) Le temps et l'entreprise

«Le fait de rechercher un étalement de la procédure de contrôle budgétaire avec le contrôle continu nous a conduits dans certaines entreprises à suggérer une réflexion sur le «temps». Ce mot est vu là au sens calendrier. On va examiner chaque procédure en recherchant dans quelle mesure le temps et la période consacrés à cette procédure sont bien choisis.

Par exemple, pourquoi continuer de demander du temps au personnel et en particulier aux cadres dans des périodes où tous les efforts doivent être consacrés à la production ou au chiffre d'affaires ? Pourquoi envoyer des personnels en formation en fonction des calendriers des formateurs et non en fonction des besoins de l'entreprise ? On peut également imaginer de créer des incitations pour adapter certains congés d'hiver avec les besoins de production ou vente.»

RÉFLEXIONS SUR LE THÈME

1. L'analyse de la valeur est parfois longue et coûteuse.

La recherche des informations et la réflexion pour de nouvelles solutions prennent du temps, occupent de nombreuses personnes durant de multiples réunions. Les salariés de l'entreprise qui participent au groupe de travail ne sont pas directement productifs pendant ces réunions.
Les solutions peuvent parfois apparaître comme mineures par rapport au temps et au coût dépensé.

2. L'analyse de la valeur requiert un dialogue ouvert et une communication large.

Une condition sine qua non de la réussite d'une analyse de la valeur est la bonne entente des participants, leur compréhension mutuelle malgré les distorsions d'approche et de vocabulaire propres à chaque spécialité et la transparence des informations qu'ils détiennent
Si le dialogue est réussi, ce peut être l'amorce de nouvelles communications entre les acteurs et avec les partenaires extérieurs de l'entreprise, source d'amélioration de l'efficacité de l'organisation.

3. Les autres applications de l'analyse de la valeur

L'analyse de la valeur peut aussi étudier des procédures de travail administratif ou des services pour en améliorer la qualité tout en essayant d'en réduire le coût.
Elle est également utilisée dans d'autres domaines que la production. Voici quelques exemples de résultats d'analyse de la valeur administrative :
– réduction des coûts administratifs des circuits et documents de vente et de distribution de 15 % tout en abaissant de moitié les délais de livraison et en assurant une sécurité accrue dans le contenu des expéditions ;
– diminution de 20 % dans une compagnie pétrolière du coût de la production et de la diffusion de «l'écrit» ;
– abaissement de 4 % de l'ensemble des coûts de fonctionnement d'une compagnie d'assurances en conservant, et en améliorant sur certains points, la qualité des services rendus ;
– sans toucher aux dépenses de personnel stable ou intérimaire, définition d'une nouvelle organisation dégageant une capacité potentielle de production suffisante pour absorber avec un coût moindre de 5 % l'accroissement de charge prévue pour les deux prochaines années ;
– dans des services après vente et entretien, comprenant plusieurs centaines d'inspecteurs et de réparateurs de machines de bureau, réduction de 3 % du temps d'intervention sur les machines et augmentation de 7 % du nombre de machines ;
– à coût constant, gain d'exactitude et de 6 semaines de délai dans la production des «résultats mensuels» d'une société à activités multiples.

Application

L'analyse de la valeur

(OLIVIER F., «Analyse de la valeur, une clé pour l'avenir», *MOCI*, n° 957, 21.01.1991.)

«Résolu à procéder à l'analyse de la valeur d'un produit (au sens large du terme, ce peut être un service), le décideur devra réunir, sous la houlette d'un animateur interne ou externe à l'entreprise, des membres de l'entreprise intervenant tous dans le processus de la production : conception, production, service commercial et après-vente ainsi qu'une personne chargée de l'évaluation préliminaire des coûts, et une autre de l'évaluation des risques liés à la fiabilité du produit. Il doit s'agir obligatoirement d'un groupe, car c'est de l'échange des idées, compétences et expériences que naissent les solutions.

Pour des raisons d'efficacité, le groupe ne doit pas dépasser une dizaine de personnes ; la règle y est la liberté d'expression et l'absence de toute hiérarchie, condition indispensable au dialogue qui dynamise l'entreprise ; tout point de vue doit y être le bienvenu.

Le rôle essentiel de l'animateur

L'animateur du groupe, un homme ayant des connaissances et une expérience de l'industrie (il peut d'ailleurs s'agir d'un membre de l'entreprise s'il a reçu une formation idoine), oriente les débats, coordonne le travail du groupe, informe chacun de ces membres de l'avancement du programme, dresse une prévision de bilan et élabore un projet de recommandation des solutions à adopter *in fine*. L'animateur constitue le catalyseur de ce dialogue d'où sortira la «force de frappe» de l'entreprise.

L'existence même du groupe est très importante parce que, par principe, et parce qu'ils sont tous impliqués dans la conception du produit, ses membres s'accordent à faire le meilleur choix, avantageant une technique plutôt qu'une autre, éliminant une fonction non indispensable pour en créer une autre nettement plus utile. En outre, les membres du groupe seront directement et personnellement concernés par une décision à laquelle ils auront pris part.

Bien entendu, après l'adoption des solutions au sein du groupe, c'est le dirigeant de l'entreprise qui en exploitera les résultats. Dans la pratique, il se peut qu'un certain temps s'écoule entre le lancement d'un projet et sa réalisation (cela peut aller jusqu'à dix ans). Dans ce cas, il faut créer un nouveau groupe avant le moment choisi pour l'industrialisation du produit afin de tenir compte de l'évolution des techniques et de l'environnement économique. Une occasion pour l'animateur de reprendre et affiner le système d'aide à la décision. Source même de l'innovation, l'analyse de la valeur permet d'adapter en temps utile les produits et le système de production, d'une part, aux variations des aspirations du client, d'autre part, à la modernisation des techniques (matériaux, procédés). Il ne faut donc pas s'étonner que les firmes ayant recours systématiquement à l'analyse de la valeur, surtout au Japon et aux États-Unis, figurent dans le peloton de tête de certains secteurs industriels.

La situation dans les firmes françaises

Un certain nombre d'entreprises françaises pratiquent l'analyse de la valeur avec bonheur, notamment celles qui opèrent dans des industries très concurrentielles au plan mondial, l'aéronautique, la construction automobile, le matériel électrique. Même les secteurs public et parapublic l'ont adoptée avec profit. Ce qui n'empêche pas les petites et moyennes entreprises de rester hésitantes, sinon réticentes devant l'analyse de la valeur, peut-être à cause de la multiplication désordonnée des techniques de management. "Toujours est-il que, malgré les succès connus, il est difficile de savoir la situation exacte des firmes françaises vis-à-vis de l'analyse de la valeur et ce pour diverses raisons, dit à ce propos M. Fouré : nombre de ceux qui se sont lancés dans cet investissement et en ont tiré des éléments positifs ne veulent pas en parler ; les conseillers-animateurs en analyse de la valeur n'ont aucune raison de dévoiler leurs résultats, tenus qu'ils sont au secret ; beaucoup de chefs d'entreprises qui y ont eu recours ont peur d'être critiqués."

Il n'en demeure pas moins vrai que les Français ont été très actifs pour que la Communauté européenne donne à l'analyse de la valeur une place prépondérante en la faisant reconnaître comme une technique de gestion guidant les entreprises dans la mise en œuvre et dans la recherche de l'innovation et dans le progrès technologique». A leur actif, les Français avaient édicté en 1985 diverses normes concernant l'analyse de la valeur, dont une portant sur le “cahier des charges fonctionnel”, un instrument permettant au client de décrire clairement et complètement ses besoins et exigences, chaque fonction d'un produit étant exprimée par un ou plusieurs critères.

Efforts en direction des PME

Du côté des pouvoirs publics, le ministère de l'Industrie prodigue des efforts pour faciliter l'ouverture de l'analyse de la valeur vers les petites et moyennes entreprises dans les régions. A ce titre, on attend d'ici quelques mois une convention d'interface avec le design afin d'inciter les designers industriels travaillant avec les petites et moyennes entreprises démunies de service d'études, à faire appel à l'analyse de la valeur. Sans compter que cette technique de gestion est, depuis quelques années, au programme des lycées et collèges d'enseignement technique français et qu'elle commence à être de mieux en mieux connue des futurs ingénieurs et cadres techniques des entreprises.

Dans le cadre d'une politique de développement à l'exportation, l'analyse de la valeur est essentielle. Au lieu de fabriquer des produits standardisés susceptibles de ne pas répondre aux besoins des utilisateurs, voire aux normes de tel ou tel pays, l'analyse de la valeur permet d'établir de façon optimale les conditions d'utilisation, les réglementations à respecter, donc de déterminer les modifications à apporter à un produit donné en fonction de l'environnement du pays où il sera exporté. Dans le cadre de ces études, les données politiques, fiscales, technico-économiques pourront être examinées et prises en compte dans les conditions de fabrication, de vente, de maintenance d'un produit. Dans le pire des cas, l'analyse de la valeur évitera bien des déboires si elle n'assure pas le plein succès d'un produit à l'exportation.»

QUESTIONS :

a) Quelles sont les conditions de réussite d'une analyse de la valeur ?
b) Quelles sont les réactions des entreprises françaises face à l'analyse de la valeur ?
c) Quels peuvent-être les apports de l'analyse de la valeur aux entreprises ?

Sous-partie 2

Évolution de la production et améliorations globales du contrôle de gestion

27 La nouvelle problématique de la production

Pour comprendre les évolutions actuelles du contrôle de gestion et de tous les systèmes d'information de l'entreprise, il est nécessaire d'appréhender les nouveaux besoins en information liés aux mutations technologiques et organisationnelles qui sont apparues depuis une dizaine d'années.

Le domaine de la production a été particulièrement perturbé.

C'est pourquoi, il semble important d'analyser ce nouveau paradigme de la production avant d'étudier les limites actuelles du système d'information comptable.

1. Un nouveau contexte pour la production

Les évolutions de la demande, de la technologie et de la concurrence induisent une nouvelle problématique de la production : tant dans les objectifs, que dans les stratégies et les choix d'organisation.

1.1 L'environnement macroéconomique

• *Les évolutions de la demande*

Après les décennies de production et de consommation de masse avec des produits uniformes et standards, la demande devient plus exigeante quant à la diversité, la qualité et l'optionalité des produits.

• *Les évolutions technologiques*

Avec les contraintes techniques du début du siècle les entreprises disposaient de machines rigides monofonctions.

L'électronique a permis de développer des moyens de production flexibles avec des machines qui peuvent changer d'outils et de fonctions. Cette souplesse permet de répondre à une demande plus spécialisée et de faible quantité.

• *Les évolutions de la concurrence*

L'économie est devenue mondiale aussi bien du côté de l'offre (les producteurs) que du côté de la demande (les acheteurs) et les entreprises ont vu apparaître de nouveaux producteurs dans toutes les zones géographiques avec des avantages concurrentiels différents : maîtrise de nouvelles technologies, faible coût de main d'œuvre...

1.2 Évolution de la stratégie de production

Les entreprises s'adaptent à ces évolutions en modifiant leurs objectifs et leurs stratégies.

a) De nouveaux objectifs

Face à ces nouvelles contraintes et opportunités économiques et technologiques de l'environnement mondial, l'entreprise cherche à satisfaire ses clients pour conserver et accroître sa part de marché (FLEXIBILITÉ) et en même temps recherche la minimisation de ses coûts (PRODUCTIVITÉ).

Les entreprises sont donc face à un système d'objectifs :
- augmentation de la qualité,
- augmentation de l'adaptabilité des produits,
- diminution des délais,
- diminution des coûts,

que la fonction de production doit chercher à atteindre.

> Les deux objectifs auparavant contradictoires – PRODUCTIVITE et FLEXIBILITE – sont dorénavant compatibles SIMULTANEMENT grâce aux possibilités technologiques des machines.

b) De nouveaux moyens

Le dilemme ÊTRE RENTABLE – avec des grandes séries pour atteindre des économies d'échelle mais avec des produits homogènes qui ne conviennent pas à tous les clients – ou ÊTRE PRÈS DU CLIENT – avec des produits spécifiques mais coûteux et non rentables car fabriqués en petites séries – n'existe plus.

Les technologies flexibles et les nouvelles organisations de la production permettent de faire des petites séries rentables tout en satisfaisant le client.

Les équipements électroniques et les machines à commande numérique apportent une souplesse considérable. En effet, la production peut être faite en petits lots pour répondre aux besoins spécifiques de différents clients tout en restant rentable car la flexibilité des outils permet de ne pas perdre de temps et d'avoir des coûts plus bas.

c) De nouvelles stratégies

Plusieurs nouvelles orientations stratégiques permettent de répondre à ce contexte :
- élaborer des produits qui représentent de la VALEUR pour la demande (utilité, service, qualité) ;
- être FLEXIBLE dans la production, l'organisation et les hommes pour s'adapter à toutes les évolutions rapides des marchés ;
- obtenir simultanément une RÉDUCTION DES COÛTS et une amélioration de la QUALITÉ.

Pour réaliser ces objectifs, les entreprises sont de plus en plus amenées à travailler au-delà de leur structure, avec des partenaires extérieurs qui sont ponctuellement et temporairement plus efficaces ; ces coopérations conduisent à des relations interfirmes de plus en plus nombreuses.

Ces évolutions provoquent nécessairement des modifications et des adaptations des outils de gestion et du contrôle de gestion :
- de nouvelles méthodes apparaissent : analyse de la valeur, contrat d'assurance qualité... ;
- le domaine du contrôle de gestion s'étend : il englobe toutes les étapes du processus de production.

2. Une nouvelle organisation de la production

L'organisation industrielle mise en place au début du siècle avec l'explosion du secteur secondaire, en fonction des objectifs et des contraintes du moment, était fondée **sur des lignes de production rigides, une régulation assurée par des stocks** de produits intermédiaires et finis, **une planification de la production en amont** à partir de prévisions de vente.

Cette organisation dite taylorienne, par association à l'organisation scientifique du travail, a constitué (et constitue encore pour de nombreuses entreprises) le cadre de référence de la fonction de production et donc du contrôle de gestion.

Dans le contexte actuel de la production, pour mieux atteindre le système d'objectifs – qualité, délai, coût, flexibilité – les entreprises mettent en place de nouvelles structures tant à l'intérieur qu'à l'extérieur de l'organisation :
- **dans le domaine de l'organisation de la production**, on cherche à gérer des flux (et non des stocks qui coûtent cher) c'est-à-dire une suite d'opérations qui s'enchaînent sans attente (flux tendus) et à déclencher ces flux en fonction de la demande en aval (flux tirés) (cf. paragraphe 2.1) ;

– dans le cadre plus large des **trois cycles «conception-fabrication–distribution»**, on cherche à intégrer toutes les étapes dans une approche transversale, décloisonnée, de processus (cf. paragraphe 2.2) ;
– en intégrant les relations de la production avec tous **les partenaires extérieurs** et en tenant compte de la sous-traitance, l'organisation englobe une partie de son environnement et devient un réseau (cf. paragraphe 2.3).

2.1 La gestion des flux

a) Les flux tirés

La gestion de la production à flux tirés ou juste-à-temps peut être définie de la manière suivante :

> La gestion de la production en flux tirés cherche à produire pour satisfaire :
> – **la demande JUSTE au moment où la vente doit avoir lieu,**
> – **de la JUSTE quantité et qualité demandées.**
> Cette approche aboutit donc à l'opposé d'une production sur stock qu'elle cherche justement à réduire voire supprimer, d'où le nom de gestion de FLUX.

Cette démarche productive venue du Japon cherche donc à réduire les coûts et les délais en installant des procédures de production déclenchées par l'aval, par une demande effective, donc avec moins d'attente et de stock.

Le principe du juste-à-temps est davantage une modification organisationnelle qu'un changement technologique. L'aval (la demande) qui tire et initialise la production correspond à l'inverse de la méthode de prévision de la production où le déclenchement vient de l'amont.

b) Les flux tendus

L'étape suivante d'amélioration consiste à tendre les flux (d'où le terme «production à flux tendus») c'est-à-dire à réduire progressivement les stocks pour que le processus soit de plus en plus fluide (encore moins de temps d'attente, de délai, de coût).

L'aboutissement de cette nouvelle organisation est donc une gestion à flux tirés et tendus. Mais cela nécessite la mise en place de nouvelles procédures de travail, de contrôle et une nouvelle circulation des informations dans et à l'extérieur de l'organisation.

2.2 La gestion par projet et par processus

Une vision globale de toutes les activités nécessaires à la production de biens permet d'améliorer tout le processus, en coût, en qualité et en délai.

On cherche alors à réfléchir sur l'enchaînement des opérations donc sur une approche transversale depuis la conception jusqu'à la distribution : c'est une gestion par processus ou une gestion par projet pour trouver des synergies et dépister des incohérences (cf. chapitre 4 «Le contrôle de gestion et la structure» p. 49).

2.3 L'organisation externalisée ou en réseau

La production peut aussi être faite en dehors de l'entreprise dans des sites plus économiques ou par des partenaires plus performants.

La sous-traitance ou la coopération qui s'instaure alors oblige à gérer une organisation qui va au-delà des frontières traditionnelles de l'entreprise : on parle d'une entreprise en réseau ou d'activités externalisées (cf. chapitre 4 «Le contrôle de gestion et la structure», p. 50).

3. Les insuffisances du système d'information comptable

Il faut analyser en quoi la nouvelle problématique et les nouvelles formes d'organisation de la production modifient les informations, les coûts et les contrôles nécessaires.

3.1 Les limites actuelles du contrôle de gestion

Plusieurs évolutions des besoins en information et du contexte productif réduisent la portée actuelle du contrôle de gestion.

a) Les limites du contrôle de gestion dans la logique actuelle des nouvelles technologies de production

La comptabilité analytique et le contrôle de gestion ont des critères d'évaluation et des objectifs pertinents et cohérents avec la logique d'organisation taylorienne de la production.

Si la logique de la production évolue, les critères de gestion pour la contrôler ne sont plus adéquats.

Deux éléments essentiels se trouvent remis en cause :
- **la stabilité des fabrications dans le temps et dans l'espace** : la diversification, l'adaptabilité des produits, la dimension qualitative rendent plus complexes et plus incertains les processus de fabrication ;
- **l'approche prévisionnelle** : avec les flux tendus et tirés par l'aval, la gestion ne peut se faire *a priori*.

De ce fait :

- **le modèle comptable** fondé sur la logique classique flux-stock **ne représente plus la réalité du stock-zéro** ;
- **le modèle comptable** de coûts établis *a priori* **n'est plus cohérent avec l'imprévisibilité des flux tirés par l'aval** ;
- **l'établissement des budgets** valables pour une structure hiérarchisée **ne correspond plus aux structures souples avec délégation importante des tâches de conception** ;
- **les notions de «centre d'analyse» et «d'unité d'œuvre»** compatibles avec une organisation des ateliers par machine et technologie et une main d'œuvre spécialisée **ne s'appliquent plus au regroupement modulaire par produit et à la polyvalence des opérateurs.**

b) Les insuffisances de la comptabilité analytique dans l'analyse des coûts de production actuels

1) Les coûts de la comptabilité analytique

P. LORINO (1) analyse trois évolutions qui rendent la comptabilité analytique inadaptée :

- *Le renversement de la pyramide des coûts*

Les coûts directs représentaient il y a 20 ans 90 % des coûts totaux. Il était donc envisageable d'asseoir l'analyse de l'activité sur cette base et de répartir arbitrairement et peu précisément les 10 % des coûts indirects restant.

A l'heure actuelle, les coûts indirects représentent 70 % des coûts totaux, la pyramide repose donc sur son sommet.

Il est difficile alors d'avoir une image correcte des coûts réels de l'entreprise et donc risqué de prendre des décisions sur ce système d'information biaisé.

- *Les coûts de main-d'œuvre*

La comptabilité analytique porte son attention à 75 % sur la main-d'œuvre directe, **qui ne représente en fait que 10 % des coûts totaux**, alors que la matière en constitue 55 % et la structure 35 %.

- *Les coûts de production*

La comptabilité analytique ne s'intéresse qu'à la phase de production. Or à l'heure actuelle 70 à 90 % des coûts sont des coûts de conception (en amont de la production) et des coûts de maintenance et de services liés au produit (en aval de la production).

Il est possible de représenter le champ d'analyse de la comptabilité analytique dans le contexte actuel des coûts : la comptabilité analytique analyse surtout la main-d'œuvre directe.

---

1. LORINO P., *L'économiste et le manageur : éléments de micro-économie pour une nouvelle gestion*, La Découverte, 1989.

LA RÉPARTITION DES COÛTS (EN %)
ET LA PLACE DE LA COMPTABILITÉ ANALYTIQUE

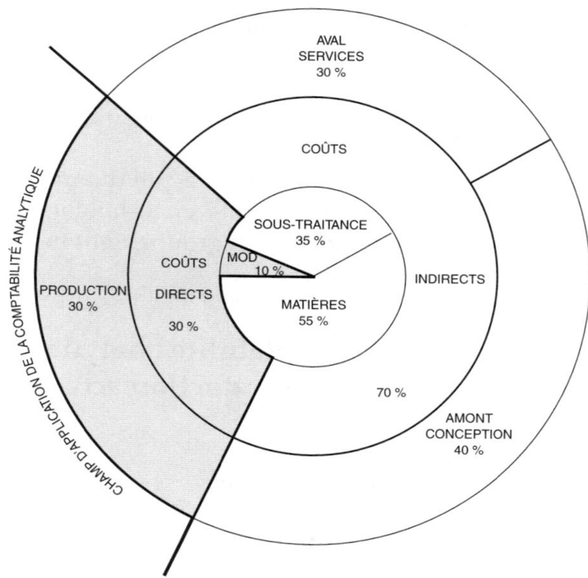

De plus d'autres insuffisances apparaissent :

2) Les coûts en dehors du champ de la comptabilité

L'analyse de l'activité d'une entreprise fait apparaître l'existence de coûts non ou partiellement intégrés dans la comptabilité analytique :

• *Le coût d'opportunité*

Ces coûts sont pris en compte dans la gestion classique des approvisionnements mais leur utilisation reste trop parcellaire.

• *Les coûts externes*

Si la stratégie dominante des années 60-70 était l'intégration verticale pour mieux maîtriser les coûts, celle des années 90 serait davantage l'impartition, c'est-à-dire «faire-faire» par d'autres entreprises avec un coût moindre. Cette stratégie d'externalisation des coûts doit cependant être réintroduite dans le calcul du coût de revient total.

Il existe également des coûts qui sont supportés en totalité ou en partie par la collectivité, par d'autres agents que l'entreprise et qui pourtant sont induits par elle. Par exemple, des nuisances, les pollutions issues de la production d'une entreprise et qui nécessitent des aménagements pris en charge par une commune.

• *Le concept de coût global ou Lyfe cycle cost*

Le coût global consiste à analyser sur le cycle de vie du produit tous les coûts qui interviennent depuis le coût de conception jusqu'au coût de destruction.

Cette vision plus réaliste du coût d'un produit se répand de plus en plus dans les entreprises.

Le graphique suivant montre tous les coûts qui interviennent tout au long du cycle de vie du produit :

Le coût global comprend :

Calculé par l'industriel		*Calculé par le client*
Le développement L'industrialisation La production	→	L'acquisition
		+
L'utilisation La maintenance L'extinction	→	La possession

Le coût d'extinction est quelquefois appelé le coût de destruction.

LE COÛT GLOBAL

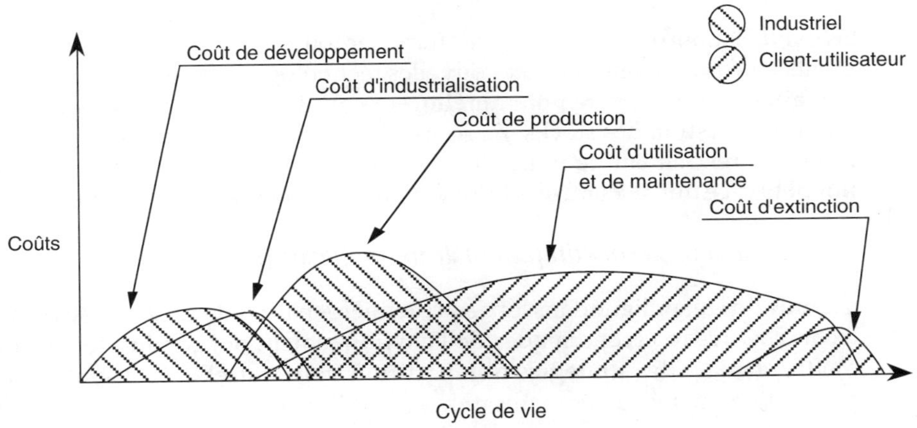

Industriel
Client-utilisateur
Coût de développement
Coût d'industrialisation
Coût de production
Coût d'utilisation et de maintenance
Coût d'extinction
Coûts
Cycle de vie

Source : Tassinari, *La maîtrise des coûts*, Éd. d'Organisation, 1987.

• *Les coûts cachés*

Au sein d'une entreprise, les dysfonctionnements organisationnels nécessitent des actions correctrices ou des régulations qui engendrent des surcoûts ou de nouveaux coûts intégrés dans les coûts traditionnels. Ces surcoûts sont appelés des coûts cachés puisqu'ils ne sont pas isolés en tant que tels.

Savall (1) donne des exemples de dysfonctionnements et de coûts cachés apparaissant avec la régulation.

1. Savall M., Zardet V., *Maîtriser les coûts et les performances cachés : le contrat d'activité périodiquement négociable*, Economica, 1989.

Dysfonctionnement	Régulations possibles ⇒ Coûts cachés
Absentéisme	Arrêt de la machine Recherche d'un remplaçant Déplacement d'un ouvrier sur le poste de l'absent Sous-productivité du remplaçant
Rotation du personnel	Recrutement d'un remplaçant Formation du nouveau recruté Sous-apprentissage du nouveau recruté
Défauts de qualité	Temps de retouche Mise en rebut d'articles Annulation de la commande par le client Traitement des retours d'articles par le service après-vente...

3) *Le paradoxe de la productivité*

SKINNER montre qu'il ne faut pas focaliser toute son attention sur les investissements en équipement liés aux nouvelles technologies. **Il ne suffit pas de réduire la main d'œuvre directe pour améliorer la productivité**. Il faut aussi améliorer la qualité, la gestion des stocks. La recherche de la productivité suppose l'augmentation du rendement de toutes les ressources techniques, humaines et organisationnelles, ce que le contrôle de gestion n'appréhende pas directement.

4) *La comptabilité analytique et l'entreprise sans frontière*

Comme il a été souligné dans les deux premières parties de ce chapitre, les mutations technologiques et économiques de l'environnement ont conduit les entreprises à mettre en place des **stratégies d'impartition (faire-faire)** qui éclatent les unités de production au delà de l'organisation et multiplient les relations de partenariat.

Cette tendance forte des décennies 80-90 constitue une innovation majeure pour le contrôle de gestion des prochaines années.

Le système d'information «contrôle de gestion» devra élaborer des indicateurs pour mesurer l'efficacité et l'efficience des alliances et des coopérations, tant avec des sous-traitants, des fournisseurs, des concurrents nationaux ou internationaux.

Dans cette démarche stratégique, trois besoins apparaissent qui ne sont pas satisfaits par le contrôle de gestion :

- alors même que **le contrôle de gestion élabore des cloisonnements** pour mesurer l'activité des centres de responsabilité et assure une coordination interne, **il faudrait à l'inverse décloisonner l'entreprise** pour intégrer ses partenaires extérieurs dans une gestion transversale et contrôler les interfaces entre les différentes structures ;
- dans le contexte actuel, **le contrôle de gestion renseigne mal sur l'opportunité de préférer une intégration des activités ou une externalisation**, alors que l'analyse des coûts n'est plus reconnue comme la seule préoccupation stratégique ;

– **le contrôle de gestion intégre mal les dimensions et les critères des qualiticiens, des logisticiens**. Or la qualité et la logistique sont devenues des variables essentielles pour se différencier de la concurrence et donc déterminer le prix de vente possible.

c) Comparaison des informations comptables nécessaires

Il est possible de résumer brièvement le cadre comptable qui a été élaboré pour répondre aux besoins d'information de la logique traditionnelle ou organisation taylorienne de la production. Puis faire de même avec la nouvelle logique de la production pour mettre en évidence les nouveaux besoins d'information qui apparaissent et donc les évolutions nécessaires du contrôle de gestion.

TABLEAU SYNTHÉTIQUE DE L'ORGANISATION TAYLORIENNE CLASSIQUE

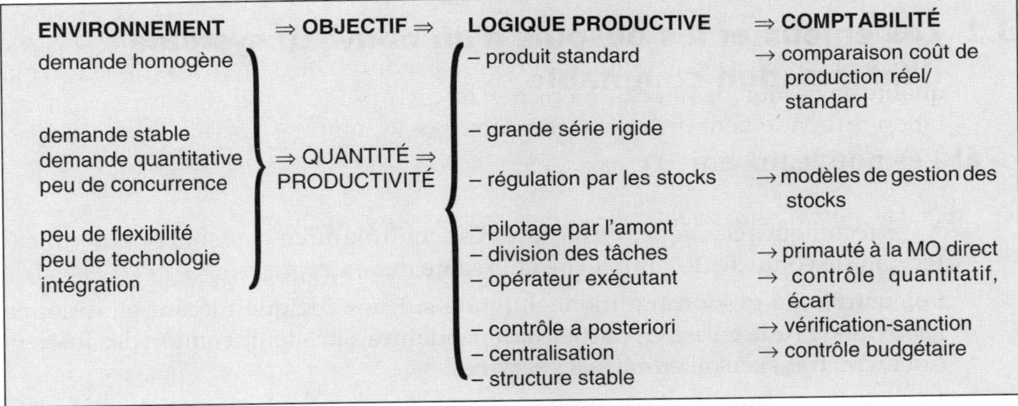

ENVIRONNEMENT	⇒ OBJECTIF ⇒	LOGIQUE PRODUCTIVE	⇒ COMPTABILITÉ
demande homogène		– produit standard	→ comparaison coût de production réel/standard
demande stable		– grande série rigide	
demande quantitative	⇒ QUANTITÉ ⇒ PRODUCTIVITÉ	– régulation par les stocks	→ modèles de gestion des stocks
peu de concurrence			
peu de flexibilité		– pilotage par l'amont	
peu de technologie		– division des tâches	→ primauté à la MO direct
intégration		– opérateur exécutant	→ contrôle quantitatif, écart
		– contrôle a posteriori	→ vérification-sanction
		– centralisation	→ contrôle budgétaire
		– structure stable	

Les objectifs et les principes des systèmes d'information comptable ont été élaborés dans ce contexte pour répondre aux besoins de gestion de l'organisation taylorienne.

TABLEAU SYNTHÉTIQUE DE LA NOUVELLE ORGANISATION DE PRODUCTION

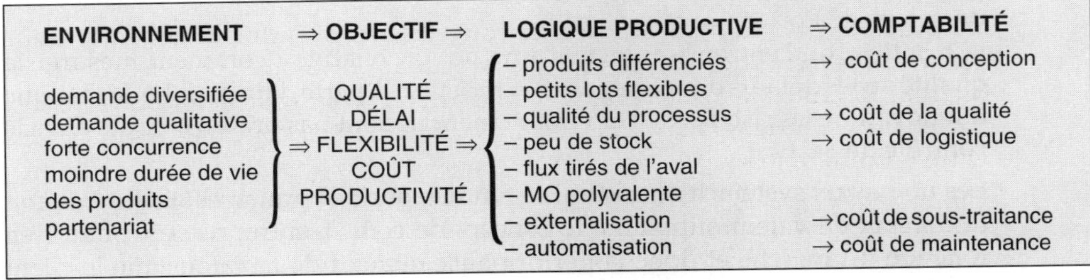

ENVIRONNEMENT	⇒ OBJECTIF ⇒	LOGIQUE PRODUCTIVE	⇒ COMPTABILITÉ
		– produits différenciés	→ coût de conception
demande diversifiée	QUALITÉ	– petits lots flexibles	
demande qualitative	DÉLAI	– qualité du processus	→ coût de la qualité
forte concurrence	⇒ FLEXIBILITÉ ⇒	– peu de stock	→ coût de logistique
moindre durée de vie des produits	COÛT	– flux tirés de l'aval	
	PRODUCTIVITÉ	– MO polyvalente	
partenariat		– externalisation	→ coût de sous-traitance
		– automatisation	→ coût de maintenance

Organisation JAT ⇒ flux tendus tirés ⇒ besoins du Contrôle de Gestion

⇓

- coût global sur le cycle de vie
- coût réel
- coût indirect important
- coût fixe majoritaire
- suivi permanent requis
- coût de la qualité
- coût externalisé
- activité et fonction plus importants que produit.
- coût logistique important

Dans ce nouveau contexte, les règles et la structure du contrôle de gestion paraissent en décalage.

Les outils et les méthodes de gestion et de contrôle doivent intégrer ces dimensions et mesurer des variables nouvelles.

Des adaptations sont donc nécessaires. Des pistes de recherche et des propositions de démarches sont exposées au chapitre 29.

3.2 Les enjeux et les besoins d'un nouveau système d'information comptable

a) Les nouveaux enjeux

• Les techniques classiques de mesure et de contrôle de coût ne sont plus pertinentes dans le contexte de complexité croissante des entreprises.

Le contrôle de gestion traditionnel, fondé sur une logique mécaniste, découpe l'activité de l'entreprise en parties indépendantes, sans tenir compte des interactions, des transversalités entre les services.

Le travail par projets et par processus échappe aux outils d'analyse comptable traditionnel.

• Les nouveaux enjeux pour les systèmes de gestion :
- l'organisation de la production doit être pensée en fonction du marché ;
- le coût direct de production n'est plus la variable prédominante ;
- l'approche socio-technique conduit à intégrer des aspects autres que quantitatifs du travail : maintenance, qualité, régulation. Le contrôle de gestion doit pouvoir mesurer la VALEUR produite par l'ensemble des fonctions, au sens de la chaîne de valeur de Porter ;
- la frontière de l'entreprise devient une notion relative : comment mesurer la qualité ou les défauts des partenaires extérieurs ; la perte d'un marché, le manque d'innovation, les risques de l'environnement ne sont pas pris en compte dans le contrôle de gestion.

• Les nouveaux systèmes de gestion se fondent sur des principes d'adaptation :
- le concept de valeur supplante le concept de coût. L'entreprise est pilotée en fonction du marché et donc la performance dépend de la valeur que le client

attribue au produit ; la valeur n'est liée que de façon mineure au coût de production alors que la conception et les services attachés au produit draînent les trois-quarts du coût total ;

– la gestion opérationnelle et la gestion stratégique sont imbriquées : les opérationnels doivent adapter leur pilotage aux variations de la vision stratégique qui évolue en fonction des turbulences de l'environnement ;
– les nouvelles structures organisationnels (gestion par projets, équipes autonomes, gestion des processus et des flux) mieux adaptées aux objectifs de réactivité, de qualité, s'intégrent mal dans le modèle figé du contrôle de gestion classique ;
– les indicateurs de performances ne sont pas seulement monétaires ; il faut de plus en plus y associer des informations quantitatives (informations physiques) et des critères de qualité.

b) Les nouveaux besoins : de la gestion des coûts à la gestion de la performance

La compétitivité de l'entreprise suppose une multiplicité d'objectifs divergents et une gestion à multiples dimensions.

La performance si recherchée doit combiner l'efficacité et l'efficience.

La gestion de la performance doit s'appliquer à optimiser quatre variables :
– la **COMPLEXITÉ**,
– la **QUALITÉ**,
– la **STABILITÉ** du processus technique et économique,
– la **FLEXIBILITÉ**.

Ces objectifs sont si présents dans le fonctionnement de l'entreprise qu'ils deviennent des ACTIVITÉS qui concernent l'ensemble de l'entreprise et non pas un produit en particulier.

La gestion des coûts des produits tels qu'ils sont définis par la comptabilité est alors très insuffisante.

La gestion de la performance va bien au delà de ces coûts de produits, puisque ce sont des activités complexes et interdépendantes qu'il faut mesurer.

Comme le résume P. LORINO, le contrôle de gestion passe :

– d'une approche centrée sur les **RESSOURCES ET LES RESPONSABILITÉS** (techniques classiques) ;
– à une approche fondée sur les **PROCESSUS ET LES COMPÉTENCES** (nouveaux outils nécessaires pour mesurer la production à flux tendus).

Le contrôle de gestion doit passer de l'optique comptable :
– garantir une conformité comptable et fiscale,
– vérifier les écarts entre les budgets et les réalisations,

à **l'optique gestion : contrôle de LA gestion** :
– une démarche globale et transversale,
– une simulation des évolutions,
– une aide à la stratégie et à l'opérationnel,
– un tableau de bord en temps réel de la performance.

4. Conclusion : l'extension et la diversité des besoins en information

Les rôles assignés au système d'information «contrôle de gestion» se sont étendus tand dans leur horizon temporel que dans leur champ d'action.

Les décideurs demandent au contrôle de gestion de traiter des informations et de fournir des aides à la décision pertinentes pour :
- *contrôler les coûts*, dans une optique opérationnelle de court terme,
- *évaluer les actifs*, immobilisations et stocks,
- *faire les choix stratégiques* à long terme.

Pour répondre à ces divers objectifs un seul système de calcul des coûts ne suffit pas. En effet, l'objet du contrôle de gestion s'est élargi progressivement : ce n'est plus seulement l'obtention d'un **coût** et d'un **prix** mais c'est la détermination d'une **valeur globale** qui intègre plusieurs dimensions.

Des recherches ont alors été entreprises pour proposer plusieurs systèmes d'évaluation plus appropriés à chaque besoin. L'état actuel des études peut conduire à la présentation suivante :
- pour la gestion opérationnelle à court terme : les indicateurs physiques, le calcul classique des coûts et des écarts peuvent être utilisés ;
- pour la gestion des immobilisations : *la comptabilité intégrée* est une piste nouvelle ;
- pour le management stratégique à plus long terme : *la comptabilité par activité* peut être utilisée.

LA NOUVELLE PROBLÉMATIQUE DE LA PRODUCTION ET SES RÉPERCUSSIONS SUR L'ORGANISATION ET LES TECHNIQUES DE COÛT

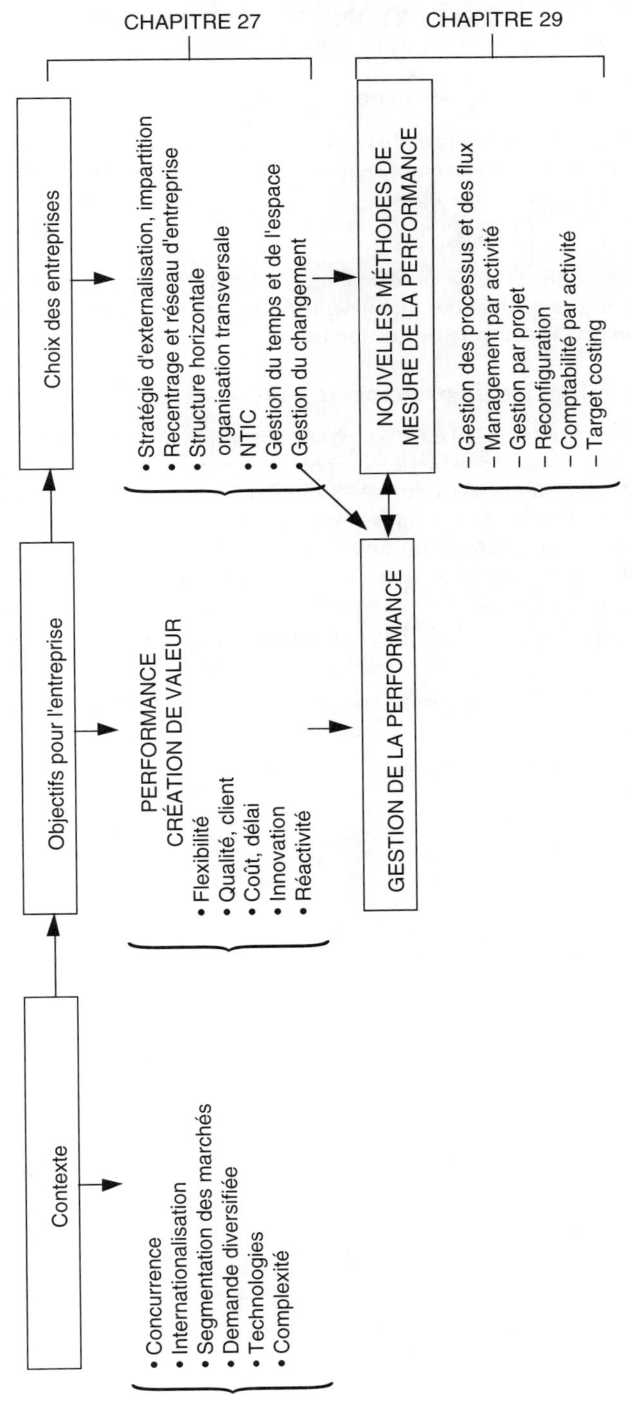

Résumé des relations logiques entre chapitres 27 et 29

RÉFLEXIONS SUR LE THÈME

1. Evolution impérative et contraignante pour les entreprises

Ces nouvelles caractéristiques de l'environnement s'imposent aux entreprises. Ces mutations technologiques et économiques qui modifient les règles de la concurrence ne sont pas toujours des opportunités faciles et intéressantes à capter par les entreprises. Ce sont plus souvent des contraintes obligées auxquelles les entreprises doivent s'adapter.

Ce nouveau contexte de la production et la nouvelle organisation qui en découle posent donc des problèmes financiers, organisationnels et humains difficiles à résoudre et que le contrôle de gestion doit accompagner.

2. Il faut relativiser le principe de JAT

D'une part, le principe de JAT n'est pas une solution miracle. Il ne peut s'appliquer dans tous les types de production et d'organisation.

D'autre part, il ne faut pas traduire JAT par stock zéro car les stocks ne disparaissent pas complètement. Il est souvent nécessaire de prévoir des tampons pour amortir les aléas et éviter les ruptures d'un flux trop tendu.

Enfin, il ne faut pas enterrer le pilotage par l'amont avec prévisions des ventes et planification de la production. Le système fonctionne encore très bien dans des entreprises. De plus, pilotage par l'amont et par l'aval peuvent coexister au sein d'une même organisation : il y a des solutions mixtes, hybrides entre les deux cas extrêmes.

Application

La comptabilité par activité, la double question de sens

(MÉVELLEC, «La comptabilité par activité» *Revue de l'Association française de comptabilité*, n° 1, mars 1995.)

«L'entreprise décloisonnée, structurée par ses processus»

«Les contradictions entre le local et le global, entre le court et le long terme, ont été diagnostiquées depuis longtemps par la théorie. Mais la pratique n'a commencé que très récemment à forger des réponses à ces contradictions. La tension des flux pour acquérir une plus grande réactivité et une plus grande flexibilité par rapport aux attentes du marché conduit les entreprises à développer une vision nouvelle de leur fonctionnement. Au-delà de l'efficacité des différentes fonctions, c'est la coordination transversale des actions au sein de processus qui apparaît comme la condition de la maîtrise des flux. Cette révolution dans la façon de concevoir l'efficacité de l'organisation est accélérée par les politiques de gestion de la qualité. Là encore, on s'aperçoit rapidement que le contrôle au stade final doit faire place à un contrôle local validé dans une relation client-fournisseur interne.

Ajoutons que d'autres évolutions poussent dans le même sens : ainsi, la gestion financière en termes de flux se construit sur la notion de cycle d'exploitation et de cycle de vie, abandonnant au moins partiellement les œillères du cadre trimestriel ou annuel pour une logique permettant d'associer dans une analyse unique tous les éléments du cycle. Parmi les outils de la réactivité, on doit faire une place à la gestion de projets. Certains n'hésitent d'ailleurs pas à parler de l'entreprise comme d'une collection de projets. Or la gestion de projet repose également sur une coordination horizontale, transversale d'activités hétérogènes mettant en œuvre des savoir-faire complémentaires. Enfin, plus récemment, les analyses stratégiques ont montré que la gestion des coûts supposait l'identification des causes, lesquelles ne se confondaient pas avec les bases traditionnelles d'allocation. Leur identification passe là encore par une analyse transversale de l'entreprise dans le cadre d'horizons temporels très variables.

L'identification des processus apparaît de plus en plus clairement comme le point de départ de la restructuration de la représentation des organisations. Un processus est défini ici comme un enchaînement d'activités déclenchées par une même cause et délivrant un produit, un service ou une information ayant de la valeur pour un client interne ou externe (figure 1).

On ne peut, plus longtemps, continuer à ignorer les processus dans la modélisation du fonctionnement des organisations alors que, par ailleurs, ils sont le cadre de la mise en œuvre efficace de l'action. Cette mutation dans la modélisation bute aujourd'hui sur sa contradiction de plus en plus évidente avec les structures fonctionnelles hiérarchisées. Les restructurations, inévitablement douloureuses, du fait de la redistribution du pouvoir que la vision en processus implique, retardent la restructuration du système d'information, lequel est fortement conditionné par la structure de pouvoir.

FIGURE 1
FORMATION D'UN PROCESSUS À PARTIR DE L'ANALYSE DES ACTIVITÉS

Exemple d'un établissement de production de matériel paramédical. L'addition d'une référence nouvelle met en jeu l'ensemble des activités composant le processus. La production de ce dernier est la mise à disposition de la production des composants ou matières nécessaires, dans les meilleures conditions possibles de coût, de qualité et de délai.

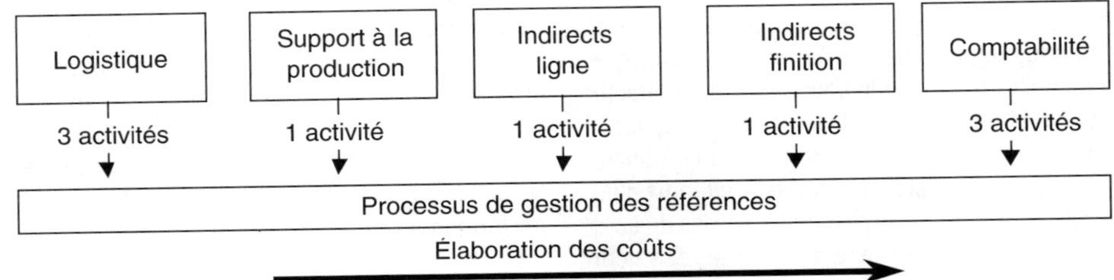

La performance négociée : production de valeur et contrôle des coûts

Les premiers signes de contradiction interne à la démarche du contrôle de la performance par les coûts apparaissent avec le juste-à-temps. La recherche du coût unitaire minimal repose sur l'utilisation maximale des moyens. Cela est en contradiction avec les règles du juste-à-temps qui stipulent que les moyens doivent être utilisés seulement en fonction de la demande à satisfaire et non pour constituer des stocks. De même la politique de qualité totale fait rapidement prendre conscience que la recherche d'un coût minimal local n'a pas de sens. Seul le coût de l'ensemble du processus est pertinent. Rien ne sert d'acheter de la matière à meilleur prix si sa qualité entraîne ensuite des coûts supplémentaires dans les départements situés en aval.

La remise en cause du coût moyen et du coût local aggravée par la perte de lisibilité des marges par produit en raison de la multiplication des phénomènes non volumiques, en particulier les phénomènes de lots, se trouvent à l'origine du renouvellement du débat sur les systèmes de coûts. Mais, bien au-delà de la remise en cause des systèmes de coûts, c'est une remise en cause du modèle réductionniste de la valeur qui est en jeu. La valeur, c'est la source de la marge de l'entreprise. Jusqu'à présent on considérait que la valeur produite était au moins équivalente à la valeur consommée, c'est-à-dire au coût de production. Avec la saturation des marchés, on découvre que la valeur n'est plus automatiquement égale au coût de production, mais dépend au contraire d'un certain nombre d'attributs que possède le produit ou, de plus en plus, le *couple produit-service*. Parmi ces attributs, qualité et délai de mise à disposition ont déjà été cités, mais ils ne sont pas les seuls : la réparabilité, le respect de normes standard, le design, la recyclabilité, etc., sont autant d'attributs qui, formant la valeur que les clients potentiels vont lui attribuer, se matérialisent par le prix qu'ils sont prêts à payer (figure 2).

FIGURE 2
PERFORMANCE ET VALEUR, UNE NOUVELLE DYNAMIQUE (MÉVELLEC, 1994)

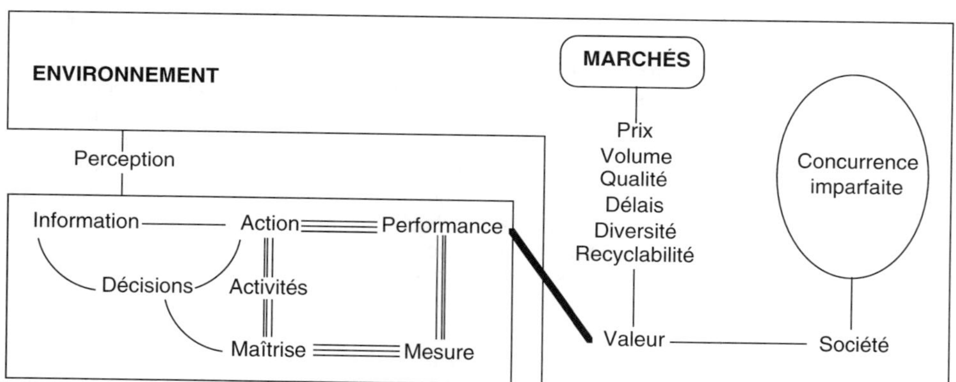

Il est peu réaliste de penser qu'un système de coût soit un jour capable d'évaluer de manière indépendante ces attributs. En revanche, on peut organiser l'information économique (système de coûts) et l'information technique (tableau de bord) de manière à ce que les objets dont on mesure le coût supportent effectivement le coût des activités nécessaires à l'incorporation des attributs porteurs de valeur. La combinaison de ces deux dispositifs constitue le support d'un processus d'apprentissage pour une maîtrise du coût et de la valeur. Un coût qui ne représente pas de valeur pour le client (interne ou externe) n'a pas vocation à être minimisé mais à être éliminé. Inversement, une consommation de ressources qui procure un attribut très distinctif doit être valorisée bien au-delà de son coût. Les nouvelles conditions de concurrence et les stratégies qui y répondent amènent à reconsidérer les méthodes de contrôle des coûts et à les doubler d'une analyse permanente de la valeur, ce qui ne peut se faire que par une ouverture du système de mesure de performances sur l'environnement.

D'autocentré, le système tend à devenir client-centré. Le danger existe néanmoins de passer d'un extrême à l'autre. Le calcul économique interne garde toute sa justification. Le seul contrôle des paramètres physiques, ou la seule religion du client, sont aussi dangereux que la crispation sur le seul coût moyen global résultant de la somme de coûts moyens locaux.»

QUESTIONS

a) Caractériser les intérêts à considérer l'organisation de l'entreprise comme un processus d'activité.

b) Analyser les relations entre les deux concepts «performance» et «valeur».

28 La gestion de la qualité totale

Le contrôle technique mis en place dans le contexte taylorien s'intéresse à la production de manière quantitative. Avec l'évolution de l'environnement et de la problèmatique de la production (cf. chapitre 27), une approche globale de toutes les étapes dès la conception des produits, tant technique qu'organisationnelle et humaine, est nécessaire pour maîtriser les coûts, les délais, la satisfaction du client, la valeur du produit.

C'est pourquoi, après avoir présenté quelques principes du contrôle technique, la gestion de la qualité totale, correspondant à cette démarche d'amélioration globale, sera analysée.

1. Du contrôle technique traditionnel à la qualité

1.1 Pourquoi le contrôle technique ?

Le contrôle de la production vise à faire respecter les normes techniques préétablies pour obtenir le produit désiré.

Dans l'organisation de la production mise en place au début du siècle et qui prévaut encore aujourd'hui dans certaines entreprises, le contrôle est confié à un service qui vérifie le travail des exécutants.

Le contrôleur repère et rejette les fabrications non conformes aux NORMES.

1.2 Les moyens du contrôle technique

a) Les normes et le contrôle statistique

En fonction de normes de qualité et de seuils d'acceptation fixés par les techniciens, des statistiques sont élaborées sur des échantillons de produits prélevés à la fin du processus de production.

Le contrôle repose alors sur l'utilisation de lois de probabilité.

Exemple

a – Il faut contrôler 100 pièces dans lesquels le risque d'erreur est, a priori, *estimé à 1 %. Quel nombre d'erreurs pouvez-vous accepter au maximum dans cet échantillon (niveau de confiance exigé 95 %) ?*

b – Avec un échantillon de 300 pièces, le nombre d'erreurs acceptable serait-il multiplié par 3 ?

c – Après un sondage portant sur 300 pièces, vous avez découvert 8 erreurs. Combien devez vous examiner d'enregistrements supplémentaires, sans erreur, pour que l'hypothèse du taux d'erreur de 1 % puisse être considérée comme vérifiée, au niveau de confiance exigé.

TABLE DE POISSON

$$P_X = e^{-m} \frac{m^x}{x!}$$

x \ m	0,5	1,0	1,5	2	2,5	3	3,5	4	4,5	5	5,5
0	0,6065	0,3679	0,2231	0,1353	0,0821	0,0498	0,0302	0,0183	0,0111	0,0067	0,0041
1	0,3033	0,3679	0,3347	0,2707	0,2052	0,1494	0,1057	0,0733	0,0500	0,0337	0,0225
2	0,0758	0,1839	0,2510	0,2707	0,2565	0,2240	0,1850	0,1465	0,1125	0,0842	0,0618
3	0,0126	0,0613	0,1255	0,1804	0,2138	0,2240	0,2158	0,1954	0,1687	0,1404	0,1033
4	0,0016	0,0153	0,0471	0,0902	0,1336	0,1680	0,1888	0,1954	0,18980	0,1755	0,1558
5	0,0002	0,0031	0,0141	0,0361	0,0668	0,1008	0,1322	0,1563	0,1708	0,1755	0,1714
6		0,0005	0,0035	0,0120	0,0278	0,0504	0,0771	0,1042	0,1281	0,1462	0,1571
7		0,0001	0,0008	0,0034	0,0099	0,0216	0,0385	0,0595	0,0824	0,1044	0,1234
8			0,0001	0,0009	0,0031	0,0081	0,0169	0,0298	0,0463	0,0653	0,849
9				0,0002	0,0009	0,0027	0,0066	0,0132	0,0232	0,0363	0,0519
10					0,0002	0,0008	0,0023	0,0053	0,0104	0,0181	0,0285
11					0,0001	0,0002	0,0007	0,0019	0,0043	0,0082	0,0143
12						0,0001	0,0002	0,0006	0,0016	0,0034	0,0065
13							0,0001	0,0002	0,0006	0,0013	0,0028
14								0,0001	0,0002	0,0005	0,0011
15									0,0001	0,0002	0,0004
16										0,0001	0,0001

Réponses

1. Nombre d'erreurs pouvant être accepté au maximum

On peut supposer que le phénomène «erreur» est relativement rare et qu'il suit une loi de Poisson.

- *Paramètre de la loi :*
  $m = 100 \times 0{,}01 = 1.$
- *En se référant à la table pour $m = 1$, on lit :*

$Pr\{x = 3\} = 0{,}0613$, *donc* $> 6\ \%$.

$Pr\{x > 3\} = Pr\{x = 4\} + Pr\{x = 5\} + Pr\{x = 6\} + Pr\{x = 7\} + \ldots$

$= 0{,}0153 + 0{,}0031 + 0{,}0005 + 0{,}0001 = 0{,}019$

soit 1,9 %.

Donc il est possible d'admettre 3 erreurs au maximum.

2. Cas de l'échantillon de 300 pièces

Dans ce cas, m = 300 x *0,01 = 3.*

$Pr\{x > 6\} = 0,0216 + 0,0081 + 0,0027 + 0,0008 + 0,0002 + 0,0001 = 0,0335$

soit 3,35 % < 5 %.

On peut donc admettre 6 erreurs au maximum, le nombre d'erreurs acceptable n'est pas multiplié par 3, mais seulement par 2 (soit 3 x *2 et non pas 3* x *3).*

3. Nombre de pièces supplémentaires à examiner.

Il convient de rechercher dans la table :

$Pr\{x > 8\} < 0,05$ et $Pr\{x \geq 8\} > 0,05$
avec m le plus petit possible.

Cette condition est vérifiée pour m = 5.

D'où m = 0,01 x et n = 400.

Il faut donc examiner 100 pièces supplémentaires (400 – 300 = 100) sans erreur.

Ce contrôle même avec un seuil de tolérance très faible comporte des limites. Avec une norme de 99,9 % pour accepter la qualité d'un service voilà ce que cela signifierait dans la vie quotidienne des français :
- au moins 4 000 mauvaises prescriptions médicales seraient faites chaque année,
- plus de 3 000 nouveaux-nés tomberaient accidentellement des mains des médecins chaque année,
- de l'eau non potable vous serait fournie presque 1 heure chaque mois,
- il n'y aurait pas d'électricité, d'eau pendant 8,6 heures chaque année,
- plus de 10 minutes par semaine où le téléphone et la télévision seraient en panne,
- près de 100 opérations chirurgicales par semaine seraient incorrectes,
- 400 lettres par heure n'arriveraient jamais à destination.

Les entreprises cherchent donc à atteindre le zéro défaut et mettre en place des procédures de qualité totale.

b) Le graphique de Pareto

L'analyse statistique de Pareto consiste à comptabiliser et à classer les défauts ou les pannes dans un ordre décroissant. L'expérience montre que quelques défauts représentent un pourcentage important de non-qualité. Il est donc nécessaire de les recenser pour les traiter en priorité.

La démarche consiste donc :
- à faire un relevé statistique des types de pannes observées,
- à calculer le cumul pour chaque type de pannes,
- à ordonner ces totaux. Trois classes sont constituées A, B, C (d'où le nom parfois utilisé de la méthode ABC) ou davantage.

La classe A représente la panne ou le défaut qui apparaît le plus grand nombre de fois donc le problème qu'il faut régler en premier.

Exemple

Feuille de relevé

Anomalie	*Lundi*	*Mardi*	*Mercredi*	*Jeudi*	*Vendredi*	*Total*
1	IIII	II	IIII	II	IIIII	17
2	I	II			II	5
3	II	III	IIII	III	II	14
4	IIII	IIIIIII	IIIIIIII	IIIII	IIIIIII	31
5	II	I	I	II	II	8
6		I		I		2
7	II				I	3
8				I		1
Total	15	16	17	14	19	81

Analyse de Pareto

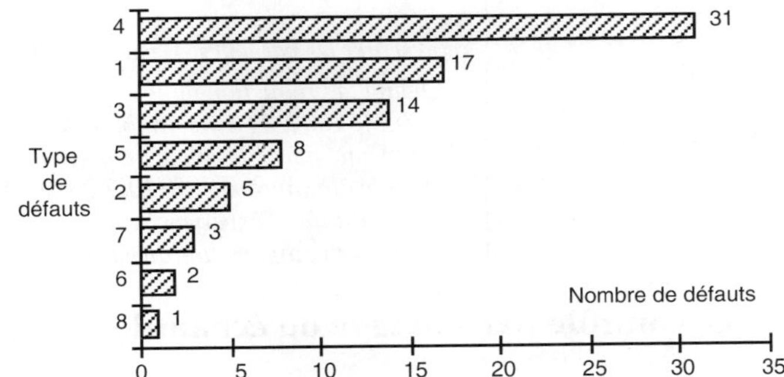

Le défaut n°4 apparaît le plus fréquemment (31 fois) ; c'est donc celui qu'il faut traiter en premier. Il est moins nécessaire d'accorder du temps et des ressources pour pallier les défauts n°7, 6 et 8 qui sont les moins fréquents.

c) La courbe d'apprentissage

Au fur et à mesure que l'entreprise fabrique un produit, elle acquiert savoir-faire et expérience qui lui permettent de diminuer le temps et le coût par produit.

Il est possible de calculer et de représenter cette acquisition d'expérience avec le temps et de mesurer la baisse de coût correspondante. C'est la courbe d'apprentissage.

L'entreprise cherche alors à atteindre le plus rapidement possible la quantité qui lui permet de réduire le coût.

La courbe détermine quel est le gain de coût obtenu avec un doublement de la production.

Exemple

Quantité produites cumulées ①	*Heures productives cumulées* ②	*Temps unitaire moyen cumulé* ② / ①
10	*1 000*	*100*
20	*1 600*	*80*
40	*2 560*	*64*
80	*4 096*	*51,2*

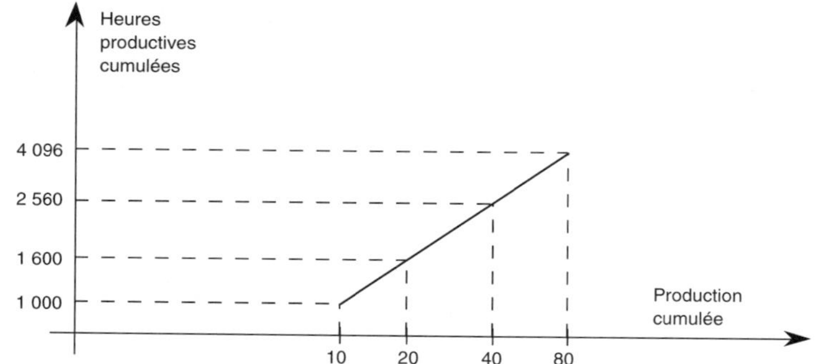

Le graphique comporte des axes logarithmiques mais il est possible de représenter les variables en valeur réelle.

- *Quand la production double de 10 à 20, le temps unitaire moyen cumulé passe de 100 à 80 donc diminue de 20 %.*
- *De même quand la quantité passe de 20 à 40, le temps unitaire moyen cumulé diminue aussi de 20 %, de 80 à 64.*

Ainsi on dit que l'expérience est de 80 % : lorsque la production double, le temps moyen cumulé diminue de 20 %.

d) Le contrôle par sondage ou échantillonnage

Ce type de contrôle doit normalement suppléer à un contrôle exhaustif considéré comme trop coûteux. Le principe est le suivant : dans le cadre de livraisons régulières et fréquentes d'un grand nombre de pièces de même type appelé «lot», seul un échantillon des pièces est contrôlé et en fonction du résultat du contrôle (nombre de défauts présents dans l'échantillon), le lot est accepté ou refusé.

Exemple *Pour des livraisons régulières de 10 000 pièces, le contrôle portera sur un échantillon de 100 pièces extraites au hasard.*

Pour instaurer un contrôle par échantillonnage, il est nécessaire de définir :
- la taille de l'échantillon, notée n,
- une règle de décision : elle exprime le nombre maximum de pièces défectueuses dans l'échantillon pour pourvoir accepter le lot.

Exemple *Le lot sera accepté si le nombre de défauts présents dans l'échantillon est inférieur ou égal à 5, dans le cas contraire le lot en entier sera refusé.*

Ce mode de contrôle présente des risques pour le fournisseur et pour le client, il faut donc définir les règles de fonctionnement de cet accord.

1) Le risque supporté par le fournisseur

Le résultat obtenu sur l'échantillon n'est peut-être pas généralisable à l'ensemble du lot et il est possible que le lot (10 000 pièces) soit refusé en application de la règle de décision alors même qu'un contrôle exhaustif montrerait que ce lot présente un niveau de qualité tout à fait acceptable (ce risque est aussi appelé risque de première espèce). Cela conduit le fournisseur à définir deux paramètres :
- un niveau de qualité acceptable ou NQA : ainsi un NQA de 0,96 traduit qu'un taux de 4 % de pièces défectueuses est acceptable sur l'ensemble du lot (avant l'instauration d'une démarche de qualité totale, il était considéré comme «normal» de ne pouvoir sur des livraisons répétées assurer un niveau de qualité de 100 %) ;
- le niveau du risque qu'il accepte, ou risque du fournisseur, noté α, c'est-à-dire le risque α qu'un lot lui soit retourné en application de la règle de décision alors que ce lot présente un niveau de qualité égal ou supérieur au niveau de qualité acceptable (NQA).

Exemple

Soit un niveau de qualité acceptable défini à 0,97, quel est le risque α supporté par le fournisseur ?

Compte tenu de la règle de décision retenue plus haut : le lot est accepté si l'échantillon présente un nombre de défauts (D) inférieur ou égal à 5, il s'agit de calculer la probabilité suivante :

$\alpha = Prob\{D > 5\}$ sachant que le niveau réel de qualité du lot (t) est inférieur ou égal à NQA.

La fréquence d'apparition du défaut dans le lot est de 3 % puisque NQA est égal à 0,97 donc dans l'échantillon cette fréquence suit une loi binominale de paramètres n = 100 (taille de l'échantillon) et p = 0,03 (taux de défaut).

Cette loi peut être approximée par une loi de Poisson de moyenne m = np soit ici m = 3.
Il vient : $\alpha = Prob_{t\,=\,0,97}\{D > 5\} = 1 - Prob_{t\,=\,0,97}\{D \leq 5\}$

Par lecture d'une table de la fonction de répartition de la loi de Poisson, il ressort que :
$\alpha = 1 - 0,916 = 0,084$ soit 8,4 %.

Ainsi dans 8,4 % des cas, le fournisseur se fera refuser un lot alors même que ce lot présente un niveau de qualité réel supérieur ou égal au NQA.

2) Le risque supporté par le client

Ce risque est la contrepartie du risque du fournisseur : il consiste, au vu des résultats de l'échantillon, à accepter un lot qui présente un nombre trop important de défauts eu égard à un niveau de qualité toléré. Il conduit le client à définir deux paramètres :
- le niveau de qualité tolérable (NQT) c'est-à-dire le pourcentage maximum acceptable de défauts sur le lot : ainsi si l'on accepte un pourcentage de 6 %, cela revient à définir un NQT égal à 0,94 ;
- le niveau du risque qu'il accepte ou risque du client noté β (ce risque est aussi appelé risque de deuxième espèce).

Exemple

Soit un niveau de qualité tolérable défini à 0,90 quel est le risque β supporté par le client ?

Compte tenu de la règle de décision retenue plus haut il s'agit de calculer la probabilité suivante :

β = Prob {D ≤ 5} sachant que le niveau réel de qualité du lot (t) est inférieur à NQT.

La fréquence d'apparition tolérée du défaut dans le lot est de 10 % puisque NQT est égal à 0,90 donc dans l'échantillon cette fréquence suit une loi binomiale de paramètres n = 100 (taille de l'échantillon) et p = 0,10. Cette loi peut être approximée par une loi de Poisson de moyenne m = np soit ici m = 10.

Il vient : $\beta = Prob_{t = 0,90} \{D \leq 5\}$

Par lecture d'une table de la fonction de répartition de la loi de Poisson, il ressort que : β = 0,067 soit 6,7 %.

Ainsi dans 6,7 % des cas, le client devra accepter un lot qui présente un niveau de qualité réel inférieur au NQT.

Dans le cadre de relations fréquentes, il est donc important que le client et le fournisseur trouvent un accord sur la règle de décision, la taille de l'échantillon et les niveaux de qualité acceptable et tolérable car ces éléments déterminent les risques respectifs supportés par les partenaires.

1.3 Évolution du contrôle technique vers la qualité

a) De nouveaux objectifs

Le contrôle classique est effectué à la **fin du processus, en temps différé et par sondage**. Il ne permet donc pas de correction, seulement l'élimination des produits défectueux, ce qui augmente les délais et les coûts.

Pour améliorer la productivité, pour réduire les coûts, et grâce aux performances des nouvelles technologies, le contrôle **se déplace vers l'amont du processus et se fait à plusieurs stades de la fabrication**. Il permet donc de rectifier la production et de ne pas attendre la fin de la fabrication.

La notion de contrôle s'est élargie à celle de QUALITE englobant toutes les étapes et tous les acteurs de la production.

L'objectif n'est plus le NIVEAU DE QUALITE ACCEPTABLE mais «LA QUALITE TOTALE» c'est-à-dire l'objectif de «ZERO DEFAUT».

Dans le cadre d'une organisation taylorienne de la production, le contrôle exhaustif a eu tendance à être remplacé par des méthodes de contrôle par échantillonnage dans une optique de réduction des coûts. Une démarche de qualité totale conduit à réintroduire un contrôle exhaustif mais à le déplacer dans le processus de production : il apparaît dès le début du processus productif et tout au long de son déroulement, sur des composants élémentaires comme sur des ensembles de pièces et non plus en bout de chaîne sur des produits terminés. Dans ces conditions seulement, il contribue à l'obtention de la qualité totale.

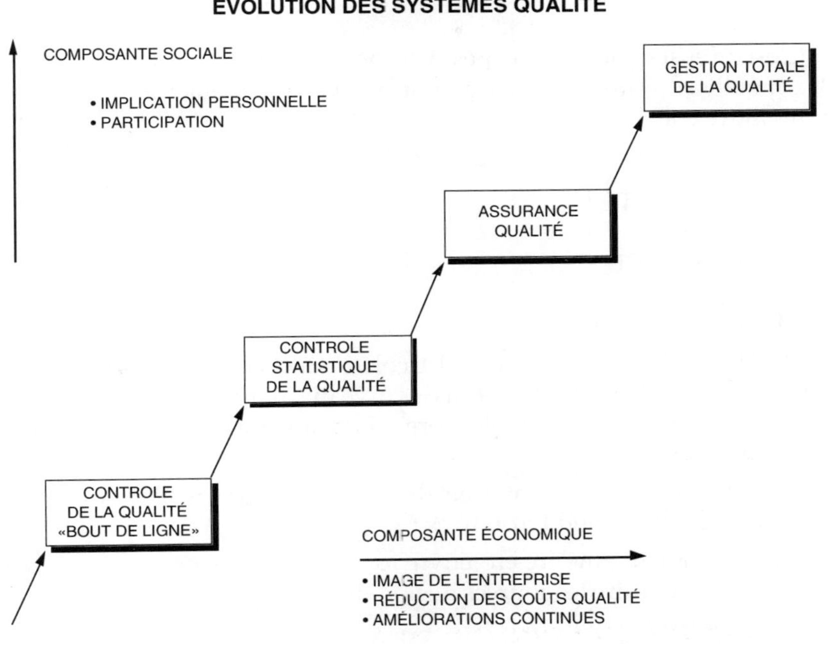

Source : Socotec.

b) La qualité

La QUALITÉ D'UN PRODUIT résulte :

– de sa capacité à satisfaire les besoins de l'utilisateur (**domaine commercial** et conception du produit),

– et du contrôle technique durant la fabrication pour tester la fiabilité du produit et éviter les défauts (**domaine de la production**).

La qualité doit permettre de mieux vendre les produits et de les fabriquer à un coût plus bas.

La qualité résulte de la mise sur le marché d'un produit performant, disponible, à un prix raisonnable avec des services associés.
Donc la QUALITE c'est = PERFORMANCE
+ PRIX
+ DISPONIBILITÉ
+ SERVICE

1.4 La qualité totale

a) Définition

C'est un ensemble de principes et de méthodes organisés en stratégie globale visant à mobiliser toute l'entreprise pour obtenir une meilleure satisfaction du client à moindre coût.

La qualité totale doit répondre à cinq impératifs :

- CONFORMITÉ,
- MESURE,
- EXCELLENCE,
- PRÉVENTION,
- RESPONSABILITÉ.

Le concept de QUALITÉ TOTALE correspond à une vision globale de l'entreprise. Cela suppose la recherche à tous les niveaux, dans tous les services et les fonctions des améliorations matérielles, organisationnelles et humaines pour accroître la qualité.

Ainsi les plans d'amélioration de la qualité mis en place dans les entreprises comportent en général trois axes :

- TECHNIQUE : mettre en œuvre tous les moyens pour se rapprocher du zéro-défaut et réduire les sources de non-qualité pour les produits et les processus de fabrication ;
- HUMAIN : exploiter, gérer les compétences et les savoir-faire du personnel pour améliorer leur participation et donc réduire les défauts ;
- ORGANISATIONNEL : simplifier et améliorer l'organisation physique et intellectuel du travail de tous les postes.

Toutes les étapes du processus productif et tous les services sont concernés.

b) Les facteurs influençant la qualité

La qualité d'un produit, d'un processus, d'une entreprise n'est pas le fruit du hasard. Elle nécessite la participation de tout le personnel et la coordination de tous les moyens mis en œuvre.

Il est possible de recenser les principaux facteurs qui affectent la qualité, à partir de la représentation suivante du système de production en 7 points :

1. **Le management** : définit, planifie et contrôle la gestion du système.
2. **Le matériel** : les machines outils et les équipements nécessaires pour réaliser le produit.
3. **Les matériaux** : les intrants du système qui font l'objet d'une valeur ajoutée après le processus de transformation.
4. **Les méthodes de production** : les spécifications, les instructions et les processus régissant la méthodologie pour les approvisionnements et la production du produit.

5. **La main-d'œuvre** : le personnel, spécialisé ou non, nécessaire pour l'exécution du travail.
6. **Le milieu de travail** : l'espace physique de l'entreprise et son climat social.
7. **La monnaie** : les investissements et les fonds requis pour le développement et le fonctionnement opérationnel de l'entreprise. Elle provient des ventes et doit gérer des profits.

Cette approche systématique de la production fait ressortir que la qualité du produit peut être affectée par 7 facteurs interdépendants. Ces facteurs sont connus dans l'industrie sous la désignation des «7 M» :

- MANAGEMENT
- MATÉRIEL
- MATÉRIAUX
- MÉTHODES DE PRODUCTION
- MAIN-D'ŒUVRE
- MILIEU DE TRAVAIL
- MONNAIE

Il faut donc gérer la qualité.

2. La gestion de la qualité

La qualité a un coût qu'il faut connaître pour mettre en place les méthodes adaptées pour la contrôler et l'améliorer.

2.1 Les coûts cachés et le coût de la qualité

L'activité de production, comme tout autre, génère des déperditions d'énergies, de ressources humaines et physiques qui n'apparaissent pas dans les systèmes classiques de comptabilité où seuls les coûts de matière, de main d'œuvre et d'atelier sont pris en compte. Ce sont des **coûts cachés** liés à des problèmes d'organisation. La recherche de la qualité totale doit permettre de réduire ces coûts cachés.

Mais l'amélioration de la qualité a aussi un coût. C'est pourquoi sont définis :
- le **coût de la gestion de la qualité** = coût de prévention + coût de détection,
- le **coût de non qualité** = coût de la détection + coût de la malfaçon,
- le **coût de la malfaçon** = coût de la défaillance interne et externe.

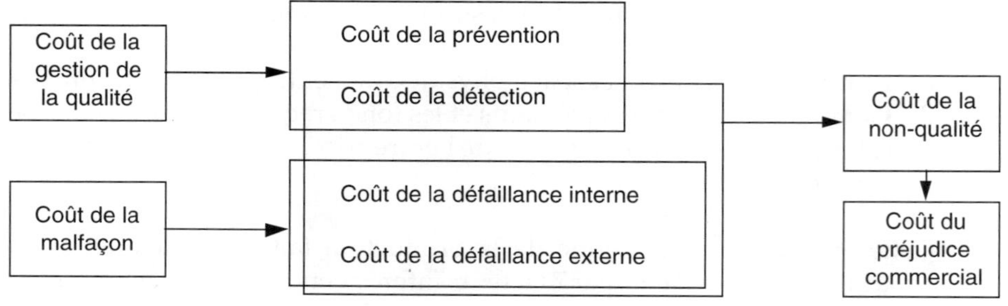

Exemple

Coût de prévention :

- *la personne du service entretien qui passe systématiquement une fois par semaine pour contrôler une machine ;*
- *la formation du personnel.*

Coût de détection :

- *un système mécanique ou électronique de contrôle, couplé sur une machine qui l'arrête automatiquement dès qu'un défaut ou une panne peut survenir ;*
- *une inspection chez le fournisseur.*

Coût de la défaillance interne :

- *le manque à gagner lorsque la production s'arrête à cause de la panne soudaine d'une machine ;*
- *vol, pertes de pièces.*

Coût de la défaillance externe :

- *l'arrêt de livraison d'un fournisseur provoque un surcoût car il faut faire appel rapidement à un autre fournisseur à d'autres conditions ;*
- *frais d'expertise lors d'un litige.*

Le coût de la non-qualité peut être défini comme la différence entre le prix de revient actuel du produit et son coût réduit, s'il n'y avait aucune erreur et aucun défaut durant la conception, la réalisation, la commercialisation et l'utilisation.

Il est possible de calculer le coût de la non-qualité en % du chiffre d'affaires d'une entreprise ou du PIB d'une nation (10 % du PIB de la France en 1993 soit 670 milliards F).

Voilà pourquoi il faut gérer la qualité et l'optimiser grâce à diverses méthodes.

La gestion de la qualité comprend :
- **la prévention** (détection des pannes et des défauts),
- **la maintenance** (entretien des machines),
- **le contrôle** qui ne se situe plus seulement à la fin de la fabrication mais tout au long du processus de production.

La gestion de la qualité s'étend et se diversifie comme le montrent les 4 graphiques suivants retraçant son évolution :

FIGURE 1 – LE CONTRÔLE FINAL (INSPECTION)

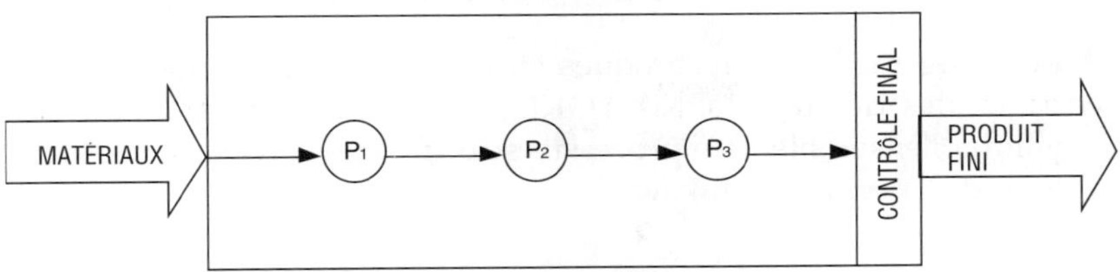

FIGURE 2 – LE CONTRÔLE STATISTIQUE PAR PLAN D'ÉCHANTILLONNAGE

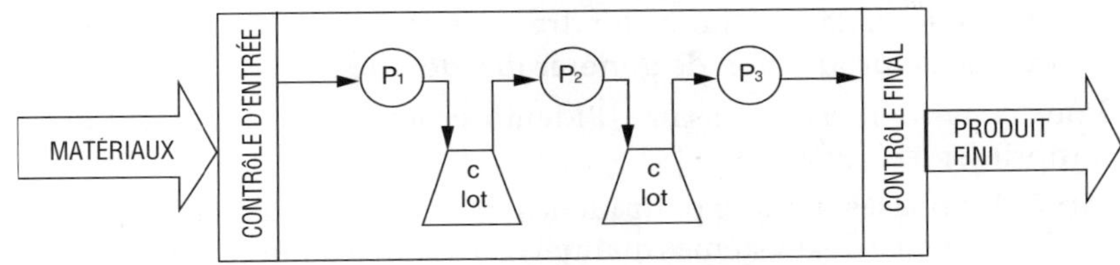

P = Procédé de fabrication – Étape, 2, … N
c lot = Contrôle des lots par échantillonnage.

FIGURE 3 – LE CONTRÔLE STATISTIQUE PAR CARTE DE CONTRÔLE ET PLAN D'ÉCHANTILLONNAGE

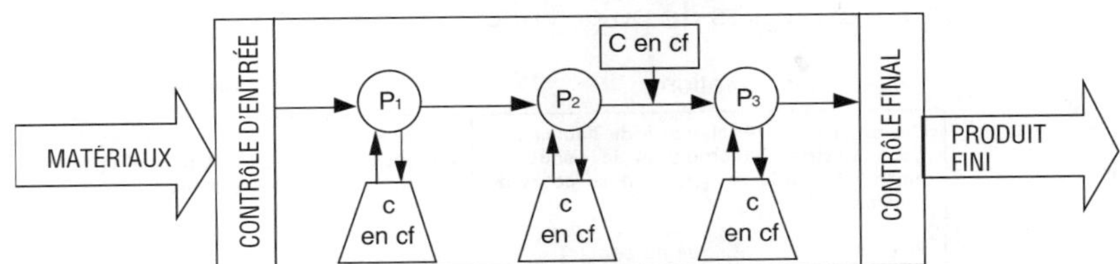

«c en cf» = contrôle en cours de fabrication par carte de contrôle.

FIGURE 4 – LE CONTRÔLE INTÉGRÉ DE LA QUALITÉ

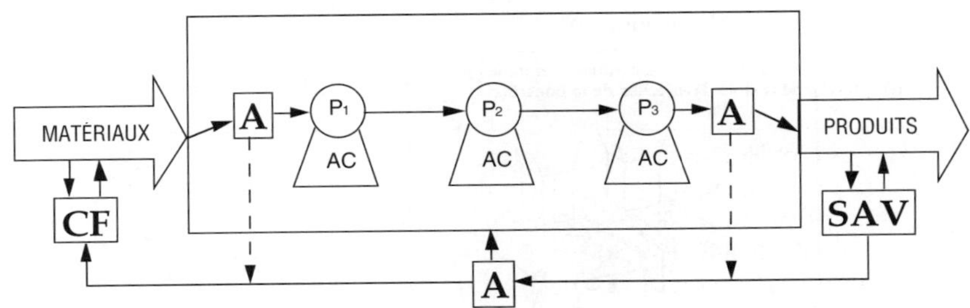

P = Procédé de fabrication – Étape 1, 2, … N
AC = Auto-contrôle CF = Certification de fournisseurs
A = Audit Qualité SAV = Service Après Vente

2.2 Des méthodes pour gérer la qualité

Au-delà de méthodes techniques et ponctuelles pour prévenir des erreurs ou corriger des défauts (POKA-YOKE), des démarches globales d'analyse pour améliorer l'ensemble d'un processus se diffusent (cercles de qualité, analyse de la valeur, diagramme d'Ishikawa).

a) Le système POKA-YOKE ou les systèmes détrompeurs

Les défauts dans la production peuvent se situer à plusieurs niveaux : la machine, l'opérateur, le processus.

Pour améliorer la qualité et tendre vers la qualité totale, il faut **empêcher** le processus de production de **générer des défauts**.

Pour ce faire, il est nécessaire d'identifier les défauts, de trouver les causes, de supprimer les causes.

Après les phases d'étude pour identifier les défauts et analyser des causes, il faut mettre en place des systèmes manuels ou automatiques pour éviter ces causes tant sur les machines, les processus que pour les opérateurs.

Pour supprimer **les causes de défauts dus aux opérateurs**, des entreprises installent des systèmes «anti-erreurs» ou «détrompeurs» (du mot japonais POKA-YOKE).

Ces systèmes très **variés,** parfois très **simples** sont là pour **informer** et **aider** les opérateurs.

Voici quelques exemples de poka-yoke :

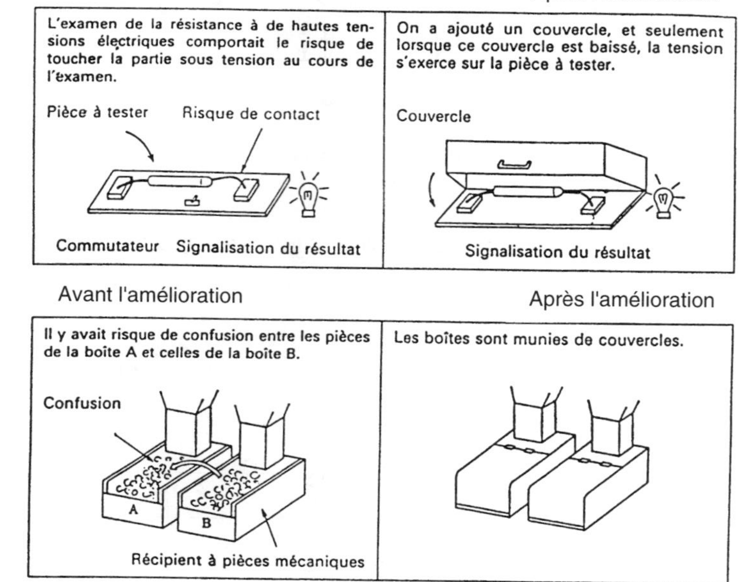

Extrait : *Manuel pratique de gestion de la qualité*, Collection AFNOR Gestion.

EXEMPLES DE POKA-YOKÉ ET DÉTROMPEURS

VERIFICATION A EFFECTUER	DISPOSITIF
. Constitution d'ensembles (kits) contenant un nombre précis de pièces	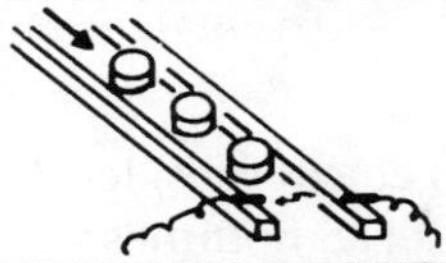 . Décompte automatique déclenché par un système photo-électrique installé sur le convoyeur
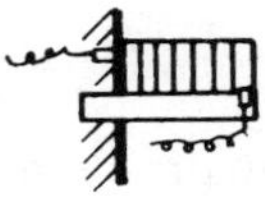	. Installation d'un support mural dont la longueur correspond exactement au nombre de pièces requis (avec éventuellement des contacteurs vérifiant l'utilisation du système)
. Produit spécial non oublié (ici produit anti-desserrage sur un boulon.)	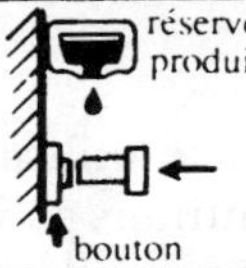 réservoir produit; bouton. . Bouton interrupteur . Si l'opérateur n'appuie pas sur le bouton : - le liquide ne tombe pas - le produit ne peut avancer au poste de montage suivant
. Choix correct de pièces à monter sur chaque produit	 lumière; lecteur de cartes Kanban. . Repérage lumineux des bacs de composants à utiliser (en fonction de la carte Kanban ou de tout autre système identifiant le produit le produit à traiter)

Source : BÉRANGER P., *Les nouvelles règles de la production : vers l'excellence industrielle*, Dunod, 1989.

Pour l'analyse d'un processus, productif ou non, plusieurs démarches récentes apparaissent.

Les CERCLES DE QUALITE, l'ANALYSE DE LA VALEUR, le diagramme d'ISHIKAWA sont quelques exemples pour gérer la qualité qui se développent actuellement dans les entreprises.

b) Les cercles de qualité

1) *Définition*

C'est un petit groupe (3 à 10) de collaborateurs volontaires appartenant à la même unité de travail (atelier, service) qui se réunissent régulièrement pour rechercher, identifier, analyser et résoudre des problèmes professionnels quotidiens sur le terrain.

Animé par un responsable hiérarchique direct, le cercle utilise des méthodes et des outils d'analyse précis, élabore des solutions et les met en application.

Les cercles de qualité existent depuis 1962 au Japon, 1974 aux Etats-Unis et 1979 en France qui en compte maintenant plus de 20 000 mais dont le nombre commence à décroître.

2) *Intérêt*

Face à des pressions internes et externes, les cercles de qualité doivent permettre de faire évoluer les structures et les hommes vers un management participatif pour une meilleure qualité.

3) *Mode de fonctionnement*

Le point de départ est la détection d'un problème. Si un cercle de qualité est mis en place, une méthodologie pour résoudre le problème est suivie :
– délimitation du problème,
– analyse des éléments du problème,
– recherche des solutions possibles en utilisant de nombreux outils d'analyse,
– valorisation et classement des solutions possibles en fonction de critères choisis,
– choix d'une solution,
– mise en œuvre de la solution,
– mesure et contrôle des résultats,
– mise en place de la solution définitive.

4) *Conditions de réussite*

– Une volonté et un engagement clair des cadres dirigeants,
– un volontariat des membres participant,
– une formation nécessaire,
– des problèmes à résoudre précisément délimités,
– une communication directe, persévérante et patiente entre les membres.
sont nécessaires pour la réussite du cercle.

5) *Démarche méthodologique des cercles de qualité*

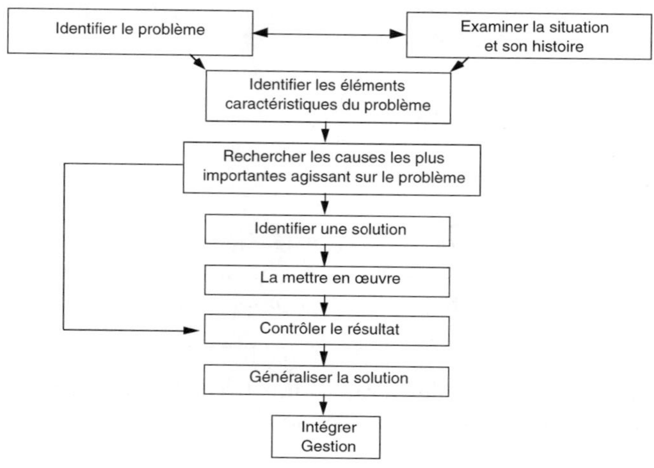

c) L'analyse de la valeur

Ce point a fait l'objet du chapitre 26.

d) Le diagramme d'Ishikawa

Kaoru ISHIKAWA a proposé une démarche de réflexion pour mener une analyse d'amélioration d'une situation ou de résolution de problème : c'est le diagramme CAUSE-EFFET ou en arête de poisson.

> C'est une structure en arborescence qui synthétise toutes les causes classées par domaine qui aboutissent à un problème ou une situation précise.

1) Graphe général

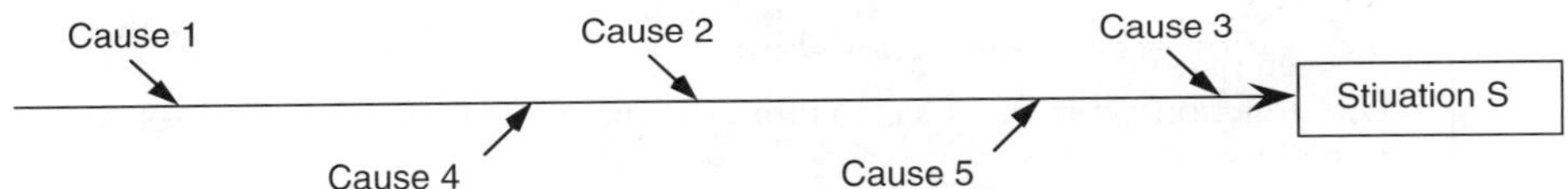

2) Exemple : Analyse des causes de fuites sur des bocaux

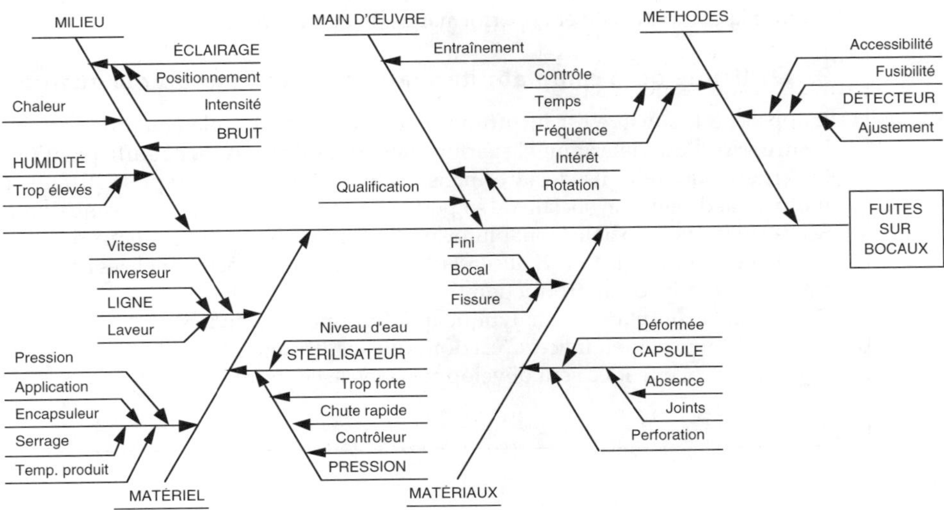

3) Intérêt de la méthode

Cette démarche générale qui peut s'appliquer à de très nombreux problèmes est :
- un **outil de dialogue**, pour analyser systématiquement une situation,
- un **instrument de collecte d'informations** sur un sujet,

– un **outil de diagnostic** permettant une vision globale et interdépendante des éléments en cause,
– un **outil pour convaincre et former** les participants,
– une **méthode pour une recherche** rapide des solutions à un problème.

RÉFLEXIONS SUR LE THÈME

1. La globalité de la qualité

L'expérience des cercles de qualité a montré leurs limites :

- la difficulté pour instaurer dans certaines entreprises une communication franche, directe et verticale nécessaire à la réussite des cercles ;
- une structure inadaptée qui bloque la procédure des cercles de qualité pour analyser un problème.

Après l'engouement pour les cercles de qualité, techniques ponctuelles et isolées dans l'entreprise, une approche plus globale de la qualité dans l'organisation est mise en place.
Une fonction pour gérer la qualité est érigée au même titre que les ressources humaines.

2. La qualité du contrôle de gestion

La qualité de l'outil de mesure et de pilotage devient un avantage concurrentiel.
Un «bon» contrôle d'information, système d'information efficace et efficient influence la compétitivité et la performance de l'entreprise.

3. Difficulté de la comptabilité analytique pour mesurer la qualité

L'approche financière est insuffisante pour retracer complètement les actions de l'entreprise. Pour déterminer la performance de l'entreprise, il ne suffit pas d'utiliser les critères quantitatifs de la dimension technique de l'entreprise. Il faut aussi mesurer la dimension sociale de sa performance par des critères plus qualitatifs.
Ses performances sociales sont plutôt analysées au travers d'indicateurs de dysfonctionnement comme le taux d'absentéisme, la rotation du personnel, les accidents de travail, la qualité de la production.
De ce fait, la comptabilité analytique qui découpe les activités ne peut mesurer les relations d'interdépendance. C'est donc une insuffisance du contrôle de gestion qui apparaît ici. (Cette idée sera développée dans le chapitre 29.)

Applications

① Alarm

(Prévoir une table de la fonction de répartition de la loi de Poisson : P (X < = k).)

Une entreprise est spécialisée dans la fabrication d'alarmes. Le boîtier électronique qui contrôle le système se révèle être le cœur du dispositif mais les services productifs ont du mal à maîtriser la fiabilité de ce boîtier. Une étude exhaustive des types de défauts que présente ce matériel conduit la direction à s'intéresser au composant F22. Ce composant est fabriqué par une unité A et livré en totalité à l'unité de montage B. Les livraisons se font par lot de 3 000 pièces.
La direction décide d'instaurer un contrôle par échantillonnage : elle hésite entre deux plans de sondage.

Plan 1 : Taille de l'échantillon 120 pièces.
Règles de décision : le lot est refusé si le nombre de pièces défectueuses est égal ou supérieur à 8 unités.
Le niveau de qualité acceptable (NQA) est de 97 %.
Le niveau de qualité tolérable (NQT) est de 90 %.

Plan 2 :Taille de l'échantillon : 180 pièces.
Règle de décision : le lot est accepté si le nombre de pièces défectueuses est inférieur ou égal à 8 unités.
Le niveau de qualité acceptable (NQA) est de 95 %.
Le niveau de qualité tolérable (NQT) est de 93 %.

QUESTIONS

a) Calculer, pour chaque plan, les risques du centre A et ceux du centre B. Rappeler leur signification. Analyser les résultats.

b) Quel plan sera retenu par le centre B si ce dernier envisage de minimiser son risque ? Quelle doit être la règle de décision à retenir dans le plan 2 si ce centre décide de fixer son risque à 3 % ?

c) Chacun des centres voudrait limiter son risque à 5 %. Pour des raisons techniques, le NQA est fixé à 97 % et le NQT à 92 %. Quelle devrait être la taille de l'échantillon si l'on retient la règle de décision du plan 1 ?

② Non-qualité

La société X fabrique un produit P en lot de 1 000 unités en 3 phases : — 1 — 2 — 3 → P

L'entreprise dispose des données suivantes :

Phase	Coût de production ajouté à chaque phase	Taux de défaut à chaque phase
1	20	4 %
2	50	4 %
3	80	2 %

Le taux de défaut est exprimé en pourcentages des produits entrés en fabrication.
Le produit P est vendu 200 F l'unité. Le client s'aperçoit toujours du défaut et l'entreprise remplace gratuitement le produit défectueux.
À l'heure actuelle, aucun contrôle n'est effectué sur la production.
La direction soucieuse d'améliorer la qualité, envisage d'instaurer un contrôle exhaustif après chaque étape.

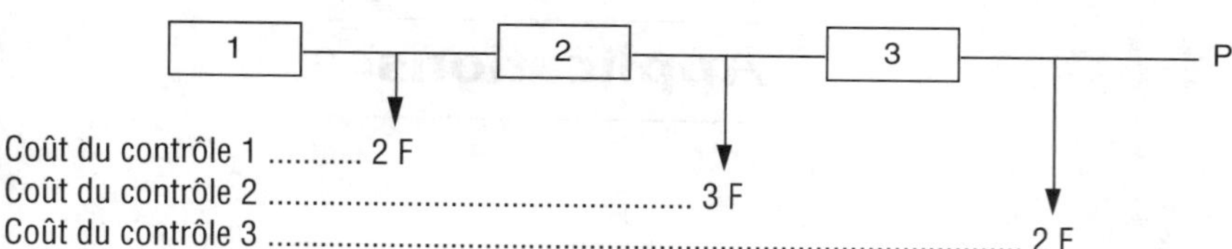

Ce contrôle permet de détecter les produits défectueux et de les éliminer pour la phase de fabrication suivante.

QUESTIONS :

a) Quel est le coût de non-qualité lorsqu'aucun contrôle n'est effectué ?
b) En cas de mise en place du contrôle, quel serait le coût d'obtention de la qualité ?
c) L'entreprise a-t-elle intérêt à instaurer la gestion de la qualité ? Chiffrez le gain attendu d'une telle stratégie ?

3 Qualité micro

Une entreprise est spécialisée dans le montage et la vente de micro-ordinateurs via deux établissements :
– un, à vocation industrielle, situé dans la région parisienne,
– un autre, à vocation commerciale, situé dans la région lyonnaise.

L'établissement parisien réceptionne tous les composants et procède au montage de quatre configurations standard. Toute la production est ensuite acheminée vers l'établissement lyonnais.

L'établissement lyonnais a, quant à lui, une activité essentiellement commerciale. D'une part, il vend des ordinateurs sur commande après avoir contrôle et configuré les micro-ordinateurs reçus de la région parisienne. D'autre part, il assure des prestations de service après-vente :
– mise en œuvre de la garantie d'un an pièces et main-d'œuvre sur les micro-ordinateurs vendus,
– opérations de maintenance sur des appareils hors garantie,
– ventes d'autres périphériques, définition de nouvelles configurations.

De nombreuses réclamations parviennent à la secrétaire commerciale de l'établissement lyonnais. La plupart des clients se plaignent de la durée d'intervention (entre quarante-huit et soixante-douze heures), de la faiblesse des prestations offertes par l'établissement en termes de diversité et de qualité.

Par ailleurs, la comptabilité analytique a mis en évidence une dégradation des résultats de l'établissement et tout particulièrement une croissance trop élevée du coût du SAV sur les interventions effectuées dans le cadre du contrat de garantie.

Le directeur général décide la mise en œuvre d'un plan organisé autour de trois axes : maîtriser les coûts du service, augmenter la diversité des prestations offertes, et suivre la qualité des interventions du service après-vente.

Première partie : Maîtriser le coût du service

Un recensement des différentes pannes intervenues au cours de l'exercice, montre que 60 % des incidents proviennent de petits composants (résistances, condensateurs) défectueux. Ces composants, à titre individuel, ont une valeur quasi-négligeable. Toutefois, leur localisation reste longue et difficile. A eux seuls, ils absorbent 80 % des coûts de main-d'œuvre. Actuellement, tous les composants sont systèmatiquement testés lors du montage. Néanmoins les normes actuelles de tolérance doivent être considérées comme insuffisantes.

Dans le but d'améliorer la qualité de ces composants, l'entreprise souhaite développer un partenariat avec ses fournisseurs. Contre un planning prévisionnel de commandes, ces derniers s'engagent à fournir des lots de composants dans lesquels moins de 5 % des pièces seront jugés hors normes.
Ainsi, les résistances XM 2.58 sont considérées comme acceptables si elles présentent une mesure moyenne de 1 000 ohms avec un écart-type de 75 ohms.

QUESTIONS :

a) Si la mesure des résistances suit une loi normale, quelles sont les mesures extrêmes ou tolérances que l'on peut accepter si l'on souhaite respecter les contraintes imposées aux fournisseurs (pas plus de 5 % de pièces hors normes) ?

b) Lors d'une livraison, on prélève au hasard 100 résistances. Les caractéristiques du lot sont les suivantes :
– moyenne observée : 981 ohms,
– écart-type observé : 100 ohms.
Estimez la proportion de résistances livrées non conformes c'est-à-dire ne respectant pas les tolérances précédentes. Commentez votre résultat.

Deuxième partie : Augmenter la diversité des prestations offertes

Une étude de la concurrence locale indique que l'agence commerciale concurrente offre des mises à disposition de matériels en cas de pannes, un service «numéro d'urgence» 24 heures sur 24, 7 jours sur 7, un délai d'intervention moyen de douze heures.

L'entreprise décide donc, pour mieux satisfaire la clientèle de proposer :
- une assistance téléphonique,
- des actions de parrainage auprès des bureaux des élèves des grandes écoles lyonnaises,
- la vente de formations sur matériel ou sur logiciel.

Pour cette dernière proposition, l'entreprise envisage un programme de 40 journées de formation par an, avec en moyenne 6 participants par journée. Elle prévoit un taux de marge de 25 % sur le chiffre d'affaires obtenu. Une étude de marché a permis d'établir des simulations quant au niveau des prix de telles manifestations. (cf. annexe 1).

QUESTIONS :

a) Déterminez le prix susceptible de convenir au plus grand nombre de clients potentiels.

b) Chiffrez la marge supplémentaire annuelle attendue pour ce type de prestations.

Troisième partie : suivi de la qualité des interventions du service après-vente

Compte tenu de la variété des prestations proposées et d'un dérapage toujours possible des coûts, l'entreprise souhaite suivre mensuellement la qualité de son service après-vente.

QUESTIONS :

a) Analysez les différentes missions du SAV et les différents aspects que doit recouvrir la notion de qualité dans un service de ce type.

b) Proposez un tableau de bord «Qualité» pour ce service. Ce document serait mensuel.

(d'après DECF 1993)

ANNEXE 1
ÉTUDE DE PRIX

Prix proposé pour une formation d'une journée	Pourcentage cumulé de clients considérant le prix insuffisant pour un niveau de qualité acceptable	Pourcentage cumulé de clients refusant d'acheter, jugeant le prix excessif
4 000	100 %	0
5 000	68 %	0
6 000	42 %	0
7 000	25 %	4 %
8 000	10 %	8 %
9 000	4 %	47 %
10 000	0	75 %
11 000	0	100 %

29 Le calcul des coûts dans la nouvelle problématique de la production

Les mutations qui touchent les techniques et l'organisation de la production bouleversent aussi le système d'information. Les outils classiques de gestion deviennent mal adaptés et il faut réfléchir à des évolutions pour les rendre plus adéquates aux besoins de l'entreprise.

Plusieurs pistes de recherche ont été suivies et aboutissent à des expérimentations plus ou moins poussées.

Deux parmi plusieurs sont présentées ici comme étant dans la logique de la nouvelle conception de l'organisation et de la gestion :
- un nouveau découpage plus réaliste de l'entreprise à partir des notions de chaîne de valeur et d'organisation transversale : les activités et la **comptabilité par activité** ;
- une gestion à l'écoute du marché, orientée vers la réactivité et la satisfaction du client : la **méthode des coûts-cibles**.

1. La comptabilité par activité

Dans un contexte plus complexe et incertain, l'entreprise a besoin d'un système de calcul des coûts global et pertinent.

Le développement des modèles partiels comme :
- le coût d'obtention de la qualité calculé isolement du système comptable et du système de contrôle de gestion,

- le coût de la sous-traitance qui cherche à isoler le coût réel de la sous-traitance incluant les coûts de négociation, de contrôle et de suivi,

ne permettent pas des réponses globales sur les éléments constitutifs de la valeur des produits telle qu'elle est perçue par la demande.

Par ailleurs, dans le modèle classique des calculs des coûts, les praticiens prennent conscience que l'affectation des charges indirectes est non satisfaisante devant la variété des gammes, des modalités de fabrication et l'introduction généralisée de la sous-traitance. Le modèle dont la variable principale semble être le volume, conduit à des subventionnements croisés entre le coût des produits, ce qui ôtent toute validité aux résultats obtenus.

Le contrôle de gestion doit tenir compte de ces évolutions et s'y adapter. Plusieurs voies nouvelles apparaissent, en particulier le calcul des coûts à base d'activité ou «comptabilité par activité».

C'est sur cette notion de valeur que se fonde cette nouvelle approche de la comptabilité par activité en partant de l'*articulation activités-produits* – quelles activités sont nécessaires pour donner la valeur aux produits et que coûtent chaque activité.

Il semble intéressant et nécessaire de réfléchir sur ces améliorations encore exploratoires et partielles.

1.1 Le cadre d'élaboration de la «comptabilité par activité» : le programme du CAM-I

Un groupement international d'entreprises et de consultants fait des recherches en coopération sur la productique et ses conséquences depuis 1986 : **Consortium Advanced Management International = CAM-I** (Arlington, Texas).
Le programme de recherche s'appelle **CMS : Cost Management System**. Les premiers chercheurs américains à y participer sont KAPLAN, COOPER, PORTER, MILLER, mais d'excellents français travaillent efficacement sur le sujet, MEVELLEC, MIDLER, LORINO, LEBAS.

La recherche part de la constatation que ce ne sont pas les produits qui consomment les ressources de l'entreprise mais plutot les activités. Et les diverses activités de l'entreprise sont utilisées par les produits.

Il semble alors préférable de **découper l'entreprise par activité et non par fonction et par produit.**

Les unités d'œuvre sont remplacées par des **inducteurs de coûts** qui ne sont pas seulement des critères quantitatifs : ce sont les éléments qui déclenchent l'activité et donc provoquent des coûts.

Cette démarche répond au besoin d'une vision systémique de l'entreprise et d'une approche globale de la productivité, plus proche de la réalité. Elle prend appui sur le concept de **chaîne de valeur** mis en évidence par PORTER :

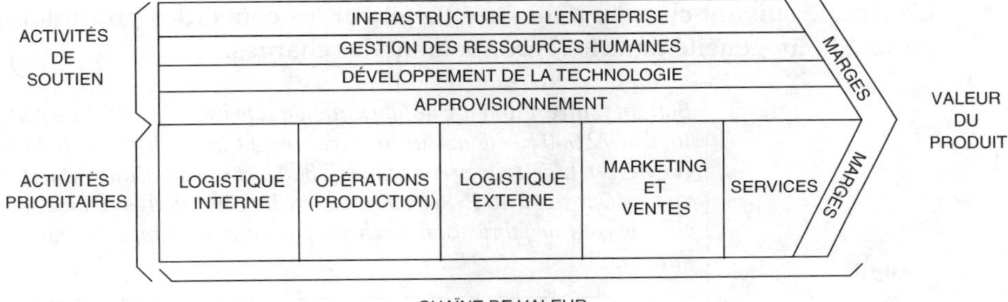

L'entreprise cherche à augmenter la VALEUR de son produit. Pour ce faire chacune de ses fonctions doit améliorer la valeur apportée par son activité de transformation.

> Chaque activité chaînée avec les autres contribue à la création de la valeur générée par l'entreprise.

La comptabilité ignore les activités dites de soutien, essentielles pour l'efficacité des activités principales et pourtant créatrices de valeur donc vecteurs de la performance de l'entreprise.

Les calculs traditionnels de coûts regroupent sous la rubrique «frais généraux» ces activités indirectes.

> Concrètement, il faut donc **découper l'activité générale** autrement qu'en centres de responsabilité. La ventilation se fait en **activités élémentaires** et pour chacune est déterminée une **unité de consommation de ressources**.

Cette unité ou **inducteur de coût** mesure les prestations fournies par cette activité aux produits.

La notion d'activité est le cœur du nouveau modèle. Elle est ainsi un refus de l'état actuel des systèmes classiques de calcul de coûts où la prédominance des centres de responsabilités sur la notion de centres d'analyse comme concept de regroupement des charges a ôté toute homogénéité de comportement à ces dernières. Cet état de fait associé à la diversité des conditions de production transforme le calcul des coûts des produits en «une usine à gaz de subventionnements croisés». Il nous semble nécessaire d'illustrer ces phénomènes.

1.2 Les subventionnements dans le système classique de calcul des coûts

Ces subventionnements entre les coûts de différents produits proviennent essentiellement de la diversité des conditions de fabrication. Il s'agit principalement de l'hétérogénéité :

– des activités dans un centre d'analyse,
– des coûts de ces activités,
– des effets de taille des séries.

L'exemple suivant cherche à illustrer l'effet sur les coûts (des produits) de cette perte d'homogénéité dans le regroupement des charges.

Exemple

Soit un centre d'analyse de fabrication qui usine trois produits pour un coût total de 72 000 F et dont l'unité d'œuvre est l'heure de main-d'œuvre directe (HMOD). L'activité prévue est de 1 800 h et le coût d'unité d'œuvre s'élève en conséquence à 40 F. Si l'on considère les conditions suivantes d'exploitation, le coût de fabrication de chacun des produits apparaît dans le tableau suivant :

	A	B	C
Volume de produit	1 200	1 200	1 200
Temps unitaire (HMOD)	0,20 h	0,80 h	0,50 h
Coût unitaire	**8 F** (= 40 F x 0,20 h)	**32 F**	**20 F**

a) Hétérogénéité des activités dans un centre d'analyse

Une étude plus précise des tâches de ce centre conduit à mettre en évidence deux activités distinctes : une activité d'usinage à proprement parler, et une activité de mesure préalable à la précédente. Dans le développement de notre exemple, nous choisissons volontairement d'obtenir des coûts unitaires identiques pour les deux activités afin de mettre en évidence l'influence unique des conditions différentes d'usinage et de mesure.

Exemple

Retenons les temps suivants pour l'activité «mesure» des trois produits :

	A	B	C
Temps unitaire	0,25 h	0,15 h	0,10 h
Temps total (HMOD)	300 h	180 h	120 h

Le tableau de répartition des charges se présente comme suit (le partage des 72 000 F initiaux de charges entre les activités est ici arbitraire) :

	Mesure	Usinage
Montant total	18 000	54 000
Nature de l'unité d'œuvre	HMOD	HMOD
Nombre d'unités d'œuvre	600	1 800
Coût de l'unité d'œuvre	**30 F**	**30 F**

Les nouvelles imputations des charges sur les coûts des produits deviennent :

	A	B	C
Activité «mesure»	7,5 F (= 30 F x 0,25 h)	4,5 F	3,0 F
Activité «usinage»	6,0 F (= 30 F x 0,20 h)	24,0 F	15,0 F
Coût unitaire	**13,5 F**	**28,5 F**	**18,0 F**

Il apparaît que le coût du produit A augmente fortement : la mise en évidence de l'activité de «mesure» dont il est le plus consommateur explique cette différence de coût. Dans l'analyse initiale, les produits B et C subventionnaient le coût du produit A dans la mesure où le coût de l'activité «mesure» était imputé proportionnellement au temps d'usinage.

Cet effet est amplifié si le coût de l'unité d'œuvre des activités répertoriées est différent.

b) Hétérogénéité des coûts des activités

Exemple

Reprenons les conditions de production précédentes mais considérons un autre partage du coût des deux activités. Le tableau de répartition devient :

	Mesure	Usinage
Montant total	25 200	46 800
Nature de l'unité d'œuvre	HMOD	HMOD
Nombre d'unités d'œuvre	600	1 800
Coût de l'unité d'œuvre	**42 F**	**26 F**

Les nouvelles imputations des charges sur les coûts des produits deviennent les suivantes :

	A	B	C
Activité «mesure»	10,5 F (= 42 F x 0,25 h)	6,3 F	4,2 F
Activité «usinage»	5,2 F (= 26 F x 0,20 h)	20,8 F	13,0 F
Coût unitaire	15,7 F	27,1 F	17,2 F

L'hétérogénéité des coûts accentue ici le subventionnement précédent uniquement parce que dans l'exemple l'activité de «mesure» est plus coûteuse que l'activité traditionnelle d'usinage. Si la relation de coût avait été inverse, l'effet de subventionnement aurait été atténué.

c) Hétérogénéité de tailles des lots de fabrication

Imaginons que l'activité «usinage» dépend essentiellement du nombre de lot lancé compte tenu d'un processus automatisé de fabrication.

Exemple

	A	B	C
Volume de produit	1 200	1 200	1 200
Taille des lots	200	300	60
Nombre de lots	6	4	20

soit un total de 30 lots qui engendre unitairement un coût fixe de :
46 800 / 30 = 1 560 F qu'il faut ventiler sur chaque produit en fonction de la taille du lot, soit :

Coût ventilé par produit	7,8 (= 1 560 F/200)	5,2	26

Les imputations des charges sur les coûts des produits sont :

	A	B	C
Activité «mesure»	10,5 F	6,3 F	4,2 F
Activité «usinage»	7,8 F	5,2 F	26,0 F
Coût unitaire	18,3 F	11,5 F	30,2 F

Le coût du produit C est fortement majoré par rapport à son coût initial par la prise en compte du facteur «taille du lot» comme facteur explicatif de la consommation de ressources. Les grandes séries A et B subventionnaient la petite série C.

Cet exemple (volontairement simplifié) tente d'illustrer les effets de subventionnement lorsque l'analyse des charges ne suit pas la diversité des conditions d'exploitation réelles.

Or le contexte économique actuel multiplie les occasions de distorsion entre la représentation du calcul des coûts et la réalité. Ainsi, par exemple, ce phénomène peut apparaître dans le cas :
- du lancement d'une série courte pour répondre à une demande marketing sans tenir compte de coûts générés par les petites séries ;
- de la décision de sous-traitance en négligeant les coûts occasionnés par les contrôles induits nécessaires ;
- d'automatisation d'un processus sans mise à plat de l'ancienne unité d'œuvre.

La comptabilité par activités cherche à proposer une réponse plus adéquate à ces problèmes.

1.3 Le développement de la «comptabilité par activité» (méthode ABC)

La construction du nouveau système de mesure ou méthode des coûts par activités (ABC) s'appuie généralement sur les étapes suivantes :
- identification des activités ;
- évaluation des ressources consommées par chacune d'elle ;
- définition des inducteurs de coûts ;
- affectation du coût des activités aux objets de coûts.

a) Identifier les activités

> «Une activité est définie comme un ensemble de tâches homogènes caractéristiques d'un processus de réalisation de la chaîne de valeur et consommateur de ressources [1]. »

1. Bescos et Mendosa, *Le management de la performance*, Éditions comptables Malesherbes, 1994.

L'activité décrit ce que les différents services font ; l'entreprise apparaît alors comme un ensemble d'activités ayant des liens entre elles au sein de processus identifiés.

Exemple

- *Produire des procédures et des systèmes de contrôle qualité.*
- *Adresser des factures aux clients.*
- *Planifier le travail d'un atelier.*
- *Entretenir le matériel existant.*

L'activité traduisant un processus dépasse le cadre strict des découpages fonctionnels et hiérarchiques : c'est en cela qu'elle exprime une vision transversale de l'entreprise. Seule cette perspective permet d'appréhender la création de valeur surtout pour les activités de soutien et d'introduire des processus permanents d'amélioration compatibles avec une démarche de qualité totale.

Nous allons tenter d'illustrer, à l'aide d'un exemple volontairement simplifié, ce que peut être une démarche de coûts par activités.

Exemple

Soit une unité de fabrication, où les activités suivantes ont pu être répertoriées :

Centres	Approvisionnement	Méthodes	Entretien	Usinage	Expédition
Activités	– Gestion des fournisseurs – Contrôle des approvisionnements – Magasinage	– gestion de la nomenclature – Ordonnancement – Gestion des modifications techniques	– Entretien matériel existant – Implantation nouveaux moyens	– Usinage	– Contrôle des expéditions – Envoi des produits finis

b) Évaluer les ressources consommées par les activités

Il s'agit de faire disparaître l'arbitraire existant dans l'imputation des ressources mise en place dans la méthode des coûts complets.

En effet, si de nombreuses consommations sont indirectes par rapport aux produits, elles sont directes par rapport aux activités ; ainsi les ressources mobilisées pour les activités de support ne sont plus allouées aux coûts des produits par des clés de répartition arbitraires.

Le postulat de la méthode ABC s'écrit :

> Les produits consomment les activités et les activités consomment les ressources.

Ce postulat oblige à ventiler différemment les charges indirectes.

Exemple

L'évaluation (en francs) des ressources consommées par chaque activité est présentée ci-après:

Activités \ Centres d'analyse	Approvt	Méthodes	Entretien	Usinage	Expédition
Usinage				12 401	
Contrôle des expéditions					979
Contrôle des approvisionnements	1 150				
Envoi des produits finis					2 301
Entretien matériel existant			756		
Gestion des modifications techniques		2 375			
Gestion des fournisseurs	1 325				
Gestion de la nomenclature		2 080			
Implantation nouveaux moyens			435		
Magasinage	1 568				
Ordonnancement		1 790			
Total centres d'analyse	4 043	6 245	1 191	12 401	3 280

Ce travail de ventilation doit être le fruit d'un dialogue entre les opérationnels et les contrôleurs de gestion chargés de la mise en œuvre de la nouvelle analyse. Il s'appuie sur les données de la comptabilité analytique ou celles des budgets.

Ce recensement effectué, il s'agit de rechercher les facteurs expliquant le mieux possible les consommations de ressources afin de mettre en évidence les «inducteurs de ressources».

c) Définir les inducteurs de coûts

Pour une activité regroupant des coûts homogènes, il est nécessaire de définir une mesure unique d'activité : c'est l'inducteur de coût (similaire à l'unité d'œuvre). Le choix de la nature de l'inducteur est primordial : il doit mettre en évidence un comportement de coût cohérent qui évolue proportionnellement au nombre d'inducteurs.

L'expérience montre que l'on peut regrouper les activités en quatre grands types possibles :
- les activités liées aux volumes fabriqués : les inducteurs privilégiés sont l'heure de main-d'œuvre ou l'heure machine… ;
- les activités liées aux changements de lots ou de séries : on retient comme inducteur le nombre d'ordre de fabrication ou nombre de séries fabriquées… :
- les activités de soutien concernant un objet de coût : les inducteurs principaux sont le nombre de composants, le nombre de modifications techniques… ;
- les activités de soutien général dont les charges sont indépendantes du volume et de la gamme de produit : ici l'inducteur s'apparente à une assiette de répartition comme la valeur ajoutée mais on peut préférer ne pas chercher à attribuer le coût de ces activités aux produits.

Ce travail de définition permet souvent un regroupement d'activités quand les inducteurs sont identiques afin de ne pas démultiplier le nombre d'activités.

Reprenons notre exemple.

Exemple

Une première analyse a listé tous les inducteurs acceptables par activité.

Activités	Inducteurs possibles
A1 Usinage	*Temps d'usinage* *Nombre de lignes de production*
A2 Contrôle des expéditions	*Nombre de lots expédiés*
A3 Contrôle des approvisionnements	*Nombre de réceptions* *Nombre de références*
A4 Envoi des produits finis	*Nombre de lots expédiés* *Nombre de clients desservis*
A5 Entretien matériel existant	*Nombre de lignes de production*
A6 Gestion des modifications techniques	*Nombre de produits* *Nombre de références*
A7 Gestion des fournisseurs	*Nombre de fournisseurs* *Nombre de références*
A8 Gestion de la nomenclature	*Nombre de produits* *Nombre de références*
A9 Implantation nouveaux moyens	*Nombre de lignes de production*
A10 Magasinage	*Nombre de réceptions* *Nombre de lots d'usinage*
A11 Ordonnancement	*Nombre de lots d'usinage* *Nombre de références*

Une fois ce travail de recensement effectué, il s'agit de déterminer les inducteurs à retenir. Cette analyse se présente sous forme de matrice et permet d'obtenir des centres de regroupement pour lesquels l'inducteur est le même.

	A1	A2	A3	A4	A5	A6	A7	A8	A9	A10	A11
Temps d'usinage	X										
Nombre de lignes de production	X				X				X		
Nombre de lots expédiés		X		X							
Nombre de réceptions			X							X	
Nombre de clients désservis				X							
Nombre de produits						X		X			
Nombre de références			X			X	X	X			X
Nombre de fournisseurs							X				
Nombre de lots d'usinage										X	X

Ici, les inducteurs les plus fréquents sont :

Nombre de références (5 fois) → Centre de regroupement 1 comprenant les activités A3, A6, A7, A8 et A11.

Nombre de lignes de production (3 fois) → Centre de regroupement 2 avec les activités A1, A5 et A9.

Nombre de lots expédiés (2 fois) → Centre de regroupement 3 avec les activités A2 et A4.

L'activité A10 (Magasinage) n'appartient à aucun centre de regroupement et ce tableau ne nous permet pas de trancher sur la nature de l'inducteur à retenir. Nous admettrons ici qu'une étude complémentaire permet de retenir comme inducteur pertinent le nombre de lots d'usinage.

Ce travail de définition effectué, il est calculé un coût unitaire d'inducteur selon le calcul suivant :

$$\text{Coût unitaire d'un inducteur} = \frac{\text{Coût des ressources attribuées à l'activité}}{\text{Nombre d'inducteurs}}$$

Exemple

Pour calculer le coût unitaire de chaque inducteur, nous avons besoin d'informations techniques sur les conditions de fabrication qui nous permettrons de déterminer le nombre d'inducteurs. Ces données sont réunies dans le tableau suivant :

Produits	*P1*	*P2*	*P3*
Quantités produites	*1 000*	*2 000*	*5 000*
Composant 1 (120 F pièce)	*1*	*1*	*1*
Composant 2 (180 F pièce)		*1*	*1*
Composant 3 (260 F pièce)	*1*	*1*	
Composant 4 (270 F pièce)			*1*
Main-d'œuvre directe (360 F/H)	*0,20 h*	*0,80 h*	*0,50 h*
Lignes de production	*L1*	*L2*	*L1*
Nombre de lots expédiés	*10*	*5*	*25*
Nombre de lots d'usinage	*2*	*4*	*50*

Le calcul du coût unitaire des inducteurs est présenté dans le tableau suivant :

Centre de regroupement	Centre 1	Centre 2	Centre 3	A10
Total des ressources (1)	8 720	13 592	3 280	1 568
Nature de l'inducteur	Référence	Lignes de production	lots expédiés	lots usinés
Volume de l'inducteur	4	2	40	56
Coût unitaire de l'inducteur	2 180	6 796	82	28

(1) Ce montant représente la somme des ressources des activités du centre de regroupement (Centre 1 = 1 150 + 2 375 + 1 325 + 2 080 + 1 790).

Cette étape terminée, il est alors possible de calculer le coût des produits ou tout autre objet de coût.

d) Affecter le coût des activités aux «objets de coûts»

Il s'agit très souvent d'obtenir un coût de revient des produits mais la richesse de la méthode permet de calculer les coûts de production d'autres éléments comme par exemple :
- les lignes de produits,
- les processus,
- les clientèles,
- les projets et les unités organisationnelles.

Il s'agit de déterminer, pour chaque objet de coût, les activités auxquelles il a recours et la quantité d'inducteurs consommée par ces activités. Le coût obtenu est composé de consommation de charges directes en fonction d'indications extraites de la nomenclature et la gamme opératoire et du coût des activités consommées : il s'agit d'un coût qui peut être qualifié de «**coût attribuable**» au produit car à tout moment le principe de causalité de consommation de ressources est respecté.

Pour obtenir, le coût unitaire de production des produits, il faut au préalable dans un tableau spécifique calculer le coût global des activités consommées par chaque produit. Cette étape nécessite d'intégrer la notion de volume de production.

La logique de ces calculs consiste à répartir le coût unitaire de l'inducteur (coût fixe) dans le coût unitaire du produit en tenant compte du nombre de produit fabriqué.

Exemple *Soit un coût unitaire d'inducteur de 200 000 F pour une activité consommée par deux produits A et B dont le volume de production est respectivement 2 000 et 3 000 unités.*

Coût attribuable à une unité de produit A ou B = 200 000/5 000 = 40 F

Cette démarche va être appliquée à l'exemple développé dans ce chapitre.

Exemple *Ce travail peut être présenté dans un tableau récapitulatif et exprimant par produits le total des coûts attribuables compte tenu des consommations d'activités de chaque production.*

Inducteur	Coût fixe de l'inducteur (F) (1)	Volume global (2) = (3) + (5) + (7)	Produit 1		Produit 2		Produit 3	
			Volume (3)	Coût unit. (4) = (1) / (2)	Volume (5)	Coût unit. (6) = (1) / (2)	Volume (7)	Coût unit. (8) = (1) / (2)
Références								
Composant 1	218 000	8 000	1 000	27,25	2 000	27,25	5 000	27,25
Composant 2	218 000	7 000	–	–	2 000	31,14	5 000	31,14
Composant 3	218 000	3 000	1 000	72,67	2 000	72,67	–	–
Composant 4	218 000	5 000	–	–	–	–	5 000	43,60
Lignes								
Ligne 1	679 600	6 000	1 000	113,27	–	–	5 000	113,27
Ligne 2	679 600	2 000	–		2 000	339,80	–	–
Lots (9)								
Lots expédiés	8 200	dépend de la	100	(9) 82,00	400	(9) 20,50	200	(9) 41,00
Lots fabriqués	2 800	taille du lot	500	5,60	500	5,60	100	28,00
Coût des activités par produit				300,79		496,96		284,26

(9) **Explications relatives au calcul des coûts unitaires quand l'inducteur est un lot.** Par rapport aux lots, la notion de volume n'est pas à retenir. Chaque lot de production consomme le coût de l'inducteur concerné mais la part attribuable au coût unitaire du produit dépend du nombre de produits par lots. Ainsi toutes les productions consomment le coût de l'inducteur «lots expédiés» soit 8 200 F mais ce coût concerne 100 produits P1 c'est-à-dire 8 200/100 = 82 F par P1, alors qu'il concerne 400 produits P2 c'est-à-dire 8 200/400 = 20,50 F par unité de P2 : la prise en compte au niveau du coût de production unitaire des produits est quatre fois plus faible pour P2 que pour P1.

Suite à ce tableau, il apparaît que, entre autres choses :

- *la gestion des composants n'a pas la même incidence sur les coûts unitaires des produits : celle du composant 3 est plus onéreuse car s'imputant sur de faibles quantités ;*
- *la fabrication du produit P2 sur une ligne spécifique conduit à fortement majorer ses coûts par rapport aux autres produits ;*
- *les lots de petites tailles induisent une majoration des coûts unitaires des produits : voir P1 pour les lots expédiés, P3 pour les lots fabriqués.*

Il est possible alors de finaliser les calculs :

	Produit 1	Produit 2	Produit 3
Matières premières			
Composant 1	120	120	120
Composant 2		180	180
Composant 3	260	260	
Composant 4			270
Main-d'œuvre	72	288	180
S-total : coût direct	**452**	**848**	**750**
Coût des activités	300,79	496,96	284,26
Coût de production unitaire	**752,79**	**1 344,96**	**1 034,26**

Les coûts obtenus traduisent la réalité des consommations engendrées par l'existence du produit mais aussi par sa complexité et ses modalités de fabrication. Cette méthode ne se contente pas de permettre seulement le calcul de coûts de revient, elle peut être envisagée comme un moyen de gérer la performance de l'entreprise.

1.4 Les apports de la méthode

Cette méthode, qui commence seulement à se diffuser et dont la démarche est sujette à de nombreuses interrogations et discussions semble apporter des réponses à un certain nombre de préoccupations actuelles du contrôle de gestion tant dans le management des coûts que dans celui de la performance.

a) Le management des coûts

La meilleure pertinence du coût de revient obtenu par un respect des liens de causalité entre produits et consommation de ressources représente déjà une avancée importante en termes d'aide à la décision stratégique pour la gestion des portefeuilles de produits.

Ce travail peut se faire sur une multiplicité d'«objets de coût» comme les types de clientèles, les commandes mais aussi dépasser largement le cadre annuel des budgets pour permettre un calcul sur la durée du cycle de vie des produits, ou encore sur des projets spécifiques qui s'étalent sur plusieurs années.

Intégrée à d'autres méthodes comme celle du coût-cible ou du management par projets (voir plus loin), la méthode ABC semble fournir une base fiable pour orienter les politiques de fixation des prix de vente.

b) Le management de la performance

Pour autant, elle permet également une vision globale et transversale de l'entreprise par la mise en évidence des processus et de leur coût. La prise de conscience des interdépendances permet de relier chaque activité à la chaîne de valeur et de mettre en évidence leur contribution respective.

Instaurant clairement un lien entre activités et consommation de ressources, cette méthode pousse les responsables à s'interroger sur les moyens d'une meilleure efficacité et efficience des différentes tâches à exécuter.

Ainsi, elle paraît permettre :
- l'analyse des possibilités de réductions de coûts ou de rationalisation de la production comme diminution du nombre de composants, ou limitation de séries spécifiques,
- la responsabilisation des décideurs sur leur niveau de dépenses, principalement pour les activités de soutien ;
- une meilleure maîtrise des dépenses de lancement des nouveaux produits ou des modifications des produits existants ;
- la mise en œuvre d'indicateurs nécessaires au pilotage d'une démarche qualité totale et la connaissance du coût de cette activité.

L'ensemble de ces pistes peut être représenté par le schéma suivant :

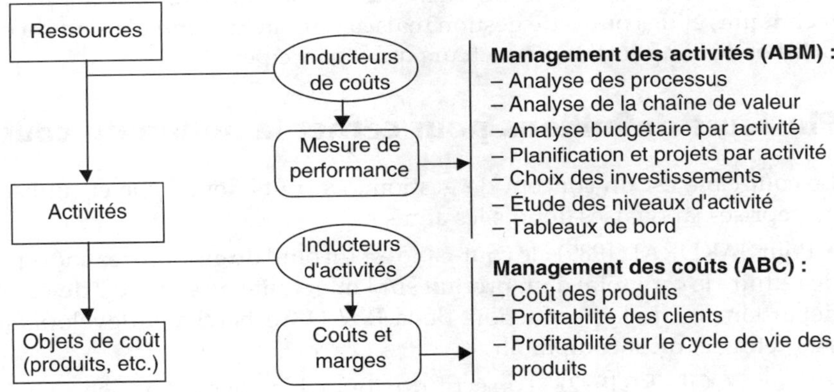

2. La méthode des coûts-cible ou *target costing*

2.1 Les principes de la méthode

- Cette démarche est fondée sur deux principes fondamentaux :
- tout d'abord, il y a un renversement dans l'analyse du marché : la demande, la valeur «estimée» des produits par le marché, la satisfaction des clients, l'écoute du marché aval constituent le point de départ des décisions, des choix, des actions des entreprises ;
- ensuite, il faut gérer les coûts des produits tout au long de leur cycle de vie, en intégrant les changements et en cherchant des améliorations en permanence et en continu dans toutes les étapes depuis la conception jusqu'à la distribution.

La majorité des coûts d'un produit est définie en amont dès la conception (80 % des coûts de l'ensemble du cycle de vie sont prédéterminés par les choix du départ sans modification possible).

• La méthode du coût-cible intègre donc ces deux principes et part d'un prix «accepté» par la demande pour la valeur accordée au produit, d'une politique de marge commerciale pour déterminer le coût de production que doit atteindre le produit ; le coût de production est donc l'objectif, la cible à atteindre, résultat de la différence d'un prix accepté et d'un bénéfice désiré :

Prix – Bénéfice attendu = Coût de production à réaliser.

Le coût de production effectif est en général supérieur au coût de production – cible à atteindre, et la démarche consiste à trouver des solutions pour améliorer et réduire ce coût.

• Le coût-cible n'est pas une nouvelle comptabilisation des coûts mais une démarche globale d'optimisation du processus de développement d'un produit, tout au long de son cycle de vie. Cette démarche utilise de nombreux outils techniques et des outils de gestion mais la réussite dépend d'abord du comportement et de l'implication des acteurs qui y participent.

2.2 Plusieurs définitions pour cerner la notion de coût-cible

Le coût-cible est un concept de gestion des coûts développé et utilisé dans les entreprises japonaises depuis les années 70.

• Pour SAKURAI (1989) «le coût-cible est un outil de gestion des coûts permettant de réduire le coût total d'un produit sur l'intégralité de son cycle de vie, grâce aux départements de la production, de la R & D (recherche et développement), du marketing et de la comptabilité».

• Pour COOPER (1992) «l'objectif du coût-cible consiste à identifier le coût de production d'un produit de manière à ce que, une fois vendu, ce dernier génère la marge bénéficiaire souhaitée».

• La CAM-I donne une définition assez large : «Le coût-cible est un ensemble de méthodes et d'outils de gestion permettant de passer d'objectifs de coûts et d'activité à la conception et à la planification de nouveaux produits, de fournir une base au contrôle effectué par la suite lors de la phase opérationnelle, et de s'assurer que ces produits atteignent les objectifs de profitabilité fixés pour leur cycle de vie.»

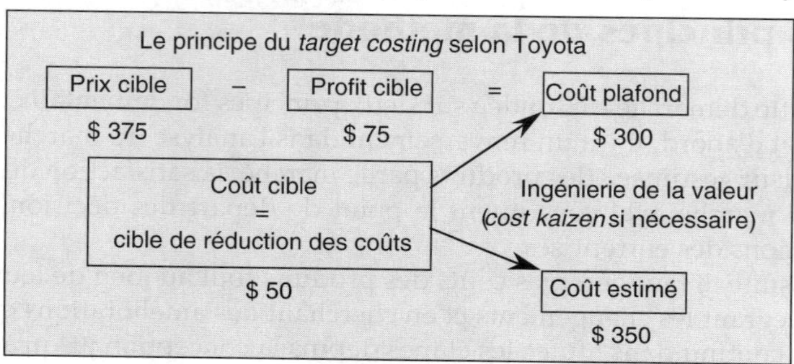

Source : HORVATH, NIEMAND, WOBOLD (1993).

P. Horvath précise les objectifs du coût-cible :

« Selon eux, les objectifs principaux du *target costing* sont :

- une orientation d'ensemble de l'entreprise, et notamment de sa gestion des coûts vers le marché ;
- un lien stratégique grâce à une R & D tournée vers le marché ;
- un soutien à la gestion des coûts dans les premières phases de conception d'un produit ;
- une gestion des coûts dynamique, puisque les coûts-cibles sont constamment réévalués ;
- des améliorations en termes de motivation, car les comportements sont directement influencés par des contraintes issues du marché, et non par des objectifs abstraits valables pour toute l'entreprise.

Pour couvrir cette grande variété d'objectifs, nous suggérons une définition assez large du *target costing* :

Le *target costing* est construit sur un large ensemble d'instruments de prévision, de gestion et de contrôle des coûts, appliqués en premier lieu aux premières étapes de conception du produit et des process, afin de permettre de faire évoluer les structures de coût du produit résultant des contraintes déduites du marché. L'utilisation du *target costing* nécessite la coordination, dans une optique de coûts, de toutes les fonctions liées au produit (voir le tableau ci-dessous).»

Source : P. Horvath, *Revue française de gestion*, n° 104, p. 73-74.

LES PRINCIPES D'ORIENTATION DU *TARGET COSTING*

Application / Principe	Organisation	Outils	Motivation
Orientation marché	• poids important du directeur de production • engagement obligatoire (prix, coûts, etc.)	ÉCLATEMENT DU COÛT-CIBLE TABLES DE COÛT CALCULS ACCOMPAGNANT LE PROCESS DE DÉVELOPPEMENT	• responsabilité individuelle • autocontrôle • système d'incitation • encadrement par l'activité de contrôle
Orientation équipe	• interdisciplinaire • interne et externe • couverture de toute la chaîne de procédure jusqu'au lancement de la production		
Orientation procédure	• consignes claires • couverture de toute la chaîne de valeur		

Source : *id.*

2.3 Les étapes de la méthode

a) La fixation du prix-cible

Elle est faite à partir d'études de marché classiques et du cycle de vie du produit.

b) La fixation du profit-cible

Elle découle de la planification stratégique de l'entreprise (moyen terme 3-5 ans) et du portefeuille de produits. Ce n'est pas un montant fixe mais une courbe de profit en fonction du cycle de vie du produit.

c) Le coût-cible

Il est obtenu par la différence : **Prix-cible moins Profit-cible**.

Le coût-cible total doit être décomposé pour permettre une meilleure analyse des réductions possibles de coût.

Deux méthodes sont possibles :
– une **décomposition organique** selon les sous-ensembles qui composent le produit. Cela suppose que la technique du produit n'évolue pas et que l'entreprise connaisse le coût de chaque élément du produit,
– une **décomposition fonctionnelle** du produit qui correspond davantage à l'optique «marché» de la logique du coût-cible.

Des processus d'amélioration permanente, pas à pas (KAISEN), pour réduire les coûts sont ensuite mis en œuvre :
– la démarche s'appuie sur l'analyse de la valeur ; on recherche et on classe les fonctions du produit appréciées par les clients ainsi que la valeur qu'ils leur accordent ;
– la détermination du coût de revient utilise les techniques mises en place dans l'entreprise : ce peut être une comptabilité analytique traditionnelle ou une comptabilité à base d'activités. Les entreprises essaient souvent d'associer la méthode ABC et la méthode du coût-cible.

d) Un exemple simplifié de la méthode du coût-cible (1) : un réveille-matin

1) Première étape : Analyse de la demande du consommateur, de ses souhaits, ses besoins, de l'utilité accordée aux éléments du produit.

Pour ce faire, une analyse conjointe est menée c'est-à-dire une combinaison de plusieurs méthodes d'analyse des données multivariées. La vision globale du produit est «décortiquée» selon les différents composants de l'appareil.

On obtient un tableau qui classe les fonctions de l'appareil selon l'utilité et l'importance accordées par la demande :

1. À partir de l'article de Horvath (*RFG*, n° 104, p. 75-78).

RÉSULTATS DE L'ÉTUDE DE MARCHÉ POUR UN RÉVEILLE-MATIN

Fonction	Degré d'importance	Pourcentage
Facilité de lecture	9	16,98 (1)
Adaptabilité	7	13,21
Exactitude	6	11,32
Design	9	16,98
Silencieux	3	5,66
Facilité de lecture dans le noir	6	11,32
Sonnerie de réveil	2	3,77
Durée de vie	4	7,55
Solidité	7	13,21
Total	**53**	**100,00**

(1) → 9/53 = 16,98 %

2) *Deuxième étape : Mise en relation des composants techniques du produit et des fonctions du produit retenues par la demande.*

Il faut valoriser l'apport de chaque composant (au plan technique) à une ou plusieurs fonctions :

– par exemple, dans le tableau suivant, la fonction «lecture facile» est apportée pour 40 % par l'électronique et le moteur, pour 55 % par les aiguilles et la transmission et pour 5 % par le boîtier extérieur ;

MATRICE *TARGET COSTING* DU RÉVEILLE-MATIN
APPORTS DES COMPOSANTS AUX FONCTIONS (EN %)

Composants \ Fonctions	Facilité de lecture	Adaptabilité	Exactitude	Design	Silencieux	Facilité de lecture dans le noir	Sonnerie de réveil	Durée de vie	Solidité
Importance des fonctions (en %)	*16,98*	*13,21*	*11,32*	*16,98*	*5,66*	*11,32*	*3,77*	*7,55*	*13,21*
Piles						10		64	
Amortisseurs de vibration			78						
Électronique et moteur	40		1		60			21	2
Aiguilles et transmission	55	5	4	5	35			2	4
Contacts		95	17	3					12
Boîtier extérieur	5			82	5		2		82
Buzzer							98		
Éclairage				10		90		13	
Total	**100**	**100**	**100**	**100**	**100**	**100**	**100**	**100**	**100**

– ensuite il est possible de valoriser l'importance des composants dans la composition du réveille-matin.
– la fonction «facilité de lecture» a un poids de 16,98 % parmi les neuf fonctions citées ;
– on calcule donc l'importance de chaque composant du réveil en fonction des souhaits du consommateur : ici, l'électronique apporte 40 % x 16,98 % = 6,79 %

de l'ensemble ; les aiguilles apportent 55 % x 16,98 % = 9,34 % de l'ensemble ; le boîtier apporte 5 % x 16,98 % = 0,85 % de l'ensemble.

MATRICE *TARGET COSTING* DU RÉVEILLE-MATIN
IMPORTANCE DES COMPOSANTS (EN %)

Fonctions / Composants	Facilité de lecture	Adaptabilité	Exactitude	Design	Silencieux	Facilité de lecture dans le noir	Sonnerie de réveil	Durée de vie	Solidité	
Importance des fonctions (en %)	*16,98*	*13,21*	*11,32*	*16,98*	*5,66*	*11,32*	*3,77*	*7,55*	*13,21*	***100***
Piles						1,13		4,83		**5,96**
Amortisseurs de vibration			8,83							**8,83**
Électronique et moteur	6,79		0,11		3,40			1,59	0,26	**12,15**
Aiguilles et transmission	9,34	0,66	0,45	0,85	1,98			0,15	0,53	**13,96**
Contacts		12,55	1,92	0,51					1,59	**16,57**
Boîtier extérieur	0,85			13,93	0,28		0,08		10,83	**25,97**
Buzzer							3,69			**3,69**
Éclairage				1,70		10,19		0,98		**12,87**
Total	**16,98**	**13,21**	**11,32**	**16,99**	**5,66**	**11,32**	**3,77**	**7,55**	**13,21**	**100**

3) *Troisième étape : Mise en parallèle du degré d'importance de chaque composant (calculé en fonction de son utilité reconnue et de ses caractéristiques techniques) et de son coût.*

Il convient alors de trouver des améliorations et des solutions quand il y a dépassement du coût par rapport à l'utilité apportée.

Il découle ainsi le tableau suivant : par exemple, les piles qui représente 5,96 % de l'importance du produit (somme de leur participation à deux fonctions, facilité de lecture 1,13 % et durée de vie 4,83 %) aborbent 8,70 % du coût total.

Les calculs s'arrêtent là mais les recherches et analyses pour diminuer des coûts trop élevés (indice de valeur inférieur à 1) ou investir pour améliorer des composants jugés «utiles» (indice de valeur supérieur à 1) commencent.

CALCUL DE L'INDEX DE VALEUR POUR LE RÉVEILLE-MATIN

Fonction	Pourcentage de coût (2)	Degré (1) d'importance	Index de valeur
	Nouvelles informations	Tableau précédent	(1) / (2)
Piles	8,70	5,96	0,69
Amortisseur de vibration	11,20	8,83	0,79
Électronique et moteur	10,30	12,16	1,18
Aiguilles et transmission	20,10	13,96	0,69
Contacts	12,60	16,57	1,32
Boîtier extérieur	18,30	25,96	1,42
Buzzer	5,60	3,69	0,66
Éclairage	13,20	12,87	0,98
Total	**100,00**	**100,00**	

2.4 Les conséquences de la méthode sur la gestion et l'organisation de l'entreprise

Puisque la démarche du coût-cible va bien au-delà d'un simple outil technique, c'est tout un ensemble de pratiques de gestion qui se développe avec cette logique :
– le décloisonnement des fonctions,
– la gestion de projet,
– l'ingénierie simultanée,
– le partenariat avec les fournisseurs,
– la gestion participative.

RÉFLEXIONS SUR LE THÈME

1. Les limites de ces nouvelles approches

La comptabilité d'activité n'est pas pour autant une panacée.
Elle n'a pas que des avantages. Elle comporte aussi des limites au moins dans sa conception actuelle : elle n'est utilisable que pour certains produits, et les inducteurs pour mesurer la performance des activités sont difficiles à élaborer.

2. Le contrôle de gestion et la logistique

Pour passer de l'optique comptable du contrôle de gestion à l'optique gestion, contrôle de LA gestion, il faut intégrer toutes les activités de l'entreprise qui sous-tendent la production (activités de soutien au sens de Porter).
La logistique interne et externe est une des plus importantes. Ce sont de plus en plus ces activités qui différencient les entreprises, tant auprès des clients qu'au travers de leur coût.
La logistique voit son importance s'accroître dans cette nouvelle problématique de la production. Ce service considéré comme mineur devient essentiel dans la recherche d'une meilleure qualité par une réduction des délais et d'une diminution des coûts.
Le contrôle de gestion doit donc s'adapter pour mesurer les performances de cette activité de soutien, essentielle aux activités principales et intégrer les coûts de la logistique au coût du produit. Par exemple, pour analyser la justesse d'un projet d'investissement d'automatisation, il ne suffit pas de tenir compte de l'économie de main-d'œuvre directe occasionnée par la machine. Il faut aussi intégrer les coûts indirects induits par la machine : logiciels, mise en place, formation des utilisateurs, maintenance, modifications des procédures de travail des autres postes...
Des cabinets de consultants parlent de contrôle de gestion logistique (ou contrôle de gestion industrielle).

Applications

1 *La production de sens*

(Extrait d'un article de MÉVELLEC, «La comptabilité par activité», *Revue de l'association française de comptabilité*, n° 1, mars 1995.)

La réduction de la complexité par la production de sens

[...] On l'a souligné plus haut, le passage de l'analyse d'activités à un système de calcul de coûts réellement opérationnel suppose la simplification de la carte des activités par l'appel à la notion de processus. Comme toute simplification, cette agrégation conduit à une perte d'information. C'est en ce sens que l'on soulignait également l'illusion de l'exactitude vantée pour diffuser la méthode ABC. Les coûts des activités sont exacts, mais les coûts des objets ne le sont pas. La contrepartie de la perte d'information doit être un gain en termes de signification. *La perte d'information n'est acceptable que si elle s'accompagne d'une création de sens.* Cette création de sens, perçue par l'ensemble des acteurs de l'entreprise ou de l'organisation, peut alors être utilisée pour véhiculer des signaux forts chargés de contribuer au déploiement de la stratégie dans l'ensemble de l'organisation.

On peut voir dans la mise en œuvre de l'ABC une sorte de paradoxe : d'une part, on construit un système de calcul de coûts plus complexe dans le sens où il comprend des inducteurs de coûts de niveaux différents (unitaire, série, famille, etc.), d'autre part, on réduit la complexité de la modélisation du fonctionnement économique de l'organisation en s'appuyant sur les regroupements transversaux que sont les processus produisant ainsi un petit nombre de signaux forts faciles à interpréter.

L'utilisation première de ces signaux concerne les produits en développement et non les produits en cours de fabrication. Les actions de maîtrise des coûts ne peuvent porter valablement que sur les produits futurs et cela d'autant plus que la durée du cycle de vie du produit est courte. La valeur unitaire des inducteurs permettra à tous ceux qui interviennent dans la conception d'anticiper l'impact sur le coût de fonctionnement de l'entreprise des choix technologiques qu'ils sont amenés à faire. Ces inducteurs vont également favoriser une meilleure appréhension des phénomènes de valeur en associant aux attributs différenciateurs des coûts plus pertinents que ceux issus d'un système purement volumique.

De manière identique, par la prise en compte des niveaux des différentes sources de complexité (nombres de références, de points de process, de lots, de canaux de distribution, etc.), ces quelques signaux permettent de mieux anticiper les répercussions à long terme des exigences nouvelles de la clientèle, facilitant ainsi les choix stratégiques.

Au-delà de cette gestion économique du futur, mieux éclairée, les inducteurs de coûts constituent également un point d'appui capital à la recherche de cohérence dans l'action à court terme (figure 1, page suivante). Tous les inducteurs de coûts ne sont pas présents dans l'architecture du système de coûts, mais tous ont une influence sur le niveau de ceux qui sont affichés. Ces derniers sont, de ce fait, le réceptacle des multiples actions réalisées dans l'organisation en vue d'obtenir une meilleure maîtrise des coûts. Certains inducteurs de coûts, structurels, ne peuvent être modifiés que par des restructurations ou des investissements. D'autres, opérationnels, traduisent une inefficacité ou un gaspillage, tels les défauts de fabrication, les erreurs d'expéditions, les modifications techniques, etc.

Quelle qu'en soit la source, le niveau général des coûts est signalé à chacun par le petit nombre d'inducteurs retenus dans le système. Toute amélioration dans le domaine des inducteurs opérationnels ou modification des inducteurs structurels doit se traduire assez rapidement dans les signaux émis par le système de calcul des coûts. Ces derniers, en agrégeant les conséquences des actions de chacun, *donnent du sens au travail* de fourmi que chacun réalise dans son activité. Le fait que les processus majeurs qui sont retenus dans l'architecture du calcul des coûts soient également un support au déploiement de la stratégie (condition de la pertinence des coûts) rapproche la gestion opérationnelle de la stratégie. La cohérence entre les indicateurs de performance, les indicateurs de pilotage et les inducteurs de coûts permet à chacun d'établir un lien direct entre son action et les objectifs stratégiques. Les inducteurs retenus sont une sorte de vocabulaire qui donne un sens à l'action.

FIGURE 1
LA DYNAMIQUE COÛT-PERFORMANCE (MEVELLEC, 1993)

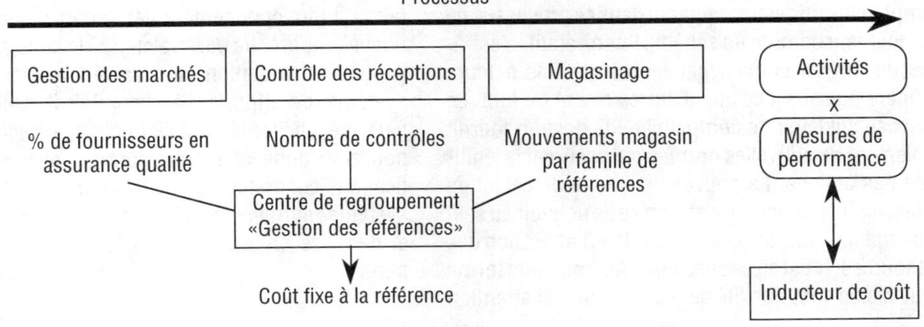

La contribution de la comptabilité de gestion au processus d'autoproduction de l'organisation

En littérature, on considère qu'un texte véhicule la vision du monde de l'auteur. Certains chercheurs en communication organisationnelle proposent de voir l'organisation comme un discours. Partant de cette métaphore on peut alors envisager les indicateurs de coûts et de performance comme des éléments du vocabulaire qui vont servir à construire le texte du discours. Tout changement dans le vocabulaire, c'est-à-dire dans les indicateurs de coûts, va modifier les potentialités du discours, concrétisant ainsi le changement de la vision du monde qui vient d'intervenir. L'arrivée d'une petite série aux caractéristiques spécifiques est toujours la bienvenue dans un modèle de coût volumique qui lui prédit une rentabilité unitaire intéressante. L'introduction d'un indicateur de coût de complexité, du type coût du lot ou coût de la référence, bouleverse l'analyse de rentabilité et change l'attitude vis-à-vis de l'événement. Il y a bien eu changement de la vision du monde et, partant, des relations entre l'organisation et son environnement par la simple modification du vocabulaire que représentent les inducteurs de coût. De même, la disparition de la main-d'œuvre directe comme support fondamental à l'allocation des ressources aux produits modifie totalement la façon d'envisager la gestion de la ressource humaine. Le problème n'est plus de l'éliminer pour une illusoire diminution du coût des produits, mais au contraire de gérer au mieux les compétences et le savoir-faire qu'elle représente pour créer de la valeur.

À partir de ces deux petits exemples, on peut percevoir en quoi l'adoption de la comptabilité à base d'activités, loin d'être une simple adaptation technique, se révèle être le point de départ d'une réelle révolution en redéfinissant le monde et l'action de l'entreprise dans ce monde. On peut également noter que la création d'un langage commun est la condition de l'efficience dans l'action car c'est le seul moyen de construire en se fondant sur la contribution des autres ou de lier sa contribution à celle de ceux qui précèdent. C'est précisément ce que tente de réaliser l'articulation entre les indicateurs de performance et les inducteurs de coûts. Ces derniers constituent le vocabulaire commun qui permet à l'action de chacun de prendre du sens et de s'appuyer sur l'action de ceux qui précèdent dans le processus. Nul doute que la stratégie s'en trouvera affectée. Ainsi peut-on dire que la mise en œuvre de la comptabilité participe pleinement au processus d'autoproduction de l'organisation (figure 2, page suivante). On pourrait sans doute ajouter qu'elle constitue une bifurcation au sens de la théorie de la dynamique des déséquilibres car, loin de conduire à une re-production à l'identique, elle engage l'organisation dans une nouvelle voie. Comme le battement d'ailes du papillon au-dessus de la forêt amazonienne peut être mis en relation avec la tempête qui ravagera quelques mois plus tard Pékin, un faible retraitement des charges éloigne définitivement l'entreprise de sa trajectoire passée pour l'engager sur une nouvelle avenue dont on ne mesurera les effets qu'avec le temps. Mais on peut être certain que ceux-ci se révèleront, tant dans la vie des organisations que dans la transformation d'une fraction de leur environnement.

La reconstruction d'un système de comptabilité de gestion sur la base d'une analyse des activités et des processus et son articulation avec des mesures diversifiées de la performance conduisent à restructurer le système social dans lequel la reconstruction a lieu. Comme le soulignaient dès 1990 N. Macintosch et R. Scapens, en s'appuyant sur les travaux de Giddens, la comptabilité de gestion apparaît dans ce processus de changement comme un schéma interprétatif, c'est-à-dire un moyen cognitif par lequel certains acteurs donnent du sens à ce que d'autres disent ou font. Le nouveau système de comptabilité de gestion fournit également de nouvelles normes qui assurent la légitimité des actions. Le nouveau système de calcul de coûts, enfin, participe à la structure de pouvoir au sein des organisations de par son rôle dans l'allocation des ressources. C'est en ce sens que l'ABC ou toute forme nouvelle de comptabilité de gestion mérite l'attention des chercheurs en gestion. L'aspect instrumental d'un nouveau système de calcul des coûts n'a d'intérêt qu'en tant que révélateur d'une nouvelle représentation du fonctionnement des organisations et de la nouvelle approche de la valeur qui le sous-tend. Dans la phase de mutation qui caractérise aujourd'hui les systèmes de coûts, le chercheur doit s'attacher, d'une part, à expliciter le modèle implicite véhiculé par les nouveaux outils et, d'autre part, à analyser les modifications concrètes que l'implantation des nouveaux systèmes entraîne dans le comportement des acteurs et dans les orientations stratégiques des organisations.

FIGURE 2
LE TRIPTYQUE DE LA MAÎTRISE DES COÛTS

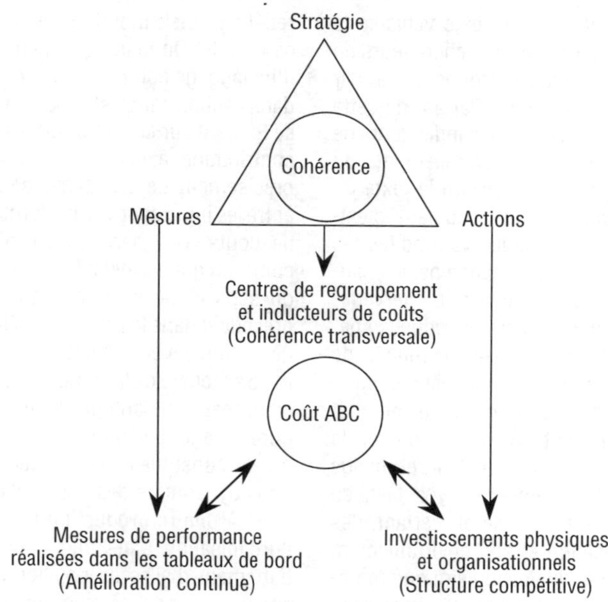

QUESTIONS :

a) Expliquer la notion «production de sens».
b) Résumer les idées essentielles exprimées par Mévellec.
c) Quelles influences apparaissent sur le système social de l'organisation ?

② Société Parabol

Première partie

La société PARABOL appartient à un groupe dont l'activité principale est la production et la vente de produits en plastique. La Société PARABOL est spécialisée dans le moulage et vernissage plastique et écoule la majeure partie de sa production auprès d'autres sociétés du groupe dont elle reçoie les produits à œuvrer. Elle dispose d'une certaine autonomie de gestion bien que le contrôle de gestion soit centralisé au siège du groupe.
Son unique site de production fabrique dans un seul atelier les produits A, B, C. La production des produits A, B, C est respectivement de 50 000, 10 000 et 32 000 unités.
Le budget de cette unité est établi pour une activité normale de 3 000 HMOD à 648 000 F dont 453 600 de charges fixes.
Les temps de passage standard sont de : 1,2 minute pour A ; 1,2 minute pour B ; 3 minutes pour C.
Les frais réels de la période s'élèvent à 635 040 F. Les rendements standards ont été respectés.
Le responsable de l'atelier est contacté par un client extérieur au groupe pour une commande additionnelle de 5 000 produits D qui nécessite un temps de travail de 2 minutes par unité. Le client ne demande qu'une opération de moulage-vernissage à façon sur des produits qu'il fournirait. Dans cette optique, la société PARABOL facturerait uniquement son temps atelier. Le responsable de l'atelier veut que le prix facturé pour ce travail permette, au moins, de couvrir la sous-activité du centre.

QUESTIONS

a) Calculer les coûts réels unitaires de fabrication des produits A, B et C.
b) Calculer le coût de sous-activité de l'atelier. En déduire les coûts rationnels unitaires de fabrication des produits A, B et C.
c) Compte tenu des informations fournies et sur la base des données budgétaires, quel est le prix de vente minimum qui doit être demandé pour le travail à façon exécuté sur le produit D ?
d) Chiffrer le résultat net attendu pour la société si on retient un prix de vente unitaire de 8,5 F pour le produit D.

Deuxième partie

Dans le même temps, le contrôle de gestion du siège soucieux d'améliorer la pertinence du calcul des coûts des produits publie une étude sur l'atelier de l'entreprise PARABOL : compte tenu du process de production actuel, l'atelier a deux activités bien séparées :
– le moulage où le facteur humain reste prépondérant,
– le vernissage où le processus est très automatisé.
Par ailleurs, l'utilisation des «cabines de vernissage» dépend fortement des tailles des lots de fabrication des différents produits.
Dans cette optique, une analyse plus fine des charges de l'atelier a été faite :

	Activité moulage	Activité vernissage
Activité normale	180 000 minutes	90 000 minutes
Charges totales	360 000 F	261 000 F
dont charges fixes	*165 600 F*	*261 000 F*

Par ailleurs, le lancement d'un lot de fabrication génère 1 800 F de charges directes. Les conditions de fabrications des produits A, B, C et D sont regroupées dans le tableau suivant :

Produits	Taille des lots	Temps de moulage (en minutes de MOD)	Temps de vernissage (en minutes de temps machines)
A	5 000	1,2 minute	0,15 minute
B	10 000	1,2 minute	0,15 minute
C	8 000	3,0 minutes	2,00 minutes
D	500	2,0 minutes	2,80 minutes

QUESTIONS :

a) Calculer les coûts prévisionnels unitaires des produits A, B, C et D compte tenu des nouvelles données. Comparer vos résultats avec ceux obtenus avec l'ancienne analyse. Commenter vos résultats.

b) Chiffrer le coût de sous-activité (les volumes de production sont inchangés) dans l'hypothèse où Parabol ne produit que A, B et C et celle où elle fabrique les quatre produits. Qu'en pensez-vous ?

c) Si les conditions de fabrication prévues sont respectées, chiffrer le montant des frais réels attendus dans les deux hypothèses précédentes. Qu'en pensez-vous ? Expliquer la différence obtenue ?

d) Dans le cadre de cette nouvelle analyse, faut-il revoir la décision de fabriquer le produit D ? Justifier votre réponse par des éléments chiffrés.

3 *Société Alix*

La société ALIX est la filiale d'un groupe textile qui s'est constitué après la Seconde Guerre mondiale par la fusion et le rachat de plusieurs entreprises de dimension moyenne. Le groupe s'est doté d'une structure de holding et chaque filiale jouit d'une indépendance pour sa gestion. Le groupe s'adresse à différents marchés.
La société ALIX a été créée pour répondre aux besoins spécifiques de la grande distribution (Carrefour, Cora, Auchan...).
La société ALIX est une entreprise spécialisée dans la commercialisation de lingerie féminine de jour (soutiens-gorge, body...). Elle a son siège dans la région de Troyes. Elle emploie 45 personnes.
ALIX élabore les modèles, choisit les tissus et donne des ordres à une société sous-traitante qui s'occupe de la coupe, du montage et de la finition des modèles féminins. La société sous-traitante est une filiale à 90 % de la société ALIX. Elle emploie 90 personnes.
ALIX vend sa lingerie en France par le réseau des grandes surfaces. Elle vous soumet les problèmes auxquels elle est confrontée aujourd'hui.
La société ALIX désire pénétrer le marché haut de gamme des magasins spécialisés en leur proposant des produits de grande qualité. Dans ce but, elle a racheté un atelier équipé pour fabriquer des «bodys». L'atelier constitue un centre de gestion autonome.
M. Gillard, nommé directeur de cette unité, travaille en étroite relation avec l'équipe de direction de la société ALIX. Il a la responsabilité de la mise en place du système d'information de gestion de l'atelier. Celui-ci doit permettre une véritable optimisation des coûts pour atteindre une rentabilité égale à 10 % du prix de cession à la société ALIX.
D'après une étude de marché, 30 % de la production de la première collection pourrait être écoulée dans les magasins spécialisés en leur proposant trois modèles différents en exclusivité.
Le reste de la production, composé de deux autres modèles différents, pourrait être acheté par les centrales d'achat des grands groupes de distribution.
On considérera que les tailles n'ont pas d'incidence, ni sur les prix de vente, ni sur les coûts.

Partie A : Préparation de la réunion

M. Gillard doit préparer la réunion ayant pour ordre du jour la fixation du prix de cession des produits entre l'atelier et la société ALIX. Il vous demande de l'aider dans sa réflexion.
Les calculs des coûts unitaires seront arrondis au centime le plus proche et les prix de cession seront arrondis à la dizaine de centimes par excès.

QUESTIONS

a) À l'aide des annexes 1 à 4 et en considérant que le coût de revient unitaire est une donnée essentielle pour la fixation des prix de vente, déterminez les prix de cession à proposer pour chacun des produits de façon à réaliser l'objectif de marge.

b) Dans une note d'une page environ, commentez l'affirmation suivante : «La question du coût de

revient dans la démarche de fixation des prix est un faux problème car c'est le marché qui fixe le niveau des prix.»
Présenter les conséquences de cette constatation sur les méthodes de suivi des coûts et sur les méthodes de fixation des prix.

Partie B : Mise en place d'un système d'information

La réunion ayant pour objet la fixation du prix de cession a eu lieu. Les responsables de la société ALIX convaincus que le prix de vente doit être déterminé à partir des données du marché n'ont pas retenu les propositions de M. Gillard. Ils ont fait faire une étude approfondie des couples produit-marché. Les négociations qu'ils ont ensuite menées avec les centrales d'achat et un panel représentatif des magasins spécialisés ont permis de déterminer les prix de vente qui seront proposés au client final :

	Circuit de distribution				
	Centrales d'achat		Magasins spécialisés		
Modèles	B1	B2	B3	B4	B5
PV TTC	131,20	187,35	249,00	365,40	486,20

M. Gillard doit maintenant mettre en œuvre la production en tenant compte de ces prix de vente. Il vous demande de l'aider.
Les règles d'arrondis restent les mêmes que pour la partie A.

QUESTIONS

a) À l'aide de l'annexe 5
1) calculez le prix de cession qui sera appliqué lors du transfert des produits de l'atelier à la société Alix (rappel : chaque modèle ne concerne qu'un circuit de distribution) ;
2) en déduire le coût cible qui devra être atteint pour réaliser l'objectif de rentabilité ;
3) pourquoi la méthode de calcul du coût minute est-elle insuffisante pour mettre en œuvre une politique de réduction des coûts ?

b) L'annexe 6 présente une analyse détaillée des coûts. Après avoir procédé au regroupement des activités par inducteurs de coûts, calculez le volume de chaque inducteur et son coût unitaire (en pourcentage pour l'inducteur «valeur ajoutée»).

c) L'annexe 8 présente un tableau de calcul des nouveaux coûts estimés hors administration générale, puis administration générale comprise par unité de produit (les calculs ont déjà été réalisés pour les modèles B1, B2 et B3).
1) terminez le tableau en calculant les coûts estimés pour les modèles B4 et B5 ;
2) comparez ces coûts avec ceux obtenus à la question a) de la partie A. Quelles conclusions en tirez-vous ?
3) comparez ces coûts avec ceux obtenus à la question a) de la partie B. Quelles conclusions en tirez-vous ?

d) Supposons que le calcul des coûts à base d'activités ne soit pas mis en place. Calculez, à partir des coûts cibles obtenus en a), le montant global d'économies de coût à réaliser. En tenant compte des remarques faites par les collaborateurs (annexe 9), proposer une optimisation des coûts globaux. Quelles conclusions en tirez-vous ?

ANNEXE 1

ORGANISATION DE L'ATELIER

Il comprend :
- une section approvisionnement matières et fournitures diverses ;
- une section coupe où sont conçus et dessinés les modèles de chaque collection, où sont élaborés les patrons servant à la coupe et où sont coupés les tissus après avoir organisé l'ordonnancement de la production ;

– une section piquage, organisée en fonction du processus de production regroupant deux unités de vingt machines disposées en ligne de part et d'autre d'un convoyeur, système de transport suspendu ;
– une section conditionnement ;
– une section contrôle ;
– une section administrative et comptable.

ANNEXE 2

Description des produits et prévision des ventes pour la saison printemps-été 19N

La fabrication prévue est de 210 000 «bodys» se décomposant ainsi :

- Ventes dans les centrales d'achats des grands magasins :
  - 90 000 modèles B1 (sans armatures, blanc, effet broderie anglaise),
  - 57 000 modèles B2 (à armatures, vert en maille façon soulignée de dentelle extensible).
- Ventes dans la magasins spécialisés :
  - 30 000 modèles B3 (à armatures, bleu porcelaine avec demi-bonnets et jambes, garnis de dentelle de Calais extensible).
  - 22 000 modèles B4 (à manches longues, blanc en dentelle extensible se fermant au dos avec fermeture à bouton),
  - 11 000 modèles B5 (d'une très grande originalité, noir en dentelle élastique et satin, soutien-gorge intégré avec fermeture à crochets).

ANNEXE 3

Nomenclature des produits et prix d'achat unitaire des matières

Les quantités nécessaires de tissus ont été calculées en mètre par les responsables de la coupe en fonction de la laize (largeur de la pièce d'étoffe prise entre deux lisières) et du placement des différentes pièces de tissu à couper.

	B1	B2	B3	B4	B5	Prix d'achat unitaire
Doublure fond coton	0,002	0,002	0,003	0,003	0,003	50,00 F
Dentelle élastique	–	–	–	–	0,16	130,00 F
Dentelle extensible	–	0,05	0,06	0,08	–	115,00 F
Maille 48 % polyamide	–	0,15	–	–	–	73,00 F
Maille 92 % polyamide	–	–	0,15	–	–	77,00 F
Maille 95 % coton	–	–	–	0,14	–	90,00 F
Broderie anglaise	0,16	–	–	–	–	80,00 F
Bretelles réglables	2	2	2	–	2	4,00 F
Boutons-pression	2	2	3	3	2	0,20 F
Crochets soutien-gorge	–	–	–	–	1	0,15 F
Boutons et attaches	–	–	–	1	–	0,50 F
Armature	–	2	2	–	–	0,05 F
Motif	1	1	1	–	–	1,20 F
Dentelle en 5 cm	–	–	–	0,35	–	7,00 F
Dentelle en 8 cm	–	–	–	0,40	–	10,00 F
Ruban élastique	0,8	–	–	0,8	–	2,50 F
Cintre	1	1	–	–	–	0,50 F
Emballage individuel	–	–	1	1	1	1,50 F

ANNEXE 4

Détail des coûts indirects prévus pour la saison

Le système de gestion actuel est articulé autour du coût-minute, calculé deux fois par an, au début de chacune des collections printemps-été et automne-hiver.

Le coût-minute est le coût de revient de la minute de piquage. Il est égal au montant de l'ensemble des charges autres que les achats de tissus et fournitures diverses, divisé par le temps global de piquage exprimé en minutes. Toutes les charges de personnel et toutes les charges de fonctionnement sont présumées consommées en fonction des minutes de piquage.
Les temps de passage dans la section piquage, établis à partir du chronométrage de jeux d'essais, sont les suivants :

Modèles	B1	B2	B3	B4	B5
Temps	6 minutes 30 secondes	11 minutes	9 minutes 30 secondes	13 minutes	10 minutes

Le total des frais de personnel, pour la saison, est : de 4 437 720 F.
Le montant des frais de fonctionnement, pour la saision, est de : 2 339 220 F.

ANNEXE 5

Niveau des marges successives

Le prix de cession des produits à la société ALIX est égal à 60 % du prix de vente aux distributeurs (le reste couvre les frais de distribution, les frais généraux et la marge de ALIX).
La marge réalisée par les grands magasins est de 25 % de leur prix de vente hors taxes, celles des magasins spécialisés est de 50 %. La TVA est au taux normal.

ANNEXE 6

Analyse détaillée des coûts

Une première analyse des charges, autres que les matières, a permis de les affecter de la manière suivante :

Total	Approvisionnement	Coupe	Piquage	Conditionnement	Contrôle	Administration
6 776 940	571 700	1 562 900	3 195 340	283 500	142 200	1 021 300

La production se fait en juste-à-temps et les produits finis sont expédiés vers la société ALIX. Le nombre de lots à fabriquer ainsi que leur importance sont présentés dans le tableau suivant :

Modèles	B1	B2	B3	B4	B5
Production prévue	90 000	57 000	30 000	22 000	11 000
Lots de 5 000	10	6	–	–	–
Lots de 2 000	20	10	–	–	–
Lots de 1 00	–	7	5	2	1
Lots de 500	–	–	10	10	5
Lots de 100	–	–	150	100	50
Lots de 50	–	–	100	100	50

ANNEXE 7

Dans un deuxième temps, après consultation de l'ensemble du personnel, on a dénombré les principales activités de l'atelier et les inducteurs de coûts correspondants.
Les résultats de ces travaux sont présentés dans le tableau ci-après :

	Activités	Inducteurs de coût
Approvisionnement	relation fournisseurs	nombre de références matières
	contrôle réception	nombre de références matières
	suivi des stocks	nombre de références matières
	approvisionnement de la coupe	nombre de manipulations (1)
	approvisionnement autres sections	nombre de lots mis en fabrication
Coupe	étude-élaboration des patrons	nombre de modèles
	ordonnancement	nombre de lots mis en fabrication
	matelassage et coupe	nombre de manipulations
Piquage	piquage	nombre de minutes
Conditionnement	conditionnement magasins spécialisés	nombre de produits pour magasins spécialisés
	conditionnement pour centrales d'achat	nombre de lots pour centrales d'achat
Contrôle	contrôle	nombre de lots mis en fabrication
Administration	comptabilité fournisseurs	nombre de références matières
	administration générale	valeur ajoutée aux matières (hors coût administration générale et hors résultat)

(1) Nombre de manipulations = $\sum_{i=1}^{5}\left(\text{nombre de lots mis en fabrication par modèle } i \times \text{nombre de lots référence tissus par modèle}\right)$ (il y a 7 références possibles)

La ventilation des charges prévues entre les activités est présentée dans le tableau ci-dessous :

	Approvisionnement	Coupe	Piquage	Conditionnement	Contrôle	Administration
Relations fournisseurs	98 000					
Contrôle réception	49 000					
Suivi des stocks	36 000					
Approvisionnement coupe	301 700					
Approvisionnement autres	87 000					
Études-patrons		395 000				
Ordonnancement		215 000				
Matelassage et coupe		952 900				
Piquage			3 195 340			
Conditionnement magasins				198 000		
Condition. centrales achat				85 500		
Contrôle					142 200	
Comptabilité fournisseurs						175 000
Administration générale						846 300
COÛT TOTAL	571 700	1 562 900	3 195 340	283 500	142 200	1 021 300

ANNEXE 8

CALCUL DES COÛTS ESTIMÉS PAR LA MÉTHODE DES COÛTS À BASE D'ACTIVITÉS

	B1	B2	B3	B4	B5
Matières	25,00	27,00	30,00	33,00	31,00
Coût des inducteurs					
a) Inducteurs «référence matières»					
Doublure (1)	0,08	0,08	0,12		
Dentelle élastique					
Dentelle extensible		0,16	0,19		
maille 48 %		0,35			
maille 92 %			0,66		
maille 95 %					
Broderie anglaise	0,22				
Bretelles réglables	0,11	0,11	0,11		
Boutons pressions	0,08	0,08	0,13		
Crochets soutien-gorge					
Boutons et attaches					
Armature		0,23	0,23		
Motif	0,11	0,11	0,11		
Dentelle 5 cm					
Dentelle 8 cm					
Ruban élastique	0,18				
Cintre	0,14	0,14			
Emballage			0,32		
b) Autres inducteurs					
Manipulation (2)	0,47	0,86	18,76		
Lot de fabrication (3)	0,23	0,28	6,17		
Référence produit (4)	0,88	1,39	2,63		
Minute de piquage (5)	10,99	18,59	16,06		
Produit vendu en magasin			3,14		
Lot vendu en centrale (6)	0,54	0,65			
Coût de revient hors administration	**39,03**	**50,03**	**78,63**		
Inducteur «valeur ajoutée» (7)	2,00	3,29	6,94		
Coût de revient estimé	**41,03**	**53,32**	**85,57**		

Notes et commentaires

a) Sur l'inducteur «référence matières»

Chaque référence matière (il y en a 18) engendre un coût global de 19 888,89 F. Ce coût doit être réparti entre les produits consommateurs de cette référence.
Ainsi, pour le modèle B1, l'imputation du coût de la référence doublure s'établit ainsi (renvoi 1) :

$$\frac{(19\,888{,}89 \times 0{,}002)}{((0{,}002 \times 90\,000) + (0{,}002 \times 57\,000) + (0{,}003 \times 30\,000) + (0{,}003 \times 22\,000) + (0{,}003 \times 11\,000))}$$

b) Sur les autres inducteurs

Le principe reste le même. Le détail des calculs est expliqué pour le modèle B1 :
Renvoi 2 :
Le produit B1 consomme 30 x 2 manipulations, à répartir entre les 90 000 produits B1 soit :
(708,01 x (30 x 2)) / 90 000 = 0,47.

Renvoi 3 :
Le produit B1 nécessite 30 lots de fabrication, à répartir entre les 90 000 produits B1 soit :
(698,43 x 30) / 90 000 = 0,23.
Renvoi 4 :
Le produit B1 représente une référence produit, donc 79 000 / 90 000 = 0,23.
Renvoi 5 :
Le produit B1 nécessite 6,5 minutes de piquage soit 1,69 x 6,5 minutes = 10,99.
Renvoi 6 :
Le calcul est le suivant (1 613,21 x 30) / 90 000 = 0,54.
Renvoi 7 :
Le coût hors administration pour le produit B1 s'élève à 39,03, la valeur ajoutée est égale à 39,03 – 25 soit 14,03. On obtient 14,03 x 14,27 % = 2.

ANNEXE 9

Réflexions des collaborateurs

Marie Marocatir, contremaîtresse dans la section piquage :
«Le temps de marche disponible est de 33 696 heures. Le temps nécessaire calculé à partir des gammes opératoires est de 31 550 heures. Cependant, il me semble nécessaire de prévoir une marge de battement de 10 % du temps nécessaire pour les retards, pannes et retouches éventuelles. Sans cette marge, on risque la saturation, les heures supplémentaires, donc des coûts supplémentaires.
Avec le nombre d'employées actuel, on assure le fonctionnement de deux postes de piquage supplémentaires. D'autre part, il me semble possible d'intégrer le contrôle au piquage. Avec une formation qualité et la mise en place de contrats qualité, on pourrait alors envisager de muter les deux personnes affectées au contrôle, dans la société mère, qui d'après mes informations doit embaucher quatre personnes.»
La suppression des deux postes de contrôle entraînerait 42 000 F d'économie par poste (charges sociales 40 %), la mise en place de contrats-qualité coûterait 18 930 F (par saison).

Paul Roca, responsable de l'ordonnancement :
«En changeant légèrement la conception des bodys B3 et B4 tout en conservant la même matière première consommée, on pourrait gagner une minute de piquage pour un body B3 et deux minutes pour un body B4. Je rappelle qu'une employée dans la section piquage coûte 50 000 F par saison.»

Bruno Durand, chargé du suivi des stocks :
«Avec un coût stockage minime (12 000 F par saison) car il y a de la place, il me semble que la production pourrait se faire par lots de 100 au minimum ; beaucoup de transactions seraient ainsi évitées.»

Jeanne Gilles, responsable de la coupe :
«L'acquisition d'un nouveau système de gradation et de placement permettrait de faire des économies à la coupe en réduisant les déchets de tissus. Avec un coût supplémentaire de 69 994 F par saison, on pourrait réduire les quantités nécessaires de tissu par produit de 5 % pour les composants suivants : dentelle élastique, dentelle extensible, maille 48 % polyamide, maille 92 % polyamide, maille 95 % coton et broderie anglaise.»

Armelle Majape, responsable de l'approvisionnement :
«Un nouveau fournisseur d'emballages propose des produits adaptés à 1 F pièce, si on s'engage à commander une quantité de 75 600 sacs par saison.
Par ailleurs, il me semble que l'on pourrait mettre une dentelle de 5 cm autour des manches du body B4 et ne pas acheter ainsi de dentelle de 8 cm.»

Sous-partie 3

Analyse et formalisation du système «contrôle de gestion»

30. L'organisation du contrôle de gestion et les missions du contrôleur de gestion

30 L'organisation du contrôle de gestion et les missions du contrôleur de gestion

Les objectifs du contrôle de gestion sont identiques pour toutes les entreprises, quelsque soient leur secteur et leur taille : aider, coordonner, suivre et contrôler les décisions et les actions de l'organisation pour qu'elle soit la plus efficace et la plus efficiente possible.

Mais la mise en place des outils et des procédures du contrôle de gestion varie selon les entreprises.

1. Le contrôle de gestion dans l'organisation

L'analyse portera sur les groupes, les petites et moyennes entreprises ainsi que sur le secteur public pour en déterminer, le cas échéant, les spécificités du contrôle de gestion.

1.1 Le contrôle de gestion dans les grandes entreprises

a) Les spécificités des grandes entreprises

Les analyses contemporaines de l'organisation ont montré qu'il n'y a **pas de modèle standard de contrôle de gestion** applicable dans toutes les entreprises.

Le contenu, l'organisation et la position de ce dernier dans l'organigramme sont donc spécifiques à chaque entreprise.

Pour les grandes entreprises **la taille** est le facteur essentiel qui conditionne l'organisation d'un contrôle de gestion.

Il en découle :
- **une structure lourde**, rigide, parfois éclatée en plusieurs sites,
- **des processus décisionnels longs** avec de nombreux acteurs,
- **des systèmes d'information complexes**.

Ces spécificités rendent difficile la mise en place d'un contrôle de gestion complet et intégré.

b) Le contrôle de gestion dans les grandes entreprises

1) La position dans l'organigramme

Le contrôle de gestion doit aider les responsables fonctionnels (aide à la prise de décision) et opérationnels (contrôle de l'action).

Le système d'information du contrôle de gestion utilise la structure de l'entreprise. De ce fait, sa place et celle du contrôleur varient selon les structures adoptées par les organisations.

Dans la plupart des grandes entreprises, le choix de la position du contrôle de gestion se fait entre deux possibilités :
- **une position fonctionnelle** : soit le contrôle de gestion est intégré à la fonction financière soit il est indépendant si l'entreprise est très grande. Il est donc une fonction comme une autre en dessous de la direction générale ;
- **une position de conseil** : directement rattaché à la direction générale, le service contrôle de gestion, décentralisé, travaille à tous les niveaux de la structure puis globalise les informations.

2) Les outils et les procédures du contrôle de gestion

Les méthodes utilisées doivent intégrer un grand nombre de données et de variables, les procédures sont plus longues à élaborer mais la démarche et la logique restent identiques.

c) Le contrôle de gestion dans les groupes internationaux

Plusieurs difficultés apparaissent pour gérer et contrôler les filiales à l'étranger d'un groupe :
- quel est le degré d'autonomie accordé à la filiale ?
- sur quelles informations juger de sa performance ?

1) L'autonomie de décision

La délégation des responsabilités et des décisions est plus ou moins importante selon l'identité du groupe et le comportement des leaders mais il est un domaine qui reste généralement de la compétence de la maison-mère : **le budget d'investissement**.

La gestion des investissements d'une filiale permet d'en contrôler les activités et les grandes orientations.

2) Le système d'information

La difficulté essentielle est de rendre homogène le contrôle de gestion d'un groupe aux multiples activités, surtout s'il est international. Deux techniques peuvent y remédier :

• *L'articulation des budgets*

Les budgets sont élaborés pour chaque unité ou filiale. Mais il faut **homogénéiser** les procédures puis consolider tous les budgets.
L'articulation consiste donc à regrouper tous ces budgets.

La consolidation des budgets nécessite une certaine standardisation des opérations qui peut rigidifier le système d'information et ne pas correspondre tout à fait aux besoins d'une unité.

La consolidation des budgets s'appuie sur la structure du groupe.

La procédure d'articulation peut laisser une plus ou moins grande marge de manœuvre et de liberté : les budgets peuvent être très intégrés (les objectifs et les budgets fixés par le directeur de filiale doivent s'insérer dans ceux du groupe ; ils sont négociés avec la hiérarchie de la maison-mère avant d'être acceptés). Les budgets peuvent être plus autonomes dans le cadre local de la filiale ; le contrôle de la maison-mère est moins rigoureux.

• *Le reporting*

Ce sont les procédures de circulation d'information qui permettent de «remonter» les informations depuis les filiales et les unités de base vers la direction générale.

C'est donc un système d'information essentielle pour le groupe.

Il est constitué de rapports ponctuels ou généraux, de comptes et de ratios et peut être scindé en reporting financier et reporting de gestion pour les très grandes firmes.

(voir également le chapitre 17 sur les tableaux de bord)

Cette organisation de l'information et de son traitement doit permettre de contrôler le fonctionnement des filiales d'un groupe.

3) Les problèmes de contrôle de gestion pour les filiales à l'étranger

Malgré ces informations, il est souvent difficile de contrôler la gestion et d'apprécier la performance d'une unité établie à l'étranger pour de multiples raisons :
– les différences entre les systèmes comptables des pays,
– les différentiels des taux d'inflation des différents pays,
– la fluctuation des monnaies et donc des changes,
– les différences de comportements humains et de culture entre les pays.

Avant toute analyse des coûts et des budgets, il faut donc procéder à des corrections et à des réajustements.

1.2 Le contrôle de gestion dans les PME

a) Les spécificités de la PME

• *La structure de la PME*

Les tâches et les services ne sont pas toujours clairement isolés. Les membres sont beaucoup plus polyvalents car les moyens sont limités. Les participants communiquent directement entre eux de manière informelle. La structure souvent floue s'adapte aux évolutions de l'entreprise.

• *Les processus décisionnels dans la PME*

Le dirigeant est le décideur principal. Son style de commandement est prépondérant pour orienter le mode de fonctionnement et de gestion de l'entreprise, l'importance du contrôle et de la délégation des pouvoirs.

b) Le contrôle de gestion de la PME

Le rôle du contrôle de gestion dans une PME est identique et tout aussi important que dans une entreprise plus grande.

• *Les outils et les procédures du contrôle de gestion lui sont applicables en respectant ses spécificités.*

Mais la pratique montre que le contrôle de gestion est peu formalisé et consiste seulement à agir lorsque des difficultés spécifiques apparaissent. C'est une gestion par exception des opérations courantes.

• *La position dans l'organigramme sera fonction du nombre de personnes et des services mis en place :*

– ce peut être le comptable chargé de la comptabilité générale et de la comptabilité analytique qui élabore les budgets et utilise les techniques du contrôle ;
– ce peut être le dirigeant si l'entité est petite ou s'il souhaite coordonner et suivre lui-même les activités.

La réalité des entreprises est loin de correspondre aux démarches théoriques proposées pour le contrôle de gestion.
Si la comptabilité générale existe dans toutes les petites entreprises parce qu'elle est obligatoire, la comptabilité analytique apparait peu fréquemment et le contrôle de gestion encore moins.

Pourtant la connaissance des coûts est essentielle pour la compétitivité des PME dans l'environnement actuel et le contrôle des décisions et des actions permettrait de mieux orienter les décisions.

En rappelant que 97 % d'entreprises françaises ont moins de 10 salariés, il faut être modeste quant à l'application et à la portée du contrôle de gestion.

1.3 Le contrôle de gestion dans les organisations publiques

a) Les difficultés pour contrôler les entreprises publiques

Alors que leurs missions sont d'intérêt général, il est demandé aux organisations publiques une gestion «rentable» aussi efficace et performante que celle des entreprises privées qui ont une mission de profit.

Le contrôle de ces organisations est délicat et les méthodes sont mal adaptées à leurs spécificités.

Le schéma suivant montre l'exécution et le contrôle des dépenses publiques :

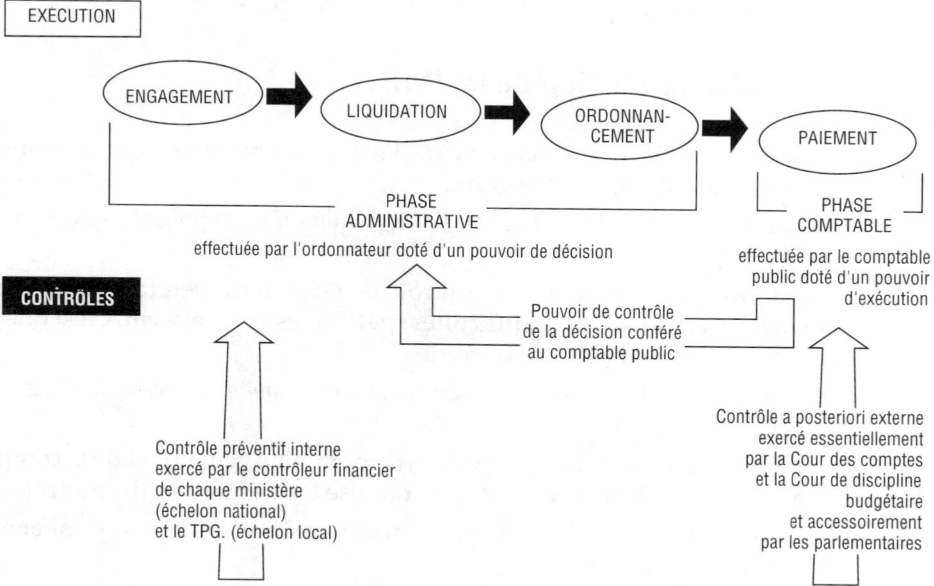

Source : Recueil de notices sur les finances publiques, La Documentation française, 1974.

«Les méthodes de contrôle sont de plus en plus inadaptées ; les règles de contrôle formel sur la régularité des procédures sont impropres à sanctionner la responsabilité nouvelle de l'administration au niveau auquel elle s'exerce désormais : celui de l'adéquation des actes aux besoins sociaux objectifs.» (Laufer/Paradeise, 1981).

b) Intérêts et limites du contrôle de gestion dans les entreprises publiques

Extrait d'un article d'Isabelle Mandraud :

«Services publics : le retour du contrôle de gestion»

«Des subventions qui stagnent. Des marchés qui s'ouvrent de plus en plus à la concurrence. Et des notions neuves qui font leur chemin dans les esprits comme "bénéfice" ou "déficit" des unités, résultats, autonomie. Tel est, aujourd'hui, le contexte dans lequel évoluent les services publics dont la principale caractéristique est qu'ils ne sont pas maîtres de leurs ressources. Comme celles-ci n'augmentent plus alors que les dépenses de fonctionnement, elles, grossissent, le contrôle de gestion revient donc sur le devant de la scène, après un petit aperçu introduit au milieu des années 60 avec la rationalisation des choix budgétaires (RCB).
"On demande à ces services de faire plus et mieux avec moins. Ceci pousse à la mise en place d'un contrôle de gestion pour dépasser le cadre de la simple comptabilité publique. [...] L'introduction du contrôle de gestion demande une énergie sans faille et beaucoup de persuasion. [...] Notre volonté est d'avoir un contrôle de gestion le plus proche de celui utilisé par des sociétés privées, mais pour cela il faut prendre le temps de faire évoluer les mentalités. [...] Le contrôle de gestion est souvent présenté comme une somme de techniques. D'où des déceptions et des systèmes sous-employés par les opérationnels. L'aspect humain est trop souvent écarté", met en garde Christian Guyon, professeur d'université et conseil d'entreprises. Des premiers pas dans cette direction ont pourtant été faits. Ainsi, 500 personnes ont participé à la rénovation du système comptable des universités.
"Nous avons systématiquement organisé des séminaires de formation-action pour essayer de faire pénétrer un esprit de changement." [...]
L'époque où un bon gestionnaire était celui qui utilisait 100 % de son budget semble révolue. Désormais, il faudra compter également avec les excédents (ou les déficits), dégager des possibilités d'investissement et non plus s'attacher au seul fonctionnement, concurrence oblige. Car, s'il n'est pas question de diminuer les subventions du métro parisien, la RATP procède d'ores et déjà à des études de ses coûts dans deux domaines : celui des transports par bus et celui de la maintenance. Tout en gardant une spécificité propre à leur mission et des contraintes particulières, les entreprises de service public cherchent donc, sans complexe, à adopter un mode de gestion proche du privé. Mais elles doivent, pour cela, préparer leurs effectifs à cette mutation. Et, en filigrane, avec la notion de résultat, apparaît déjà ce qui reste un tabou, à savoir l'intéressement du personnel.»

Les Échos, 14.06.1994.

2. Le contrôleur de gestion

2.1 L'évolution du métier du contrôleur de gestion

Face aux évolutions du contexte dans lequel doit travailler le contrôleur de gestion :
– le choix de structures transversales ou plates,
– le partenariat extérieur et les réseaux,

– la forte concurrence et la mondialisation des marchés,
– l'importance des activités de service,
– la participation et l'implication des acteurs de l'organisation (voir l'analyse plus précise dans le chapitre 4)

ses missions se sont étendues et développées .

Le contrôleur de gestion doit être polyvalent. Il doit être en effet à la fois :

– **spécialiste** : maîtriser les outils pointus,
  et généraliste : organiser, coordonner les procédures.
– **opérationnel** : gérer l'exécution,
  et fonctionnel : conseiller les décideurs.
– **technicien** : intégrer la dimension technique,
  et humain : gérer les hommes et les groupes.

On constate une extension et une diversification des missions du contrôleur de gestion. Il doit :

– mettre en place les procédures de contrôle opérationnel nécessaires,
– former et motiver les exécutants pour les responsabiliser,
– informer et conseiller les décideurs.

La diversité des missions du contrôleur de gestion montre le rôle stratégique de ce système d'information et les **compétences tant techniques qu'organisationnelles et humaines requises par la fonction.**

Ces missions nombreuses portant sur des procédures de travail, des individus élargissent beaucoup le rôle initial du contrôleur de telle manière que l'on peut s'interroger sur le profil nécessaire.

Le contrôleur ne contrôle plus... il conseille, aide à la décision, conçoit des systèmes d'information, évalue les performances, met en place des indicateurs de qualité.

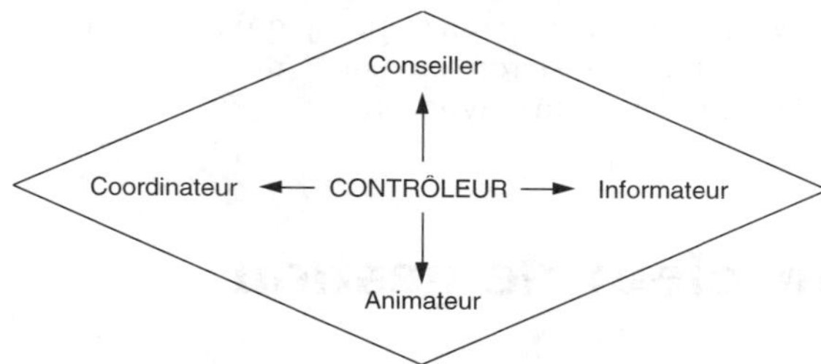

Ce n'est certes pas la même fonction que celle demandée par les entreprises des années 50. Quelle formation, quelle compétence attend-t-on de lui ? à quel niveau hiérarchique doit-on le rattacher si le contrôle de gestion devient stratégique ?

Une analyse de M. Lebas développe ces points :

«En fournissant des informations sur l'état de performance de chaque activité ou processus par le biais des mesures ou des analyses qui en sont faites, le comptable peut contribuer grandement à cette tâche d'architecte ou d'ingénieur organisationnel. Le diagramme ci-dessous [...] donne un schéma du processus de raisonnement auquel le comptable doit participer continuellement pour répondre aux attentes des managers avant que d'autres spécialistes ne se lancent dans l'offre de réponses qui ne pourraient être aussi satisfaisantes que celles du comptable car non connectables directement sur l'image comptable avec la qualité et la fiabilité comptable, même sur des informations non financières.

VUE SCHÉMATIQUE DU RÔLE D'INGÉNIERIE ORGANISATIONNELLE DU COMPTABLE DE GESTION

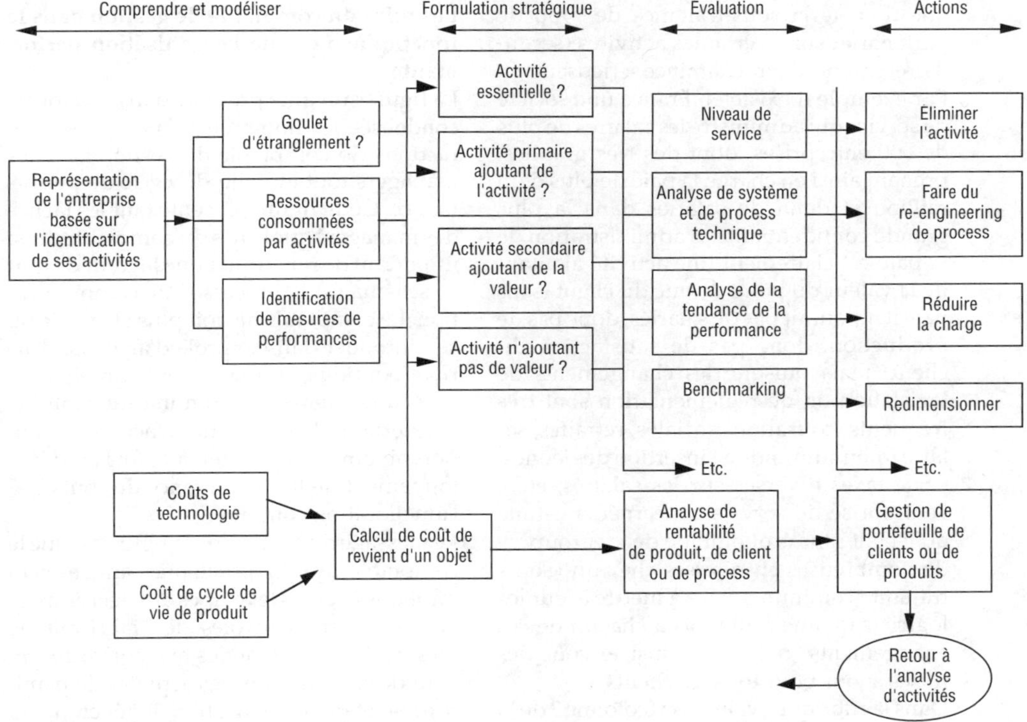

La figure montre que le rôle traditionnel de calcul des coûts passe au second plan de la mission du comptable de gestion. Le premier plan est occupé par un raisonnement constructiviste qu'on peut appeler "ingénierie organisationnelle". Le comptable devient le critique permanent de l'état des choses et une source de suggestions quant à ce qui pourrait être fait différemment. Tout ce raisonnement constructiviste repose sur une représentation organique de l'entreprise en tant que réseau d'activités et du développement des relations causales.

La colonne intitulée "formulation de la stratégie" est sans doute la plus fondamentale, tant pour le comptable que pour les managers. En répondant aux questions indiquées dans le diagramme, c'est la véritable stratégie de la firme qui est définie et explicitée. Il est clair que les activités qui ne créent pas de valeur pour le client ont vocation à être éliminées. La définition de ce qui crée de la

valeur n'est pas chose facile mais c'est un exercice inévitable et fondamental. Le comptable de gestion devra participer aux décisions stratégiques d'éliminer telle ou telle partie de l'organisation, directement en donnant son opinion et indirectement en permettant de faire apparaître les coûts associés avec ces activités qu'on veut éliminer. Nous distinguons les activités ajoutant de la valeur en deux catégories (primaire et secondaire) afin de souligner le fait qu'il entre dans la responsabilité du comptable de gestion d'indiquer que, de son point de vue, la question de la sous-traitance de – ou de partenariat sur – certaines activités (secondaires) mérite d'être examinée sérieusement. Par exemple il existe en France une société de service qui administre les salaires de plus de 600 entreprises, dont des très grandes, prenant ainsi en charge la paie de plus d'un million et demi de salariés dans la plus grande confidentialité. L'administration de la paie est clairement une activité ajoutant de la valeur du point de vue du client (sans paie il n'y aurait pas de salariés, donc pas de production, donc pas de satisfaction du client) mais puisque les changements de législation ou de réglementation sont très fréquents (cotisations sociales, retraites, salaire minimum, aide à l'insertion des jeunes, CSG, taxes diverses sur les salaires, etc.), l'entreprise de service concernée a estimé qu'il était plus économique de «regrouper» de nombreuses entreprises chez un «sous-traitant» commun qui n'a à mettre à jour les logiciels qu'une seule fois à chacun de ces changements, réduisant ainsi le coût des mises à jour pour tous les clients.
Dans la rubrique évaluation (colonne 3 de la figure), on définira le niveau de service (la philosophie du BBZ n'est pas morte, heureusement), évaluera les opérations de chaque processus, développera un système d'analyse de la tendance de la performance, dans un esprit d'amélioration continue, et on mettra en place un système de *benchmarking* (1) interne ou externe avec des organisations parmi les meilleures au monde afin d'offrir des solutions innovantes pour obtenir le plus de résultat au moindre coût. Les "actions" (colonne 4 de la figure) seront, bien entendu, choisies à l'initiative des managers mais le comptable de gestion y sera impliqué en particulier dans la conception des systèmes d'information appropriés pour le suivi de la mise en œuvre de ces décisions.

Les rôles du comptable de gestion dans le fonctionnement de l'organisation performante

La figure suivante présente dans une forme condensée les nombreux aspects des interactions du comptable de gestion avec les managers tout au long du cycle de performance. Cette figure présente tant les tâches des managers que celles du comptable. Il est important de remarquer que le cœur de tout ce schéma est le processus de communication. Le comptable ne doit plus être isolé ou se cantonner dans son rôle d'analyste d'arrière-boutique, il doit devenir un élément pivot du système de communication interne et externe de l'organisation, facilitant et apportant ainsi son soutien à la fois au développement de la convergence des buts et à l'amélioration continue.
Le message du schéma de la figure est que le comptable des dix prochaines années sera impliqué à toutes les étapes des décisions de gestion, outre ses rôles de "fabricant de mesures", d'assistant des managers, de "teneur de crayon" dans les activités de planification et de budgétisation, il développera son rôle d'analyste et deviendra, aux côtés des managers, et à part entière, un concepteur de systèmes et de processus, un communicateur, et un important acteur dans la gestion du changement.»

1. Le *benchmarking* est le processus de choix d'un point de référence dont on admet qu'il est lui même évolutif, et de mesure continue de sa propre performance par rapport à ce point de référence. Le *benchmarking* suppose que l'entreprise mette en œuvre ce processus sur tout un ensemble d'activités qui contribuent à la réalisation de la performance.

RÔLES DU COMPTABLE DE GESTION DANS LE FONCTIONNEMENT DE L'ENTREPRISE (ADOPTÉ DE CAM-I EUROPE)

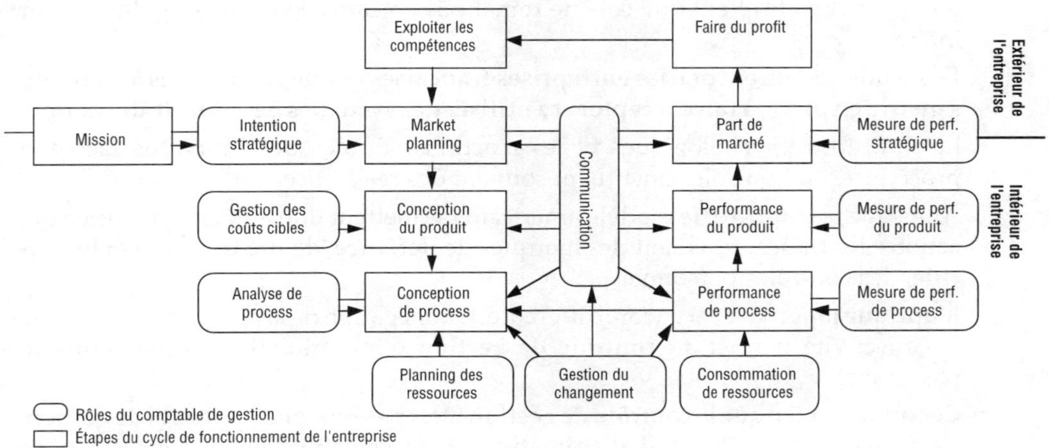

Revue française de comptabilité, mars 1995.

2.2 La place du contrôleur dans l'organisation

Le contrôleur de gestion n'a pas d'autorité hiérarchique dans l'ensemble de l'entreprise sauf dans son service s'il regroupe plusieurs personnes.

Il a une position de conseil et doit donc informer sans juger ni imposer une action.

En fait la place du contrôleur n'a pas d'importance intrinsèque. La place et le rôle du contrôleur dépendent de l'intérêt que porte le décideur, le manager au contrôle de gestion. Le service peut rester une «coquille vide» ou à l'inverse devenir «l'éminence grise» de la direction.

L'identité de l'entreprise, le système de valeur et le comportement du dirigeant sont déterminants pour fixer le rôle du contrôleur de gestion.

En conclusion, il faut noter que les techniques du contrôleur peuvent être les mêmes dans toutes les entreprises mais que le rôle, l'importance et la place accordés au contrôle de gestion sont fonction des stratégies adoptées, dans le cadre *du métier* de l'entreprise ainsi que de la culture de l'entreprise et des comportements psycho-sociologiques des acteurs et des dirigeants.

2.3 Le contrôle de gestion dans les entreprises françaises

a) Les influences de la culture sur le contrôle de gestion

Les normes américaines de management ont souvent été proposées en France comme le «modèle» à suivre mais leur application ne va pas sans quelques heurts.

Les systèmes de contrôle fonctionnent parfaitement dans les **entreprises américaines** car ils s'intègrent dans **l'esprit des individus qui acceptent les règles d'évaluation** et savent que cela ne remet pas en cause leur personnalité et leur intégrité.

Des études montrent que les **entreprises françaises ont des difficultés à élaborer, à mettre en place, à faire accepter et à utiliser des systèmes de contrôle de gestion**.

Les attitudes psychologiques et les réactions sociales des individus face aux procédures de contrôle constituent souvent des résistances fortes.

Alors que la culture et le modèle américain permettent une mesure quantifiée des actions, les français y voient des marques de **défiance, de pressions de la hiérarchie**, des contrôles personnels.

L'optique japonaise est encore différente. L'abnégation de la personne au profit de la collectivité permet au **contrôle de gestion d'être global, non personnel** ni passionnel.

Ceci montre bien que le **contrôle de gestion** n'est pas seulement un outil de gestion, **c'est aussi un outil social d'animation et de coordination des membres de l'organisation.**

b) La pratique du contrôle de gestion dans les entreprises françaises

Des observations sur les systèmes de contrôle de gestion dans plusieurs entreprises françaises ont permis de dresser un panorama des différents styles ou modèles existants et d'en tirer des conclusions quant aux facteurs influençant le contrôle de gestion.

Quatre dimensions principales permettent de délimiter les systèmes de contrôle :
- **le degré de formalisation** des objectifs, des stratégies et des procédures budgétaires,
- **la participation des responsables des centres opérationnels dans l'élaboration des plans**,
- **les objectifs du système** de contrôle,
- le degré **de couplage et d'interaction** entre les trois sous-systèmes : **plan, budget, contrôle**.

A partir de ces quatre dimensions, il est possible de repérer quatre styles de contrôle de gestion :

• *Deux styles extrêmes*

- un contrôle de gestion **strictement financier** : le plan est élaboré en fonction de la consolidation financière retenue ;
- un contrôle de gestion **de consensus** : le système de planification est orienté vers une formalisation des objectifs et des programmes après négociation et coordination entre les différents niveaux de la hiérarchie.

• *Deux styles intermédiaires*

– un contrôle de gestion qui recherche le consensus : le contrôle budgétaire conserve encore son caractère de contrôle administratif et l'allocation des ressources n'est pas exclusivement fondée sur la négociation budgétaire ;

– un contrôle de gestion mixte : le système de contrôle apparaît très bureaucratique ; il y a peu de participation et d'auto-contrôle, le plan et le budget sont peu intégrés et le budget conserve son caractère financier.

De plus tous les facteurs de contingence internes et externes conditionnent le style du contrôle de gestion adopté dans les entreprises françaises.

L'incertitude et la complexité de l'environnement, la technologie de la production, la taille, la structure et le style de pouvoir et de management influencent le rôle, la place et le type de contrôle de gestion mis en place dans l'entreprise.

3. Conclusion : le contrôle de gestion aujourd'hui

3.1 Les objectifs actuels du contrôle de gestion

L'analyse des objectifs et des procédures du contrôle de gestion paraît plus évidente après l'étude des techniques du contrôle de gestion.

a) Un système d'objectifs plus large et plus qualitatif

L'étude des techniques et de l'évolution du contexte productif ont montré l'extension et l'enrichissement permanent des buts assignés au contrôle de gestion.

La construction initiale du système «contrôle de gestion» est quantitative et répond à une rationalité mécaniste.

Le modèle cherche à vérifier l'activité des différents modules et à les comparer.

Mais au fur et à mesure de l'évolution, les décompositions de l'entreprise se compliquent et il devient difficile de les relier dans un modèle unique ; les indicateurs ne sont plus reliés entre eux et seuls les budgets permettent de regrouper l'ensemble.

De plus les décideurs ne cherchent plus seulement à contrôler des résultats, mais aussi à mesurer la performance de l'ensemble du système.

Il faut donc élargir les objectifs et les outils du contrôle de gestion et les intégrer dans une démarche stratégique.

Des critères qualitatifs apparaissent ainsi que des méthodes pour avoir une vision globale et interdépendante des activités (analyse de la valeur).

b) Une coordination par un suivi permanent, en temps réel

Pour piloter le système entreprise dans un environnement de plus en plus complexe et incertain, les décideurs ont besoin d'un système d'information permanent et en temps réel tels des clignotants sur un tableau de bord.

Le contrôle de gestion ne doit plus seulement mesurer a posteriori les résultats ; il doit aider à la prise de décision tout au long du processus stratégique et opérationnel.

On peut schématiser l'évolution de la manière suivante :

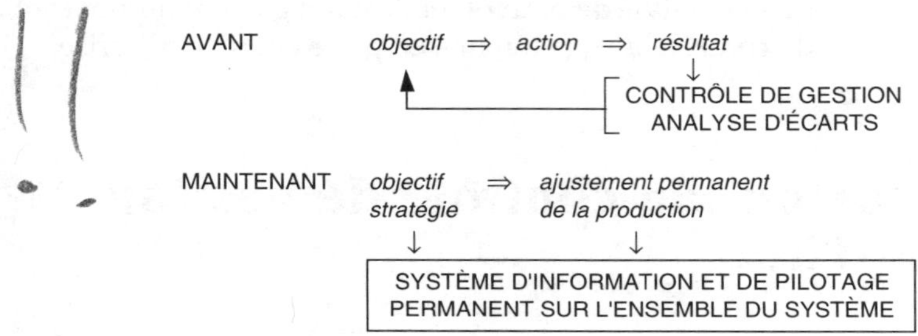

3.2 Vers le contrôle de la performance

a) Qu'est-ce que la performance en gestion ?

Les différentes études pour cerner la notion et ses évolutions peuvent être synthétisées dans les deux approches suivantes : celle de A. Bourguignon et celle de M. Lebas tirées de la *RFC* (extraits des articles regroupés sans ordre hiérarchique).

- «La performance n'existe pas de façon intrinsèque. Elle est définie par les utilisateurs de l'information par rapport à un contexte décisionnel caractérisé par un domaine et un horizon-temps.»

- «La performance ne peut s'exprimer que comme un ensemble "équilibré" de paramètres complémentaires, et parfois contradictoires décrivant le(s) résultat(s) et le(s) processus d'atteinte de ce(s) résultat(s).»

- «*La* performance n'est pas ponctuelle, elle ne se comprend que de façon dynamique, dans le long terme. Une performance n'est qu'instantanée. Elle ne devient significative de *performance* que si l'entreprise se donne la capacité à renouveler, pour le futur et de façon récurrente, ce résultat favorable.

- Le terme *performance* devrait être réservé à la description de l'évolution des résultats sur une période jugée assez longue par le preneur de décision.»

- «La notion de *performance* est toujours attachée à la notion de responsabilité. Celui qui est responsable est celui qui peut ou doit agir sur les paramètres de la performance et doit rendre des comptes sur sa performance et sur l'utilisation des moyens mis sous son autorité.»

• «La performance n'existe que si on peut la mesurer, c'est-à-dire qu'on peut la décrire par un ensemble ou un vecteur de mesures (ou d'indicateurs) plus ou moins complexes. La mesure de la performance ne peut en aucun cas se limiter à la connaissance d'un résultat.
Il ne faut en aucun cas confondre la performance avec le (les) indicateur(s) ou la (les) mesure(s) qui la décri(vent)t.»

• «La performance n'est pas un concept qui se définit de façon absolue. Elle appelle un jugement et une interprétation. Le choix du référentiel de comparaison est une décision stratégique fondamentale.

• La performance, c'est faire mieux que le «concurrent» sur le moyen et long terme, dans l'idéal sur l'ensemble des paramètres définissant la performance, au minimum sur ceux des paramètres jugés être les plus significatifs de la satisfaction des clients.»

• «La performance n'est pas une simple constatation, elle se construit.»

«Elle n'a de sens que par rapport à une prise de décision par un utilisateur responsable. La performance est relative à un contexte choisi en fonction de la stratégie.
Elle est spécifique à un utilisateur et à une stratégie.

• Elle correspond à un domaine d'action et à un horizon temps. Elle résulte de la définition d'un champ de responsabilité et définit celui-ci en retour.

• Il n'y a pas de définition exhaustive et universelle de la performance, et pourtant chaque entreprise doit définir le terme pour sa communication interne et externe.»

A. Bourguignon, *Revue française de comptabilité*, août 1995.

«En matière de gestion, la performance est la réalisation des objectifs organisationnels

Cette définition est applicable dans tous les champs de la gestion (contrôle de gestion, politique générale, GRH...). Elle vaut pour l'organisation comme pour l'individu : est "performant" celle/celui qui atteint ses objectifs. Elle induit que :

- la performance dépend d'un référent : l'objectif (ou but) ;
- la performance est multidimensionnelle dès lors que les buts sont multiples ;
- la performance est un sous-ensemble de l'action. Deux lectures sont possibles :
  - au sens strict, la performance est l'effet, le résultat de l'action ;
  - au sens large, on peut considérer, dans une approche plus systémique, qu'un résultat n'est rien en soi mais qu'il est indissociable de ses moyens (buts, activités, feedback) : la performance est l'ensemble des étapes logiques élémentaires de l'action, de l'intention au résultat effectif ;
- la performance est subjective, puisqu'elle est le produit de l'opération, par nature subjective, qui consiste à rapprocher une réalité d'un souhait, à constater le degré de réussite d'une intention.

Cette définition est déclinable au pluriel, sans modification de sens. Elle est nécessairement aussi floue que le concept qu'elle explicite, puisqu'elle en contient les multiples sens.»

M. Lebas, *Revue française de comptabilité*, août 1995.

LE PROCESSUS DE LA PERFORMANCE

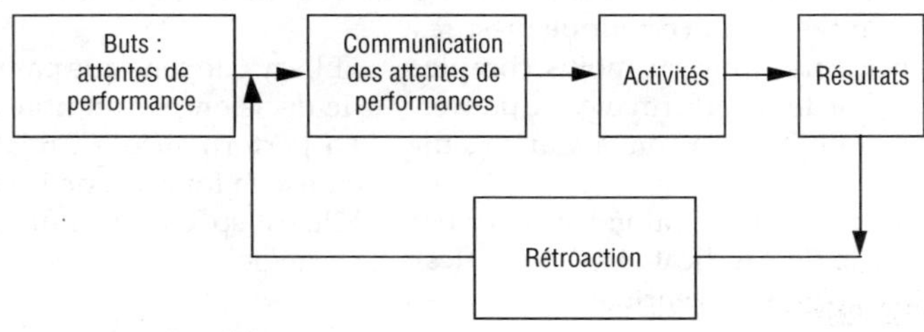

Source : Traduit de Baird, 1986.

b) Une définition actuelle du contrôle de gestion : le contrôle de la gestion ou le contrôle de la performance

Nous retiendrons trois éléments essentiels pour situer le contrôle de gestion de la décennie 90 :
- un système d'information sur les performances,
- un système d'animation de l'organisation,
- un système s'adaptant aux évolutions de la production.

1) Un contrôle de gestion pour les performances

Le contrôle de gestion est considéré à l'heure actuelle comme un système d'information, captant et traitant en permanence des informations passées et présentes pour mesurer la performance de l'activité de l'entreprise.

L'approche cybernétique de la boucle de rétro-action pour représenter le contrôle de gestion est insuffisante. Il faut l'intégrer dans une approche systémique comme un outil d'aide aux décisions stratégiques.

Le contrôle de gestion devient alors un système d'information pour assurer :
– la coordination,
– et l'apprentissage de l'organisation.

H. Bouquin analyse ce système d'information comme devant répondre à trois questions :
- pour quoi ?
- sur quoi ?
- pour qui ?

La finalité devient stratégique, l'horizon s'étend au long terme et pour tous les acteurs de l'organisation.

2) Un contrôle de gestion pour l'animation

Dans une entreprise considérée comme un système socio-économique le contrôle de gestion doit assumer de plus en plus **un rôle d'animation parmi les acteurs de l'organisation.**

3) Un contrôle de gestion pour le système de production actuel

Les évolutions de la problématique et des contraintes de la production ainsi que les modifications dans la structure des coûts industriels nécessitent des adaptations et des améliorations du contrôle de gestion.

L'utilisation de la main d'œuvre directe comme clé de voûte de toute l'architecture du coût de revient est remise en cause, car elle ne représente plus que 10 à 15 % des charges des entreprises industrielles.

Les interdépendances entre les fonctions, la qualité du produit et du processus productif, le coût de la conception, de la maintenance, de la logistique et des services attachés au produit ne sont pas pris en considération.

Tous ces éléments, facteurs de performance et de différenciation pour la concurrence ne sont **pas correctement intégrés dans les techniques classiques du contrôle de gestion.**

Il faut donc trouver des méthodes pour améliorer la pertinence de ce système d'information, essentiel pour le pilotage stratégique et tactique de l'entreprise.

Le tableau suivant (à partir d'une analyse de D. Michel, *Cahiers français*, n° 210) essaie de résumer cette évolution et de montrer le **passage de l'analyse des coûts au contrôle de la gestion**.

ÉVOLUTION DU CONTRÔLE DE GESTION

Temps	Phase 0	Phase 1 Analyse des coûts (statique)	Phase 2 Gestion budgétaire (dynamique)	Phase 3 Contrôle de gestion (intégré)	Phase 4 Vers le contrôle de la gestion (interactif)
OBJECTIF →	– Comptabilité légale	– Tableau de bord sur variables-clés	– Tableau de bord sur écarts. Analyse d'écarts	– Tableau de bord : indicateurs sur plan d'action	– Tableau de bord : indicateurs quantitatifs et qualitatifs
ORGANISATION COMPTABLE →	– Analyse ponctuelle de problèmes de gestion	– Centres de coût	– Centres de profit	– Centres de profit, d'investissement	– Décloisonnement et interface entre les centres
PROCÉDURES COMPTABLES →		– Comptabilité analytique a posteriori	– Comptabilité analytique prévisionnelle	– Comptabilité analytique prévisionnelle	– Comptabilité pour mesurer le coût global du produit – Comptabilité d'activité
HORIZON DES PRÉVISIONS →		– Prévisions globales	– Prévisions mensuelles	– Intégration du suivi des résultats avec prévisions LT/MT/CT	– Suivi permanent en temps réel de l'activité
TYPE DE PLANIFICATION →	≈ 1900		– Plan annuel intégré dans une procédure budgétaire	– Budgets intégrés dans un plan opérationnel et un plan stratégique formalisés	– Planification intégrée à 3 niveaux : stratégique, opérationnel et budgétaire – BBZ – Comptabilité croisée : générale, analytique
MESURE DE LA PERFORMANCE →				≈ 1990	– Analyse de la valeur – Surplus productivité globale – Qualité totale – JAT et flux tendus

RÉFLEXIONS SUR LE THÈME

1. Le contrôle de gestion dans sa conception actuelle ne se développe que dans quelques grandes entreprises.

Ce modèle «idéal» pour piloter une organisation performante, efficace et efficiente est loin de s'implanter dans toutes les entreprises. Il ne faut pas oublier que le tissu industriel français est constitué à 97 % par des petites entreprises de moins de 10 salariés et dans la majorité d'entre elles le système en est encore à la phase 0 du tableau de la page précédente.
Peu de PME ont mis en place une comptabilité analytique, a fortiori il ne saurait être question d'un contrôle de la gestion permanent, en temps réel avec un contrôle qualité, une analyse de la valeur ou une comptabilité d'activité.

2. Les entreprises de service sont de plus en plus importantes.

Les entreprises de service ne diffèrent pas beaucoup des autres entreprises et l'objectif de rentabilité doit aussi être contrôlé. Il leur faut donc des outils fiables pour leur activité. Les outils et les méthodes actuelles du contrôle de gestion doivent s'adapter pour mieux répondre aux particularités des services.

3. Evolution de la notion de rentabilité pour les entreprises publiques

Les missions du service public sont toujours d'ordre public et d'intérêt général mais les exigences de la compétitivité et la nécessité d'être rentable ne les épargnent pas plus que les autres entreprises.
Il faut donc introduire dans ces entreprises les procédures et les outils de contrôle de gestion qui leur permettent de gérer leur fonctionnement avec la même précision et les mêmes moyens que les autres entreprises.
La rationalisation des choix budgétaires (RCB) est une procédure d'information et de contrôle conçue dans les années 60 pour aider à la gestion des services publics. Pourtant des études et des prévisions pour aider aux décisions publiques, des budgets pour suivre et contrôler les actions publiques doivent être élaborés afin de concilier les objectifs de service public et les impératifs économiques.

Application

(1) «*L'évolution des missions du comptable de gestion*»

(LEBAS C., «Comptabilité de gestion : les défis de la prochaine décennie, *Revue française de comptabilité*, mars 1995.)

«Ses missions fondamentales n'ont pas grandement évolué depuis les définitions que Gordon Shillinglaw et Charles Horngren en ont donné au début des années soixante dans leurs premiers livres. Ceux-ci diffusèrent, en Amérique du Nord d'abord et en Europe immédiatement après, le concept de coût pertinent pour la prise de décision de William Vatter. En France, bien qu'André Cibert ait déjà enseigné ces concepts dans ses cours, en particulier à l'École des hautes études commerciales, dès la fin des années cinquante, ses idées étaient restées confidentielles, malgré une première publication, jusqu'à son très influent texte *Comptabilité analytique* publié en 1968. Le concept de coût pertinent était une réelle innovation dans un monde surtout focalisé jusque-là (et hélas encore maintenant dans certains cas) sur le calcul des coûts pour la valorisation des stocks et le calcul du résultat. Avec le concept de coût pertinent, la prise de décision entrait dans le champ de responsabilité du comptable de gestion.

L'étude sur la fonction contrôle de gestion publiée en 1954 par H.A. Simon *et al.* avait mis en évidence un second élément de la mission du comptable de gestion : l'évaluation et la motivation. La mesure et le suivi de la performance sont perçus depuis cette date comme des éléments moteurs de la motivation des managers et de tout le personnel.

Depuis le début des années soixante, le domaine de la comptabilité de gestion n'a guère connu de changement. Toutes les nouvelles techniques et tous les nouveaux outils ne sont rien de plus que des permutations sur les concepts de pertinence et de motivation.

L'aide à la prise de décision restera de toute façon au cœur du domaine de la comptabilité de gestion, quelle qu'en soit l'évolution. Le concept de performance est par contre en train de changer grandement non seulement à cause des apports de la qualité totale, mais aussi à cause de l'évolution des bases de la légitimité de l'entreprise. De nouveaux aspects de la mission en découlent. La performance n'est plus seulement suivie et mesurée, elle doit être construite et gérée. A la motivation des individus s'ajoute la convergence des buts, base essentielle pour une atteinte collective des objectifs stratégiques.

L'essentiel du travail du comptable de gestion ne doit pas continuer à se limiter à la mesure. Il ne peut se contenter de compter les «fruits de l'arbre», quelle que soit l'unité de mesure retenue, financière ou non financière. Le comptable de gestion doit contribuer à créer les conditions pour que les managers et leurs collaborateurs et collaboratrices produisent un sol fertile et s'occupent de la santé à long terme de l'arbre, tout en s'occupant, le moment venu, de cueillir les fruits murs et de les emporter au marché. La mesure et l'aide à la gestion tant de la «fertilité du sol» que des processus de «transformation des minéraux en fruits et en bois de soutien»ne sont que deux exemples de l'ampleur du domaine de l'information que manipulera le comptable de gestion de la prochaine décade. Les comptables de gestion ont encore souvent l'habitude de limiter leur responsabilité à celle de la mesure, mais dans les dix années à venir, ce champs d'action va s'élargir au management de la performance. Ce dernier précède la mesure et l'englobe comme le montre la figure.

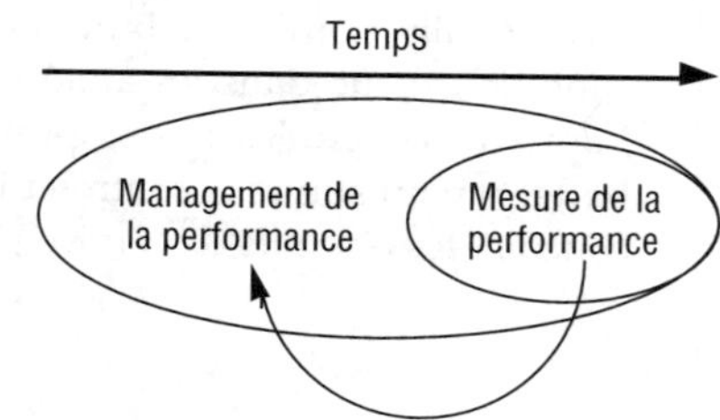

Le management de la performance précède et englobe la mesure de performance

Il est important de redéfinir la mission du comptable de gestion pour qu'elle englobe tout l'ensemble des actions qui se regroupent sous le vocable de gestion de la performance. Il est bien clair que le comptable n'est pas le seul, loin s'en faut, à être impliqué dans cette tâche, mais il peut jouer un rôle très important pour créer les conditions pour qu'il y ait performance. La mesure reste importante, surtout dans son rôle dans la boucle de rétroaction du management, mais ce n'est plus suffisant.

Facilitation et développement de la convergence des buts

La gestion est une science sociale, pas une science exacte. Toutes les activités de mesure et de communication que réalise le comptable n'ont, en fait, qu'un seul but : participer à la création de la convergence des buts. C'est-à-dire faire en sorte que les personnes travaillent ensemble et dans le même sens en guidant leurs actions pour qu'elles contribuent à la réalisation de l'intention stratégique. Ce résultat peut être atteint aussi bien par l'évaluation de la performance, que par la planification et la budgétisation, quelles qu'en soient les formes, par la communication ou par l'un quelconque des outils dont dispose le comptable de gestion. Ce qui importe n'est pas le moyen, c'est le résultat, c'est-à-dire l'obtention de comportements coordonnés qui contribuent à l'atteinte des objectifs stratégiques. Apporter sa contribution au développement de la convergence des buts est l'un des défis auxquels le comptable de gestion doit faire face aujourd'hui plus que jamais.

Le comptable de gestion ne va plus seulement traiter des chiffres, il va gérer des personnes pour des personnes. Apporter son soutien à la création de la performance veut dire créer les conditions pour que la performance puisse se produire. Par exemple, la mise au point et la communication d'informations transfonctionnelles et en juste-à-temps est l'un des moyens de faciliter à la fois la motivation, la convergence des buts et des comportements et la réactivité organisationnelle aux demandes clients, contribuant, en cela, à la création de la performance à long terme de l'entreprise.»

QUESTION :

Résumer l'évolution des missions du comptable de gestion.

(2) *«Contrôleur de gestion et comptable : un tandem qui s'impose»*

«Nous souhaitons réconcilier les fonctions en incitant fortement le contrôleur de gestion à utiliser les informations délivrées par la comptabilité.» Le directeur financier du groupe Pinault-Printemps-La Redoute a procédé en mars dernier au regroupement des directions comptable et contrôle de gestion, jusque-là totalement séparées. «Le contrôleur de gestion doit devenir le client du comptable. À lui d'analyser l'information, pour faire ensuite des propositions d'action, produire des chiffres prévisionnels et simulés, incluant notamment les risques bilan, actif et passif», souligne Jean-François Palus. De son côté, Bernard Jaudeau, directeur financier chez Thomson, plaide pour «un dialogue permanent entre les responsables, imposé par la nécessaire cohérence des informations communiquées à la direction générale».

Tendance à l'américanisation

À l'origine de cette nouvelle cohabitation des fonctions comptable et contrôle de gestion : le rôle croissant joué par les comptes consolidés dans la politique de communication financière des groupes. La tendance, dans ce domaine, est à l'américanisation : les délais de sortie de résultats sont de dix-neuf jours en moyenne après la date de clôture, contre soixante jours en France.

De fait, les objectifs des services comptables ont fortement évolué. "Donner une image fidèle et synthétique des comptes dans un délai court, imposée par une publication rapide d'états financiers et largement fondée sur des données prévisionnelles. De plus, les outils informatiques permettant des clôtures plus rapides, l'information comptable est disponible plus tôt", indique-t-on chez Arthur Andersen Management. D'où une collaboration de plus en plus étroite des comptables et contrôleurs de gestion, comme le confirment les résultats issus d'une enquête sur la fonction financière dans les groupes français réalisée par Arthur Andersen Management : 30 % des groupes sondés confient l'élaboration du budget consolidé au tandem contrôle de gestion-comptabilité, tandis que le taux de collaboration atteint 33 % pour les prévisions de résultats en cours d'exercice.

Le rôle du contrôleur de gestion était de fournir des indicateurs de gestion dans des délais serrés afin de permettre des prises de décision rapides, quitte à se contenter de chiffres approximatifs dans cette course contre la montre.

Aux antipodes, le comptable "qui a fondamentalement un objectif de précision, de sincérité et de

régularité", rappelle Bruno Bousquié, chez Arthur Andersen ; il devait avant tout répondre à l'obligation légale de publication des comptes destinées à informer les différents interlocuteurs du groupe (banquiers, clients, fournisseurs, investisseurs).
Or cette politique du domaine réservé a valu quelques déconvenues à certaines sociétés cotées en Bourse et engagées dans une communication financière exclusivement fondée sur les chiffres issus du contrôle de gestion. Conséquences : "Évolutions de cours erratiques et injustifiées, perte de confiance chez les investisseurs, les actionnaires, les banquiers et, finalement, manque de crédibilité de la direction générale au moment de justifier en interne des prises de décision fondées sur des chiffres erronés", note Bruno Bousquié.
Revers de la médaille, cette rationalisation des fonctions comptabilité et contrôle de gestion risque de se traduire par une... rationalisation.»

C. Dufresnes, *Les Échos*, 20.09.1994.

QUESTIONS

a) Délimiter les rôles affectés auparavant au comptable et au contrôle de gestion.
b) Expliquer les causes du rapprochement des fonctions.

Index

Table des matières

Troisième partie
Contrôle de gestion et intégration de la dimension humaine dans la mesure des résultats

Quatrième partie
Contrôle de gestion et mesure de la performance globale

EPREUVE N° 3
Organisation et gestion de l'entreprise

Manuel
- **ORGANISATION ET GESTION DE L'ENTREPRISE**
  C. Lesnard, S. Verbrugghe, 2ème éd. 1994, 42025 **176** F
  Corrigés, 2ème éd. 1995, 42177 **128** F

Cas pratiques
- **CAS PRATIQUES D'ORGANISATION ET GESTION DE L'ENTREPRISE**
  A. Mikol, 3ème éd. 1991, 24181 **138** F

Mémo Expert
- **ORGANISATION ET GESTION DE L'ENTREPRISE**
  I. Carneiro, 1994, 09520 **82** F

Manuel Aengde/Dunod
- **ORGANISATION ET GESTION DE L'ENTREPRISE**
  I. Carneiro, 3ème éd. 1995, 24031 **184** F

Annales Corrigées
- **ORGANISATION ET GESTION DE L'ENTREPRISE**
  G. Leloup, 1996, 42938 **105** F

EPREUVE N° 4
Gestion financière

Manuel
- **GESTION FINANCIÈRE**
  J. Barreau, J. Delahaye, 5ème éd. 1996, 43018 **244** F
  Corrigés, 5ème éd. 1996, 43019 **128** F

Manuel
- **ANALYSE FINANCIÈRE DE L'ENTREPRISE**
  J. Mailler, M. Remilleret, 1994, 42024 **188** F

Cas pratiques
- **CAS PRATIQUES DE GESTION FINANCIÈRE**
  A. Mikol, 1993, 41791 **148** F

Annales Corrigées
- **GESTION FINANCIÈRE**
  J. Mailler, 1996, 42939 **125** F

EPREUVE N° 5
Mathématiques appliquées et Informatique

Manuel
- **MATHÉMATIQUES**
  J. R. Zouhhad, 3ème éd. 1996, 42987 **185** F
  Corrigés, 1994, 42180 **118** F

Manuel Aengde/Dunod
- **MATHÉMATIQUES APPLIQUÉES AU DECF**
  M. Boudjellaba, 1990, 17838 **137** F

Annales Corrigées
- **MATHÉMATIQUES APPLIQUÉES ET INFORMATIQUE**
  J. Mailler et G. Rapin, 1996, 42940 **139** F

EPREUVE N° 6
Comptabilité approfondie et révision

Manuel
- **COMPTABILITÉ APPROFONDIE ET RÉVISION**
  R. Obert, 1996, 43081 **249** F
  Corrigés, 1996, 43082 **128** F

Cas pratiques
- **CAS PRATIQUES DE COMPTABILITÉ GÉNÉRALE APPROFONDIE**
  R. Obert, 4ème éd. 1995, 42192 **158** F

Manuel
- **RÉVISION ET CERTIFICATION DES COMPTES**
  R. Obert, 4ème éd. 1995, 42186 **182** F

Cas pratiques
- **CAS PRATIQUES DE TECHNIQUE COMPTABLE APPROFONDIE ET RÉVISION COMPTABLE**
  G. Ringwald, J.L. Siegwart, 1991, 24183 **158** F

Manuel
- **ÉVALUATION, PRISE DE PARTICIPATION, CONSOLIDATION, FUSION**
  R. Obert, 3e éd. 1993, 41752 **129** F

Cas pratiques
- **CAS PRATIQUES DE RÉVISION, ÉVALUATION ET CONTRÔLE INTERNE**
  A. Mikol et coll. 3e éd. 1992, 41216 **168** F

Annales Corrigées
- **COMPTABILITÉ APPROFONDIE ET RÉVISION**
  J. Mailler, 1996, 42941 **149** F

EPREUVE N° 7
Contrôle de gestion

Manuel
- **CONTRÔLE DE GESTION**
  C. Alazard, S. Sépari, 3ème éd. 1996, 43020 **248** F
  Corrigés, 3ème éd. 1996, 43021 **140** F

Manuel
- **COMPTABILITÉ ANALYTIQUE ET CONTRÔLE DE GESTION**
  A. Mikol et coll. 2ème éd. 1993, 41204 **158** F

Cas pratiques
- **CAS PRATIQUES DE COMPTABILITÉ ANALYTIQUE ET CONTRÔLE DE GESTION**
  A. Mikol et H. Stolowy, 6e éd. 1995, 42934 **139** F

Cas pratiques
- **CAS PRATIQUES DE CONTRÔLE DE GESTION (DECF n°7) ET DE SYNTHÈSE (DESCF n°2)**
  J. Mailler, 1990, 24166 **159** F

Cas pratiques
- **CAS PRATIQUES DE CONTRÔLE DE GESTION**
  J.L. Siegwart, G. Ringwald, 1991, 24186 **152** F

Manuel Aengde/Dunod
- **CONTRÔLE DE GESTION**
  C. Deshayes
  Tome 1 : Comptabilité analytique et mesure des résultats, 1990, 17839 **141** F
  Tome 2 : Gestion prévisionnelle et contrôle budgétaire, 1992, 17875 **191** F

Mémo Expert
- **CONTRÔLE DE GESTION**
  C. Cartalade, C. Deshayes
  1 - Analyse des coûts 1993, 09981 **82** F
  2 - Aspects budgétaires et mesure de la performance 1994, 09881 **92** F

Annales Corrigées
- **CONTRÔLE DE GESTION**
  J. Mailler, 1996, 42942 **149** F

Imprimerie Arts Graphiques du Perche 28240 Meaucé
Dépôt légal : mai 1996 — N° d'Imprimeur 96920
Imprimé en France